"十二五"普通高等教育本科国家级规划教材

信号分析与处理

（第三版）

主编　崔　翔

编写　张卫东　卢铁兵

中国电力出版社
CHINA ELECTRIC POWER PRESS

内 容 提 要

本书为"十二五"普通高等教育本科国家级规划教材。

本书主要讨论确定性时间信号分析与处理的基本理论和基本方法，包括连续时间信号分析与处理、离散时间信号分析与处理、应用三个部分，但更侧重离散时间信号分析与处理部分。本书遵循概念清晰、体系严谨、内容够用的编写原则，力争做到密切结合电气工程实际，并通过举例说明基本理论和基本方法在应用中需要注意的问题。本书适合按 64 学时讲授，安排在积分变换和电路原理等课程结束之后讲授。

本书主要作为电气工程及其自动化、自动化、智能电网与信息工程、电子信息工程等专业本科生的信号分析与处理课程教材，也可供相关领域的工程技术人员参考使用。

图书在版编目(CIP)数据

信号分析与处理/崔翔主编 . —3 版 . —北京：中国电力出版社，2016.8(2024.1 重印)

"十二五"普通高等教育本科国家级规划教材

ISBN 978-7-5123-9604-3

Ⅰ.①信… Ⅱ.①崔… Ⅲ.①信号分析-高等学校-教材②信号处理-高等学校-教材 Ⅳ.①TN911

中国版本图书馆 CIP 数据核字(2016)第 178524 号

中国电力出版社出版、发行

(北京市东城区北京站西街 19 号　100005　http://www.cepp.sgcc.com.cn)
北京锦鸿盛世印刷科技有限公司印刷
各地新华书店经售

*

2005 年 3 月第一版
2016 年 8 月第三版　　2024 年 1 月北京第九次印刷
787 毫米×1092 毫米　16 开本　20.5 印张　497 千字
定价 42.00 元

前　言

本书第一版和第二版分别于 2005 年和 2011 年出版，此为第三版。

第三版延续了第二版的编写思想和体系结构，即主要讨论确定性时间信号分析与处理的基本理论和基本方法，按照连续时间信号分析与处理、离散时间信号分析与处理、应用三个部分进行编写。

近年来，能源的清洁化和低碳化已经成为能源转型发展的趋势。风能和太阳能等新能源发电，成为继水能发电后规模化或分散式开发的新的清洁能源。由此促进了电力电子技术在新能源发电、智能电网等领域的广泛应用。

面对电力电子技术应用中的谐波问题，第三版适当增加了谐波分析和处理的相关内容，以满足新能源发电、智能电网等领域对谐波检测和处理的需要。主要的修改内容有以下几方面。

（1）增加了采用福斯特型电路实现二端口 LC 网络的内容，为谐波或多次谐波等模拟滤波器设计提供了基本知识。

（2）简化了数字频带变换的内容，突出了数字频带变换的原理，淡化了具体的数学分析。

（3）增加了有限冲激响应数字滤波器零点设计法的内容，以满足谐波或多次谐波的数字检测和数字处理的需要。

（4）增加了模拟滤波器在直流换流站谐波抑制应用的内容，介绍了单调谐和双调谐模拟滤波器的实际应用。

（5）在每章后面，增加了本章要点回顾与基本要求，希望为读者总结本章的知识点提供便利。

（6）对第二版的部分段落、例题、习题进行了完善、修改和补充，并对存在的个别文字错误进行了更正。

第三版仍分三篇共十二章。第一篇讲授连续时间信号分析与处理的基本理论和基本方法，包括连续时间信号分析、连续时间系统分析、连续时间系统的实现；第二篇讲授离散时间信号分析与处理的基本理论和基本方法，包括离散时间信号与离散时间系统、离散时间系统的 z 域分析、离散傅里叶变换、快速傅里叶变换、离散时间系统的基本结构、无限冲激响应数字滤波器设计、有限冲激响应数字滤波器设计；第三篇讨论信号分析与处理在电气工程中的典型应用，包括数字信号处理的实现、信号分析与处理的应用。本书还以附录形式给出了九个建议的实验。

第三版覆盖了教育部高等学校电子电气基础课程教学指导分委员会 2011 年发布的《"信号分析与处理"课程教学基本要求》的内容。作者结合教学实践、科研体会以及我校电气工程类本科专业的需求，扩展了数字滤波器设计方面的内容。本书适合按 64 学时讲授。

本书第一版被列为普通高等教育"十五"规划教材，第二版被列为普通高等教育"十一五"国家级规划教材，第三版被列为"十二五"普通高等教育本科国家级规划教材。本书由华北电力大学崔翔主编。崔翔编写了前八章，张卫东编写了第十一章、第十二章和附录，卢铁兵编写了第九章和第十章。

对于本书中的不足之处，欢迎读者批评指正。

作 者

2016 年 7 月

第一版前言

随着微电子技术和超大规模集成电路技术的迅猛发展，基于微处理器和数字信号处理器的各类检测和控制技术已经被广泛地应用于电气工程。除了那些具有功率要求的连续时间系统（模拟系统）外，越来越多的检测和控制系统开始被离散时间系统（数字系统）所取代。近年来的调查表明，将"信号分析与处理"课程作为电气工程及其自动化、自动化等电气类本科专业的一门专业基础课程已经成为国内高校的共识。为了满足这种需求，教育部高等学校电子信息科学与电气信息类基础课程教学指导分委员会于 2004 年 8 月制定出《信号分析与处理课程教学基本要求（报批稿）》。

本书主要讨论确定性时间信号分析与处理的基本理论和基本方法，包括连续时间信号分析与处理、离散时间信号分析与处理、应用三个部分，但更侧重离散时间信号分析与处理。本书分三篇共十一章。第一篇主要讲授连续时间信号分析与处理的基本理论和基本方法，包括连续时间信号分析和连续时间系统分析两章；第二篇主要讲授离散时间信号分析与处理的基本理论和基本方法，包括离散时间信号与离散时间系统、离散时间系统的 z 域分析、离散傅里叶变换、快速傅里叶变换、离散时间系统的基本结构、无限冲激响应数字滤波器设计、有限冲激响应数字滤波器设计等七章；第三篇主要讨论信号分析与处理应用中的若干问题和在电气工程中的一些典型应用，包括数字信号处理的实现、数字信号处理的应用两章。本书还以附录形式给出了 9 个建议的实验。作者希望这样的安排能够使读者对信号分析与处理的全过程建立一个明晰的概念。

对于一些高校电气类本科专业而言，本书第一篇的部分内容可能在"积分变换"和"电路原理"等课程中讲授过，作者认为适当地重复讲授这些内容更有利于本书的学习。同时，需要指出的是，在第一章第三节"非周期信号的频谱"中，通过定义频谱密度函数，重点讨论了傅里叶变换及其基本性质。鉴于傅里叶变换在信号分析与处理中的重要地位，无论对于本书内容的理解，还是对于学生应用信号分析与处理方法解决实际问题，讲授好这部分内容都是至关重要的。需要指出的另外一点是，第二章第四节"系统函数的逼近"既可以在本章讲授，也可以移到第八章中讲授，取决于任课教师的安排。如果学时允许，建议讲授第二章第五节"系统函数的电路实现"，对于电气类本科专业而言，了解一些模拟滤波器的电路实现方法是必要的，当然，这对于更深入地理解数字信号处理技术也是十分有益的。

在本书的编写过程中，作者坚持概念清晰、体系严谨、内容够用的编写原则，力争做到密切结合电气工程实际，并通过举例说明基本理论和基本方法在应用中需要注意的问题。

本书内容基本覆盖了《信号分析与处理课程教学基本要求（报批稿）》，并结合作者的教学实践和科研体会，扩展了部分内容。本书适合按 64 学时讲授，最好安排在"积分变换"和"电路原理"等课程结束之后讲授。

经评审，本书被列为普通高等教育"十五"规划教材，由崔翔主编。张卫东编写了第十章、第十一章和附录，卢铁兵编写了第八章和第九章，其余各章由崔翔编写。

　　本书承蒙清华大学郑君里教授审阅，并提出许多建设性修改意见和建议，对于保证本书的质量起到了至关重要的作用。华北电力大学电气工程学院有关教师对本书部分内容的选取以及与电气类本科专业课程体系结合等方面提出了很多宝贵意见和建议。华北电力大学教务处和电气工程学院长期给予作者关心和鼓励。本书的编写和教学实践得到了教育部"高等学校优秀青年教师教学科研奖励计划（2000－2005）"的大力支持，中国电力出版社为本书的出版提供了十分有利的条件。在此作者一并表示衷心的感谢。

　　编写一部合格的教材是一项异常艰巨的工作，需要长期的教学实践和学术积累。通过本书的编写，作者深感力不从心。本书中不够完善乃至缺点和错误之处，敬请使用本书的师生和读者指正。

编　者

2004 年 12 月

第二版前言

进入 21 世纪以来，为适应科学技术的发展和人才知识结构的新要求，我国高等学校普遍开始将信号分析与处理课程列入电气类本科专业的培养方案，并对该课程进行了大量的教学研究和教学实践。

本书第一版于 2005 年出版，迄今已经六年。作者在教学实践的基础上，对第一版部分内容进行了修改，形成了第二版。

第二版仍然保持了第一版的编写思想和体系结构，即主要讨论确定性时间信号分析与处理的基本理论和基本方法，按照连续时间信号分析与处理、离散时间信号分析与处理、应用三个部分进行编写。第二版仅对连续时间信号分析与处理部分进行了修改，增加了基本理论和基本方法等方面的篇幅，以使本书的知识体系更加完整，并尽量做到与工程数学、电路理论、自动控制原理等课程有更好的衔接，进一步满足我国不同高等院校的教学需要。

第二版的主要修改是将第一版中的连续时间信号分析与处理部分，按照信号分析、系统分析、信号处理的实现三个环节由两章修改为三章，即连续时间信号分析、连续时间系统分析、连续时间系统实现。这样修改的目的，一方面是为读者提供一个相对完整的连续时间信号处理构架，另一方面是与离散时间信号分析与处理部分相对应。具体修改内容有以下几方面。

（1）增加了卷积积分的图解法和性质的内容。

（2）重写了线性时不变系统频域分析的内容。重写的这部分内容全面介绍了连续时间系统的频率响应特性的定义、计算方法和应用等方面的知识，为连续时间信号的频域处理方法奠定了理论基础。

（3）增加了理想模拟低通滤波器的内容。通过讨论理想模拟低通滤波器的单位冲激响应和单位阶跃响应，更有助于深刻理解连续时间信号通过连续时间系统的无失真传输条件，以及理想模拟低通滤波器的非因果性。

（4）增加了连续时间系统基本结构的内容。增加的这部分内容介绍了连续时间系统的直接型、级联型、并联型三种基本结构，为连续时间系统的数学和物理模拟提供了基本实现方法。

（5）对部分段落、例题、习题进行了完善、修改和补充。

本书分三篇共十二章。第一篇主要讲授连续时间信号分析与处理的基本理论和基本方法，包括连续时间信号分析、连续时间系统分析、连续时间系统的实现三章；第二篇主要讲授离散时间信号分析与处理的基本理论和基本方法，包括离散时间信号与离散时间系统、离散时间系统的 z 域分析、离散傅里叶变换、快速傅里叶变换、离散时间系统的基本结构、无限冲激响应数字滤波器设计、有限冲激响应数字滤波器设计七章；第三篇主要讨论信号分析与处理应用中的若干问题和在电气工程中的典型应用，包括数字信号处理的实现、数字信号处理的应用两章。本书还以附录形式给出了九个建议的实验。作者希望这样的安排能够使读者对信号分析与处理的全过程建立一个明晰的概念。

本书内容覆盖了《"信号分析与处理"课程教学基本要求（修订稿）》的内容，结合作者的教学实践和科研体会，扩展了数字滤波器设计方面的内容。本书适合按 64 学时讲授，最好安排在工程数学、电路原理等课程后讲授。

本书第一版被列为普通高等教育"十五"规划教材，第二版被列为普通高等教育"十一五"国家级规划教材和普通高等教育"十二五"规划教材。本书由华北电力大学崔翔主编。崔翔编写了前八章，张卫东编写了第十一章、第十二章和附录，卢铁兵编写了第九章和第十章。

本书承蒙北京交通大学陈后金教授、西安交通大学赵录怀教授认真审阅，并提出了许多重要的修改建议，特此表示衷心的感谢。同时，使用本教材的教师和学生对本书的再版提供了帮助，在此一并表示感谢。最后，感谢中国电力出版社为本书的修改和出版所做出的辛勤工作和热情的帮助。

对于本书中的不足之处，欢迎广大读者批评指正。

作　者

2011 年 6 月

目　录

扫码可获得重难点讲解
视频、习题解答及试卷

第一篇　连续时间信号分析与处理

第一章　连续时间信号分析

本章讨论了连续时间信号的频谱分析方法。首先通过对周期信号的傅里叶级数分析，引出了周期信号的频谱概念；然后通过定义频谱密度函数，给出了傅里叶变换的定义，并研究了傅里叶变换的基本性质；最后应用傅里叶变换研究了非周期信号的频谱。

第一节　连续时间信号

一、信号的描述与分类

信号是信息传输过程的载体，可以是随时间、空间或任何其他独立变量变化的物理量。例如，我们从收音机里听到的悦耳音乐就是经过处理的随时间变化的信号；又如，医生通过查看患者核磁共振断面扫描图像进行医学诊断，这种人身不同位置的断面图像就是随空间变化的信号。一般可以用数学表达式和函数波形（或函数图像）两种方法对信号进行描述。前者具有表达方便、易于运算的特点，适用于那些可以用函数形式表达的信号的描述；而后者具有表达直观、便于理解的特点，适用于那些难以用函数形式表达的复杂信号和测量信号的描述。可以看出，这两种描述信号的方法各有长短、互为补充，在实际应用中均被广泛地采用。

实际应用中的信号是多种多样的，根据信号的不同特点可以做如下分类。

（1）一维信号与多维信号。仅随一个自变量变化的信号称为一维信号，而随两个及两个以上自变量变化的信号定义为多维信号。例如，电力系统中因非线性负载等原因产生的非正弦周期电流就是随时间变化的一维信号，而电视图像既随二维平面坐标系的两个坐标变化也随时间变化，构成一个三维信号。

（2）确定性信号与随机性信号。对于自变量指定值时其函数值确定的信号定义为确定性信号；反之，函数值不确定且具有随机性的信号称为随机性信号，也称为不确定性信号。实际中的信号多是随机性的。这主要是因为在信号的产生、传输和接收过程中，信号受到大量不确定性因素的影响。因此，从严格意义上讲，信号都是随机性信号。但是，在一定的条件下，如果这些不确定性因素的影响较小，且可以忽略不计的话，就可以将它们视为确定性信号进行研究。

（3）周期信号与非周期信号。对于确定性信号，如果信号随自变量周而复始地变化，且无始无终，则称这个信号为周期信号。对于随时间变化的周期信号，有如下性质

$$f_p(t) = f_p(t + nT) \quad (n = 0, \pm 1, \pm 2, \cdots)$$

式中：T 为满足上式的最小时间间隔，称为周期信号的周期。

不具有周期性变化的信号称为非周期信号。为识别方便，本书规定周期信号加下标"p"，如 $f_p(t)$；而非周期信号无需加注任何下标，如 $f(t)$。周期信号与非周期信号是确定

性信号分析的基本研究对象。例如，电力系统中的谐波分析就是针对非正弦周期信号而言的，而电力系统故障下的电压和电流就可以归结为非周期信号进行分析。

（4）连续信号与离散信号。对于自变量在指定区间内连续变化时，其信号取值除若干点不连续外都存在确定值的信号称为连续信号。可以看出，连续信号的自变量是连续的，其幅值可以是连续的，也可以在某些自变量取值点上是不连续的。与连续信号不同的是离散信号。离散信号在自变量的指定区间内是离散的，只是在规定的离散点上给出信号的幅值，而在这些离散点之外没有定义。连续时间信号与离散时间信号分别是连续信号与离散信号的特例。

（5）能量信号与功率信号。对于周期信号 $f_\mathrm{p}(t)$，若将其视为加在单位电阻两端的电压或者流过单位电阻的电流，则单位电阻在所有周期消耗的总能量 E 和平均功率 P 分别为

$$E = \lim_{N\to\infty} N\int_{-\frac{T}{2}}^{\frac{T}{2}} f_\mathrm{p}^2(t)\mathrm{d}t$$

$$P = \frac{1}{T}\int_{-\frac{T}{2}}^{\frac{T}{2}} f_\mathrm{p}^2(t)\mathrm{d}t$$

式中：N 为周期数。

同样，对于非周期信号 $f(t)$，可认为周期趋于无穷大，则单位电阻消耗的总能量 E 和平均功率 P 分别为

$$E = \int_{-\infty}^{+\infty} f^2(t)\mathrm{d}t$$

$$P = \lim_{T\to\infty} \frac{1}{T}\int_{-\frac{T}{2}}^{\frac{T}{2}} f_\mathrm{p}^2(t)\mathrm{d}t$$

由此可以看出，无论是对于周期信号 $f_\mathrm{p}(t)$ 还是对于非周期信号 $f(t)$，如果总能量 E 为有限值，那么平均功率 P 一定趋于零；反之，如果平均功率 P 为有限值，那么总能量 E 一定趋于无穷大。为此，称信号总能量 E 为有限值、平均功率 P 趋于零的信号为能量信号，称信号平均功率 P 为有限值、总能量 E 趋于无穷大的信号为功率信号。

一个信号不可能既是能量信号又是功率信号。一般而言，周期信号都是功率信号；非周期信号可能是能量信号，也可能是功率信号，还可能既不是能量信号也不是功率信号。

（6）因果信号与非因果信号。如果信号 $f(t)$ 在 $t<0$ 时恒为零，则称 $f(t)$ 为因果信号；否则称 $f(t)$ 为非因果信号。

本书只讨论确定性连续时间信号和确定性离散时间信号的分析与处理方法，不涉及其他类型信号的讨论。在实际中，幅值连续的连续时间信号称为模拟信号，而幅值离散的离散时间信号称为数字信号。尽管模拟信号与连续时间信号、数字信号与离散时间信号的定义略有不同，但是，在实际应用中人们往往对此不加区别，常将连续时间信号等同于模拟信号，而把离散时间信号等同于数字信号。

二、常用典型信号

在连续时间信号处理中有几种常用典型信号具有重要意义。一方面，实际中的许多信号可以用这些典型信号的线性组合来表示；另一方面，这些典型信号对线性时不变系统产生的响应以及在分析系统的性质时起到了重要作用。

（1）单位冲激信号，以符号 $\delta(t)$ 表示。其定义为

$$\begin{cases} \int_{-\infty}^{+\infty} \delta(t)\mathrm{d}t = 1 \\ \delta(t) = 0, t\neq 0 \end{cases} \tag{1-1}$$

式中：$\delta(t)$ 又称为单位冲激函数或狄拉克（Dirac）函数。

单位冲激信号的波形如图 1-1 所示，可见，$\delta(t)$ 为偶函数。图 1-1 中括号内的数字 1 为式 (1-1) 定义中 $\delta(t)$ 在全时域的积分值，由于 $\delta(t)$ 仅在 $t=0$ 时刻不为零，故又称图 1-1 中括号内的数字 1 为单位冲激信号的冲激强度。由式（1-1）单位冲激信号的定义，可以导出单位冲激信号的下列筛分性质

$$\int_{-\infty}^{+\infty} f(t)\delta(t)\,\mathrm{d}t = f(0) \tag{1-2}$$

$$\int_{-\infty}^{+\infty} f(t)\delta(t-t_0)\,\mathrm{d}t = f(t_0) \tag{1-3}$$

（2）单位阶跃信号，以符号 $u(t)$ 表示。其定义为

$$u(t) = \begin{cases} 1, t>0 \\ 0, t<0 \end{cases} \tag{1-4}$$

在 $t=0$ 时刻可以不定义或规定 $u(0)=\dfrac{1}{2}$。单位阶跃信号又称为单位阶跃函数，其波形如图 1-2 所示。

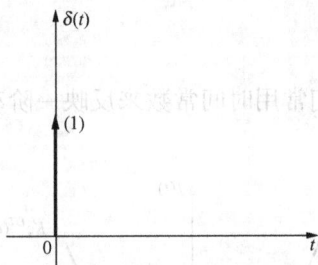

图 1-1　单位冲激信号的波形　　　　图 1-2　单位阶跃信号的波形

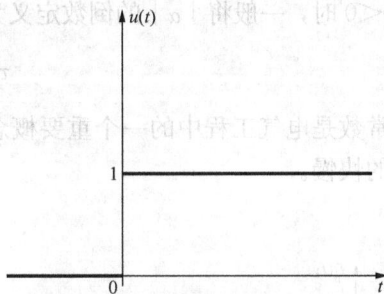

利用单位冲激信号的定义式（1-1），可知

$$\int_{-\infty}^{t} \delta(\tau)\,\mathrm{d}\tau = \begin{cases} 1, t>0 \\ 0, t<0 \end{cases}$$

将其与式（1-4）对比，得

$$\int_{-\infty}^{t} \delta(\tau)\,\mathrm{d}\tau = u(t) \tag{1-5}$$

对式（1-5）求导，得

$$\frac{\mathrm{d}u(t)}{\mathrm{d}t} = \delta(t) \tag{1-6}$$

（3）矩形信号，以符号 $r_T(t)$ 表示。其定义为

$$r_T(t) = u(t) - u(t-T) \tag{1-7}$$

定义中 T 为矩形信号的时间宽度。矩形信号的波形如图 1-3 所示。

（4）正弦信号。正弦信号与余弦信号通常被统称为正弦信号，一般写成如下余弦函数形式

$$f_p(t) = \sqrt{2}F_0\cos(\Omega_0 t + \varphi_0) \tag{1-8}$$

式中：F_0 为正弦信号 $f_p(t)$ 的有效值；Ω_0 为角频率，rad/s

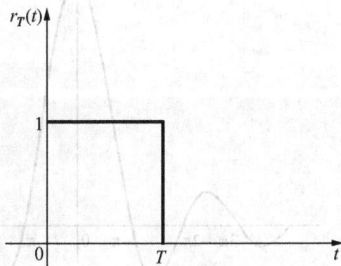

图 1-3　矩形信号的波形

(弧度/秒)；φ_0 为初相位，rad(弧度)。

正弦信号是一种周期信号，周期 T_0（单位为 s，秒）与角频率 Ω_0 和频率 f_0（单位为 Hz，赫兹）之间满足如下关系

$$T_0 = \frac{1}{f_0} = \frac{2\pi}{\Omega_0} \tag{1-9}$$

正弦信号是广泛使用的周期信号。例如，在我国电气工程中的工频电压和工频电流就是频率为 50Hz 的正弦信号。将 50Hz 称为工频频率（在有些国家工频频率为 60Hz）。图 1-4 画出了对应于式（1-8）中 $0 < \varphi_0 < \frac{\pi}{2}$ 时的正弦信号的波形。

（5）指数信号。其定义为

$$f(t) = Ke^{at} \tag{1-10}$$

式中，α 是实数。当 $\alpha > 0$ 时，信号的幅值将随着时间的增加而增加；反之，当 $\alpha < 0$ 时，信号的幅值将随着时间的增加而减少；当 $\alpha = 0$ 时，信号将退化为直流信号。图 1-5 分别画出了 $\alpha > 0$、$\alpha = 0$ 和 $\alpha < 0$ 三种情况下指数信号的波形。可以看出，随着时间的增加，指数信号幅值增长或衰减的速率与 $|\alpha|$ 密切相关。$|\alpha|$ 越大，增长或衰减越快；反之，$|\alpha|$ 越小，增长或衰减越慢。$\alpha < 0$ 时，一般将 $|\alpha|$ 的倒数定义为指数信号的时间常数（单位为 s，秒），即

$$\tau = \frac{1}{|\alpha|} \tag{1-11}$$

时间常数是电气工程中的一个重要概念。例如，我们常用时间常数来反映一阶动态电路瞬态过程的快慢。

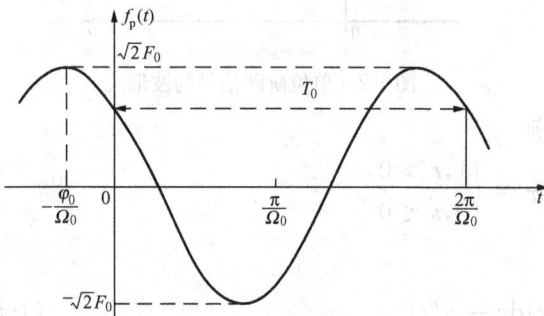

图 1-4　正弦信号的波形

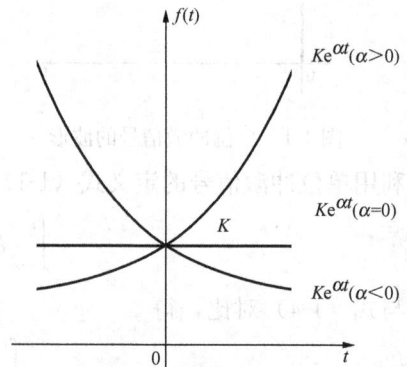

图 1-5　指数信号的波形

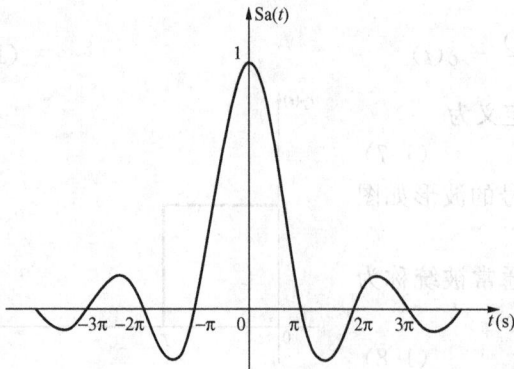

（6）采样信号，以符号 $\mathrm{Sa}(t)$ 表示。其定义为

$$\mathrm{Sa}(t) = \frac{\sin t}{t} \tag{1-12}$$

采样信号又称采样函数。显然，采样信号是一个偶函数。图 1-6 画出了采样信号的波形，可以看出，随着时间变量绝对值的增加，信号的幅值呈现衰减振荡形状，且当 $t = \pm\pi$，$\pm 2\pi$，…，$\pm n\pi$ 时（n 为自然数），信号的幅值为零。

图 1-6　采样信号的波形

采样信号是一种非常重要的信号，在信号的分析与处理中占有重要地位。采样信号具有如下性质

$$\int_0^{+\infty} \mathrm{Sa}(t)\mathrm{d}t = \frac{\pi}{2} \tag{1-13a}$$

$$\int_{-\infty}^{+\infty} \mathrm{Sa}(t)\mathrm{d}t = \pi \tag{1-13b}$$

显然，式（1-13b）可以由式（1-13a）直接获得。下面证明式（1-13a）。由采样信号定义式（1-12），式（1-13a）的积分运算可以看作下列积分的特例，即

$$I(\alpha,\beta) = \int_0^{+\infty} \frac{\mathrm{e}^{-\alpha t}\sin\beta t}{t}\mathrm{d}t, \alpha \geqslant 0 \tag{1-14}$$

不难看出，式（1-13a）的积分就是式（1-14）积分在 $\alpha=0$、$\beta=1$ 时的特例。对式（1-14）中的 β 求偏导数，得

$$\frac{\partial I(\alpha,\beta)}{\partial \beta} = \int_0^{+\infty} \mathrm{e}^{-\alpha t}\cos\beta t\,\mathrm{d}t$$

利用分部积分法进行积分，得

$$\frac{\partial I(\alpha,\beta)}{\partial \beta} = \frac{\alpha}{\alpha^2 + \beta^2}$$

进一步对 β 做不定积分，得

$$I(\alpha,\beta) = \arctan\frac{\beta}{\alpha} + C$$

从式（1-14）可以看出，当 $\beta=0$ 时，$I(\alpha,\beta)=0$。所以，上式中的常数 C 应取零。这样

$$\int_0^{+\infty} \mathrm{Sa}(t)\mathrm{d}t = I(\alpha,\beta)\Big|_{\substack{\alpha=0\\\beta=1}} = \frac{\pi}{2}$$

这就是式（1-13a）。

与采样信号 $\mathrm{Sa}(t)$ 类似的一个信号是 $\mathrm{sinc}(t)$ 信号，其数学表达式为

$$\mathrm{sinc}(t) = \frac{\sin\pi t}{\pi t}$$

（7）钟形信号，又称为高斯（Gauss）信号。其定义为

$$f(t) = K\mathrm{e}^{-(\frac{t}{\tau})^2} \tag{1-15}$$

钟形信号的波形如图 1-7 所示。可见，钟形信号为偶函数。由定义式（1-15）知，$f(0.5\tau) \approx 0.78K$，$f(\tau) = \dfrac{K}{\mathrm{e}}$。钟形信号也是一种非常重要的信号。

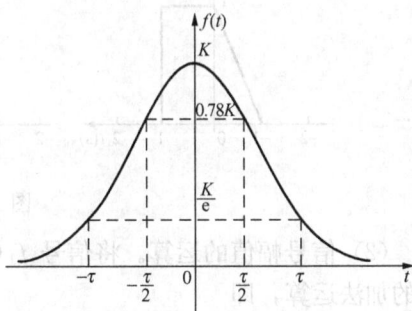

图 1-7　钟形信号的波形

三、信号的运算

在连续时间信号处理过程中，往往需要对信号进行一些基本运算。这些运算大体上可以分为两类。一类是对时间变量的运算，如移位、翻转和尺度运算；另一类是对信号幅值的运算，如加法、乘法和标度运算。此外，还有信号的微分、积分运算。现分述如下。

（1）时间变量的运算。将信号 $f(t)$ 的时间变量 t 置换为 $t-t_0$ 形成的信号 $f(t-t_0)$ 的运

算称为移位，t_0 称为移位时间。当 $t_0>0$ 时，信号 $f(t-t_0)$ 是将原信号 $f(t)$ 波形在时间轴上整体右移；反之，当 $t_0<0$ 时，原信号 $f(t)$ 波形在时间轴上整体左移，如图 1-8 所示。

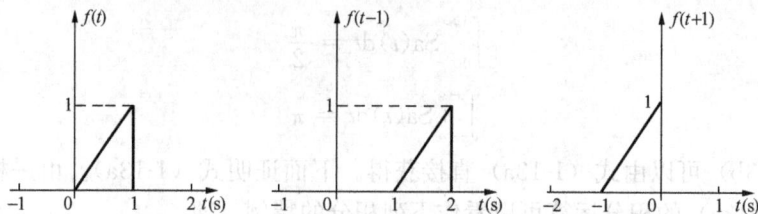

图 1-8 信号的移位

将信号 $f(t)$ 的时间变量 t 置换为 $-t$ 形成的信号 $f(-t)$ 的运算称为翻转。翻转后信号 $f(-t)$ 的波形就是把原信号 $f(t)$ 的波形以 $t=0$ 为轴反折过来，如图 1-9 所示。

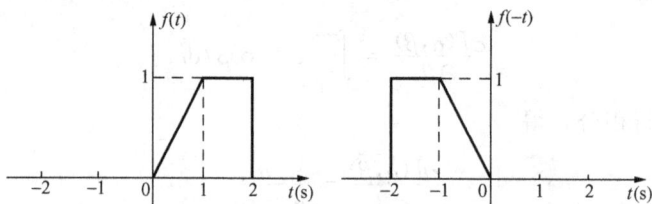

图 1-9 信号的翻转

将信号 $f(t)$ 的时间变量 t 乘以正实系数 α 并置换 t 形成的信号 $f(\alpha t)$ 的运算称为尺度变换。不难看出，当 $\alpha>1$ 时，信号 $f(\alpha t)$ 是由原信号 $f(t)$ 的波形在时间轴上压缩 α 倍获得的；反之，当 $\alpha<1$ 时，信号 $f(\alpha t)$ 是由原信号 $f(t)$ 的波形在时间轴上扩展 $\frac{1}{\alpha}$ 倍获得的。图 1-10 中分别画出了 $\alpha=2$ 和 $\alpha=0.5$ 两种尺度变换后信号的波形。

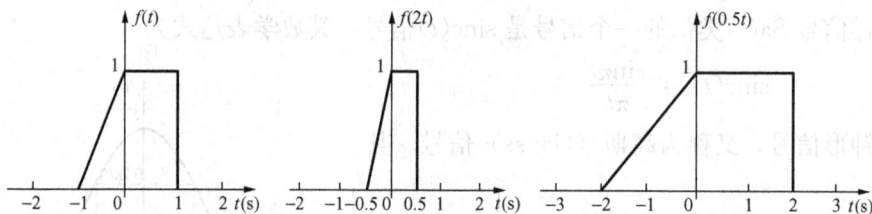

图 1-10 信号的尺度变换

（2）信号幅值的运算。将信号 $f_1(t)$ 和信号 $f_2(t)$ 在同一时刻的幅值对应相加定义为信号的加法运算，即

$$f(t) = f_1(t) + f_2(t) \tag{1-16}$$

同理，将信号 $f_1(t)$ 和信号 $f_2(t)$ 在同一时刻的幅值对应相乘定义为信号的乘法运算，即

$$f(t) = f_1(t)f_2(t) \tag{1-17}$$

两个信号乘法运算的一个特例是标度运算，如让 $f_1(t)=a$（实常数），式 (1-17) 变为

$$f(t) = af_2(t) \tag{1-18}$$

可见，标度运算是将原信号在幅值上进行整体放大或缩小的一种运算。例如，模拟电路中的各类线性放大器就是实现这种运算的信号处理单元。

（3）信号的微分与积分运算。对信号 $f(t)$ 进行微分指的是对 $f(t)$ 的时间变量 t 求导数，即 $f'(t)$ 或 $\dfrac{\mathrm{d}f(t)}{\mathrm{d}t}$，其结果就是 $f(t)$ 在各时刻 t 的时间变化率。对信号 $f(t)$ 进行积分指的是在时间区间 $(-\infty,t)$ 内对时间变量 τ 的积分，即 $\int_{-\infty}^{t}f(\tau)\mathrm{d}\tau$，其结果就是 $f(\tau)$ 在时间区间 $(-\infty,t)$ 内包围的面积。

下面，讨论如下信号 $f(t)$ 的微分

$$f(t)=\begin{cases}1-\mathrm{e}^{-\alpha t}, & 0\leqslant t\leqslant t_0\\(1-\mathrm{e}^{-\alpha t_0})\mathrm{e}^{-\alpha(t-t_0)}, & t_0\leqslant t<+\infty\end{cases}$$

则有

$$f'(t)=\begin{cases}\alpha\mathrm{e}^{-\alpha t}, & 0\leqslant t\leqslant t_0\\-\alpha(1-\mathrm{e}^{-\alpha t_0})\mathrm{e}^{-\alpha(t-t_0)}, & t_0\leqslant t<+\infty\end{cases}$$

图 1-11 分别画出了信号 $f(t)$ 和微分后 $f'(t)$ 的波形。可以看出，信号经过微分运算后突出显示了信号的变化部分，微分后的信号波形更加尖锐。反之，如果将图 1-11 信号 $f(t)$ 视为信号 $f'(t)$ 的积分运算的结果，那么信号经过积分运算后其突出变化部分得到缓解，积分后的信号波形更加平滑。

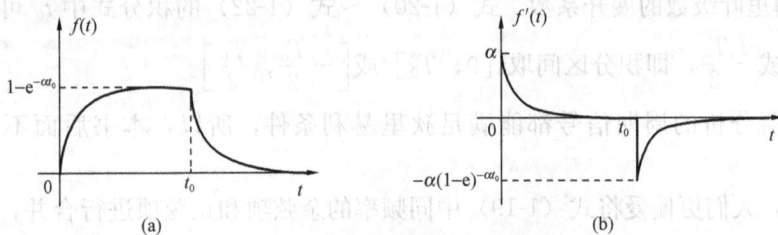

图 1-11 信号的微分与积分
(a) $f(t)$ 的波形；(b) $f'(t)$ 的波形

第二节 周期信号的频谱

无论是在电气工程和控制工程领域，还是在电子工程和通信工程领域，正弦信号都是使用最为广泛的信号。在电气工程领域，无论是电能的产生与输送，还是电能的转换与利用，电压与电流随时间变化的最基本形式是正弦信号。而在通信工程领域，正是电感和电容组成的正弦振荡电路解决了正弦信号的产生以及由此实现的信息调制、发射、接收和解调等问题。从数学方面看，无论是周期信号还是非周期信号，都可以借助傅里叶级数（Fourier Series）或傅里叶变换（Fourier Transform）将其分解成为"一系列"不同频率的正弦信号的线性组合来表示。由线性电路理论知道，采用频率域（简称频域）的分析方法（如相量法）比采用时间域（简称时域）的分析方法更为简单。所以，在频域对信号进行分析与处理具有诸多的突出优点。而那些构成原信号的"一系列"不同频率的正弦信号通常被称为原信号在频域上的"谱"，简称频谱。本节重点讨论周期信号的频谱分析方法。

一、周期信号的正弦频谱

设周期信号 $f_p(t)$ 的周期为 T_0，频率 $f_0=\dfrac{1}{T_0}$，角频率 $\Omega_0=2\pi f_0=\dfrac{2\pi}{T_0}$。根据高等数学课

程的傅里叶级数理论可知，下列三角函数集

$$1, \cos\Omega_0 t, \cos 2\Omega_0 t, \cdots, \cos k\Omega_0 t, \cdots, \sin\Omega_0 t, \sin 2\Omega_0 t, \cdots, \sin k\Omega_0 t, \cdots$$

在时间区间 $[t_0, t_0 + T_0]$ 组成完备的正交函数集。如果周期信号 $f_p(t)$ 满足狄里赫利 (Dirichlet) 条件，也就是：①周期信号 $f_p(t)$ 在任意有限区间连续或只有有限个第一类间断点；②在一个周期内，函数有有限个极大值或极小值，且在一个周期内信号绝对可积，那么它就可以用这个正交函数集的线性组合来表达，即

$$f_p(t) = a_0 + \sum_{k=1}^{+\infty} [a_k \cos k\Omega_0 t + b_k \sin k\Omega_0 t] \tag{1-19}$$

其中

$$a_0 = \frac{1}{T_0} \int_{t_0}^{t_0+T_0} f_p(t) \mathrm{d}t \tag{1-20}$$

$$a_k = \frac{2}{T_0} \int_{t_0}^{t_0+T_0} f_p(t) \cos k\Omega_0 t \mathrm{d}t \quad (k = 1, 2, \cdots) \tag{1-21}$$

$$b_k = \frac{2}{T_0} \int_{t_0}^{t_0+T_0} f_p(t) \sin k\Omega_0 t \mathrm{d}t \quad (k = 1, 2, \cdots) \tag{1-22}$$

式（1-19）称为周期信号的傅里叶级数展开表达式，式（1-20）~式（1-22）中的系数 a_0、a_k 和 b_k 称为傅里叶级数的展开系数。式（1-20）~式（1-22）的积分式中 t_0 可以是任何实数，一般取 0 或 $-\dfrac{T_0}{2}$，即积分区间取 $[0, T_0]$ 或 $\left[-\dfrac{T_0}{2}, \dfrac{T_0}{2}\right]$。

　　本书假设所分析的周期信号都能满足狄里赫利条件，所以，本书后面不再论述这个条件。

　　在实际中，人们更偏爱将式（1-19）中同频率的余弦项和正弦项进行合并，并写成下列余弦形式

$$f_p(t) = c_0 + \sum_{k=1}^{+\infty} c_k \cos(k\Omega_0 t + \varphi_k) \tag{1-23}$$

比较式（1-23）和式（1-19）中的同频率三角函数，得

$$c_0 = a_0 \tag{1-24}$$

$$c_k = \sqrt{a_k^2 + b_k^2} \quad (k = 1, 2, \cdots) \tag{1-25}$$

$$\varphi_k = -\arctan\frac{b_k}{a_k} \quad (k = 1, 2, \cdots) \tag{1-26}$$

在实际中，c_0 称为周期信号 $f_p(t)$ 的直流分量或恒定分量，c_1 和 φ_1 分别称为周期信号 $f_p(t)$ 的基波分量的振幅和初相位，c_k 和 φ_k（$k \geqslant 2$）分别称为周期信号 $f_p(t)$ 的第 k 次谐波分量的振幅和初相位。

　　式（1-23）表明，任意一个周期信号都可以用它的直流分量、基波分量和各次谐波分量来表示，也就是说这些频率分量组成了该周期信号。由于周期信号与其直流分量、基波分量和各次谐波分量存在着一一对应的关系，因此，一个周期信号的时域分析就可以转化为对该周期信号的各个频率分量的频域分析。我们将这些频率分量称为周期信号的频率谱（简称频谱），也称作周期信号的频率特性。以角频率（或频率）为横坐标画出的各个频率分量的图形称为周期信号的频谱图。其中，以各个频率分量振幅（或有效值）画出的频谱图称为幅度频谱图，简称幅度谱，又称为幅频特性；以各个频率分量初相位画出的频谱图称为相位频谱

图，简称相位谱，又称为相频特性。由于周期信号的频谱是由其直流分量、基波分量和各次谐波分量组成的，因此，周期信号的频谱图在角频率（或频率）轴上是离散的。周期信号呈现出的这种离散频谱又称为谱线。显然，周期信号的谱线间隔为周期信号的角频率 Ω_0（或频率 f_0）。

【例 1-1】 设周期矩形脉冲信号的脉冲宽度为 τ，脉冲幅度为 A，周期为 T_0，如图 1-12 所示。求该信号的频谱，并画出该信号的频谱图。

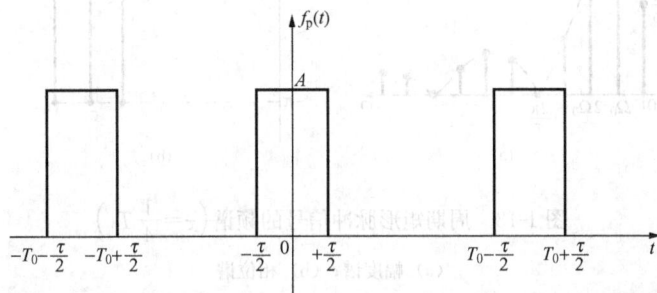

图 1-12 周期矩形脉冲信号的波形

解 图 1-12 所示周期矩形脉冲信号 $f_{\mathrm{p}}(t)$ 在一个周期 $\left[-\dfrac{T_0}{2}, \dfrac{T_0}{2}\right]$ 内可以表示为

$$f_{\mathrm{p}}(t) = A\left[u\left(t+\frac{\tau}{2}\right) - u\left(t-\frac{\tau}{2}\right)\right]$$

将上式作傅里叶级数展开，由式(1-20)~式(1-22)，分别得

$$a_0 = \frac{1}{T_0}\int_{-\frac{T_0}{2}}^{\frac{T_0}{2}} f_{\mathrm{p}}(t)\mathrm{d}t = \frac{1}{T_0}\int_{-\frac{\tau}{2}}^{\frac{\tau}{2}} A\,\mathrm{d}t = \frac{\tau}{T_0}A$$

$$a_k = \frac{2}{T_0}\int_{-\frac{T_0}{2}}^{\frac{T_0}{2}} f_{\mathrm{p}}(t)\cos k\Omega_0 t\,\mathrm{d}t = \frac{2}{T_0}\int_{-\frac{\tau}{2}}^{\frac{\tau}{2}} A\cos k\Omega_0 t\,\mathrm{d}t = \frac{2}{\pi k}A\sin\frac{\tau k\Omega_0}{2} \quad (k=1,2,\cdots)$$

$$b_k = \frac{2}{T_0}\int_{-\frac{T_0}{2}}^{\frac{T_0}{2}} f_{\mathrm{p}}(t)\sin k\Omega_0 t\,\mathrm{d}t = \frac{2}{T_0}\int_{-\frac{\tau}{2}}^{\frac{\tau}{2}} A\sin k\Omega_0 t\,\mathrm{d}t = 0 \quad (k=1,2,\cdots)$$

由式(1-24)~式(1-26)，得该信号的频谱为

$$c_0 = \frac{\tau}{T_0}A$$

$$c_k = \frac{2}{\pi k}A\left|\sin\frac{\tau k\Omega_0}{2}\right| = \frac{\tau\Omega_0}{\pi}A\left|\frac{\sin\dfrac{\tau k\Omega_0}{2}}{\dfrac{\tau k\Omega_0}{2}}\right| = \frac{\tau\Omega_0}{\pi}A\left|\mathrm{Sa}\frac{\tau k\Omega_0}{2}\right| \quad (k=1,2,\cdots)$$

$$\varphi_k = \arg\left(\mathrm{Sa}\frac{\tau k\Omega_0}{2}\right)$$

其中，arg 表示取角运算。这样，图 1-12 所示周期矩形脉冲信号 $f_{\mathrm{p}}(t)$ 可以被表示为

$$f_p(t) = \frac{\tau}{T_0}A + \frac{\tau\Omega_0}{\pi}A\sum_{k=1}^{+\infty}\left|\text{Sa}\frac{\tau k\Omega_0}{2}\right|\cos(k\Omega_0 t + \varphi_k) \qquad (1\text{-}27)$$

图 1-13（a）和图 1-13（b）分别画出了该信号的幅度谱和相位谱。

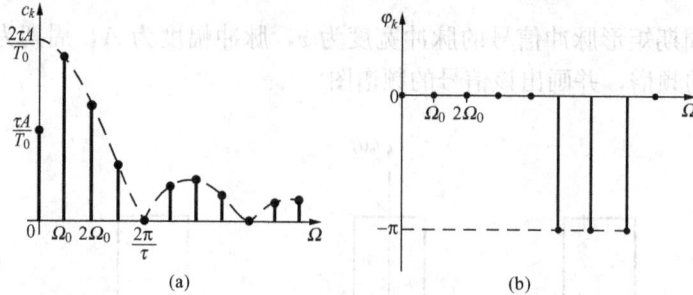

图 1-13　周期矩形脉冲信号的频谱$\left(\tau = \frac{1}{4}T_0\right)$

（a）幅度谱；（b）相位谱

从图 1-13 所示的周期信号的频谱图中可以看出：①周期信号的频谱在频域上是离散的，两相邻谱线的间隔为周期信号的角频率 $\Omega_0\left(=\dfrac{2\pi}{T_0}\right)$，周期信号周期越长，相邻谱线的间隔越小，谱线越密；②周期信号的频谱包含了无限多条谱线，这说明周期信号含有无限多个频率分量，随着角频率（或谐波次数 k）的增加，周期信号的高次谐波分量呈现衰减趋势，角频率（或谐波次数 k）越高，高次谐波分量越小。

尽管周期信号的频谱占据了整个角频率（或频率）轴，但是，当角频率（或谐波次数 k）达到一定值以后，周期信号的高次谐波分量将趋于零。正是基于这个原因，实际中在允许存在一定误差的情况下，往往仅对从零频率（或直流）到某一个确定频率之间的频谱进行分析和处理，而舍去这个确定频率以上的频谱。从零频率到这个确定频率之间的频率范围称为周期信号的有效占有频率，又称为周期信号的频带宽度，记作 B。对应的角频率范围称为角频率宽度，记作 B_Ω。显然，它们之间的关系为 $B_\Omega = 2\pi B$。

从图 1-13 还可以看出，周期矩形脉冲信号的幅度谱包络线为采样函数，其频谱主要集中在包络线的第一个过零点之内。对于这种频谱包络线为采样函数的信号，实际中常常把第一个过零点对应的频率作为信号的频带宽度，即

$$B = \frac{1}{\tau} \quad \text{或} \quad B_\Omega = \frac{2\pi}{\tau}$$

可见，周期矩形脉冲信号的频带宽度与该信号的脉冲宽度成反比。脉冲宽度越宽，频带宽度越窄；反之，脉冲宽度越窄，频带宽度越宽。这说明变化较快的信号必定具有较宽的频带宽度。

对于一般周期信号的频谱，通常从零频率开始到幅度谱降到幅度谱包络线最大值的1/10对应的频率范围定义为该信号的频带宽度。通常将频带宽度有限的信号称为频谱受限信号，简称带限信号。

为了对周期信号的频谱有一个更直观的理解，图 1-14 画出了［例 1-1］中周期矩形脉冲信号的时域与频域合成图形。从图 1-14 再次看出，周期信号的频谱是在频域上对该信号的一种完备表达。

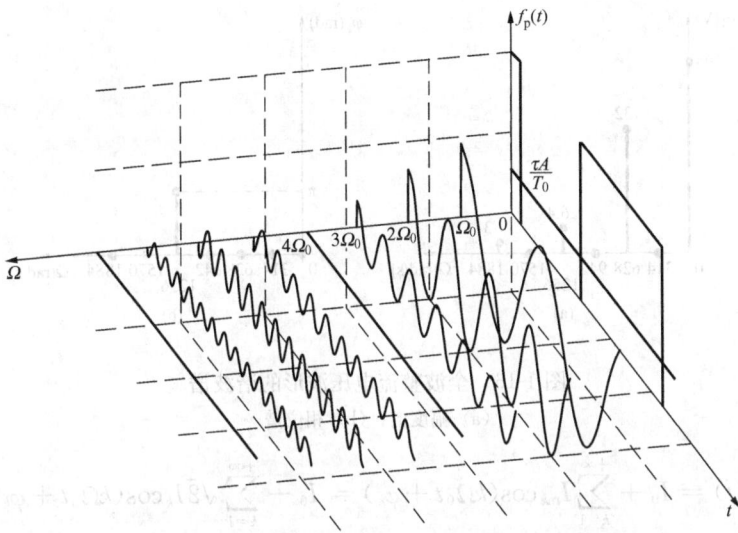

图 1-14　周期矩形脉冲信号的时域与频域合成图

在电气工程中，一般称式（1-23）的余弦形式以及式（1-24）～式（1-26）表达的频谱为正弦频谱，简称正弦谱或谐波谱，并有供测量和计算使用的专用谐波分析仪器和谐波分析软件。

【例 1-2】 图 1-15 画出了 220V 工频电压经全波整流后的电压波形 $u_p(t)$，试求该电压波形的谐波谱。

解　我国工频电压的频率为 50Hz，所以，$T_0 = \dfrac{1}{50} = 0.02$s。图 1-15 中的电压波形为

$$u_p(t) = |\,220\sqrt{2}\cos 314t\,|\ (\text{V})$$

由式（1-20）～式（1-26），得该电压波形的谐波谱为

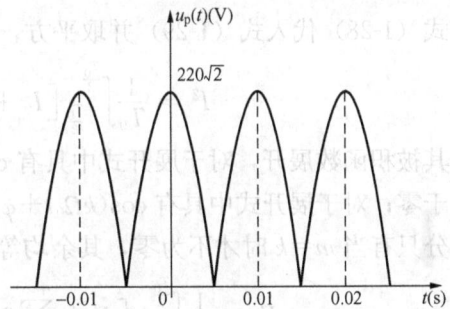

图 1-15　全波整流的电压波形

$$c_0 = 198(\text{V})$$

$$c_k = \begin{cases} 0 & (\text{V}) & (k=1,3,5,\cdots) \\ \dfrac{396}{k^2-1} & (\text{V}) & (k=2,4,6,\cdots) \end{cases}$$

$$\varphi_k = \begin{cases} 0 & (k=1,3,5,\cdots) \\ \arg\left[(-1)^{\frac{k}{2}+1}\right] & (k=2,4,6,\cdots) \end{cases}$$

图 1-16 分别画出了全波整流电压波形的谐波谱的幅度谱和相位谱。可以看出，幅度谱的纵坐标单位为 V（伏特），与原信号单位相同；而相位谱的纵坐标单位为 rad（弧度）。

在实际中，借助周期信号的频谱分析，可以方便地实现非正弦周期信号的有效值计算。例如，非正弦周期电流 $i_p(t)$ 可以被表示为

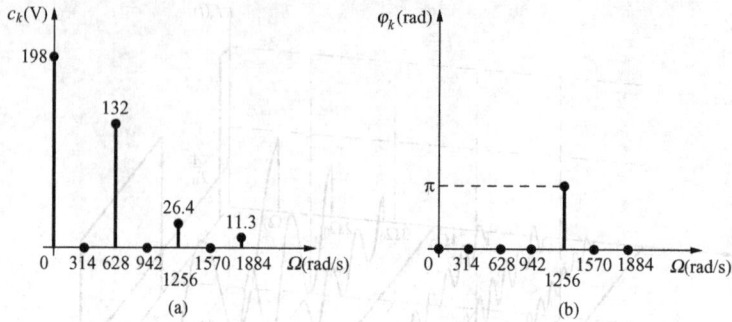

图 1-16　全波整流电压波形的谐波谱

（a）幅度谱；（b）相位谱

$$i_\mathrm{p}(t) = I_0 + \sum_{k=1}^{+\infty} I_{\mathrm{m}k}\cos(k\Omega_0 t + \varphi_k) = I_0 + \sum_{k=1}^{+\infty} \sqrt{2}I_k\cos(k\Omega_0 t + \varphi_k) \tag{1-28}$$

式中：$I_0 = c_0$ 为 $i_\mathrm{p}(t)$ 的直流分量；$I_k = I_{\mathrm{m}k}/\sqrt{2}$ 为 $i_\mathrm{p}(t)$ 第 k 次谐波的有效值。

非正弦周期电流 $i_\mathrm{p}(t)$ 的有效值定义为

$$I = \sqrt{\frac{1}{T_0}\int_{-\frac{T_0}{2}}^{\frac{T_0}{2}} i_\mathrm{p}^2(t)\,\mathrm{d}t} \tag{1-29}$$

将式（1-28）代入式（1-29）并取平方，得

$$I^2 = \frac{1}{T_0}\int_{-\frac{T_0}{2}}^{\frac{T_0}{2}}\left[I_0 + \sum_{k=1}^{+\infty}\sqrt{2}I_k\cos(k\Omega_0 t + \varphi_k)\right]^2\mathrm{d}t$$

将其被积函数展开，对于展开式中具有 $\cos(k\Omega_0 t + \varphi_k)$ 形式的余弦项，在一个周期内的积分等于零；对于展开式中具有 $\cos(k\Omega_0 t + \varphi_k)\cos(m\Omega_0 t + \varphi_m)$ 乘积形式的各项，在一个周期内的积分只有当 $m = k$ 时才不为零，其余均等于零。这样，有

$$I^2 = \frac{1}{T_0}\int_{-\frac{T_0}{2}}^{\frac{T_0}{2}}\left[I_0^2 + \sum_{k=1}^{+\infty}2I_k^2\cos^2(k\Omega_0 t + \varphi_k)\right]\mathrm{d}t = I_0^2 + \sum_{k=1}^{+\infty}I_k^2 \tag{1-30}$$

式（1-30）结果正是线性电路理论中谐波分析法的结论。式（1-30）又称为帕斯瓦尔（Parseval）恒等式，它表明在时域中求出的周期信号的有效值平方等于在频域中的直流分量、基波分量和各次谐波分量的有效值平方之和。

由线性电路理论知，电压和电流的有效值概念与电路元件消耗的平均功率密切相关。例如，让式（1-28）电流 $i_\mathrm{p}(t)$ 流过 1Ω 的电阻，则该电阻吸收的平均电功率为

$$P = \frac{1}{T_0}\int_{-\frac{T_0}{2}}^{\frac{T_0}{2}}1 \times i_\mathrm{p}^2(t)\,\mathrm{d}t = \frac{1}{T_0}\int_{-\frac{T_0}{2}}^{\frac{T_0}{2}}i_\mathrm{p}^2(t)\,\mathrm{d}t = I_0^2 + \sum_{k=1}^{+\infty}I_k^2 = 1 \times I_0^2 + \sum_{k=1}^{+\infty}1 \times I_k^2 = P_0 + \sum_{k=1}^{+\infty}P_k$$

式中：P_0 为直流电功率；P_k 为第 k 次谐波的平均电功率。

在信号分析中，仿照线性电路中电阻吸收的平均电功率的定义，定义周期信号 $f_\mathrm{p}(t)$ 的平均功率为

$$P = \frac{1}{T_0}\int_{-\frac{T_0}{2}}^{\frac{T_0}{2}}f_\mathrm{p}^2(t)\,\mathrm{d}t \tag{1-31}$$

由式（1-30），得

$$P = P_0 + \sum_{k=1}^{+\infty} P_k \tag{1-32}$$

式中：P_0 为周期信号 $f_p(t)$ 直流分量的功率；P_k 为周期信号 $f_p(t)$ 第 k 次谐波分量的平均功率。

由式（1-31）的定义和式（1-23）得

$$P_0 = \frac{1}{T_0} \int_{-\frac{T_0}{2}}^{\frac{T_0}{2}} c_0^2 \, dt = c_0^2 \tag{1-33}$$

$$P_k = \frac{1}{T_0} \int_{-\frac{T_0}{2}}^{\frac{T_0}{2}} c_k^2 \cos^2(k\Omega_0 t + \varphi_k) \, dt = \frac{1}{2} c_k^2 \tag{1-34}$$

式（1-32）称为周期信号 $f_p(t)$ 的帕斯瓦尔定理，即周期信号的平均功率等于其直流功率、基波平均功率和各次谐波平均功率之和。这个定理也告诉我们，周期信号 $f_p(t)$ 的平均功率不仅可以在时域上按式（1-31）的定义进行计算，也可以在频域上通过直流分量、基波分量和各次谐波分量的平均功率进行计算。

二、周期信号的指数频谱

周期信号的频谱分析除按式（1-23）余弦形式进行傅里叶级数展开外，在电子工程和通信工程领域，人们更广泛地采用指数形式进行傅里叶级数展开。将式（1-19）中的 $\cos k\Omega_0 t$ 和 $\sin k\Omega_0 t$ 表示为指数形式，得

$$f_p(t) = a_0 + \sum_{k=1}^{+\infty} \left[a_k \frac{e^{jk\Omega_0 t} + e^{-jk\Omega_0 t}}{2} + b_k \frac{e^{jk\Omega_0 t} - e^{-jk\Omega_0 t}}{j2} \right]$$

$$= a_0 + \sum_{k=1}^{+\infty} \frac{a_k - jb_k}{2} e^{jk\Omega_0 t} + \sum_{k=1}^{+\infty} \frac{a_k + jb_k}{2} e^{-jk\Omega_0 t}$$

$$= \sum_{k=-\infty}^{-1} \frac{a_{-k'} + jb_{-k'}}{2} e^{jk'\Omega_0 t} + a_0 + \sum_{k=1}^{+\infty} \frac{a_k - jb_k}{2} e^{jk\Omega_0 t}$$

对上式负幂次的指数项做求和序号变换，即 $k = -k'$。傅里叶级数又可以写为如下指数形式，即

$$f_p(t) = \sum_{k=-\infty}^{+\infty} F_k e^{jk\Omega_0 t} \tag{1-35}$$

式（1-35）称为周期信号 $f_p(t)$ 的傅里叶级数的指数形式，其中

$$F_0 = a_0 = c_0 \tag{1-36}$$

当 $k \geq 1$ 时

$$F_k = |F_k| e^{j\theta_k} = \frac{a_k - jb_k}{2} = \frac{\sqrt{a_k^2 + b_k^2}}{2} e^{-j\arctan \frac{b_k}{a_k}} = \frac{c_k}{2} e^{j\varphi_k}$$

$$F_{-k} = |F_{-k}| e^{j\theta_{-k}} = \frac{a_k + jb_k}{2} = \frac{\sqrt{a_k^2 + b_k^2}}{2} e^{j\arctan \frac{b_k}{a_k}} = \frac{c_k}{2} e^{-j\varphi_k}$$

综上讨论，得

$$\begin{cases} F_0 = c_0 \\ |F_k| = |F_{-k}| = \frac{c_k}{2} \quad (k=1,2,\cdots) \\ \theta_k = -\theta_{-k} = \varphi_k \quad (k=1,2,\cdots) \end{cases} \tag{1-37}$$

式（1-37）给出了由傅里叶级数的余弦形式转换为指数形式的计算公式。此外，由式（1-35）傅里叶级数的指数形式的定义式和指数函数 $e^{jk\Omega_0 t}$ 的正交性质，也可以直接计算展开系数 F_k，得

$$F_k = \frac{1}{T_0}\int_{t_0}^{t_0+T_0} f_p(t)e^{-jk\Omega_0 t}dt \quad (k=0,\pm1,\pm2,\cdots) \tag{1-38}$$

式中：t_0 一般取 0 或 $-\dfrac{T_0}{2}$，即式（1-38）积分区间取 $[0, T_0]$ 或 $\left[-\dfrac{T_0}{2}, \dfrac{T_0}{2}\right]$。

如果知道傅里叶级数的指数形式，由式（1-37）也可以得出转换为余弦形式的计算公式，即

$$\begin{cases} c_0 = F_0 \\ c_k = 2|F_k| = 2|F_{-k}| \quad (k=1,2,\cdots) \\ \varphi_k = \theta_k = -\theta_{-k} \quad (k=1,2,\cdots) \end{cases} \tag{1-39}$$

与周期信号的正弦频谱的定义类似，也可以按照傅里叶级数的指数形式定义周期信号的频谱，这种频谱称为指数频谱，简称指数谱。由于展开系数 F_k 一般是复数，因此它的幅度 $|F_k|$ 与角频率（或频率）的关系被称为幅度谱，又称为幅频特性，而它的相角 θ_k 与角频率（或频率）的关系被称为相位谱，又称为相频特性。从式（1-35）看出，与式（1-23）定义的周期信号 $f_p(t)$ 的正弦谱不同的是，周期信号 $f_p(t)$ 的指数谱中不仅包含了正的角频率项（或频率项）和直流分量，还含有负的角频率项（或频率项）。式（1-37）表明指数谱的幅频特性关于 $\Omega=0$ 的纵轴左右对称，即 $|F_k|$ 是 k 的偶序列；指数谱的相频特性关于 $\Omega=0$ 的纵轴左右反对称，即 θ_k 是 k 的奇序列。利用指数谱的这个性质，就可以从它的正的角频率项（或频率项）推导出它的负的角频率项（或频率项）。

式（1-37）和式（1-39）提供了周期信号 $f_p(t)$ 的正弦谱和指数谱之间的相互转换公式。由式（1-39）可以看出，除直流分量外，正弦谱的幅值 c_k 为指数谱幅值 $|F_k|$ 的两倍，即 $c_k=2|F_k|$（$k\neq0$）。在本书第十二章的周期信号的数字谱分析中将用到这个关系。

【例 1-3】　试求出［例 1-1］中周期矩形脉冲信号的指数谱，并画出它的幅度谱和相位谱。

解　由［例 1-1］的周期矩形脉冲信号 $f_p(t)$ 的定义，得

$$F_k = \frac{1}{T_0}\int_{-\frac{\tau}{2}}^{\frac{\tau}{2}} Ae^{-jk\Omega_0 t}dt$$

$$= \frac{\tau\Omega_0}{2\pi}A\,\mathrm{Sa}\left(\frac{\tau k\Omega_0}{2}\right)(k=0,\pm1,\pm2,\cdots)$$

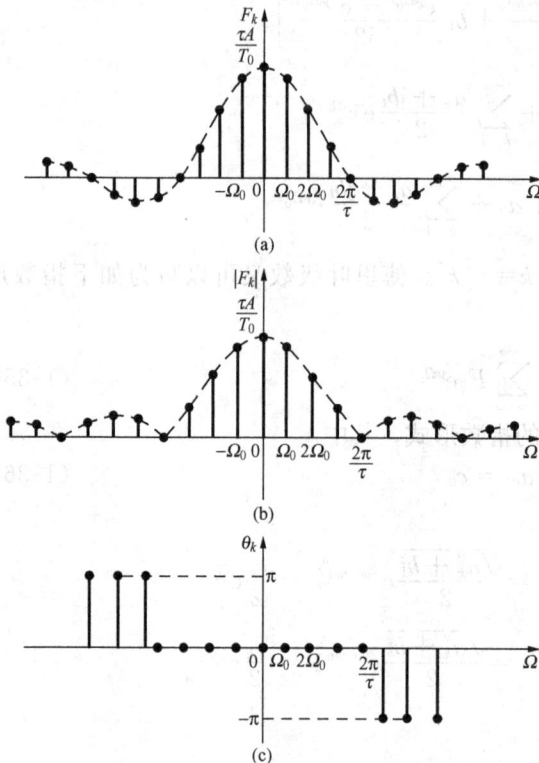

图 1-17　周期矩形脉冲信号的指数谱 $\left(\tau=\dfrac{T_0}{4}\right)$

（a）F_k；（b）$|F_k|$；（c）θ_k

图 1-17 分别画出了 F_k、$|F_k|$ 和 θ_k 的图形。将图 1-13 中该信号的正弦谱和图 1-17 的指数谱进行对比，可以看出，在正弦谱中直流分量等于其谐波分量振幅包络线当 $\Omega=0$ 时的一半，而在指数谱中直流分量就是其谐波分量振幅包络线当 $\Omega=0$ 时的值。也就是说，在指数谱中直流分量满足谐波分量振幅包络线函数。这也就是人们为什么在信号分析中偏爱使用傅里叶级数的指数形式的原因之一。此外，从图 1-17 还可看出，指数谱的包络线仍为采样函数，它的第一个零出现在 $\Omega=2\pi/\tau$ 处，该信号的角频率宽度为 $B_\Omega=2\pi/\tau$，与［例 1-1］的结果相同。

再次讨论周期信号的平均功率。由式(1-32)帕斯瓦尔定理及式(1-33)和式(1-34)，得

$$P = c_0^2 + \sum_{k=1}^{+\infty} \frac{1}{2}c_k^2$$

将式（1-39）代入得

$$P = F_0^2 + 2\sum_{k=1}^{+\infty}|F_k|^2 = F_0^2 + \sum_{k=2}^{+\infty}|F_{-k}|^2 + \sum_{k=1}^{+\infty}|F_k|^2 = F_0^2 + \sum_{k=-\infty}^{-1}|F_k|^2 + \sum_{k=1}^{+\infty}|F_k|^2$$

由此可写为

$$P = \sum_{k=-\infty}^{+\infty}|F_k|^2 \tag{1-40}$$

式（1-40）是周期信号的指数谱的帕斯瓦尔定理。

三、周期信号的对称性

实际中的很多周期信号具有某种对称性质，这将导致傅里叶级数中的一些展开系数等于零。利用周期信号的这种对称性质，可以简化傅里叶级数的计算。下面讨论四种情况。

（1）周期信号为偶函数。周期信号 $f_p(t)$ 满足

$$f_p(t) = f_p(-t) \tag{1-41}$$

即周期信号关于纵坐标轴对称。由式（1-20）～式（1-22），得

$$a_0 = \frac{1}{T_0}\int_{-\frac{T_0}{2}}^{\frac{T_0}{2}} f_p(t)dt = \frac{1}{T_0}\left[\int_{-\frac{T_0}{2}}^{0} f_p(t)dt + \int_{0}^{\frac{T_0}{2}} f_p(t)dt\right]$$

$$= \frac{1}{T_0}\left[\int_{\frac{T_0}{2}}^{0} f_p(-t)d(-t) + \int_{0}^{\frac{T_0}{2}} f_p(t)dt\right] = \frac{1}{T_0}\int_{0}^{\frac{T_0}{2}}[f_p(-t)+f_p(t)]dt$$

$$= \frac{2}{T_0}\int_{0}^{\frac{T_0}{2}} f_p(t)dt$$

$$a_k = \frac{2}{T_0}\int_{-\frac{T_0}{2}}^{\frac{T_0}{2}} f_p(t)\cos k\Omega_0 t dt = \frac{2}{T_0}\left[\int_{-\frac{T_0}{2}}^{0} f_p(t)\cos k\Omega_0 t dt + \int_{0}^{\frac{T_0}{2}} f_p(t)\cos k\Omega_0 t dt\right]$$

$$= \frac{2}{T_0}\left[\int_{\frac{T_0}{2}}^{0} f_p(-t)\cos(-k\Omega_0 t)d(-t) + \int_{0}^{\frac{T_0}{2}} f_p(t)\cos k\Omega_0 t dt\right]$$

$$= \frac{2}{T_0}\int_{0}^{\frac{T_0}{2}}[f_p(-t)+f_p(t)]\cos k\Omega_0 t dt$$

$$= \frac{4}{T_0}\int_{0}^{\frac{T_0}{2}} f_p(t)\cos k\Omega_0 t dt \quad (k=1,2,\cdots)$$

$$b_k = \frac{2}{T_0}\int_{-\frac{T_0}{2}}^{\frac{T_0}{2}} f_{\mathrm{p}}(t)\sin k\Omega_0 t\,\mathrm{d}t = \frac{2}{T_0}\left[\int_{-\frac{T_0}{2}}^{0} f_{\mathrm{p}}(t)\sin k\Omega_0 t\,\mathrm{d}t + \int_{0}^{\frac{T_0}{2}} f_{\mathrm{p}}(t)\sin k\Omega_0 t\,\mathrm{d}t\right]$$

$$= \frac{2}{T_0}\left[\int_{\frac{T_0}{2}}^{0} f_{\mathrm{p}}(-t)\sin(-k\Omega_0 t)\,\mathrm{d}(-t) + \int_{0}^{\frac{T_0}{2}} f_{\mathrm{p}}(t)\sin k\Omega_0 t\,\mathrm{d}t\right]$$

$$= \frac{2}{T_0}\int_{0}^{\frac{T_0}{2}}\left[f_{\mathrm{p}}(t)(-1) + f_{\mathrm{p}}(t)\right]\sin k\Omega_0 t\,\mathrm{d}t$$

$$= 0 \quad (k = 1,2,\cdots)$$

此时，周期信号的傅里叶级数为

$$f_{\mathrm{p}}(t) = a_0 + \sum_{k=1}^{+\infty} a_k\cos k\Omega_0 t = F_0 + \sum_{k=1}^{+\infty}\frac{a_k}{2}(\mathrm{e}^{\mathrm{j}k\Omega_0 t} + \mathrm{e}^{-\mathrm{j}k\Omega_0 t}) = \sum_{k=-\infty}^{+\infty} F_k\mathrm{e}^{\mathrm{j}k\Omega_0 t}$$

其中

$$F_0 = a_0$$

$$F_k = F_{-k} = \frac{a_k}{2} \quad (k = 1,2,\cdots)$$

可以看出，当周期信号为偶函数时，傅里叶级数中只含有直流分量和余弦项，而且 F_k 为实数。

（2）周期信号为奇函数。周期信号 $f_{\mathrm{p}}(t)$ 满足

$$f_{\mathrm{p}}(t) = -f_{\mathrm{p}}(-t) \tag{1-42}$$

即周期信号关于纵坐标轴反对称。由式（1-20）～式（1-22），得

$$a_0 = \frac{1}{T_0}\int_{-\frac{T_0}{2}}^{\frac{T_0}{2}} f_{\mathrm{p}}(t)\,\mathrm{d}t = \frac{1}{T_0}\left[\int_{-\frac{T_0}{2}}^{0} f_{\mathrm{p}}(t)\,\mathrm{d}t + \int_{0}^{\frac{T_0}{2}} f_{\mathrm{p}}(t)\,\mathrm{d}t\right]$$

$$= \frac{1}{T_0}\left[\int_{\frac{T_0}{2}}^{0} f_{\mathrm{p}}(-t)\,\mathrm{d}(-t) + \int_{0}^{\frac{T_0}{2}} f_{\mathrm{p}}(t)\,\mathrm{d}t\right] = \frac{1}{T_0}\int_{0}^{\frac{T_0}{2}}\left[-f_{\mathrm{p}}(t) + f_{\mathrm{p}}(t)\right]\mathrm{d}t$$

$$= 0$$

$$a_k = \frac{2}{T_0}\int_{-\frac{T_0}{2}}^{\frac{T_0}{2}} f_{\mathrm{p}}(t)\cos k\Omega_0 t\,\mathrm{d}t = \frac{2}{T_0}\left[\int_{-\frac{T_0}{2}}^{0} f_{\mathrm{p}}(t)\cos k\Omega_0 t\,\mathrm{d}t + \int_{0}^{\frac{T_0}{2}} f_{\mathrm{p}}(t)\cos k\Omega_0 t\,\mathrm{d}t\right]$$

$$= \frac{2}{T_0}\left[\int_{\frac{T_0}{2}}^{0} f_{\mathrm{p}}(-t)\cos(-k\Omega_0 t)\,\mathrm{d}(-t) + \int_{0}^{\frac{T_0}{2}} f_{\mathrm{p}}(t)\cos k\Omega_0 t\,\mathrm{d}t\right]$$

$$= \frac{2}{T_0}\int_{0}^{\frac{T_0}{2}}\left[-f_{\mathrm{p}}(t) + f_{\mathrm{p}}(t)\right]\cos k\Omega_0 t\,\mathrm{d}t$$

$$= 0 \quad (k = 1,2,\cdots)$$

$$b_k = \frac{2}{T_0}\int_{-\frac{T_0}{2}}^{\frac{T_0}{2}} f_{\mathrm{p}}(t)\sin k\Omega_0 t\,\mathrm{d}t = \frac{2}{T_0}\left[\int_{-\frac{T_0}{2}}^{0} f_{\mathrm{p}}(t)\sin k\Omega_0 t\,\mathrm{d}t + \int_{0}^{\frac{T_0}{2}} f_{\mathrm{p}}(t)\sin k\Omega_0 t\,\mathrm{d}t\right]$$

$$= \frac{2}{T_0}\left[\int_{\frac{T_0}{2}}^{0} f_{\mathrm{p}}(-t)\sin(-k\Omega_0 t)\,\mathrm{d}(-t) + \int_{0}^{\frac{T_0}{2}} f_{\mathrm{p}}(t)\sin k\Omega_0 t\,\mathrm{d}t\right]$$

$$= \frac{2}{T_0} \int_0^{\frac{T_0}{2}} [-f_p(t)(-1) + f_p(t)] \sin k\Omega_0 t \, dt$$

$$= \frac{4}{T_0} \int_0^{\frac{T_0}{2}} f_p(t) \sin k\Omega_0 t \, dt \quad (k = 1, 2, \cdots)$$

此时，周期信号的傅里叶级数为

$$f_p(t) = \sum_{k=1}^{+\infty} b_k \sin k\Omega_0 t = \sum_{k=1}^{+\infty} \frac{-jb_k}{2} (e^{jk\Omega_0 t} - e^{-jk\Omega_0 t}) = \sum_{k=-\infty}^{+\infty} F_k e^{jk\Omega_0 t}$$

其中

$$F_k = -F_{-k} = -j \frac{b_k}{2} \quad (k = 1, 2, \cdots)$$

可以看出，当周期信号为奇函数时，傅里叶级数中只含有正弦项，而且 F_k 为虚数。

（3）周期信号为奇谐波函数。周期信号 $f_p(t)$ 满足

$$f_p(t) = -f_p\left(t \pm \frac{T_0}{2}\right) \tag{1-43}$$

即周期信号沿时间轴移动半个周期后关于横坐标轴对称，如图 1-18 所示。

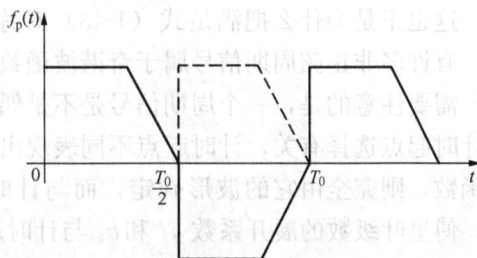

图 1-18　周期信号为奇谐波函数的波形

由式（1-20）～式（1-22），得

$$a_0 = \frac{1}{T_0} \int_{-\frac{T_0}{2}}^{\frac{T_0}{2}} f_p(t) \, dt = \frac{1}{T_0} \left[\int_{-\frac{T_0}{2}}^{0} f_p(t) \, dt + \int_0^{\frac{T_0}{2}} f_p(t) \, dt \right]$$

$$= \frac{1}{T_0} \left[\int_0^{\frac{T_0}{2}} f_p\left(t - \frac{T_0}{2}\right) d\left(t - \frac{T_0}{2}\right) + \int_0^{\frac{T_0}{2}} f_p(t) \, dt \right] = \frac{1}{T_0} \int_0^{\frac{T_0}{2}} [-f_p(t) + f_p(t)] \, dt$$

$$= 0$$

$$a_k = \frac{2}{T_0} \int_{-\frac{T_0}{2}}^{\frac{T_0}{2}} f_p(t) \cos k\Omega_0 t \, dt = \frac{2}{T_0} \left[\int_{-\frac{T_0}{2}}^{0} f_p(t) \cos k\Omega_0 t \, dt + \int_0^{\frac{T_0}{2}} f_p(t) \cos k\Omega_0 t \, dt \right]$$

$$= \frac{2}{T_0} \left[\int_0^{\frac{T_0}{2}} f_p\left(t - \frac{T_0}{2}\right) \cos k\Omega_0\left(t - \frac{T_0}{2}\right) d\left(t - \frac{T_0}{2}\right) + \int_0^{\frac{T_0}{2}} f_p(t) \cos k\Omega_0 t \, dt \right]$$

$$= \frac{2}{T_0} \left[\int_0^{\frac{T_0}{2}} f_p\left(t - \frac{T_0}{2}\right) \cos(k\Omega_0 t - k\pi) \, dt + \int_0^{\frac{T_0}{2}} f_p(t) \cos k\Omega_0 t \, dt \right]$$

$$= \frac{2}{T_0} \int_0^{\frac{T_0}{2}} [-(-1)^k + 1] f_p(t) \cos k\Omega_0 t \, dt = \begin{cases} 0 & (k = 2, 4, \cdots) \\ \dfrac{4}{T_0} \int_0^{\frac{T_0}{2}} f_p(t) \cos k\Omega_0 t \, dt & (k = 1, 3, \cdots) \end{cases}$$

$$b_k = \frac{2}{T_0} \int_{-\frac{T_0}{2}}^{\frac{T_0}{2}} f_p(t) \sin k\Omega_0 t \, dt = \frac{2}{T_0} \left[\int_{-\frac{T_0}{2}}^{0} f_p(t) \sin k\Omega_0 t \, dt + \int_0^{\frac{T_0}{2}} f_p(t) \sin k\Omega_0 t \, dt \right]$$

$$= \frac{2}{T_0} \left[\int_0^{\frac{T_0}{2}} f_\mathrm{p}\left(t - \frac{T_0}{2} \right) \sin k\Omega_0 \left(t - \frac{T_0}{2} \right) \mathrm{d}\left(t - \frac{T_0}{2} \right) + \int_0^{\frac{T_0}{2}} f_\mathrm{p}(t) \sin k\Omega_0 t \mathrm{d}t \right]$$

$$= \frac{2}{T_0} \left[\int_0^{\frac{T_0}{2}} f_\mathrm{p}\left(t - \frac{T_0}{2} \right) \sin(k\Omega_0 t - k\pi) \mathrm{d}t + \int_0^{\frac{T_0}{2}} f_\mathrm{p}(t) \sin k\Omega_0 t \mathrm{d}t \right]$$

$$= \frac{2}{T_0} \int_0^{\frac{T_0}{2}} \left[-(-1)^k + 1 \right] f_\mathrm{p}(t) \sin k\Omega_0 t \mathrm{d}t = \begin{cases} 0 & (k = 2, 4, \cdots) \\ \dfrac{4}{T_0} \displaystyle\int_0^{\frac{T_0}{2}} f_\mathrm{p}(t) \sin k\Omega_0 t \mathrm{d}t & (k = 1, 3, \cdots) \end{cases}$$

可以看出，此时周期信号的傅里叶级数中不含直流分量和偶次谐波分量，仅含奇次谐波分量，这也正是为什么把满足式（1-43）对称性的函数称为奇谐波函数的原因。在电气工程中，有许多非正弦周期信号属于奇谐波函数。

需要注意的是，一个周期信号是不是偶函数或奇函数不仅与它的波形有关，而且还与它的计时起点选择有关，计时起点不同表现出来的奇偶性也不同。但是，周期信号是不是奇谐波函数，则完全由它的波形确定，而与计时起点无关。从式（1-21）和式（1-22）不难看出，傅里叶级数的展开系数 a_k 和 b_k 与计时起点的选择密切相关。但是，c_k 和 $|F_k|$ 与计时起点的选择无关。也就是说，一个周期信号的幅度谱并不因为计时起点的改变而变化。这也正是实际中广泛使用式（1-23）表达的正弦谱或式（1-35）表达的指数谱的原因之一。

为说明这一点，假设对周期信号 $f_\mathrm{p}(t)$ 右移 t_1，使计时起点不同于原周期信号。右移后的新周期信号设为 $f_\mathrm{1p}(t) = f_\mathrm{p}(t - t_1)$。由式（1-35），得周期信号已经被展开为

$$f_\mathrm{p}(t) = \sum_{k=-\infty}^{+\infty} F_k \mathrm{e}^{jk\Omega_0 t}$$

对上式右移 t_1，得

$$f_\mathrm{1p}(t) = \sum_{k=-\infty}^{+\infty} F_k \mathrm{e}^{jk\Omega_0 (t-t_1)} = \sum_{k=-\infty}^{+\infty} F_k \mathrm{e}^{-jk\Omega_0 t_1} \mathrm{e}^{jk\Omega_0 t} = \sum_{k=-\infty}^{+\infty} F_{1k} \mathrm{e}^{jk\Omega_0 t}$$

显然，有

$$F_{1k} = \mathrm{e}^{-jk\Omega_0 t_1} F_k$$

利用式（1-39）即得

$$c_{1k} = c_k$$

上述推导表明，周期信号 $f_\mathrm{p}(t)$ 与把计时起点改变后的新周期信号 $f_\mathrm{1p}(t) = f_\mathrm{p}(t - t_1)$ 具有相同的幅度谱，即 $|F_{1k}| = |F_k|$ 或 $c_{1k} = c_k$，计时起点的改变只影响它们的相位谱。这说明构成周期信号的各次谐波分量对该周期信号波形的相对位置总是一定的，不会因为计时起点的改变而改变。

（4）周期信号为偶谐波函数。周期信号 $f_\mathrm{p}(t)$ 满足

$$f_\mathrm{p}(t) = f_\mathrm{p}\left(t \pm \frac{T_0}{2} \right) \tag{1-44}$$

即周期信号沿时间轴移动半个周期后与后半个周期波形相同。类似于前面的奇谐波函数的讨论，偶谐波函数中不含奇次谐波分量，仅含直流分量和偶次谐波分量。

利用周期信号的这些对称性质，可以帮助我们通过对周期信号波形的定性分析，判断其各次谐波分量的组成。

第三节 非周期信号的频谱

一、频谱密度函数

与周期信号 $f_p(t)$ 不同,非周期信号 $f(t)$ 不能用傅里叶级数来表示。实际中的非周期信号 $f(t)$ 取值不为零的时间总是有限的。例如,对图 1-19 所示的非周期信号 $f(t)$,在区间 $[0, t_0]$ 之外,$f(t)$ 取零或者很小可以忽略不计。为了分析非周期信号 $f(t)$ 的频谱,可以用一个足够长的时间 $T_0(T_0 \gg t_0)$ 作为周期,将 $f(t)$ 延拓成为一个周期信号 $f_p(t)$,如图 1-20 所示。显然,当 T_0 趋于无穷大时,延拓后的周期信号 $f_p(t)$ 就变成非周期信号 $f(t)$。

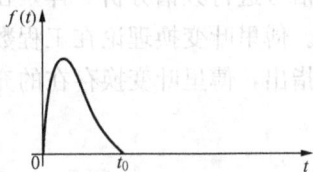

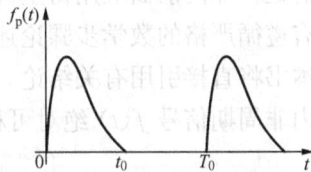

图 1-19 非周期信号 　　　　　图 1-20 延拓后的周期信号

由式 (1-38),得延拓后的周期信号 $f_p(t)$ 的频谱为

$$F_k = \frac{1}{T_0}\int_{-\frac{T_0}{2}}^{\frac{T_0}{2}} f_p(t)e^{-jk\Omega_0 t}dt = f_0\int_{-\frac{T_0}{2}}^{\frac{T_0}{2}} f_p(t)e^{-jk\Omega_0 t}dt \quad (k = 0, \pm 1, \pm 2, \cdots) \quad (1\text{-}45)$$

我们知道周期信号 $f_p(t)$ 的频谱是离散谱,相邻两条谱线的频率间隔为 $f_0 = \frac{1}{T_0}$。如果将第 k 次谐波分量 F_k 均匀地分配在图 1-21 所示的以频率 kf_0 为中心、频率宽度为 f_0 的频率范围内,则该频率范围对应的频谱密度为

$$\frac{F_k}{f_0} = \int_{-\frac{T_0}{2}}^{\frac{T_0}{2}} f_p(t)e^{-jk\Omega_0 t}dt \quad (k = 0, \pm 1, \pm 2, \cdots)$$

$$(1\text{-}46)$$

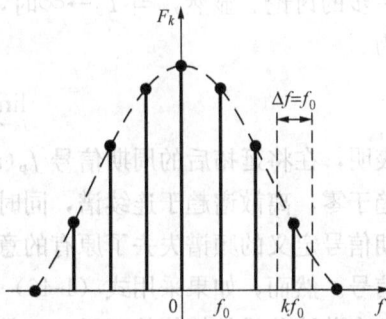

图 1-21 频谱密度示意图

当 $T_0 \to \infty$ 时,延拓后的周期信号 $f_p(t)$ 被还原为非周期信号 $f(t)$。在取极限的过程中,由于相邻谱线的频率间隔趋于零,即相邻谱线无限接近,使周期信号 $f_p(t)$ 的离散频谱转化为非周期信号 $f(t)$ 的连续频谱,式 (1-46) 中的离散角频率 $k\Omega_0$ 转化为连续取值的角频率 Ω。因此,式 (1-46) 定义的频谱密度可以写为

$$F(j\Omega) = \int_{-\infty}^{+\infty} f(t)e^{-j\Omega t}dt \quad (-\infty < \Omega < +\infty) \quad (1\text{-}47)$$

则称 $F(j\Omega)$ 为非周期信号 $f(t)$ 的频谱密度函数,简称频谱密度。下面讨论如何用频谱密度函数表达非周期信号的问题。由式 (1-35),得

$$f_p(t) = \sum_{k=-\infty}^{+\infty} F_k e^{jk\Omega_0 t} = \sum_{k=-\infty}^{+\infty} \frac{F_k}{f_0} e^{jk\Omega_0 t} f_0 = \sum_{k=-\infty}^{+\infty} \frac{F_k}{f_0} e^{jk\Omega_0 t} \frac{\Omega_0}{2\pi} = \frac{1}{2\pi}\sum_{k=-\infty}^{+\infty} \frac{F_k}{f_0} e^{jk\Omega_0 t} \Delta\Omega$$

式中：Ω_0 为离散谱线的角频率间隔，将其写为 $\Delta\Omega$。

当 $T_0 \rightarrow \infty$ 时，上式极限即为如下定积分

$$f(t) = \frac{1}{2\pi}\int_{-\infty}^{+\infty} F(j\Omega)e^{j\Omega t}\,d\Omega \tag{1-48}$$

式（1-48）表明，非周期信号 $f(t)$ 可以由它的频谱密度函数表示。

在数学上，这种非周期信号的频谱分析方法称为傅里叶变换方法。式（1-47）称为傅里叶正变换，简称傅里叶变换，式（1-48）称为傅里叶反变换。通常，用 $\mathscr{F}[f(t)]$ 表示式（1-47）的傅里叶正变换，用 $\mathscr{F}^{-1}[F(j\Omega)]$ 表示式（1-48）的傅里叶反变换。傅里叶变换理论为信号的频谱分析奠定了重要的数学基础。

需要说明的是，如同前面应用傅里叶级数理论对周期信号进行频谱分析一样，在上述推导过程中并没有遵循严格的数学步骤论述傅里叶变换理论。傅里叶变换理论在工程数学课程中已经讲授，本书将直接引用有关结论。傅里叶变换理论指出，傅里叶变换存在的充分条件是在无限区间内非周期信号 $f(t)$ 绝对可积，即

$$\int_{-\infty}^{+\infty} |f(t)|\,dt < \infty \tag{1-49}$$

但是这个条件并不是必要条件。对于冲激函数、阶跃函数、周期函数等许多不满足上述条件的函数，也能进行傅里叶变换，这为信号的频谱分析带来了方便。

前面，我们借助周期信号的频谱分析方法，通过非周期信号的周期延拓导出了非周期信号的频谱分析方法。对比两种信号的分析方法，可以看出，在非周期信号的频谱分析中，不同于周期信号的是没有采用频谱的概念，而是采用了频谱密度的概念。下面，对这个问题作进一步的讨论。显然，当 $T_0 \rightarrow \infty$ 时，$f_0 \rightarrow 0$，且考虑到式（1-49）的条件，式（1-45）的极限为

$$\lim_{f_0 \rightarrow 0} f_0 \int_{-\infty}^{+\infty} f(t)e^{-j\Omega t}\,dt = 0$$

这表明，在将延拓后的周期信号 $f_p(t)$ 还原为非周期信号 $f(t)$ 的极限过程中，谱线的频率间隔趋于零，离散谱趋于连续谱，同时，各次谐波分量即所有谱线的幅值也趋于零。因此，按周期信号定义的频谱失去了原有的意义，无法用周期信号的频谱表达方式在频域上表达非周期信号。然而，如果采用式（1-46）定义的频谱密度概念，那么在上面取极限的过程中，尽管各次谐波分量的幅值趋于零，但是，分配在各次谐波频率点上的谐波分量的频谱密度是一个有限值，并不随着取极限的过程而趋于零。于是可以用谐波分量的频谱密度代替谐波分量的频谱来表达非周期信号的频域特性。当然，在取极限的过程中，所有离散的谐波分量的频谱密度最终被转化为充满整个频率轴的连续的频谱密度函数。这正是式（1-47）频谱密度函数的基本含义。

上述讨论表明，非周期信号 $f(t)$ 与它的频谱密度函数 $F(j\Omega)$ 是一一对应的，通过傅里叶变换可以相互转换。知道了非周期信号就可以由式（1-47）求出它的频谱密度函数；反之，知道了非周期信号的频谱密度函数就可以由式（1-48）求出它对应的非周期信号。

通常讨论的非周期信号 $f(t)$ 都是实函数。由式（1-47）知道，它的频谱密度函数 $F(j\Omega)$ 一般为复函数，将其写为如下形式，即

$$F(j\Omega) = |F(j\Omega)|\,e^{j\varphi(j\Omega)} \tag{1-50}$$

式中：$|F(j\Omega)|$ 表达了频谱密度函数的幅值与角频率（或频率）之间的关系，称为幅度频谱密度，简称幅度频谱或幅度谱；$\varphi(j\Omega)$ 表达了频谱密度函数的初相位与角频率（或频率）之间的关系，称为相位频谱，简称相位谱。显然，非周期信号的幅度频谱和相位频谱都是角频率（或频率）的连续函数。如果非周期信号是实函数，对式（1-47）两边取共轭，有

$$F^*(j\Omega) = \int_{-\infty}^{+\infty} f(t)e^{j\Omega t}\,dt = \int_{-\infty}^{+\infty} f(t)e^{-j(-\Omega)t}\,dt = F(-j\Omega)$$

由式（1-50），得

$$\begin{cases} |F(j\Omega)| = |F(-j\Omega)| \\ \varphi(j\Omega) = -\varphi(-j\Omega) \end{cases} \tag{1-51}$$

式（1-51）表明，如果非周期信号是实函数，则它的幅度谱是角频率（或频率）的偶函数，相位谱是角频率（或频率）的奇函数。

为了对频谱密度函数有更深入的理解，让我们再次对频谱密度函数进行讨论。式（1-48）可以被进一步写为

$$f(t) = \frac{1}{2\pi}\int_{-\infty}^{+\infty} |F(j\Omega)|\,e^{j[\Omega t + \varphi(j\Omega)]}\,d\Omega$$

$$= \frac{1}{2\pi}\int_{-\infty}^{+\infty} |F(j\Omega)|\cos[\Omega t + \varphi(j\Omega)]\,d\Omega + j\frac{1}{2\pi}\int_{-\infty}^{+\infty} |F(j\Omega)|\sin[\Omega t + \varphi(j\Omega)]\,d\Omega \tag{1-52}$$

利用式（1-51）可得，式（1-52）等号右边第二项的积分为零。因此，有

$$f(t) = \frac{1}{2\pi}\int_{-\infty}^{+\infty} |F(j\Omega)|\cos[\Omega t + \varphi(j\Omega)]\,d\Omega$$

$$= \frac{1}{\pi}\int_{0}^{+\infty} |F(j\Omega)|\cos[\Omega t + \varphi(j\Omega)]\,d\Omega$$

$$= \int_{0}^{+\infty} 2|F(j\Omega)|\cos[\Omega t + \varphi(j\Omega)]\,df$$

可以看出，与周期信号一样，非周期信号可以被分解为无限多个频率分量的正弦信号的叠加，由于非周期信号的周期趋于无限大、基波频率趋于零，因此，非周期信号包含了从零到无限大的所有频率分量的正弦信号，各频率点的正弦信号的振幅为 $2|F(j\Omega)|\,df$ 且趋于零。所以，用频谱密度函数可以完整地对非周期信号进行描述。

二、傅里叶变换的若干基本性质

鉴于傅里叶变换理论在工程数学课程中已经讲授，下面仅对本书主要用到的傅里叶变换的若干基本性质进行简要讨论，更详细的内容请读者查阅有关数学教材，本书不再赘述。

（1）线性性质。设 $F_1(j\Omega) = \mathscr{F}[f_1(t)]$，$F_2(j\Omega) = \mathscr{F}[f_2(t)]$，$a_1$ 和 a_2 为任意常数，则

$$\mathscr{F}[a_1 f_1(t) + a_2 f_2(t)] = a_1 F_1(j\Omega) + a_2 F_2(j\Omega) \tag{1-53}$$

显然，由傅里叶变换的定义式很容易证明线性性质。

（2）奇偶性质。设 $f(t)$ 是实函数，且 $F(j\Omega) = \mathscr{F}[f(t)]$，则

$$F^*(j\Omega) = F(-j\Omega) \tag{1-54}$$

这个性质已经在式（1-51）的讨论中得到证明。奇偶性质在实信号的频谱分析中将得到广泛

应用。

(3) 对称性质。设 $F(j\Omega)=\mathscr{F}[f(t)]$，则

$$\mathscr{F}[F(jt)]=2\pi f(-\Omega) \tag{1-55}$$

由式 (1-47) 和式 (1-48)，得

$$\mathscr{F}[F(jt)]=\int_{-\infty}^{+\infty}F(jt)e^{-j\Omega t}dt=2\pi\times\frac{1}{2\pi}\int_{-\infty}^{+\infty}F(jt)e^{jt(-\Omega)}dt=2\pi f(-\Omega)$$

式 (1-55) 得证。

【例 1-4】 求单位冲激信号 $f_1(t)=\delta(t)$ 和单位直流信号 $f_2(t)=1$ 的频谱密度。

解 (1) 单位冲激信号 $f_1(t)=\delta(t)$ 的傅里叶变换为

$$F_1(j\Omega)=\int_{-\infty}^{+\infty}f_1(t)e^{-j\Omega t}dt=\int_{-\infty}^{+\infty}\delta(t)e^{-j\Omega t}dt=1$$

(2) 由式 (1-47)，得

$$F_2(j\Omega)=\int_{-\infty}^{+\infty}f_2(t)e^{-j\Omega t}dt=\int_{-\infty}^{+\infty}e^{-j\Omega t}dt$$

$$=\frac{-1}{j\Omega}e^{-j\Omega t}\bigg|_{-\infty}^{+\infty}=\lim_{t\to\infty}\frac{2\sin\Omega t}{\Omega}$$

$$=\lim_{t\to\infty}2t\mathrm{Sa}(\Omega t) \tag{1-56}$$

显然，在常规意义下式 (1-56) 是奇异的。造成这个情况的原因是单位直流信号 $f_2(t)$ =1 不满足式 (1-49) 规定的绝对可积条件。但是，由工程数学的积分变换理论知道，在定义单位冲激函数等奇异函数的前提下，式 (1-49) 规定的绝对可积条件不再是必要的了。在此意义下，傅里叶变换是存在的。利用傅里叶变换的对称性质，由式 (1-55) 和上面获得的单位冲激信号的傅里叶变换，得

$$F_2(j\Omega)=\mathscr{F}[1]=2\pi\delta(-\Omega)=2\pi\delta(\Omega) \tag{1-57}$$

式 (1-57) 就是单位直流信号 $f_2(t)=1$ 的傅里叶变换。将式 (1-57) 与式 (1-56) 对比，并将 t 置换为 λ，Ω 置换为 t，得

$$\delta(t)=\frac{1}{\pi}\lim_{\lambda\to\infty}\lambda\mathrm{Sa}(\lambda t)$$

事实上，上式也可以作为单位冲激函数的定义。容易验证，上式满足式 (1-1) 中给出的单位冲激函数的定义。图 1-22 分别画出了单位冲激信号 $f_1(t)=\delta(t)$ 和单位直流信号 $f_2(t)=1$ 的波形与频谱密度。可见，单位冲激信号 $\delta(t)$ 的频谱密度均匀地分布在整个频率域上，而单位直流信号的频谱密度为零频率点上的冲激函数，冲激强度为 2π。

【例 1-5】 求单位阶跃信号 $f(t)=u(t)$ 的频谱密度。

解 单位阶跃信号 $u(t)$ 不满足绝对可积条件。为了求其频谱密度，不妨将单位阶跃信号视为如下信号的极限情况，即

$$v_\alpha(t)=\begin{cases}e^{-\alpha t}(\alpha>0),t>0\\0\qquad\qquad,t<0\end{cases}$$

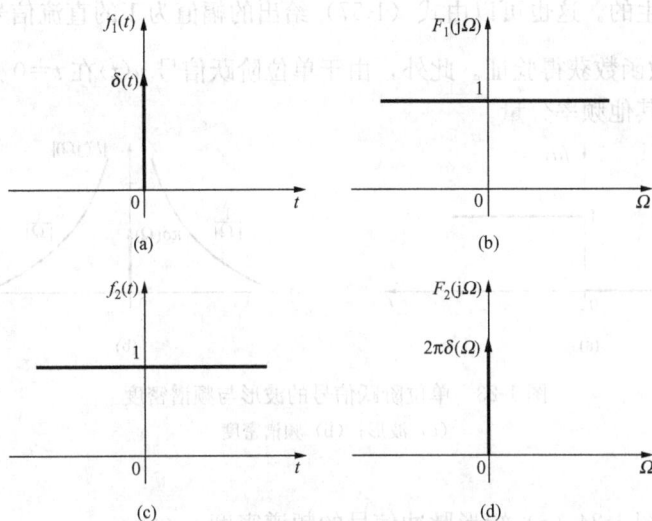

图 1-22 单位冲激信号和单位直流信号的波形与频谱密度

(a)、(b)单位冲激信号 $f_1(t) = \delta(t)$ 的波形与频谱密度；(c)、(d)单位直流信号 $f_2(t) = 1$ 的波形与频谱密度

显然

$$u(t) = \lim_{\alpha \to 0} v_\alpha(t)$$

由式（1-47）可知，信号 $v_\alpha(t)$ 的频谱密度为

$$V_\alpha(j\Omega) = \int_{-\infty}^{+\infty} v_\alpha(t) e^{-j\Omega t} dt = \int_{0}^{+\infty} e^{-\alpha t} e^{-j\Omega t} dt = \frac{1}{\alpha + j\Omega}$$

下面，分两种情况讨论 $\alpha \to 0$ 的极限。首先，当 $\Omega \neq 0$ 时，有

$$\mathscr{F}[u(t)] = \lim_{\alpha \to 0} V_\alpha(j\Omega) = \frac{1}{j\Omega}$$

其次，当 $\Omega = 0$ 时，此时 $\alpha \to 0$ 将使 $V_\alpha(j\Omega)$ 趋于无穷大。为此，考查

$$\int_{-\infty}^{+\infty} \mathscr{F}[u(t)] d\Omega = \int_{-\infty}^{+\infty} \lim_{\alpha \to 0} V_\alpha(j\Omega) d\Omega = \lim_{\alpha \to 0} \int_{-\infty}^{+\infty} \frac{1}{\alpha + j\Omega} d\Omega = \lim_{\alpha \to 0} \frac{1}{j} \ln(\alpha + j\Omega) \Big|_{-\infty}^{+\infty}$$

$$= \frac{1}{j} \lim_{\alpha \to 0} \Big[\ln\sqrt{\alpha^2 + \Omega^2} + j \arctan \frac{\Omega}{\alpha} \Big]_{-\infty}^{+\infty} = \pi$$

所以，当 $\Omega = 0$ 时，有

$$\mathscr{F}[u(t)] = \pi\delta(\Omega)$$

综上讨论，得

$$\mathscr{F}[u(t)] = \pi\delta(\Omega) + \frac{1}{j\Omega} \tag{1-58}$$

单位阶跃信号 $u(t)$ 的波形与频谱密度分别如图 1-23（a）、（b）所示。可以看出，在 $\Omega = 0$ 点存在一个冲激强度为 π 的冲激函数，这是由于单位阶跃信号是由在全时域上一个幅值为

$\dfrac{1}{2}$ 的直流分量所产生的。这也可以由式（1-57）给出的幅值为 1 的直流信号的频谱密度为冲激强度为 2π 的冲激函数获得验证。此外，由于单位阶跃信号 $u(t)$ 在 $t=0$ 点跳变，因此在频谱密度中还出现了其他频率分量。

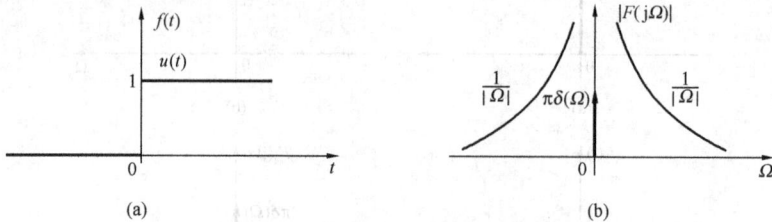

图 1-23　单位阶跃信号的波形与频谱密度

（a）波形；（b）频谱密度

【例 1-6】 试求图 1-24（a）矩形脉冲信号的频谱密度。

解　由式（1-47），得

$$F(j\Omega) = \int_{-\frac{\tau}{2}}^{\frac{\tau}{2}} A e^{-j\Omega t} dt = \frac{A}{-j\Omega}\left(e^{-j\frac{\Omega\tau}{2}} - e^{j\frac{\Omega\tau}{2}}\right)$$

$$= \frac{2A}{\Omega}\sin\frac{\Omega\tau}{2} = \tau A \frac{\sin\frac{\Omega\tau}{2}}{\frac{\Omega\tau}{2}} = \tau A \mathrm{Sa}\left(\frac{\Omega\tau}{2}\right)$$

上式表明，矩形脉冲信号的频谱密度函数为实函数，因此，也可以用一条 $F(j\Omega)$ 的曲线同时表示它的幅度谱 $|F(j\Omega)|$ 和相位谱 $\varphi(j\Omega)$，如图 1-24（b）所示。与［例 1-3］的周期矩形脉冲信号的频谱包络线分布类似，矩形脉冲信号的频谱密度也主要分布在角频率 $\Omega=-2\pi/\tau$ ~ $2\pi/\tau\left(\text{对应于 } f=-\dfrac{1}{\tau}\sim\dfrac{1}{\tau}\right)$ 的范围内。一般定义矩形脉冲信号的频带宽度为 $B=\dfrac{1}{\tau}$，角频率宽度为 $B_\Omega=\dfrac{2\pi}{\tau}$。

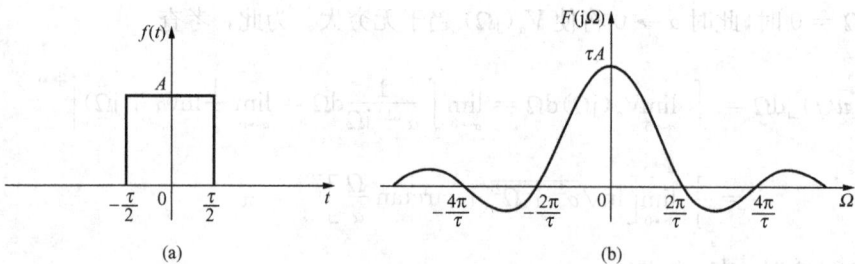

图 1-24　矩形脉冲信号的波形与频谱密度

（a）波形；（b）频谱密度

利用傅里叶变换的对称性质，可以直接从图 1-24 的结果中获得频域矩形脉冲频谱密度对应的时域函数，如图 1-25 所示。综合图 1-24 和图 1-25 得，矩形脉冲信号的频谱密度为采样信号函数，采样信号的频谱密度为矩形脉冲函数。我们将在低通滤波器的讨论中应用这个结论。

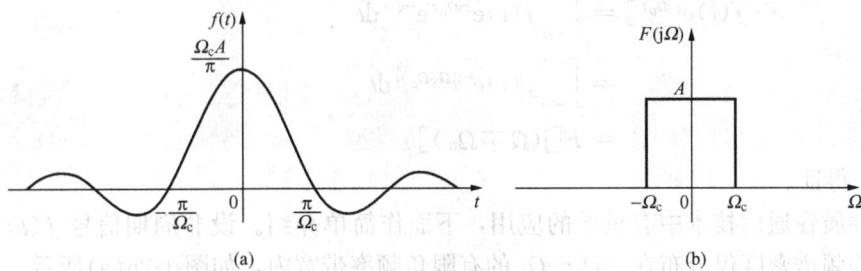

图 1-25 采样信号的波形与频谱密度
(a) 波形；(b) 频谱密度

(4) 尺度变换性质。设 $F(j\Omega)=\mathscr{F}[f(t)]$，$a$ 为非零实常数，则

$$\mathscr{F}[f(at)]=\frac{1}{|a|}F\left(j\frac{\Omega}{a}\right) \tag{1-59}$$

由式 (1-47)，得

$$\mathscr{F}[f(at)]=\int_{-\infty}^{+\infty}f(at)e^{-j\Omega t}dt$$

当 $a>0$ 时，得

$$\mathscr{F}[f(at)]=\frac{1}{a}\int_{-\infty}^{+\infty}f(at)e^{-j\frac{\Omega}{a}(at)}d(at)=\frac{1}{a}F\left(j\frac{\Omega}{a}\right)$$

当 $a<0$ 时，得

$$\mathscr{F}[f(at)]=\frac{1}{a}\int_{+\infty}^{-\infty}f(at)e^{-j\frac{\Omega}{a}(at)}d(at)=-\frac{1}{a}\int_{-\infty}^{+\infty}f(\tau)e^{-j\frac{\Omega}{a}\tau}d\tau=\frac{1}{-a}F\left(j\frac{\Omega}{a}\right)$$

综上即得式 (1-59)。

尺度变换性质说明，若将信号在时域中压缩 a 倍（设 $a>1$），则其频谱密度将在频域扩展 a 倍。这个结论是显然的，因为被压缩的信号随时间变化加快了 a 倍，其频率分量也必将增加 a 倍；反之，若将信号在时域中扩展 a 倍（设 $a<1$），则其频谱密度将在频域压缩 a 倍。

(5) 时移性质。设 $F(j\Omega)=\mathscr{F}[f(t)]$，$t_0$ 为实常数，则

$$\mathscr{F}[f(t-t_0)]=F(j\Omega)e^{-j\Omega t_0} \tag{1-60}$$

由式 (1-47)，得

$$\mathscr{F}[f(t-t_0)]=\int_{-\infty}^{+\infty}f(t-t_0)e^{-j\Omega t}dt$$

$$=e^{-j\Omega t_0}\int_{-\infty}^{+\infty}f(t-t_0)e^{-j\Omega(t-t_0)}d(t-t_0)$$

$$=F(j\Omega)e^{-j\Omega t_0}$$

式 (1-60) 得证。

由时移性质可见，信号延时后其幅度谱不变，只是其相位谱产生一个 Ωt_0 的相位延迟。这个性质将在信号无失真传输的讨论中获得应用。

(6) 频移性质。设 $F(j\Omega)=\mathscr{F}[f(t)]$，$\Omega_0$ 为正实常数，则

$$\mathscr{F}[f(t)e^{\pm j\Omega_0 t}]=F[j(\Omega\mp\Omega_0)] \tag{1-61}$$

由式 (1-47)，得

$$\mathscr{F}\left[f(t)\mathrm{e}^{\pm\mathrm{j}\Omega_0 t}\right]=\int_{-\infty}^{+\infty}f(t)\mathrm{e}^{\pm\mathrm{j}\Omega_0 t}\mathrm{e}^{-\mathrm{j}\Omega t}\mathrm{d}t$$

$$=\int_{-\infty}^{+\infty}f(t)\mathrm{e}^{-\mathrm{j}(\Omega\mp\Omega_0)t}\mathrm{d}t$$

$$=F[\mathrm{j}(\Omega\mp\Omega_0)]$$

式（1-61）得证。

　　频移性质在通信技术中有重要的应用，下面作简单介绍。设非周期信号 $f(t)$ 为带限信号，即它的频谱密度仅分布在 $-\Omega_c\sim\Omega_c$ 的有限角频率带宽内，如图 1-26(a) 所示。现在用角频率为 Ω_0 的余弦信号乘以信号 $f(t)$，利用式(1-61)的频移性质，得

$$\mathscr{F}[f(t)\cos\Omega_0 t]=\mathscr{F}\left[\frac{1}{2}f(t)(\mathrm{e}^{\mathrm{j}\Omega_0 t}+\mathrm{e}^{-\mathrm{j}\Omega_0 t})\right]$$

$$=\frac{1}{2}\left[F(\mathrm{j}\Omega+\mathrm{j}\Omega_0)+F(\mathrm{j}\Omega-\mathrm{j}\Omega_0)\right] \tag{1-62}$$

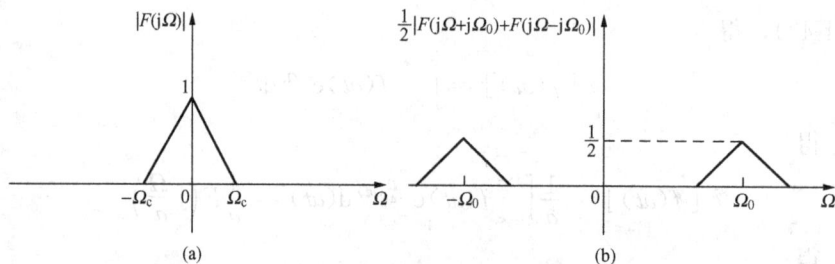

图 1-26　频谱搬移技术示意图
(a)搬移前；(b)搬移后

　　式(1-62)表明，若用角频率为 Ω_0 的余弦信号乘以信号 $f(t)$，等效于将信号 $f(t)$ 的频谱密度一分为二，并沿角频率轴左右各平移 Ω_0，如图 1-26(b) 所示。可以看出，信号 $f(t)$ 的频谱密度被搬移到角频率 Ω_0 的附近。同理，用角频率为 Ω_0 的正弦信号乘以信号 $f(t)$ 也可以实现对信号 $f(t)$ 的频谱搬移。通常，将这种方法称为频谱搬移技术，将 $\cos\Omega_0 t$ 或 $\sin\Omega_0 t$ 称为载频信号，将角频率 Ω_0 称为载频角频率。频谱搬移技术在通信系统的调制和解调技术中获得广泛应用，例如，在无线通信系统中借助高频载频信号的电磁辐射实现信号发送，又如，在一个线路中传输多路信号的频分复用技术等都是利用频谱搬移技术实现的。

　　(7) 时域卷积定理。设 $F_1(\mathrm{j}\Omega)=\mathscr{F}[f_1(t)]$，$F_2(\mathrm{j}\Omega)=\mathscr{F}[f_2(t)]$，则

$$\mathscr{F}[f_1(t)*f_2(t)]=F_1(\mathrm{j}\Omega)F_2(\mathrm{j}\Omega) \tag{1-63}$$

式中：$f_1(t)*f_2(t)$ 称为信号 $f_1(t)$ 与信号 $f_2(t)$ 的卷积运算，简称卷积，其定义式为

$$f_1(t)*f_2(t)=\int_{-\infty}^{+\infty}f_1(\tau)f_2(t-\tau)\mathrm{d}\tau \tag{1-64}$$

　　由式 (1-47) 和式 (1-64)，得

$$\mathscr{F}[f_1(t)*f_2(t)]=\int_{-\infty}^{+\infty}\left[\int_{-\infty}^{+\infty}f_1(\tau)f_2(t-\tau)\mathrm{d}\tau\right]\mathrm{e}^{-\mathrm{j}\Omega t}\mathrm{d}t$$

$$=\int_{-\infty}^{+\infty}f_1(\tau)\mathrm{e}^{-\mathrm{j}\Omega\tau}\mathrm{d}\tau\int_{-\infty}^{+\infty}f_2(t-\tau)\mathrm{e}^{-\mathrm{j}\Omega(t-\tau)}\mathrm{d}(t-\tau)$$

$$=F_1(\mathrm{j}\Omega)F_2(\mathrm{j}\Omega)$$

式 (1-63) 得证。

由式（1-64）可以看出，式（1-64）定义的卷积满足交换率，即

$$f_1(t) * f_2(t) = f_2(t) * f_1(t) = \int_{-\infty}^{+\infty} f_2(\tau)f_1(t-\tau)\mathrm{d}\tau \tag{1-65}$$

（8）频域卷积定理。设 $F_1(\mathrm{j}\Omega) = \mathscr{F}[f_1(t)]$，$F_2(\mathrm{j}\Omega) = \mathscr{F}[f_2(t)]$，则

$$\mathscr{F}[f_1(t)f_2(t)] = \frac{1}{2\pi}F_1(\mathrm{j}\Omega) * F_2(\mathrm{j}\Omega) \tag{1-66}$$

式中：

$$F_1(\mathrm{j}\Omega) * F_2(\mathrm{j}\Omega) = \int_{-\infty}^{+\infty} F_1(\mathrm{j}\eta)F_2(\mathrm{j}\Omega - \mathrm{j}\eta)\mathrm{d}\eta \tag{1-67}$$

与时域卷积定理的证明类似，这里不再赘述。

（9）时域微分与积分性质。设 $F(\mathrm{j}\Omega) = \mathscr{F}[f(t)]$，则

$$\mathscr{F}\left[\frac{\mathrm{d}f(t)}{\mathrm{d}t}\right] = \mathrm{j}\Omega F(\mathrm{j}\Omega) \tag{1-68}$$

$$\mathscr{F}\left[\frac{\mathrm{d}^n f(t)}{\mathrm{d}t^n}\right] = (\mathrm{j}\Omega)^n F(\mathrm{j}\Omega) \tag{1-69}$$

$$\mathscr{F}\left[\int_{-\infty}^{t} f(\tau)\mathrm{d}\tau\right] = \frac{1}{\mathrm{j}\Omega}F(\mathrm{j}\Omega) + \pi F(0)\delta(\Omega) \tag{1-70}$$

式（1-48）两边对时间求导数，得

$$\frac{\mathrm{d}f(t)}{\mathrm{d}t} = \frac{\mathrm{d}}{\mathrm{d}t}\left[\frac{1}{2\pi}\int_{-\infty}^{+\infty} F(\mathrm{j}\Omega)\mathrm{e}^{\mathrm{j}\Omega t}\mathrm{d}\Omega\right] = \frac{1}{2\pi}\int_{-\infty}^{+\infty}[\mathrm{j}\Omega F(\mathrm{j}\Omega)]\mathrm{e}^{\mathrm{j}\Omega t}\mathrm{d}\Omega$$

与式（1-48）的傅里叶反变换计算对比，即得式（1-68）。同理，如继续对上式两边时间 t 求导数，便可推导出式（1-69）。又因为

$$\int_{-\infty}^{t} f(\tau)\mathrm{d}\tau = \int_{-\infty}^{+\infty} f(\tau)u(t-\tau)\mathrm{d}\tau = f(t) * u(t)$$

所以，由式（1-63）时域卷积定理，并应用式（1-58），得

$$\mathscr{F}\left[\int_{-\infty}^{t} f(\tau)\mathrm{d}\tau\right] = F(\mathrm{j}\Omega)\left[\pi\delta(\Omega) + \frac{1}{\mathrm{j}\Omega}\right] = \frac{1}{\mathrm{j}\Omega}F(\mathrm{j}\Omega) + \pi F(0)\delta(\Omega)$$

式（1-70）得证。如果 $F(0) = 0$，式（1-70）可化简为

$$\mathscr{F}\left[\int_{-\infty}^{t} f(\tau)\mathrm{d}\tau\right] = \frac{1}{\mathrm{j}\Omega}F(\mathrm{j}\Omega) \tag{1-71}$$

（10）频域微分与积分性质。设 $F(\mathrm{j}\Omega) = \mathscr{F}[f(t)]$，则

$$\mathscr{F}[-\mathrm{j}tf(t)] = \frac{\mathrm{d}F(\mathrm{j}\Omega)}{\mathrm{d}\Omega} \tag{1-72}$$

$$\mathscr{F}[(-\mathrm{j}t)^n f(t)] = \frac{\mathrm{d}^n F(\mathrm{j}\Omega)}{\mathrm{d}\Omega^n} \tag{1-73}$$

$$\mathscr{F}\left[\pi f(0)\delta(t) + \frac{f(t)}{-\mathrm{j}t}\right] = \int_{-\infty}^{\Omega} F(\mathrm{j}\eta)\mathrm{d}\eta \tag{1-74}$$

式（1-72）～式（1-74）可以应用式（1-66）频域卷积定理证明，证明方法与时域微分与积分性质的证明方法类似，这里从略。

表 1-1 列出了傅里叶变换的基本性质。

表 1-1　　　　　　　　　　　**傅里叶变换的基本性质**

性　质	时　域	频　域
线性性质	$a_1 f_1(t) + a_2 f_2(t)$	$a_1 F_1(\mathrm{j}\Omega) + a_2 F_2(\mathrm{j}\Omega)$
奇偶性质	$f(t)$ 是实函数	$F^*(\mathrm{j}\Omega) = F(-\mathrm{j}\Omega)$
对称性质	$F(\mathrm{j}t)$	$2\pi f(-\Omega)$
尺度变换性质	$f(at)$	$\dfrac{1}{\|a\|} F\left(\mathrm{j}\dfrac{\Omega}{a}\right)$
时移性质	$f(t - t_0)$	$F(\mathrm{j}\Omega)\mathrm{e}^{-\mathrm{j}\Omega t_0}$
频移性质	$f(t)\mathrm{e}^{\pm\mathrm{j}\Omega_0 t}$	$F[\mathrm{j}(\Omega \mp \Omega_0)]$
时域卷积定理	$f_1(t) * f_2(t)$	$F_1(\mathrm{j}\Omega) F_2(\mathrm{j}\Omega)$
频域卷积定理	$f_1(t) f_2(t)$	$\dfrac{1}{2\pi} F_1(\mathrm{j}\Omega) * F_2(\mathrm{j}\Omega)$
时域微分性质	$\dfrac{\mathrm{d}^n f(t)}{\mathrm{d}t^n}$	$(\mathrm{j}\Omega)^n F(\mathrm{j}\Omega)$
时域积分性质	$\displaystyle\int_{-\infty}^{t} f(\tau)\mathrm{d}\tau$	$\dfrac{1}{\mathrm{j}\Omega} F(\mathrm{j}\Omega) + \pi F(0)\delta(\Omega)$
频域微分性质	$(-\mathrm{j}t)^n f(t)$	$\dfrac{\mathrm{d}^n F(\mathrm{j}\Omega)}{\mathrm{d}\Omega^n}$
频域积分性质	$\pi f(0)\delta(t) + \dfrac{f(t)}{-\mathrm{j}t}$	$\displaystyle\int_{-\infty}^{\Omega} F(\mathrm{j}\eta)\mathrm{d}\eta$

三、非周期信号频谱分析举例

下面再举两个例题，说明傅里叶变换在非周期信号频谱分析中的应用。

【例 1-7】 试求钟形信号的频谱密度。

解　由式（1-15）钟形信号的定义，其频谱密度为

$$F(\mathrm{j}\Omega) = \int_{-\infty}^{+\infty} K\mathrm{e}^{-\left(\frac{t}{\tau}\right)^2} \mathrm{e}^{-\mathrm{j}\Omega t}\,\mathrm{d}t$$

$$= K\int_{-\infty}^{+\infty} \mathrm{e}^{\frac{t^2 + \tau^2\Omega t}{\tau^2}}\,\mathrm{d}t$$

$$= K\tau\mathrm{e}^{-\left(\frac{\tau\Omega}{2}\right)^2} \int_{-\infty}^{+\infty} \mathrm{e}^{-\left(\frac{t + \mathrm{j}\frac{\tau^2\Omega}{2}}{\tau}\right)^2}\,\mathrm{d}\left(\frac{t + \mathrm{j}\dfrac{\tau^2\Omega}{2}}{\tau}\right)$$

$$= K\tau\mathrm{e}^{-\left(\frac{\tau\Omega}{2}\right)^2} \int_{-\infty}^{+\infty} \mathrm{e}^{-x^2}\,\mathrm{d}x$$

式中

$$\int_{-\infty}^{+\infty} \mathrm{e}^{-x^2}\,\mathrm{d}x = \left[\left(\int_{-\infty}^{+\infty} \mathrm{e}^{-x^2}\,\mathrm{d}x\right)\left(\int_{-\infty}^{+\infty} \mathrm{e}^{-x^2}\,\mathrm{d}x\right)\right]^{\frac{1}{2}}$$

$$= \left[\int_{-\infty}^{+\infty} \mathrm{e}^{-x^2}\,\mathrm{d}x \int_{-\infty}^{+\infty} \mathrm{e}^{-y^2}\,\mathrm{d}y\right]^{\frac{1}{2}}$$

$$= \left[\int_{-\infty}^{+\infty}\int_{-\infty}^{+\infty} \mathrm{e}^{-(x^2 + y^2)}\,\mathrm{d}x\mathrm{d}y\right]^{\frac{1}{2}}$$

$$= \left[\int_{0}^{+\infty}\mathrm{d}\rho \int_{0}^{2\pi} \mathrm{e}^{-\rho^2}\rho\mathrm{d}\theta\right]^{\frac{1}{2}} = \left[\int_{0}^{+\infty} \mathrm{e}^{-\rho^2} 2\pi\rho\mathrm{d}\rho\right]^{\frac{1}{2}} = \sqrt{\pi}$$

代入前式,得

$$F(\mathrm{j}\Omega) = K\tau\sqrt{\pi}\mathrm{e}^{-\left(\frac{\tau\Omega}{2}\right)^2}$$

将上式与钟形信号的时域表达式对比，可以看出它们的表达式相似，即钟形信号在时域和频域的波形具有相同形状，如图 1-27 所示。

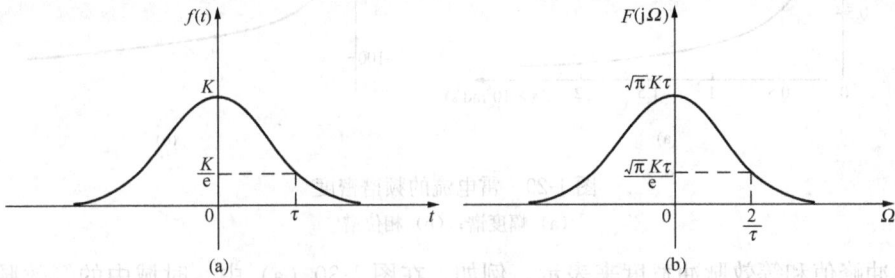

图 1-27 钟形信号的时域波形与频谱密度
(a) 波形；(b) 频谱密度

【例 1-8】雷电流 $i(t)$ 是一个典型的非周期时间信号，图 1-28 给出了雷电流 $i(t)$ 的波形。工程中经常用双指数函数表示雷电流 $i(t)$，即

$$i(t) = I(\mathrm{e}^{-\alpha t} - \mathrm{e}^{-\beta t}) \quad (t \geqslant 0)$$

其中，I、α 和 β 均为正实数。对于一个中等水平的雷电流，一般 $I = 28\mathrm{kA}$、$\alpha = 2 \times 10^4\,\mathrm{s}^{-1}$ 和 $\beta = 10^6\,\mathrm{s}^{-1}$，其波形如图 1-28 所示。从图 1-28 可以看出，雷电流的峰值电流 $I_{\max} \approx 28\mathrm{kA}$，峰值电流出现的时间 $t_{\max} \approx 3.9\mu\mathrm{s}$，半峰值时间 $t_{\frac{1}{2}} \approx 35\mu\mathrm{s}$。试求该雷电流 $i(t)$ 的频谱密度。

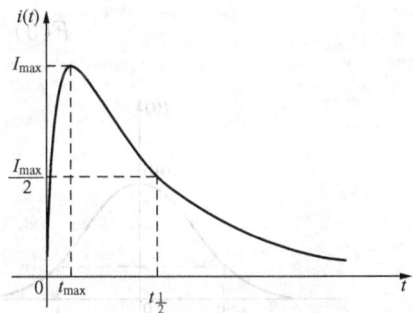

图 1-28 雷电流的波形

解 由式 (1-47)，得雷电流的频谱密度为

$$I(\mathrm{j}\Omega) = \int_0^{+\infty} I(\mathrm{e}^{-\alpha t} - \mathrm{e}^{-\beta t})\mathrm{e}^{-\mathrm{j}\Omega t}\,\mathrm{d}t$$

$$= \frac{I}{\alpha + \mathrm{j}\Omega} - \frac{I}{\beta + \mathrm{j}\Omega}$$

图 1-29 分别画出了当 $I = 28\mathrm{kA}$、$\alpha = 2 \times 10^4\,\mathrm{s}^{-1}$ 和 $\beta = 10^6\,\mathrm{s}^{-1}$ 时中等水平雷电流频谱密度的幅度谱和相位谱。可以看出，在本例中频谱密度幅度谱的纵坐标单位为 A/Hz（或写为安培/赫兹），这与周期信号的幅度谱的单位不同。而相位谱的纵坐标单位仍为 rad 或（°）（弧度或度），与周期信号的相位谱单位相同。

与周期信号的频带宽度定义类似，一般将非周期信号频谱密度从零频率到频谱密度幅度降为最大值的 $\frac{1}{10}$ 的频率范围定义为该信号的频带宽度。例如，图 1-29 所示雷电流的频带宽度 B 约为 300kHz。

除 [例 1-6] 中的矩形脉冲信号和 [例 1-7] 中的钟形脉冲信号外，实际中的脉冲信号

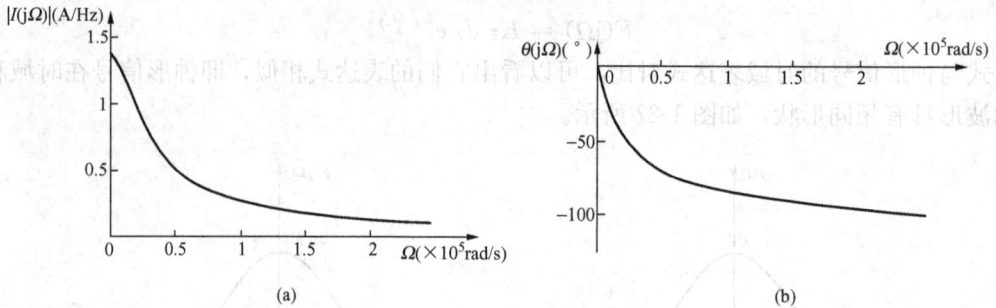

图 1-29 雷电流的频谱密度

(a) 幅度谱；(b) 相位谱

经常用脉冲峰值和等效脉冲宽度来表示。例如，在图 1-30（a）中，时域中的等效脉冲宽度 τ 定义为脉冲信号 $f(t)$ 的平均值除以脉冲峰值 $f(0)$，其几何意义为脉冲峰值 $f(0)$ 与等效脉冲宽度 τ 的乘积等于图 1-30（a）所示脉冲信号 $f(t)$ 与时间轴 t 之间的面积。同理，也可以在频域定义脉冲信号的等效角频率宽度 B_Ω。利用式（1-47）和等效脉冲宽度 τ 的定义，当 Ω $=0$ 时，得

$$F(0) = \int_{-\infty}^{+\infty} f(t)\mathrm{d}t = f(0)\tau$$

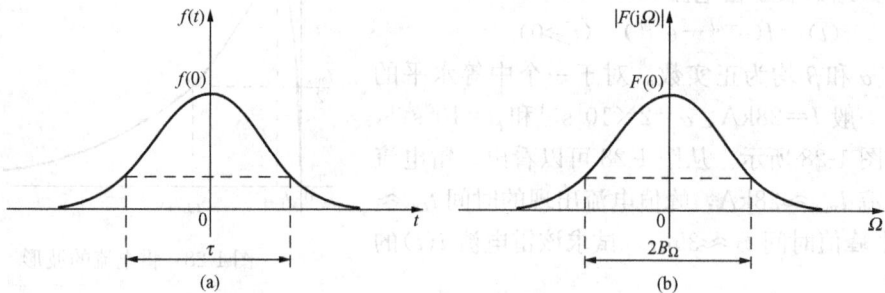

图 1-30 等效脉冲宽度与等效角频率宽度

(a) 等效脉冲宽度；(b) 等效角频率宽度

又由式（1-48）傅里叶反变换和等效角频率宽度的定义，当 $t=0$ 时，得

$$f(0) = \frac{1}{2\pi}\int_{-\infty}^{+\infty} F(\mathrm{j}\Omega)\mathrm{d}\Omega = \frac{1}{2\pi}F(0)2B_\Omega$$

进一步地利用 $B_\Omega = 2\pi B$，得脉冲信号的等效频带宽度为

$$B = \frac{1}{2}\cdot\frac{f(0)}{F(0)} = \frac{1}{2\tau} \tag{1-75}$$

可见，脉冲信号的等效频带宽度 B 与脉冲信号的等效脉冲宽度 τ 成反比。式（1-75）在实际中是非常有用的，它提供了利用脉冲信号等效脉冲宽度 τ 估计其等效频带宽度 B 的方法。

类似周期信号的平均功率定义，非周期信号 $f(t)$ 的能量定义为

$$E = \int_{-\infty}^{+\infty} f^2(t)\mathrm{d}t \tag{1-76}$$

将式（1-48）代入式（1-76），得

$$E = \int_{-\infty}^{+\infty} f(t) \left[\frac{1}{2\pi} \int_{-\infty}^{+\infty} F(j\Omega) e^{j\Omega t} d\Omega \right] dt = \frac{1}{2\pi} \int_{-\infty}^{+\infty} F(j\Omega) \left[\int_{-\infty}^{+\infty} f(t) e^{j\Omega t} dt \right] d\Omega$$

由式（1-47），易知

$$F^*(j\Omega) = \left[\int_{-\infty}^{+\infty} f(t) e^{-j\Omega t} dt \right]^* = \int_{-\infty}^{+\infty} f(t) e^{j\Omega t} dt$$

代入前式，得

$$E = \frac{1}{2\pi} \int_{-\infty}^{+\infty} F(j\Omega) F^*(j\Omega) d\Omega = \frac{1}{2\pi} \int_{-\infty}^{+\infty} |F(j\Omega)|^2 d\Omega$$

所以，有

$$E = \int_{-\infty}^{+\infty} f^2(t) dt = \frac{1}{2\pi} \int_{-\infty}^{+\infty} |F(j\Omega)|^2 d\Omega \tag{1-77}$$

式（1-77）称为非周期信号的帕斯瓦尔定理。这个定理告诉我们，非周期信号的能量既可以在时域中按式（1-76）计算，也可以借助于信号的频谱密度在频域中按式（1-77）计算。

四、周期信号的傅里叶变换

通过对非周期信号的周期延拓并借助傅里叶级数，推导出了非周期信号的频谱分析方法，即傅里叶变换方法。为了对傅里叶变换有一个更全面的理解，再做以下更深入的讨论。将式（1-62）重写如下

$$\mathscr{F}\left[f(t) \cos\Omega_0 t \right] = \frac{1}{2} \left[F(j\Omega + j\Omega_0) + F(j\Omega - j\Omega_0) \right]$$

如果让上式中的 $f(t) = 1$，即让 $f(t)$ 为直流信号，由 ［例1-4］知道，$f(t)$ 的傅里叶变换为 $F(j\Omega) = 2\pi\delta(\Omega)$。因此，前式可写为

$$\mathscr{F}\left[\cos\Omega_0 t \right] = \pi \left[\delta(\Omega + \Omega_0) + \delta(\Omega - \Omega_0) \right] \tag{1-78}$$

显然，不同于前面讨论的非周期信号的傅里叶变换，式（1-78）中的 $\cos\Omega_0 t$ 是一个角频率为 Ω_0 的周期信号。式（1-78）表明，虽然余弦函数并不满足式（1-49）规定的绝对可积条件，但是，在定义了冲激函数的前提下周期函数的傅里叶变换是存在的。下面，让我们对这个问题进行深入讨论。

将周期信号 $f_p(t)$ 按式（1-35）作傅里叶级数展开，即

$$f_p(t) = \sum_{k=-\infty}^{+\infty} F_k e^{jk\Omega_0 t} \tag{1-79}$$

式中的展开系数 F_k 由式（1-38）给出，取 $t_0 = -\dfrac{T_0}{2}$，得

$$F_k = \frac{1}{T_0} \int_{-\frac{T_0}{2}}^{\frac{T_0}{2}} f_p(t) e^{-jk\Omega_0 t} dt \quad (k = 0, \pm 1, \pm 2, \cdots) \tag{1-80}$$

另外，对式（1-79）周期信号 $f_p(t)$ 取傅里叶变换，并记为 $F_p(j\Omega)$，得

$$F_p(j\Omega) = \sum_{k=-\infty}^{+\infty} F_k \mathscr{F}\left[1 \times e^{jk\Omega_0 t} \right]$$

由式（1-61）的频移性质和 ［例1-4］得

$$F_p(j\Omega) = \sum_{k=-\infty}^{+\infty} F_k 2\pi\delta(\Omega - k\Omega_0) = 2\pi \sum_{k=-\infty}^{+\infty} F_k \delta(\Omega - k\Omega_0) \tag{1-81}$$

式（1-81）表明，在定义了冲激函数的前提下，周期信号的傅里叶变换是存在的，它由一系列冲激函数组成。这说明周期信号在直流、基波和各次谐波的离散频率点（0，$\pm\Omega_0$，$\pm2\Omega_0$，…）上具有无限大的频谱密度，其冲激强度为该周期信号各次谐波分量的 2π 倍，在这些离散频率点之外的其他频率的频谱密度等于零。显然，与非周期信号的傅里叶变换不同，周期信号的傅里叶变换（或频谱密度函数）是离散的。

观察式（1-80）可以看出，傅里叶级数的展开系数 F_k 与式（1-47）的傅里叶变换 $F(\mathrm{j}\Omega)$ 的计算公式具有一定的相似性。为了讨论这种相似性，在区间 $\left[-\dfrac{T_0}{2},\dfrac{T_0}{2}\right]$ 内截取周期信号 $f_\mathrm{p}(t)$ 的一个周期波形作为非周期信号 $f(t)$，即

$$f(t)=f_\mathrm{p}(t)\left[u\left(t+\frac{T_0}{2}\right)-u\left(t-\frac{T_0}{2}\right)\right]$$

对非周期信号进行傅里叶变换，得

$$F(\mathrm{j}\Omega)=\int_{-\infty}^{+\infty}f(t)\mathrm{e}^{-\mathrm{j}\Omega t}\mathrm{d}t=\int_{-\frac{T_0}{2}}^{\frac{T_0}{2}}f_\mathrm{p}(t)\mathrm{e}^{-\mathrm{j}\Omega t}\mathrm{d}t$$

与式（1-80）对比，得

$$F_k=\frac{1}{T_0}\int_{-\frac{T_0}{2}}^{\frac{T_0}{2}}f_\mathrm{p}(t)\mathrm{e}^{-\mathrm{j}k\Omega_0 t}\mathrm{d}t=\frac{1}{T_0}F(\mathrm{j}\Omega)\mid_{\Omega=k\Omega_0}\tag{1-82}$$

事实上，式（1-82）给出了周期信号傅里叶级数的展开系数（频谱）与非周期信号傅里叶变换（频谱密度）的相互转换关系。也就是说，周期信号傅里叶级数的展开系数等于截取该周期信号一个周期波形傅里叶变换在对应谐波频率点的频谱密度值再除以周期信号的周期。所以，周期信号频谱的包络线与截取该周期信号一个周期波形的频谱密度曲线的形状相似。

【例 1-9】 图 1-31 分别给出了矩形脉冲信号 $f(t)$ 和周期矩形脉冲信号 $f_\mathrm{p}(t)$ 的波形。求它们的傅里叶变换，并画出它们的频谱图。

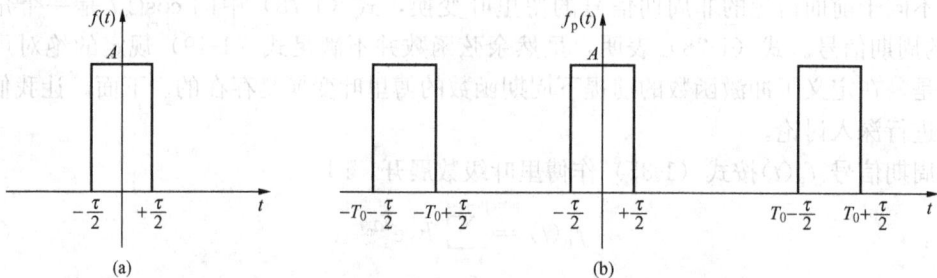

图 1-31　矩形脉冲信号和周期矩形脉冲信号的波形
（a）矩形脉冲信号的波形；（b）周期矩形脉冲信号的波形

解 从图 1-31 可以看出，图 1-31（a）矩形脉冲信号是通过截取图 1-31（b）周期矩形脉冲信号一个周期后获得的；反过来，也可以说图 1-31（b）周期矩形脉冲信号是通过对图 1-31（a）矩形脉冲信号进行周期延拓后获得的。在［例 1-6］中已经求出图 1-31（a）矩形脉冲信号的傅里叶变换为

$$F(\mathrm{j}\Omega)=\tau A\mathrm{Sa}\left(\frac{\Omega\tau}{2}\right)$$

此外，在 [例 1-3] 中已知图 1-31 （b） 周期矩形脉冲信号的傅里叶级数的展开系数为

$$F_k = \frac{\tau\Omega_0}{2\pi}A\mathrm{Sa}\left(\frac{\tau k\Omega_0}{2}\right) = \frac{1}{T_0}\tau A\mathrm{Sa}\left(\frac{\tau k\Omega_0}{2}\right)$$

由式 （1-81），得图 1-31 （b） 周期矩形脉冲信号的傅里叶变换为

$$F_p(j\Omega) = 2\pi\sum_{k=-\infty}^{+\infty}F_k\delta(\Omega - k\Omega_0) = \frac{2\pi\tau A}{T_0}\sum_{k=-\infty}^{+\infty}\mathrm{Sa}\left(\frac{\tau k\Omega_0}{2}\right)\delta(\Omega - k\Omega_0)$$

图 1-32 分别画出了它们的频谱图。

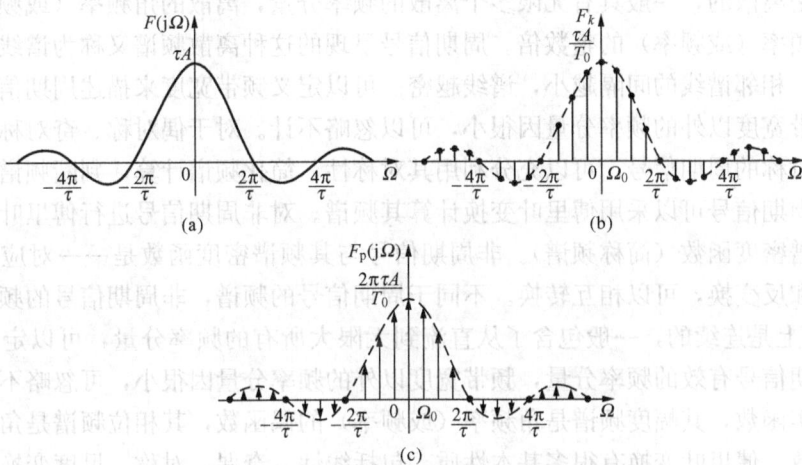

图 1-32 矩形脉冲信号和周期矩形脉冲信号的频谱图
（a） 矩形脉冲信号的频谱密度；（b） 周期矩形脉冲信号的频谱；（c） 周期矩形脉冲信号的频谱密度

从图 1-32 中可再一次看出，非周期信号的频谱密度是连续的，而对于周期信号而言，无论是用它的傅里叶级数表达的频谱还是用它的傅里叶变换表达的频谱密度都是离散的，离散角频率的间隔为周期信号的基波角频率。与周期信号的傅里叶级数表达的频谱不同，其傅里叶变换表达的频谱密度是一系列冲激函数，它们的包络线的形状与截取单个周期信号的频谱密度形状相似。借助上述理论，便可以利用傅里叶变换分析周期信号的频谱。

本章要点回顾与基本要求

（1）本章重点介绍了连续时间信号的分析方法。连续时间信号可以采用数学表达式或函数波形（或函数图像）进行描述。常用典型信号有单位冲激信号、单位阶跃信号、矩形信号、正弦信号、指数信号、采样信号、钟形信号（又称高斯信号）等。通过常用典型信号的线性组合，可以描述很多实际中的连续时间信号。对连续时间信号进行处理，可以描述为对该信号的某种数学运算。有三类基本数学运算。第一类是对信号时间变量的运算，如信号的移位、翻转和尺度运算；第二类是对信号幅值的运算，如信号的加法、乘法和标度运算；第三类是对信号的微分或积分运算。

（2）正弦信号是使用最为广泛的周期信号。无论是周期信号还是非周期信号，都可以借

助傅里叶级数或傅里叶变换，将该信号分解成一系列不同频率分量的正弦信号或指数信号的线性组合，这些不同频率分量的正弦信号或指数信号称为该信号的频谱（或频谱密度）。以角频率（或频率）为横坐标画出的各个频率分量的图形称为该信号的频谱图，其中，以各个频率分量振幅（或有效值）画出的频谱图称为幅度频谱图，以各个频率分量初相位画出的频谱图称为相位频谱图。

（3）周期信号可以采用傅里叶级数计算其频谱。傅里叶级数有两种形式。一种是按正弦信号进行展开，对应的频谱称为正弦频谱；另一种是按指数信号进行展开，对应的频谱称为指数频谱。正弦频谱与指数频谱可以通过转换公式相互转化。周期信号的频谱在角频率（或频率）轴上是离散的，一般具有无限多个离散的频率分量，离散的角频率（或频率）为该周期信号的角频率（或频率）的整数倍。周期信号呈现的这种离散频谱又称为谱线，周期信号的周期越长，相邻谱线的间隔越小，谱线越密。可以定义频带宽度来描述周期信号有效的频率分量，频带宽度以外的频率分量因很小，可以忽略不计。对于偶对称、奇对称、偶谐波对称、奇谐波对称的周期信号，可以充分利用其对称性，简化频谱计算，判断频谱组成。

（4）非周期信号可以采用傅里叶变换计算其频谱。对非周期信号进行傅里叶正变换，可以获得其频谱密度函数（简称频谱）。非周期信号与其频谱密度函数是一一对应的，通过傅里叶正变换和反变换，可以相互转换。不同于周期信号的频谱，非周期信号的频谱在角频率（或频率）轴上是连续的，一般包含了从直流到无限大所有的频率分量，可以定义频带宽度来描述非周期信号有效的频率分量，频带宽度以外的频率分量因很小，可忽略不计。如果非周期信号是实函数，其幅度频谱是角频率（或频率）的偶函数，其相位频谱是角频率（或频率）的奇函数。傅里叶变换有很多基本性质，包括线性、奇偶、对称、尺度变换、时移、频移、时域卷积、频域卷积、时域微分与积分、频域微分与积分等。利用这些基本性质，不仅能简化频谱计算，还可以更深入地认识非周期信号的时域和频域特性。

（5）周期信号也可以采用傅里叶变换计算其频谱。傅里叶变换理论指出，对于一个给定的信号，其傅里叶变换存在的充分条件是在无限区间内该信号绝对可积。尽管周期信号不满足绝对可积的条件，但在使用了冲激函数的条件下，绝对可积的条件就不必要了。因此，便可以利用傅里叶变换计算周期信号的频谱。周期信号的频谱密度函数在角频率（或频率）轴上仍然是离散的，是由一系列冲激函数组成的，冲激强度的大小与傅里叶级数的展开系数存在恒定的比例关系。

（6）本章基本要求：①了解信号的描述与分类方法，掌握连续时间信号的基本运算，掌握常用典型信号的定义及其性质；②掌握傅里叶级数；③掌握傅里叶变换及其基本性质；④掌握周期信号和非周期信号的频谱分析方法，了解周期信号频谱与非周期信号频谱密度的特点以及相互之间的关系。

习　题　一

1-1　画出下列各个信号的波形。

(1) $f(t) = (2 - 3e^{-t})u(t)$；

(2) $f(t) = 2u(t+1) - 3u(t-1) + u(t-2)$；

(3) $f(t) = [u(t) - u(t-1)]\sin\pi t$；

(4) $f(t) = \dfrac{\sin[a(t-t_0)]}{a(t-t_0)}$。

1-2　写出图 1-33 所示各个信号的表达式。

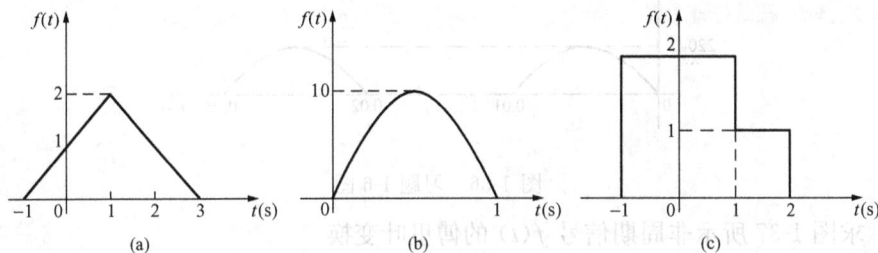

图 1-33　习题 1-2 图

1-3　应用单位冲激信号的筛分性质求下列各式的值。

(1) $\displaystyle\int_{-\infty}^{+\infty} f(t-t_0)\delta(t)\mathrm{d}t$；

(2) $\displaystyle\int_{-\infty}^{+\infty} (\mathrm{e}^{-t}+t)\delta(t+2)\mathrm{d}t$；

(3) $\displaystyle\int_{-\infty}^{+\infty} \delta(t-t_0)u(t-2t_0)\mathrm{d}t$；

(4) $\displaystyle\int_{-\infty}^{+\infty} \mathrm{e}^{-\mathrm{i}\Omega t}[\delta(t)-\delta(t-t_0)]\mathrm{d}t$。

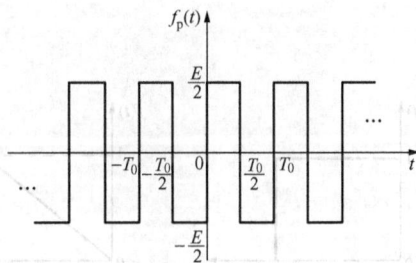

图 1-34　习题 1-4 图

1-4　求图 1-34 所示周期方波信号的正弦频谱和指数频谱，并分别画出它们的频谱图。

1-5　利用周期信号 $f_\mathrm{p}(t)$ 的对称性，定性判断图 1-35 中各个周期信号的傅里叶级数中所含有的频率分量。

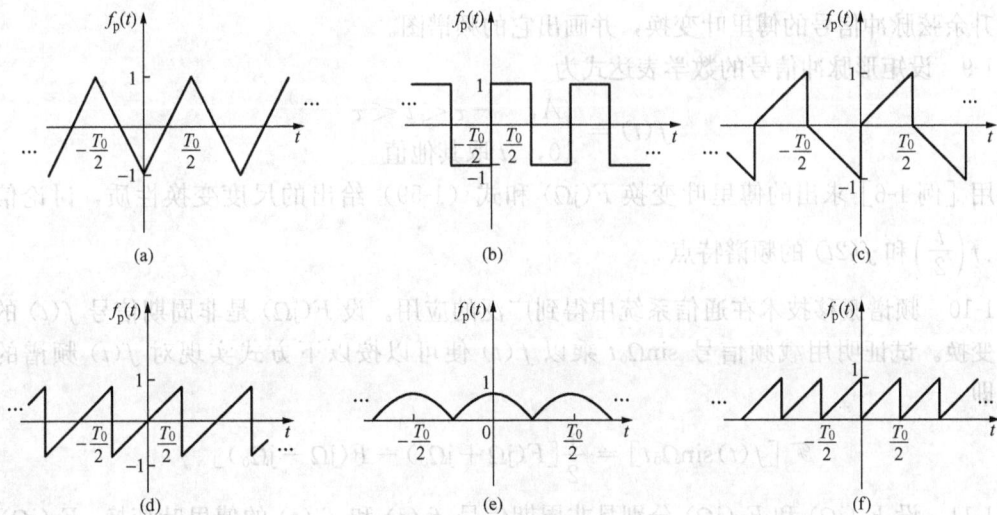

图 1-35　习题 1-5 图

1-6　半波整流后的电压波形如图 1-36 所示。试求该电压波形的谐波分量，并画出频谱图。

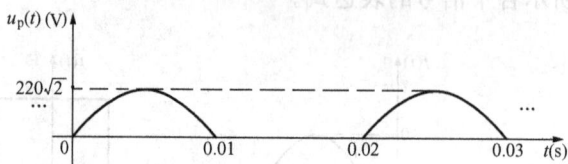

图 1-36　习题 1-6 图

1-7　求图 1-37 所示非周期信号 $f(t)$ 的傅里叶变换。

1-8　图 1-38 所示为升余弦脉冲信号的波形，其数学表达式为

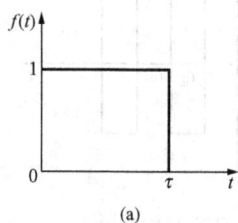

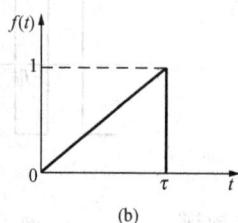

图 1-37　习题 1-7 图　　　　　　　图 1-38　习题 1-8 图

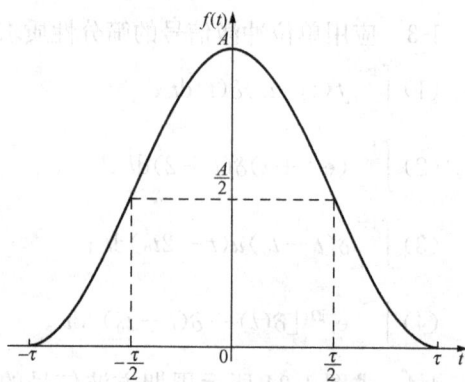

$$f(t) = \begin{cases} \dfrac{A}{2}\left[1 + \cos\left(\dfrac{\pi}{\tau}t\right)\right], & -\tau < t < \tau \\ 0, & t\ \text{取其他值} \end{cases}$$

试求升余弦脉冲信号的傅里叶变换，并画出它的频谱图。

1-9　设矩形脉冲信号的数学表达式为

$$f(t) = \begin{cases} A, & -\tau < t < \tau \\ 0, & t\ \text{取其他值} \end{cases}$$

试利用 ［例 1-6］ 求出的傅里叶变换 $F(\mathrm{j}\Omega)$ 和式（1-59）给出的尺度变换性质，讨论信号 $f(t)$、$f\left(\dfrac{t}{2}\right)$ 和 $f(2t)$ 的频谱特点。

1-10　频谱搬移技术在通信系统中得到广泛的应用。设 $F(\mathrm{j}\Omega)$ 是非周期信号 $f(t)$ 的傅里叶变换。试证明用载频信号 $\sin\Omega_0 t$ 乘以 $f(t)$ 便可以按以下方式实现对 $f(t)$ 频谱的搬移，即

$$\mathscr{F}\left[f(t)\sin\Omega_0 t\right] = \frac{\mathrm{j}}{2}\left[F(\mathrm{j}\Omega + \mathrm{j}\Omega_0) - F(\mathrm{j}\Omega - \mathrm{j}\Omega_0)\right]$$

1-11　设 $F_1(\mathrm{j}\Omega)$ 和 $F_2(\mathrm{j}\Omega)$ 分别是非周期信号 $f_1(t)$ 和 $f_2(t)$ 的傅里叶变换，$F_1(\mathrm{j}\Omega)$ 和 $F_2(\mathrm{j}\Omega)$ 的频域卷积定义为

$$F_1(j\Omega) * F_2(j\Omega) = \int_{-\infty}^{+\infty} F_1(ju)F_2(j\Omega - ju)\,du$$

试证明频域卷积定理，即

$$\mathscr{F}\left[f_1(t)f_2(t)\right] = \frac{1}{2\pi}F_1(j\Omega) * F_2(j\Omega)$$

1-12 图 1-39（a）所示为余弦脉冲信号的波形，其傅里叶变换为

$$F(j\Omega) = \frac{2\tau A}{\pi} \cdot \frac{\cos\dfrac{\tau\Omega}{2}}{1 - \left(\dfrac{\tau\Omega}{\pi}\right)^2}$$

试求图 1-39（b）中周期余弦脉冲信号的傅里叶变换，并画出它们的频谱图。

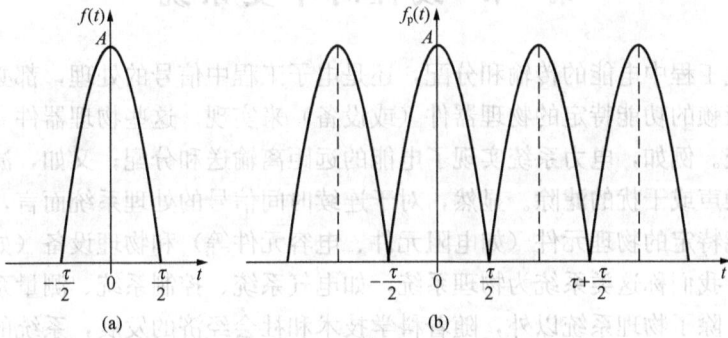

图 1-39 习题 1-12 图

第二章 连续时间系统分析

　　本章讨论了连续时间系统的分析方法。首先介绍了线性时不变系统的数学模型以及系统的基本性质；其次讨论了线性时不变系统的单位冲激响应的时域计算方法以及任意激励下的零状态响应的时域计算方法——卷积方法，并研究了卷积的性质；第三通过对线性时不变系统的单位冲激响应的傅里叶变换，研究了系统的频率响应特性；最后应用拉普拉斯变换方法，讨论了线性时不变系统的复频域分析方法，并讨论了系统函数的特性。

第一节　线性时不变系统

　　无论是电气工程中电能的传输和分配，还是电子工程中信号的处理，都必须依靠若干相互作用和相互依赖的功能特定的物理器件（或设备）来实现。这些物理器件（或设备）就构成了所谓的系统。例如，电力系统实现了电能的远距离输送和分配；又如，滤波器实现了混杂在信号中的噪声或干扰的滤除。显然，对于连续时间信号的处理系统而言，系统的概念主要应建立在功能特定的物理元件（如电阻元件、电容元件等）和物理设备（如放大器、滤波器等）基础上。我们称这类系统为物理系统，如电气系统、控制系统、测量系统、通信系统和机械系统等。除了物理系统以外，随着科学技术和社会经济的发展，系统的概念更加广义化，已经延伸到非物理领域和社会科学领域，例如交通运输系统、生产管理系统、神经系统、教育系统等领域。本章内容仅涉及对连续时间信号进行处理的电网络系统。

　　在电网络系统研究中，针对连续时间信号的处理要求，系统研究的主要内容包括系统分析（电路分析）和系统综合（网络综合）两个方面。所谓系统分析是指在已知系统的条件下，分析输入激励信号作用于系统所产生的输出响应。所谓系统综合则是针对输入激励信号作用下输出响应的要求来设计系统。本章将在电路理论的基础上，对线性系统的分析和综合理论进行讨论。

一、系统的描述和分类

　　如前所述，尽管物理系统是多种多样的，但是，其特性都可以抽象为数学模型来表示，也就是说系统的输出响应和输入激励服从一种数学关系。例如，由纯电阻组成的电阻电路就是一个系统，其输出响应和输入激励满足代数方程；又如，由电阻、电容和电感组成的动态电路也是一个系统，其输出响应和输入激励满足微分方程，其输出响应既与输入激励有关，也与动态电路的初始状态有关。

　　一般而言，系统可以是单输入的，也可以是多输入的。同样，系统可以是单输出的，也可以是多输出的。图 2-1 给出了一个单输入/单输出系统示意图。单输入/单输出系统是最简单的系统，在信号处理中，它主要用于对一维信号的处理。本书仅限于对单输入/单输出系统的讨论。根据系统的数学特性，系统可以分类如下。

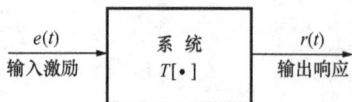

图 2-1　单输入/单输出系统示意图

　　（1）连续时间系统与离散时间系统。组成系统的各个元件输出与输入的数学特性在时间上是连续的系统称为连续时间系统。显然，连续时间系统的输入与输出都是连续时间信号。如果组成系统的各个元件输出与输入的数学特性在时间上是离散的，则称为离散时间系统。离散时间系统的输入和输出都是离散时间信号。一般而言，连续时间系统的数学模型是微分方程，而离散时间系统的数学模型是差分方程。

（2）线性系统与非线性系统。系统的输入和输出满足叠加性和齐次性的系统称为线性系统。例如，在模拟电子电路中的小信号电压放大器电路就是一个线性系统。不满足叠加性和齐次性的系统称为非线性系统。

（3）时变系统和时不变系统。如果组成系统的各个元件的参数不随时间的变化而变化，称为时不变系统，否则称为时变系统。

（4）因果系统与非因果系统。如果系统在 t_0 时刻的输出只取决于 t_0 时刻和 $t<t_0$ 时刻的输入，称为因果系统，否则称为非因果系统。一般而言，任何物理可实现系统都是因果系统，而一些理想系统（例如一些理想滤波器）往往是非因果系统。

（5）稳定系统与不稳定系统。如果系统对于任意有界输入都只产生有界输出，称为稳定系统，否则称为不稳定系统。

在实际应用中，最简单、应用最广泛的系统是线性时不变系统。本书仅限于线性时不变系统的讨论，而线性时变系统、非线性时不变系统和非线性时变系统的内容不在本书讨论范围之内。

二、系统的常微分方程和框图表示

连续时间系统不仅可以用微分方程来描述，也可以用组成该系统的各个元件的连接框图及其元件的数学特性来表示。对于线性时不变系统，主要有乘法器（标量乘法运算）、积分器和加法器三类元件。图 2-2 给出了它们的框图及其输入/输出的数学关系，由这三类元件就可以组成一个特定功能的线性时不变系统。将各个元件按一定结构进行连接就构成了系统的系统框图。

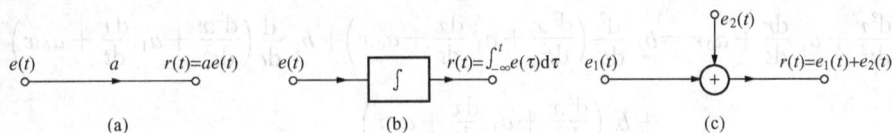

图 2-2　三类元件的框图及其输入/输出的数学关系
(a) 乘法器；(b) 积分器；(c) 加法器

【例 2-1】 RLC 串联电路如图 2-3 所示，输入激励为电压源电压 $e(t)$，输出响应为电容 C 上的电压 $u(t)$。已知电阻 R、电容 C 和电感 L。试求该电路输出响应与输入激励的数学关系，并用系统框图表示。

解 由电路理论，得

$$LC\frac{d^2u}{dt^2}+RC\frac{du}{dt}+u=e$$

可见，在 RLC 串联电路中，电容电压的方程为二阶常微分方程。为了用系统框图表示输入电压激励 $e(t)$ 和输出电压响应 $u(t)$ 的关系，可以将上式二阶常微分方程写为

$$LC\frac{d^2u}{dt^2}=e+w$$

$$w=-RC\frac{du}{dt}-u$$

实现以上数学关系的系统框图如图 2-4 所示。不难看出，用二阶常微分方程描述的线性时不变系统框图中含有两个积分器。

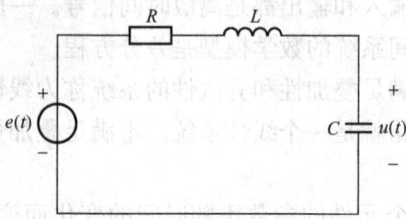

图 2-3　RLC 串联电路

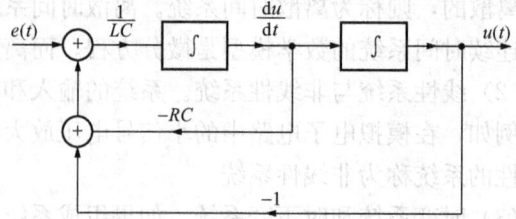

图 2-4　RLC 串联电路的系统框图

一般而言，如果一个线性时不变系统的常微分方程是 n 阶的，那么其相应的系统框图中将包含 n 个积分器；反之亦然。

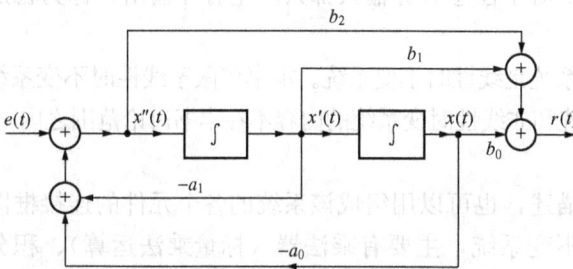

图 2-5　二阶线性时不变系统框图

同理，如果给出一个线性时不变系统框图，也可以写出描述该系统的常微分方程。例如，对于图 2-5 给出的系统框图，图中 $x''(t)$ 为

$$\frac{\mathrm{d}^2 x}{\mathrm{d}t^2} = e - a_1 \frac{\mathrm{d}x}{\mathrm{d}t} - a_0 x$$

而输出响应 $r(t)$ 为

$$r = b_2 \frac{\mathrm{d}^2 x}{\mathrm{d}t^2} + b_1 \frac{\mathrm{d}x}{\mathrm{d}t} + b_0 x$$

为求输出响应 $r(t)$ 与输入激励 $e(t)$ 的关系，消除 $x(t)$，运算过程如下

$$\frac{\mathrm{d}^2 r}{\mathrm{d}t^2} + a_1 \frac{\mathrm{d}r}{\mathrm{d}t} + a_0 r = b_2 \frac{\mathrm{d}^2}{\mathrm{d}t^2}\left(\frac{\mathrm{d}^2 x}{\mathrm{d}t^2} + a_1 \frac{\mathrm{d}x}{\mathrm{d}t} + a_0 x\right) + b_1 \frac{\mathrm{d}}{\mathrm{d}t}\left(\frac{\mathrm{d}^2 x}{\mathrm{d}t^2} + a_1 \frac{\mathrm{d}x}{\mathrm{d}t} + a_0 x\right)$$

$$+ b_0 \left(\frac{\mathrm{d}^2 x}{\mathrm{d}t^2} + a_1 \frac{\mathrm{d}x}{\mathrm{d}t} + a_0 x\right)$$

$$= b_2 \frac{\mathrm{d}^2 e}{\mathrm{d}t^2} + b_1 \frac{\mathrm{d}e}{\mathrm{d}t} + b_0 e$$

所以，描述图 2-5 所示系统框图的常微分方程为

$$\frac{\mathrm{d}^2 r}{\mathrm{d}t^2} + a_1 \frac{\mathrm{d}r}{\mathrm{d}t} + a_0 r = b_2 \frac{\mathrm{d}^2 e}{\mathrm{d}t^2} + b_1 \frac{\mathrm{d}e}{\mathrm{d}t} + b_0 e$$

图 2-2（c）以及图 2-4 和图 2-5 中的加法器都是两个输入端、一个输出端的，一般而言，可以不限定加法器的输入端个数。这样，图 2-5 可以重新表示为图 2-6。

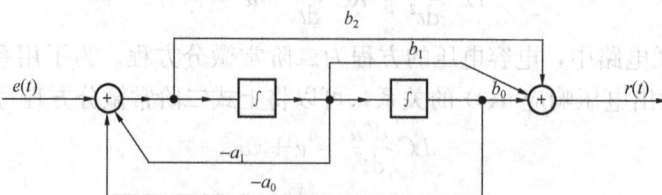

图 2-6　二阶线性时不变系统框图

通常，一个 n 阶线性时不变系统可以被如下 n 阶常微分方程表示，即

$$\frac{\mathrm{d}^n r}{\mathrm{d}t^n} + a_{n-1} \frac{\mathrm{d}^{n-1} r}{\mathrm{d}t^{n-1}} + \cdots + a_1 \frac{\mathrm{d}r}{\mathrm{d}t} + a_0 r = b_m \frac{\mathrm{d}^m e}{\mathrm{d}t^m} + b_{m-1} \frac{\mathrm{d}^{m-1} e}{\mathrm{d}t^{m-1}} + \cdots + b_1 \frac{\mathrm{d}e}{\mathrm{d}t} + b_0 e \quad (2\text{-}1)$$

式（2-1）对应的 n 阶线性时不变系统框图如图 2-7 所示（图中取 $m=n-1$）。

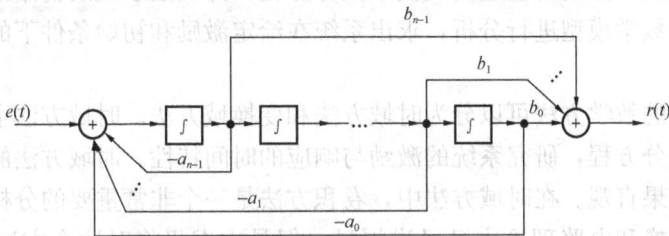

图 2-7　n 阶线性时不变系统框图

由于线性时不变系统可以用线性常微分方程来描述，因此，输出响应不仅决定于输入激励，而且还与系统的初始状态有关。

三、线性时不变系统的性质

（1）线性性质。对于图 2-1 所示的系统，设输入激励 $e(t)$ 与输出响应 $r(t)$ 的关系在系统初始状态为零的条件下，有

$$r(t) = T[e(t)] \quad (2\text{-}2)$$

那么，线性时不变系统具有以下线性性质，即

$$T[\alpha_1 e_1(t) + \alpha_2 e_2(t)] = \alpha_1 T[e_1(t)] + \alpha_2 T[e_2(t)] \quad (2\text{-}3)$$

式中：α_1 和 α_2 为任意常数。显然，式（2-3）包含了叠加性和齐次性。

（2）时不变性质。由于系统的各个元件参数不随时间变化，在系统初始状态为零的条件下，如果输入激励 $e(t)$ 作用延迟一段时间 t_0，那么，线性时不变系统的输出响应 $r(t)$ 也同样延迟时间 t_0，而且波形的形状不变，即

$$r(t-t_0) = T[e(t-t_0)] \quad (2\text{-}4)$$

（3）微分性质。在系统初始状态为零的条件下，如果输入为 $e'(t)$，那么输出为 $r'(t)$，即

$$\frac{\mathrm{d}r(t)}{\mathrm{d}t} = T\left[\frac{\mathrm{d}e(t)}{\mathrm{d}t}\right] \quad (2\text{-}5)$$

事实上，式（2-5）很容易利用线性时不变系统的线性性质和时不变性质进行证明，即

$$T\left[\frac{\mathrm{d}e(t)}{\mathrm{d}t}\right] = T\left[\lim_{\Delta t \to 0} \frac{e(t) - e(t-\Delta t)}{\Delta t}\right] = \lim_{\Delta t \to 0} \frac{1}{\Delta t}\{T[e(t)] - T[e(t-\Delta t)]\}$$

$$= \lim_{\Delta t \to 0} \frac{r(t) - r(t-\Delta t)}{\Delta t} = \frac{\mathrm{d}r(t)}{\mathrm{d}t}$$

显然，微分性质也可以扩展为积分情况。

四、线性时不变系统的分析方法

在给定系统结构、参数和初始状态的条件下，研究输入与输出之间的关系以及系统的有关特性，称为系统分析。其分析的方法可以分为输入/输出法和状态变量法。前者着眼于系统的激励与响应之间的关系，并不关注系统内部变量的变化情况；后者不仅着眼于系统的激励与响应之间的关系，还可直接给出系统内部变量的变化情况。由于本书仅限于单输入/单

输出线性时不变系统的讨论，所以本书不包括状态变量法的内容，有兴趣的读者可查阅有关书籍。

对于一个给定的线性时不变系统，首先需要根据系统的结构和参数，建立系统的数学模型，包括系统的框图、激励与响应的线性常微分方程，并确定系统的初始条件，然后再运用数学方法对系统的数学模型进行分析，求出系统在给定激励和初始条件下的响应，揭示系统的有关特性。

系统分析运用的数学方法可以分为时域方法和变换域方法。时域方法主要是通过直接求解系统的线性常微分方程，研究系统的激励与响应的时间特性。时域方法的主要优点是物理概念清楚，计算结果直观。在时域方法中，卷积方法是一个非常重要的分析方法，尽管本书的先修课程积分变换和电路理论中已经讲授过，但是本书仍将对这个方法进行较详细的论述。变换域方法主要是通过将系统的激励、响应、系统内部数学运算以及初始状态变换成变换域中的函数，研究系统在变换域上的特性，进而研究系统的有关特性。对于线性时不变系统，常用的变换域方法有傅里叶变换法和拉普拉斯变换法。变换域方法的主要优点是将时域方法中的微分和积分运算转化为变换域中的代数运算，将时域中的卷积运算转化为变换域中的相乘运算，这不仅降低了系统分析的难度，更重要的是在变换域中揭示了系统的特性，为信号处理系统的分析、设计以及物理实现奠定了理论基础。

第二节　线性时不变系统的时域分析

一、零输入响应与零状态响应

线性时不变系统的数学模型就是线性常微分方程。因此，线性时不变系统的分析便归结为常微分方程的求解，既可以在时域求解，也可以在频域或复频域求解。例如，线性动态电路就是一个典型的线性时不变系统。在电路理论中，已经深入地研究了时域分析法和复频域分析法。本节对时域分析法进行简单地讲述。

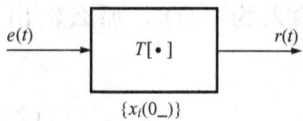

图 2-8　具有初始状态的系统

前已述及，线性时不变系统的响应 $r(t)$ 既取决于激励 $e(t)$，又取决于系统的初始状态 $\{x_i(0_-)\}$，可用图 2-8 表示。例如，在线性动态电路中，电容电压 $\{u_C(0_-)\}$ 和电感电流 $\{i_L(0_-)\}$ 就是该电路的初始状态。此时，响应 $r(t)$ 可以分解为

$$r(t) = r_{zi}(t) + r_{zs}(t) \tag{2-6}$$

式中：$r_{zi}(t)$ 是将激励 $e(t)$ 置零而仅由系统的初始状态 $\{x_i(0_-)\}$ 产生的响应，称为零输入响应；$r_{zs}(t)$ 是将初始状态 $\{x_i(0_-)\}$ 置零而仅由系统的激励 $e(t)$ 产生的响应，称为零状态响应。

将系统的输出响应 $r(t)$ 按式（2-6）分解后进行分析的方法称为系统的零输入零状态分析方法。这种分析方法在电路理论中已经详细讲授，本书不再赘述。

二、单位冲激响应与单位阶跃响应

与电路理论中电路的单位冲激响应和单位阶跃响应定义相同，系统的单位冲激响应 $h(t)$ 定义为系统在单位冲激信号 $\delta(t)$ 的激励下产生的零状态响应。系统的单位阶跃响应 $s(t)$ 定义为系统在单位阶跃信号 $u(t)$ 的激励下产生的零状态响应。对于线性时不变系统，

单位阶跃响应 $s(t)$ 为

$$s(t) = T[u(t)] \tag{2-7}$$

对式（2-7）两端求导数，并利用系统的微分性质式（2-5），得

$$\frac{\mathrm{d}}{\mathrm{d}t}s(t) = \frac{\mathrm{d}}{\mathrm{d}t}T[u(t)] = T\left[\frac{\mathrm{d}}{\mathrm{d}t}u(t)\right] = T[\delta(t)] = h(t)$$

即有

$$h(t) = \frac{\mathrm{d}}{\mathrm{d}t}s(t) \tag{2-8}$$

同理，有

$$s(t) = \int_{-\infty}^{t} h(\tau)\mathrm{d}\tau \tag{2-9}$$

三、任意激励下的零状态响应——卷积方法

借助于单位冲激响应 $h(t)$，任意输入信号激励 $e(t)$ 下系统的零状态响应可以按如下方法计算。由式（1-3）得

$$e(t) = \int_{-\infty}^{+\infty} e(\tau)\delta(\tau - t)\mathrm{d}\tau$$

由于 $\delta(t)$ 为偶函数，故 $\delta(\tau - t) = \delta(t - \tau)$，代入得

$$e(t) = \int_{-\infty}^{+\infty} e(\tau)\delta(t - \tau)\mathrm{d}\tau \tag{2-10}$$

系统的零状态响应为

$$r(t) = T[e(t)] = T\left[\int_{-\infty}^{+\infty} e(\tau)\delta(t - \tau)\mathrm{d}\tau\right] = \int_{-\infty}^{+\infty} e(\tau)T[\delta(t - \tau)]\mathrm{d}\tau = \int_{-\infty}^{+\infty} e(\tau)h(t - \tau)\mathrm{d}\tau$$

显然，以上积分就是数学中的卷积积分，简称卷积，即

$$r(t) = e(t) * h(t) = \int_{-\infty}^{+\infty} e(\tau)h(t - \tau)\mathrm{d}\tau \tag{2-11}$$

式（2-11）表明，一旦求出系统的单位冲激响应 $h(t)$，线性时不变系统在任意输入信号 $e(t)$ 作用下产生的零状态响应就可以通过输入信号 $e(t)$ 和该系统的单位冲激响应 $h(t)$ 的卷积进行计算。这种方法使系统的零状态响应的计算得到简化，也被称为卷积方法。

在实际应用中，一般将输入信号 $e(t)$ 接入系统的时刻定义为 $t = 0$，也就是说，$t \leqslant 0_-$ 以前，系统没有输入激励。因此，式（2-10）为

$$e(t) = \int_{0_-}^{+\infty} e(\tau)\delta(t - \tau)\mathrm{d}\tau \tag{2-12}$$

同理，式（2-11）卷积写为

$$r(t) = e(t) * h(t) = \int_{0_-}^{+\infty} e(\tau)h(t - \tau)\mathrm{d}\tau \tag{2-13}$$

【例 2-2】设一个二阶线性时不变系统的常微分方程为

$$\frac{\mathrm{d}^2 r(t)}{\mathrm{d}t^2} + 5\frac{\mathrm{d}r(t)}{\mathrm{d}t} + 6r(t) = e(t)$$

试求：（1）系统的单位冲激响应 $h(t)$；

（2）在输入信号 $e(t) = e^{-t}u(t)$ 下的零状态响应 $r(t)$。

解　（1）为求单位冲激响应 $h(t)$，先求系统的单位阶跃响应 $s(t)$，即

$$\begin{cases} \dfrac{\mathrm{d}^2 s(t)}{\mathrm{d}t^2} + 5\dfrac{\mathrm{d}s(t)}{\mathrm{d}t} + 6s(t) = u(t) \\[2mm] \dfrac{\mathrm{d}s(t)}{\mathrm{d}t}\bigg|_{t=0_-} = 0, s(t)\mid_{t=0_-} = 0 \end{cases}$$

当 $t=0$ 时，初始条件仍为零状态。当 $t>0$ 时上式常微分方程为

$$\frac{\mathrm{d}^2 s(t)}{\mathrm{d}t^2} + 5\frac{\mathrm{d}s(t)}{\mathrm{d}t} + 6s(t) = 1$$

可以求得

$$s(t) = \left(\frac{1}{6} + C_1 \mathrm{e}^{-2t} + C_2 \mathrm{e}^{-3t}\right)u(t)$$

由初始条件，得

$$C_1 = -\frac{1}{2}, C_2 = \frac{1}{3}$$

单位阶跃响应为

$$s(t) = \left(\frac{1}{6} - \frac{1}{2}\mathrm{e}^{-2t} + \frac{1}{3}\mathrm{e}^{-3t}\right)u(t)$$

由式（2-8），得单位冲激响应为

$$h(t) = \frac{\mathrm{d}}{\mathrm{d}t}s(t) = (\mathrm{e}^{-2t} - \mathrm{e}^{-3t})u(t) + \left(\frac{1}{6} - \frac{1}{2}\mathrm{e}^{-2t} + \frac{1}{3}\mathrm{e}^{-3t}\right)\delta(t) = (\mathrm{e}^{-2t} - \mathrm{e}^{-3t})u(t)$$

（2）由式（2-13），得在输入信号 $e(t) = \mathrm{e}^{-t}u(t)$ 激励下系统的零状态响应为

$$\begin{aligned} r(t) &= \int_{0_-}^{+\infty} e(\tau)h(t-\tau)\mathrm{d}\tau \\ &= \int_{0_-}^{+\infty} \mathrm{e}^{-\tau}\left[\mathrm{e}^{-2(t-\tau)} - \mathrm{e}^{-3(t-\tau)}\right]u(\tau)u(t-\tau)\mathrm{d}\tau \\ &= \left[\int_{0_-}^{t} \mathrm{e}^{-\tau}(\mathrm{e}^{-2t+2\tau} - \mathrm{e}^{-3t+3\tau})\mathrm{d}\tau\right]u(t) \\ &= \left(\frac{1}{2}\mathrm{e}^{-t} - \mathrm{e}^{-2t} + \frac{1}{2}\mathrm{e}^{-3t}\right)u(t) \end{aligned}$$

四、卷积的图解法

式（2-11）的卷积积分不仅是一种特殊的数学积分运算，还是一种线性时不变系统的极为重要的分析工具。下面，对卷积的积分过程进行讨论，以期对这种特殊的数学积分有更加深入的认识。

对式（2-11）卷积的定义式研究，不难看出，卷积的积分过程由下列五个步骤组成。

（1）换元。将 $e(t)$ 和 $h(t)$ 中的自变量 t 换成 τ。

（2）翻转。将 $h(\tau)$ 做翻转，即以纵轴翻转，得到 $h(-\tau)$。

（3）移位。将 $h(-\tau)$ 沿 τ 轴平移 t（这里 t 是一个参变量，$t>0$ 为右移，$t<0$ 为左移），得到 $h(t-\tau)$。

（4）相乘。将 $e(\tau)$ 与 $h(t-\tau)$ 进行相乘，得到被积函数 $e(\tau)h(t-\tau)$。可以看出，参变量 t 不同，被积函数 $e(\tau)h(t-\tau)$ 也不同。

（5）积分。对于给定的参变量 t，沿 τ 轴对被积函数 $e(\tau)h(t-\tau)$ 进行积分。给定参变量 t，求得相对应的积分值。显然，卷积的积分值是参变量 t 的函数。

将上述五个步骤通过图形来实现的计算方法，称为卷积的图解法。下面，举例进行说明。

【例 2-3】 设 $e(t)$ 和 $h(t)$ 的波形分别如图 2-9 （a）、（b）所示。用图解法计算 $e(t) * h(t)$。

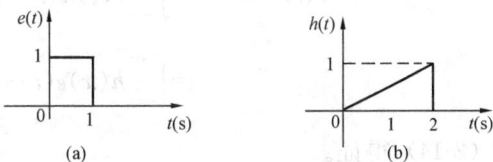

图 2-9 $e(t)$ 和 $h(t)$ 的波形
(a) $e(t)$ 的波形；(b) $h(t)$ 的波形

解 将 $e(t)$ 和 $h(t)$ 进行换元，并将换元后的 $h(\tau)$ 进行翻转和移位。为讨论方便，不妨将 $e(\tau)$ 和 $h(t-\tau)$ 画在一张图上。图 2-10 （a）、（b）、（c）、（d）、（e）分别画出了 $t<0$、$0<t<1$、$1<t<2$、$2<t<3$ 和 $t>3$ 五种

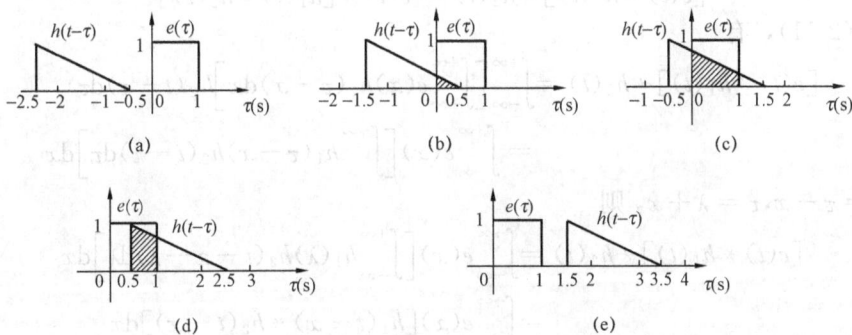

图 2-10 卷积的图解法过程
(a) $t<0$ $(t=-0.5\mathrm{s})$；(b) $0<t<1$ $(t=0.5\mathrm{s})$；
(c) $1<t<2$ $(t=1.5\mathrm{s})$；(d) $2<t<3$ $(t=2.5\mathrm{s})$；(e) $t>3$ $(t=3.5\mathrm{s})$

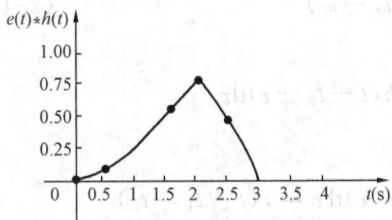

图 2-11 $e(t) * h(t)$ 的图解法计算波形

情况对应的 $e(\tau)h(t-\tau)$ 的波形，分别计算图 2-10 中各参变量 t 对应的 $e(\tau)h(t-\tau)$ 波形与 τ 轴围成的面积（各图中阴影部分），便可得到对应的卷积结果，即 $e(t) * h(t)$ 的值。从图 2-10 中各图不难看出，当 $t\leqslant0$ 时，$e(\tau)h(t-\tau)$ 乘积为 0，如图 2-10 （a）所示，其面积为零；当 $t=0.5$ 时，$e(\tau)h(t-\tau)$ 乘积后的面积如图 2-10 （b）所示，为 0.0625；当 $t=1.5$ 时，$e(\tau)h(t-\tau)$ 乘积后的面积如图 2-10 （c）所示，为 0.5；当 $t=2.5$ 时，$e(\tau)h(t-\tau)$ 乘积后的面积如图 2-10 （d）所示，为 0.4375；当 $t\geqslant3$ 时，$e(\tau)h(t-\tau)$ 乘积为 0，如图 2-10 （e）所示，其面积为零。图 2-11 给出了 $e(t) * h(t)$ 的波形。

五、卷积的性质

式（2-11）的卷积运算具有一些特殊的性质，掌握这些性质，不仅可以简化卷积运算，而且对于信号与系统的分析也有重要的作用。

（1）交换律。其相应表达式为

$$e(t) * h(t) = h(t) * e(t) \tag{2-14}$$

在式（2-11）中，令 $\tau = t - x$，则

$$e(t) * h(t) = \int_{-\infty}^{+\infty} e(\tau)h(t-\tau)\mathrm{d}\tau = \int_{+\infty}^{-\infty} e(t-x)h(x)(-\mathrm{d}x)$$

$$= \int_{-\infty}^{+\infty} h(x)e(t-x)\mathrm{d}x = h(t) * e(t)$$

式（2-14）得证。

（2）分配律。其相应表达式为

$$e(t) * [h_1(t) + h_2(t)] = e(t) * h_1(t) + e(t) * h_2(t) \tag{2-15}$$

直接由式（2-11）卷积的定义式，即可证明式（2-15）。

（3）结合律。其相应表达式为

$$[e(t) * h_1(t)] * h_2(t) = e(t) * [h_1(t) * h_2(t)] \tag{2-16}$$

由式（2-11），有

$$[e(t) * h_1(t)] * h_2(t) = \int_{-\infty}^{+\infty} \left[\int_{-\infty}^{+\infty} e(x)h_1(\tau-x)\mathrm{d}x \right] h_2(t-\tau)\mathrm{d}\tau$$

$$= \int_{-\infty}^{+\infty} e(x) \left[\int_{-\infty}^{+\infty} h_1(\tau-x)h_2(t-\tau)\mathrm{d}\tau \right] \mathrm{d}x$$

令 $\lambda = \tau - x, \tau = \lambda + x$，则

$$[e(t) * h_1(t)] * h_2(t) = \int_{-\infty}^{+\infty} e(x) \left[\int_{-\infty}^{+\infty} h_1(\lambda)h_2(t-x-\lambda)\mathrm{d}\lambda \right] \mathrm{d}x$$

$$= \int_{-\infty}^{+\infty} e(x)[h_1(t-x) * h_2(t-x)]\mathrm{d}x$$

$$= e(t) * [h_1(t) * h_2(t)]$$

式（2-16）得证。

（4）移位性质。如果 $r(t) = e(t) * h(t)$，则

$$e(t-t_1) * h(t-t_2) = r(t-t_1-t_2) \tag{2-17}$$

由式（2-11），有

$$e(t-t_1) * h(t-t_2) = \int_{-\infty}^{+\infty} e(\tau-t_1)h(t-t_2-\tau)\mathrm{d}\tau$$

令 $x = \tau - t_1, \tau = x + t_1$，则

$$e(t-t_1) * h(t-t_2) = \int_{-\infty}^{+\infty} e(x)h(t-t_2-t_1-x)\mathrm{d}x = r(t-t_1-t_2)$$

式（2-17）得证。

（5）微分性质。其相应表达式为

$$\frac{\mathrm{d}}{\mathrm{d}t}[e(t) * h(t)] = \frac{\mathrm{d}e(t)}{\mathrm{d}t} * h(t) = e(t) * \frac{\mathrm{d}h(t)}{\mathrm{d}t} \tag{2-18}$$

由式（2-11），有

$$\frac{\mathrm{d}}{\mathrm{d}t}[e(t) * h(t)] = \frac{\mathrm{d}}{\mathrm{d}t} \int_{-\infty}^{+\infty} e(\tau)h(t-\tau)\mathrm{d}\tau = \int_{-\infty}^{+\infty} e(\tau) \frac{\mathrm{d}h(t-\tau)}{\mathrm{d}t}\mathrm{d}\tau = e(\tau) * \frac{\mathrm{d}h(t)}{\mathrm{d}t}$$

又由式（2-14），并利用上式结果，有

$$\frac{\mathrm{d}}{\mathrm{d}t}[e(t) * h(t)] = \frac{\mathrm{d}}{\mathrm{d}t}[h(t) * e(t)] = h(t) * \frac{\mathrm{d}e(t)}{\mathrm{d}t} = \frac{\mathrm{d}e(t)}{\mathrm{d}t} * h(t)$$

式（2-18）得证。

（6）积分性质。其相应表达式为

$$\int_{-\infty}^{t} [e(x) * h(x)]\mathrm{d}x = e(t) * \int_{-\infty}^{t} h(x)\mathrm{d}x = \left[\int_{-\infty}^{t} e(x)\mathrm{d}x \right] * h(t) \tag{2-19}$$

由式（2-11），有

$$\int_{-\infty}^{t}[e(x)*h(x)]\mathrm{d}x=\int_{-\infty}^{t}\left[\int_{-\infty}^{+\infty}e(\tau)h(x-\tau)\mathrm{d}\tau\right]\mathrm{d}x=\int_{-\infty}^{+\infty}e(\tau)\left[\int_{-\infty}^{t}h(x-\tau)\mathrm{d}x\right]\mathrm{d}\tau$$

令 $\lambda=x-\tau,x=\lambda+\tau,$则

$$\int_{-\infty}^{t}[e(x)*h(x)]\mathrm{d}x=\int_{-\infty}^{+\infty}e(\tau)\left[\int_{-\infty}^{t-\tau}h(\lambda)\mathrm{d}\lambda\right]\mathrm{d}\tau=e(t)*\int_{-\infty}^{t}h(\lambda)\mathrm{d}\lambda \tag{2-20}$$

又由式（2-14），并利用式（2-20）结果，有

$$\int_{-\infty}^{t}[e(x)*h(x)]\mathrm{d}x=\int_{-\infty}^{t}[h(x)*e(x)]\mathrm{d}x=h(t)*\int_{-\infty}^{t}e(\lambda)\mathrm{d}\lambda=\left[\int_{-\infty}^{t}e(\lambda)\mathrm{d}\lambda\right]*h(t) \tag{2-21}$$

将式（2-20）和式（2-21）中 λ 换为 x，即得式（2-19），式（2-19）得证。

除式（2-18）和式（2-19）给出的卷积的微分性质和积分性质外，还有

$$\frac{\mathrm{d}e(t)}{\mathrm{d}t}*\int_{-\infty}^{t}h(x)\mathrm{d}x=\left[\int_{-\infty}^{t}e(x)\mathrm{d}x\right]*\frac{\mathrm{d}h(t)}{\mathrm{d}t}=e(t)*h(t) \tag{2-22}$$

成立。下面，仅证明式（2-22）左端项等于右端项。由式（2-18）和式（2-19），有

$$\frac{\mathrm{d}e(t)}{\mathrm{d}t}*\int_{-\infty}^{t}h(x)\mathrm{d}x=\frac{\mathrm{d}}{\mathrm{d}t}\left[e(t)*\int_{-\infty}^{t}h(x)\mathrm{d}x\right]=\frac{\mathrm{d}}{\mathrm{d}t}\int_{-\infty}^{t}[e(x)*h(x)]\mathrm{d}x$$

$$=e(t)*h(t)$$

式（2-22）得证。

（7）与 $\delta(t)$ 的卷积性质。其相应表达式为

$$h(t)*\delta(t)=h(t) \tag{2-23}$$

$$h(t)*\delta(t-t_0)=h(t-t_0) \tag{2-24}$$

式（2-23）、式（2-24）直接可以由式（2-11）和冲激函数的性质进行证明。

式（2-15）和式（2-16）给出的分配律和结合律，在系统分析中具有重要的意义。图 2-12 给出了一个并联系统框图，不难看出，并联系统的单位冲激响应 $h(t)$ 为各个并联子系统的单位冲激响应之和。图 2-13 给出了一个级联系统框图，不难看出，级联系统的单位冲激响应 $h(t)$ 为各个级联子系统的单位冲激响应之间的卷积。

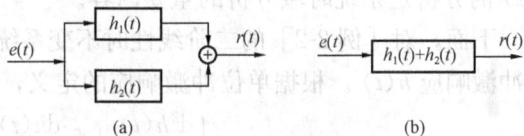

图 2-12　并联系统及其
等效系统 $[h(t)=h_1(t)+h_2(t)]$
(a) 并联系统；(b) 等效系统

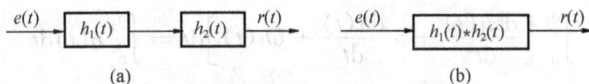

图 2-13　级联系统及其等效系统 $[h(t)=h_1(t)*h_2(t)]$
(a) 级联系统；(b) 等效系统

六、系统的因果性和稳定性

在实际应用中，经常将输入信号 $e(t)$ 与其产生的零状态响应 $r(t)$ 的关系看成是因果关系。也就是说，输入信号 $e(t)$ 是输出响应 $r(t)$ 产生的原因，输出响应 $r(t)$ 是输入信号 $e(t)$ 引起的结果。因此，定义零状态响应不出现在输入信号激励之前的系统为因果系统。由此定

义，可以得出因果系统的充分和必要条件是

$$h(t) = 0 \quad (t < 0) \tag{2-25}$$

此外，从能量守恒的角度看，对于有界的输入信号 $e(t)$ 而言，系统在其激励下产生的零状态响应 $r(t)$ 也是有界的，这种系统称为稳定系统。下面讨论稳定系统的充分和必要条件。对于有界的输入信号 $e(t)$，即 $|e(t)| \leqslant M_e$（M_e 为正实数），由式（2-11），得

$$|r(t)| = |e(t) * h(t)| = |h(t) * e(t)| = \left| \int_{0_-}^{+\infty} h(\tau)e(t-\tau)\mathrm{d}\tau \right|$$

$$\leqslant \int_{0_-}^{+\infty} |h(\tau)| \cdot |e(t-\tau)| \, \mathrm{d}\tau \leqslant M_e \int_{0_-}^{+\infty} |h(\tau)| \, \mathrm{d}\tau$$

由系统稳定的定义知道，如果系统的单位冲激响应 $h(t)$ 满足

$$\int_{0_-}^{+\infty} |h(\tau)| \, \mathrm{d}\tau \leqslant M \tag{2-26}$$

式中，M 为正实数，则 $|r(t)| \leqslant M_e M$，即系统是稳定的。因此，式（2-26）是系统稳定的充分和必要条件。

事实上，实际中的物理系统都是稳定的因果系统。换言之，只有稳定的因果系统才能被物理实现。因此，一个系统能否被物理实现，关键是看这个系统是否是稳定的因果系统。

七、对单位冲激响应的再认识

从前面的讨论不难看出，系统的单位冲激响应不仅是系统的一种零状态响应，而且是系统固有特性的一种反映。利用单位冲激响应 $h(t)$，可以计算系统在任意激励 $e(t)$ 作用下的零状态响应 $r(t)$。利用各子系统的单位冲激响应，可以获得并联系统或级联系统的单位冲激响应。利用系统单位冲激响应，可以判断系统的因果性和稳定性。因此，单位冲激响应 $h(t)$ 的分析是系统时域分析的重要内容。

下面，对［例 2-2］的二阶线性时不变系统的常微分方程进行讨论。重求这个系统的单位冲激响应 $h(t)$。根据单位冲激响应的定义，这个系统的数学模型如下

$$\begin{cases} \dfrac{\mathrm{d}^2 h(t)}{\mathrm{d}t^2} + 5 \dfrac{\mathrm{d}h(t)}{\mathrm{d}t} + 6h(t) = \delta(t) \\ \dfrac{\mathrm{d}h(t)}{\mathrm{d}t}\bigg|_{t=0_-} = 0, h(t)\bigg|_{t=0_-} = 0 \end{cases} \tag{2-27}$$

显然，式（2-27）中的 $\delta(t)$ 只有在 $t=0$ 时刻才作用于系统，当 $t > 0$ 后 $\delta(t) = 0$，即 $t > 0$ 以后系统处于零输入状态。因此，单位冲激信号 $\delta(t)$ 的作用就是为这个系统提供一个初始状态。事实上，对式（2-27）两边取如下定积分，有

$$\int_{0_-}^{0_+} \left[\frac{\mathrm{d}^2 h(t)}{\mathrm{d}t^2} + 5 \frac{\mathrm{d}h(t)}{\mathrm{d}t} + 6h(t) \right] \mathrm{d}t = \int_{0_-}^{0_+} \delta(t)\mathrm{d}t$$

即

$$\frac{\mathrm{d}h(t)}{\mathrm{d}t}\bigg|_{t=0_+} + 5h(t)\bigg|_{t=0_+} + 6\int_{0_-}^{0_+} h(t)\mathrm{d}t = 1$$

从式（2-27）的方程不难看出，只有 $\dfrac{\mathrm{d}^2 h(t)}{\mathrm{d}t^2}$ 中含有单位冲激函数，而其他各项在 $t=0$ 时只能是有限的跳跃（阶跃）或连续的，因此，上式中应有

$$\frac{\mathrm{d}h(t)}{\mathrm{d}t}\bigg|_{t=0_+} = 1, h(t)\bigg|_{t=0_+} = 0$$

这样，式（2-27）的零状态响应问题就自然转化为如下的零输入响应问题，即

$$\begin{cases} \dfrac{d^2 h(t)}{dt^2} + 5\dfrac{dh(t)}{dt} + 6h(t) = 0, t > 0_+ \\ \dfrac{dh(t)}{dt}\bigg|_{t=0_+} = 1, h(t)\bigg|_{t=0_+} = 0 \end{cases} \tag{2-28}$$

求解式（2-28）的二阶齐次常微分方程，其通解为

$$h(t) = (C_1 e^{-2t} + C_2 e^{-3t})u(t)$$

由式（2-28）的初始条件，得

$$C_1 = 1, C_2 = -1$$

所以，单位冲激响应 $h(t)$ 为

$$h(t) = (e^{-2t} - e^{-3t})u(t)$$

与［例 2-2］的结果一致。

从以上讨论可以看出，系统的单位冲激响应 $h(t)$ 的解的结构，是由该系统常微分方程的特征方程的特征根决定的，且取决于该系统的内部结构及其元件参数，不同的系统就会有不同的单位冲激响应。因此，系统的单位冲激响应完全反映和描述了系统的时域特性。

第三节　线性时不变系统的频域分析

利用式（2-11），可以计算线性时不变系统在任意输入信号作用下的零状态响应。除了这种直接的时域分析方法外，还可以通过研究系统的频率响应特性研究系统输入信号与输出信号的频谱密度函数之间的关系。

对式（2-11）两边做傅里叶变换，并利用式（1-63）的时域卷积定理，得

$$R(j\Omega) = E(j\Omega)H(j\Omega) \tag{2-29}$$

$$H(j\Omega) = \mathscr{F}[h(t)] \tag{2-30}$$

式中：$E(j\Omega)$、$R(j\Omega)$ 分别为输入信号 $e(t)$ 和输出信号 $r(t)$ 的频谱密度函数；$H(j\Omega)$ 为线性时不变系统单位冲激响应 $h(t)$ 的傅里叶变换。

称式（2-30）中的 $H(j\Omega)$ 为系统的频率响应特性。式（2-29）表明，$H(j\Omega)$ 为系统在零初始状态下输出信号与输入信号的频谱密度函数之比，即

$$H(j\Omega) = \frac{R(j\Omega)}{E(j\Omega)} \tag{2-31}$$

在系统的频域分析中，系统的频率响应特性起着非常重要的作用，它表征了系统的频率特性，是系统特性的频域描述。系统的频率响应特性 $H(j\Omega)$ 一般是复函数，可以表示为幅度和相位的形式，即

$$H(j\Omega) = |H(j\Omega)|e^{j\varphi(j\Omega)} \tag{2-32}$$

式中：$|H(j\Omega)|$ 为系统的幅频响应特性；$\varphi(j\Omega)$ 为系统的相频响应特性。

由式（2-32）可见，幅频响应特性 $|H(j\Omega)|$ 给出了系统的输出信号与输入信号的频谱密度函数幅值之比，相频响应特性 $\varphi(j\Omega)$ 给出了系统的输出信号与输入信号的频谱密度函数初相位之差。由于系统的频率响应特性 $H(j\Omega)$ 是系统的单位冲激响应 $h(t)$ 的傅里叶变换，而 $h(t)$ 为实函数，由式（1-54）给出的傅里叶变换的奇偶性质可知，幅频响应特性 $|H(j\Omega)|$ 是 Ω 的偶函数，相频响应特性 $\varphi(j\Omega)$ 是 Ω 的奇函数。

线性时不变系统的频率响应特性 $H(j\Omega)$ 不仅可以利用式（2-30）的定义式通过求单位冲激响应 $h(t)$ 的傅里叶变换获得，也可以直接由描述系统的线性常微分方程获得。

【例 2-4】试求［例 2-2］二阶线性时不变系统的频率响应特性。

解　方法一：由［例 2-2］知，二阶线性时不变系统的常微分方程为

$$\frac{\mathrm{d}^2 r(t)}{\mathrm{d}t^2} + 5\frac{\mathrm{d}r(t)}{\mathrm{d}t} + 6r(t) = e(t)$$

对上式常微分方程两边做傅里叶变换，得

$$[(j\Omega)^2 + 5j\Omega + 6]R(j\Omega) = E(j\Omega)$$

由式（2-31）得

$$H(j\Omega) = \frac{R(j\Omega)}{E(j\Omega)} = \frac{1}{-\Omega^2 + 5j\Omega + 6}$$

方法二：由［例 2-2］知，该系统的单位冲激响应 $h(t)$ 为

$$h(t) = (e^{-2t} - e^{-3t})u(t)$$

由式（2-30），得

$$H(j\Omega) = \mathscr{F}[h(t)] = \frac{1}{j\Omega + 2} - \frac{1}{j\Omega + 3} = \frac{1}{-\Omega^2 + 5j\Omega + 6}$$

可见，两种方法获得的结果相同。

由［例 2-4］看出，系统的频率响应特性 $H(j\Omega)$ 与系统的输入和输出无关，只与系统本身的特性有关，反映了系统的频域特性，是系统本身的固有特性。

在电气与电子工程中，广泛采用电路系统对电信号进行处理。因此，对于线性电路系统，除了采用上述两个方法求解系统的频率响应特性 $H(j\Omega)$ 外，还常常通过建立电路的频域模型并直接应用电路理论求解电路的频率响应特性。

为此，需要对时域的基尔霍夫电压定律、基尔霍夫电流定律以及元件的伏安关系进行傅里叶变换。图 2-14 分别给出了电阻、电感、电容元件的时域模型和频域模型。

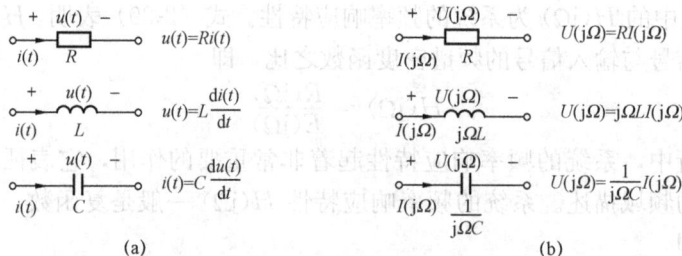

图 2-14　电阻、电感、电容元件的时域模型和频域模型
(a) 时域模型；(b) 频域模型

【例 2-5】　图 2-15 所示 RC 电路，若激励电压源为 $e(t)$，输出电压 $r(t)$ 为电容两端的电压 $u_C(t)$，电容的初始电压为零。试求：

(1) 电路的频率响应特性 $H(j\Omega)$；

(2) 画出电路的幅频响应特性 $|H(j\Omega)|$ 和相频响应特性 $\varphi(j\Omega)$；

(3) 电路的单位冲激响应 $h(t)$。

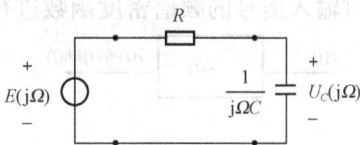

解 (1) 图 2-15 所示 RC 电路的频域模型如图 2-16 所示。由电路理论,有

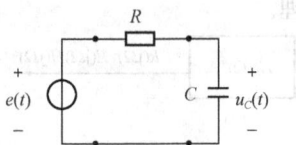

图 2-15 RC 电路的时域模型   图 2-16 RC 电路的频域模型

$$H(j\Omega) = \frac{R(j\Omega)}{E(j\Omega)} = \frac{\frac{1}{j\Omega C}}{R + \frac{1}{j\Omega C}} = \frac{\frac{1}{RC}}{j\Omega + \frac{1}{RC}} = \frac{1}{1 + j\Omega RC}$$

(2) 由上式得

$$\left| H(j\Omega) \right| = \frac{1}{\sqrt{1 + (\Omega RC)^2}}, \varphi(j\Omega) = -\arctan\Omega RC$$

图 2-17 分别画出了图 2-15 所示 RC 电路的幅频响应特性 $|H(j\Omega)|$ 和相频响应特性 $\varphi(j\Omega)$。可以看出,当 $\Omega = 0\text{rad/s}$,即直流时,由于 $|H(j0)| = 1$,因此直流信号可以无衰减地通过该电路。随着频率的增加,电路的幅频响应特性 $|H(j\Omega)|$ 不断减小,说明信号的频率越高,信号通过该电路时的衰减也就越大。所以,该电路具有低频信号通过、高频信号衰减的特征,一般将这种特征的电路称为低通滤波电路或低通滤波器。显然,当 $\Omega = \frac{1}{RC}$ 时,$|H(j\Omega)| = 0.707, \varphi(j\Omega) = -45°$。

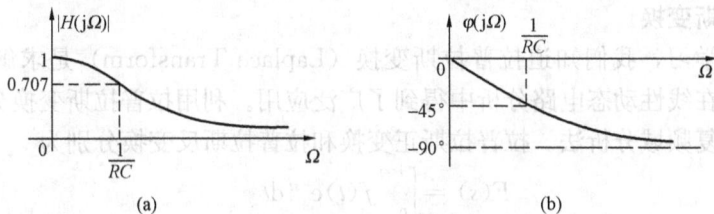

图 2-17 RC 电路的频率响应特性
(a) 幅频响应特性;(b) 相频响应特性

(3) 由电路的频率响应特性 $H(j\Omega)$ 的傅里叶反变换,得电路的单位冲激响应 $h(t)$ 为

$$h(t) = \mathscr{F}^{-1}[H(j\Omega)] = \frac{1}{RC}e^{-\frac{1}{RC}t}u(t)$$

由 [例 2-5] 可以看出,对于电路而言,由电路的频域模型来分析较复杂电路的频率响应特性 $H(j\Omega)$ 更加有效,可以避免列写电路的常微分方程这个繁琐步骤。此外,也可以先求出频率响应特性 $H(j\Omega)$ 或输出信号的频谱密度函数 $R(j\Omega)$,再利用傅里叶反变换求出单位冲激响应 $h(t)$ 或输出信号 $r(t)$。

通过上面的讨论可以看出,系统的单位冲激响应 $h(t)$ 反映了系统的时域特性,而系统的频率响应特性 $H(j\Omega)$ 反映了系统的频域特性。$h(t)$ 和 $H(j\Omega)$ 是一组傅里叶变换对,都是由系统本身结构和元器件参数决定的,与系统的输入信号和输出信号无关。$h(t)$ 和 $H(j\Omega)$ 分别是系统的时域表征和频域表征，如图 2-18 所示。利用系统的单位冲激响应 $h(t)$，可以直观地获得系统响应的波形特征，并进行时域响应的计算；利用系统的频率响应特性 $H(\mathrm{j}\Omega)$，可以方便地对输入信号的频谱密度函数进行分析和处理。

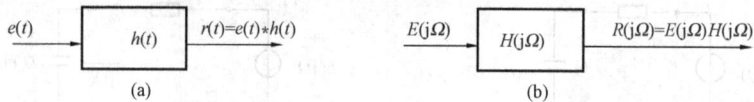

图 2-18　系统的单位冲激响应 $h(t)$ 和频率响应特性 $H(\mathrm{j}\Omega)$
(a) 系统的时域表征；(b) 系统的频域表征

从图 2-18 可见，系统的频率响应特性 $H(\mathrm{j}\Omega)$ 表达了信号通过系统的一种传输关系。尽管 $H(\mathrm{j}\Omega)$、$E(\mathrm{j}\Omega)$ 和 $R(\mathrm{j}\Omega)$ 都是时间函数的傅里叶变换，但是它们的意义是不同的。例如，在线性时不变电路中，电路的频率响应特性的单位可以是阻抗的单位 Ω（欧姆），也可以是导纳的单位 S（西门子），还可以是无量纲的，比如转移电压比或转移电流比；而输入信号和输出信号的傅里叶变换为频谱密度函数，其单位只能是 A/Hz（安培/赫兹）或 V/Hz（伏特/赫兹）。

此外对于线性时不变电路，当输入信号为正弦信号时，其输出信号也为同频率的正弦信号。此时，电路的频率响应特性 $H(\mathrm{j}\Omega)$ 反映了周期输入信号的频谱与周期输出信号的频谱的传输关系。

综上所述，系统的频率响应特性 $H(\mathrm{j}\Omega)$ 既可以表达非周期输入信号与非周期输出信号的频谱密度的传输关系，也可以表达周期输入信号与周期输出信号的频谱的传输关系。

第四节　线性时不变系统的复频域分析

一、拉普拉斯变换

通过数学的学习，我们知道拉普拉斯变换（Laplace Transform）是求解线性常微分方程的有效工具，在线性动态电路分析中得到了广泛应用。利用拉普拉斯变换分析线性时不变系统的方法称为复频域分析法。拉普拉斯正变换和拉普拉斯反变换分别为

$$F(s) = \int_{0_-}^{+\infty} f(t)\mathrm{e}^{-st}\,\mathrm{d}t \tag{2-33}$$

$$f(t) = \frac{1}{2\pi\mathrm{j}} \int_{\sigma-\mathrm{j}\infty}^{\sigma+\mathrm{j}\infty} F(s)\mathrm{e}^{st}\,\mathrm{d}s \tag{2-34}$$

式中：$s = \sigma + \mathrm{j}\Omega$ 为复频率；$f(t)$ 为原函数；$F(s)$ 为象函数。

式（2-33）的拉普拉斯正变换记做 $\mathscr{L}\left[f(t)\right]$，式（2-34）的拉普拉斯反变换记作 $\mathscr{L}^{-1}\left[F(s)\right]$。

下面几种常用函数的拉普拉斯变换经常被使用，即

$$\mathscr{L}\left[\delta(t)\right] = 1$$

$$\mathscr{L}\left[u(t)\right] = \frac{1}{s}$$

$$\mathscr{L}\left[\mathrm{e}^{-at}\right] = \frac{1}{s+\alpha}$$

$$\mathscr{L}\left[\sin\Omega t\right] = \frac{\Omega}{s^2+\Omega^2}$$

$$\mathscr{L}\left[\cos\Omega t\right] = \frac{s}{s^2+\Omega^2}$$

$$\mathscr{L}\left[e^{-\alpha t}\sin\Omega t\right]=\frac{\Omega}{(s+\alpha)^2+\Omega^2}$$

$$\mathscr{L}\left[e^{-\alpha t}\cos\Omega t\right]=\frac{s+a}{(s+\alpha)^2+\Omega^2}$$

另外，除了拉普拉斯变换的线性性质，还经常应用它的微分性质，即

$$\mathscr{L}\left[\frac{d^n f(t)}{dt^n}\right]=s^n F(s)-\sum_{k=0}^{n-1}s^{n-k-1}\frac{d^k f(t)}{dt^k}\bigg|_{t=0_-} \tag{2-35}$$

利用拉普拉斯变换的线性性质和微分性质，线性时不变系统的常微分方程可以转换为复代数方程。这样，极大地简化了常微分方程的求解。

【例 2-6】 应用拉普拉斯变换方法重求［例 2-2］问题（2）。

解 该问题归结为如下二阶常微分方程的求解，即

$$\begin{cases}\dfrac{d^2 r(t)}{dt^2}+5\dfrac{dr(t)}{dt}+6r(t)=e^{-t}, t>0 \\[2mm] \dfrac{dr(t)}{dt}\bigg|_{t=0_-}=0, r(t)\big|_{t=0_-}=0\end{cases}$$

对上式二阶常微分方程进行拉普拉斯变换，并利用线性性质和微分性质，得

$$s^2 R(s)+5sR(s)+6R(s)=\frac{1}{s+1}$$

象函数 $R(s)$ 为

$$R(s)=\frac{1}{(s+1)(s^2+5s+6)}$$

部分分式展开，得

$$R(s)=\frac{1}{2}\times\frac{1}{s+1}-\frac{1}{s+2}+\frac{1}{2}\times\frac{1}{s+3}$$

求拉普拉斯反变换，得该系统的零状态响应为

$$r(t)=\frac{1}{2}e^{-t}-e^{-2t}+\frac{1}{2}e^{-3t}\quad(t>0)$$

结果与［例 2-2］相同。

二、系统函数

对式（2-11）卷积进行拉普拉斯变换，得

$$R(s)=\mathscr{L}\left[e(t)*h(t)\right]$$

$$=\int_{0_-}^{+\infty}\left[\int_{-\infty}^{+\infty}e(\tau)h(t-\tau)d\tau\right]e^{-st}dt$$

$$=\int_{0_-}^{+\infty}\left[\int_{0_-}^{+\infty}e(\tau)h(t-\tau)d\tau\right]e^{-st}dt$$

交换积分次序，并令 $x=t-\tau$，得

$$R(s)=\int_{0_-}^{+\infty}e(\tau)\left[\int_{0_-}^{+\infty}h(t-\tau)e^{-st}dt\right]d\tau$$

$$= \int_{0_-}^{+\infty} e(\tau) e^{-s\tau} \left[\int_{0_-}^{+\infty} h(t-\tau) e^{-s(t-\tau)} d(t-\tau) \right] d\tau$$

$$= \int_{0_-}^{+\infty} e(\tau) e^{-s\tau} d\tau \int_{0_-}^{+\infty} h(x) e^{-sx} dx$$

$$= E(s) H(s)$$

重写上式

$$R(s) = \mathscr{L}\left[e(t) * h(t) \right] = E(s) H(s) \tag{2-36}$$

式（2-36）称为时域卷积定理，简称卷积定理。这是线性时不变系统理论中非常重要的一个定理，有广泛的应用。从式（2-36）可以看出，线性时不变系统在任意输入信号 $e(t)$ 的激励下，零状态响应 $r(t)$ 的象函数 $R(s)$ 等于输入信号 $e(t)$ 的象函数 $E(s)$ 与系统单位冲激响应 $h(t)$ 的象函数 $H(s)$ 的乘积。由此可见，系统的单位冲激响应 $h(t)$ 或者其象函数 $H(s)$ 决定了系统的特性。

由卷积定理式（2-36），得

$$H(s) = \frac{R(s)}{E(s)} \tag{2-37}$$

称 $H(s)$ 为系统的系统函数。显然，它是系统零状态响应的象函数 $R(s)$ 与输入信号的象函数 $E(s)$ 之比。不仅可以通过式（2-37）求系统的系统函数，也可以通过先求系统的单位冲激响应 $h(t)$ 再对其进行拉普拉斯变换求得。

【例 2-7】 求 [例 2-2] 给出的二阶线性时不变系统的系统函数 $H(s)$。

解 在 [例 2-2] 中，已经求得该系统的单位冲激响应为

$$h(t) = (e^{-2t} - e^{-3t}) u(t)$$

对其进行拉普拉斯变换，得该系统的系统函数为

$$H(s) = \mathscr{L}\left[h(t) \right] = \frac{1}{s+2} - \frac{1}{s+3} = \frac{1}{s^2 + 5s + 6}$$

三、系统函数的时域特性

对于线性时不变系统，系统函数可以写成如下有理分式形式

$$H(s) = H_0 \frac{\prod\limits_{l=1}^{m}(s - z_l)}{\prod\limits_{i=1}^{n}(s - p_i)} \tag{2-38}$$

式中：z_l 为系统函数 $H(s)$ 的第 l 个零点；p_i 为系统函数 $H(s)$ 的第 i 个极点。

在实际中，式（2-38）系统函数中的 H_0 为实数，分子多项式和分母多项式也都是实系数多项式。所以，式（2-38）中的零点和极点要么出现在复平面 S 的实轴上，要么成对共轭地出现在对称于实轴的复平面上。如果将式（2-38）按极点进行部分分式展开，有

$$H(s) = \sum_{i=1}^{n} \frac{H_i}{s - p_i} \tag{2-39}$$

对式（3-39）进行拉普拉斯反变换，得系统的单位冲激响应为

$$h(t) = \sum_{i=1}^{n} H_i e^{p_i t} \qquad (2\text{-}40)$$

由于式（2-39）的系统函数 $H(s)$ 与式（2-40）的单位冲激响应 $h(t)$ 是一对拉普拉斯变换，因此，式（2-40）中单位冲激响应 $h(t)$ 的时域特性可以由式（2-39）中系统函数 $H(s)$ 的极点确定。图 2-19 定性地画出了在复平面 S 上极点分布在不同位置时对应的时域特性。可以看出，极点的实部和虚部在复平面的不同位置，决定了单位冲激响应不同的时间特性。极点的实部确定了单位冲激响应随时间进程的衰减和增加情况。当极点落在复平面的左半平面时，即极点的实部为负时，单位冲激响应呈现衰减特性；当极点落在复平面右半平

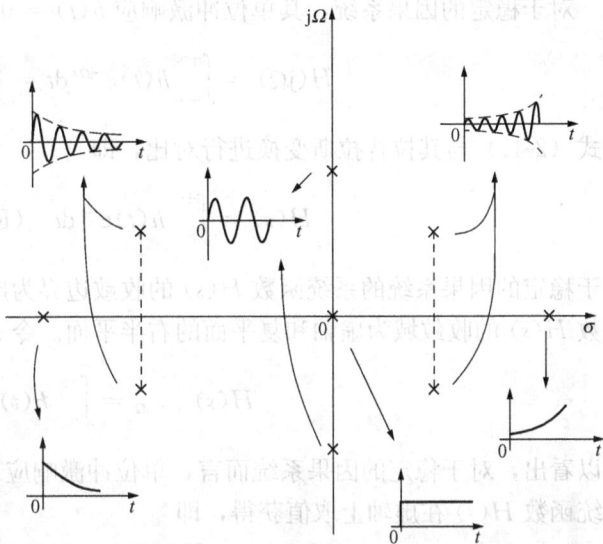

图 2-19 极点分布与时域特性的关系

面时，即极点的实部为正时，单位冲激响应呈现增加特性；当极点落在复平面的虚轴上时，即极点的实部为零时，单位冲激响应既不衰减也不增加，而是呈现正弦振荡特性。极点距复平面的虚轴越远，即极点实部的绝对值越大，单位冲激响应的衰减或增加越快；反之越慢。同理，极点的虚部确定了单位冲激响应随时间进程的正弦振荡情况。当极点距复平面的实轴越远，即极点虚部的绝对值越大，单位冲激响应的正弦振荡的角频率越高；反之越低。当极点落在复平面的原点时，即极点的实部和虚部同时为零时，响应为一个恒定不变的常数。

所以，可以通过研究系统函数的极点分布，预测系统响应的时域波形和时域特性。通过系统函数 $H(s)$ 的极点分布，还可以对系统的稳定性和因果性进行判断。由图 2-19 可以看出，只有系统函数 $H(s)$ 的全部极点都分布在复平面的左半平面内时，即全部极点的实部均小于零时，才能保证式（2-26）成立，即

$$\int_{0_-}^{+\infty} \mid h(t) \mid \mathrm{d}t \leqslant M$$

此外，对于因果系统，由式（2-25），即

$$h(t) = 0 \quad (t < 0)$$

由拉普拉斯变换理论知，系统函数 $H(s)$ 的收敛域为

$$\mathrm{Re}(s) > \sigma_0$$

式中：σ_0 为实常数，即收敛域为 $\sigma > \sigma_0$ 的复平面。

对于稳定的因果系统，由于所有极点都分布在复平面的左半平面内，$H(s)$ 的收敛域边界为虚轴，即 $\sigma_0 = 0$，因此，系统函数 $H(s)$ 的所有极点都在复平面的左半平面是系统稳定和因果的充分和必要条件。今后，如果不作特殊注明，本书所讨论的系统均是稳定的因果系统。

四、系统函数的频域特性

就连续时间信号处理系统而言，系统的输入和输出都是连续时间信号。这些信号不仅可

以用时间函数或时域波形来表示，还可以用它们的频谱或频谱密度描述。因此，有必要研究系统的频率响应特性，也就是系统函数 $H(s)$ 的频域特性。

对于稳定的因果系统，其单位冲激响应 $h(t) = 0(t < 0)$。对 $h(t)$ 进行傅里叶变换，得

$$H(j\Omega) = \int_{-\infty}^{+\infty} h(t) e^{-j\Omega t} dt = \int_{0_-}^{+\infty} h(t) e^{-j\Omega t} dt \qquad (2\text{-}41)$$

将式（2-41）与其拉普拉斯变换进行对比，即

$$H(s) = \int_{0_-}^{+\infty} h(t) e^{-st} dt \quad (\mathrm{Re}[s] > \sigma_0)$$

由于稳定的因果系统的系统函数 $H(s)$ 的收敛边界为虚轴，即 $\sigma_0 = 0_-$。因此，上式中的系统函数 $H(s)$ 的收敛域为虚轴和复平面的右半平面。令 $s = j\Omega$，得

$$H(s)\,|_{s=j\Omega} = \int_{0_-}^{+\infty} h(t) e^{-j\Omega t} dt$$

可以看出，对于稳定的因果系统而言，单位冲激响应 $h(t)$ 的傅里叶变换 $H(j\Omega)$ 可以直接由系统函数 $H(s)$ 在虚轴上取值获得，即

$$H(j\Omega) = H(s)\,|_{s=j\Omega} \qquad (2\text{-}42)$$

由式（2-42）可见，系统函数 $H(s)$ 在 $s = j\Omega$ 即虚轴上的特性，就是系统的频率响应特性 $H(j\Omega)$。所以，系统的频率响应特性 $H(j\Omega)$ 也可以利用式（2-42）由系统函数 $H(s)$ 求得。

此外，根据系统函数 $H(s)$ 在复平面的零点和极点分布，也可以定性地绘制系统的频率响应特性曲线，包括幅频响应特性 $|H(j\Omega)|$ 和相频响应特性 $\varphi(j\Omega)$ 的曲线。为此，将式（2-38）表示的系统函数重写如下，即

$$H(s) = H_0 \frac{\prod_{l=1}^{m}(s - z_l)}{\prod_{i=1}^{n}(s - p_i)}$$

取 $s = j\Omega$，即在复平面上让复频率 s 沿虚轴 $j\Omega$ 移动，得

$$H(j\Omega) = H_0 \frac{\prod_{l=1}^{m}(j\Omega - z_l)}{\prod_{i=1}^{n}(j\Omega - p_i)} \qquad (2\text{-}43)$$

式（2-43）中系统的频率响应特性（以下简称频率特性）可由图 2-20 表示。图中，$j\Omega - z_l$ 是零点 z_l 指向虚轴 $j\Omega$ 点的一个矢量，其模为 N_l，与实轴 σ 的夹角为 ψ_l；同理，$j\Omega - p_i$ 是极点 p_i 指向虚轴 $j\Omega$ 点的另一个矢量，其模为 M_i，与实轴 σ 的夹角为 θ_i。因此，式（2-43）的频率特性可以通过这些零点和极点对应矢量的模和夹角获得，即

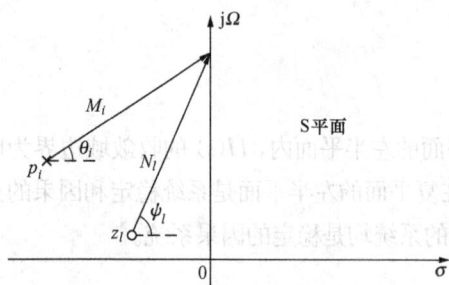

图 2-20　系统函数的频率特性

$$H(\mathrm{j}\Omega) = H_0 \frac{N_1 N_2 \cdots N_m}{M_1 M_2 \cdots M_n} \mathrm{e}^{\mathrm{j}\left[(\psi_1 + \psi_2 + \cdots + \psi_m) - (\theta_1 + \theta_2 + \cdots + \theta_n)\right]}$$

所以，系统的幅频响应特性（以下简称幅频特性）$|H(\mathrm{j}\Omega)|$ 和相频响应特性（以下简称相频特性）$\varphi(\mathrm{j}\Omega)$ 分别为

$$|H(\mathrm{j}\Omega)| = H_0 \frac{N_1 N_2 \cdots N_m}{M_1 M_2 \cdots M_n} \tag{2-44}$$

$$\varphi(\mathrm{j}\Omega) = (\psi_1 + \psi_2 + \cdots + \psi_m) - (\theta_1 + \theta_2 + \cdots + \theta_n) \tag{2-45}$$

将 $\mathrm{j}\Omega$ 沿虚轴移动，各个零点和极点对应的矢量的模和夹角也都随之变化。于是，便可以根据式（2-44）和式（2-45）绘制出系统的幅频特性曲线和相频特性曲线。

【例 2-8】 图 2-21（a）所示电路为 RC 低通滤波电路，试求该电路的系统函数 $H(s) = U_2(s)/U_1(s)$ 及其频率特性。

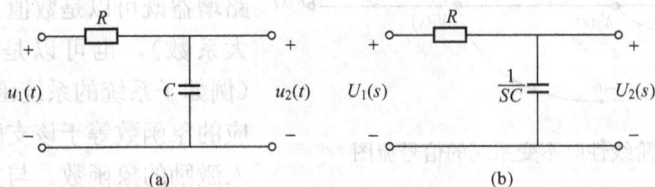

图 2-21　RC 低通滤波电路
(a) 时域电路；(b) 运算电路

解　为求 RC 低通滤波电路的系统函数 $H(s)$，先求图 2-21(a)所示时域电路的零状态下的运算电路，如图 2-21(b)所示。求解该电路，得系统函数为

$$H(s) = \frac{U_2(s)}{U_1(s)} = \frac{1}{RC} \times \frac{1}{s + \dfrac{1}{RC}}$$

不难看出，系统函数 $H(s)$ 在复平面上有一个极点，如图 2-22 所示。从图中可以得出

$$|H(\mathrm{j}\Omega)| = \frac{1}{RC} \times \frac{1}{M} = \frac{1}{RC\sqrt{\Omega^2 + \left(\dfrac{1}{RC}\right)^2}}$$

$$= \frac{1}{\sqrt{1 + (\Omega RC)^2}}$$

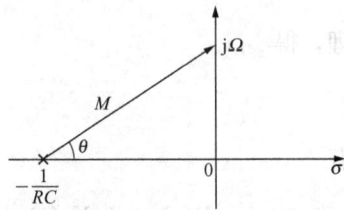

图 2-22　复平面上的一个极点

$$\varphi(\mathrm{j}\Omega) = -\theta = -\arctan \frac{\Omega}{\dfrac{1}{RC}} = -\arctan \Omega RC$$

观察上面的求解过程，可以看出，电路的频率特性与[例 2-5]的结果相同。

五、系统的信号流图

系统的信号流图就是用一些点和有向线段在复频域内描述系统输入激励与输出响应的一种有向线图。与系统的框图描述方法相比，系统的信号流图更加简便，不仅更有利于系统的分

析，而且也便于系统的模拟。描述系统的乘法器、积分器和加法器的信号流图如图 2-23 所示。

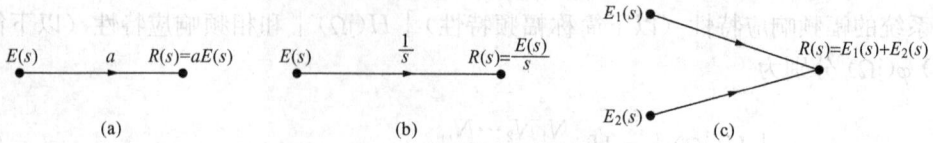

图 2-23　三类元件的信号流图
(a) 乘法器；(b) 积分器；(c) 加法器

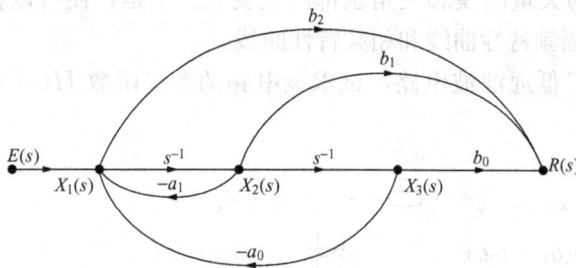

图 2-24　二阶线性时不变系统的信号流图

可以看出，在信号流图中的线段均为有向线段。这些有向线段称为支路，支路的方向为信号的传输方向，标示在支路上的权值称为支路增益。显然，支路增益既可以是数值（例如乘法器的放大系数），也可以是复频率 s 的函数（例如子系统的系统函数）。支路输出响应的象函数等于该支路增益乘以支路输入激励的象函数。与支路连接的点称为节点。当有多条支路指向某节点时，称为这些支路输入该节点，该节点将这些输入支路的信号进行相加运算，并将相加后信号传输给与其相连的所有输出支路。为说明信号流图的基本运算规则，让我们重新讨论图 2-5 所示的二阶线性时不变系统的框图。图 2-24 为该系统的信号流图，由图 2-24，得

$$X_1(s) = E(s) - a_1 X_2(s) - a_0 X_3(s)$$

$$X_2(s) = s^{-1} X_1(s)$$

$$X_3(s) = s^{-1} X_2(s)$$

整理，得

$$X_1(s) = \frac{E(s)}{1 + a_1 s^{-1} + a_0 s^{-2}}$$

则有

$$R(s) = b_0 X_3(s) + b_1 X_2(s) + b_2 X_1(s) = \frac{b_2 + b_1 s^{-1} + b_0 s^{-2}}{1 + a_1 s^{-1} + a_0 s^{-2}} E(s)$$

所以，系统函数 $H(s)$ 为

$$H(s) = \frac{R(s)}{E(s)} = \frac{b_2 s^2 + b_1 s + b_0}{s^2 + a_1 s + a_0}$$

显然，这就是二阶线性常微分方程

$$\frac{\mathrm{d}^2 r}{\mathrm{d}t^2} + a_1 \frac{\mathrm{d}r}{\mathrm{d}t} + a_0 r = b_2 \frac{\mathrm{d}^2 e}{\mathrm{d}t^2} + b_1 \frac{\mathrm{d}e}{\mathrm{d}t} + b_0 e$$

的系统函数。

本章要点回顾与基本要求

（1）本章重点介绍了连续时间系统的分析方法。系统是对信号进行运算处理的实体，可以用数学模型进行描述。系统可以按其数学特性进行不同分类。线性时不变系统是一种广泛存在的连续时间系统，不仅可以用线性常微分方程来表示，也可以用不同元件的连接框图及其元件的数学特性来描述。乘法器、积分器和加法器是组成线性时不变系统的基本元件。系统的输出响应不仅取决于系统的输入激励，还与系统的初始状态有关，其分析方法主要有时域方法和变换域方法，后者又包括频域方法和复频域方法。

（2）时域方法的核心是在时域上直接求解系统的线性常微分方程。系统的输出响应既可以表示为自由响应与强迫响应之和，也可以表示为零输入响应与零状态响应之和。系统的单位冲激响应由该系统的自身结构及其元件参数决定，反映和描述了该系统的时域特性。对系统的单位阶跃响应求导数，可以获得该系统的单位冲激响应。利用系统的单位冲激响应，可以求该系统在任意输入激励下的零状态响应，这种方法称为卷积方法。卷积运算是一种特殊的积分运算，既可以通过数学卷积直接计算，也可以通过图形卷积间接计算，它满足交换律、分配率和结合律，具有移位、微分和积分等性质。利用系统的单位冲激响应，还可以判断该系统的稳定性和因果性，只有稳定的因果系统才能被物理实现。

（3）频域方法是利用傅里叶变换研究线性时不变系统的一种变换域方法。其核心是通过傅里叶变换将系统的时域分析转换为系统的频域分析。系统单位冲激响应的傅里叶变换称为系统的频率响应特性，它等于系统在零初始状态下输出响应与输入激励的频谱密度函数之比。系统的频率响应特性可以分为幅频响应特性和相频响应特性，是系统特性的频域表征。系统的单位冲激响应和频率响应特性是一组傅里叶变换对，都是由该系统的自身结构及其元件参数决定的。系统的频率响应特性既可以表达非周期信号频谱密度的输出与输入关系，也可以表达周期信号频谱的输出与输入关系。因此，利用系统的频率响应特性，可以方便地对输入信号的频谱密度或频谱进行分析和处理。

（4）复频域方法是利用拉普拉斯变换研究线性时不变系统的另一种变换域方法。其核心是通过拉普拉斯变换将系统的时域分析转换为系统的复频域分析。系统单位冲激响应的拉普拉斯变换称为系统函数，它等于系统在零初始状态下输出响应与输入激励的象函数之比。系统的单位冲激响应和系统函数是一组拉普拉斯变换对，都是由该系统的自身结构及其元件参数决定的。通过研究系统函数的零点和极点在 S 复平面上的分布规律，可以研究该系统的时域特性。系统函数的零点决定了该系统单位冲激响应的幅度和初相位。系统函数的极点决定了该系统单位冲激响应的时域特性，极点的实部决定了单位冲激响应的衰减或增加情况，极点的虚部决定了单位冲激响应的振荡情况。通过研究系统函数的极点分布，还可以判断系统的稳定性和因果性。系统函数在 S 复平面虚轴上的特性，就是该系统的频率响应特性，根据系统函数在 S 复平面的零点和极点分布，可以定性地绘制出该系统的频率响应特性曲线。在实际中还可以用信号流图方法描述系统，这不仅有利于系统的分析，更有利于系统的模拟。

（5）本章基本要求：①了解系统的描述与分类方法，掌握建立连续时间系统数学模型的方法；②掌握系统的时域方法，会求系统的零输入响应、零状态响应及单位冲激响应，掌握卷积积分的概念、基本性质以及计算方法；③掌握系统的频域方法，会求系统的频率响应特性；

④掌握系统的复频域方法，会求系统的系统函数，了解系统函数的零点和极点对系统时域特性和频域特性的影响规律，掌握系统信号流图的描述方法；⑤了解系统的单位冲激响应、频率响应特性、系统函数三者之间的内在联系；⑥掌握系统稳定性和因果性的基本判断方法。

习　题　二

2-1　写出图 2-25 所示系统的常微分方程，并求出系统函数。

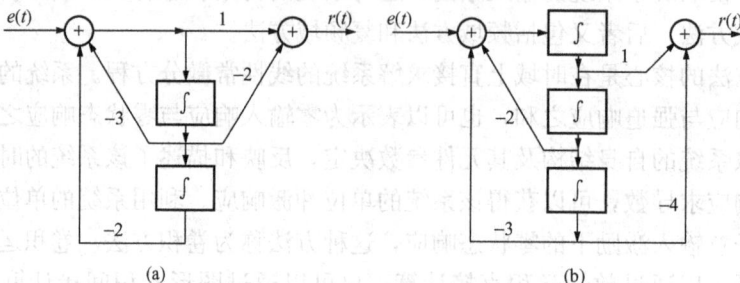

图 2-25　习题 2-1 图

2-2　一线性时不变系统，其初始状态已定。当激励为 $e(t)$ 时，系统的全响应为

$$r_1(t)=e^{-t}+\cos\pi t, t\geqslant 0$$

若初始值不变，激励为 $2e(t)$ 时，系统的全响应为

$$r_2(t)=2\cos\pi t, t\geqslant 0$$

试求初始状态不变但是激励为 $3e(t)$ 时系统的全响应。

2-3　试求图 2-26 所示线性时不变系统的单位冲激响应 $h(t)$。

2-4　一线性时不变系统，当激励 $e(t)=e^{-t}$ 时，系统的零状态响应为

$$x(t)=\frac{1}{2}e^{-t}-e^{-2t}+2e^{-3t}$$

试求该系统的单位冲激响应 $h(t)$ 和系统函数 $H(s)$。

2-5　一线性时不变系统的系统函数 $H(s)$ 的零点和极点分布如图 2-27 所示，且 $H(\infty)=5$。试写出该系统函数 $H(s)$。

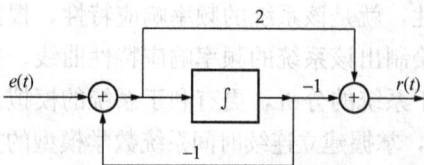

图 2-26　习题 2-3 图

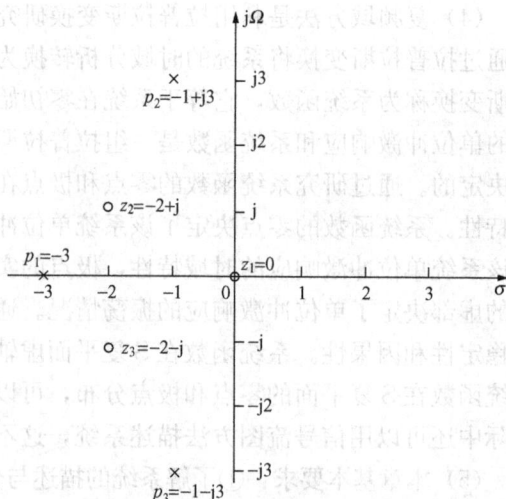

图 2-27　习题 2-5 图

2-6 给定系统函数 $H(s)$ 的零点和极点分布如图 2-28 所示。定性画出系统的幅频特性曲线和相频特性曲线。

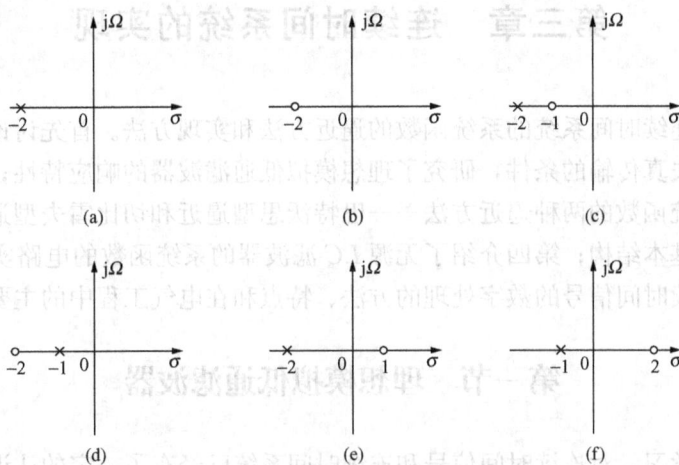

图 2-28 习题 2-6 图

2-7 图 2-29 所示为反馈系统。试求：

(1) 系统函数 $H(s)$；

(2) 当 K 满足什么条件时系统是稳定的？

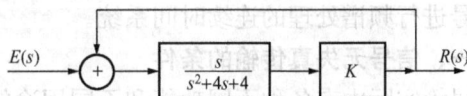

图 2-29 习题 2-7 图

2-8 设系统的输入信号 $r(t) = u(t) - 2u(t-2) + u(t-5)$，单位冲激响应 $h(t) = [e^{2t} u(1-t) - 1]u(t)$，利用图解法求系统的零状态响应，并画出图形。

2-9 求下列两个信号的卷积：

$$x(t) = \begin{cases} t+1, & 0 \leqslant t \leqslant 1 \\ 2-t, & 1 < t \leqslant 2 \\ 0, & \text{其他} \end{cases} \qquad h(t) = \delta(t+2) + 2\delta(t+1)$$

2-10 图 2-30 所示的电路中，输入信号为 $e(t)$，输出电压 $r(t)$ 为电容两端的电压 $u_C(t)$，设电容的初始电压和电感的初始电流均为零。试求：

(1) 电路的频率响应特性 $H(j\Omega)$；

(2) 电路的单位冲激响应 $h(t)$。

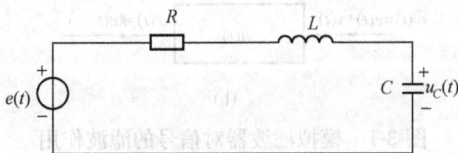

图 2-30 习题 2-10 图

第三章　连续时间系统的实现

　　本章讨论了连续时间系统的系统函数的逼近方法和实现方法。首先讨论了信号经过连续时间系统进行无失真传输的条件，研究了理想模拟低通滤波器的响应特性；其次给出了模拟低通滤波器的系统函数的两种逼近方法——巴特沃思型逼近和切比雪夫型逼近；第三讨论了系统函数实现的基本结构；第四介绍了无源 LC 滤波器的系统函数的电路实现方法；最后概要性地描述了连续时间信号的数字处理的方法、特点和在电气工程中的主要应用。

第一节　理想模拟低通滤波器

　　经过前面的学习，对连续时间信号和连续时间系统已经有了一定的认识，通过对连续时间信号的频谱分析掌握了信号的频域特征，通过对连续时间系统的频率响应特性分析掌握了系统对信号频谱的加工和处理特性。模拟滤波器就是利用模拟物理系统如模拟电路对连续时间信号进行频谱处理的连续时间系统。

一、信号无失真传输的条件

　　尽管实际中有各种不同功能和不同用途的模拟滤波器，但是，它们均对于有用信号应实现无失真传输，而对于无用信号应实现阻断隔离，从而达到滤波的目的。下面，以图 3-1 为例来说明模拟滤波器的这种功能。从图 3-1 可以看出，输入信号 $\tilde{e}(t)$ 中包含有用信号 $e(t)$ 和无用信号 $x(t)$ （或干扰信号）。假设有用信号 $e(t)$ 为带限信号，角频率宽度为 B_Ω，而无用信号 $x(t)$ 的频谱在 B_Ω 以上。要求模拟滤波器的输出响应 $r(t)$ 仅包含有用信号，而不含无用信号。由式（2-11），得

$$r(t) = \tilde{e}(t) * h(t) = [e(t) + x(t)] * h(t) = e(t) * h(t) + x(t) * h(t) \tag{3-1}$$
$$= ke(t - t_0)$$

式中：k 为常数；t_0 为信号通过模拟滤波器的延迟时间。

　　由式（3-1），得

$$e(t) * h(t) + x(t) * h(t) = ke(t - t_0) \tag{3-2}$$

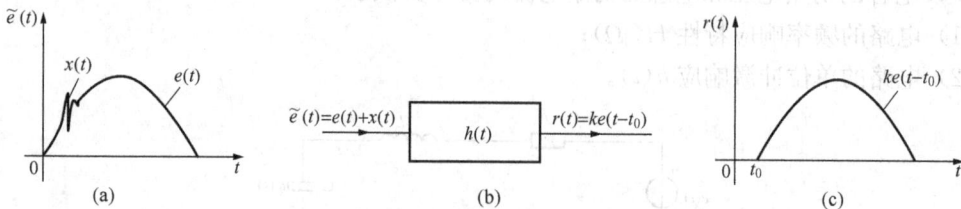

图 3-1　模拟滤波器对信号的滤波作用

（a）输入信号；（b）模拟滤波器；（c）输出信号

对式（3-2）进行傅里叶变换，并应用式（2-29）的卷积定理，得

$$E(\mathrm{j}\Omega)H(\mathrm{j}\Omega) = ke^{-\mathrm{j}\Omega t_0}E(\mathrm{j}\Omega) \tag{3-3}$$

$$X(j\Omega)H(j\Omega) = 0 \tag{3-4}$$

从式(3-3)、式(3-4)可以看出，为实现滤波功能，对模拟滤波器的频率特性的要求应该是

$$H(j\Omega) = k\mathrm{e}^{-j\Omega t_0} \quad (0 \leqslant \Omega \leqslant \Omega_c = B_\Omega) \tag{3-5}$$

$$H(j\Omega) = 0 \quad (\Omega > \Omega_c = B_\Omega) \tag{3-6}$$

图 3-2 说明了模拟滤波器的这种频率滤波特性。我们称具有图 3-2(b)滤波特性的模拟滤波器为低通滤波器。从式(3-5)可见，当 $\Omega \leqslant \Omega_c$ 时，模拟滤波器的幅频特性 $|H(j\Omega)|$ 和相频特性 $\varphi(j\Omega)$ 分别为

$$|H(j\Omega)| = k \quad (0 \leqslant \Omega \leqslant \Omega_c) \tag{3-7}$$

$$\varphi(j\Omega) = -\Omega t_0 \quad (0 \leqslant \Omega \leqslant \Omega_c) \tag{3-8}$$

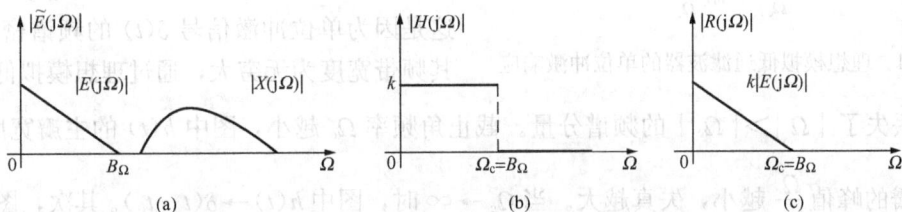

图 3-2　模拟滤波器的滤波特性
(a) 输入信号频谱；(b) 模拟滤波器的频率响应；(c) 输出信号频谱

此时，有用信号无失真地通过模拟滤波器。当 $\Omega > \Omega_c$ 时，由式 (3-6) 可以看出，模拟滤波器的幅频特性 $|H(j\Omega)| = 0$，无用信号衰减为零，不能通过模拟滤波器，即无用信号被滤除。Ω_c 称为模拟滤波器的截止频率，$\Omega < \Omega_c$ 的频率范围称为通带，$\Omega > \Omega_c$ 的频率范围则称为阻带。

上述论述说明，带限信号 $e(t)$ 经过模拟滤波器要实现无失真传输，模拟滤波器的幅频特性 $|H(j\Omega)|$ 和相频特性 $\varphi(j\Omega)$ 在通带内必须分别满足式 (3-7) 和式 (3-8)，如图 3-3 所示。所以，称式 (3-7) 和式 (3-8) 为模拟滤波器的信号无失真传输条件。从图 3-3 (b)可以看出，模拟滤波器的相频特性是斜率为 $-t_0$ 并通过原点的一条直线。我们称具有这种特性的模拟滤波器为线性相位滤波器。

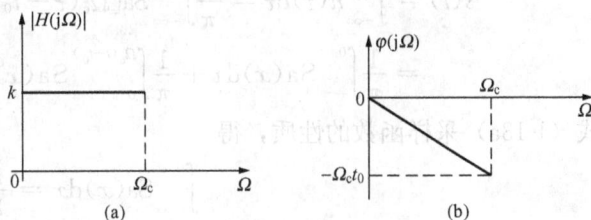

图 3-3　线性相位模拟滤波器
(a) 幅频特性；(b) 相频特性

二、理想模拟低通滤波器的单位冲激响应

满足式 (3-7) 和式 (3-8) 或具有图 3-3 所示频率特性的模拟低通滤波器称为理想模拟低通滤波器。为确保理想模拟低通滤波器的单位冲激响应 $h(t)$ 为实函数，由式 (1-54) 的傅里叶变换的奇偶性质，式 (3-7) 和式 (3-8) 中的系统函数 $H(j\Omega)$ 应该满足 $H^*(j\Omega) = H(-j\Omega)$，且为讨论方便，取 $k=1$。因此，理想模拟低通滤波器的频率特性 $H(j\Omega)$ 为

$$H(j\Omega) = \begin{cases} \mathrm{e}^{-j\Omega t_0}, & |\Omega| \leqslant \Omega_c \\ 0, & |\Omega| > \Omega_c \end{cases} \tag{3-9}$$

下面分析单位冲激信号 $\delta(t)$ 通过理想模拟低通滤波器的零状态响应，即单位冲激响应 $h(t)$。由式（2-30），得

$$h(t) = \mathscr{F}^{-1}\big[H(\mathrm{j}\Omega)\big] = \frac{1}{2\pi}\int_{-\infty}^{+\infty} H(\mathrm{j}\Omega)\,\mathrm{e}^{\mathrm{j}\Omega t}\,\mathrm{d}\Omega = \frac{1}{2\pi}\int_{-\Omega_c}^{\Omega_c} \mathrm{e}^{-\mathrm{j}\Omega t_0}\,\mathrm{e}^{\mathrm{j}\Omega t}\,\mathrm{d}\Omega$$

$$= \frac{1}{2\pi}\int_{-\Omega_c}^{\Omega_c}\mathrm{e}^{\mathrm{j}\Omega(t-t_0)}\,\mathrm{d}\Omega = \frac{\Omega_c}{\pi}\mathrm{Sa}\big[\Omega_c(t-t_0)\big] \tag{3-10}$$

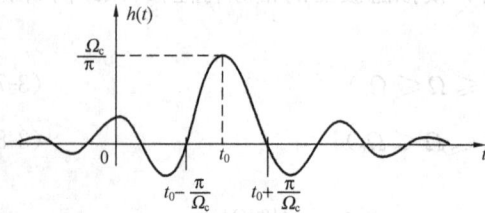

图 3-4 画出了理想模拟低通滤波器的单位冲激响应 $h(t)$ 的波形。从图中可以看出以下几点。首先，输入的单位冲激信号 $\delta(t)$ 通过理想模拟低通滤波器后变成了时间后移 t_0 的采样信号，说明输入信号产生了很大的失真。这是因为单位冲激信号 $\delta(t)$ 的频谱密度为 1，其频带宽度为无穷大，通过理想模拟低通滤波

图 3-4   理想模拟低通滤波器的单位冲激响应

器后，丢失了 $|\Omega| > |\Omega_c|$ 的频谱分量。截止角频率 Ω_c 越小，图中 $h(t)$ 的主瓣宽度 $\frac{2\pi}{\Omega_c}$ 越大，主瓣的峰值 $\frac{\Omega_c}{\pi}$ 越小，失真越大。当 $\Omega_c \to \infty$ 时，图中 $h(t) \to \delta(t-t_0)$。其次，图中 $h(t)$ 的主瓣的峰值出现在 $t=t_0$ 时刻，比输入信号 $\delta(t)$ 的作用时刻 $t=0$ 延迟了时间 t_0，这正是理想模拟低通滤波器的相频特性的斜率。第三，图中 $h(t)$ 在 $t<0$ 的区间内也存在输出，这说明理想模拟低通滤波器是非因果系统，因此不能被物理实现。

三、理想模拟低通滤波器的单位阶跃响应

由式（2-9）和式（3-10），得理想模拟低通滤波器的单位阶跃响应 $s(t)$ 为

$$s(t) = \int_{-\infty}^{t} h(\tau)\,\mathrm{d}\tau = \frac{\Omega_c}{\pi}\int_{-\infty}^{t}\mathrm{Sa}\big[\Omega_c(\tau-t_0)\big]\mathrm{d}\tau = \frac{1}{\pi}\int_{-\infty}^{\Omega_c(t-t_0)}\mathrm{Sa}(x)\,\mathrm{d}x$$

$$= \frac{1}{\pi}\int_{-\infty}^{0}\mathrm{Sa}(x)\,\mathrm{d}x + \frac{1}{\pi}\int_{0}^{\Omega_c(t-t_0)}\mathrm{Sa}(x)\,\mathrm{d}x$$

由式（1-13a）采样函数的性质，得

$$\int_{-\infty}^{0}\mathrm{Sa}(x)\,\mathrm{d}x = \frac{\pi}{2}$$

代入前式，得

$$s(t) = \frac{1}{2} + \frac{1}{\pi}\int_{0}^{\Omega_c(t-t_0)}\mathrm{Sa}(x)\,\mathrm{d}x \tag{3-11}$$

图 3-5 画出了理想模拟低通滤波器的单位阶跃响应 $s(t)$ 的波形。从图中可以看出以下几点。首先，输入的单位阶跃信号 $u(t)$ 通过理想模拟低通滤波器后，输出信号 $s(t)$ 并不像单位阶跃信号那样垂直上升，而是呈现了一个由小到大的上升过程，从最小值到最大值所用时间为 $\frac{2\pi}{\Omega_c}$，与理想模拟低通滤波器的单位冲激响应的主瓣时间相同。理想模拟低通滤波器的截止角频率 Ω_c 越大，输出信号 $s(t)$ 的上升过程越短，当 $\Omega_c \to \infty$ 时，输出信号 $s(t)$

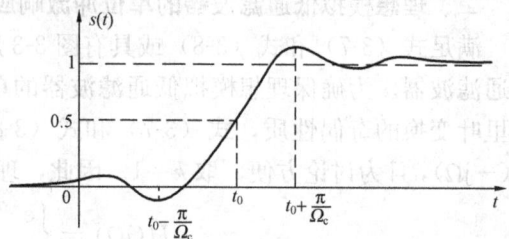

图 3-5   理想模拟低通滤波器的单位阶跃响应

$\rightarrow u(t-t_0)$。其次，图 3-5 中 $s(t)$ 在 $t=t_0$ 前后出现了振荡，其振荡的最大最小幅值约为单位阶跃信号幅值的 9%。如果提高截止角频率 Ω_c，即增加理想模拟滤波器的频带宽度，最大最小峰值的位置将从 $t=t_0$ 两侧趋向于 $t=t_0$，此时，振荡起伏增多、衰减加快，但最大最小幅值却不减小，这种现象称为吉布斯（Gibbs）现象。

综合理想模拟低通滤波器的单位冲激响应和单位阶跃响应的分析，可以得出以下几点结论：①输出信号的延迟时间为理想模拟低通滤波器相频特性的斜率 t_0；②输出信号在输入信号不连续点处产生逐渐上升或下降的波动，上升或下降的时间与理想模拟低通滤波器截止角频率 Ω_c 成反比；③理想模拟低通滤波器的通带宽度与输入信号的频带宽度不相匹配时，输出信号就会失真，通带宽度越接近输入信号的频带宽度，输出信号失真越小；反之，失真越大；④理想模拟低通滤波器不是因果系统，不能被物理实现。

第二节　模拟低通滤波器系统函数的逼近

在实际中，大多数应用只关心模拟滤波器的幅频特性。基于这一点，下面主要讨论这类仅要求幅频特性的模拟滤波器的设计问题。

按照模拟滤波器幅频特性的不同形式，除图 3-3（a）所示的理想模拟低通滤波器以外，还有理想模拟高通、带通和带阻滤波器。它们的幅频响应特性曲线如图 3-6 所示。这四种理想模拟滤波器的设计都可以归结为模拟低通滤波器的设计。其他三种滤波器的设计可以通过频带变换方法或元件变换方法来实现。模拟低通滤波器的设计主要包括两个方面：一是根据幅频特性的设计要求，通过数学逼近的方法获得模拟低通滤波器的系统函数 $H(s)$；二是通过模拟物理系统如模拟电路实现模拟低通滤波器的系统函数 $H(s)$。本节讨论系统函数的逼近问题。

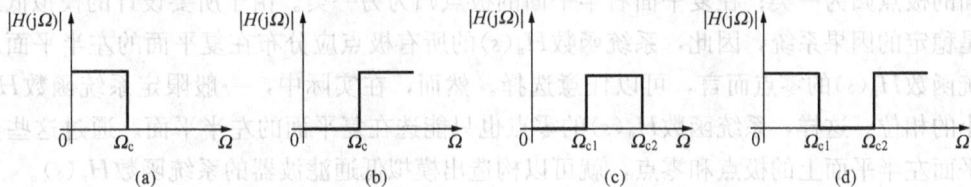

图 3-6　四种理想模拟滤波器的幅频响应特性曲线
(a) 低通；(b) 高通；(c) 带通；(d) 带阻

一、模拟低通滤波器的模方函数

图 3-6 所示的理想模拟滤波器的幅频特性曲线在实际中是无法实现的。通常，可以借助幅频特性的频域容差图来描述对模拟低通滤波器的设计要求，如图 3-7 所示。图中 Ω_p 称为通带边缘角频率，Ω_s 称为阻带边缘角频率。通带内 $|H(j\Omega)|$ 与理想值的最大偏差为 δ_1，阻带衰减不为零，但不超过 δ_2。在 $\Omega_p \sim \Omega_s$ 之间的频率范围称为过渡带，过渡带内 $|H(j\Omega)|$ 的值由大到小，从通带过渡到阻带。

对于图 3-8 所示的二端口网络进行讨论。图中，$E_s(j\Omega)$ 为信号源电压频谱，R_s 为信号源的内电阻，R_L 为负载电阻。取二端口网络的转移电压比为系统的系统函数，其频率特性为

$$H_a(j\Omega) = \frac{U_L(j\Omega)}{E_s(j\Omega)} \tag{3-12}$$

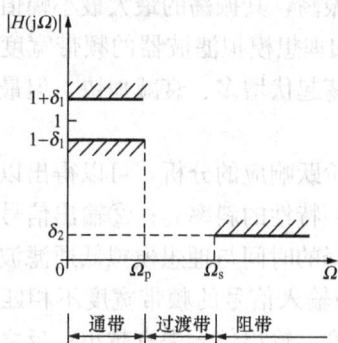

图 3-7 模拟低通滤波器设计的频域容差图

图 3-8 二端口网络

并使其满足图 3-7 中的频域容差图的设计要求。

为实现模拟低通滤波器的设计，必须构造一个能逼近给定系统频率特性设计要求的系统函数 $H_a(s)$。由于系统的单位冲激响应 $h_a(t)$ 是实函数，由式（1-54）知道，其傅里叶变换 $H_a(j\Omega)$ 具有共轭对称性，即 $H_a(j\Omega) = H_a^*(-j\Omega)$。由此，可以建立一个基于幅频特性 $|H_a(j\Omega)|$ 平方的模方函数，即

$$|H_a(j\Omega)|^2 = H_a(j\Omega)H_a^*(j\Omega) = H_a(j\Omega)H_a(-j\Omega) \tag{3-13}$$

将式（3-13）模方函数进行频率延拓，即用复频率 s 置换 $j\Omega$，得

$$H_a(s)H_a(-s) = |H_a(j\Omega)|^2 \big|_{\Omega=s} \tag{3-14}$$

如果在式(3-14)中 $H_a(s)$ 有一个极点，例如，$s=p_0$，则 $s=-p_0$ 必定是 $H_a(-s)$ 的一个极点。因此，便可以将由模方函数 $|H_a(j\Omega)|^2$ 延拓的函数 $|H_a(s)|^2$ 的极点分为两类：在复平面左半平面的极点归为一类；在复平面右半平面的极点归为另一类。由于所要设计的模拟低通滤波器是稳定的因果系统，因此，系统函数 $H_a(s)$ 的所有极点应分布在复平面的左半平面。对于系统函数 $H_a(s)$ 的零点而言，可以任意选择。然而，在实际中，一般限定系统函数 $H_a(s)$ 有最小的相位。这样，系统函数 $H_a(s)$ 的零点也只能选在复平面的左半平面。通过这些分布在复平面左半平面上的极点和零点，就可以构造出模拟低通滤波器的系统函数 $H_a(s)$。

【例 3-1】已知一模拟滤波器的模方函数为

$$|H_a(j\Omega)|^2 = \frac{H_0^2}{(4+\Omega^2)(9+\Omega^2)}$$

试求该模拟滤波器的系统函数 $H_a(s)$。

解 用复频率 s 置换 $j\Omega$，即令 $\Omega=-js, \Omega^2=-s^2$。由式（3-14），得

$$H_a(s)H_a(-s) = \frac{H_0^2}{(4-s^2)(9-s^2)} = \frac{H_0^2}{(s-2)(s+2)(s-3)(s+3)}$$

将上式中的极点按复平面的左半平面和右半平面进行分类，在复平面的左半平面内有 $s=-2$ 和 $s=-3$ 两个极点。所以，该模拟滤波器的系统函数 $H_a(s)$ 为

$$H_a(s) = \frac{H_0}{(s+2)(s+3)}$$

二、系统函数的逼近

有很多函数可以用来逼近图 3-7 所示的频域容差图的模方函数。例如，巴特沃思（Butterworth）函数、切比雪夫（Chebysheu）函数、贝塞尔（Bessel）函数、考尔（Cauer）函数和椭圆函数等。对于基于不同的逼近函数建立起来的系统函数 $H(s)$ 和实现的模拟滤波器，就以相应的逼近函数的名称进行冠名。下面，重点讨论在实际中广泛应用的巴特沃思型滤波器和切比雪夫型滤波器模方函数的逼近问题。

（1）巴特沃思型逼近。巴特沃思型模拟低通滤波器的模方函数为

$$| H_a(j\Omega) |^2 = \frac{1}{1+\left(\frac{\Omega}{\Omega_c}\right)^{2N}} \tag{3-15}$$

式中：N 为整数，称为滤波器的阶数；Ω_c 为巴特沃思型滤波器的截止角频率。

当 $\Omega=\Omega_c$ 时，$| H_a(j\Omega) |^2 = \frac{1}{2}$。图 3-9 画出了不同阶次巴特沃思函数的逼近曲线。可以看出，无论是在通带还是在阻带，随着角频率的增加，$| H_a(j\Omega) |$ 平滑单调地下降。随着 N 的增大，逼近曲线在截止角频率 Ω_c 的附近变陡，但在截止角频率 Ω_c 处，$| H_a(j\Omega) |^2 = \frac{1}{2}$ 却不变。

在实际中，$| H_a(j\Omega) |$ 的特性要求常常以分贝（dB）形式给出，即以 $20\lg | H_a(j\Omega) |$ 形式给出。由图 3-9 可知，当 $\Omega=0$ 时

$$20\lg | H_a(j\Omega) | = 0 \quad (dB)$$

当 $\Omega=\Omega_c$ 时

$$20\lg | H_a(j\Omega) | \approx -3 \quad (dB)$$

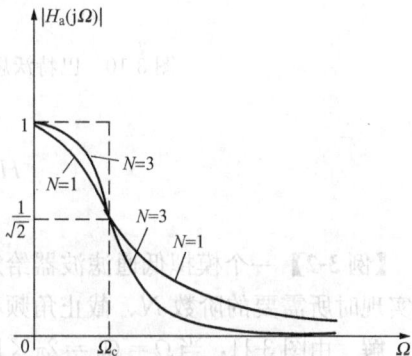

图 3-9 巴特沃思型逼近曲线

所以，Ω_c 又称为巴特沃思型滤波器的 $-3dB$ 点角频率或半功率点角频率。进行复频率延拓，将 $\Omega=-js$ 代入式（3-15），并整理得

$$H_a(s)H_a(-s) = \frac{(j\Omega_c)^{2N}}{s^{2N}+(j\Omega_c)^{2N}}$$

其全部极点可由

$$s^{2N} = -(j\Omega_c)^{2N}$$

求出，即

$$s_p = \Omega_c e^{j\pi\left(\frac{1}{2}+\frac{2p-1}{2N}\right)} \quad (p=1,2,\cdots,2N) \tag{3-16}$$

从式（3-16）可以看出，$H_a(s)H_a(-s)$ 共有 $2N$ 个极点，分别以角度 π/N 为间隔均匀地分布在复平面以原点为中心、以 Ω_c 为半径的圆周上，且关于虚轴对称。当 N 为偶数时，在实轴上无极点；当 N 为奇数时，有两个极点即 $s=\Omega_c$ 和 $s=-\Omega_c$ 分布在实轴上；当 $p=1$，2，$\cdots$，N 时，极点均匀地分布复平面的左半平面内；当 $p=N+1$，$N+2$，$\cdots$，$2N$ 时，极点均匀地分布在复平面的右半平面内。为说明这些特点，图 3-10 分别画出了 $N=3$ 和 $N=4$ 时 $H_a(s)H_a(-s)$ 的极点分布。

基于上述讨论，巴特沃思型模拟低通滤波器的系统函数为

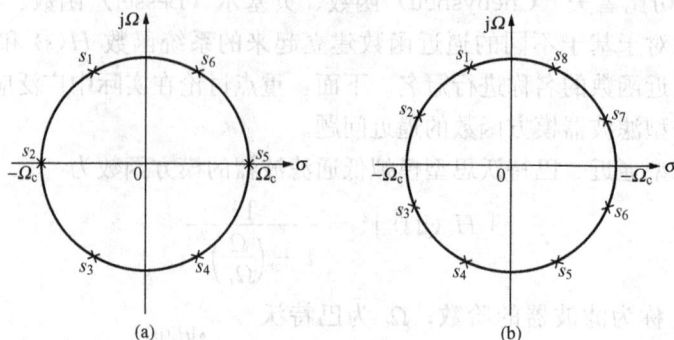

图 3-10　巴特沃思型逼近时 $H_a(s)H_a(-s)$ 的极点分布

(a) $N=3$；(b) $N=4$

$$H_a(s) = \frac{\Omega_c^N}{\prod_{p=1}^{N}(s-s_p)} \tag{3-17}$$

【例 3-2】 一个模拟低通滤波器给定的设计要求如图 3-11 所示。试确定巴特沃思型滤波器实现时所需要的阶数 N、截止角频率 Ω_c 和系统函数 $H_a(s)$。

解　由图 3-11，当 $\Omega=\Omega_p=2\pi\times10^4\,\mathrm{rad/s}$ 时

$$20\lg|H_a(j\Omega_p)|=-1\mathrm{dB}$$

当 $\Omega=\Omega_s=4\pi\times10^4\,\mathrm{rad/s}$ 时

$$20\lg|H_a(j\Omega_s)|=-15\mathrm{dB}$$

由式 (3-15)，得

$$\begin{cases} \dfrac{1}{\sqrt{1+\left(\dfrac{2\pi\times10^4}{\Omega_c}\right)^{2N}}}=10^{-\frac{1}{20}} \\[4mm] \dfrac{1}{\sqrt{1+\left(\dfrac{4\pi\times10^4}{\Omega_c}\right)^{2N}}}=10^{-\frac{15}{20}} \end{cases}$$

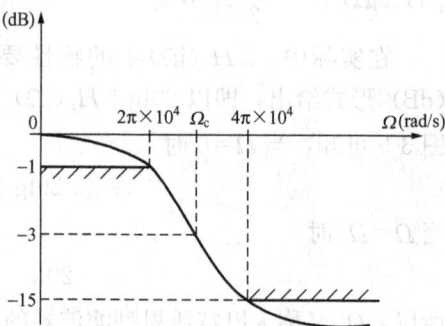

图 3-11　模拟低通滤波器的设计要求

联立求解上述两个方程，先求 N 得

$$N=\frac{\lg\dfrac{10^{\frac{15}{10}}-1}{10^{\frac{1}{10}}-1}}{2\lg\dfrac{4\pi\times10^4}{2\pi\times10^4}}=3.443$$

可见 N 不是整数，为保证满足设计要求，应取 N 为大于计算值的整数，即取 $N=4$。将 $N=4$ 代入 $|H_a(j\Omega_s)|$，得

$$\frac{1}{\sqrt{1+\left(\dfrac{4\pi\times10^4}{\Omega_c}\right)^{2\times4}}}=10^{-\frac{15}{20}}$$

解得

$$\Omega_c=\frac{4\pi\times10^4}{(10^{\frac{15}{10}}-1)^{\frac{1}{8}}}=1.304\times2\pi\times10^4\quad(\mathrm{rad/s})$$

可见，Ω_c 恰恰落在 Ω_p 和 Ω_s 之间。将 N 和 Ω_c 代入式 (3-16) 和式 (3-17)，得

$$H_a(s) = \frac{(1.304 \times 2\pi \times 10^4)^4}{\prod\limits_{p=1}^{4} \left[s - 1.304 \times 2\pi \times 10^4 \, e^{j\pi\left(\frac{1}{2}+\frac{2p-1}{8}\right)} \right]}$$

将上式整理，得满足设计要求的巴特沃思型滤波器的系统函数为

$$H_a(s) = \frac{4.506 \times 10^{19}}{s^4 + 2.14 \times 10^5 s^3 + 2.292 \times 10^{10} s^2 + 1.437 \times 10^{15} s + 4.506 \times 10^{19}}$$

（2）切比雪夫型逼近。巴特沃思型逼近函数无论是在通带还是在阻带都是单调变化的。所以，巴特沃思型滤波器在通带内的幅频特性不具有均匀性。为使通带的幅频特性具有一定的波动性，以使其在通带内尽量均匀，可以通过选择具有等波动特性的切比雪夫型逼近函数来达到。切比雪夫型模拟低通滤波器的模方函数为

$$| H_a(j\Omega) |^2 = \frac{1}{1 + \varepsilon^2 \left[C_N\left(\frac{\Omega}{\Omega_c}\right) \right]^2} \tag{3-18}$$

式中：ε 为波纹系数，它决定了通带内幅频特性起伏的大小；N 为整数，称为滤波器的阶数；$C_N(x)$ 为 N 阶切比雪夫多项式。

$C_N(x)$ 的定义为

$$C_N(x) = \begin{cases} \cos(N\cos^{-1}x), & |x| \leqslant 1 \\ \cosh(N\cosh^{-1}x), & |x| > 1 \end{cases} \tag{3-19}$$

由式（3-19）定义，可以推知

$$C_0(x) = 1, C_1(x) = x, C_2(x) = 2x^2 - 1, C_3(x) = 4x^3 - 3x, \cdots$$

不难看出，$C_N(x)$ 是 x 的 N 次多项式，最高次幂的系数为 $2^{N-1}(N \geqslant 1)$。图 3-12 画出了不同阶次的切比雪夫型逼近曲线。可以看出，当 $\Omega = \Omega_c$ 时

$$C_N\left(\frac{\Omega}{\Omega_c}\right) = 1$$

$$| H_a(j\Omega) | = \frac{1}{\sqrt{1 + \varepsilon^2}}$$

可见，ε 越小，通带内幅频特性的波动越小。在阻带内幅频特性呈现单调下降。所以，将 Ω_c 定义为切比雪夫型滤波器的截止角频率。从图 3-12 可以看出，切比雪夫型滤波器的截止角频率就是通带边缘角频率 Ω_p。这与巴特沃思型滤波器的截止角频率是不同的。当 N 为奇数时，$| H_a(0) | = 1$；当 N 为偶数时，$| H_a(0) | = \frac{1}{\sqrt{1 + \varepsilon^2}}$。

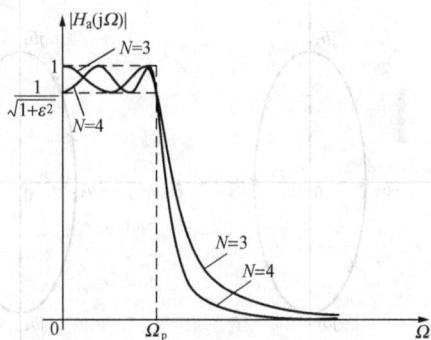

图 3-12　切比雪夫型逼近曲线

进行复频率延拓，将 $\Omega = -js$ 代入式（3-18），并整理，得

$$H_a(s)H_a(-s) = \frac{1}{1 + \varepsilon^2 \left[C_N\left(\frac{s}{j\Omega_c}\right) \right]^2} \tag{3-20}$$

式（3-20）的全部极点可由

$$C_N\left(\frac{s}{\mathrm{j}\Omega_\mathrm{c}}\right)=\pm\mathrm{j}\,\frac{1}{\varepsilon}$$

求出。可以求出全部极点的表达式为[❶]

$$s_p = s_{\sigma p} + \mathrm{j}s_{\Omega p}(p=1,2,\cdots,2N) \tag{3-21}$$

其中

$$\begin{cases} s_{\sigma p} = -\Omega_\mathrm{c}\sin\left(\frac{2p-1}{2N}\pi\right)\sinh\left(\frac{1}{N}\sinh^{-1}\frac{1}{\varepsilon}\right) \\ s_{\Omega p} = \Omega_\mathrm{c}\cos\left(\frac{2p-1}{2N}\pi\right)\cosh\left(\frac{1}{N}\sinh^{-1}\frac{1}{\varepsilon}\right) \end{cases} \tag{3-22}$$

$$(p=1,2,\cdots,2N)$$

由式（3-21）可以看出，所有极点 s_p 均分布在如下椭圆上，即

$$\frac{s_{\sigma p}^2}{a_N^2}+\frac{s_{\Omega p}^2}{b_N^2}=1 \tag{3-23}$$

椭圆的短半轴 a_N 和长半轴 b_N 分别为

$$\begin{cases} a_N = \Omega_\mathrm{c}\sinh\left(\frac{1}{N}\sinh^{-1}\frac{1}{\varepsilon}\right) \\ b_N = \Omega_\mathrm{c}\cosh\left(\frac{1}{N}\sinh^{-1}\frac{1}{\varepsilon}\right) \end{cases} \tag{3-24}$$

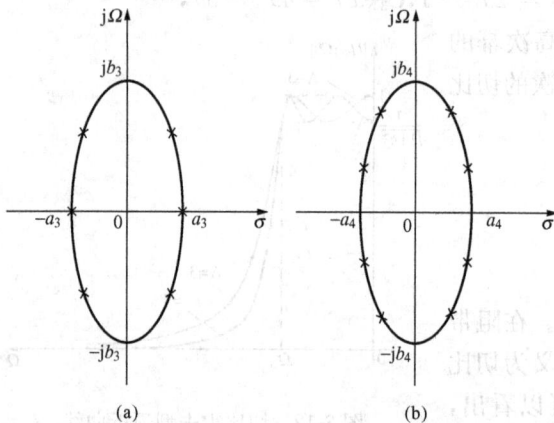

图 3-13 切比雪夫型逼近的极点分布
(a) $N=3$; (b) $N=4$

图 3-13 分别画出了 $N=3$ 和 $N=4$ 时 $H_\mathrm{a}(s)H_\mathrm{a}(-s)$ 的极点分布。可以看出，$H_\mathrm{a}(s)H_\mathrm{a}(-s)$ 共有 $2N$ 个极点。它们以角度 $\frac{\pi}{N}$ 为间隔分布在短半轴为 a_N、长半轴为 b_N 的椭圆上，且关于虚轴对称。当 N 为偶数时，在实轴上无极点；当 N 为奇数时，有两个极点即 $s=a_N$ 和 $s=-a_N$ 分布在实轴上。另外，由式（3-21）还可以看出，当 $p=1$，2，$\cdots$，N 时，极点均匀地分布在复平面的左半平面内；当 $p=N+1$，$N+2$，$\cdots$，$2N$ 时，极点均匀地分布在复平面的右半平面内。因此，切比雪夫型模拟低通滤波器的系统函数为

$$H_\mathrm{a}(s)=\frac{H_0}{\prod\limits_{p=1}^{N}(s-s_p)} \tag{3-25}$$

[❶] 郑君里，应启珩，杨为理. 信号与系统. 第 2 版，下册，第 194 页. 北京：高等教育出版社，2000 年.

式中 H_0 被如下方法确定,即将式 (3-25) 代入式 (3-20),得

$$\frac{1}{1+\varepsilon^2\left[C_N\left(\frac{s}{\mathrm{j}\Omega_{\mathrm{c}}}\right)\right]^2}=\frac{1}{H_0^2\prod\limits_{p=1}^{N}(s-s_p)(-s-s_p)} \tag{3-26}$$

前已述及,$C_N(x)$ 多项式中 x^N 项前的系数为 2^{N-1}。因此,对比式 (3-26) 分母多项式中 s 的最高次幂项,得

$$\varepsilon^2(2^{N-1})^2\left(\frac{s}{\mathrm{j}\Omega_{\mathrm{c}}}\right)^{2N}=\frac{1}{H_0^2}(-1)^N s^{2N}$$

由上式得

$$H_0=\frac{\Omega_{\mathrm{c}}^N}{2^{N-1}\varepsilon}$$

所以,有

$$H_{\mathrm{a}}(s)=\frac{\Omega_{\mathrm{c}}^N}{2^{N-1}\varepsilon\prod\limits_{p=1}^{N}(s-s_p)} \tag{3-27}$$

【例 3-3】 一个模拟低通滤波器的设计要求同 [例 3-2]。试确定切比雪夫型滤波器实现时的波纹系数 ε、所需阶数 N 和系统函数 $H_{\mathrm{a}}(s)$。

解 当 $\Omega=\Omega_{\mathrm{c}}=\Omega_{\mathrm{p}}=2\pi\times10^4\,\mathrm{rad/s}$ 时,由式 (3-18),得

$$|H_{\mathrm{a}}(\mathrm{j}\Omega_{\mathrm{p}})|=\frac{1}{\sqrt{1+\varepsilon^2}}=10^{-\frac{1}{20}}$$

解得 $\varepsilon=0.50885$。又当 $\Omega=\Omega_{\mathrm{s}}=4\pi\times10^4\,\mathrm{rad/s}$ 时,得

$$|H_{\mathrm{a}}(\mathrm{j}\Omega_{\mathrm{s}})|=\frac{1}{\sqrt{1+\varepsilon^2 C_N^2\left(\frac{\Omega_{\mathrm{s}}}{\Omega_{\mathrm{p}}}\right)}}=10^{-\frac{15}{20}}$$

解得

$$C_N\left(\frac{\Omega_{\mathrm{s}}}{\Omega_{\mathrm{p}}}\right)=C_N(2)=10.8751$$

由式 (3-19),得

$$N=\frac{\cosh^{-1}(10.8751)}{\cosh^{-1}(2)}=2.34$$

取 N 为大于上式计算值的整数,即 $N=3$。将 $N=3$ 和 $\varepsilon=0.50885$ 代入式 (3-27),并由式 (3-21) 和式 (3-22),整理后得到满足设计要求的切比雪夫型滤波器的系统函数为

$$H_{\mathrm{a}}(s)=\frac{1.2817\times10^{14}}{s^3+6.2104\times10^4 s^2+4.8893\times10^9 s+1.2187\times10^{14}}$$

从本例可以看出，对于同样的设计要求，切比雪夫型逼近较巴特沃思型逼近的阶数低。在实际中，无论是巴特沃思型逼近，还是切比雪夫型逼近，为了便于设计，一般均将复频率 s 按截止角频率 Ω_c 做归一化处理，即令 $\tilde{s} = s/\Omega_c$，称 $\tilde{s}$ 为归一化复频率。用归一化复频率表示的系统函数称为归一化系统函数。由式（3-17），得巴特沃思型逼近的归一化系统函数为

$$H_a(\tilde{s}) = \frac{1}{\displaystyle\prod_{p=1}^{N}(\tilde{s} - \tilde{s}_p)}$$

由式（3-27），得切比雪夫型逼近的归一化系统函数为

$$H_a(\tilde{s}) = \frac{1}{2^{N-1}\varepsilon\displaystyle\prod_{p=1}^{N}(\tilde{s} - \tilde{s}_p)}$$

其中

$$\tilde{s}_p = \frac{s_p}{\Omega_c}$$

通常按阶数 N 把归一化系统函数 $H_a(\tilde{s})$ 制成表格，利用这些表格便可以很方便地根据模拟低通滤波器的设计要求确定其对应的归一化系统函数 $H_a(\tilde{s})$。然后，将 $\tilde{s} = s/\Omega_c$ 代入，就得到系统函数 $H_a(s)$。

第三节　连续时间系统的基本结构

从本章第二节可以看出，无论是巴特沃思型模拟低通滤波器，还是切比雪夫型模拟低通滤波器，其系统函数 $H(s)$ 都是有理分式，即分子和分母都是 s 的有理多项式。虽然它们的系统函数或常微分方程已经被惟一地确定，但是，它们的具体实现形式并不是惟一确定的。对于一个给定的连续时间系统的系统函数，其实现形式主要有直接型、级联型和并联型三种基本结构。下面分别进行讨论。

一、直接型

重写式（2-1）表示的一个 n 阶线性时不变系统的常微分方程，即

$$\frac{\mathrm{d}^n r}{\mathrm{d}t^n} + a_{n-1}\frac{\mathrm{d}^{n-1}r}{\mathrm{d}t^{n-1}} + \cdots + a_1\frac{\mathrm{d}r}{\mathrm{d}t} + a_0 r = b_m\frac{\mathrm{d}^m e}{\mathrm{d}t^m} + b_{m-1}\frac{\mathrm{d}^{m-1}e}{\mathrm{d}t^{m-1}} + \cdots + b_1\frac{\mathrm{d}e}{\mathrm{d}t} + b_0 e \quad (3\text{-}28)$$

相对应的系统函数为

$$\begin{aligned}H(s) &= \frac{b_m s^m + b_{m-1}s^{m-1} + \cdots + b_1 s + b_0}{s^n + a_{n-1}s^{n-1} + \cdots + a_1 s + a_0}\\[2mm]&= \frac{b_m s^{-(n-m)} + b_{m-1}s^{-(n-m+1)} + \cdots + b_1 s^{-(n-1)} + b_0 s^{-n}}{1 + a_{n-1}s^{-1} + \cdots + a_1 s^{-(n-1)} + a_0 s^{-n}}\end{aligned} \quad (3\text{-}29)$$

不失一般性，取 $m = n-1$。图 2-7 给出了式（3-29）对应的系统框图，将其用信号流图表示，即得图 3-14 所示的直接型结构。比较式（3-29）和图 3-14，可以看出画 n 阶线性时不变系统的直接型结构的信号流图的一般规律如下：首先画出 n 个级联的积分器；其次将各积

分器的输出反馈连接到输入端的加法器形成反馈回路,这些反馈回路的乘法器的系数分别为$-a_{n-1}$、$-a_{n-2}$、$\cdots$、$-a_1$和$-a_0$;最后将输入端加法器的输出和各积分器的输出分别正向连接到输出端的加法器构成前向通路,各条前向通路的乘法器的系数分别为b_{n-1}、b_{n-2}、$\cdots$、b_1和b_0。不难看出,式(3-29)系统函数$H(s)$的分母对应图3-14中的反馈回路,$H(s)$的分子对应图3-14中的前向通路。

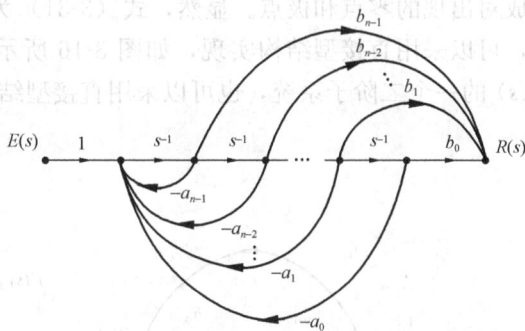

图3-14 系统函数实现的直接型结构

【例3-4】 试画出系统函数

$$H(s) = \frac{3s^2 + 5s + 4}{s^2 + 2s + 5}$$

的直接型结构的信号流图。

解 显然该系统是一个二阶线性时不变系统,需要使用两个积分器。为画出直接型结构的信号流图,将$H(s)$改写为

$$H(s) = \frac{3 + 5s^{-1} + 4s^{-2}}{1 + 2s^{-1} + 5s^{-2}}$$

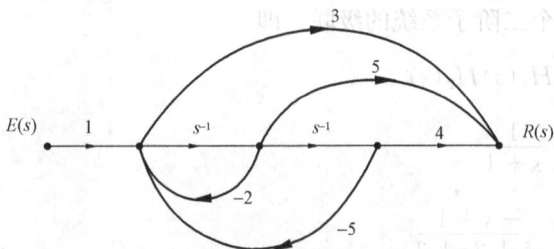

图3-15 二阶线性时不变系统的
直接型结构的信号流图

上式表明,信号流图中有两个反馈回路、三个前向通路,系统函数$H(s)$的直接型结构的信号流图如图3-15所示。

二、级联型

级联型结构是将系统函数$H(s)$分解为几个较简单的低阶子系统函数的乘积,即

$$H(s) = H_1(s)H_2(s)\cdots H_k(s)$$
$$= \prod_{i=1}^{k} H_i(s) \tag{3-30}$$

通常可以对式(3-29)系统函数$H(s)$的分子和分母多项式分别进行因式分解,然后通过不同组合来获得各个低阶子系统函数。由于系统函数$H(s)$是有理分式,因此系统函数$H(s)$的零点或极点要么在复平面的实轴上,要么以共轭方式成对地出现在复平面上。这样在复平面实轴上的零点或极点与实系数一次多项式相对应,而在复平面上共轭成对出现的零点或极点与实系数二次多项式相对应。式(3-30)中的低阶子系统函数$H_i(s)$为

$$H_i(s) = \frac{b_{i1}s + b_{i0}}{s + a_{i0}} \tag{3-31}$$

或

$$H_i(s) = \frac{b_{i2}s^2 + b_{i1}s + b_{i0}}{s^2 + a_{i1}s + a_{i0}} \tag{3-32}$$

式(3-31)对应于分布在复平面实轴上的零点和极点,式(3-32)对应于分布在复平面上共

轭成对出现的零点和极点。显然，式（3-31）为式（3-30）系统函数 $H(s)$ 的一个一阶子系统，可以采用直接型结构实现，如图 3-16 所示。同理，式（3-32）为式（3-30）系统函数 $H(s)$ 的一个二阶子系统，也可以采用直接型结构实现，如图 3-17 所示。

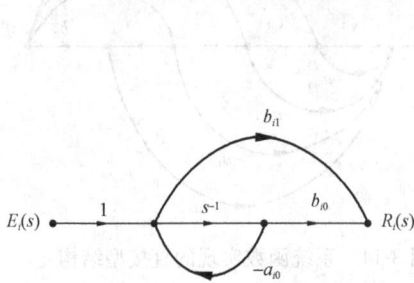

图 3-16　一阶子系统

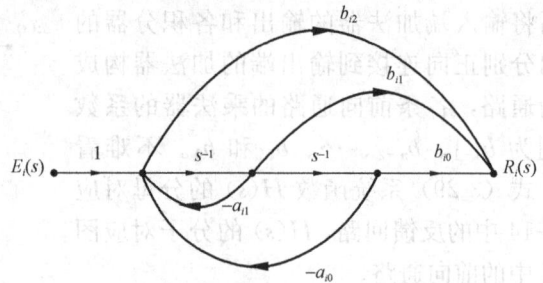

图 3-17　二阶子系统

【例 3-5】一个模拟滤波器的系统函数为

$$H(s) = \frac{-s+1}{s^3 + 3s^2 + 5s + 3}$$

试用级联型结构实现该系统。

解　首先将系统函数 $H(s)$ 的分母多项式进行因式分解，得

$$s^3 + 3s^2 + 5s + 3 = (s+1)(s^2 + 2s + 3)$$

其次将系统函数改写为一个一阶子系统和一个二阶子系统的级联，即

$$H(s) = H_1(s)H_2(s)$$

其中

$$H_1(s) = \frac{1}{s+1}$$

$$H_2(s) = \frac{-s+1}{s^2 + 2s + 3}$$

图 3-18 画出了该模拟滤波器的级联型结构的信号流图。

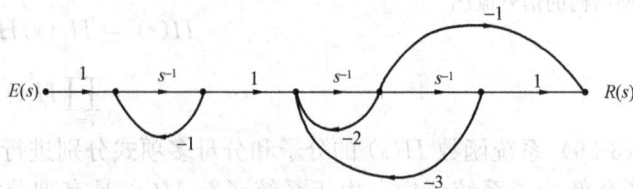

图 3-18　模拟滤波器的级联型结构

三、并联型

并联型结构是将系统函数 $H(s)$ 按极点进行部分分式展开后获得的，此时系统函数 $H(s)$ 分解为几个较简单的低阶子系统函数的和，即

$$H(s) = H_1(s) + H_2(s) + \cdots + H_k(s) = \sum_{i=1}^{k} H_i(s) \tag{3-33}$$

式中：$H_i(s)$ 与极点性质相关。对于复平面实轴上的极点，有

$$H_i(s) = \frac{b_{i0}}{s + a_{i0}} \tag{3-34}$$

对于复平面上共轭成对出现的极点，有

$$H_i(s) = \frac{b_{i1}s + b_{i0}}{s^2 + a_{i1}s + a_{i0}} \tag{3-35}$$

图 3-19 和图 3-20 分别画出了式（3-34）和式（3-35）对应的信号流图。

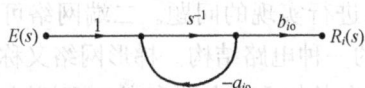

图 3-19　一阶子系统

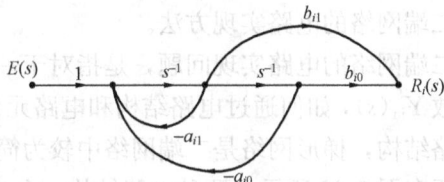

图 3-20　二阶子系统

【例 3-6】一个连续时间系统的系统函数为

$$H(s) = \frac{(2s+1)(s+11)}{(s+1)(s^2+4s+13)}$$

试用并联型结构实现该系统。

解　显然，该系统共有三个极点，即 -1、$-2\pm j3$。按极点进行部分分式展开，得

$$H(s) = \frac{-1}{s+1} + \frac{3s+24}{s^2+4s+13}$$

图 3-21 画出了该系统的并联型结构的信号流图。

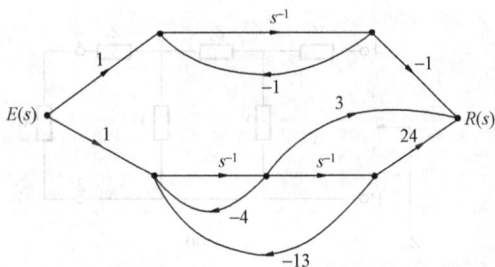

图 3-21　连续时间系统的并联型结构

从直接型、级联型和并联型三种基本结构看出，对于直接型结构而言，当调整某个参数时，系统函数 $H(s)$ 所有的零点或极点都将发生变化，从而导致系统的特性对于这些参数的变化极为敏感，不利于系统特性的调整。所以直接型结构主要用于低阶系统的实现。与直接型结构相比，级联型和并联型结构调整非常方便，当调整某子系统的参数时，只改变该子系统的零点或极点，对其余子系统的零点和极点没有影响。

第四节　系统函数的电路实现[1]

一般将系统函数 $H_a(s)$ 的电路实现方法称为网络综合方法。与网络分析方法不同的是，网络综合方法是根据给定的系统函数，通过设计具体电路，来实现该系统函数的一种电路设计方法。因此，网络综合问题要比网络分析问题更加困难，而且设计出来的电路通常也是不惟一的。网络综合方法是专门的一门课程，有严谨的理论体系。本书只是简单地引用网络综合方法中一些基本结论。对于更深入的内容，读者可以参考网络综合方法方面的相关书籍。

在电气工程中，往往希望在对连续时间信号进行频谱处理的同时，不增加处理系统的损

---

[1] 部分选自郑君里，应启珩，杨为理. 信号与系统. 第 2 版，下册，第 173～182 页. 北京：高等教育出版社，2000.

耗。因此，广泛采用由电感元件和电容元件构成的低通、高通、带通和带阻等模拟滤波器。将仅用电感元件和电容元件实现的模拟滤波器，称为无源 LC 滤波器，这是应用最广泛的一类模拟滤波器。下面，重点介绍无源 LC 滤波器实现系统函数 $H_a(s)$ 的方法。

一、二端 LC 网络的电路实现

从图 3-8 可以看出，模拟滤波器是一个二端口网络。当在其输出端 2-2′ 端接负载电阻 R_L 后，便成为一个二端网络。由于二端口网络的电路实现需要借助于二端网络来实现，因此，首先讨论二端网络的电路实现方法。

所谓二端网络的电路实现问题，是指对于一个给定二端网络的输入阻抗函数 $Z_{in}(s)$ 或输入导纳函数 $Y_{in}(s)$，如何通过电路结构和电路元件来进行实现的问题。二端网络可以有各种各样的电路结构，梯形网络是二端网络中较为简单的一种电路结构。梯形网络又称为考尔型电路，主要有图 3-22 所示的两种电路结构，分别称为考尔 I 型电路和考尔 II 型电路。分别求图 3-22 所示两个二端网络的输入阻抗 Z_{in} 和输入导纳 Y_{in}，得

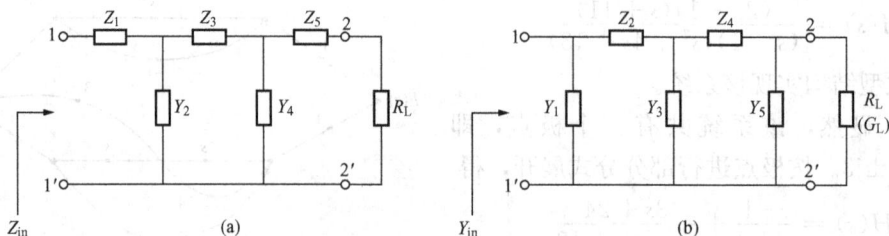

图 3-22 梯形网络

(a) 考尔 I 型电路；(b) 考尔 II 型电路

$$Z_{in}=Z_1+\cfrac{1}{Y_2+\cfrac{1}{Z_3+\cfrac{1}{Y_4+\cfrac{1}{Z_5+R_L}}}} \tag{3-36}$$

$$Y_{in}=Y_1+\cfrac{1}{Z_2+\cfrac{1}{Y_3+\cfrac{1}{Z_4+\cfrac{1}{Y_5+G_L}}}} \tag{3-37}$$

不难看出，对于考尔 I 型网络，其输入阻抗 Z_{in} 具有连分式结构。同样，对于考尔 II 型网络，其输入导纳 Y_{in} 也具有连分式结构。如果将图 3-22 所示的网络限定为用无源 LC 网络实现模拟低通滤波器的话，那么，无论是用考尔 I 型还是用考尔 II 型网络，其串臂阻抗 Z_k 都应用电感元件 L_k 实现，而并臂导纳 Y_k 都应用电容元件 C_k 实现，即

$$Z_k=sL_k, \quad Y_k=sC_k$$

将上式分别代入式（3-36）和式（3-37），并整理，可以看出，考尔 I 型网络的输入阻抗 $Z_{in}(s)$ 的分子多项式阶数比分母多项式阶数高一阶，考尔 II 型网络的输入导纳 $Y_{in}(s)$ 的分子多项式阶数比分母多项式阶数高一阶。根据上述特点，就可以根据给出的输入阻抗 $Z_{in}(s)$ 或

输入导纳 $Y_{in}(s)$ 实现其电路结构和参数。

【例 3-7】 已知二端网络的输入阻抗 $Z_{in}(s)$ 为

$$Z_{in}(s) = \frac{3s^3 + 6s^2 + 6s + 3}{2s^2 + 4s + 3}$$

试用电路实现 $Z_{in}(s)$。

解 从给出的输入阻抗 $Z_{in}(s)$ 表达式可以看出，$Z_{in}(s)$ 的分子多项式阶数比分母多项式阶数高一阶。所以，可以用考尔 I 型网络来实现。将 $Z_{in}(s)$ 的分子多项式与分母多项式辗转相除，得

$$
\begin{array}{r}
1.5s \\
2s^2+4s+3\overline{\smash{\big)}\,3s^3+6s^2+6s+3} \\
\underline{3s^3+6s^2+4.5s} \qquad \frac{2}{1.5}s \\
1.5s+3\overline{\smash{\big)}\,2s^2+4s+3} \\
\underline{2s^2+4s} \qquad 0.5s+1 \\
3\overline{\smash{\big)}\,1.5s+3} \\
\underline{1.5s+3} \\
0
\end{array}
$$

所以，输入阻抗可以写成

$$Z_{in}(s) = \frac{3}{2}s + \cfrac{1}{\frac{4}{3}s + \cfrac{1}{\frac{1}{2}s+1}}$$

与图 3-22（a）考尔 I 型网络和式（3-36）对比，得实现 $Z_{in}(s)$ 的考尔 I 型网络如图 3-23 所示。

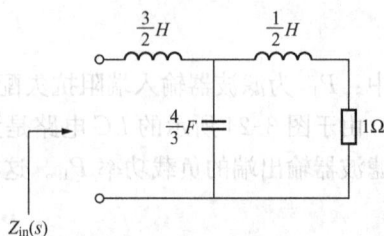

图 3-23 $Z_{in}(s)$ 的电路实现

二、二端口 LC 网络的电路实现

为讨论用无源 LC 网络实现模拟低通滤波器的系统函数 $H_a(s)$，重画图 3-8，如图 3-24 所示。由图 3-24 可以看出，当 $Z_{in}(j\Omega)$ 等于 R_s 时，即匹配情况，信号源 $E_s(j\Omega)$ 可以为滤波器提供最大的输入功率 P_1^+，即

$$P_1^+ = \frac{E_s^2}{4R_s}$$

又称 P_1^+ 为滤波器输入端的入射功率。此时，滤波器输入端的电压 U_1 为

$$U_1 = U_1^+ = \frac{1}{2}E_s$$

又称 U_1^+ 为滤波器输入端的入射电压。当 $Z_{in}(j\Omega)$ 不等于 R_s 时，有

$$U_1 = \frac{Z_{in}}{Z_{in}+R_s}E_s$$

图 3-24 无源 LC 模拟低通滤波器

为反映滤波器的输入阻抗 $Z_{in}(j\Omega)$ 与信号源内阻 R_s 的失配情况，定义滤波器输入端的

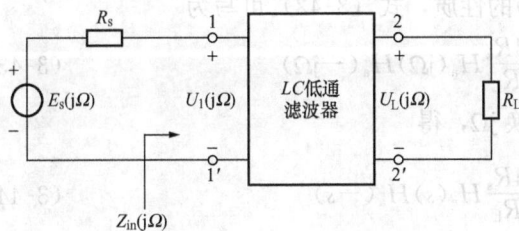

反射电压为

$$U_1^- = U_1 - U_1^+ = \frac{Z_{in}}{Z_{in} + R_s} E_s - \frac{1}{2} E_s = \frac{1}{2} \frac{Z_{in} - R_s}{Z_{in} + R_s} E_s$$

将 U_1^- 与 U_1^+ 之比定义为滤波器输入端的电压反射系数 $\rho_1(j\Omega)$，即

$$\rho_1(j\Omega) = \frac{U_1^-}{U_1^+} = \frac{Z_{in}(j\Omega) - R_s}{Z_{in}(j\Omega) + R_s} \tag{3-38}$$

写成复频率形式，为

$$\rho_1(s) = \frac{Z_{in}(s) - R_s}{Z_{in}(s) + R_s} \tag{3-39}$$

如果知道了滤波器输入端的电压反射系数 $\rho_1(s)$，滤波器输入端的输入阻抗 $Z_{in}(s)$ 可表达为

$$Z_{in}(s) = \frac{1 + \rho_1(s)}{1 - \rho_1(s)} R_s \tag{3-40}$$

由式（3-38）电压反射系数的定义有

$$\rho_1^2(j\Omega) = \left(\frac{U^-}{U^+}\right)^2 = \frac{(U^-)^2}{\frac{1}{4} E_s^2} = \frac{\frac{(U^-)^2}{R_s}}{\frac{E_s^2}{4R_s}} = \frac{P_1^-}{P_1^+} \tag{3-41}$$

式中：P_1^- 为滤波器输入端阻抗失配产生的反射功率。

由于图 3-24 所示的 LC 电路是无源且无损的，因此，滤波器输入端的输入功率 P_1 应等于滤波器输出端的负载功率 P_L。这样，有

$$P_1^- = P_1^+ - P_1 = P_1^+ - P_L$$

代入式（3-41），得

$$\rho_1^2(j\Omega) = \frac{P_1^+ - P_L}{P_1^+} = 1 - \frac{P_L}{P_1^+} = 1 - \frac{\frac{U_L^2}{R_L}}{\frac{E_s^2}{4R_s}} = 1 - \frac{4R_s}{R_L}\left(\frac{U_L}{E_s}\right)^2 = 1 - \frac{4R_s}{R_L} H_a^2(j\Omega)$$

将其重写为如下形式

$$\rho_1(j\Omega)\rho_1^*(j\Omega) = 1 - \frac{4R_s}{R_L} H_a(j\Omega) H_a^*(j\Omega) \tag{3-42}$$

由于网络函数 $H_a(j\Omega)$ 具有 $H_a(j\Omega) = H_a^*(-j\Omega)$ 的性质，式（3-42）可写为

$$\rho_1(j\Omega)\rho_1(-j\Omega) = 1 - \frac{4R_s}{R_L} H_a(j\Omega) H_a(-j\Omega) \tag{3-43}$$

将式（3-43）进行频率延拓，即用复频率 s 置换 $j\Omega$，得

$$\rho_1(s)\rho_1(-s) = 1 - \frac{4R_s}{R_L} H_a(s) H_a(-s) \tag{3-44}$$

由式（3-44）不难找出用无源 LC 网络实现模拟低通滤波器的方法。第一，将给定的模

拟低通滤波器的系统函数 $H_a(s)$ 代入式（3-44），并求出 $\rho_1(s)\rho_1(-s)$ 的全部极点和零点；第二，将全部极点和零点按在复平面的左半平面和右半平面分成两类；第三，由于设计的模拟低通滤波器是稳定的因果系统，因此反射系数 $\rho_1(s)$ 的所有极点应分布在复平面的左半平面内，同时为使该模拟滤波器具有最小相位，反射系数 $\rho_1(s)$ 的所有零点也应分布在复平面的左半平面内，这样，便可以根据分布在复平面的左半平面的极点和零点来构造反射系数 $\rho_1(s)$；第四，利用式（3-40）求模拟低通滤波器的输入端阻抗 $Z_{in}(s)$，并用二端 LC 网络的实现方法实现模拟低通滤波器电路。

【例 3-8】 已知一个模拟低通滤波器的系统函数为

$$H_a(s) = \frac{H_0}{s^2 + 3s + 3}$$

且信号源内阻为 $R_s = 1\Omega$，负载电阻 R_L 分别为 $R_L = R_s = 1\Omega$ 和 $R_L = 2\Omega$。试用无源二端口 LC 网络实现该模拟低通滤波器。

解 由于是模拟低通滤波器，当 $\Omega = 0\text{rad/s}$ 时，即直流情况时，图 3-22 所示的考尔 I 型和考尔 II 型网络的串臂短路、并臂开路，则有

$$H_a(s)\Big|_{s=0} = \frac{H_0}{3} = \frac{R_L}{R_s + R_L}$$

所以有

$$H_0 = \frac{3R_L}{R_s + R_L}$$

（1）当 $R_L = R_s = 1\Omega$ 时，$H_0 = \frac{3}{2}$。由式（3-44），得

$$\rho_1(s)\rho_1(-s) = 1 - 4 \times \frac{\frac{3}{2}}{s^2 + 3s + 3} \times \frac{\frac{3}{2}}{s^2 - 3s + 3} = \frac{s(s+\sqrt{3})[-s(-s+\sqrt{3})]}{(s^2 + 3s + 3)(s^2 - 3s + 3)}$$

利用系统的稳定和最小相位条件，反射系数 $\rho_1(s)$ 有以下两种形式，即

$$\rho_1'(s) = \frac{s(s+\sqrt{3})}{s^2 + 3s + 3}, \rho_1''(s) = -\frac{s(s+\sqrt{3})}{s^2 + 3s + 3}$$

由式（3-40），分别得

$$Z_{in}'(s) = \frac{2s^2 + (3+\sqrt{3})s + 3}{(3-\sqrt{3})s + 3}, Z_{in}''(s) = \frac{(3-\sqrt{3})s + 3}{2s^2 + (3+\sqrt{3})s + 3}$$

分别将 $Z_{in}'(s)$ 和 $Z_{in}''(s)$ 进行连分式展开，得

$$Z_{in}'(s) = 1.577s + \frac{1}{0.423s + 1}$$

$$Y_{in}''(s) = \frac{1}{Z_{in}''} = \frac{2s^2 + (3+\sqrt{3})s + 3}{(3-\sqrt{3})s + 3} = 1.577s + \frac{1}{0.423s + 1}$$

分别用考尔 I 型和考尔 II 型电路实现上面的 $Z_{in}'(s)$ 和 $Y_{in}''(s)$，如图 3-25 所示。

（2）当 $R_L = 2\Omega$ 时，$H_0 = 2$。由式（3-44），得

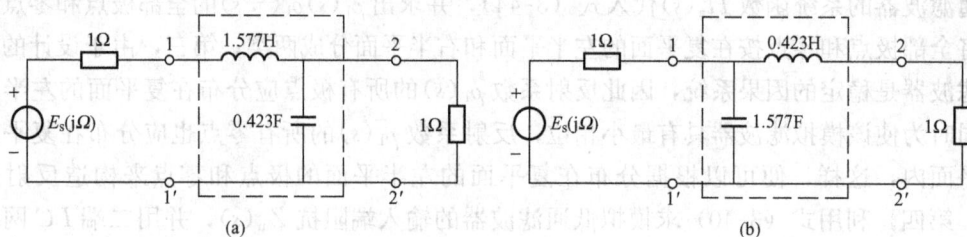

图 3-25 实现 $H_a(s)$ 的两个电路

(a) 考尔 I 型电路；(b) 考尔 II 型电路

$$\rho_1(s)\rho_1(-s)=1-\frac{4\times 1}{2}\times\frac{2}{s^2+3s+3}\times\frac{2}{s^2-3s+3}=\frac{(s^2+\sqrt{5}s+1)(s^2-\sqrt{5}s+1)}{(s^2+3s+3)(s^2-3s+3)}$$

利用系统的稳定和最小相位条件，反射系数 $\rho_1(s)$ 有以下两种形式，即

$$\rho'_1(s)=\frac{(s^2+\sqrt{5}s+1)}{(s^2+3s+3)},\rho''_1(s)=-\frac{(s^2+\sqrt{5}s+1)}{(s^2+3s+3)}$$

由式（3-40），分别得

$$Z'_{in}(s)=\frac{2s^2+(3+\sqrt{5})s+4}{(3-\sqrt{5})s+2},Z''_{in}(s)=\frac{(3-\sqrt{5})s+2}{2s^2+(3+\sqrt{5})s+4}$$

依题意，当 $s=0$ 时，即在直流情况下，$Z_{in}(s)\big|_{s=0}=R_L=2\Omega$。将 $s=0$ 代入以上两式，分别得

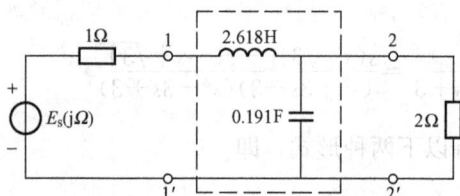

图 3-26 实现 $H_a(s)$ 的电路

$$Z'_{in}(0)=2\Omega,Z''_{in}(0)=0.5\Omega$$

显然，$Z''_{in}(s)$ 不满足题设条件，舍去。将 $Z'_{in}(s)$ 进行连分式展开，得

$$Z'_{in}(s)=2.618s+\cfrac{1}{0.191s+\cfrac{1}{2}}$$

用考尔 I 型电路实现上式的 $Z'_{in}(s)$，如图 3-26 所示。

为了模拟低通滤波器的设计方便，除将复频率 s 做归一化处理外，一般还将模拟低通滤波器输入端的输入阻抗 $Z_{in}(s)$ 按信号源内阻 R_s 进行归一化处理。由式（3-40），得

$$\widetilde{Z}_{in}(\widetilde{s})=\frac{Z_{in}(\widetilde{s})}{R_s}=\frac{1+\rho_1(\widetilde{s})}{1-\rho_1(\widetilde{s})} \tag{3-45}$$

式中：$\widetilde{Z}_{in}(\widetilde{s})$ 称为滤波器输入端的归一化输入阻抗。

在实际中，基于上述无源二端口 LC 网络和归一化输入阻抗 $\widetilde{Z}_{in}(\widetilde{s})$，专门制作了供设计使用的设计表格。为说明这一思想，举例如下。

【例 3-9】已知模拟低通滤波器的截止角频率为 $\Omega_c=2\pi\times 10^4\,rad/s$，归一化的系统函数为

$$H_a(\tilde{s}) = \frac{H_0}{\tilde{s}^2 + 3\tilde{s} + 3}$$

信号源内阻为 $R_s = 50\Omega$，负载电阻 $R_L = 100\Omega$。试用无源二端口 LC 网络实现该模拟低通滤波器。

解　按信号源内阻 $R_s = 50\Omega$ 将所有阻抗做归一化处理，得归一化电阻为 $\tilde{R}_s = 1$，$\tilde{R}_L = 2$。与 [例 3-8] 对比，可以看出，[例 3-8] 就是本例归一化后的结果。由 [例 3-8] 第 (2) 部分，得

$$\tilde{Z}_{in}(\tilde{s}) = 2.618\tilde{s} + \cfrac{1}{0.191\tilde{s} + \cfrac{1}{2}}$$

上式又可以写为

$$\tilde{Z}_{in}(\tilde{s}) = \tilde{L}\tilde{s} + \cfrac{1}{\tilde{C}\tilde{s} + \cfrac{1}{\tilde{R}_L}}$$

式中：$\tilde{L}$ 和 $\tilde{C}$ 分别称为归一化电感和归一化电容。将归一化复频率和归一化阻抗还原，得

$$Z_{in}(s) = R_s \tilde{L} \times \frac{s}{\Omega_c} + \cfrac{\dfrac{R_s}{\tilde{C} \times \dfrac{s}{\Omega_c} + \dfrac{1}{\tilde{R}_L}}}{} = \frac{R_s}{\Omega_c}\tilde{L}s + \cfrac{1}{\dfrac{1}{\Omega_c R_s}\tilde{C}s + \dfrac{1}{R_s \tilde{R}_L}}$$

所以

$$L = \frac{R_s}{\Omega_c}\tilde{L} = \frac{50}{2\pi \times 10^4} \times 2.618 = 2.08 \ (\text{mH})$$

$$C = \frac{1}{\Omega_c R_s}\tilde{C} = \frac{1}{2\pi \times 10^4 \times 50} \times 0.191 = 0.061 \ (\mu\text{F})$$

$$R_L = R_s \tilde{R}_L = 50 \times 2 = 100 \ (\Omega)$$

满足上述要求的模拟低通滤波器的实现电路如图 3-27 所示。

由 [例 3-9] 可以看出，采用归一化复频率和归一化阻抗获得的归一化系统函数 $H_a(\tilde{s})$，可以解决一类模拟低通滤波器的设计问题，只要改变截止角频率 Ω_c 和信号源内阻 R_s 即可。

三、频带变换与元件变换

前已述及，模拟高通、带通和带阻滤波器的设计可以借助于模拟低通滤波器的设计来完

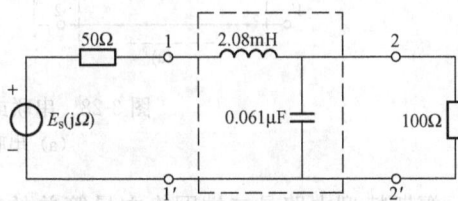

图 3-27　模拟低通滤波器的实现电路

成。它们的设计和实现方法就是所谓的频带变换与元件变换。通过对模拟低通滤波器的归一化系统函数 $H_a(\tilde{s})$ 进行复频率变换，就可以获得模拟高通、带通和带阻滤波器的归一化系统函数。通过对模拟低通滤波器的归一化阻抗元件进行变换，就可以获得模拟高通、带通和带阻滤波器的实现电路。表 3-1 分别列出了频率变换与元件变换公式，有兴趣的读者可以查阅网络综合方面的书籍，本书不再论述。利用表 3-1 列出的变换公式，就可以将模拟低通滤波器的系统函数与实现电路转换为模拟高通、带通和带阻滤波器的系统函数和实现电路。

表 3-1   **由归一化模拟低通滤波器确定其他模拟滤波器的变换公式表**

变换方式	滤波器形式				
	归一化低通	低通	高通	带通	带阻
频率变换	$\tilde{s}$	$\tilde{s}=\dfrac{s}{\Omega_c}$	$\tilde{s}=\dfrac{\Omega_c}{s}$	$\tilde{s}=\dfrac{s^2+\Omega_0^2}{s\Omega_r}$	$\tilde{s}=\dfrac{s\Omega_r}{s^2+\Omega_0^2}$
元件变换	$\tilde{L}$	$\dfrac{R_s}{\Omega_c}\tilde{L}$	$\dfrac{1}{\Omega_c R_s \tilde{L}}$	$\dfrac{R_s\tilde{L}}{\Omega_r}$; $\dfrac{\Omega_r}{\Omega_0^2 R_s \tilde{L}}$	$\dfrac{1}{\Omega_r R_s \tilde{L}}$; $\dfrac{\Omega_r R_s \tilde{L}}{\Omega_0^2}$
	$\tilde{C}$	$\dfrac{1}{\Omega_c R_s}\tilde{C}$	$\dfrac{R_s}{\Omega_c \tilde{C}}$	$\dfrac{\tilde{C}}{\Omega_r R_s}$; $\dfrac{\Omega_r R_s}{\Omega_0^2 \tilde{C}}$	$\dfrac{R_s}{\Omega_r \tilde{C}}$; $\dfrac{\Omega_r \tilde{C}}{\Omega_0^2 R_s}$
容差图	(容差图，横轴 $0\ 1\ \Omega_s\ \Omega$)	(容差图，横轴 $0\ \Omega_c\ \Omega_s\ \Omega$)	(容差图，横轴 $0\ \Omega_s\ \Omega_c\ \Omega$)	(容差图，$\Omega_r=\Omega_{p2}-\Omega_{p1}$，$\Omega_0=\sqrt{\Omega_{p1}\Omega_{p2}}$，横轴 $0\ \Omega_{s1}\ \Omega_{p1}\ \Omega_{p2}\ \Omega_{s2}\ \Omega$)	(容差图，$\Omega_r=\Omega_{s2}-\Omega_{s1}$，$\Omega_0=\sqrt{\Omega_{s1}\Omega_{s2}}$，横轴 $0\ \Omega_{p1}\ \Omega_{s1}\ \Omega_{s2}\ \Omega_{p2}\ \Omega$)

四、串联或并联的二端口 LC 网络的电路实现

在电气工程中，还经常遇到图 3-28 所示的无源 LC 滤波器。从图 3-28 所示电路结构可以看出，这种二端口 LC 网络，要么是将二端 LC 网络与负载电阻串联，要么是将二端 LC 网络与负载电导并联。对于这类二端口 LC 网络，只要对阻抗函数 $Z_{ab}(s)$ 或导纳函数 $Y_{ab}(s)$ 进行电路实现即可。对于给定的二端 LC 网络的阻抗函数 $Z_{ab}(s)$ 或导纳函数 $Y_{ab}(s)$，不仅可以采用前面介绍的考尔型电路进行电路实现，还可以采用下面介绍的福斯特（Foster）型电路进行电路实现。

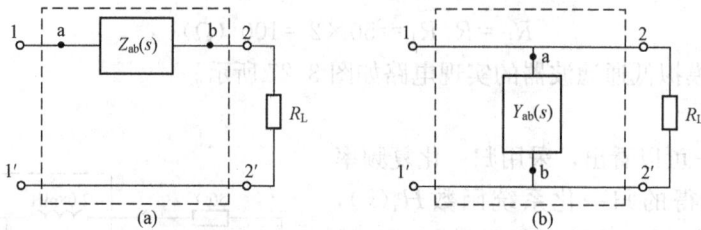

图 3-28   串联或并联的二端口 LC 网络
(a) 串联型；(b) 并联型

福斯特型电路是二端网络中最简单的电路结构形式，主要有图 3-29 所示的串联和并联两种形式，分别称为福斯特 I 型电路和福斯特 II 型电路。分别求图 3-29 所示两个二端网络的阻抗函数 $Z_{ab}(s)$ 和导纳函数 $Y_{ab}(s)$，得

$$Z_{ab}(s) = Z_1(s) + Z_2(s) + Z_3(s) \tag{3-46}$$

$$Y_{ab}(s) = Y_1(s) + Y_2(s) + Y_3(s) \tag{3-47}$$

由式（3-46）和式（3-47），不难看出，福斯特 I 型电路的阻抗函数具有串联支路阻抗函数相加的性质，福斯特 II 型电路的导纳函数具有并联支路导纳函数相加的性质。利用这些

性质，就可以先将阻抗函数或导纳函数按式（3-46）或式（3-47）进行分解，如按极点进行部分分式展开，再按图 3-29 所示的福斯特型电路进行电路实现。

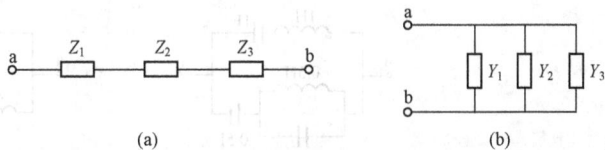

图 3-29　福斯特型电路

(a) 福斯特Ⅰ型电路；(b) 福斯特Ⅱ型电路

根据电路理论，仅有电感元件和电容元件组成的二端 LC 网络，无论是阻抗函数 $Z_{ab}(s)$，还是导纳函数 $Y_{ab}(s)$，都具有如下有理分式的形式

$$F(s) = \frac{N(s)}{D(s)} \tag{3-48}$$

式中：$N(s)$ 和 $D(s)$ 分别是 $F(s)$ 的分子多项式和分母多项式。

由电路理论知，$F(s)$ 具有如下基本性质：① $F(s)$ 是 s 的奇函数，如果 $N(s)$ 是 s 的奇次多项式，那么 $D(s)$ 必是 s 的偶次多项式，或反之；② $N(s)$ 和 $D(s)$ 的最高幂次只能差一次，或 $N(s)$ 的最高幂次比 $D(s)$ 的最高幂次高一次，或反之；③ $s=0$ 或是 $F(s)$ 的一个零点，或是 $F(s)$ 的一个极点；④ $s \to \infty$ 或是 $F(s)$ 的一个零点，或是 $F(s)$ 的一个极点；⑤ $F(s)$ 的零、极点均为一阶的（含共轭零点、共轭极点），且交替出现在整个虚轴上；⑥ 全部极点的留数为正的实数。

下面，举例说明二端 LC 网络的阻抗函数或导纳函数的上述基本性质。

【例 3-10】试求图 3-30 (a) 和 (b) 所示两个二端 LC 网络的阻抗函数 $Z_{ab}(s)$。

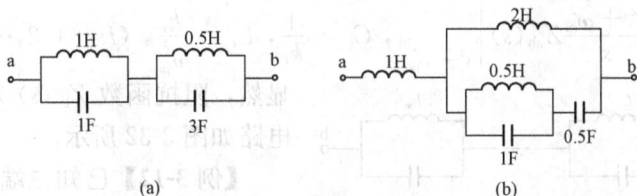

图 3-30　两个二端 LC 网络

解　通过阻抗的串联和并联公式，分别求图 3-30 (a) 和 (b) 所示两个二端 LC 网络的阻抗函数 $Z_{ab}(s)$ 为

$$Z_{ab-a}(s) = \frac{4s^3 + 3s}{3s^4 + 5s^2 + 2} \approx 1.333 \times \frac{s(s^2 + 0.75)}{(s^2 + 0.667)(s^2 + 1)}$$

$$Z_{ab-b}(s) = \frac{s^5 + 6.5s^3 + 6s}{s^4 + 3.5s^2 + 2} \approx \frac{s(s^2 + 1.114)(s^2 + 5.386)}{(s^2 + 0.719)(s^2 + 2.781)}$$

观察上面的两个阻抗函数 $Z_{ab-a}(s)$ 和 $Z_{ab-b}(s)$，不难看出，它们确实满足上述的 6 条基本性质。

【例 3-11】试求图 3-31 (a) 和 (b) 所示两个二端 LC 网络的导纳函数 $Y_{ab}(s)$。

解　通过导纳的并联和串联公式，分别求图 3-31 (a) 和 (b) 所示两个二端 LC 网络的导纳函数 $Y_{ab}(s)$ 为

$$Y_{ab-a}(s) = \frac{4s^5 + 18s^3 + 12s}{10s^4 + 18s^2 + 8} \approx 0.4 \times \frac{s(s^2 + 0.814)(s^2 + 3.686)}{(s^2 + 0.8)(s^2 + 1)}$$

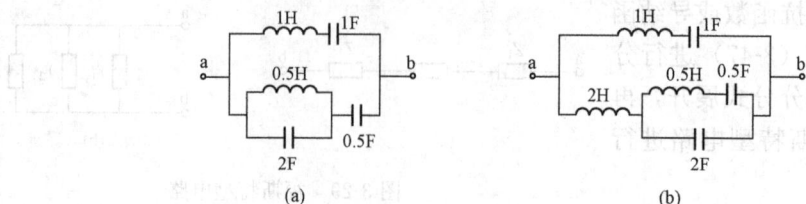

图 3-31 两个二端 LC 网络

$$Y_{ab-b}(s) = \frac{3s^5 + 16.5s^3 + 7s}{2s^6 + 12.5s^4 + 12.5s^2 + 2} \approx 1.5 \times \frac{s(s^2 + 0.463)(s^2 + 5.037)}{(s^2 + 0.198)(s^2 + 1)(s^2 + 5.052)}$$

观察上面的两个导纳函数 $Y_{ab-a}(s)$ 和 $Y_{ab-b}(s)$，不难看出，它们确实满足上述的 6 条基本性质。

如果 $F(s)$ 是阻抗函数 $Z_{ab}(s)$，设其极点分别为 ∞、0 以及 m 对共轭虚根（$+j\omega_{pi}$、$-j\omega_{pi}$）（$i = 1, 2, \cdots, m$），将其按极点进行部分分式展开，得

$$Z_{ab}(s) = k_\infty s + \frac{k_0}{s} + \sum_{i=1}^{m} \frac{k_i s}{s^2 + \omega_{pi}^2} = sL_\infty + \frac{1}{sC_0} + \sum_{i=1}^{m} \frac{1}{sC_i + \frac{1}{sL_i}} \qquad (3\text{-}49)$$

式中：

$$L_\infty = k_\infty = \frac{Z_{ab}(s)}{s}\bigg|_{s \to \infty}, \quad C_0 = \frac{1}{k_0} = \frac{1}{sZ_{ab}(s)}\bigg|_{s \to 0}$$

$$k_i = \frac{s^2 + \omega_{pi}^2}{s} Z_{ab}(s)\bigg|_{s^2 \to -\omega_{pi}^2}, \quad C_i = \frac{1}{k_i}, \quad L_i = \frac{k_i}{\omega_{pi}^2}, \quad (i = 1, 2, \cdots, m)$$

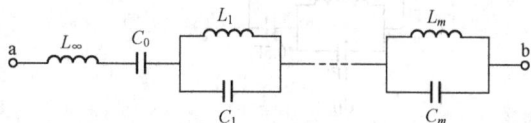

图 3-32 福斯特 I 型的实现电路

显然，阻抗函数 $Z_{ab}(s)$ 对应的福斯特 I 型电路如图 3-32 所示。

【例 3-12】已知二端 LC 网络的阻抗函数 $Z_{ab}(s)$ 为

$$Z_{ab}(s) = \frac{s(s^4 + 6s^2 + 8)}{s^4 + 4s^2 + 3}$$

试用福斯特 I 型电路实现 $Z_{ab}(s)$。

解 可以看出，阻抗函数 $Z_{ab}(s)$ 有 1 个无穷大极点和 2 对共轭极点。先将无穷大极点从阻抗函数 $Z_{ab}(s)$ 中分离出来，再将剩余的有理分式进行部分分式展开，并写为式（3-49）的形式，得

$$Z_{ab}(s) = s + \frac{2s(s^2 + 2.5)}{s^4 + 4s^2 + 3} = s + \frac{2s(s^2 + 2.5)}{(s^2 + 1)(s^2 + 3)}$$

$$= s + \frac{1.5s}{s^2 + 1} + \frac{0.5s}{s^2 + 3} = s + \frac{1}{s\frac{2}{3} + \frac{1}{s\frac{3}{2}}} + \frac{1}{s2 + \frac{1}{s\frac{1}{6}}}$$

与图 3-32 福斯特 I 型电路和式（3-49）对比，得 $Z_{ab}(s)$ 对应的福斯特 I 型电路如图 3-33 所示。

【例 3-13】试用福斯特 I 型电路实现图 3-30（b）对应的阻抗函数 $Z_{ab-b}(s)$。

解 由 [例 3-10]，得图 3-30（b）的阻抗函数为

$$Z_{ab-b}(s) = \frac{s^5 + 6.5s^3 + 6s}{s^4 + 3.5s^2 + 2}$$

不难看出，该阻抗函数 $Z_{ab-b}(s)$ 有 1 个无穷大极点和 2 对共轭极点。将阻抗函数 $Z_{ab-b}(s)$ 按极点进行部分分式展开，并写为式（3-49）的形式，得

图 3-33　$Z_{ab}(s)$ 的电路实现

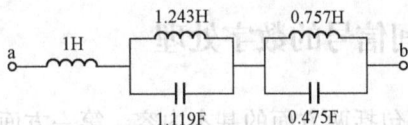

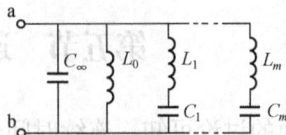

$$Z_{ab-b}(s) \approx s + \frac{0.894s}{s^2 + 0.719} + \frac{2.106s}{s^2 + 2.781}$$

$$\approx s + \cfrac{1}{1.119s + \cfrac{1}{1.243s}} + \cfrac{1}{0.475s + \cfrac{1}{0.757s}}$$

对应上式的福斯特 I 型电路如图 3-34 所示。将图 3-34 与图 3-30（b）进行对比，可以看出，对于同样的阻抗函数 $Z_{ab-b}(s)$，实现的电路是不同的。具体采用哪种电路，还需要结合实际情况和其他技术条件进行确定，此处不做进一步的讨论。

如果 $F(s)$ 是导纳函数 $Y_{ab}(s)$，设其极点分别为 ∞、0 以及 m 对共轭虚根（$+\mathrm{j}\omega_{si}$、$-\mathrm{j}\omega_{si}$）（$i = 1, 2, \cdots, m$），将其按极点进行部分分式展开，得

$$Y_{ab}(s) = k_\infty s + \frac{k_0}{s} + \sum_{i=1}^{m} \frac{k_i s}{s^2 + \omega_{si}^2} = sC_\infty + \frac{1}{sL_0} + \sum_{i=1}^{m} \frac{1}{sL_i + \dfrac{1}{sC_i}} \tag{3-50}$$

式中：

$$C_\infty = k_\infty = \left. \frac{Y_{ab}(s)}{s} \right|_{s \to \infty}, \quad L_0 = \frac{1}{k_0} = \left. \frac{1}{sY_{ab}(s)} \right|_{s \to 0}$$

$$k_i = \left. \frac{s^2 + \omega_{si}^2}{s} Y_{ab}(s) \right|_{s^2 \to -\omega_{si}^2}, \quad L_i = \frac{1}{k_i}, \quad C_i = \frac{k_i}{\omega_{si}^2}, \quad (i = 1, 2, \cdots, m)$$

显然，导纳函数 $Y_{ab}(s)$ 对应的福斯特 II 型电路如图 3-35 所示。

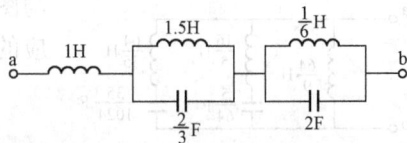

图 3-34　$Z_{ab-b}(s)$ 的电路实现　　　图 3-35　福斯特 II 型的实现电路

【例 3-14】已知二端 LC 网络的导纳函数 $Y_{ab}(s)$ 为

$$Y_{ab}(s) = \frac{s^4 + 10s^2 + 9}{s^5 + 20s^3 + 64s}$$

试用福斯特 II 型电路实现 $Y_{ab}(s)$。

解　可以看出，导纳函数 $Y_{ab}(s)$ 有 1 个零的极点和 2 对共轭极点，将 $Y_{ab}(s)$ 按式（3-50）进行部分分式展开，得

$$Y_{ab}(s) = \frac{s^4 + 10s^2 + 9}{s(s^2 + 4)(s^2 + 16)} = \frac{9}{64} \frac{1}{s} + \frac{5}{16} \frac{s}{s^2 + 4} + \frac{35}{64} \frac{s}{s^2 + 16}$$

$$= \cfrac{1}{s\dfrac{64}{9}} + \cfrac{1}{s\dfrac{16}{5} + \cfrac{1}{s\dfrac{5}{64}}} + \cfrac{1}{s\dfrac{64}{35} + \cfrac{1}{s\dfrac{35}{1024}}}$$

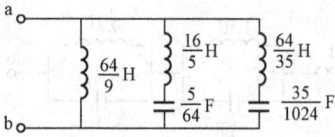

图 3-36　$Y_{ab}(s)$ 的电路实现

与图 3-35 福斯特 II 型电路和式（3-50）对比，得 $Y_{ab}(s)$ 对应的福斯特 II 型电路如图 3-36 所示。

【例 3-15】 试用福斯特 II 型电路实现图 3-31（a）对应的导纳函数 $Y_{ab-a}(s)$。

解　由 [例 3-11]，得图 3-31（a）的导纳函数为

$$Y_{ab-a}(s) = \frac{4s^5 + 18s^3 + 12s}{10s^4 + 18s^2 + 8}$$

不难看出，该导纳函数 $Y_{ab-a}(s)$ 有 1 个无穷大极点和 2 对共轭极点。将导纳函数 $Y_{ab-a}(s)$ 按极点进行部分分式展开，并写为式（3-50）的形式，得

$$Y_{ab-a}(s) = 0.4 \times (s + \frac{0.2s}{s^2 + 0.8} + \frac{2.5s}{s^2 + 1})$$

$$= 0.4s + \frac{0.08s}{s^2 + 0.8} + \frac{s}{s^2 + 1}$$

$$= 0.4s + \frac{1}{12.5s + \frac{1}{0.1s}} + \frac{1}{s + \frac{1}{s}}$$

对应上式的福斯特 II 型电路如图 3-37 所示。将图 3-37 与图 3-31（a）进行对比，可以看出，对于同样的导纳函数 $Y_{ab-a}(s)$，实现的电路是不同的。

在电气工程中，特别是在直流输电以及电力电子装置中，广泛使用谐波滤波器来滤除或抑制换流电路中产生的高次谐波。福斯特型电路经常被选作这类高次谐波滤波器的基本电路。

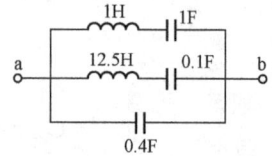

图 3-37　$Y_{ab-a}(s)$ 的电路实现

第五节　连续时间信号的数字处理

总结前面的讨论可知，连续时间信号处理包括两方面的基本内容。第一方面是信号的频谱分析。通过信号的频谱分析，确定信号有效信息的频谱分布。第二方面是信号的滤波处理。通过滤波处理剔除信号中不需要的成分。就电信号而言，一个纯粹的连续时间信号处理系统就是利用模拟电路器件（例如电阻、电容、电感、晶体管和运算放大器等）组成的模拟电路。但是，随着电子技术、微处理器技术、计算机技术和计算技术的发展，这种基于模拟电路的处理方法完全可以通过基于数字计算的方法所取代。这种基于数字计算的处理方法称为连续时间信号的数字处理。

下面以连续时间信号 $x(t)$ 的模拟滤波过程为例，说明它的数字处理。图 3-38 分别给出了对连续时间信号进行滤波的两个框图。图中，$x(t)$ 是待滤波的连续时间信号，$h(t)$ 是模拟滤波器的单位冲激响应，$y(t)$ 是滤波后的输出连续时间信号。A/D 称为模数变换器（Analog to Digital Converter），主要实现对连续时间信号的采样、量化和编码，即将连续时间信号转换为离散时间信号；D/A 称为数模变换器（Digital to Analog Converter），即将离散时间信号转换为连续时间信号；$h(n)$ 为数字信号处理系统的单位采样响应（详见第四章有关

内容），主要是通过对输入离散时间信号 $x(n)$ 的数字计算来达到滤波目的。对比图 3-38 中的两种信号处理系统，不难看出，除了 A/D 变换器和 D/A 变换器外，数字信号处理系统的核心部分就是用数字计算的方法取代了模拟滤波的方法。从数学的角度来看，无论是连续时间信号的频谱分析还是连续时间信号的滤波处理，都是对连续时间信号的一种数学计算或变换，而计算机只能实现数字计算。显然，A/D 变换器和 D/A 变换器为用计算机实现连续时间信号的数字处理提供了技术保障。所以，连续时间信号的数字处理又可以称为连续时间信号的计算机处理。

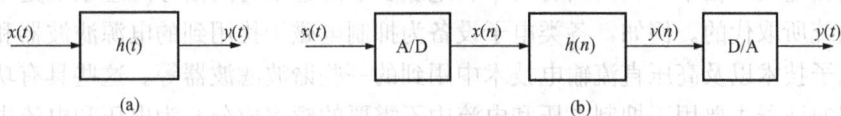

图 3-38　连续时间信号的数字处理
(a) 连续时间信号处理系统；(b) 连续时间信号的数字处理系统

图 3-38 (b) 中的数字处理系统既可以通过软件实现，也可以通过硬件实现。软件实现主要是通过编制数字信号处理程序在计算机上完成相应的数字计算；硬件实现主要是通过乘法器、加法器、延迟器、控制器、存储器以及输入与输出接口组成的硬件系统，对输入信号完成特定功能的操作。可以看出，软件实现可以通过改变程序来完成不同的数字信号处理功能，具有灵活性和通用性；硬件实现可以快速地完成特定功能的数字信号处理，但灵活性和通用性较差。在实际中，要视具体情况选择最合适的实现方式。

数字信号处理器 DSP（Digital Signal Processor）是一种通用的数字信号处理芯片，是一种软件和硬件相结合的实现方法。它结合了数字信号处理的特点，内部有乘法器、加法器、延迟器、控制器、存储器及其输入与输出接口，结构上采用了流水线工作方式以及并行结构和多总线技术，且配有完成数字信号处理的指令和专用子程序，是实现高速数字信号处理的微处理器。可以说，DSP 芯片已经成为实现数字信号实时处理的基本单元。

连续时间信号的数字处理与图 3-38 (a) 所示的连续时间信号的模拟处理相比有许多优点，归纳起来有以下几方面。

（1）灵活性好。数字信号处理系统是由程序实现的，决定系统性能的系统参数均以程序中的变量体现或储存在存储器中。因此，只要简单地改变这些系统参数就可以实现系统性能的调整，甚至只要简单地改变程序就可以搭建一个完全不同的数字信号处理系统。这是连续时间信号处理系统无法做到的。

（2）精度高。在数字信号处理系统中，连续时间信号与离散时间信号的转换是采用 A/D 变换器和 D/A 变换器完成的。这两种变换器的位数越多，转换过程的量化误差就越小，转换精度也就越高。同时，在数字信号处理中，由于采用数字计算，其舍入误差和截断误差的影响也较小。这些都保证了数字信号处理的高精度。因此，许多测量仪器为满足高精度要求都嵌入了数字信号处理系统。

（3）稳定性好。数字信号处理系统中的程序运行稳定、数字精确，不存在连续时间系统中的由于电路器件的参数容差大、受温度影响大等影响系统稳定性的问题。

（4）抗干扰能力强。在用硬件实现的数字信号处理系统中，数字信号以编码形式的二进制电平体现，"0"电平和"1"电平不易受到电磁噪声的干扰和环境因素变化的影响。在用软件实现的数字信号处理系统中，基本上不存在电磁噪声的干扰问题。

（5）可实现高复杂度的操作。数字信号处理系统允许非常复杂的信号运算和变换，这也是连续时间信号处理系统不能实现的。

（6）便于大规模集成。数字电路器件具有高度的规范性，便于大规模集成和大规模生产。特别是随着微电子技术的飞速发展，电路器件的集成度越来越高。因此，数字信号处理芯片可以做得体积更小、功耗更低、重量更轻、成本更低。

需要指出的是，并不是所有的连续时间信号处理系统都可以被数字信号处理系统所取代。特别是在电气工程中，一些具有功率和绝缘要求的连续时间信号处理系统是不能被数字信号处理系统所取代的。例如，各类电子设备为抑制电磁干扰用到的电源滤波器和信号滤波器、电力电子技术以及高压直流输电技术中用到的一些谐波滤波器等。这些具有功率和绝缘要求的模拟滤波器主要用于抑制电压和电流中不需要的频率成分，为电压和电流中需要的频率成分提供电气通道。因此，连续时间信号处理系统仍在很大范围内发挥着重要作用。

目前，无论是数字信号处理方法，还是数字信号处理技术（指 DSP 芯片），都在迅速发展，新方法和新技术层出不穷。可以说，数字信号处理已经成为当前发展最活跃的学科之一，并广泛地应用于电力、广播、电视、媒体、信息、通信、雷达、航空、航天、海洋、地质、生物、医学、遥感、遥测、控制、交通等各个工业领域。在电气工程领域，主要应用有电力系统的谐波检测与分析、继电保护与控制设备的数字滤波、电气设备故障信号或各类电磁干扰信号的频谱分析与特征提取、自动控制系统的辨识与相关分析、各类自动化仪表的信号处理等。

本章要点回顾与基本要求

（1）本章重点介绍了连续时间系统的实现方法。一个连续时间系统只有当其频率响应特性满足信号无失真传输条件，即在限定的频带宽度内，幅频响应特性为常数、相频响应特性为负线性相位时，才能保证具有该频带宽度的连续时间信号无失真地通过该系统传输，这个频带宽度称为通带。模拟滤波器是对连续时间信号进行频域处理的一种连续时间系统，对通带内的有用信号可实现无失真传输，而对阻带内的无用信号可实现阻断隔离，从而达到频域滤波的目的。通常可以将模拟滤波器分为低通、高通、带通和带阻四种。模拟低通滤波器是模拟滤波器设计的基础，也是本书第九章无限冲激响应数字滤波器设计的基础。其他三种模拟滤波器的设计可以通过频带变换和元件变换的方法来实现。理想模拟低通滤波器是一种非因果系统，不能被物理实现，但通过对单位冲激响应和单位阶跃响应的分析，可以深化系统对信号延时、失真、因果以及吉布斯现象的认识。

（2）模拟低通滤波器的系统函数采用数学逼近方法获得。模拟低通滤波器的设计要求主要用幅频特性的频域容差图来描述。首先基于频域容差图，通过数学逼近构造模方函数；然后再将模方函数的角频率延拓为复频率，根据模方函数的零点和极点在复平面上的分布，并结合系统稳定性、因果性以及最小相位的要求，确定满足设计要求的系统函数。在实际中广泛采用巴特沃思函数和切比雪夫函数作为模方函数的逼近函数，对应的模拟滤波器分别称为巴特沃思型滤波器和切比雪夫型滤波器。巴特沃思型滤波器的系统函数的极点均匀地分布在复平面左半平面的一个圆上，其幅频特性无论在通带内还是在阻带内都是单调变化的。切比雪夫型滤波器的系统函数的极点按一定规律分布在复平面左半平面的一个椭圆上，其幅频特性在通带内是波动变化的，在阻带内是单调变化的。无论是巴特沃思型滤波器还是切比雪夫型滤波器，系统函数都是有理分式，分子均为常数，分母均是复频率的有理多项式。对于同样的设计要求，切比雪夫函数的阶数要低于巴特沃思函数的阶数。

（3）系统函数的具体实现形式不是惟一的，可以分为直接型、级联型和并联型三种基本结构。在直接型结构中，先将系统函数的有理分式按降幂排列，再用系统框图或信号流图的前向通路实现分子多项式，用反馈通路实现分母多项式。在级联结构中，先将系统函数分解为几个较简单的低阶子系统函数的乘积，再将各低阶子系统的系统框图或信号流图级联在一起。在并联型结构中，先将系统函数按极点进行部分分式展开，分解为几个较简单的低阶子系统函数的和，再将各低阶子系统的系统框图或信号流图并联在一起。对于直接型结构而言，当调整系统的某个参数时，系统函数的所有零点和极点都可能发生变化，不利于系统特性的调整。与直接型结构相比，级联型和并联型结构的调整要方便得多，例如，对级联型结构而言，当调整一个子系统的某个参数时，只改变该子系统的零点或极点，而对其他子系统没有影响。

（4）电路是对电信号进行处理和传输的连续时间系统。将系统函数进行电路实现的过程称为网络综合。仅用电感元件和电容元件实现的模拟滤波器称为无源 LC 模拟滤波器，它是应用最广泛的模拟滤波器。模拟滤波器是一个二端口网络，如果在其输出端连接负载，便成为一个二端网络（又称为单端口网络）。可以用输入阻抗函数或输入导纳函数描述二端网络。考尔型电路和福斯特型电路是二端网络中最简单的两种电路结构。考尔型电路又分为考尔Ⅰ型电路和考尔Ⅱ型电路，对输入阻抗函数或输入导纳函数的有理分式进行连分式展开，就可以确定其电路结构以及电感元件和电容元件的参数。福斯特型电路也分为福斯特Ⅰ型电路和福斯特Ⅱ型电路，将阻抗函数或导纳函数的极点进行部分分式展开，就可以确定其电路结构以及电感元件和电容元件的参数。模拟滤波器的电路实现过程是，先将该模拟滤波器的系统函数借助于反射系数转换为二端网络的输入阻抗函数或输入导纳函数，然后再通过考尔型电路或福斯特型电路进行电路实现。频带变换与元件变换可以分别将模拟低通滤波器的系统函数与电路变换为模拟高通、带通、带阻滤波器的系统函数与电路，从而简化了模拟高通、带通、带阻滤波器的设计和电路实现问题。

（5）连续时间信号的数字处理又称为计算机处理。其核心是先通过 A/D 变换器将连续时间信号转换为离散时间信号，再通过数字计算实现滤波，最后通过 D/A 变换器将处理好的离散时间信号转换为需要的连续时间信号。数字计算既可以用软件方法实现，也可以用硬件方法实现。数字信号处理器是一种可实现数字计算的通用计算机芯片，它提供了一种软件和硬件相结合的数字计算实现途径。与连续时间信号的模拟处理方法相比，数字处理方法具有精度高、灵活性好、抗干扰能力强、稳定可靠、便于大规模集成和可实现高复杂度操作等优点，是信号分析与处理的发展方向。在电气工程中，模拟滤波器主要应用于对电功率和绝缘有一定要求的电压信号、电流信号以及高电压、大电流的滤波处理。

（6）本章基本要求：①掌握理想模拟低通滤波器的单位冲激响应，了解系统的延时、失真、因果等概念；②掌握信号无失真传输条件；③掌握模拟滤波器的分类方法，了解模拟低通滤波器模方函数的逼近方法和系统函数的构造方法；④了解巴特沃思型滤波器和切比雪夫型滤波器的设计方法及其特点；⑤掌握系统函数实现的三种基本结构及其特点，会用系统框图或信号流图实现系统函数；⑥了解系统函数的电路实现方法，了解通过频带变换与元件变换由模拟低通滤波器设计模拟高通、带通、带阻滤波器的基本思路；⑦了解连续时间信号的数字处理过程及其特点。

习　题　三

3-1 已知一模拟滤波器的模方函数为

$$|H_a(j\Omega)|^2 = \frac{1}{\Omega^4 + \Omega^2 + 1}$$

试求该滤波器的系统函数 $H_a(s)$。

3-2 一个模拟低通滤波器的设计要求如图 3-39 所示。试确定巴特沃思型滤波器实现时的系统函数。

3-3 针对图 3-39 的设计要求，试确定切比雪夫型滤波器的系统函数。

3-4 试求图 3-40 所示电路的系统函数 $H(s) = \dfrac{U_2(s)}{U_1(s)}$，并画出其信号流图。

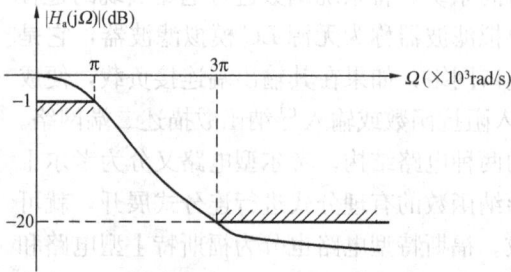

图 3-39　习题 3-2 图　　　　　　　　　　图 3-40　习题 3-4 图

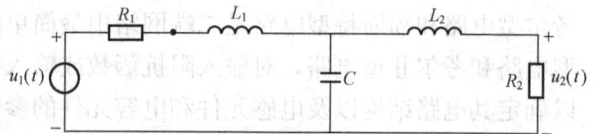

3-5 分别用直接型、级联型和并联型结构画出下列系统的信号流图。

(1) $H(s) = \dfrac{s-3}{s(s+1)(s+2)}$；

(2) $H(s) = \dfrac{2s-4}{(s^2-s+1)(s^2+2s+1)}$；

(3) $H(s) = \dfrac{s^2+4s+5}{(s+1)(s+2)(s+3)}$。

3-6 描述某线性时不变系统的微分方程为

$$\frac{d^3 y(t)}{dt^3} + 3\frac{d^2 y(t)}{dt^2} + \frac{dy(t)}{dt} + 2y(t) = \frac{d^2 x(t)}{dt^2} + 4x(t)$$

分别用直接型、级联型和并联型结构画出该系统的信号流图。

3-7 已知无源二端 LC 网络的输入阻抗为

$$Z_{in}(s) = \frac{(s^2+1)(s^2+9)}{s(s^2+4)(s^2+16)}$$

试用考尔 I 型或考尔 II 型梯形网络进行实现。

3-8 已知无源二端 LC 网络的阻抗函数为

$$Z_{ab}(s) = \frac{(s^2+1)(s^2+9)}{s(s^2+4)(s^2+16)}$$

试分别用福斯特Ⅰ型和福斯特Ⅱ型电路进行实现。

　3-9　试用福斯特Ⅰ型电路实现图 3-30（a）对应的阻抗函数 $Z_{ab-a}(s)$。

　3-10　试用福斯特Ⅱ型电路实现图 3-31（b）对应的导纳函数 $Y_{ab-a}(s)$。

　3-11　已知一模拟滤波器的系统函数为

$$H_a(s) = \frac{H_0}{s^2 + 3s + 1}$$

用端接电阻的无源二端口 LC 网络实现电路。设信号源内阻为 $R_s = 1\Omega$，负载电阻 R_L 分别为 1、2、0.5Ω。

第二篇　离散时间信号分析与处理

第四章　离散时间信号与离散时间系统

　　本章对离散时间信号与离散时间系统的基本概念进行了阐述。首先讨论了离散时间信号的获取、表示和运算问题；其次讨论了离散时间系统的描述方法和线性时不变系统的性质；第三介绍了线性常系数差分方程的时域解法，并定义离散时间系统的零输入响应和零状态响应；第四讨论了离散时间系统的单位采样响应，并介绍了通过离散卷积求解线性时不变离散时间系统在任意激励下的零状态响应的方法；最后讨论了离散时间系统的稳定性和因果性。

第一节　连续时间信号的离散化

　　为了应用计算机处理连续时间信号，必须将连续时间信号进行离散，实际中可能存在两种情况。第一种情况是离线情况。此时，连续时间信号的数学表达式或其波形已知，有时也可能已知描述这个连续时间信号的若干离散点上的信号值。第二种情况是在线情况。此时，连续时间信号是实时的，在信号源源不断地进入信号处理系统的同时，该信号被实时处理。对于第一种情况，连续时间信号的离散化比较简单，只要按照满足一定要求的时间步长将其离散化即可。这时，既可以利用手工计算的方式也可以通过函数计算或插值计算的方式进行离散；对于第二种情况，连续时间信号的离散化主要是通过 A/D 变换器来完成的。下面主要对这种方式进行讨论。

一、A/D 变换

　　A/D 变换器是将模拟信号转换为数字信号的一种变换器，简称模数变换器。从数学上看，A/D 变换器主要由采样、量化和编码三个环节组成。A/D 变换器的输入值可以是其动态范围内的任意数值，例如，A/D 变换器的输入电压的动态范围为 [0，5] V。A/D 变换器的输出值则是位数确定的某个二进制状态，例如，八位 A/D 变换器。显然，每一个确定的二进制状态惟一地对应于一个实数，这种实数与二进制状态的对应关系称为编码。在实际中，有许多不同的编码方案，本书对此不做讨论。不难看出，无论采用什么样的编码方案，用位数确定的二进制状态只能表示有限个实数。这样，在 A/D 变换器的输入电压的动态范围内，仅有有限个实数可以被位数确定的二进制状态无误差地表示，而其他的实数只能近似地被表示。例如，一个八位 A/D 变换器的电压输入值的值域为 [0，5] V，那么，八位二进制数的量化步长 q 为

$$q = \frac{5}{2^8-1} = \frac{5}{256-1} = \frac{1}{51}\ (\mathrm{V})$$

所以，在值域为 [0，5] V 内的任何一个八位二进制数只能是量化步长 q 的整数倍（该整数小于

2^8）。把上述离散化过程称为量化过程，其量化过程产生的误差称为量化误差。显然，量化步长越小，量化误差也越小。对于一个 b 位 A/D 变换器，若用 x_{max} 和 x_{min} 分别表示 A/D 变换器输入的最大值和最小值，即 A/D 变换器的输入电压的动态范围为 $[x_{min}，x_{max}]$，其量化步长 q 为

$$q=\frac{x_{max}-x_{min}}{2^b-1} \tag{4-1}$$

式（4-1）表明，A/D 变换器的二进制位数越多，量化步长越小，量化误差也越小。

上面简要地介绍了 A/D 变换器的量化和编码概念。下面简要地介绍 A/D 变换器的采样过程。设 $x(t)$ 为待离散的连续时间信号，A/D 变换器的采样过程可以用图 4-1 表示。也就是将对连续时间信号的采样过程视为图 4-1(a) 所示的一个电子开关的开关过程。设电子开关的开关周期为 T_s，在一个周期内的闭合时间为 τ，且 $\tau \ll T_s$。这样，图 4-1(b) 所示的连续时间信号 $x(t)$ 就被转换为图 4-1(c) 所示的采样后的信号 $\tilde{x}(t)$。如果 τ 趋于零，且在模拟信号与数字信号的转换过程中忽略量化误差，便可以获得图 4-2 所示的离散时间信号 $x(nT_s)$，即

$$x(nT_s)=\tilde{x}(t)\Big|_{t=nT_s} \quad (-\infty<n<+\infty)$$

式中：n 取整数，为时间序号；T_s 为采样周期，也称为采样时间。

定义 $f_s=\dfrac{1}{T_s}$；$\Omega_s=2\pi f_s=\dfrac{2\pi}{T_s}$。称 f_s 为采样频率，Ω_s 为采样角频率。

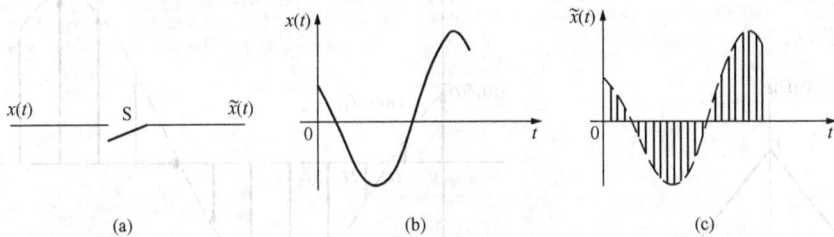

图 4-1 采样过程

(a) 采样开关；(b) 连续时间信号；(c) 采样后的信号

与连续时间信号不同的是，离散时间信号不是时间 t 的函数，而是以 n 为时间序号并以采样周期 T_s 为时间间隔的时间序列。在实际中，A/D 变换器的采样周期 T_s 一般选为常数，即均匀采样或等时间步长采样。因此，本书为书写方便，将离散时间信号 $x(nT_s)$ 中的 T_s 省略（也可以理解为取 $T_s=1s$），即将 $x(nT_s)$ 表示为

$$x(n)=x(nT_s)=x(t)\Big|_{t=nT_s} \quad (-\infty<n<+\infty) \tag{4-2}$$

由于离散时间信号在数学上就是时间序列，因此，本书对离散时间信号和离散时间序列不再区别，将两者等同为一个概念。

如果考虑采样过程的量化影响，由上面的讨论可知，式（4-2）的离散时间信号 $x(n)$ 在时间上是离散的，它仅在采样周期 T_s 的整数倍处有定义；同时，离散时间信号 $x(n)$ 在数值上也是离散的，它的取值为量化步长的整数倍。然而，为讨论方便，

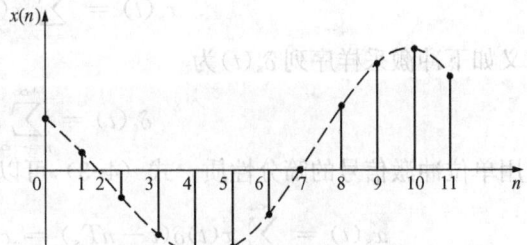

图 4-2 离散时间信号

本书假设对 $x(t)$ 的采样具有无限的精度，即认为量化误差为零。

除可以用图 4-2 线图和式（4-2）表达式描述离散时间信号 $x(n)$ 外，离散时间信号 $x(n)$ 也可以用按时间序号的先后顺序排列的一组离散数据来描述，例如

$$x(n) = \{\cdots, 1.3, 2.5, 3.3, 1.9, 0.0, 4.1, \cdots\}$$

当然，在这种表示方法中，应该给出 $n=0$ 的数据位置。

二、冲激采样信号的频谱

一个连续时间信号 $x(t)$ 经过 A/D 变换器后被离散成为离散时间信号 $x(n)$。可以看出，采样周期 T_s 越短，$x(t)$ 在被离散过程中丢失的"内容"越少；反之，采样周期 T_s 越长，$x(t)$ 在被离散过程中丢失的"内容"越多。那么，采样周期 T_s 到底取多少最合适呢？采样周期 T_s 与被离散的连续时间信号 $x(t)$ 有什么样的关系呢？为了回答这些问题，需要做深入的频域分析。

设图 4-1（b）所示的连续时间信号 $x(t)$ 是带限信号，其角频率宽度为 Ω_c，即其频谱占据的角频率范围为 $-\Omega_c \sim \Omega_c$。图 4-3 画出了带限信号 $x(t)$ 的频谱示意图。为了研究上述问题，基于对 $x(t)$ 采样获得的图 4-2 所示离散时间信号 $x(n)$，定义图 4-4 所示的冲激采样信号为 $x_s(t)$。

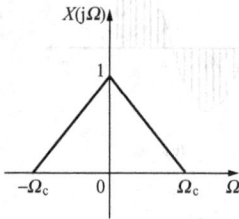

图 4-3　带限信号的频谱示意图

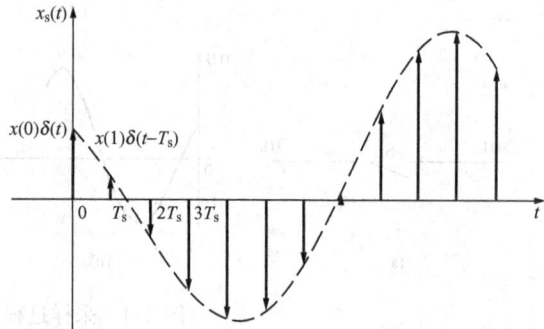

图 4-4　冲激采样信号

对比图 4-2 和图 4-4 可以看出，$x(n)$ 和 $x_s(t)$ 所表示的内容是一致的，所不同的是 $x(n)$ 为离散时间信号，而 $x_s(t)$ 是由单位冲激信号 $\delta(t)$ 构成的冲激采样信号。从图 4-4 可以看出，$x_s(t)$ 可以被表达如下

$$x_s(t) = x(0)\delta(t) + x(1)\delta(t-T_s) + x(2)\delta(t-2T_s) + \cdots$$

将上式写为一般形式，有

$$x_s(t) = \sum_{n=-\infty}^{+\infty} x(n)\delta(t-nT_s) \tag{4-3}$$

定义如下冲激采样序列 $\delta_s(t)$ 为

$$\delta_s(t) = \sum_{n=-\infty}^{+\infty} \delta(t-nT_s) \tag{4-4}$$

利用单位冲激信号的筛分性质，式（4-3）可以改写为

$$x_s(t) = \sum_{n=-\infty}^{+\infty} x(t)\delta(t-nT_s) = x(t)\sum_{n=-\infty}^{+\infty} \delta(t-nT_s) = x(t)\delta_s(t)$$

由此表明，式（4-3）表达的冲激采样信号 $x_s(t)$ 可以表示为连续时间信号 $x(t)$ 与冲激采样

序列 $\delta_\mathrm{s}(t)$ 的乘积，即

$$x_\mathrm{s}(t)=x(t)\delta_\mathrm{s}(t) \tag{4-5}$$

从式（4-4）给出的定义可以看出，冲激采样序列 $\delta_\mathrm{s}(t)$ 是一个周期为 T_s 的周期函数，将 $\delta_\mathrm{s}(t)$ 做傅里叶级数展开，由式（1-35），得

$$\delta_\mathrm{s}(t)=\sum_{k=-\infty}^{+\infty}F_k\mathrm{e}^{jk\Omega_\mathrm{s}t} \tag{4-6}$$

式中：

$$\Omega_\mathrm{s}=\frac{2\pi}{T_\mathrm{s}}$$

利用式（1-38）得

$$F_k=\frac{1}{T_\mathrm{s}}\int_{-\frac{T_\mathrm{s}}{2}}^{\frac{T_\mathrm{s}}{2}}\delta_\mathrm{s}(t)\mathrm{e}^{-jk\Omega_\mathrm{s}t}\mathrm{d}t=\frac{1}{T_\mathrm{s}}$$

代入式（4-6）得

$$\delta_\mathrm{s}(t)=\frac{1}{T_\mathrm{s}}\sum_{k=-\infty}^{+\infty}\mathrm{e}^{jk\Omega_\mathrm{s}t} \tag{4-7}$$

将式（4-7）代入式（4-5），得

$$x_\mathrm{s}(t)=\frac{1}{T_\mathrm{s}}\sum_{k=-\infty}^{+\infty}x(t)\mathrm{e}^{jk\Omega_\mathrm{s}t} \tag{4-8}$$

对其做傅里叶变换，得

$$\begin{aligned}X_\mathrm{s}(\mathrm{j}\Omega)&=\frac{1}{T_\mathrm{s}}\sum_{k=-\infty}^{+\infty}\int_{-\infty}^{+\infty}x(t)\mathrm{e}^{jk\Omega_\mathrm{s}t}\mathrm{e}^{-j\Omega t}\mathrm{d}t\\&=\frac{1}{T_\mathrm{s}}\sum_{k=-\infty}^{+\infty}\int_{-\infty}^{+\infty}x(t)\mathrm{e}^{-j(\Omega-k\Omega_\mathrm{s})t}\mathrm{d}t\\&=\frac{1}{T_\mathrm{s}}\sum_{k=-\infty}^{+\infty}X[\mathrm{j}(\Omega-k\Omega_\mathrm{s})] \end{aligned} \tag{4-9}$$

式（4-9）表明，冲激采样信号 $x_\mathrm{s}(t)$ 的频谱是将原连续时间信号 $x(t)$ 的频谱的幅度缩小 T_s 倍，并沿角频率轴每隔采样角频率 Ω_s 重复出现一次，或者说将原连续时间信号 $x(t)$ 的频谱的幅度缩小 T_s 倍并以采样角频率 Ω_s 为角频率周期进行周期延拓而得。

为进一步说明冲激采样信号 $x_\mathrm{s}(t)$ 的频谱 $X_\mathrm{s}(\mathrm{j}\Omega)$ 的特征，将式（4-9）分别用图 4-5（a）、（b）、（c）来表示。在图 4-5 中，分别画出了 $\Omega_\mathrm{s}>2\Omega_\mathrm{c}$、$\Omega_\mathrm{s}=2\Omega_\mathrm{c}$ 和 $\Omega_\mathrm{s}<2\Omega_\mathrm{c}$ 三种情况下冲激采样信号 $x_\mathrm{s}(t)$ 的频谱示意图。不难看出，当 $\Omega_\mathrm{s}\geqslant2\Omega_\mathrm{c}$ 时，图 4-3 所示的被采样的带限信号 $x(t)$ 的频谱与其他周期延拓形成的频谱不重叠；否则，当 $\Omega_\mathrm{s}<2\Omega_\mathrm{c}$ 时，图 4-3 所示的被采样的带限信号 $x(t)$ 的频谱与其他周期延拓形成的频谱发生混叠，如图 4-5（c）所示。这种现象称为频谱混叠现象。因此，采样角频率满足 $\Omega_\mathrm{s}\geqslant2\Omega_\mathrm{c}$ 是保证冲激采样信号 $x_\mathrm{s}(t)$ 频谱不发生频谱混叠的必要条件。

三、冲激采样信号的恢复

从图 4-5 所示冲激采样信号的频谱示意图可以看出，尽管图 4-5 中的频谱与图 4-3 所示被采样的带限连续时间信号的频谱不同，但是，在图 4-5（a）和图 4-5（b）中包含了图 4-3 所示频谱的全部信息。也就是说，图 4-3 所示的带限连续时间信号的全部内容可以从图 4-5（a）和图 4-5（b）所示的冲激采样信号的频谱中提取出来。例如，只要将图 4-5（a）和图

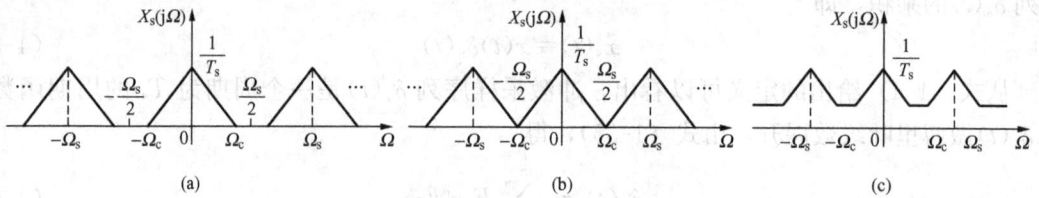

图 4-5 冲激采样信号 $x_s(t)$ 的频谱示意图

(a) $\Omega_s > 2\Omega_c$；(b) $\Omega_s = 2\Omega_c$；(c) $\Omega_s < 2\Omega_c$

4-5（b）所示频谱的 $-\dfrac{\Omega_s}{2} \sim \dfrac{\Omega_s}{2}$ 部分取出并放大 T_s 倍，便可获得图 4-3 所示的频谱。但是，对于图 4-5（c）而言，即不满足 $\Omega_s \geqslant 2\Omega_c$ 时，由于出现了频谱混叠，因此图 4-3 所示频谱不能从图 4-5（c）中恢复。上述内容可以归结为如下采样定理。

采样定理：带限连续时间信号 $x(t)$，如果其频谱只占据 $-\Omega_c \sim \Omega_c$ 的频率范围，且采样角频率 $\Omega_s \geqslant 2\Omega_c$，那么，信号 $x(t)$ 可以惟一地从其采样获得的离散时间信号 $x(n)$ 中恢复。

采样定理又称为奈奎斯特（Nyquist）定理，满足 $\Omega_s \geqslant 2\Omega_c$ 的采样角频率又称为奈奎斯特角频率。采样定理是数字信号处理的十分重要的一个定理，它不仅表示了冲激采样信号 $x_s(t)$ 的频谱与被采样的带限连续时间信号 $x(t)$ 的频谱之间的关系，还给出了被采样的带限连续时间信号 $x(t)$ 由采样获得的离散时间信号 $x(n)$ 不失真恢复的必要条件。

现在讨论如何利用冲激采样信号 $x_s(t)$ 恢复被采样的带限连续时间信号 $x(t)$ 的问题。图 4-6 给出了恢复过程示意图，即让冲激采样信号 $x_s(t)$ 通过一个增益为 T_s、带宽为 $\dfrac{\Omega_s}{2}$ 的理想低通滤波器，且设该理想低通滤波器的频率特性 $H(j\Omega)$ 如图 4-6（b）所示。显然，满足采样定理的冲激采样信号 $x_s(t)$ 经过图 4-6（b）所示的理想低通滤波器后的频谱 $Y(j\Omega)$ 如图 4-6（c）所示，即

$$Y(j\Omega) = X_s(j\Omega)H(j\Omega) = X(j\Omega) \tag{4-10}$$

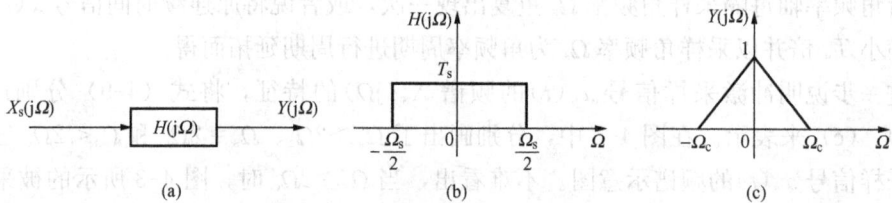

图 4-6 带限连续时间信号的恢复

(a) 理想低通滤波器；(b) 理想低通滤波器的频率特性；(c) 理想低通滤波器的输出频谱示意图

由图 4-6（b）和式（1-48）的傅里叶反变换，得该理想低通滤波器的单位冲激响应 $h(t)$ 为

$$h(t) = \frac{1}{2\pi} \int_{-\infty}^{+\infty} H(j\Omega) e^{j\Omega t} \, d\Omega$$

$$= \frac{T_s}{2\pi} \int_{-\frac{\Omega_s}{2}}^{\frac{\Omega_s}{2}} e^{j\Omega t} \, d\Omega$$

$$= \frac{1}{\Omega_s j t}(e^{j\frac{\Omega_s}{2}t} - e^{-j\frac{\Omega_s}{2}t})$$

$$= \frac{\sin\frac{\Omega_s t}{2}}{\frac{\Omega_s t}{2}} = \mathrm{Sa}\left(\frac{\Omega_s t}{2}\right)$$

将其重写为

$$h(t) = \mathrm{Sa}\left(\frac{\pi}{T_s}t\right) \tag{4-11}$$

由式（2-29）的卷积定理，式（4-10）的傅里叶反变换为

$$y(t) = x(t)$$

$$= x_s(t) * h(t)$$

$$= \int_{-\infty}^{+\infty} x_s(\tau)h(t-\tau)\mathrm{d}\tau$$

$$= \int_{-\infty}^{+\infty}\left[\sum_{n=-\infty}^{+\infty} x(n)\delta(\tau-nT_s)\right]h(t-\tau)\mathrm{d}\tau$$

$$= \sum_{n=-\infty}^{+\infty} x(n)\int_{-\infty}^{+\infty} h(t-\tau)\delta(\tau-nT_s)\mathrm{d}\tau$$

$$= \sum_{n=-\infty}^{+\infty} x(n)h(t-nT_s)$$

$$= \sum_{n=-\infty}^{+\infty} x(n)\mathrm{Sa}\left[\frac{\pi}{T_s}(t-nT_s)\right]$$

被恢复的带限连续时间信号 $x(t)$ 为

$$x(t) = \sum_{n=-\infty}^{+\infty} x(nT_s)\mathrm{Sa}\left[\frac{\pi}{T_s}(t-nT_s)\right] \tag{4-12}$$

由式（4-12）可以看出，带限连续时间信号 $x(t)$ 可以被它的采样值 $x(nT_s)$ 和式（1-12）采样信号的乘积的线性组合来表达。由式（1-12）的采样信号 $\mathrm{Sa}(t)$ 的性质可知

$$\mathrm{Sa}\left[\frac{\pi}{T_s}(t-nT_s)\right] = \begin{cases} 1, & t=nT_s \\ 0, & t=mT_s \ (m\neq n) \end{cases}$$

因此，式（4-12）说明，当 $t=nT_s$ 时，被恢复的带限连续时间信号 $x(t)$ 就等于采样值 $x(nT_s)$，而在采样点之间，$x(t)$ 则是各采样值 $x(nT_s)$ 乘以其相应采样信号 $\mathrm{Sa}\left[\frac{\pi}{T_s}(t-nT_s)\right]$ 后进行波形移位叠加而成。图 4-7 画出了这种波形移位的叠加情况。在数学上，式（4-12）称为对 $x(t)$ 的内插公式，采样信号 $\mathrm{Sa}(t)$ 称为内插函数。式（4-12）这种用理想低通滤波器恢复的带限连续时间信号完全等于被采样的原连续时间信号，这是一种数学上的无失真恢复。

需要说明的是，在上述讨论中，低通滤波器的频率特性假定是理想的，这在物理上是无法实现的。观察式（4-11）就可以得出这一结论。由式（4-11），理想低通滤波器的单位冲激响应 $h(t)$ 不满足式（2-25）给出的因果系统的充分和必要条件，即当 $t<0$ 时，式（4-11）中的 $h(t)\neq 0$。这说明上述理想低通滤波器是非因果的。在实际中，可以利用 D/A 变换器实

现离散时间信号的恢复。

四、D/A 变换

与 A/D 变换器的功能相反，D/A 变换器主要由解码器、保持器和平滑滤波器三个环节组成。解码器的作用是将二进制状态的离散时间信号转换为该离散时间信号对应的电压值；然后，通过保持器对这个离散时间信号值对应的电压值保持一个采样周期，将离散时间信号转换为阶梯形时间信号；最后通过平滑滤波器滤除阶梯形时间信号中多余的高频分量，从而获得连续时间信号。在一般的 D/A 变换器中，保持器一般为零阶保持器，即在后一个离散时间信号值到来之前，它一直保持前一个离散时间信号值不变，当后一个离散时间信号值到来时，再更新为后一个离散时间信号的值并进行保持。图 4-8 详细说明了上述 D/A 变换器的工作原理。

从图 4-8 可以看出，虽然具有零阶保持器的 D/A 变换器在恢复连续时间信号时有些失真，但是这种 D/A 变换器简单，易于实现。在要求不是很高的情况下，这种具有零阶保持器的 D/A 变换器被广泛采用。在实际中，除零阶保持器外，还有一阶保持器或更高阶的保持器等。但是，这些 D/A 变换器的复杂度也有所增加，有兴趣的读者可参考有关文献或书籍，本书不再做进一步的讨论。

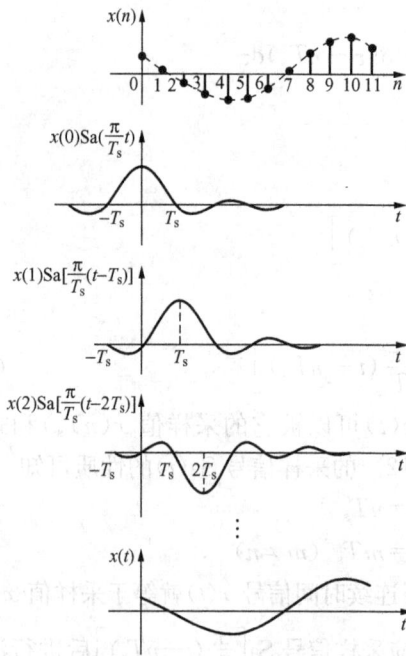

图 4-7　被恢复的带限连续
时间信号波形移位的叠加情况

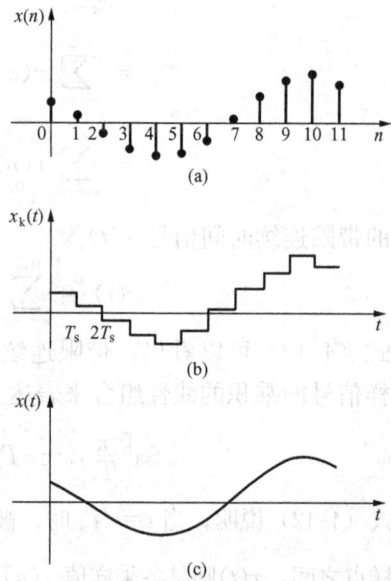

图 4-8　D/A 变换器的工作原理
(a)离散时间信号；(b)零阶保持；(c)平滑滤波

第二节　离散时间信号

通过连续时间信号的离散化讨论，我们对离散时间信号 $x(n)$ 有了一定的认识。离散时间

信号 $x(n)$ 就是一个离散时间序列，n 表示离散时间序列中各个样值的离散时间序号。n 只能取整数，并与离散时间 nT_s 一一对应。离散时间信号 $x(n)$ 随 n 的变化规律可以用表达式、线图和离散样值集合来表示。当用线图表示时，线图中线段的长短表示序列中 $x(n)$ 各个样值的大小，并加注圆点"·"标记。在本书中又将离散时间信号称为离散时间序列。

一、信号的运算

与连续时间信号处理类似，在离散时间信号处理中，也需要对离散时间信号进行运算。这些运算可以分为三类：一类是对序列的时间序号 n 进行的；另一类是对序列的样值进行的；第三类是对序列的求和运算，例如本章第五节介绍的离散卷积和。

(1) 时间序号的运算。对序列时间序号的运算主要有移位、翻转和尺度三种运算。

将序列 $x(n)$ 的时间序号 n 置换为 $n-n_0$ 形成的序列 $x(n-n_0)$ 的运算称为移位运算。当 n_0 为大于零的整数时，序列 $x(n-n_0)$ 是将原序列 $x(n)$ 在 n 轴上整体右移 n_0 位后形成的序列；反之，当 n_0 为小于零的整数时，序列 $x(n-n_0)$ 是将原序列 $x(n)$ 在 n 轴上整体左移 $|n_0|$ 位后形成的序列。

将序列 $x(n)$ 的时间序号 n 置换为 $-n$ 形成的序列 $x(-n)$ 的运算称为翻转运算。翻转后的序列 $x(-n)$ 的线图就是把原序列 $x(n)$ 的线图以 $n=0$ 为对称轴反折过来后的线图。

将序列 $x(n)$ 的时间序号 n 乘以正整数 M 或除以正整数 N 形成的序列的运算称为尺度运算。序列 $x(Mn)$ 是通过取序列 $x(n)$ 的每第 M 个样值形成的，而序列 $x\left(\dfrac{n}{N}\right)$ 定义如下

$$x\left(\frac{n}{N}\right)=\begin{cases} x\left(\dfrac{n}{N}\right), & n=0,\ \pm N,\ \pm 2N,\ \cdots \\ 0, & n \text{ 取其他整数} \end{cases} \tag{4-13}$$

时间序号的移位、翻转和尺度运算的例子如图 4-9 所示。需要注意的是，时间序号的这些运算与运算次序密切相关。例如，对序列 $x(n)$ 先做移位运算，得 $x(n-n_0)$，再做翻转运算得 $x(-n-n_0)$；如果将运算次序对调，最后得到 $x(-n+n_0)$。显然序列 $x(-n-n_0)$ 不同于序列 $x(-n+n_0)$。

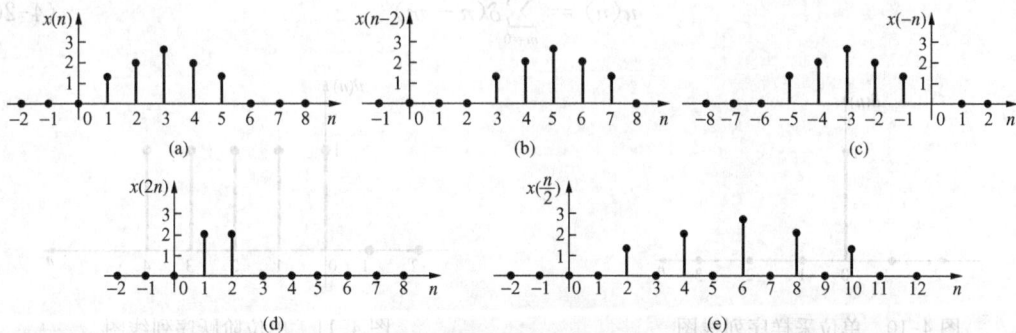

图 4-9　时间序号的移位、翻转和尺度运算

(a) 原序列；(b) $n_0=2$ 的位移；(c) 翻转；(d) 尺度 $(M=2)$；(e) 尺度 $(N=2)$

(2) 序列样值的运算。对序列样值的运算主要有加法、乘法和标度三种运算。

将序列 $x_1(n)$ 和序列 $x_2(n)$ 在相同时间序号的样值对应相加定义为序列的加法运算，即

$$x(n) = x_1(n) + x_2(n) \tag{4-14}$$

将序列 $x_1(n)$ 和序列 $x_2(n)$ 在相同时间序号的样值对应相乘定义为序列的乘法运算,即

$$x(n) = x_1(n)x_2(n) \tag{4-15}$$

两个序列乘法运算的一个特例是标度运算,即让 $x_1(n)=a$(实常数),式(4-15)变为

$$x(n) = ax_2(n) \tag{4-16}$$

可见序列的标度运算就是将原序列在幅值上整体进行放大或缩小的一种运算。

二、常用典型序列

尽管实际中的离散时间信号大多是复杂的时间序列,甚至不能被数学表达式直接表达。但是,可以间接地用一些简单而重要的常用典型序列的线性组合来表示或描述这些复杂的离散时间信号。下面介绍这些常用的典型序列。

(1)单位采样序列 $\delta(n)$。其定义式为

$$\delta(n) = \begin{cases} 1, n = 0 \\ 0, n \neq 0 \end{cases} \tag{4-17}$$

从式(4-17)的定义式中可以看出,该序列仅在 $n=0$ 时取值为1,n 为其他整数时取值均为0。从本书后面的讨论可以看出,单位采样序列 $\delta(n)$ 在离散时间系统中的作用类似于连续时间系统中的单位冲激函数 $\delta(t)$。但是,不同于 $\delta(t)$ 的是,$\delta(n)$ 在 $n=0$ 时取值为1而不是无限大。图 4-10 画出了单位采样序列 $\delta(n)$ 的线图。

(2)单位阶跃序列 $u(n)$。其定义式为

$$u(n) = \begin{cases} 1, n \geqslant 0 \\ 0, n < 0 \end{cases} \tag{4-18}$$

从式(4-18)的定义式中可以看出,当 $n \geqslant 0$ 时取值为1,当 $n<0$ 时取值为0。单位阶跃序列 $u(n)$ 类似于连续时间系统中的单位阶跃函数 $u(t)$。图 4-11 画出了单位阶跃序列 $u(n)$ 的线图。对比图 4-10 和图 4-11,可以得出如下关系

$$\delta(n) = u(n) - u(n-1) \tag{4-19}$$

$$u(n) = \sum_{m=0}^{+\infty} \delta(n-m) \tag{4-20}$$

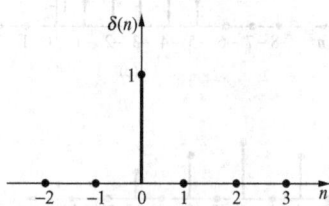

图 4-10   单位采样序列线图

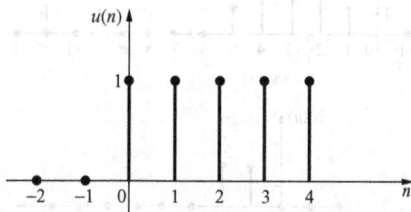

图 4-11   单位阶跃序列线图

在式(4-20)中令 $l=n-m$,得

$$u(n) = \sum_{l=-\infty}^{n} \delta(l) \tag{4-21}$$

(3)矩形序列 $R_N(n)$。其定义式为

$$R_N(n) = \begin{cases} 1, 0 \leqslant n \leqslant N-1 \\ 0, n < 0, n \geqslant N \end{cases} \tag{4-22}$$

从式（4-22）的定义式中可以看出，在 $n=0$ 到 $n=N-1$ 范围内有 N 个点的取值为 1，其余各点的取值为 0。N 称为矩形序列 $R_N(n)$ 的长度。图 4-12 画出了矩形序列 $R_4(n)$ 的线图。由式（4-22）的定义，不难得出

$$R_N(n) = u(n) - u(n-N) \tag{4-23}$$

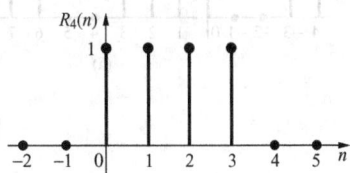

图 4-12　矩形序列

（4）指数序列。其定义式为

$$x(n) = a^n u(n) \tag{4-24}$$

式中，a 为实数。如果 $|a| < 1$，$x(n)$ 随着 n 的增加而减小，称序列 $x(n)$ 收敛；反之，如果 $|a| > 1$，$x(n)$ 随着 n 的增加而增加，称序列 $x(n)$ 发散。图 4-13 分别画出了 a 的四种不同取值时的指数序列线图。

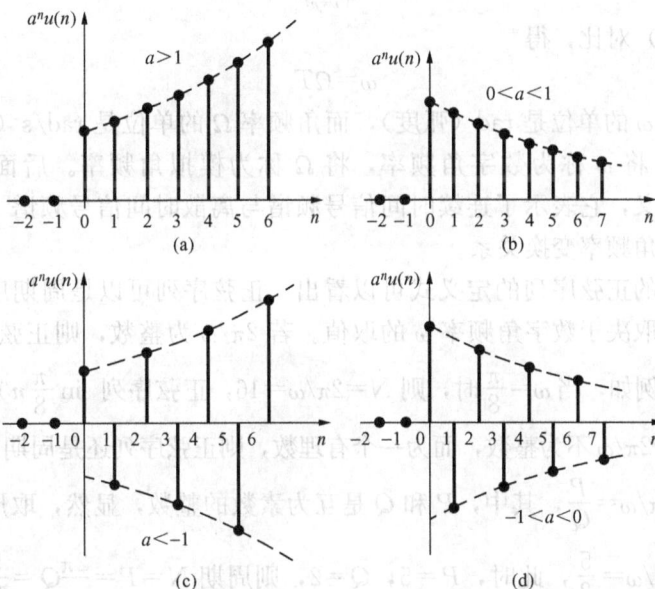

图 4-13　a 的四种不同取值时的指数序列线图
(a) $a>1$；(b) $0<a<1$；(c) $a<-1$；(d) $-1<a<0$

（5）周期序列 $x_p(n)$。如果对于所有的 n 存在一个最小的正整数 N，使下面的等式成立，即

$$x_p(n) = x_p(n+rN) \tag{4-25}$$

称序列 $x_p(n)$ 为周期序列。式（4-25）中，N 为序列 $x_p(n)$ 重复出现的最小正整数，称为周期；r 为任意整数。通常，通过对序列标注下标 p 的方式表示周期序列，即 $x_p(n)$。在实际中，存在很多的周期序列，图 4-14 画出了两种不同的周期序列。可以看出，图 4-14（a）所示周期序列的周期 $N=6$，而图 4-14（b）所示周期序列的周期 $N=4$。周期序列是一种重要的序列，在数字信号处理中占有重要地位。

（6）正弦序列。其定义式为

$$x(n) = \sin\omega n \tag{4-26}$$

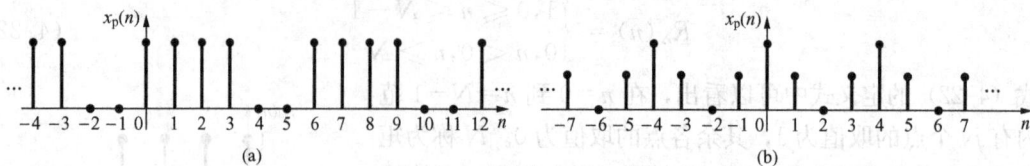

图 4-14　两种不同周期序列线图

(a) $N=6$；(b) $N=4$

式中：ω 为正弦序列的数字角频率，它反映了序列样值依次周期性重复的速率，也表示了相邻两个序列样值之间的弧度数。

特别需要注意的是，数字角频率 ω 与连续时间正弦函数 $\sin\Omega t$ 的角频率 Ω 不同。为了说明这个区别，假定式（4-26）的正弦序列 $x(n)$ 是对连续时间正弦函数 $\sin\Omega t$ 采样获得的，即

$$x(n) = \sin\Omega t \Big|_{t=nT_s} = \sin\Omega T_s n$$

将上式与式（4-26）对比，得

$$\omega = \Omega T_s \qquad (4\text{-}27)$$

可见，数字角频率 ω 的单位是 rad（弧度），而角频率 Ω 的单位是 rad/s（弧度/秒）。今后，为了区别 ω 和 Ω，将 ω 称为数字角频率，将 Ω 称为模拟角频率。后面，我们将看到式（4-27）具有确定意义，它表示了连续时间信号频谱与离散时间信号频谱（详见本书第五章有关内容）的一种角频率变换关系。

从式（4-26）的正弦序列的定义式可以看出，正弦序列可以是周期序列，也可以是非周期序列，这主要取决于数字角频率 ω 的取值。若 $2\pi/\omega$ 为整数，则正弦序列是周期序列，其周期 $N=2\pi/\omega$。例如，当 $\omega=\dfrac{\pi}{8}$ 时，则 $N=2\pi/\omega=16$，正弦序列 $\sin\dfrac{\pi}{8}n$ 就是一个周期 $N=16$ 的周期序列；若 $2\pi/\omega$ 不为整数，而为一个有理数，则正弦序列还是周期序列，只是周期 N 要大于 $2\pi/\omega$。设 $2\pi/\omega=\dfrac{P}{Q}$，其中，P 和 Q 是互为素数的整数，显然，取周期 $N=P=\dfrac{2\pi}{\omega}Q$。例如，$\omega=\dfrac{4}{5}\pi$，$2\pi/\omega=\dfrac{5}{2}$，此时，$P=5$，$Q=2$，则周期 $N=P=\dfrac{2\pi}{\omega}Q=\dfrac{5}{2}\times2=5$，即正弦序列 $\sin\dfrac{4}{5}\pi n$ 是一个周期 $N=5$ 的周期序列；若 $2\pi/\omega$ 既不为整数也不为有理数，则正弦序列就不是周期序列。无论正弦序列是否为周期序列，都称 ω 为它的数字角频率。图 4-15 画出了正弦序列 $\sin0.25\pi n$ 的线图。与正弦序列相对应的还有余弦序列，即

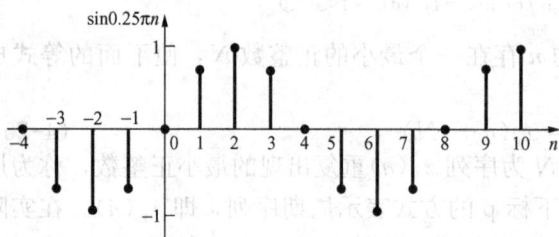

图 4-15　正弦序列 $\sin0.25\pi n$ 线图

$$x(n) = \cos\omega n \qquad (4\text{-}28)$$

（7）复指数序列。定义序列样值取复数的序列为复序列。显然，复序列的实部和虚部分别为两个实序列。最常见的复指数序列为

$$x(n) = \mathrm{e}^{\mathrm{j}\omega n} = \cos\omega n + \mathrm{j}\sin\omega n \qquad (4\text{-}29)$$

由于时间序号 n 取整数，$e^{j\omega n}$ 具有如下周期性质

$$e^{j(\omega+2\pi m)n}=e^{j\omega n} \qquad (m=0,\ \pm1,\ \pm2,\ \cdots) \tag{4-30}$$

这表明序列 $e^{j\omega n}$ 具有以 2π 为周期的周期性质。正是式（4-30）的周期性质决定了只研究离散时间信号频谱的一个周期就足够了。

（8）对称序列。对于一个实序列 $x(n)$，如果对于所有的时间序号 n，均有

$$x(n)=x(-n) \tag{4-31}$$

则称 $x(n)$ 为偶对称序列，记为 $x_e(n)$。如果对于所有的时间序号 n，均有

$$x(n)=-x(-n) \tag{4-32}$$

则称 $x(n)$ 为奇对称序列，记为 $x_o(n)$。不难证明，任何一个实序列 $x(n)$ 都可以被分解为一个偶对称序列 $x_e(n)$ 和一个奇对称序列 $x_o(n)$ 之和，即

$$x(n)=x_e(n)+x_o(n) \tag{4-33}$$

事实上，利用式（4-31）和式（4-32）的定义，将式（4-33）中的 n 置换为 $-n$，有

$$x(-n)=x_e(n)-x_o(n)$$

与式（4-33）联立求解，得

$$x_e(n)=\frac{1}{2}[x(n)+x(-n)] \tag{4-34}$$

$$x_o(n)=\frac{1}{2}[x(n)-x(-n)] \tag{4-35}$$

对于复序列，有如下定义。如果对于所有的时间序号 n，均有

$$x(n)=x^*(-n) \tag{4-36}$$

则称 $x(n)$ 为共轭对称序列。如果对于所有的时间序号 n，均有

$$x(n)=-x^*(-n) \tag{4-37}$$

则称 $x(n)$ 为共轭反对称序列。可以证明，任何一个复序列都可以分解为一个共轭对称序列与一个共轭反对称序列之和，读者不妨作为练习给予证明。

除了上述常用典型序列外，序列还可以分为有限长序列、右边序列、左边序列和双边序列四种形式。有限长序列是指时间序号只在有限的区间 $(n_1 \leqslant n \leqslant n_2)$ 具有非零样值，而在该区间以外均取零值的序列；右边序列是指有始无终的序列，即当 $n<n_1$ 时，$x(n)=0$ 的序列；左边序列是指无始有终的序列，即当 $n>n_2$ 时，$x(n)=0$ 的序列；双边序列是指时间序号 n 从 $-\infty$ 延伸到 $+\infty$ 的序列，显然，一个双边序列可以分解为一个左边序列与一个右边序列之和的形式。

三、信号的分解

离散时间信号 $x(n)$ 除了可以按式（4-33）分解为一个偶对称序列 $x_e(n)$ 与一个奇对称序列 $x_o(n)$ 之和或分解为一个左边序列与一个右边序列之和外，还可以借助于单位采样序列 $\delta(n)$ 将其按加权、移位与求和的方式来分解，即

$$x(n)=\cdots+x(-1)\delta(n+1)+x(0)\delta(n)+x(1)\delta(n-1)+x(2)\delta(n-2)+\cdots$$

上式可以写成如下求和的形式

$$x(n) = \sum_{m=-\infty}^{+\infty} x(m)\delta(n-m) \tag{4-38}$$

离散时间信号 $x(n)$ 的这种分解方法为求解任意激励下离散时间系统的零状态响应奠定了基础。

第三节 离散时间系统

通过前面的讨论可知，输入的离散时间信号经过数字信号处理系统后，就可以获得满足要求的离散时间信号。这个数字信号处理系统称为离散时间系统。设离散时间系统的输入为激励信号 $x(n)$，输出为响应信号 $y(n)$，离散时间系统的作用就是完成将 $x(n)$ 转变为 $y(n)$ 的运算，即

$$y(n) = T[x(n)] \tag{4-39}$$

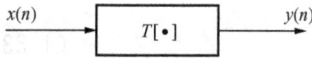

图 4-16 离散时间系统

式中：$T[\cdot]$ 表示离散时间系统的输入序列 $x(n)$ 与输出序列 $y(n)$ 的变换或运算关系。图 4-16 给出了离散时间系统的框图表示。

一、系统的描述

与连续时间系统分类相似，离散时间系统根据其基本特性，可以分为线性与非线性、时变与非时变、因果与非因果、稳定与非稳定等系统。

（1）线性系统。对于任何输入序列 $x_1(n)$ 和 $x_2(n)$，如果离散时间系统满足

$$T[a_1 x_1(n) + a_2 x_2(n)] = a_1 T[x_1(n)] + a_2 T[x_2(n)] \tag{4-40}$$

式中：a_1 和 a_2 分别为任意常数，则称该系统为线性系统；否则，称非线性系统。

显然，线性系统就是满足叠加性和齐次性的系统。值得指出的是，当输入序列为零时，由式（4-40），得输出序列也为零，所以，式（4-40）隐含了离散时间系统的线性性质是在其初始状态为零时成立的前提条件。

【例 4-1】 试证明 $y(n) = ax(n) + b$ 表示的离散时间系统是非线性系统，其中 a 和 b 均为不等于零的常数。

证明 设 $x_1(n)$ 和 $x_2(n)$ 为两个不同的输入序列，代入该离散时间系统表达式，得输出序列 $y_1(n)$ 和 $y_2(n)$ 分别为

$$y_1(n) = ax_1(n) + b, y_2(n) = ax_2(n) + b$$

而

$$T[x_1(n) + x_2(n)] = ax_1(n) + ax_2(n) + b \neq y_1(n) + y_2(n)$$

可见，离散时间系统 $y(n) = ax(n) + b$ 不满足式（4-40）的叠加性和齐次性。因此，该系统不是线性系统。

（2）时不变系统。对于一个初始状态为零的离散时间系统 $y(n) = T[x(n)]$，如果有

$$y(n-n_0) = T[x(n-n_0)] \tag{4-41}$$

则称该系统为非移变系统。式（4-41）说明，非移变系统对于输入信号的响应与输入信号施加于系统的时间无关，即非移变系统的性质或者特征不随时间而变化。所以，非移变系统又称为时不变系统。不满足式（4-41）的系统称为时变系统或移变系统。

【**例 4-2**】在如下三个离散时间系统中，试判断哪个是时不变的？哪个是时变的？

(1) $y(n) = x^2(n)$；

(2) $y(n) = ax(n) + b$（其中 a 和 b 均为不等于零的常数）；

(3) $y(n) = nx(n)$。

解 (1) 由 $y(n) = x^2(n)$，得 $y(n-n_0) = x^2(n-n_0)$，满足式 (4-41)。所以，$y(n) = x^2(n)$ 是时不变系统。

(2) 由 $y(n) = ax(n) + b$，得 $y(n-n_0) = ax(n-n_0) + b = T[x(n-n_0)]$，满足式 (4-41)。所以，$y(n) = ax(n) + b$ 也是时不变系统。

(3) 由 $y(n) = nx(n)$，得 $y(n-n_0) = (n-n_0)x(n-n_0)$，而 $T[x(n-n_0)] = nx(n-n_0)$，所以 $y(n-n_0) \neq T[x(n-n_0)]$。所以，$y(n) = nx(n)$ 是时变系统。

(3) 稳定系统。如果一个离散时间系统对于任何有界的输入序列，其输出序列也是有界的，那么该系统称为稳定系统，即

$$|x(n)| \leqslant A < +\infty, \ |y(n)| \leqslant B < +\infty \qquad (4\text{-}42)$$

如果系统的输入序列是有界的，但是，其输出序列是无界的，则该系统称为不稳定系统。

【**例 4-3**】试判断离散时间系统 $y(n) = x(n)\cos(\omega n + \theta)$ 的稳定性。

解 设 $|x(n)| \leqslant A$，则

$$|y(n)| = |x(n)\cos(\omega n + \theta)| = |x(n)| \times |\cos(\omega n + \theta)| \leqslant A \times 1 = A$$

满足式 (4-42)。所以，$y(n) = x(n)\cos(\omega n + \theta)$ 是稳定系统。

(4) 因果系统。如果一个离散时间系统对于任意整数 n_0，系统响应仅取决于在时间序号 n_0 及以前的输入样值，那么该系统称为因果系统。因果系统的数学表达式为

$$y(n) = f[x(n), x(n-1), x(n-2), \cdots] \qquad (4\text{-}43)$$

式 (4-43) 表明，对于一个因果系统，它的输出变化不能发生在输入变化之前。所以，式 (4-43) 的一个等价表达式为

$$当 x(n) = 0, \ n < n_0 \ 时，有 \ y(n) = 0, \ n < n_0 \qquad (4\text{-}44)$$

不满足式 (4-43) 或式 (4-44) 的系统称为非因果系统。

【**例 4-4**】试判断如下两个离散时间系统的因果性。

(1) $y(n) = 2x(n) + 3x(n-1)$；

(2) $y(n) = 5x(n) + x(n+1)$。

解 (1) 由因果系统的定义式 (4-43)，得离散时间系统 $y(n) = 2x(n) + 3x(n-1)$ 只与 $x(n)$ 和 $x(n-1)$ 有关，与 $x(n+1)$、$x(n+2)$ 等无关。因此，该系统是因果系统。

(2) 离散时间系统 $y(n) = 5x(n) + x(n+1)$ 与 $x(n+1)$ 相关，不符合式 (4-43) 的因果性定义。此外，也可以利用式 (4-44) 进行判断，取 $n_0 = 0$，当 $x(n) = 0 (n < 0)$ 时，有

$$y(n) = 5x(n) + x(n+1) = x(n+1) \neq 0, n < 0$$

可见，对于该系统而言，响应在先、激励在后。显然，违背因果性的定义。所以，该系统是非因果系统。

离散时间系统的稳定性和因果性概念是非常重要的。只有系统是稳定和因果的，该系统

才是物理可实现的系统。在离散时间系统中，最重要也是最常用的系统是线性时不变系统，本书仅限于对线性时不变系统的讨论。

二、系统的差分方程与框图表示

在连续时间系统中，连续时间信号是时间变量的连续函数。连续时间系统内部的数学运算关系可以归结为微分（或积分）、加法和标度（乘法）三种运算形式。因此，线性时不变连续时间系统可以用线性常微分方程来描述。类似地，离散时间系统内部的数学运算关系可以归结为延迟（移位）、加法和标度（乘法）三种运算形式，图 4-17 给出了这三种运算形式的框图，称它们为离散时间系统的三个基本运算单元。尽管对于离散时间信号还有其他的运算，但是，就线性时不变系统而言，都是由图 4-17 所示的三种基本运算单元构成的。

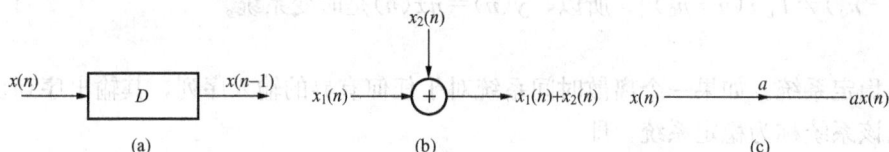

图 4-17　离散时间系统的基本运算单元

(a) 延迟器；(b) 加法器；(c) 乘法器

【例 4-5】 图 4-18 所示是一个离散时间系统，它由延迟器、加法器和乘法器三个基本运算单元组成。设输入的激励信号为 $x(n)$，输出的响应信号为 $y(n)$。试写出响应信号 $y(n)$ 与激励信号 $x(n)$ 之间的数学关系。

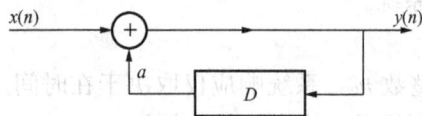

图 4-18　离散时间系统

解　从图 4-18 中可以看出

$$y(n) = x(n) + ay(n-1)$$

不难看出，在上式中 $y(n)$ 与 $x(n)$ 之间没有显式关系，其数学关系是用一个方程来表达的。将上式方程重写为

$$y(n) - ay(n-1) = x(n)$$

所以，上式方程反映了图 4-18 所示的离散时间系统的响应信号 $y(n)$ 与激励信号 $x(n)$ 之间的数学关系。

从 [例 4-5] 不难发现，描述离散时间系统响应与激励关系的方程是我们过去所不熟悉的，它是序列 $y(n)$ 和 $x(n)$ 经过不同的延迟后通过线性组合形成的。这种方程称为差分方程。在一般情况下，线性时不变离散时间系统可以由如下的常系数线性差分方程来描述，即

$$y(n) = \sum_{r=0}^{M} b_r x(n-r) - \sum_{i=1}^{N} a_i y(n-i)$$

上式也可以写为

$$\sum_{i=0}^{N} a_i y(n-i) = \sum_{r=0}^{M} b_r x(n-r) \quad (a_0 = 1) \qquad (4\text{-}45)$$

式中：$x(n)$ 和 $y(n)$ 分别是系统的输入序列（激励）和输出序列（响应）；a_i 和 b_r 均为常数。

差分方程的阶数等于方程中输出序列时间序号的最高值与最低值之差。例如，在式 (4-45) 中，输出序列 $y(n-i)$ 中时间序号的最高值为 n，最低值为 $n-N$，其差为 N，所

以，称式（4-45）差分方程为 N 阶差分方程。

观察式（4-45）可以看出，差分方程中序列的时间序号是以递减的方式给出的，称这种形式的差分方程为后向形式（或右移位形式）的差分方程。此外，在差分方程中，时间序号也可以按递增方式给出，即按 $y(n), y(n+1), y(n+2), \cdots, y(n+N)$ 的形式给出，称这种形式的差分方程为前向形式（或左移位形式）的差分方程。这两种形式的差分方程并无本质性差别，只是在系统中的输出信号的取出端有所不同。例如，将图 4-18 所示离散时间系统改为图 4-19，此时，对应的差分方程为

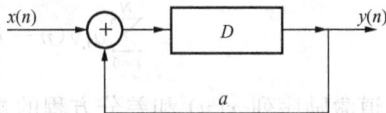

图 4-19　离散时间系统

$$y(n+1) = x(n) + ay(n)$$

整理，得

$$y(n+1) - ay(n) = x(n)$$

对比图 4-18 和图 4-19 可以看出，对于同样的激励信号 $x(n)$，两个系统的响应形式相同，但后者较前者延迟一个时间序号。

通常，对于因果的离散时间系统，采用式（4-45）后向形式的差分方程更加方便。本书均采用这种形式的差分方程。

顺便指出，差分方程不仅可以描述离散时间系统，也可以描述变量序号不是时间的其他离散系统。事实上，差分方程是表达离散系统的一种数学工具。为说明这一点，不妨举一个电路问题。图 4-20 所示是高压输电线路的绝缘子串等效电路，设有 N 片绝缘子串联成一串，绝缘子之间的电容为 C_1，各绝缘子连接点对接地的高压输电线路铁塔的电容为 C_2。从图 4-20 可以看出，共有 $N+1$ 个节点电压相量，即 $\dot{U}(0), \dot{U}(1), \cdots, \dot{U}(N)$，其中 $\dot{U}(0) = \dot{U}_s$，为高压输电线路的相电压相量，$\dot{U}(N) = 0$，表明节点 N 与铁塔连接。显然，图 4-20 构成了一个离散系统，其序号 n 为各绝缘子的连接序号。取图 4-20 等效电路中的第 $n-1$ 节点进行分析（$2 \leqslant n \leqslant N$），由基尔霍夫电流定律，得

$$\mathrm{j}\omega C_2 \dot{U}(n-1) = \mathrm{j}\omega C_1 [\dot{U}(n-2) - \dot{U}(n-1)] + \mathrm{j}\omega C_1 [\dot{U}(n) - \dot{U}(n+1)]$$

整理，得

$$\begin{cases} \dot{U}(n) - \dfrac{2C_1 + C_2}{C_1} \dot{U}(n-1) + \dot{U}(n-2) = 0 \\ \dot{U}(0) = \dot{U}_s, \dot{U}(N) = 0 \end{cases} \tag{4-46}$$

式（4-46）表明，图 4-20 所示的电路问题在数学上可以归结为一个二阶差分方程的求解问题。

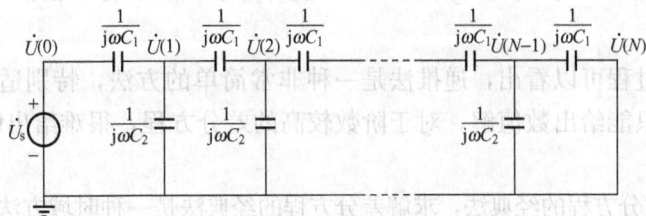

图 4-20　绝缘子串等效电路

第四节　常系数线性差分方程的时域解法

将式（4-45）所示的常系数线性差分方程重写如下

$$\sum_{i=0}^{N} a_i y(n-i) = \sum_{r=0}^{M} b_r x(n-r) \quad (a_0 = 1) \tag{4-47}$$

当知道激励序列 $x(n)$ 和差分方程的初始状态后，就可以通过差分方程求解响应序列 $y(n)$。求解差分方程的方法有递推法、经典法、卷积法和变换域法等四种基本方法。本节重点介绍递推法和经典法，卷积法和变换域法将在本书后续章节中给予介绍。

一、递推法

由式（4-47），且注意到 $a_0 = 1$，差分方程可以写为

$$y(n) = \sum_{r=0}^{M} b_r x(n-r) - \sum_{i=1}^{N} a_i y(n-i) \tag{4-48}$$

从式（4-48）可以看出，如果求时间序号 n 对应的输出样值 $y(n)$，除必须知道时间序号 n 以及 n 以前的输入样值 $x(n), x(n-1), \cdots, x(n-M)$ 外，还必须知道时间序号 n 以前的 N 个输出样值 $y(n-1), y(n-2), \cdots, y(n-N)$。因此，式（4-48）给出了求解式（4-47）差分方程的递推公式。这种求解差分方程的方法称为递推法。

根据上面的讨论，为求 $n \geqslant 0$ 时的响应 $y(n)$，除知道激励 $x(n)$ 外，还必须知道 $y(-1), y(-2), \cdots, y(-N)$ 这 N 个样值。这 N 个样值称为 N 阶差分方程的初始条件或初始状态。这说明 N 阶差分方程的定解需要 N 个初始条件。通常，我们又把 N 阶差分方程描述的离散系统称为 N 阶离散系统，而差分方程的初始条件或初始状态称为离散系统的初始条件或初始状态。

【例 4-6】设［例 4-5］中的一阶离散时间系统的初始条件为 $y(-1) = 1$，激励为 $x(n) = \delta(n)$。试用递推法求该离散系统的响应 $y(n)$。

解　由［例 4-5］知，离散系统的差分方程为

$$y(n) = x(n) + ay(n-1)$$

将 $x(n) = \delta(n)$ 代入，得

$$y(0) = \delta(0) + ay(-1) = 1 + a$$
$$y(1) = \delta(1) + ay(0) = (1+a)a$$
$$y(2) = \delta(2) + ay(1) = (1+a)a^2$$
$$\vdots$$
$$y(n) = \delta(n) + ay(n-1) = (1+a)a^{n-1}a = (1+a)a^n$$

从本题的求解过程可以看出，递推法是一种非常简单的方法，特别适合于计算机求解。但是，递推法一般只能给出数值解，对于阶数较高的差分方程，很难给出解析解。

二、经典法

类似于求解常微分方程的经典法，求解差分方程的经典法是一种时域方法，一般而言，首先求出差分方程的齐次解和特解，然后再利用初始条件定解。尽管在实际中很少直接应用这个方

法，但是，通过这个方法的学习，对于深入理解离散时间系统的基本概念和基本性质有重要
意义。

（1）齐次差分方程的解法。将激励为零对应的差分方程称为齐次差分方程。对应于式
（4-47）的齐次差分方程为

$$\sum_{i=0}^{N} a_i y(n-i) = 0 \quad (a_0 = 1) \tag{4-49}$$

将式（4-49）展开，并补充初始条件，N 阶常系数线性齐次差分方程的定解问题为

$$\begin{cases} y(n) + a_1 y(n-1) + a_2 y(n-2) + \cdots + a_N y(n-N) = 0 \\ y(-N), y(-N+1), \cdots, y(-1) \end{cases} \tag{4-50}$$

式中：$y(-1), y(-2), \cdots, y(-N)$ 为差分方程的 N 个初始条件。

满足式（4-49）的任何解称为齐次差分方程的通解。可以证明，式（4-49）差分方程
的通解具有如下形式

$$y(n) = Cr^n \tag{4-51}$$

式中：C 为待定系数；r 为由差分方程确定的数值。

事实上，将式（4-51）代入式（4-49），得

$$\sum_{i=0}^{N} a_i C r^{n-i} = 0 \quad (a_0 = 1)$$

消去待定系数 C 并展开，得

$$r^n + a_1 r^{n-1} + \cdots + a_{N-1} r^{n-N+1} + a_N r^{n-N} = 0$$

两边同除 r^{n-N}，得

$$r^N + a_1 r^{N-1} + \cdots + a_{N-1} r + a_N = 0 \tag{4-52}$$

可见，如果式（4-51）是齐次差分方程的解，那么式（4-51）中的 r 就是式（4-52）多项式的
一个根。也就是说，Cr^n 为式（4-49）齐次差分方程解的必要和充分条件是 r 为式（4-52）的根。
进一步推论，式（4-52）多项式的每一个根都对应式（4-49）齐次差分方程的解。式（4-52）
称为齐次差分方程式（4-49）的特征方程，r 称为齐次差分方程式（4-49）的特征根。

假设特征方程式（4-52）的特征根没有重根，即 $r_1, r_2, \cdots, r_N$ 为特征方程式（4-52）
的单根，那么，由这 N 个特征根对应解的任意线性组合也一定是齐次差分方程式（4-49）
的解，即

$$y_h(n) = C_1 r_1^n + C_2 r_2^n + \cdots + C_N r_N^n \tag{4-53}$$

式中：$C_1, C_2, \cdots, C_N$ 为待定系数，可以由初始条件确定。

我们称 $y_h(n)$ 为齐次差分方程式（4-49）的通解，也称为齐次解。

假设特征方程式（4-52）有一个 m 阶的重根 r_0，而其他根均为单根，那么，齐次差分
方程的通解具有如下形式

$$y_h(n) = \sum_{i=1}^{N-m} C_i r_i^n + \sum_{j=1}^{m} D_j n^{j-1} r_0^n \tag{4-54}$$

式中：$C_1, C_2, \cdots, C_{N-m}$ 和 $D_1, D_2, \cdots, D_m$ 为待定系数，可以由初始条件确定。

在式（4-54）中，显然，第一个求和项是齐次差分方程式（4-49）的解。下面，验证第
二个求和项也是齐次差分方程式（4-49）的解。将式（4-54）第二个求和项展开，得

$$D_1 r_0^n, D_2 n r_0^n, \cdots, D_m n^{m-1} r_0^n \tag{4-55}$$

式中：$D_1 r_0^n$ 显然是齐次差分方程式（4-49）的解。代入式（4-49）并消去待定系数 D_1，得

$$r_0^n + a_1 r_0^{n-1} + a_2 r_0^{n-2} + \cdots + a_N r_0^{n-N} = 0$$

对 r_0 求导，得

$$n r_0^{n-1} + a_1(n-1) r_0^{n-2} + a_2(n-2) r_0^{n-3} + \cdots + a_N(n-N) r_0^{n-N-1} = 0 \qquad (4\text{-}56)$$

下面，验证式（4-55）中的 $D_2 n r_0^n$ 也是齐次差分方程式（4-49）的解。代入式（4-49）并消去待定系数 D_2，得

$$n r_0^n + a_1(n-1) r_0^{n-1} + a_2(n-2) r_0^{n-2} + \cdots + a_N(n-N) r_0^{n-N}$$

$$= r_0 \left[n r_0^{n-1} + a_1(n-1) r_0^{n-2} + a_2(n-2) r_0^{n-3} + \cdots + a_N(n-N) r_0^{n-N-1} \right]$$

由式（4-56）可知，上式方括号内的求和项为零。所以，$D_2 n r_0^n$ 也是齐次差分方程式（4-49）的解。同理，可以依次验证式（4-55）中的其余各项也是齐次差分方程式（4-49）的解。

【例 4-7】 已知二阶差分方程为

$$\begin{cases} y(n) - 0.7y(n-1) + 0.1y(n-2) = 0 \\ y(-2) = 2, y(-1) = 4 \end{cases}$$

试求差分方程的解。

解 由差分方程，得其特征方程为

$$r^2 - 0.7r + 0.1 = 0$$

特征方程的特征根为两个单根，即 $r_1 = 0.5$，$r_2 = 0.2$。所以，齐次差分方程的通解为

$$y(n) = C_1 0.5^n + C_2 0.2^n$$

由初始条件，得

$$\begin{cases} 2 = C_1 0.5^{-2} + C_2 0.2^{-2} \\ 4 = C_1 0.5^{-1} + C_2 0.2^{-1} \end{cases}$$

联立求解上述代数方程组，得 $C_1 = 3$，$C_2 = -0.4$。所以，差分方程的解为

$$y(n) = 3 \times 0.5^n - 0.4 \times 0.2^n, n \geqslant 0$$

【例 4-8】 已知二阶差分方程为

$$\begin{cases} y(n) - 2\cos\alpha y(n-1) + y(n-2) = 0 \\ y(-2) = 0, y(-1) = \pi \end{cases}$$

其中 α 为已知弧度。试求差分方程的解。

解 差分方程对应的特征方程为

$$r^2 - 2r\cos\alpha + 1 = 0$$

求解特征方程，得

$$r_{1,2} = \frac{2\cos\alpha \pm \sqrt{4\cos^2\alpha - 4}}{2} = \cos\alpha \pm j\sin\alpha = e^{\pm j\alpha}$$

可见，特征根为一对共轭复根。齐次差分方程的通解为

$$y(n) = C_1 (e^{j\alpha})^n + C_2 (e^{-j\alpha})^n$$

$$= C_1 e^{j\alpha n} + C_2 e^{-j\alpha n}$$

$$= C_1 \cos\alpha n + j C_1 \sin\alpha n + C_2 \cos\alpha n - j C_2 \sin\alpha n$$

$$= (C_1 + C_2)\cos\alpha n + j(C_1 - C_2)\sin\alpha n$$

$$= C_1' \cos\alpha n + C_2' \sin\alpha n$$

由初始条件，得

$$\begin{cases} 0 = C_1' \cos(-2\alpha) + C_2' \sin(+2\alpha) = C_1' \cos 2\alpha - C_2' \sin 2\alpha \\ \pi = C_1' \cos(-\alpha) + C_2' \sin(-\alpha) = C_1' \cos \alpha - C_2' \sin \alpha \end{cases}$$

联立求解上式代数方程组，得

$$C_1' = \frac{\pi}{\sin\alpha\ (\operatorname{ctan}\alpha - \operatorname{ctan}2\alpha)}, \quad C_2' = \frac{\pi}{\cos\alpha\ (\tan 2\alpha - \tan\alpha)}$$

利用三角函数的倍角公式，上式可被简化为

$$C_1' = 2\pi\cos\alpha, \quad C_2' = \frac{\pi\cos 2\alpha}{\sin\alpha}$$

所以，差分方程的解为

$$y(n) = 2\pi\cos\alpha\cos\alpha n + \frac{\pi\cos 2\alpha}{\sin\alpha}\sin\alpha n, n \geqslant 0$$

【例 4-9】试求差分方程

$$\begin{cases} y(n) + 6y(n-1) + 12y(n-2) + 8y(n-3) = 0 \\ y(-3) = 0, y(-2) = 0, y(-1) = 5 \end{cases}$$

的解。

解　差分方程的特征方程为

$$r^3 + 6r^2 + 12r + 8 = 0$$

整理，得

$$(r+2)^3 = 0$$

可见，其特征根 $r_0 = -2$ 为三重根。通解为

$$y(n) = (C_1 n^2 + C_2 n + C_3)(-2)^n$$

由初始条件，得

$$\begin{cases} 0 = [C_1(-3)^2 + C_2(-3) + C_3](-2)^{-3} \\ 0 = [C_1(-2)^2 + C_2(-2) + C_3](-2)^{-2} \\ 5 = [C_1(-1)^2 + C_2(-1) + C_3](-2)^{-1} \end{cases}$$

联立求解上式代数方程组，得 $C_1 = -5$，$C_2 = -25$，$C_3 = -30$。所以，差分方程的解为

$$y(n) = -(5n^2 + 25n + 30)(-2)^n, n \geqslant 0$$

（2）非齐次差分方程的解法。设非齐次差分方程如下

$$\begin{cases} y(n) + a_1 y(n-1) + \cdots + a_N y(n-N) = x(n) \\ y(-1), y(-2), \cdots, y(-N) \end{cases} \tag{4-57}$$

设 $y_p(n)$ 为满足式（4-57）的解。由前面讨论知，式（4-53）中齐次差分方程的通解 $y_h(n)$ 与 $y_p(n)$ 相加仍为式（4-57）的解。所以，非齐次差分方程的解为

$$y(n) = y_h(n) + y_p(n) \tag{4-58}$$

我们将 $y_p(n)$ 称为非齐次差分方程的特解。由式（4-58）可见，非齐次差分方程的解 $y(n)$ 等于齐次差分方程的通解 $y_h(n)$ 加特解 $y_p(n)$。我们已经讨论了通解 $y_h(n)$ 的解法。下面，重点讨论特解 $y_p(n)$ 的确定方法。

为了确定特解 $y_p(n)$，一般先将特解 $y_p(n)$ 取为与激励 $x(n)$ 相同的序列形式，并含有

待定系数，然后，将含有待定系数的特解 $y_p(n)$ 代入非齐次差分方程，并通过比较相同序列前的系数来确定特解 $y_p(n)$ 中的待定系数。可以看出，非齐次差分方程特解的确定方法与非齐次常微分方程特解的确定方法类似。表 4-1 给出三种激励 $x(n)$ 对应的特解 $y_p(n)$ 形式，其中各待定系数需要将特解 $y_p(n)$ 代入非齐次差分方程后确定。

表 4-1 三种激励 $x(n)$ 对应的特解 $y_p(n)$ 形式

$x(n)$	$y_p(n)$
n^m	$P_m n^m + P_{m-1} n^{m-1} + \cdots + P_1 n + P_0$
a（常数）	P_0
a^n	$\begin{cases} P_0 a^n, & a \text{ 不是特征方程的根} \\ (P_1 n + P_0) a^n, & a \text{ 是特征方程的单根} \\ (P_m n^m + P_{m-1} n^{m-1} + \cdots + P_1 n + P_0) a^n, & a \text{ 是特征方程的 } m \text{ 阶重根} \end{cases}$

求解非齐次差分方程式（4-57）解 $y(n)$ 的一般步骤是：首先，将非齐次差分方程齐次化，即将激励 $x(n)$ 置零，并求出特征方程的特征根，写出齐次差分方程的通解 $y_h(n)$；其次，根据激励 $x(n)$ 的形式，利用表 4-1 给出的特解 $y_p(n)$ 形式，将特解 $y_p(n)$ 代入非齐次差分方程，确定特解中的待定系数，求出特解 $y_p(n)$；最后，将特解 $y_p(n)$ 与通解 $y_h(n)$ 相加，并利用初始条件确定通解中的待定系数。

【例 4-10】 试求差分方程

$$\begin{cases} y(n) + 3y(n-1) + 2y(n-2) = 2^n \\ y(-2) = \dfrac{1}{2}, y(-1) = 0 \end{cases}$$

的解。

解 首先，确定齐次差分方程的通解 $y_h(n)$。特征方程为

$$r^2 + 3r + 2 = 0$$

特征根分别为 $r_1 = -2$，$r_2 = -1$。通解为

$$y_h(n) = C_1(-2)^n + C_2(-1)^n$$

其次，确定特解 $y_p(n)$。此时 $x(n) = 2^n$，2 不是齐次差分方程的特征根，由表 4-1，得特解的形式为 $y_p(n) = P_0 2^n$。代入非齐次差分方程，得

$$P_0 2^n + 3P_0 2^{n-1} + 2P_0 2^{n-2} = 2^n$$

整理，得

$$P_0 \left(1 + \frac{3}{2} + \frac{2}{4} \right) = 1$$

解得 $P_0 = \dfrac{1}{3}$。所以，特解为

$$y_p(n) = \frac{1}{3} \times 2^n$$

最后，非齐次差分方程的解为

$$y(n) = y_h(n) + y_p(n) = C_1(-2)^n + C_2(-1)^n + \frac{1}{3} \times 2^n$$

由初始条件，得

$$\begin{cases} \dfrac{1}{2} = C_1(-2)^{-2} + C_2(-1)^{-2} + \dfrac{1}{3} \times 2^{-2} \\ 0 = C_1(-2)^{-1} + C_2(-1)^{-1} + \dfrac{1}{3} \times 2^{-1} \end{cases}$$

联立求解上式代数方程组，得 $C_1 = -1$，$C_2 = \dfrac{2}{3}$。所以，非齐次差分方程的解为

$$y(n) = -(-2)^n + \dfrac{2}{3}(-1)^n + \dfrac{1}{3} \times 2^n, n \geqslant 0$$

第五节　离　散　卷　积

一、系统全响应的分析

从本章第四节差分方程的经典法中可以看出，离散时间系统的全响应 $y(n)$ 可以分解成两部分。一部分对应于齐次差分方程的通解 $y_h(n)$，称为自由响应分量；另一部分对应于非齐次差分方程的特解 $y_p(n)$，称为强制响应分量。此外，还可以按离散时间系统的激励原因将系统的全响应进行分解。仅由离散时间系统的初始条件或初始状态引起的响应分量称为零输入响应分量，记为 $y_{zi}(n)$，此时，离散时间系统的输入序列 $x(n) = 0$；而仅由离散时间系统的输入序列 $x(n)$ 引起的响应分量称为零状态响应分量，记为 $y_{zs}(n)$，此时，离散时间系统的初始条件或初始状态为零。这样

$$y(n) = y_{zi}(n) + y_{zs}(n) \tag{4-59}$$

对比式（4-58）和式（4-59），可以看出，离散时间系统全响应的两种分解形式的着眼点是不同的。式（4-58）主要着眼于差分方程解的结构或者说主要着眼于经典解法；而式（4-59）主要着眼于引起离散时间系统响应的原因上。但是，无论采用哪种分解方法，离散时间系统全响应的结果不会因为不同的分解方法而改变。

应用求解差分方程的经典法，可以分别求出零输入响应分量和零状态响应分量。下面举例说明。

【例 4-11】试求 ［例 4-10］离散时间系统的零输入响应、零状态响应和全响应。

解　首先，求零输入响应 $y_{zi}(n)$。由 ［例 4-10］，按照零输入响应的定义，差分方程的定解问题为

$$\begin{cases} y_{zi}(n) + 3y_{zi}(n-1) + 2y_{zi}(n-2) = 0 \\ y_{zi}(-2) = \dfrac{1}{2}, y_{zi}(-1) = 0 \end{cases}$$

根据 ［例 4-10］的讨论，上式差分方程的通解为

$$y_{zi}(n) = C_1(-2)^n + C_2(-1)^n$$

由初始条件，得

$$\begin{cases} \dfrac{1}{2} = C_1(-2)^{-2} + C_2(-1)^{-2} \\ 0 = C_1(-2)^{-1} + C_2(-1)^{-1} \end{cases}$$

联立求解上式代数方程组，得 $C_1 = -2$，$C_2 = 1$。所以，离散时间系统的零输入响应为

$$y_{zi}(n) = -2(-2)^n + (-1)^n, n \geqslant 0$$

其次，求零状态响应 $y_{zs}(n)$。按照零状态响应的定义，[例 4-10]差分方程的定解问题为

$$\begin{cases} y_{zs}(n) + 3y_{zs}(n-1) + 2y_{zs}(n-2) = 2^n \\ y_{zs}(-2) = 0, y_{zs}(-1) = 0 \end{cases}$$

显然，零状态响应 $y_{zs}(n)$ 应由通解和特解组成。利用[例 4-10]的讨论结果，有

$$y_{zs}(n) = C_1(-2)^n + C_2(-1)^n + \frac{1}{3} \times 2^n$$

由初始条件得

$$\begin{cases} 0 = C_1(-2)^{-2} + C_2(-1)^{-2} + \frac{1}{3} \times 2^{-2} \\ \\ 0 = C_1(-2)^{-1} + C_2(-1)^{-1} + \frac{1}{3} \times 2^{-1} \end{cases}$$

联立求解上式代数方程组，得 $C_1 = 1$，$C_2 = -\frac{1}{3}$。所以，离散时间系统的零状态响应为

$$y_{zs}(n) = (-2)^n - \frac{1}{3}(-1)^n + \frac{1}{3} \times 2^n, n \geqslant 0$$

最后，求全响应 $y(n)$。由式(4-59)，离散时间系统的全响应 $y(n)$ 为

$$y(n) = y_{zi}(n) + y_{zs}(n)$$

$$= -2(-2)^n + (-1)^n + (-2)^n - \frac{1}{3}(-1)^n + \frac{1}{3} \times 2^n$$

$$= -(-2)^n + \frac{2}{3}(-1)^n + \frac{1}{3} \times 2^n \quad (n \geqslant 0)$$

上式结果与[例 4-10]结果相同。

二、离散卷积

离散时间系统在单位采样序列 $\delta(n)$ 激励下的零状态响应称为单位采样响应，记为 $h(n)$。单位采样响应 $h(n)$ 是一种极特殊的零状态响应。因为激励为单位采样序列 $\delta(n)$，所以，只有当 $n = 0$ 时系统才有激励，且转化为系统的初始状态 $h(0)$。当 $n > 0$ 以后，不再有任何激励作用于系统。因此，离散时间系统的单位采样响应 $h(n)$ 的求解也可以转化为零输入响应的求解。下面举例说明单位采样响应的求解方法。

【例 4-12】 已知离散时间系统的差分方程为

$$y(n) - 5y(n-1) + 6y(n-2) = x(n)$$

试求系统的单位采样响应 $h(n)$。

解 依题意，本题的定解问题如下

$$\begin{cases} h(n) - 5h(n-1) + 6h(n-2) = \delta(n) \\ h(-2) = 0, h(-1) = 0 \end{cases}$$

显然，这是零状态响应问题。但是在上式差分方程中，当 $n = 0$ 时，有

$$h(0) = \delta(0) + 5h(-1) - 6h(-2) = \delta(0) = 1$$

因此，本题的零状态响应问题转化为如下零输入响应问题，即

$$\begin{cases} h(n) - 5h(n-1) + 6h(n-2) = 0 \quad (n > 0) \\ h(-1) = 0, h(0) = 1 \end{cases}$$

求上式差分方程的通解，得

$$h(n) = C_1 3^n + C_2 2^n$$

由初始条件，得

$$\begin{cases} 0 = C_1 3^{-1} + C_2 2^{-1} \\ 1 = C_1 + C_2 \end{cases}$$

联立求解以上代数方程组，得 $C_1 = 3$，$C_2 = -2$。所以，系统的单位采样响应 $h(n)$ 为

$$h(n) = (3^{n+1} - 2^{n+1})u(n)$$

后面将看到，单位采样响应 $h(n)$ 表征了系统自身的特性。在离散时间系统的时域分析中，可以根据单位采样响应来判断系统的某些重要特性。下面，介绍借助于单位采样响应 $h(n)$，求解线性时不变系统在任意激励下的零状态响应的一般方法。

由式（4-38）可知，任意离散时间信号 $x(n)$ 都可以分解为如下求和形式，即

$$x(n) = \sum_{m=-\infty}^{+\infty} x(m)\delta(n-m)$$

将激励 $x(n)$ 作用于线性时不变离散时间系统，系统的零状态响应为

$$y_{zs}(n) = T[x(n)] = T\Big[\sum_{m=-\infty}^{+\infty} x(m)\delta(n-m)\Big] = \sum_{m=-\infty}^{+\infty} x(m)T[\delta(n-m)]$$

$$= \sum_{m=-\infty}^{+\infty} x(m)h(n-m) \tag{4-60}$$

可以看出，式（4-60）提供了借助于系统的单位采样响应 $h(n)$ 计算任意激励 $x(n)$ 下系统零状态响应 $y_{zs}(n)$ 的一般方法。这个方法在数字信号处理中占据重要的地位。为了记述方便，在本书后面的论述中，略去式（4-60）中零状态响应 $y_{zs}(n)$ 的下标"zs"，而将其写为 $y(n)$。我们称式（4-60）计算形式为序列 $x(n)$ 与序列 $h(n)$ 的离散卷积和，简称离散卷积，又称为线性卷积，记为

$$y(n) = x(n) * h(n) = \sum_{m=-\infty}^{+\infty} x(m)h(n-m) \tag{4-61}$$

式（4-61）表明，对于线性时不变离散时间系统，在任意序列 $x(n)$ 的激励下系统产生的零状态响应 $y(n)$ 等于激励序列 $x(n)$ 与系统单位采样响应序列 $h(n)$ 的离散卷积。

作为序列的一种特殊运算，离散卷积服从交换律、分配律和结合律，即

$$x(n) * h(n) = h(n) * x(n) \tag{4-62}$$

$$x(n) * [h_1(n) + h_2(n)] = x(n) * h_1(n) + x(n) * h_2(n) \tag{4-63}$$

$$[x(n) * h_1(n)] * h_2(n) = x(n) * [h_1(n) * h_2(n)] \tag{4-64}$$

上述性质不难根据式（4-61）的离散卷积的定义式进行证明。下面，对式（4-62）进行证明。由式（4-61），有

$$x(n) * h(n) = \sum_{m=-\infty}^{+\infty} x(m)h(n-m)$$

对时间序号进行变量置换，令 $m' = n-m$，则 $m = n-m'$，则有

$$x(n) * h(n) = \sum_{m=+\infty}^{-\infty} x(n-m')h(m') = \sum_{m=-\infty}^{+\infty} h(m')x(n-m') = h(n) * x(n)$$

表明式（4-62）成立。除式（4-62）～式（4-64）外，离散卷积还有一个重要性质，即

$$x(n) * \delta(n) = x(n) \tag{4-65}$$

式（4-65）可以直接由式（4-61）的定义式得到证明。

离散卷积既可以按照式（4-61）的定义式进行计算，也可以通过图解法进行计算。图解法是根据式（4-61）的定义式，将计算过程分解为翻转、平移、相乘与求和四个步骤进行计算的。下面，举例说明图解法的计算过程。

【例 4-13】 已知线性时不变系统的单位采样响应为 $h(n) = 0.5^n u(n)$。若激励序列为 $x(n) = u(n) - u(n-5)$，试分别按离散卷积的定义式和通过图解法计算系统的零状态响应 $y(n)$。

解 系统的零状态响应为

$$y(n) = x(n) * h(n)$$

下面分别按式（4-61）定义和通过图解法计算上式离散卷积。

首先，按式（4-61）定义计算，得

$$
\begin{aligned}
y(n) &= \sum_{m=-\infty}^{+\infty} x(m)h(n-m) \\
&= \sum_{m=-\infty}^{+\infty} \left[u(m) - u(m-5)\right] \times 0.5^{n-m} u(n-m) \\
&= \sum_{m=0}^{4} 0.5^{n-m} u(n-m)
\end{aligned}
$$

其中，当 $n<0$ 时，$u(n-m) = 0 (m = 0,1,2,3,4)$，此时 $y(n) = 0$；当 $0 \leqslant n \leqslant 4$ 时，上式求和中仅 $0 \leqslant m \leqslant n$ 的对应项不为零，此时

$$
\begin{aligned}
y(n) &= \sum_{m=0}^{n} 0.5^{n-m} = 0.5^n \sum_{m=0}^{n} 0.5^{-m} \\
&= 0.5^n \times \frac{1 - 0.5^{-(n+1)}}{1 - 0.5^{-1}} = 2 - 0.5^n \quad (0 \leqslant n \leqslant 4)
\end{aligned}
$$

当 $n>4$ 时，有

$$
\begin{aligned}
y(n) &= \sum_{m=0}^{4} 0.5^{n-m} = 0.5^n \sum_{m=0}^{4} 0.5^{-m} \\
&= 0.5^n \times \frac{1 - 0.5^{-5}}{1 - 0.5^{-1}} = 31 \times 0.5^n \quad (n > 4)
\end{aligned}
$$

综上，系统的零状态响应为

$$
y(n) = \begin{cases} 0, & n < 0 \\ 2 - 0.5^n, & 0 \leqslant n \leqslant 4 \\ 31 \times 0.5^n, & n > 4 \end{cases}
$$

其次，通过图解法计算。由式（4-61）定义，得

$$y(n) = \sum_{m=-\infty}^{+\infty} x(m)h(n-m)$$

为了计算时间序号 n 对应的 $y(n)$，首先，以时间序号 m 为变量画出序列 $x(m)$ 和 $h(m)$，并将 $h(m)$ 反褶形成 $h(-m)$；其次，再将 $h(-m)$ 平移（$n>0$ 时右移 n 位）形成 $h(n-m)$，并将 $x(m)$ 与 $h(n-m)$ 对应相乘后对 m 求和，其结果即为 $y(n)$ 的值；最后，逐位改变 n 并重复上述过程，就可以计算出全部的 $y(n)$。图 4-21 画出了离散卷积图解法的图解过程。

在实际中，经常把激励序列 $x(n)$ 作用于系统的时刻定义为时间序号 n 的起点，即对应的时间序号 $n=0$。这样，当 $n<0$ 时 $x(n)$ 取零，当 $n\geqslant0$ 时 $x(n)$ 不为零。此外，根据单位采样响应的定义，得 $h(n)=0, n<0$。因此，式（4-61）定义的离散卷积又可以写为

$$y(n) = \sum_{m=0}^{n} x(m)h(n-m)$$

$$(4-66)$$

将式（4-66）改写成矩阵运算形式，有

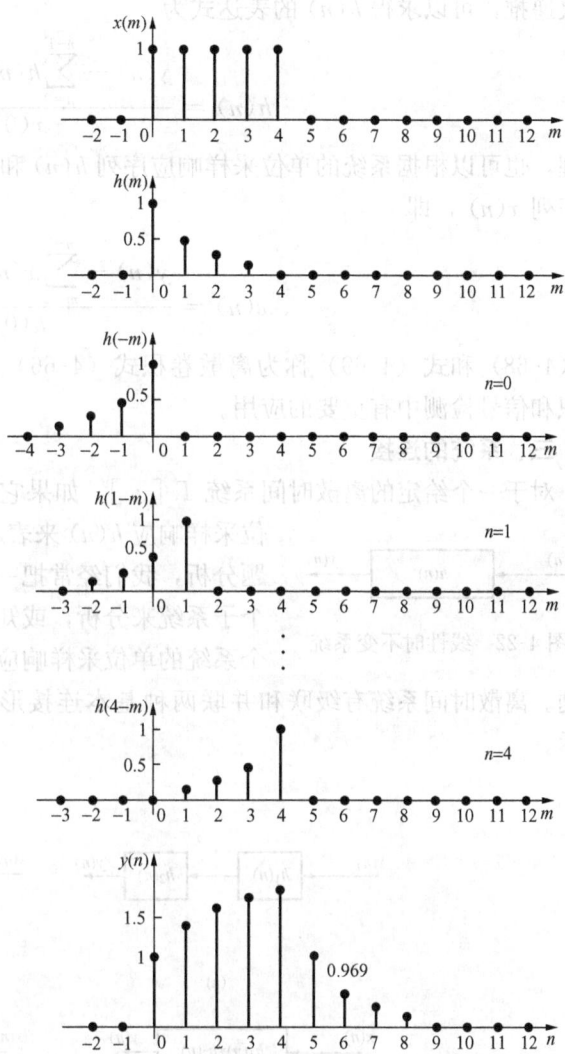

图 4-21　离散卷积图解法的图解过程

$$\begin{bmatrix} y(0) \\ y(1) \\ y(2) \\ \vdots \\ y(n) \end{bmatrix} = \begin{bmatrix} h(0) & 0 & 0 & \cdots & 0 \\ h(1) & h(0) & 0 & \cdots & 0 \\ h(2) & h(1) & h(0) & \cdots & 0 \\ \vdots & \vdots & \vdots & \vdots & \vdots \\ h(n) & h(n-1) & h(n-2) & \cdots & h(0) \end{bmatrix} \begin{bmatrix} x(0) \\ x(1) \\ x(2) \\ \vdots \\ x(n) \end{bmatrix} \qquad (4-67)$$

借助式（4-67），可以利用激励序列 $x(n)$ 和零状态响应序列 $y(n)$ 计算系统的单位采样响应，即

$$h(0) = \frac{y(0)}{x(0)}$$

$$h(1) = \frac{y(1)-h(0)x(1)}{x(0)}$$

$$h(2) = \frac{y(2)-h(0)x(2)-h(1)x(1)}{x(0)}$$

$$\cdots$$

依次递推，可以求得 $h(n)$ 的表达式为

$$h(n) = \frac{y(n) - \sum_{m=0}^{n-1} h(m)x(n-m)}{x(0)} \tag{4-68}$$

同理，也可以根据系统的单位采样响应序列 $h(n)$ 和零状态响应序列 $y(n)$ 计算系统的输入激励序列 $x(n)$，即

$$x(n) = \frac{y(n) - \sum_{m=0}^{n-1} x(m)h(n-m)}{h(0)} \tag{4-69}$$

式（4-68）和式（4-69）称为离散卷积式（4-66）的反卷积，也称逆卷积。反卷积在系统辨识和信号检测中有重要的应用。

三、系统的连接

对于一个给定的离散时间系统 $T[\cdot]$，如果它是线性时不变的，在实际中经常用其单

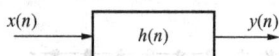

图 4-22　线性时不变系统

位采样响应 $h(n)$ 来表示该系统，如图 4-22 所示。对于实际问题分析，我们经常把一个复杂的线性时不变系统分解成为若干个子系统来分析，或知道若干个子系统的单位采样响应来求整个系统的单位采样响应。这些问题都涉及离散时间系统的连接

问题。离散时间系统有级联和并联两种基本连接形式，分别如图 4-23（a）和图4-23（b）所示。

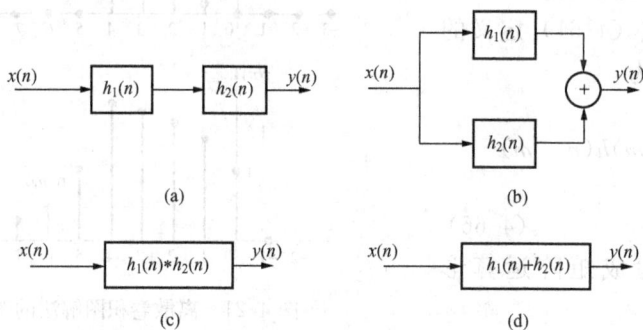

图 4-23　系统的连接

(a) 两个子系统的级联；(b) 两个子系统的并联；(c) 级联等效；(d) 并联等效

对于图 4-23（a）所示级联系统，设 $h_1(n)$ 的输出为 $w(n)$，则

$$y(n) = w(n) * h_2(n) = [x(n) * h_1(n)] * h_2(n) = x(n) * [h_1(n) * h_2(n)]$$

所以，图 4-23（a）级联系统的等效单位采样响应 $h(n)$ 为

$$h(n) = h_1(n) * h_2(n) = h_2(n) * h_1(n) \tag{4-70}$$

图 4-23（c）给出了图 4-23（a）级联系统的等效系统框图。同时，式（4-70）还表明，图 4-23（a）级联系统的输出 $y(n)$ 与两个子系统 $h_1(n)$ 和 $h_2(n)$ 的先后连接顺序无关。对于图 4-23（b）所示的并联系统，其输出 $y(n)$ 为

$$y(n) = x(n) * h_1(n) + x(n) * h_2(n) = x(n) * [h_1(n) + h_2(n)]$$

所以，图 4-23（b）并联系统的等效单位采样响应 $h(n)$ 为

$$h(n) = h_1(n) + h_2(n) \tag{4-71}$$

图 4-23（d）给出了图 4-23（b）并联系统的等效系统框图。不难看出，上述等效正是离散卷积所满足的结合律、交换律和分配律在系统连接上的具体体现。

第六节 离散时间系统的稳定性与因果性

在本章第三节中，我们定义了离散时间系统的稳定性与因果性。对于线性时不变系统而言，一般很少直接应用式（4-42）和式（4-43）或式（4-44）的定义来判断系统的稳定性与因果性，而更多地是通过研究系统的单位采样响应 $h(n)$ 的特性来判断它的稳定性和因果性。下面，再次讨论线性时不变系统的稳定性和因果性问题。

设线性时不变系统的单位采样响应为 $h(n)$，系统稳定的充分必要条件是

$$\sum_{n=-\infty}^{+\infty} |h(n)| \leqslant M < +\infty \tag{4-72}$$

首先，证明充分性。由式（4-61），得系统的零状态响应为

$$y(n) = \sum_{m=-\infty}^{+\infty} x(m)h(n-m) = \sum_{m=-\infty}^{+\infty} h(m)x(n-m)$$

由系统稳定性定义式（4-42），当 $|x(n)| \leqslant A < +\infty$ 时，有

$$|y(n)| = \left| \sum_{m=-\infty}^{+\infty} h(m)x(n-m) \right| \leqslant \sum_{m=-\infty}^{+\infty} |h(m)| \cdot |x(n-m)|$$

$$\leqslant \sum_{m=-\infty}^{+\infty} A|h(m)| \leqslant A \sum_{m=-\infty}^{+\infty} |h(m)|$$

如果系统的单位采样响应 $h(n)$ 满足式（4-72），那么输出 $y(n)$ 一定是有界的，即

$$|y(n)| \leqslant AM < +\infty$$

其次，证明必要性。利用反证法，如果系统的单位采样响应 $h(n)$ 不满足式（4-72），即 $\sum_{n=-\infty}^{+\infty} |h(n)| \to +\infty$，那么总可以找到一个或若干个有界的输入序列 $x(n)$，使得输出序列 $y(n)$ 是无界的。例如，选 $x(n)$ 为

$$x(n) = \begin{cases} \dfrac{h(-n)}{|h(-n)|}, & h(n) \neq 0 \\ 0, & h(n) = 0 \end{cases}$$

显然，$x(n)$ 有界，则

$$y(n) = \sum_{m=-\infty}^{+\infty} x(m)h(n-m) = \sum_{m=-\infty}^{+\infty} h(m)x(n-m)$$

取 $n=0$，得

$$y(0) = \sum_{m=-\infty}^{+\infty} h(m)x(-m) = \sum_{m=-\infty}^{+\infty} h(m) \cdot \frac{h(m)}{|h(m)|} = \sum_{m=-\infty}^{+\infty} |h(m)| \to +\infty$$

由此说明，$n=0$ 时，输出序列样值 $y(0)$ 是无界的，系统不是稳定的，即证明了式（4-72）是系统稳定的必要条件。综上可见，式（4-72）是系统稳定的充分必要条件。

线性时不变系统具有因果性的充分必要条件是

$$h(n) = 0 \quad (n < 0) \tag{4-73}$$

这从概念上很容易理解。因为，系统的单位采样响应 $h(n)$ 是输入激励为单位采样序列 $\delta(n)$ 时系统的零状态响应。在 $n=0$ 以前，即 $n<0$ 时，系统没有输入激励，输出只能等于零。事实上

$$y(n) = \sum_{m=-\infty}^{+\infty} x(m)h(n-m) = \sum_{m=-\infty}^{+\infty} h(m)x(n-m)$$

$$= \sum_{m=-\infty}^{-1} h(m)x(n-m) + \sum_{m=0}^{+\infty} h(m)x(n-m)$$

由式（4-43）系统的因果性定义知，如果系统是因果的，则 $y(n)$ 应该仅与 $x(n)$，$x(n-1)$，$x(n-2)$，…有关，而与 $x(n+1)$，$x(n+2)$，…无关。这样，上式第一个求和项必须等于零，即

$$\sum_{m=-\infty}^{-1} h(m)x(n-m) = 0$$

也就是当 $m<0$ 时，$h(m)=0$，这正是式（4-73）。

【例 4-14】 设线性时不变系统的单位采样响应 $h(n) = a^n u(n)$，式中 a 为实常数。试分析该系统的因果性和稳定性。

解 由于 $n<0$ 时，$h(n)=0$，满足系统因果性的充分必要条件式（4-73）。因此，系统是因果系统。又因为

$$\sum_{n=-\infty}^{+\infty} |h(n)| = \sum_{n=-\infty}^{+\infty} |a|^n = \lim_{N\to\infty} \sum_{n=0}^{N-1} |a|^n = \lim_{N\to\infty} \frac{1-|a|^N}{1-|a|}$$

显然，只有当 $|a|<1$ 时，上式才能收敛，即

$$\sum_{n=-\infty}^{+\infty} |h(n)| = \frac{1}{1-|a|}$$

否则，当 $|a|\geq 1$ 时，$\sum\limits_{n=-\infty}^{+\infty} |h(n)|$ 不收敛。所以，系统稳定的条件是 $|a|<1$；否则，当 $|a|\geq 1$ 时，系统是不稳定的。

本章要点回顾与基本要求

（1）本章重点介绍了离散时间信号与离散时间系统及其时域特性。离散时间信号是按一定的采样周期对连续时间信号进行采样后形成的，在数学上可以表示为离散时间序列，它的自变量为时间序号，时间序号只能取整数，与时间序号乘以采样周期即离散时间一一对应。当对一个连续时间信号进行采样时，采样频率（也就是采样周期的倒数）一定要满足采样定理（又称奈奎斯特定理），即采样频率要大于或等于该信号频带宽度的两倍，否则，采样出现的频谱混叠效应将导致被采样信号的信息丢失，无法不失真地获得恢复。

（2）离散时间信号又称为离散时间序列，可以用序列表达式、离散线图和离散样值集合表示。常用典型序列有单位采样序列、单位阶跃序列、矩形序列、正弦序列、指数序列、复指数序列等。通过常用典型序列的线性组合，可以描述很多实际中的离散时间信号。离散时间序列又可以分为周期序列和非周期序列、有限长序列和无限长序列等。对离散时间信号进行处理，可以描述为对该信号的某种数学运算。有三类基本数学运算。第一类是对序列时间序号的运算，如序列的移位、翻转和尺度运算；第二类是对序列样值的运算，如序列的加法、乘法和标度运算；第三类是对序列的求和运算。

（3）离散时间系统是对离散时间信号进行运算处理的系统，可以用数学模型进行描述，并按其数学特性进行不同分类。线性时不变系统是最常用的离散时间系统，不仅可以用线性常系数差分方程来表示，也可以用不同元件的连接框图及其元件的数学特性来描述。乘法器、延时器和加法器是组成线性时不变系统的基本元件。系统的输出响应序列不仅取决于系统的输入激励序列，还与系统的初始状态有关，其分析方法主要有时域方法和 z 域方法。

（4）时域方法的核心是在时域上直接求解系统的线性常系数差分方程，主要有递推法和经典法。递推法直接利用差分方程给出的递推公式，根据输入激励序列和输出样值的初始状态，依时间序号顺序计算输出响应序列。递推法一般只能给出数值解，难以给出解析解，更适合计算机递推计算。经典法主要有三个步骤。首先求齐次差分方程的通解，即由该齐次差分方程的特征方程求出特征根，将各特征根对应的指数序列进行线性组合，形成齐次差分方程的通解；其次求非齐次差分方程的特解，即根据输入激励序列的形式构造特解序列，代入该非齐次差分方程确定特解中的待定系数；最后将通解与特解相加获得全解，并利用输出样值的初始状态，确定全解中的待定系数。

（5）离散时间系统的输出响应既可以表示为自由响应与强迫响应之和，也可以表示为零输入响应与零状态响应之和。系统的单位采样响应由该系统的自身结构及其元件参数决定，反映和描述了该系统的时域特性。利用系统的单位采样响应，可以求该系统在任意输入激励下的零状态响应，这种方法称为离散卷积方法。离散卷积又称为线性卷积，是一种特殊的序列求和运算，既可以通过数学定义式直接计算，也可以通过图形间接计算，它满足交换律、分配率和结合律。利用系统的单位采样响应，还可以判断该系统的稳定性和因果性，只有稳定的因果系统才能被物理实现。

（6）本章基本要求：①了解连续时间信号的采样过程和频谱混叠效应，掌握采样定理；②掌握离散时间信号的描述方法和基本运算，掌握常用典型序列的定义及性质；③了解离散时间系统的描述方法，会建立其差分方程；④掌握求解差分方程的递推法和经典法；⑤会求系统的零输入响应、零状态响应及单位冲激响应；⑥掌握离散卷积的概念、基本性质及计算方法；⑦掌握系统稳定性和因果性的时域判断方法。

习 题 四

4-1 设连续时间信号 $x(t)$ 为带限信号，即 $|\Omega| > \Omega_c$ 时 $X(j\Omega) = 0$。如选 $x(t)$ 的奈奎斯特采样角频率 $\Omega_s = 2\Omega_c$，试问下列三个导出信号的奈奎斯特采样角频率各是多少？

（1）$\dfrac{dx(t)}{dt}$；

（2）$x(2t)$；

（3）$x(t)\cos\Omega_0 t$。

4-2 已知实值带限信号 $x(t)$。当 $|\Omega| < \Omega_1$ 和 $|\Omega| > \Omega_2$ 时，$X(j\Omega) = 0$，仅当 $\Omega_1 < |\Omega| < \Omega_2$ 时 $X(j\Omega)$ 才不为零。设 $\Omega_B = \Omega_2 - \Omega_1$，$\Omega_c = \dfrac{1}{2}(\Omega_2 + \Omega_1)$。一般而言，采样定理表明的奈奎斯特采样角频率 $\Omega_s = 2\Omega_2$。然而，对于上述带通信号存在不发生频谱混叠的更低的采样角频率。

（1）假设 $\Omega_1 = 16\pi krad/s$, $\Omega_2 = 20\pi krad/s$，图 4-24 所示为带通信号 $x(t)$ 的频谱示意图，试画出采样角频率 $\Omega_s = 8\pi krad/s$ 时对 $x(t)$ 进行冲激采样的频谱示意图；

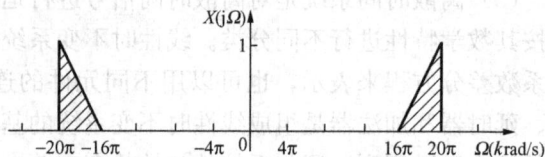

图 4-24 习题 4-2 图

（2）试证明如果 $\Omega_C > \dfrac{1}{2}\Omega_B$，且 Ω_2 是 Ω_B 的整数倍，则以 $\Omega_s = 2\Omega_B$ 对 $x(t)$ 进行采样不会发生频率混叠。

4-3 连续时间信号 $x(t) = \cos\left(40\pi t + \dfrac{\pi}{2}\right)$。

（1）求 $x(t)$ 的周期；

（2）用采样周期 $T_s = 0.02s$ 对 $x(t)$ 进行采样，试写出采样信号 $x(nT_s)$ 的表达式；

（3）画出对应于 $x(nT_s)$ 的离散时间信号 $x(n)$ 的线图，并求出 $x(n)$ 的周期。

4-4 画出以下各序列的图形。

（1）$x(n) = (-2)^n u(n)$；

（2）$x(n) = 2^{n-1} u(n-1)$；

（3）$x(n) = \left(\dfrac{1}{2}\right)^{n-1} u(n)$；

（4）$x(n) = \left(-\dfrac{1}{2}\right)^{-n} u(n)$；

（5）$x(n) = -\left(\dfrac{1}{2}\right)^n u(-n)$；

（6）$x(n) = \left(\dfrac{1}{2}\right)^{n+1} u(n+1)$。

4-5 试用单位采样序列 $\delta(n)$ 表示图 4-25 所示序列 $x(n)$。

4-6 对图 4-25 所示序列 $x(n)$。

（1）试画出 $x(-n)$ 的图形；

（2）试画出偶对称序列 $x_e(n) = \dfrac{1}{2}[x(n) + x(-n)]$ 的图形；

（3）试画出奇对称序列 $x_o(n) = \dfrac{1}{2}[x(n) - x(-n)]$ 的图形。

4-7 列写图 4-26 所示离散时间系统的差分方程。

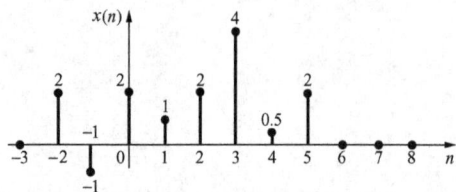

图 4-25 习题 4-5 图

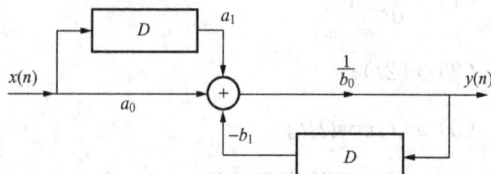

图 4-26 习题 4-7 图

4-8 求解下列差分方程。

(1) $\begin{cases} y(n) - \dfrac{1}{2}y(n-1) = 0 \\ y(-1) = 1 \end{cases}$;

(2) $\begin{cases} y(n) + 2y(n-1) + y(n-2) = 3^n \\ y(-2) = 0, y(-1) = 2 \end{cases}$;

(3) $\begin{cases} y(n) - 0.7y(n-1) + 0.1y(n-2) = 0.1^n \\ y(-2) = 2, y(-1) = 4 \end{cases}$ 。

4-9　一个二阶离散时间系统的差分方程为 $y(n) - \dfrac{3}{4}y(n-1) + \dfrac{1}{8}y(n-2) = x(n)$ 。试求该系统的单位采样响应。

4-10　设线性时不变系统的单位采样响应 $h(n)$ 和输入序列 $x(n)$ 如图 4-27 所示。试用图解法计算该系统的零状态响应 $y(n)$,并画出 $y(n)$ 的图形。

4-11　试证明离散卷积满足结合律,即
$[x(n) * h_1(n)] * h_2(n) = x(n) * [h_1(n) * h_2(n)]$。

4-12　设离散时间系统的输入序列为 $x(n)$,输出序列为 $y(n)$ 。试判断下列系统的因果性。

(1) $y(n) = x^2(n)u(n)$;

(2) $y(n) = x(|n|)$;

(3) $y(n) = x(n) + x(n-3) - x(n-10)$;

(4) $y(n) = x(n) - x(n^2 - n)$。

4-13　设离散时间系统的输入序列为 $x(n)$,输出序列为 $y(n)$ 。试判断下列系统的稳定性。

(1) $y(n) = x^2(n)u(n)$;

(2) $y(n) = \dfrac{\mathrm{e}^{x(n)}}{x(n-1)}$;

(3) $y(n) = \cos[x(n)]$;

(4) $y(n) = \displaystyle\sum_{m=0}^{n} x(m)$。

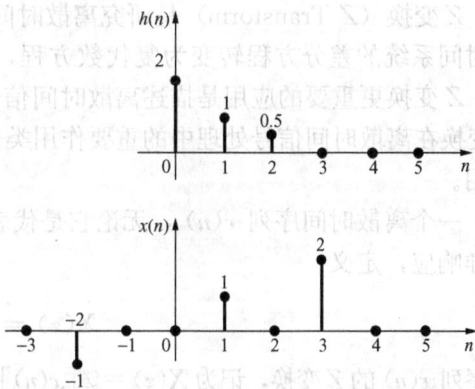

图 4-27　习题 4-10 图

4-14　下列序列是线性时不变系统的单位采样响应 $h(n)$,试判断各系统的因果性和稳定性。

(1) $\delta(n)$;

(2) $u(n)$;

(3) $u(4-n)$;

(4) $2^n u(n)$;

(5) $\dfrac{1}{n}u(n)$;

(6) $2^n [u(n) - u(n-5)]$。

第五章 离散时间系统的 z 域分析

本章首先讨论了在离散时间信号处理中占有重要地位的一种数学工具——Z 变换的定义、性质和反变换方法；其次介绍了 Z 变换与拉普拉斯变换的关系，并引申出离散时间信号的傅里叶变换的概念；第三讨论了应用 Z 变换求解常系数线性差分方程的方法；最后讨论了离散时间系统的系统函数以及频率响应特性。

第一节 Z 变换的定义与收敛域

Z 变换（Z Transform）是研究离散时间系统的一种重要的数学工具。它可以把描述离散时间系统的差分方程转变为复代数方程，从而使差分方程的求解过程得以简化。不仅如此，Z 变换更重要的应用是描述离散时间信号的频率特性和离散时间系统的频率响应特性。Z 变换在离散时间信号处理中的重要作用类似于拉普拉斯变换在连续时间信号处理中的重要作用。

一个离散时间序列 $x(n)$，无论它是代表离散时间信号，还是代表离散时间系统的单位采样响应，定义

$$X(z) = \sum_{n=-\infty}^{+\infty} x(n)z^{-n} \tag{5-1}$$

为序列 $x(n)$ 的 Z 变换，记为 $X(z) = \mathscr{Z}[x(n)]$。其中 z 为复变量。式（5-1）中，序列 $x(n)$ 既可以是双边序列，也可以是单边序列；既可以是左边序列，也可以是右边序列。如果序列 $x(n)$ 为右边序列，且当 $n<0$ 时，$x(n)=0$，即 $x(n)$ 为因果序列，式（5-1）可以写为

$$X(z) = \sum_{n=0}^{+\infty} x(n)z^{-n} \tag{5-2}$$

对比式（5-1）和式（5-2），可以看出，两式之间是略有差异的。式（5-1）定义的 Z 变换称为双边 Z 变换，而式（5-2）定义的 Z 变换称为单边 Z 变换。

无论是双边 Z 变换还是单边 Z 变换，从它们的定义中可以看出，$X(z)$ 是关于 z^{-1} 的幂级数。在复变函数理论中，这种形式的幂级数又称为罗伦（Laurent）级数，而序列 $x(n)$ 就是罗伦级数的展开系数。因此，Z 变换的数学理论可以归结为复变函数理论来进行研究。也就是说 $X(z)$ 具有罗伦级数的收敛性和解析性。式（5-1）或式（5-2）定义式中的级数和并不是对任何 z 值都收敛的，只有当它们收敛时，式（5-1）或式（5-2）中定义的 Z 变换 $X(z)$ 才有意义。使式（5-1）或式（5-2）中的级数和收敛的所有 z 值集合称为 Z 变换 $X(z)$ 的收敛域。

根据罗伦级数理论，式（5-1）中的级数和收敛的充分条件是该级数绝对可和，即满足

$$\sum_{n=-\infty}^{+\infty} |x(n)z^{-n}| < +\infty \tag{5-3}$$

式（5-3）表明，式（5-1）中级数和收敛的判断问题可以归结为下列正项级数和收敛的判断问题，即

$$\sum_{n=-\infty}^{+\infty} |a_n| \tag{5-4}$$

　　一般可以采用比值判定法和根值判定法判断式（5-4）正项级数和的收敛性。对于比值判定法，求正项级数后一项与前一项比值的极限，即

$$\lim_{n \to \infty} \left| \frac{a_{n+1}}{a_n} \right| = \rho \tag{5-5}$$

当 $\rho < 1$ 时级数和收敛；当 $\rho > 1$ 时级数和发散；当 $\rho = 1$ 时级数和可能收敛也可能发散。对于根值判定法，求正项级数第 n 项的 n 次根的极限，即

$$\lim_{n \to \infty} \sqrt[n]{|a_n|} = \rho \tag{5-6}$$

当 $\rho < 1$ 时级数和收敛；当 $\rho > 1$ 时级数和发散；当 $\rho = 1$ 时级数和可能收敛也可能发散。下面应用根值判定法分别讨论有限长序列、右边序列、左边序列和双边序列 Z 变换的收敛域问题。

　　（1）有限长序列。设有限长序列 $x(n)$ 的非零值区间为 $[n_1, n_2]$，其 Z 变换为

$$X(z) = \sum_{n=n_1}^{n_2} x(n) z^{-n} \tag{5-7}$$

显然，式（5-7）为一个有限项级数和。因此，当 $n_1 < 0$、$n_2 > 0$ 时，除 $|z| \to \infty$ 及 $z = 0$ 外，$X(z)$ 在 Z 平面上处处收敛，即收敛域为 $0 < |z| < \infty$；当 $n_1 < 0$、$n_2 \leqslant 0$ 时，除 $|z| \to \infty$ 外，$X(z)$ 在 Z 平面上处处收敛，即收敛域为 $|z| < \infty$；当 $n_1 \geqslant 0$、$n_2 > 0$ 时，除 $z = 0$ 外，$X(z)$ 在 Z 平面上处处收敛，即收敛域为 $|z| > 0$。

　　【例 5-1】 确定矩形系列 $R_N(n)$ 的 Z 变换的收敛域，并求 Z 变换。

　　解　矩形序列 $R_N(n)$ 是有限长序列，$n_1 = 0$，$n_2 = N - 1$。因此，矩形序列 $R_N(n)$ 的 Z 变换的收敛域为 $|z| > 0$，其 Z 变换为

$$X(z) = \sum_{n=-\infty}^{+\infty} R_N(n) z^{-n} = \sum_{n=0}^{N-1} z^{-n} = \frac{1 - z^{-N}}{1 - z^{-1}} \quad (|z| > 0)$$

　　（2）右边序列。设右边序列 $x(n)$ 的非零值区间为 $[n_1, +\infty)$，其 Z 变换为

$$X(z) = \sum_{n=n_1}^{+\infty} x(n) z^{-n} \tag{5-8}$$

由根值判定法，式（5-8）收敛需要满足

$$\lim_{n \to \infty} \sqrt[n]{|x(n) z^{-n}|} = |z^{-1}| \lim_{n \to \infty} \sqrt[n]{|x(n)|} < 1$$

即

$$|z| > \lim_{n \to \infty} \sqrt[n]{|x(n)|} = R_1 \tag{5-9}$$

式中：R_1 为级数和的收敛半径。

　　可见，右边序列 Z 变换的收敛域为半径 R_1 的圆外。当 $n_1 < 0$ 时，收敛域为 $R_1 < |z| < \infty$；当 $n_1 \geqslant 0$ 时，收敛域为 $|z| > R_1$。

　　【例 5-2】 确定指数序列 $x(n) = a^n u(n) Z$ 变换的收敛域，并求 Z 变换。

　　解　显然，序列 $x(n)$ 为右边序列，且 $n_1 = 0$，收敛域 $|z| > R_1$。由式（5-9），得

$$R_1 = \lim_{n \to \infty} \sqrt[n]{|a^n u(n)|} = |a|$$

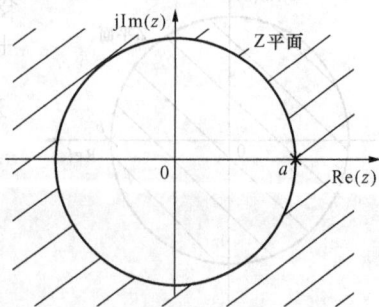

图 5-1　序列 $a^n u(n)$ Z 变换的收敛域（设 $a > 0$）

所以，该序列的 Z 变换的收敛域为 $|z|>|a|$。其 Z 变换为

$$X(z) = \sum_{n=-\infty}^{+\infty} a^n u(n) z^{-n} = \sum_{n=0}^{+\infty} (az^{-1})^n = \frac{1}{1-az^{-1}} = \frac{z}{z-a} \quad (|z|>|a|)$$

由 [例 5-2] 可以看出，Z 变换 $X(z)$ 在 $z=a$ 处有一个极点，而收敛域正是在该极点所在的圆 $|z|=|a|$ 以外的区域，如图 5-1 所示。由复变函数理论知，$X(z)$ 在收敛域外处处解析。因此，收敛域内不允许有极点存在。所以，对于右边序列，Z 变换 $X(z)$ 的极点只能分布在收敛半径为 R_1 的圆内或圆上。进一步而言，如果右边序列的 Z 变换有 m 个极点，例如，$z_1, z_2, \cdots, z_m$，那么它的收敛域一定在模值为最大的一个极点生成的圆外，即

$$R_1 = \max(|z_1|, |z_2|, \cdots, |z_m|)$$

（3）左边序列。设左边序列 $x(n)$ 的非零值区间为 $(-\infty, n_2]$，其 Z 变换为

$$X(z) = \sum_{n=-\infty}^{n_2} x(n) z^{-n} = \sum_{n'=-n_2}^{+\infty} x(-n') z^{n'} \tag{5-10}$$

由根值判定法，式（5-10）收敛需要满足

$$\lim_{n \to \infty} \sqrt[n]{|x(-n)z^n|} = |z| \lim_{n \to \infty} \sqrt[n]{|x(-n)|} < 1$$

即

$$|z| < \frac{1}{\lim\limits_{n \to \infty} \sqrt[n]{|x(-n)|}} = R_2 \tag{5-11}$$

式中：R_2 为级数和的收敛半径。

可见，左边序列 Z 变换的收敛域为半径为 R_2 的圆内。当 $n_2 > 0$ 时，收敛域为 $0 < |z| < R_2$；当 $n_2 \leqslant 0$ 时，收敛域为 $|z| < R_2$。

【例 5-3】确定指数序列 $x(n) = -b^n u(-n-1)$ Z 变换的收敛域，并求 Z 变换。

解　显然，序列 $x(n)$ 是左边序列，且 $n_2 = -1$，收敛域 $|z| < R_2$。由式（5-11），得

$$R_2 = \frac{1}{\lim\limits_{n \to \infty} \sqrt[n]{|x(-n)|}} = \frac{1}{\lim\limits_{n \to \infty} \sqrt[n]{|-b^{-n} u(n-1)|}} = |b|$$

所以，该序列 Z 变换的收敛域为 $|z| < |b|$。其 Z 变换为

$$X(z) = \sum_{n=-\infty}^{+\infty} [-b^n u(-n-1)] z^{-n} = -\sum_{n=-\infty}^{-1} b^n z^{-n}$$

令 $n' = -n$，当 $n = -1$ 时，$n' = 1$；当 $n \to -\infty$ 时，$n' \to +\infty$。上式变为

$$X(z) = -\sum_{n'=\infty}^{1} b^{-n'} z^{n'} = -\sum_{n'=1}^{+\infty} (b^{-1}z)^{n'} = -\sum_{n'=0}^{+\infty} (b^{-1}z)^{n'} + 1$$

$$= 1 - \frac{1}{1-b^{-1}z} = \frac{z}{z-b} \quad (|z|<|b|)$$

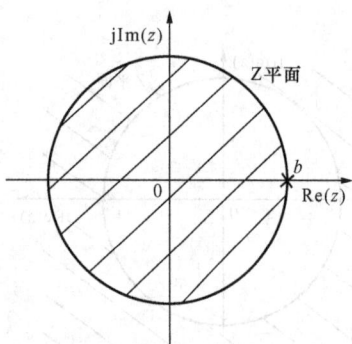

图 5-2　序列 $-b^n u(-n-1)$ Z
变换的收敛域（设 $b>0$）

可见，$X(z)$ 在 $z=b$ 处有一个极点，且收敛域正是在该极点所在的圆 $|z|=|b|$ 以内，如图 5-2 所示。由于 $X(z)$ 在收敛域内处处解析，因此，左边序列 Z 变换的极点只能分布在收敛半径为 R_2 的圆外或圆上。进一步而言，如果左边序列

的 Z 变换有 m 个极点，例如 z_1，z_2，$\cdots$，z_m，那么它的收敛域一定在模值为最小的一个极点生成的圆内，即

$$R_2 = \min(\mid z_1 \mid, \mid z_2 \mid, \cdots, \mid z_m \mid)$$

（4）双边序列。将双边序列 $x(n)$ 分解为左边序列和右边序列两个部分，即双边序列 $x(n)$ 的 Z 变换可以写成下列形式

$$X(z) = \sum_{n=-\infty}^{+\infty} x(n)z^{-n} = \sum_{n=-\infty}^{-1} x(n)z^{-n} + \sum_{n=0}^{+\infty} x(n)z^{-n} \qquad (5\text{-}12)$$

式（5-12）第二个等号后的第一项为左边序列，设其收敛半径为 R_2，收敛域为 $\mid z \mid < R_2$；第二项为右边序列，设其收敛半径为 R_1，收敛域为 $\mid z \mid > R_1$。如果 $R_2 > R_1$，则双边序列 $x(n)$ 的 Z 变换的收敛域应该是左边序列与右边序列的 Z 变换收敛域的重叠部分，即 $R_1 < \mid z \mid < R_2$，此时，收敛域为 Z 平面上以原点为中心的一个圆环；如果 $R_2 < R_1$，则左边序列与右边序列的 Z 变换的收敛域不存在公共的收敛域，此时，双边序列的 Z 变换不收敛。

【例 5-4】 求序列 $x(n) = a^n u(n) - b^n u(-n-1)$ 的 Z 变换，并确定它的收敛域（设 $b > a > 0$）。

解　显然，序列 $x(n)$ 为双边序列，它的 Z 变换为

$$\begin{aligned}
X(z) &= \sum_{n=-\infty}^{\infty} \left[a^n u(n) - b^n u(-n-1)\right] z^{-n} \\
&= \sum_{n=0}^{+\infty} a^n z^{-n} - \sum_{n=-\infty}^{-1} b^n z^{-n} \\
&= \frac{z}{z-a} + 1 - \sum_{n=0}^{\infty} b^{-n} z^n \\
&= \frac{z}{z-a} + \frac{z}{z-b} \\
&= \frac{2z\left(z - \dfrac{a+b}{2}\right)}{(z-a)(z-b)}
\end{aligned}$$

在上式求解中，双边序列的 Z 变换被分解为右边序列和左边序列的 Z 变换。前者的收敛域为 $\mid z \mid > a > 0$，后者的收敛域为 $\mid z \mid < b$。根据本例题假设，$b > a > 0$，所以，$X(z)$ 的收敛域为 $a < \mid z \mid < b$，如图5-3所示。

从上面不同形式序列 Z 变换的收敛域的讨论不难看出，收敛域取决于序列的形式，序列形式不同，Z 变换的收敛域也不同。即便是同样的 $X(z)$，收敛域不同，$X(z)$ 对应的序列也不尽相同。例如，在［例 5-2］和［例 5-3］中，虽然 $X(z)$ 均具有 $\dfrac{z}{z-a}$ 的形式，但是，当收敛域为 $\mid z \mid > \mid a \mid$ 时，它为右边序列 $x(n) = a^n u(n)$ 的 Z 变换；当收敛域为 $\mid z \mid < \mid a \mid$ 时，它为左边序列 $-a^n u(-n-1)$ 的 Z 变换。所以，若只有 Z 变换的表达式，而不规定它的收敛域，那么这个 Z 变换的表达式对应的序列是不惟一的。

在离散时间信号处理系统中，大量的信号序列都是因

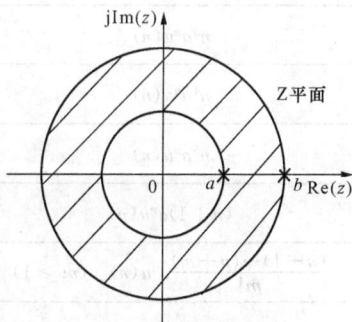

图 5-3　序列 $a^n u(n) - b^n u(-n-1)$ 的 Z 变换的收敛域

果序列，即为 $n_1=0$ 的右边序列。因此，式（5-1）定义的双边 Z 变换均转换为式（5-2）定义的单边 Z 变换。从上边的讨论知道，单边 Z 变换的收敛域与右边序列 Z 变换的收敛域相同，都是圆外收敛，即 $|z|>R_1$。

在实际中，除了［例 5-2］给出的指数序列 $a^n u(n)$ 的 Z 变换式

$$Z[a^n u(n)] = \frac{z}{z-a} \quad (|z|>|a|) \tag{5-13}$$

之外，还经常用到单位采样序列 $\delta(n)$ 和单位阶跃序列 $u(n)$ 的 Z 变换，即

$$Z[\delta(n)] = \sum_{n=-\infty}^{+\infty} \delta(n)z^{-n} = 1 \tag{5-14}$$

在式（5-13）中，令 $a=1$，有

$$Z[u(n)] = \frac{z}{z-1} \quad (|z|>1) \tag{5-15}$$

表 5-1 列出了一些典型序列的 Z 变换，供读者查阅。

表 5-1　　　　　　　　　　　典型序列的 Z 变换表

序列	Z 变换	收敛域
$\delta(n)$	1	全部 z 域
$\delta(n-m)(m>0)$	z^{-m}	$|z|>0$
$u(n)$	$\dfrac{z}{z-1}$	$|z|>1$
$R_N(n)$	$\dfrac{1-z^{-N}}{1-z^{-1}}$	$|z|>0$
$nu(n)$	$\dfrac{z}{(z-1)^2}$	$|z|>1$
$n^2 u(n)$	$\dfrac{z(z+1)}{(z-1)^3}$	$|z|>1$
$n^3 u(n)$	$\dfrac{z(z^2+4z+1)}{(z-1)^4}$	$|z|>1$
$n^4 u(n)$	$\dfrac{z(z^3+11z^2+11z+1)}{(z-1)^5}$	$|z|>1$
$n^5 u(n)$	$\dfrac{z(z^4+26z^3+66z^2+26z+1)}{(z-1)^6}$	$|z|>1$
$a^n u(n)$	$\dfrac{z}{z-a}$	$|z|>|a|$
$na^n u(n)$	$\dfrac{az}{(z-a)^2}$	$|z|>|a|$
$n^2 a^n u(n)$	$\dfrac{az(z+a)}{(z-a)^3}$	$|z|>|a|$
$n^3 a^n u(n)$	$\dfrac{az(z^2+4az+a^2)}{(z-a)^4}$	$|z|>|a|$
$n^4 a^n u(n)$	$\dfrac{az(z^3+11az^2+11a^2z+a^3)}{(z-a)^5}$	$|z|>|a|$
$n^5 a^n u(n)$	$\dfrac{az(z^4+26az^3+66a^2z^2+26a^3z+a^4)}{(z-a)^6}$	$|z|>|a|$
$(n+1)a^n u(n)$	$\dfrac{z^2}{(z-a)^2}$	$|z|>|a|$
$\dfrac{(n+1)\cdots(n+m)}{m!}a^n u(n) \quad (m\geq 1)$	$\dfrac{z^{m+1}}{(z-a)^{m+1}}$	$|z|>|a|$
$e^{bn} u(n)$	$\dfrac{z}{z-e^b}$	$|z|>|e^b|$
$e^{j n w_0} u(n)$	$\dfrac{z}{z-e^{j w_0}}$	$|z|>1$

序列	Z 变换	收敛域
$\sin(n\omega_0)u(n)$	$\dfrac{z\sin\omega_0}{z^2-2z\cos\omega_0+1}$	$\lvert z\rvert>1$
$\cos(n\omega_0)u(n)$	$\dfrac{z(z-\cos\omega_0)}{z^2-2z\cos\omega_0+1}$	$\lvert z\rvert>1$
$\beta^n\sin(n\omega_0)u(n)$	$\dfrac{\beta z\sin\omega_0}{z^2-2\beta z\cos\omega_0+\beta^2}$	$\lvert z\rvert>\lvert\beta\rvert$
$\beta^n\cos(n\omega_0)u(n)$	$\dfrac{z(z-\beta\cos\omega_0)}{z^2-2\beta z\cos\omega_0+\beta^2}$	$\lvert z\rvert>\lvert\beta\rvert$
$\sin(n\omega_0+\theta)u(n)$	$\dfrac{z[z\sin\theta+\sin(\omega_0-\theta)]}{z^2-2z\cos\omega_0+1}$	$\lvert z\rvert>1$
$\cos(n\omega_0+\theta)u(n)$	$\dfrac{z[z\cos\theta-\cos(\omega_0-\theta)]}{z^2-2z\cos\omega_0+1}$	$\lvert z\rvert>1$
$na^n\sin(n\omega_0)u(n)$	$\dfrac{z(z-a)(z+a)a\sin\omega_0}{(z^2-2az\cos\omega_0+a^2)^2}$	$\lvert z\rvert>\lvert a\rvert$
$na^n\cos(n\omega_0)u(n)$	$\dfrac{az[z^2\cos\omega_0-2az+a^2\cos\omega_0]}{(z^2-2az\cos\omega_0+a^2)^2}$	$\lvert z\rvert>\lvert a\rvert$

在 Z 变换的讨论中，除了序列 $x(n)$ 的 Z 变换的计算和收敛域等问题外，另一个基本问题是根据 $X(z)$ 及其收敛域，求序列 $x(n)$ 的问题。我们将这个问题称为 Z 反变换。在本章第三节中将专门讨论 Z 反变换的计算方法，下面只讨论 Z 反变换公式。由于单边 Z 变换与双边 Z 变换的 Z 反变换公式相同，故以双边 Z 变换的论述为主。

将式（5-1）重写如下

$$X(z)=\sum_{n=-\infty}^{+\infty}x(n)z^{-n}\quad(R_1<\lvert z\rvert<R_2)$$

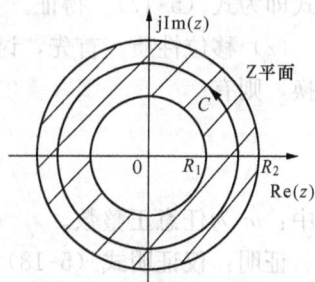

图 5-4　围线积分路径 C

式中收敛域的圆环如图 5-4 所示。为求 $x(n)$，在收敛域内任选一条包围原点的沿逆时针方向的围线 C，并将上式两端同乘以 z^{m-1} 后沿该围线 C 积分，得

$$\oint_C X(z)z^{m-1}\mathrm{d}z=\oint_C\sum_{n=-\infty}^{+\infty}x(n)z^{-n}z^{m-1}\mathrm{d}z=\sum_{n=-\infty}^{+\infty}x(n)\oint_C z^{m-n-1}\mathrm{d}z$$

利用复变函数理论中的柯西（Cauchy）定理，即

$$\oint_C z^{n-1}\mathrm{d}z=\begin{cases}\mathrm{j}2\pi,&n=0\\0,&n\neq0\end{cases}$$

得

$$\oint_C X(z)z^{m-1}\mathrm{d}z=x(m)\mathrm{j}2\pi$$

所以，Z 反变换公式为

$$x(n)=\frac{1}{\mathrm{j}2\pi}\oint_C X(z)z^{m-1}\mathrm{d}z \tag{5-16}$$

综上所述，序列 $x(n)$ 的 Z 变换与 Z 反变换公式为

$$X(z)=\sum_{n=-\infty}^{+\infty}x(n)z^{-n}\quad(R_1<\lvert z\rvert<R_2)$$

$$x(n) = \frac{1}{\mathrm{j}2\pi} \oint_C X(z) z^{n-1} \mathrm{d}z$$

第二节 Z 变 换 的 基 本 性 质

Z 变换是研究离散时间信号处理问题的有力工具。在离散时间信号处理系统中，经常对序列作延迟、相加、相乘和卷积等运算。因此，研究 Z 变换的基本性质对于简化离散时间系统的分析有重要意义。在下面的讨论中，均假设 Z 变换是收敛的。

（1）线性性质。Z 变换的线性性质体现为叠加性和齐次性，即

$$\mathscr{L}[ax_1(n) + bx_2(n)] = a\mathscr{L}[x_1(n)] + b\mathscr{L}[x_2(n)] \tag{5-17}$$

式中：a 和 b 为任意常数。

证明：由 Z 变换的定义，有

$$\mathscr{L}[ax_1(n) + bx_2(n)] = \sum_{n=-\infty}^{+\infty}[ax_1(n) + bx_2(n)]z^{-n} = a\sum_{n=-\infty}^{+\infty}x_1(n)z^{-n} + b\sum_{n=-\infty}^{\infty}x_2(n)z^{-n}$$
$$= a\mathscr{L}[x_1(n)] + b\mathscr{L}[x_2(n)]$$

上式即为式（5-17）。得证。

（2）移位性质。首先，讨论双边 Z 变换的移位性质。如果 $X(z)$ 是序列 $x(n)$ 的双边 Z 变换，则有

$$\mathscr{L}[x(n-m)] = z^{-m}X(z) \tag{5-18}$$
$$\mathscr{L}[x(n+m)] = z^{m}X(z) \tag{5-19}$$

式中：m 为任意正整数。

证明：仅证式（5-18）序列右移的移位性质，式（5-19）可以类似证明。

由双边 Z 变换的定义，有

$$\mathscr{L}[x(n-m)] = \sum_{n=-\infty}^{+\infty}x(n-m)z^{-n} = \sum_{n'=-\infty}^{+\infty}x(n')z^{-(n'+m)} = z^{-m}\sum_{n'=-\infty}^{+\infty}x(n')z^{-n'}$$
$$= z^{-m}X(z)$$

得证。

从式（5-18）和式（5-19）可以看出，无论是序列右移还是左移，其 Z 变换仅在 $z=0$ 或 $z\to\infty$ 处的零点或极点发生变化，其收敛域也仅在 $z=0$ 或 $z\to\infty$ 处需另加讨论，收敛域的其余部分与 $X(z)$ 的收敛域完全相同。

对于单边 Z 变换，不妨将式（5-2）写为

$$X(z) = \mathscr{L}[x(n)u(n)] = \sum_{n=0}^{+\infty}x(n)z^{-n}$$

则有

$$\mathscr{L}[x(n-m)u(n)] = z^{-m}\Big[X(z) + \sum_{n'=-m}^{-1}x(n')z^{-n'}\Big] \tag{5-20}$$
$$\mathscr{L}[x(n+m)u(n)] = z^{m}\Big[X(z) - \sum_{n'=0}^{m-1}x(n')z^{-n'}\Big] \tag{5-21}$$

式中：m 为任意正整数。

证明：仅证式（5-20）序列右移的移位性质，式（5-21）可以类似证明。

由单边 Z 变换定义，有

$$\mathscr{Z}\big[x(n-m)u(n)\big] = \sum_{n=0}^{+\infty} x(n-m)z^{-n}$$

$$= \sum_{n'=-m}^{+\infty} x(n')z^{-(n'+m)} = z^{-m}\sum_{n'=-m}^{+\infty} x(n')z^{-n'}$$

$$= z^{-m}\Big[\sum_{n'=0}^{+\infty} x(n')z^{-n'} + \sum_{n'=-m}^{-1} x(n')z^{-n'}\Big]$$

$$= z^{-m}\Big[X(z) + \sum_{n'=-m}^{-1} x(n')z^{-n'}\Big]$$

得证。

（3）序列线性加权性质（z 域微分性质）。如果 $X(z)$ 是序列 $x(n)$ 的 Z 变换，则

$$\mathscr{Z}\big[nx(n)\big] = -z\frac{\mathrm{d}X(z)}{\mathrm{d}z} \tag{5-22}$$

证明：因为

$$X(z) = \sum_{n=-\infty}^{+\infty} x(n)z^{-n}$$

两边对 z 求导数，得

$$\frac{\mathrm{d}X(z)}{\mathrm{d}z} = -\sum_{n=-\infty}^{+\infty} nx(n)z^{-n-1} = -z^{-1}\sum_{n=-\infty}^{+\infty}\big[nx(n)\big]z^{-n}$$

整理，得

$$\mathscr{Z}\big[nx(n)\big] = -z\frac{\mathrm{d}X(z)}{\mathrm{d}z}$$

得证。

【例 5-5】 求序列 $nu(n)$ 的 Z 变换。

解 由式（5-15）已知序列 $u(n)$ 的 Z 变换，为此，利用式（5-22）Z 变换的 z 域微分性质求序列 $nu(n)$ 的 Z 变换，即

$$\mathscr{Z}\big[nu(n)\big] = -z\frac{\mathrm{d}}{\mathrm{d}z}\mathscr{Z}\big[u(n)\big] = -z\frac{\mathrm{d}}{\mathrm{d}z}\Big(\frac{z}{z-1}\Big) = -z\frac{-1}{(z-1)^2} = \frac{z}{(z-1)^2}$$

（4）序列指数加权性质（z 域尺度变换性质）。如果 $X(z)$ 是序列 $x(n)$ 的 Z 变换，且其收敛域为 $R_1 < |z| < R_2$，则

$$\mathscr{Z}\big[a^n x(n)\big] = X\Big(\frac{z}{a}\Big) \quad \Big(R_1 < \Big|\frac{z}{a}\Big| < R_2\Big) \tag{5-23}$$

证明：直接求序列 $a^n x(n)$ 的 Z 变换，得

$$\mathscr{Z}\big[a^n x(n)\big] = \sum_{n=-\infty}^{+\infty} a^n x(n)z^{-n} = \sum_{n=-\infty}^{+\infty} x(n)\Big(\frac{z}{a}\Big)^{-n} = X\Big(\frac{z}{a}\Big)$$

因为，序列 $x(n)Z$ 变换的收敛域为 $R_1 < |z| < R_2$。由上式不难推出，指数加权后其 Z 变换的收敛域为 $R_1 < \Big|\dfrac{z}{a}\Big| < R_2$。得证。

式（5-23）表明，序列 $x(n)$ 乘以指数序列后，其 Z 变换等效于将 Z 平面进行了尺度展缩。由式（5-23）可以进一步得到

$$\mathscr{Z}\big[b^{-n} x(n)\big] = X(bz) \quad (R_1 < |bz| < R_2) \tag{5-24}$$

$$\mathscr{L}[(-1)^n x(n)] = X(-z) \quad (R_1 < |z| < R_2) \tag{5-25}$$

（5）初值定理。如果 $x(n)$ 是因果序列，其 Z 变换为 $X(z)$，则

$$x(0) = \lim_{z \to \infty} X(z) \tag{5-26}$$

证明：由因果序列的单边 Z 变换，有

$$X(z) = \sum_{n=0}^{+\infty} x(n) z^{-n} = x(0) + \sum_{n=1}^{+\infty} x(n) z^{-n}$$

当 $z \to \infty$ 时，上式级数和中除第一项 $x(0)$ 外，其余各项都趋于零。所以

$$x(0) = \lim_{z \to \infty} X(z)$$

得证。

（6）终值定理。如果 $x(n)$ 是因果序列，其 Z 变换为 $X(z)$，则

$$\lim_{n \to \infty} x(n) = \lim_{z \to 1}[(z-1)X(z)] \tag{5-27}$$

证明：由式（5-21）的 Z 变换位移性质，得

$$\mathscr{L}[x(n+1)] = z[X(z) - x(0)]$$

考虑到序列 $x(n+1) - x(n)$ 的 Z 变换，并应用线性性质，得

$$\mathscr{L}[x(n+1) - x(n)] = \mathscr{L}[x(n+1)] - \mathscr{L}[x(n)] = zX(z) - zx(0) - X(z) = (z-1)X(z) - zx(0)$$

所以，有

$$(z-1)X(z) = zx(0) + \mathscr{L}[x(n+1) - x(n)] = zx(0) + \sum_{n=0}^{+\infty}[x(n+1) - x(n)]z^{-n}$$
$$= zx(0) + [x(1) - x(0)] + [x(2) - x(1)]z^{-1} + \cdots$$

当 $z \to 1$ 时，得

$$\lim_{z \to 1}[(z-1)X(z)] = x(0) + [x(1) - x(0)] + [x(2) - x(1)] + \cdots = x(\infty)$$

所以，有

$$\lim_{n \to \infty} x(n) = \lim_{z \to 1}[(z-1)X(z)]$$

得证。

观察式（5-26）和式（5-27），不难看出，初值定理和终值定理提供了仅知道序列 $x(n)$ 的 Z 变换且在不求 Z 反变换情况下确定序列初值 $x(0)$ 和终值 $x(\infty)$ 的方法。

（7）时域卷积定理。如果 $X(z) = \mathscr{L}[x(n)], R_{x1} < |z| < R_{x2}, H(z) = \mathscr{L}[h(n)], R_{h1} < |z| < R_{h2}$，则

$$\mathscr{L}[x(n) * h(n)] = X(z)H(z) \quad (\max[R_{x1}, R_{h1}] < |z| < \min[R_{x2}, R_{h2}]) \tag{5-28}$$

证明：对 $x(n) * h(n)$ 进行 Z 变换，得

$$\mathscr{L}[x(n) * h(n)] = \sum_{n=-\infty}^{+\infty}[x(n) * h(n)]z^{-n} = \sum_{n=-\infty}^{+\infty}\left[\sum_{m=-\infty}^{+\infty} x(m)h(n-m)\right]z^{-n}$$
$$= \sum_{m=-\infty}^{+\infty} x(m) \sum_{n=-\infty}^{+\infty} h(n-m)z^{-(n-m)}z^{-m} = \sum_{m=-\infty}^{+\infty} x(m)z^{-m}H(z)$$
$$= X(z)H(z)$$

得证。

时域卷积定理表明，两个序列在时域中的离散卷积等效于在 z 域中两序列 Z 变换的乘积。如果 $x(n)$ 和 $h(n)$ 分别为线性时不变系统的激励序列和单位采样响应序列，那么在求系

统的零状态响应时，除了可以直接在时域上按离散卷积进行计算外，还可以在 z 域上借助时域卷积定理式（5-28）通过 $X(z)H(z)$ 的反变换进行计算。很多情况下，时域卷积定理可以大大地简化线性时不变系统的分析。

（8）序列相乘性质（z 域卷积定理）。如果 $X(z)=\mathscr{L}[x(n)]$，$R_{x1}<|z|<R_{x2}$，$H(z)=\mathscr{L}[h(n)]$，$R_{h1}<|z|<R_{h2}$，则

$$\mathscr{L}[x(n)h(n)]=\frac{1}{j2\pi}\oint_{C_1}X(\upsilon)H\left(\frac{z}{\upsilon}\right)\upsilon^{-1}d\upsilon\quad(R_{x1}R_{h1}<|z|<R_{x2}R_{h2})\quad(5-29)$$

或

$$\mathscr{L}[x(n)h(n)]=\frac{1}{j2\pi}\oint_{C_2}X\left(\frac{z}{\upsilon}\right)H(\upsilon)\upsilon^{-1}d\upsilon\quad(R_{x1}R_{h1}<|z|<R_{x2}R_{h2})\quad(5-30)$$

式中：C_1 和 C_2 分别是 $X\left(\frac{z}{\upsilon}\right)$ 与 $H(\upsilon)$ 或 $X(\upsilon)$ 与 $H\left(\frac{z}{\upsilon}\right)$ 收敛域重叠部分内的逆时针方向包围原点的围线。

证明：对 $x(n)h(n)$ 进行 Z 变换，并利用式（5-16），得

$$\mathscr{L}[x(n)h(n)]=\sum_{n=-\infty}^{+\infty}[x(n)h(n)]z^{-n}$$

$$=\sum_{n=-\infty}^{+\infty}\left[\frac{1}{j2\pi}\oint_{C_1}X(\upsilon)\upsilon^{n-1}d\upsilon\right]h(n)z^{-n}$$

$$=\frac{1}{j2\pi}\oint_{C_1}X(\upsilon)\sum_{n=-\infty}^{+\infty}h(n)\left(\frac{z}{\upsilon}\right)^{-n}\upsilon^{-1}d\upsilon$$

$$=\frac{1}{j2\pi}\oint_{C_1}X(\upsilon)H\left(\frac{z}{\upsilon}\right)\upsilon^{-1}d\upsilon$$

上式即为式（5-29）。上式 $X(\upsilon)$ 的收敛域为 $R_{x1}<|\upsilon|<R_{x2}$，而 $H\left(\frac{z}{\upsilon}\right)$ 的收敛域为 $R_{h1}<|\frac{z}{\upsilon}|<R_{h2}$。所以，式（5-29）的收敛域至少为

$$R_{x1}R_{h1}<|z|<R_{x2}R_{h2}$$

同理，可得式（5-30）。得证。

如果假设围线 C_1 是一个圆，即 $\upsilon=\rho e^{j\theta}$，$z=re^{j\omega}$，则 $d\upsilon=j\rho e^{j\theta}d\theta=j\upsilon d\theta$，代入式（5-29），并整理，得

$$\mathscr{L}[x(n)h(n)]=\frac{1}{2\pi}\int_{-\pi}^{\pi}X(\rho e^{j\theta})H\left[\frac{r}{\rho}e^{j(\omega-\theta)}\right]d\theta\quad(5-31)$$

不难看出，式（5-31）非常类似于时域中函数 $x(t)$ 和函数 $h(t)$ 的卷积计算式。我们称式（5-31）为复函数 $X(re^{j\omega})$ 与 $H(re^{j\omega})$ 的复卷积。因此，式（5-29）～式（5-31）又称为 z 域卷积定理或复卷积定理。

（9）帕斯瓦尔定理。如果 $X(z)=\mathscr{L}[x(n)]$，$R_{x1}<|z|<R_{x2}$，$H(z)=\mathscr{L}[h(n)]$，$R_{h1}<|z|<R_{h2}$，且 $R_{x1}R_{h1}<1$，$R_{x2}R_{h2}>1$，则

$$\sum_{n=-\infty}^{+\infty} x(n)h^*(n) = \frac{1}{\mathrm{j}2\pi} \oint_C X(\upsilon)H^*\left(\frac{1}{\upsilon^*}\right)\upsilon^{-1}\mathrm{d}\upsilon \tag{5-32}$$

式中："$*$"表示取复数共轭运算；C 为 υ 平面上 $X(\upsilon)$ 与 $H^*\left(\dfrac{1}{\upsilon^*}\right)$ 的公共收敛域内的一条包围原点的逆时针方向围线。

证明：首先讨论序列 $h^*(n)$ 的 Z 变换，即

$$\mathscr{Z}[h^*(n)] = \sum_{n=-\infty}^{+\infty} h^*(n)z^{-n} = \left[\sum_{n=-\infty}^{+\infty} h(n)(z^*)^{-n}\right]^* = H^*(z^*)$$

由于 $|z^*| = |z|$，因此，序列 $h^*(n)$ 的 Z 变换的收敛域与 $H(z)$ 相同。其次，由式 (5-29) z 域卷积定理，得

$$\mathscr{Z}[x(n)h^*(n)] = \frac{1}{\mathrm{j}2\pi} \oint_C X(\upsilon)H^*\left(\frac{z^*}{\upsilon^*}\right)\upsilon^{-1}\mathrm{d}\upsilon \quad (R_{x1}R_{h1} < |z| < R_{x2}R_{h2}) \tag{5-33}$$

由定理给出的条件知道，$R_{x1}R_{h1} < 1$，$R_{x2}R_{h2} > 1$。所以，式 (5-33) 中 $|z| = 1$ 时收敛。将 $z = 1$ 代入式 (5-33)，得

$$\sum_{n=-\infty}^{+\infty} x(n)h^*(n) = \frac{1}{\mathrm{j}2\pi} \oint_C X(\upsilon)H^*\left(\frac{1}{\upsilon^*}\right)\upsilon^{-1}\mathrm{d}\upsilon$$

上式即为式 (5-32)。得证。

如果取围线 C 为单位圆，即令 $\upsilon = \mathrm{e}^{\mathrm{j}\omega}$，则 $\mathrm{d}\upsilon = \mathrm{j}\mathrm{e}^{\mathrm{j}\omega}\mathrm{d}\omega = \mathrm{j}\upsilon\mathrm{d}\omega$。代入式 (5-32)，得

$$\sum_{n=-\infty}^{+\infty} x(n)h^*(n) = \frac{1}{2\pi} \oint_{-\pi}^{\pi} X(\mathrm{e}^{\mathrm{j}\omega})H^*(\mathrm{e}^{\mathrm{j}\omega})\mathrm{d}\omega$$

再取 $h(n) = x(n)$，则

$$\sum_{n=-\infty}^{+\infty} |x(n)|^2 = \frac{1}{2\pi} \oint_{-\pi}^{\pi} |X(\mathrm{e}^{\mathrm{j}\omega})|^2 \mathrm{d}\omega \tag{5-34}$$

式 (5-34) 表明，在时域上计算序列的能量等于在频域上利用其频谱计算的能量。这是帕斯瓦尔定理最常见的一种应用形式。

第三节　Z 反 变 换

式 (5-16) 给出了 Z 反变换的公式，即

$$x(n) = \frac{1}{\mathrm{j}2\pi} \oint_C X(z)z^{n-1}\mathrm{d}z$$

由于需要计算围线积分，一般不直接应用式 (5-16) 求 Z 反变换。在实际中，一般求 Z 反变换的常用方法有留数法、幂级数展开法和部分分式展开法。下面分别进行介绍。

一、留数法

如果 $X(z)$ 具有有限个极点，则式 (5-16) 围线积分可以采用复变函数理论中的留数定理进行计算。设 $\{a_m\}$ 与 $\{b_m\}$ 分别是 $X(z)z^{n-1}$ 在 Z 平面围线 C 内部与外部的两组极点，则

$$x(n) = \sum_m \mathrm{Res}[X(z)z^{n-1}, a_m] \tag{5-35}$$

或

$$x(n) = -\sum_m \text{Res}[X(z)z^{n-1}, b_m] \tag{5-36}$$

式中：Res 表示极点的留数。

在利用留数定理求 Z 反变换时，首先要根据 $X(z)$ 的收敛域确定序列 $x(n)$ 的形式，也就是要确定 $x(n)$ 是右边序列、左边序列还是双边序列；然后，根据极点的位置来选择是采用式（5-35）还是采用式（5-36）计算序列 $x(n)$。如果序列 $x(n)$ 是右边序列，则应用式（5-35）；反之，如果序列 $x(n)$ 为左边序列，则应用式（5-36）。需要注意的是，式（5-35）或式（5-36）求的是 $X(z)z^{n-1}$ 的留数，所以要注意 $X(z)$ 乘以 z^{n-1} 后在 $z=0$ 处的极点变化。

如果 $X(z)z^{n-1}$ 在 $z=z_m$ 处有 l 阶极点，则它的留数确定为

$$\text{Res}[X(z)z^{n-1}, z_m] = \frac{1}{(l-1)!} \frac{d^{l-1}}{dz^{l-1}}[(z-z_m)^l X(z)z^{n-1}]\Big|_{z=z_m} \tag{5-37}$$

特别是当 $l=1$ 时，即 $X(z)z^{n-1}$ 在 $z=z_m$ 处有一阶极点，则式（5-37）可以简化为

$$\text{Res}[X(z)z^{n-1}, z_m] = (z-z_m)X(z)z^{n-1}\Big|_{z=z_m} \tag{5-38}$$

【例 5-6】已知

$$X(z) = \frac{1}{(1-z^{-1})(1-e^{-T}z^{-1})} \quad (|z| > 1)$$

试求序列 $x(n)$。

解　由于 $X(z)$ 的收敛域 $|z| > 1$，则 $x(n)$ 为右边序列，且 $n_1 = 0$。在 $|z| > 1$ 的收敛域内选围线 C，则

$$X(z)z^{n-1} = \frac{z^{n-1}}{(1-z^{-1})(1-e^{-T}z^{-1})} = \frac{z^{n+1}}{(z-1)(z-e^{-T})}$$

当 $n \geqslant 0$ 时，$X(z)z^{n-1}$ 仅有两个极点，即 $z_1 = 1$ 和 $z_2 = e^{-T}$　均被 C 所包围。由式（5-35），得

$$x(n) = \text{Res}[X(z)z^{n-1}, 1] + \text{Res}[X(z)z^{n-1}, e^{-T}]$$
$$= \frac{1}{1-e^{-T}} + \frac{e^{-(n+1)T}}{e^{-T}-1} \quad (n \geqslant 0)$$

【例 5-7】已知

$$X(z) = \frac{1-a^2}{(1-az)(1-az^{-1})} \quad (|a| < |z| < |a^{-1}|)$$

且 $0 < |a| < 1$。试求序列 $x(n)$。

解　由于 $X(z)$ 的收敛域为 $|a| < |z| < |a^{-1}|$ 且 $0 < |a| < 1$，即 $X(z)$ 的收敛域是以内半径为 $|a|$ 和外半径为 $|a^{-1}|$ 的同心圆环，因此，所求序列 $x(n)$ 为双边序列

$$X(z)z^{n-1} = \frac{(1-a^2)z^{n-1}}{(1-az)(1-az^{-1})} = \frac{-(1-a^2)a^{-1}z^n}{(z-a^{-1})(z-a)}$$

在收敛域内取围线 C 且包围原点，则围线 C 界于 $|z| = |a|$ 和 $|z| = |a^{-1}|$ 之间。当 $n \geqslant 0$ 时，$X(z)z^{n-1}$ 在围线 C 内仅有一个极点，即 $z=a$。由式（5-35），得

$$x(n) = \text{Res}[X(z)z^{n-1}, a] = \frac{-(1-a^2)a^{-1}a^n}{a-a^{-1}} = a^n \quad (n \geqslant 0)$$

又当 $n < 0$ 时，$X(z)z^{n-1}$ 在围线 C 外仅有一个极点，即 $z=a^{-1}$。由式（5-36），得

$$x(n) = -\text{Res}[X(z)z^{n-1}, a^{-1}] = \frac{-(1-a^2)a^{-1}a^{-n}}{a^{-1}-a} = a^{-n} \quad (n < 0)$$

综上，得双边序列 $x(n)$ 为

$$x(n) = \begin{cases} a^n, & n \geqslant 0 \\ a^{-n}, & n < 0 \end{cases}$$

二、幂级数展开法

从式（5-1）的 Z 变换定义知道，序列 $x(n)$ 的 Z 变换就是 z^{-1} 的幂级数，$x(n)$ 为幂级数项 z^{-n} 前的系数。所以，只要在给定的收敛域内把 $X(z)$ 展开成 z^{-1} 的幂级数，那么该级数的系数就是序列 $x(n)$。

【例 5-8】 已知

$$X(z) = \ln(1 + az^{-1}) \quad (|z| > |a|)$$

且 $|a| < 1$。试求序列 $x(n)$。

解　由于 $X(z)$ 的收敛域 $|z| > |a|$，则 $x(n)$ 为右边序列，且 $n_1 = 0$。已知

$$\ln(1+z) = z - \frac{1}{2}z^2 + \frac{1}{3}z^3 + \cdots + (-1)^{n+1}\frac{1}{n}z^n + \cdots \quad (|z| < 1)$$

则有

$$\begin{aligned} X(z) &= \ln(1 + az^{-1}) \\ &= (az^{-1}) - \frac{1}{2}(az^{-1})^2 + \frac{1}{3}(az^{-1})^3 + \cdots + \frac{(-1)^{n+1}}{n}(az^{-1})^n + \cdots \\ &= \sum_{n=1}^{+\infty} \frac{(-1)^{n+1}}{n} a^n z^{-n} \quad (|az^{-1}| < 1) \end{aligned}$$

显然，上式收敛域 $|z| > |a|$。所以，序列 $x(n)$ 为

$$x(n) = \begin{cases} (-1)^{n+1}\dfrac{a^n}{n}, & n \geqslant 1 \\ 0, & n \leqslant 0 \end{cases}$$

在一般情况下，$X(z)$ 大多为有理函数。如令 $N(z)$ 为 z 的分子多项式，$D(z)$ 为 z 的分母多项式，则 $X(z) = \dfrac{N(z)}{D(z)}$。这样，就可以通过长除法把 $X(z)$ 展开成 z^{-1} 的幂级数。在利用长除法时，需要先根据 $X(z)$ 的收敛域判定序列 $x(n)$ 是左边序列还是右边序列。如果序列 $x(n)$ 是右边序列，则将分子多项式 $N(z)$ 和分母多项式 $D(z)$ 按 z 降幂排列后进行长除运算；如果序列 $x(n)$ 是左边序列，则将分子多项式 $N(z)$ 和分母多项式 $D(z)$ 按 z 升幂排列后进行长除运算。长除运算完成后，其商构成的多项式的系数即为待求序列 $x(n)$。

【例 5-9】 已知

$$X(z) = \frac{z}{(z-1)^2} \quad (|z| > 1)$$

试求序列 $x(n)$。

解　由于 $X(z)$ 的收敛域 $|z| > 1$，则 $x(n)$ 为右边序列，且 $n_1 = 0$。将 $X(z)$ 的分子和分母按 z 降幂排列，写为

$$X(z) = \frac{z}{z^2 - 2z + 1}$$

进行长除运算，即

$$
\begin{array}{r}
z^{-1}+2z^{-2}+3z^{-3}+\cdots \\
z^2-2z+1\overline{)z} \\
\underline{z-2+z^{-1}} \\
2-z^{-1} \\
\underline{2-4z^{-1}+2z^{-2}} \\
3z^{-1}-2z^{-2} \\
\underline{3z^{-1}-6z^{-2}+3z^{-3}} \\
4z^{-2}-3z^{-3} \\
\cdots
\end{array}
$$

所以，得

$$
X(z)=z^{-1}+2z^{-2}+3z^{-3}+\cdots=\sum_{n=0}^{+\infty}nz^{-n}
$$

所求序列为

$$
x(n)=nu(n)
$$

【例 5-10】 已知

$$
X(z)=\frac{z^2+2z}{z^2-2z+1}\quad(\,|\,z\,|<1)
$$

试求序列 $x(n)$。

解　由于 $X(z)$ 的收敛域 $|\,z\,|<1$，则 $x(n)$ 为左边序列，且 $n_2=-1$。将 $X(z)$ 的分子多项式和分母多项式按 z 升幂排列，即

$$
X(z)=\frac{2z+z^2}{1-2z+z^2}
$$

进行长除运算，得

$$
\begin{array}{r}
2z+5z^2+8z^3+\cdots \\
1-2z+z^2\overline{)2z+z^2} \\
\underline{2z-4z^2+2z^3} \\
5z^2-2z^3 \\
\underline{5z^2-10z^3+5z^4} \\
8z^3-5z^4 \\
\underline{8z^3-16z^4+8z^5} \\
11z^4-8z^5 \\
\cdots
\end{array}
$$

所以，得

$$
X(z)=2z+5z^2+8z^3+11z^4+\cdots=-\sum_{n=-\infty}^{-1}(3n+1)z^{-n}
$$

待求序列为

$$
x(n)=-(3n+1)u(-n-1)
$$

三、部分分式展开法

前已述及，通常 $X(z)$ 是 z 的有理函数，即

$$
X(z)=\frac{N(z)}{D(z)}=\frac{b_0+b_1z+\cdots+b_{r-1}z^{r-1}+b_rz^r}{a_0+a_1z+\cdots+a_{k-1}z^{k-1}+a_kz^k}\tag{5-39}
$$

为了保证在 $z \to \infty$ 处收敛，$X(z)$ 的分母多项式 $D(z)$ 的阶次不低于分子多项式 $N(z)$ 的阶次，即满足 $k \geqslant r$。如果 $X(z)$ 含有 k 个一阶极点，即 $z_1, z_2, \cdots, z_k$，那么，可以将表达式 $\dfrac{X(z)}{z}$ 在 $z = 0$ 和 $z = z_m (m = 1, 2, \cdots, k)$ 上进行部分分式展开，得

$$\frac{X(z)}{z} = \frac{A_0}{z} + \sum_{m=1}^{k} \frac{A_m}{z - z_m}$$

整理，得

$$X(z) = A_0 + \sum_{m=1}^{k} \frac{A_m z}{z - z_m} \tag{5-40}$$

其中

$$A_0 = X(z) \Big|_{z=0} = \frac{b_0}{a_0} \tag{5-41}$$

$$A_m = \left[(z - z_m) \frac{X(z)}{z} \right] \Big|_{z=z_m} \quad (m = 1, 2, \cdots, k) \tag{5-42}$$

如果 $X(z)$ 的收敛域 $|z| > R_1$，则序列 $x(n)$ 为右边序列。对式（5-40）进行 Z 反变换，由式（5-14）和式（5-13），得

$$x(n) = A_0 \delta(n) + \sum_{m=1}^{k} A_m (z_m)^n u(n) \tag{5-43}$$

如果 $X(z)$ 的收敛域 $|z| < R_2$，则序列 $x(n)$ 为左边序列。对式（5-40）进行 Z 反变换，由式（5-14）和［例5-3］，得

$$x(n) = A_0 \delta(n) - \sum_{m=1}^{k} A_m (z_m)^n u(-n-1) \tag{5-44}$$

如果 $X(z)$ 存在高阶极点，也可以采用类似方法。本书不再详述。

【例 5-11】用部分分式展开法求

$$X(z) = \frac{z^2}{(z-1)(z-0.5)} \quad (|z| > 1)$$

的 Z 反变换 $x(n)$。

解   显然，$X(z)$ 有两个极点，即 $z_1 = 1, z_2 = 0.5$。将 $\dfrac{X(z)}{z}$ 进行部分分式展开，得

$$\frac{X(z)}{z} = \frac{z}{(z-1)(z-0.5)} = \frac{2}{z-1} - \frac{1}{z-0.5}$$

进一步，得

$$X(z) = \frac{2z}{z-1} - \frac{z}{z-0.5}$$

由于 $X(z)$ 的收敛域 $|z| > 1$，则 $x(n)$ 为右边序列。对上式进行 Z 反变换，得

$$x(n) = (2 - 0.5^n) u(n)$$

第四节   常系数线性差分方程的 z 域解法

利用 Z 变换的线性性质和位移性质，可以将离散时间系统的常系数线性差分方程转化为 z 域的线性复代数方程，从而使差分方程的求解过程大为简化。离散时间系统一般用式（4-47）的常系数线性差分方程描述，即

$$\sum_{i=0}^{N} a_i y(n-i) = \sum_{r=0}^{M} b_r x(n-r)$$

对方程两边进行单边 Z 变换，并利用 Z 变换的线性性质和右移性质，得

$$\sum_{i=0}^{N} a_i z^{-i} \left[Y(z) + \sum_{l=-i}^{-1} y(l) z^{-l} \right] = \sum_{r=0}^{M} b_r z^{-r} \left[X(z) + \sum_{m=-r}^{-1} x(m) z^{-m} \right]$$

整理，得

$$Y(z) = \frac{\sum_{r=0}^{M} b_r z^{-r} \left[X(z) + \sum_{m=-r}^{-1} x(m) z^{-m} \right]}{\sum_{i=0}^{N} a_i z^{-i}} - \frac{\sum_{i=0}^{N} a_i z^{-i} \sum_{l=-i}^{-1} y(l) z^{-l}}{\sum_{i=0}^{N} a_i z^{-i}} \tag{5-45}$$

对式（5-45）进行 Z 反变换，就可以获得系统输出的全响应序列 $y(n)$。观察式（5-45）可以看出，$Y(z)$ 由两部分组成，式（5-45）的第一项仅与系统激励序列 $x(n)$ 有关，式（5-45）的第二项仅与系统的初始状态有关。如果系统处于零输入状态，即 $x(n) = 0$，则式（5-45）的第一项为零，那么系统的零输入响应序列 $y_{zi}(n)$ 的 Z 变换为

$$Y_{zi}(z) = - \frac{\sum_{i=0}^{N} a_i z^{-i} \sum_{l=-i}^{-1} y(l) z^{-l}}{\sum_{i=0}^{N} a_i z^{-i}} \tag{5-46}$$

如果系统处于零初始状态，即 $y(l) = 0 (l = -N, -N+1, \cdots, -1)$，则式（5-45）的第二项为零，那么系统的零状态响应序列 $y_{zs}(n)$ 的 Z 变换为

$$Y_{zs}(z) = \frac{\sum_{r=0}^{M} b_r z^{-r} \left[X(z) + \sum_{m=-r}^{-1} x(m) z^{-m} \right]}{\sum_{i=0}^{N} a_i z^{-i}} \tag{5-47}$$

一般而言，系统的激励序列 $x(n)$ 为因果序列，即 $x(n) = 0, n < 0$。所以，式（5-47）可写为

$$Y_{zs}(z) = \frac{\sum_{r=0}^{M} b_r z^{-r}}{\sum_{i=0}^{N} a_i z^{-i}} X(z)$$

令

$$H(z) = \frac{\sum_{r=0}^{M} b_r z^{-r}}{\sum_{i=0}^{N} a_i z^{-i}} \tag{5-48}$$

则

$$Y_{zs}(z) = H(z) X(z) \tag{5-49}$$

【例 5-12】已知离散系统的差分方程为

$$y(n) - b y(n-1) = a^n u(n)$$

且 $y(-1) = 2, a \neq b$。试求 $y(n)$。

解　对差分方程两边进行 Z 变换，得

$$Y(z) - bz^{-1}[Y(z) + y(-1)z] = \frac{z}{z-a}$$

将 $y(-1) = 2$ 代入上式，得

$$Y(z) = \frac{z}{(1-bz^{-1})(z-a)} + \frac{2b}{1-bz^{-1}} = \frac{z^2}{(z-a)(z-b)} + \frac{2bz}{z-b}$$

将 $\frac{Y(z)}{z}$ 进行部分分式展开，并整理，得

$$Y(z) = \frac{a}{a-b} \times \frac{z}{z-a} - \frac{b}{a-b} \times \frac{z}{z-b} + \frac{2bz}{z-b}$$

求 Z 反变换，得系统的全响应为

$$y(n) = \frac{1}{a-b}(a^{n+1} - b^{n+1}) + 2b^{n+1} \quad (n \geqslant 0)$$

第五节　Z 变换与拉普拉斯变换的关系

在第四章采样定理论述中，我们将离散时间信号 $x(n)$ 表达为式（4-3）的冲激采样信号，即

$$x_s(t) = \sum_{n=-\infty}^{+\infty} x(nT_s)\delta(t - nT_s) = \sum_{n=-\infty}^{+\infty} x(n)\delta(t - nT_s)$$

与前一章约定相同，$x(nT_s)$ 简记为 $x(n)$。对上式进行拉普拉斯变换，得

$$\begin{aligned} X_s(s) &= \int_0^{+\infty} x_s(t)\mathrm{e}^{-st}\mathrm{d}t \\ &= \sum_{n=-\infty}^{+\infty} x(n) \int_0^{+\infty} \delta(t - nT_s)\mathrm{e}^{-st}\mathrm{d}t \\ &= \sum_{n=-\infty}^{+\infty} x(n)\mathrm{e}^{-snT_s} \\ &= \sum_{n=-\infty}^{+\infty} x(n)(\mathrm{e}^{sT_s})^{-n} \end{aligned}$$

将上式与式（5-1）定义的 Z 变换进行对比，可见

$$X_s(s) = X(z) \mid_{z=\mathrm{e}^{sT_s}} \tag{5-50}$$

或

$$X(z) = X_s(s) \bigg|_{s=\frac{1}{T_s}\ln z} \tag{5-51}$$

式（5-50）和式（5-51）分别给出了序列 $x(n)$ 的 Z 变换 $X(z)$ 与冲激采样信号 $x_s(t)$ 的拉普拉斯变换 $X_s(s)$ 之间的变换关系。这种变换关系构成了 S 平面和 Z 平面的映射关系，即

$$z = \mathrm{e}^{sT_s} \tag{5-52}$$

通过上面的讨论，使我们对 Z 变换有了更加深入的认识。Z 变换不仅仅是式（5-1）或式（5-2）定义的一种数学变换，事实上，还可以将它视为冲激采样信号的拉普拉斯变换的一种新的变换形式。就这一点而言，Z 变换与拉普拉斯变换之间存在密切的联系。下面，讨论式（5-52）表达的 S 平面与 Z 平面的映射关系。

一、S 平面与 Z 平面的映射关系

为了讨论两个平面之间的映射关系，将 S 平面用直角坐标表示为

$$s = \sigma + j\Omega \qquad (5\text{-}53)$$

式中：σ 为复频率 s 的实部，对应于连续时间系统单位冲激响应的衰减系数；Ω 为复频率 s 的虚部，对应于连续时间系统单位冲激响应的角频率，在本书中称为模拟角频率。

将 Z 平面用极坐标表示为

$$z = re^{j\omega} \qquad (5\text{-}54)$$

式中：r 为复变量 z 的模；ω 为复变量 z 的幅角。

分别将式（5-53）和式（5-54）代入式（5-52），得

$$r = e^{\sigma T_s} \qquad (5\text{-}55)$$

$$\omega = \Omega T_s \qquad (5\text{-}56)$$

根据式（5-55）和式（5-56），S 平面和 Z 平面的映射关系如下。

（1）S 平面的虚轴映射到 Z 平面的以原点为圆心的单位圆。当 $\sigma = 0$ 即 $s = j\Omega$ 为虚轴时，$r = 1$，即为 Z 平面的单位圆。因此，S 平面的左半平面（$\sigma < 0$）映射到 Z 平面的单位圆内（$r < 1$），S 平面的右半平面（$\sigma > 0$）映射到 Z 平面的单位圆外（$r > 1$）；S 平面平行于虚轴的直线 $s = \sigma_0 + j\Omega$ 映射到 Z 平面与单位圆同心的圆上（$r = e^{\sigma_0 T_s}$），当 $\sigma_0 < 0$ 时该圆位于单位圆内，当 $\sigma_0 > 0$ 时该圆位于单位圆外，如图 5-5 所示。

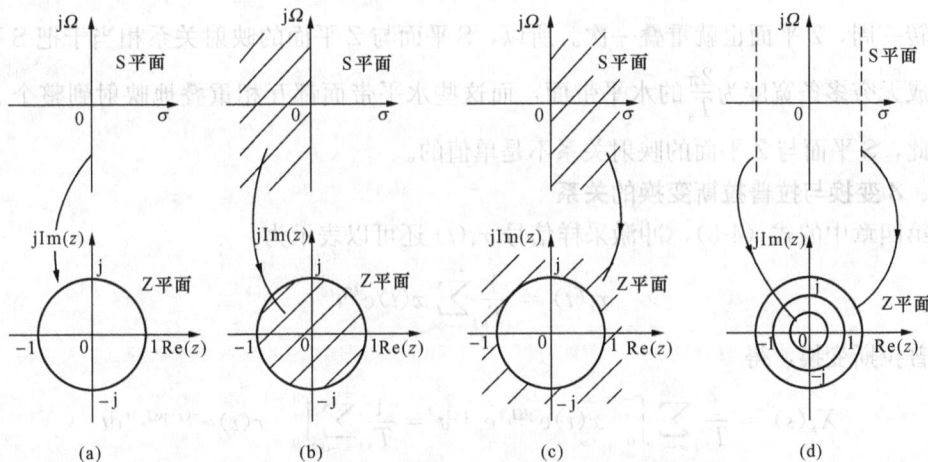

图 5-5 S 平面平行于虚轴的直线与 Z 平面圆的映射关系

(a) $\sigma = 0$；(b) $\sigma < 0$；(c) $\sigma > 0$；(d) 平行于虚轴的直线

（2）S 平面的实轴映射到 Z 平面的正实轴。当 $\Omega = 0$ 即 $s = \sigma$ 为实轴时，$\omega = 0$ 即 Z 平面的正实轴。因此，S 平面平行于实轴的直线 $s = \sigma + j\Omega_0$ 映射到 Z 平面的始于原点的射线（$\omega = \Omega_0 T_s$），当 $0 < \Omega_0 < \dfrac{\pi}{T_s}$ 时射线位于 Z 平面的上半平面，当 $-\dfrac{\pi}{T_s} < \Omega_0 < 0$ 时射线位于 Z 平面的下半平面，当 $\Omega_0 = \pm \dfrac{\pi}{T_s}$ 时射线位于 Z 平面的负实轴上，如图 5-6 所示。

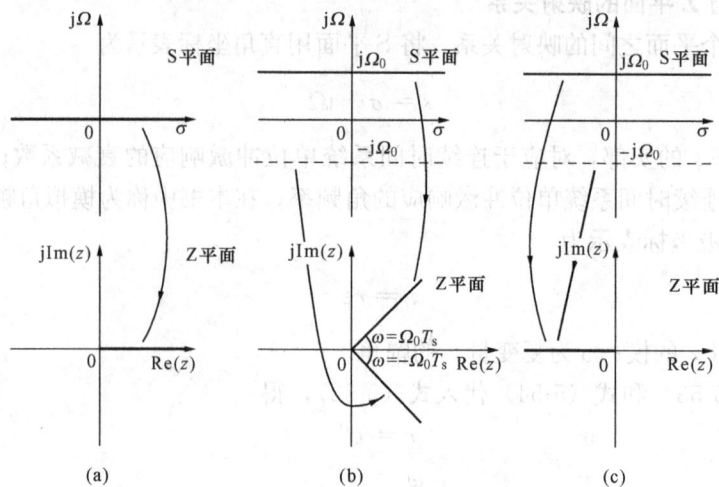

图 5-6 S 平面平行于实轴的直线与 Z 平面射线的映射关系

(a) $\Omega_0 = 0$; (b) $0 < |\Omega_0| < \dfrac{\pi}{T_s}$; (c) $\Omega_0 = \pm\dfrac{\pi}{T_s}$

(3) 由于式 (5-54) 中的 $e^{j\omega}$ 为周期函数,因此,S 平面与 Z 平面的映射关系不是单值的。当 Ω 由 $-\dfrac{\pi}{T_s}$ 增加到 $\dfrac{\pi}{T_s}$ 时,ω 由 $-\pi$ 增加到 π,这样就将 S 平面内 $-\dfrac{\pi}{T_s} \leqslant \Omega \leqslant \dfrac{\pi}{T_s}$ 的水平带面映射到整个 Z 平面上。所以,Ω 每增加一个 $\dfrac{2\pi}{T_s}$,即采样角频率 $\Omega_s = \dfrac{2\pi}{T_s}$,$\omega$ 就增加 2π,即重复旋转一周,Z 平面也就重叠一次。所以,S 平面与 Z 平面的映射关系相当于把 S 平面水平分割成无穷多条宽度为 $\dfrac{2\pi}{T_s}$ 的水平带面,而这些水平带面都互相重叠地映射到整个 Z 平面上。因此,S 平面与 Z 平面的映射关系不是单值的。

二、Z 变换与拉普拉斯变换的关系

由第四章中的式 (4-8),冲激采样信号 $x_s(t)$ 还可以表示为

$$x_s(t) = \frac{1}{T_s} \sum_{k=-\infty}^{+\infty} x(t) e^{jk\Omega_s t}$$

进行拉普拉斯变换,得

$$X_s(s) = \frac{1}{T_s} \sum_{k=-\infty}^{+\infty} \int_0^{+\infty} x(t) e^{jk\Omega_s t} e^{-st} \, dt = \frac{1}{T_s} \sum_{k=-\infty}^{+\infty} \int_0^{+\infty} x(t) e^{-(s-jk\Omega_s)t} \, dt$$

所以

$$X_s(s) = \frac{1}{T_s} \sum_{k=-\infty}^{+\infty} X(s - jk\Omega_s)$$

式中:Ω_s 为采样角频率,即 $\Omega_s = \dfrac{2\pi}{T_s}$。

上式给出了连续时间信号 $x(t)$ 的拉普拉斯变换 $X(s)$ 与冲激采样信号 $x_s(t)$ 的拉普拉斯变换 $X_s(s)$ 之间的关系式,而式 (5-51) 给出了 $X_s(s)$ 与 $X(z)$ 之间的变换关系。这样,就可以获得连续时间信号 $x(t)$ 的拉普拉斯变换 $X(s)$ 与其离散时间信号 $x(n)$ 的 Z 变换 $X(z)$ 之间的变换关系为

$$X(z) = \frac{1}{T_s} \sum_{m=-\infty}^{+\infty} X(s - \mathrm{j}m\Omega_s) \bigg|_{s=\frac{1}{T_s}\ln z} \tag{5-57}$$

从式（5-57）也可以看出，S 平面和 Z 平面的映射关系不是单值的。

在实际中，有时遇到已知连续时间信号 $x(t)$ 的拉普拉斯变换 $X(s)$ 而求其离散时间信号 $x(n)$ 的 Z 变换 $X(z)$ 的问题。尽管式（5-57）已经给出了 $X(s)$ 和 $X(z)$ 的变换关系，但是，由于式（5-57）中存在无限求和项，一般很少使用这个公式，而是采用下面的方法。

由拉普拉斯反变换，连续时间信号 $x(t)$ 可以表示为

$$x(t) = \frac{1}{\mathrm{j}2\pi} \int_{\sigma-\mathrm{j}\infty}^{\sigma+\mathrm{j}\infty} X(s)\mathrm{e}^{st} \mathrm{d}s \quad (t \geqslant 0)$$

对 $x(t)$ 采样，得离散时间信号 $x(n)$ 为

$$x(n) = x(t) \big|_{t=nT_s} = \frac{1}{\mathrm{j}2\pi} \int_{\sigma-\mathrm{j}\infty}^{\sigma+\mathrm{j}\infty} X(s)\mathrm{e}^{snT_s} \mathrm{d}s \quad (n \geqslant 0)$$

进行 Z 变换，得

$$X(z) = \frac{1}{\mathrm{j}2\pi} \int_{\sigma-\mathrm{j}\infty}^{\sigma+\mathrm{j}\infty} X(s) \sum_{n=0}^{+\infty} \mathrm{e}^{snT_s} z^{-n} \mathrm{d}s = \frac{1}{\mathrm{j}2\pi} \int_{\sigma-\mathrm{j}\infty}^{\sigma+\mathrm{j}\infty} \frac{X(s)}{1 - \mathrm{e}^{sT_s} z^{-1}} \mathrm{d}s$$

利用复变函数理论中的留数定理，则有

$$X(z) = \sum_k \mathrm{Res}\left[\frac{X(s)}{1 - \mathrm{e}^{sT_s} z^{-1}}, s_k\right] \tag{5-58}$$

式中：s_k 为 $X(s)$ 的极点。

显然，利用式（5-58）由 $X(s)$ 求 $X(z)$ 要比直接使用式（5-57）方便得多。当 $X(s)$ 为有理函数且有 N 个一阶极点，即

$$X(s) = \sum_{k=1}^{N} \frac{A_k}{s - s_k} \tag{5-59}$$

时，由式（5-58），得

$$X(z) = \sum_{k=1}^{N} \frac{A_k}{1 - \mathrm{e}^{s_k T_s} z^{-1}} = \sum_{k=1}^{N} \frac{A_k z}{z - \mathrm{e}^{s_k T_s}} \tag{5-60}$$

三、序列的傅里叶变换

通过连续时间信号处理系统的学习，我们知道，S 平面上的虚轴是系统稳定域与不稳定域的边界，系统函数 $H(s)$ 在虚轴上的特性定义了系统的频率响应特性。对于连续时间信号 $x(t)$ 的拉普拉斯变换 $X(s)$ 而言，当 $s = \mathrm{j}\Omega$ 时，$X(s)$ 就转换为该信号的傅里叶变换 $X(\mathrm{j}\Omega)$。类似地，Z 平面的单位圆上的特性也是十分重要的。下面，我们从序列 $x(n)$ 的 Z 变换引出序列的傅里叶变换的重要概念。

由式（5-1）和式（5-16），将序列 $x(n)$ 的 Z 变换和 Z 反变换重写如下

$$X(z) = \sum_{n=-\infty}^{+\infty} x(n) z^{-n}$$

$$x(n) = \frac{1}{j2\pi} \oint_c X(z) z^{n-1} dz$$

现在，讨论 Z 平面的单位圆上的特性。将 $z = e^{j\omega}$ 代入上式，分别得

$$X(e^{j\omega}) = \sum_{n=-\infty}^{+\infty} x(n) e^{-jn\omega} \qquad (5-61)$$

$$x(n) = \frac{1}{2\pi} \int_{-\pi}^{\pi} X(e^{j\omega}) e^{jn\omega} d\omega \qquad (5-62)$$

式（5-61）称为序列 $x(n)$ 的傅里叶变换，又称为离散时间傅里叶变换（Discrete Time Fourier Transform）。式（5-62）称为序列 $x(n)$ 的傅里叶反变换。由式（5-61）可以看出，$X(e^{j\omega})$ 是幅角 ω 的复函数。为了区别连续时间信号处理系统的模拟角频率 Ω，称幅角 ω 为数字角频率，它的单位为 rad（弧度）。这样，$X(e^{j\omega})$ 可以写为

$$X(e^{j\omega}) = |X(e^{j\omega})| e^{j\varphi(\omega)} \qquad (5-63)$$

式中：$X(e^{j\omega})$ 为序列 $x(n)$ 的频率特性，也称为序列 $x(n)$ 的频谱；$|X(e^{j\omega})|$ 为幅频特性；$\varphi(\omega)$ 为相频特性。

显然，两者都是数字角频率 ω 的连续函数。由于 $e^{j\omega}$ 是 ω 以 2π 为周期的周期函数，因此，$X(e^{j\omega})$ 也是 ω 以 2π 为周期的周期函数。

【例 5-13】求矩形序列 $R_5(n)$ 的傅里叶变换 $X(e^{j\omega})$，并定性画出序列的幅频特性 $|X(e^{j\omega})|$ 和相频特性 $\varphi(\omega)$ 曲线。

解 由式（5-61），得

$$X(e^{j\omega}) = \sum_{n=-\infty}^{+\infty} R_5(n) e^{-jn\omega} = \sum_{n=0}^{4} e^{-jn\omega} = \frac{1-e^{-j5\omega}}{1-e^{-j\omega}} = \frac{e^{-\frac{5}{2}\omega}(e^{j\frac{5}{2}\omega} - e^{-j\frac{5}{2}\omega})}{e^{-j\frac{\omega}{2}}(e^{j\frac{\omega}{2}} - e^{-j\frac{\omega}{2}})} = e^{-j2\omega} \frac{\sin\frac{5}{2}\omega}{\sin\frac{1}{2}\omega}$$

所以，序列的幅频特性为

$$|X(e^{j\omega})| = \left| \frac{\sin\frac{5\omega}{2}}{\sin\frac{\omega}{2}} \right|$$

而序列的相频特性为

$$\varphi(\omega) = -2\omega + \arg\left[\frac{\sin\frac{5\omega}{2}}{\sin\frac{\omega}{2}} \right]$$

式中：$\arg[x]$ 表示取角（弧度）。对于本例题，当 $x > 0$ 时，$\arg[x] = 0$；当 $x < 0$ 时，$\arg[x] = \pi$。图 5-7 画出了矩形序列 $R_5(n)$ 的幅频特性和相频特性。不难看出，幅频特性 $|X(e^{j\omega})|$ 关于 $\omega = \pi$ 对称，即 $|X(e^{j\omega})| = |X(e^{j(2\pi-\omega)})|$；而相频特性 $\varphi(\omega)$ 关于 $\omega = \pi$ 中心对称，即 $\varphi(\omega) = -\varphi(2\pi-\omega)$。

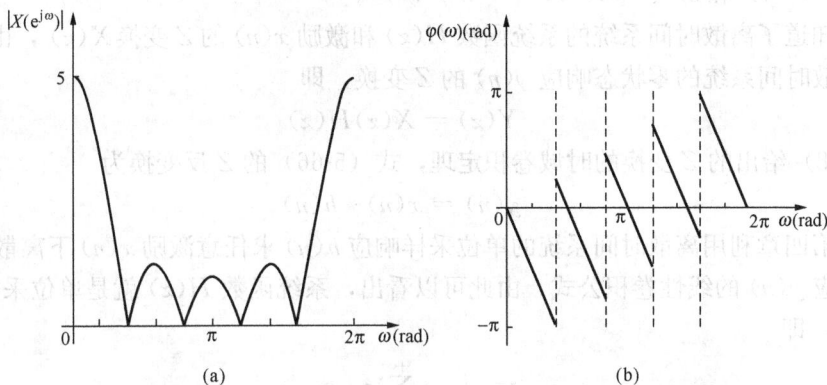

图 5-7 矩形序列 $R_5(n)$ 的频率特性
(a) 幅频特性；(b) 相频特性

第六节 离散时间系统的系统函数

通过序列的傅里叶变换，即式（5-61），不仅可以在时域上研究离散时间信号 $x(n)$，也可以在频域上研究其频谱 $X(e^{j\omega})$。下面，我们在频域上研究离散时间系统的特性，也就是本节的离散时间系统的系统函数问题。

一、系统函数

前已述及，一个线性时不变离散系统在时域上可以用如下常系数线性差分方程来描述，即

$$\sum_{i=0}^{N} a_i y(n-i) = \sum_{r=0}^{M} b_r x(n-r)$$

当系统处于零初始状态且系统的激励 $x(n)$ 为因果序列时，对上式进行 Z 变换，由式（5-48）和式（5-49），得

$$H(z) = \frac{Y(z)}{X(z)} = \frac{\sum_{r=0}^{M} b_r z^{-r}}{\sum_{i=0}^{N} a_i z^{-i}} \tag{5-64}$$

式中：$H(z)$ 称为离散时间系统的系统函数，它表示离散时间系统的零状态响应与激励的 Z 变换的比值。

可见，系统函数 $H(z)$ 是复变量 z 的函数，且对于线性时不变离散时间系统，系统函数 $H(z)$ 为复变量 z^{-1} 或 z 的有理函数，即

$$H(z) = H_0 \frac{\prod_{r=1}^{M} (1 - z_r z^{-1})}{\prod_{i=1}^{N} (1 - p_i z^{-1})} \tag{5-65}$$

式中：z_r 是 $H(z)$ 的零点，p_i 是 $H(z)$ 的极点，H_0 为实数。它们均由差分方程的系数 a_i（i

$=0$，1，$\cdots$，N）和 b_r（$r=0$，1，$\cdots$，M）确定。

如果知道了离散时间系统的系统函数 $H(z)$ 和激励 $x(n)$ 的 Z 变换 $X(z)$，由式(5-64)可以确定离散时间系统的零状态响应 $y(n)$ 的 Z 变换，即

$$Y(z) = X(z)H(z) \tag{5-66}$$

由式（5-28）给出的 Z 变换的时域卷积定理，式（5-66）的 Z 反变换为

$$y(n) = x(n) * h(n)$$

以上正是第四章利用离散时间系统的单位采样响应 $h(n)$ 求任意激励 $x(n)$ 下离散时间系统的零状态响应 $y(n)$ 的线性卷积公式。由此可以看出，系统函数 $H(z)$ 就是单位采样响应 $h(n)$ 的 Z 变换，即

$$H(z) = \sum_{n=0}^{+\infty} h(n)z^{-n} \tag{5-67}$$

所以，既可以利用线性卷积求离散时间系统的零状态响应，也可以借助系统函数与激励的 Z 变换的乘积的 Z 反变换来求此响应。

【例 5-14】已知一个二阶线性时不变离散系统的差分方程为

$$y(n) - 0.5y(n-1) + 0.06y(n-2) = x(n)$$

试求：（1）系统函数 $H(z)$；

（2）系统的单位采样响应 $h(n)$；

（3）激励 $x(n) = 0.5^n u(n)$ 作用下系统的零状态响应 $y(n)$。

解　（1）求系统函数 $H(z)$。由式（5-64）得

$$H(z) = \frac{1}{1 - 0.5z^{-1} + 0.06z^{-2}} = \frac{z^2}{z^2 - 0.5z + 0.06} = \frac{z^2}{(z-0.2)(z-0.3)}$$

（2）求系统的单位采样响应 $h(n)$。将系统函数 $\dfrac{H(z)}{z}$ 进行部分分式展开，得

$$H(z) = \frac{-2z}{z-0.2} + \frac{3z}{z-0.3}$$

由式（5-67）及 Z 反变换，得系统的单位采样响应 $h(n)$ 为

$$h(n) = [-2 \times (0.2)^n + 3 \times (0.3)^n] u(n)$$

（3）对激励 $x(n) = 0.5^n u(n)$ 进行 Z 变换，得

$$X(z) = \frac{z}{z-0.5}$$

由式（5-66），得系统的零状态响应 $y(n)$ 的 Z 变换为

$$Y(z) = X(z)H(z) = \frac{z^3}{(z-0.2)(z-0.3)(z-0.5)}$$

将 $\dfrac{Y(z)}{z}$ 进行部分分式展开，得

$$Y(z) = \frac{4}{3} \times \frac{z}{z-0.2} - \frac{9}{2} \times \frac{z}{z-0.3} + \frac{25}{6} \times \frac{z}{z-0.5}$$

对上式进行 Z 反变换，得系统的零状态响应 $y(n)$ 为

$$y(n) = \left[\frac{4}{3} \times (0.2)^n - \frac{9}{2} \times (0.3)^n + \frac{25}{6} \times (0.5)^n \right] u(n)$$

从本例题可以看出，通过系统函数方法求离散时间系统的单位采样响应 $h(n)$ 和零状态响应 $y(n)$，要比第四章介绍的时域方法方便得多。

二、系统的稳定性和因果性

我们知道，离散时间系统的单位采样响应 $h(n)$ 包含了系统的全部内涵，并可以用来分析系统的稳定性和因果性。类似地，离散时间系统的系统函数 $H(z)$ 也同样包含了系统的全部内涵，也同样可以判定系统的稳定性和因果性。下面，研究系统的稳定性和因果性的 z 域判定方法。

式（4-72）提供了系统稳定的充分必要条件，即

$$\sum_{n=-\infty}^{+\infty} |h(n)| \leqslant M < +\infty$$

由系统函数 $H(z)$ 的定义和式（5-67），可知

$$H(z) = \mathscr{Z}[h(n)] = \sum_{n=-\infty}^{+\infty} h(n)z^{-n}$$

设上式收敛，则

$$\sum_{n=-\infty}^{+\infty} |h(n)z^{-n}| = \sum_{n=-\infty}^{+\infty} |h(n)| |z^{-n}|$$

也收敛。在 Z 平面的单位圆上取值，即取 $|z| = 1$，则有

$$\sum_{n=-\infty}^{+\infty} |h(n)z^{-n}| \big|_{|z|=1} = \sum_{n=-\infty}^{+\infty} |h(n)| \leqslant M < +\infty$$

由此表明，系统函数 $H(z)$ 的收敛域包括单位圆。对于因果系统，$h(n)$ 为右边序列，因此，系统稳定性的充分必要条件为系统函数 $H(z)$ 的收敛域应为单位圆及单位圆外。

由式（4-73）知道，系统因果性的充分必要条件为

$$h(n) = 0 \quad (n < 0)$$

对应的系统函数 $H(z)$ 为

$$H(z) = \sum_{n=-\infty}^{+\infty} h(n)z^{-n} = \sum_{n=0}^{+\infty} h(n)z^{-n}$$

由右边序列 Z 变换的收敛域的讨论知道，上述系统函数 $H(z)$ 的收敛域为

$$|z| > R_1$$

且当 $z \to \infty$ 时也收敛。这表明，系统因果性的充分必要条件为系统函数 $H(z)$ 在某圆外部且当 $z \to \infty$ 时是收敛的。

综上所述，如果一个离散时间系统是稳定的因果系统，则其系统函数 $H(z)$ 的收敛域为

$$R_1 < |z| \leqslant +\infty, \text{且} R_1 < 1 \tag{5-68}$$

式（5-68）说明，如果系统函数 $H(z)$ 的全部极点在 Z 平面的单位圆内，则该离散时间系统是稳定的因果系统。

【例 5-15】 一个二阶离散时间系统的差分方程为

$$y(n) + 0.2y(n-1) - 0.24y(n-2) = x(n) + 2x(n-1)$$

试求：（1）系统函数 $H(z)$ 并讨论其因果性和稳定性；

（2）系统的单位采样响应 $h(n)$。

解 （1）求系统函数 $H(z)$。对差分方程两边进行 Z 变换，得

$$H(z) = \frac{Y(z)}{X(z)} = \frac{1 + 2z^{-1}}{1 + 0.2z^{-1} - 0.24z^{-2}} = \frac{z(z+2)}{z^2 + 0.2z - 0.24} = \frac{z(z+2)}{(z-0.4)(z+0.6)}$$

可以看出，系统函数 $H(z)$ 共有两个极点，分别位于 $z=0.4$ 和 $z=-0.6$。显然，它们都在 Z 平面的单位圆内，且当 $z\to\infty$ 时，$H(z)$ 也收敛。所以，本系统是稳定的因果系统。

（2）求系统的单位采样响应 $h(n)$。将 $\dfrac{H(z)}{z}$ 进行部分分式展开，得

$$H(z) = \frac{2.4z}{z-0.4} - \frac{1.4z}{z+0.6}$$

求 Z 反变换，得系统的单位采样响应 $h(n)$ 为

$$h(n) = [2.4\times(0.4)^n - 1.4\times(-0.6)^n]u(n)$$

三、系统函数的极点对单位采样响应的影响

式（5-65）给出了用零极点表达的线性时不变离散时间系统的系统函数，即

$$H(z) = H_0 \frac{\prod\limits_{r=1}^{M}(1-z_r z^{-1})}{\prod\limits_{i=1}^{N}(1-p_i z^{-1})}$$

进行 Z 反变换后，便获得系统的单位采样响应 $h(n)$。所以，完全可以根据系统函数 $H(z)$ 的极点分布来确定系统的单位采样响应 $h(n)$ 的特性。为了说明这一点，设系统函数 $H(z)$ 具有 N 个一阶极点 p_1，p_2，…，p_N。其中，p_i 可以是实数，即该极点位于 Z 平面的实轴上；p_i 也可以是复数，但应与它的共轭复数 p_i^* 成对出现在系统函数中。

将 $\dfrac{H(z)}{z}$ 进行部分分式展开，得

$$H(z) = \sum_{i=0}^{N} \frac{A_i z}{z-p_i}$$

式中：A_i（$i=0$，1，…，N）是由极点和零点确定的常数。设 $p_0=0$，上式进一步写为

$$H(z) = A_0 + \sum_{i=1}^{N} \frac{A_i z}{z-p_i}$$

进行 Z 反变换，得系统的单位采样响应 $h(n)$ 为

$$h(n) = A_0\delta(n) + \sum_{i=1}^{N} A_i p_i^n u(n)$$

$$(5\text{-}69)$$

由式（5-69）可见，系统的单位采样响应 $h(n)$ 的特性取决于系统函数 $H(z)$ 的极点的分布。$H(z)$ 的极点决定了 $h(n)$ 的波形特征，$H(z)$ 的零点只影响 $h(n)$ 的幅度。图5-8画出了 $H(z)$ 的极点位置与 $h(n)$ 波形的关系。从图 5-8 可以看出，当 $H(z)$ 的极点位于单位圆内时，$h(n)$ 波形随 n 的增加而衰减，即 $h(n)$ 是收敛的，也就是说系统是稳定的；当 $H(z)$ 的极点位于单位圆外时，$h(n)$ 的波形随 n 的增加而增加，即 $h(n)$ 是发散的，

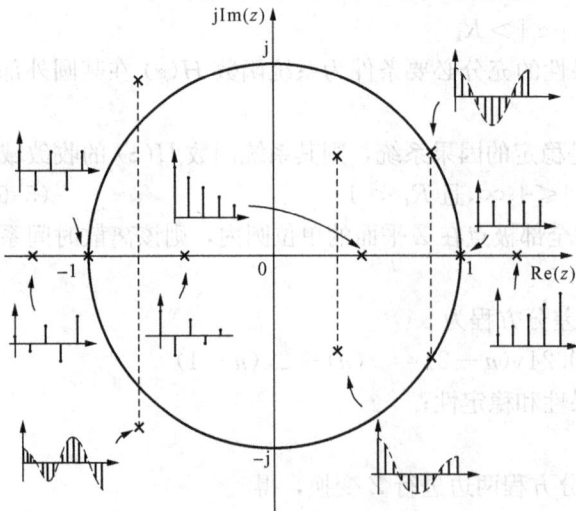

图 5-8 $H(z)$ 的极点位置与 $h(n)$ 波形的关系

说明系统是不稳定的。这也再次说明，稳定系统的系统函数 $H(z)$ 的极点必然都分布在单位圆内。

第七节　离散时间系统的频率特性

运用 Z 变换或通过对离散时间信号的傅里叶变换，获得了离散时间信号的频域特征，即它的频谱 $X(e^{j\omega})$。离散时间系统对激励信号的频率响应确定了对激励信号进行频谱处理的特征。因此，离散时间系统的频率响应在数字信号处理中占有重要地位。

一、系统的频率特性

系统函数 $H(z)$ 在 Z 平面的单位圆上的特性称为系统的频率响应特性，简称频率特性，即

$$H(e^{j\omega}) = H(z)\mid_{z=e^{j\omega}} = \mid H(e^{j\omega}) \mid e^{j\varphi(\omega)} \tag{5-70}$$

式中：$\mid H(e^{j\omega}) \mid$ 为幅频特性；$\varphi(\omega)$ 为相频特性。

根据上述定义，不难看出，与序列 $x(n)$ 的频谱 $X(e^{j\omega})$ 的定义类似，式（5-70）定义的系统的频率特性 $H(e^{j\omega})$ 事实上就是系统单位采样响应 $h(n)$ 的傅里叶变换。

二、系统频率特性的意义

为了讨论系统频率特性的意义，不妨在数字角频率区间 $[0, 2\pi]$ 内取一个角频率分量 ω_0 作为系统的激励，即在 Z 平面的单位圆上取 $z = e^{j\omega_0}$。显然，该角频率分量对应的激励序列的 Z 变换为

$$X(z) = \frac{z}{z - e^{j\omega_0}}$$

进行 Z 反变换，得该角频率分量对应的激励序列为

$$x(n) = e^{j\omega_0 n}$$

由式（4-61），得系统的零状态响应 $y(n)$ 为

$$y(n) = x(n) * h(n) = h(n) * x(n) = \sum_{m=-\infty}^{+\infty} h(m) e^{j\omega_0(n-m)}$$

$$= e^{j\omega_0 n} \sum_{m=-\infty}^{+\infty} h(m) e^{-j\omega_0 m} = H(e^{j\omega_0}) e^{j\omega_0 n} = \mid H(e^{j\omega_0}) \mid e^{j[\omega_0 n + \varphi(\omega_0)]} \tag{5-71}$$

式（5-71）说明，如果系统的激励序列为数字角频率为 ω_0 的指数序列，则系统响应为同数字角频率的指数序列，其幅度增益 $\mid H(e^{j\omega_0}) \mid$ 倍，相位增加 $\varphi(\omega_0)$。这就是系统频率特性的意义。

【例 5-16】 已知系统的系统函数为 $H(z)$。设系统的输入序列为

$$x(n) = A\cos(\omega_0 n + \varphi_0)$$

试求系统的零状态响应 $y(n)$。

解　利用系统的频率特性进行分析。已知

$$H(e^{j\omega}) = H(z)\mid_{z=e^{j\omega}} = \mid H(e^{j\omega}) \mid e^{j\varphi(\omega)}$$

利用欧拉（Euler）公式，系统的输入序列 $x(n)$ 可以写为

$$x(n) = \frac{A}{2}\left[e^{j(\omega_0 n + \varphi_0)} + e^{-j(\omega_0 n + \varphi_0)}\right] = \frac{A}{2}\left[e^{j\varphi_0}e^{j\omega_0 n} + e^{-j\varphi_0}e^{-j\omega_0 n}\right]$$

应用式（5-71），得系统的零状态响应 $y(n)$ 为

$$y(n) = H(e^{j\omega_0})\frac{A}{2}e^{j\varphi_0}e^{j\omega_0 n} + H(e^{-j\omega_0})\frac{A}{2}e^{-j\varphi_0}e^{-j\omega_0 n}$$

可以证明（见本节后半部分）：$|H(e^{j\omega})| = |H(e^{-j\omega})|, \varphi(\omega) = -\varphi(-\omega)$。因此，有

$$H(e^{j\omega_0}) = |H(e^{j\omega_0})|e^{j\varphi(\omega_0)}$$

$$H(e^{-j\omega_0}) = |H(e^{-j\omega_0})|e^{j\varphi(-\omega_0)} = |H(e^{j\omega_0})|e^{-j\varphi(\omega_0)}$$

代入 $y(n)$，得

$$y(n) = \frac{A}{2}\left[|H(e^{j\omega_0})|e^{j[\omega_0 n + \varphi_0 + \varphi(\omega_0)]} + |H(e^{j\omega_0})|e^{-j[\omega_0 n + \varphi_0 + \varphi(\omega_0)]}\right]$$

$$= A|H(e^{j\omega_0})|\cos[\omega_0 n + \varphi_0 + \varphi(\omega_0)]$$

从 [例 5-16] 中再次看出，系统对正弦激励序列产生的响应序列仍然是正弦序列，其数字角频率与输入序列相同，其输出序列的幅度增益 $|H(e^{j\omega_0})|$ 倍，相位增加 $\varphi(\omega_0)$。所以，离散时间系统的频率特性 $H(e^{j\omega})$ 的意义与连续时间系统的频率特性 $H(j\Omega)$ 的意义是非常相似的，所不同的是离散时间系统频率特性 $H(e^{j\omega})$ 是数字角频率 ω 的周期函数。

类似于连续时间系统中的模拟滤波器，离散时间系统中的数字滤波器的频率特性也有低通、高通、带通、带阻和全通之分，图 5-9 分别画出了它们在 $0 \leqslant \omega \leqslant \pi$ 范围内的频率特性。

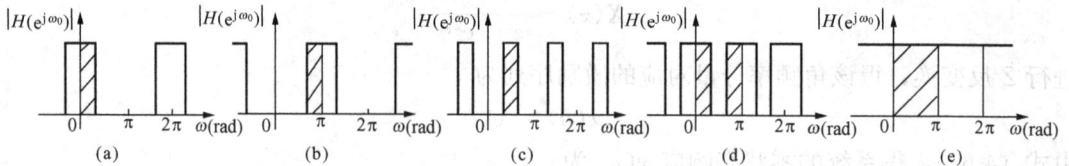

图 5-9   离散时间系统的五种频率特性

(a) 低通；(b) 高通；(c) 带通；(d) 带阻；(e) 全通

三、频率特性的几何确定法

对于阶数较低的离散时间系统，可以根据系统函数 $H(z)$ 的零点和极点在 Z 平面上的分布情况，通过几何方法确定系统的频率特性，方法如下。

由式（5-65），系统函数 $H(z)$ 可用零点和极点表示为

$$H(z) = H_0 \frac{\prod\limits_{r=1}^{M}(1 - z_r z^{-1})}{\prod\limits_{i=1}^{N}(1 - p_i z^{-1})}$$

假设 H_0 为正实数。一般而言，$N \geqslant M$。为了讨论方便，将上式改写为下面的形式，即

$$H(z) = H_0 z^{N-M} \frac{\prod\limits_{r=1}^{M}(z - z_r)}{\prod\limits_{i=1}^{N}(z - p_i)} \tag{5-72}$$

式中包含了 $N>M$ 产生的零点，即 $z^{N-M}=0$。在下面的讨论中，设 $M=N$，将 z 在单位圆上取值，得系统的频率特性为

$$H(e^{j\omega}) = H_0 \frac{\prod\limits_{r=1}^{M}(e^{j\omega}-z_r)}{\prod\limits_{i=1}^{N}(e^{j\omega}-p_i)} \tag{5-73}$$

式（5-73）具有明显的几何意义。以图 5-10 为例，图中有一对共轭零点 z_1 和 z_2，有一对共轭极点 p_1 和 p_2。显然，$e^{j\omega}-z_1$ 是 Z 平面上的一个由零点 z_1 指向单位圆上点 D 的一个矢量，其模为 A_1，幅角为 ψ_1；同理，$e^{j\omega}-p_1$ 是 Z 平面上的一个由极点 p_1 指向单位圆上点 D 的一个矢量，其模为 B_1，幅角为 θ_1。按照复数运算法则，式（5-73）可以进一步写为

$$H(e^{j\omega}) = H_0 \frac{\prod\limits_{r=1}^{M}A_r}{\prod\limits_{i=1}^{N}B_i} e^{j(\sum\limits_{r=1}^{M}\psi_r - \sum\limits_{i=1}^{N}\theta_i)} = |H(e^{j\omega})| e^{j\varphi(\omega)}$$

所以，幅频特性和相频特性分别为

$$|H(e^{j\omega})| = H_0 \frac{\prod\limits_{r=1}^{M}A_r}{\prod\limits_{i=1}^{N}B_i} \tag{5-74}$$

$$\varphi(\omega) = \sum_{r=1}^{M}\psi_r - \sum_{i=1}^{N}\theta_i \tag{5-75}$$

式（5-74）和式（5-75）分别给出了系统的幅频特性和相频特性的几何确定法。步骤如下：首先，求系统函数的零点和极点，并将它们标示在 Z 平面上；其次，在 Z 平面的单位圆上选若干个点，对于每个点分别求各个零点和极点到该点的距离 A_r 和 B_i 以及夹角 ψ_r 和 θ_i；第三，按式（5-74）

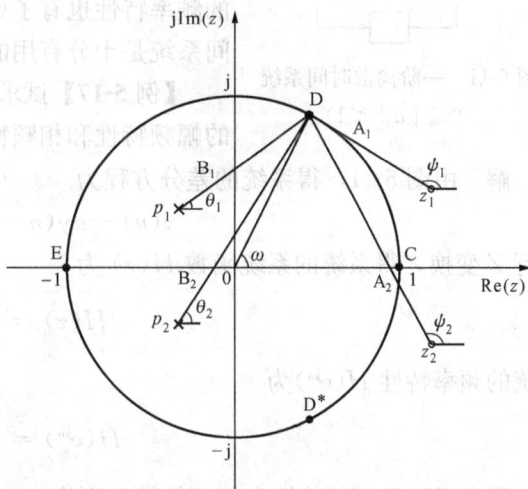

图 5-10 频率特性的几何确定法

和式（5-75）确定该点对应的幅频特性和相频特性；最后，将各点对应的幅频特性和相频特性连成曲线。

从图 5-10 中可以看出，单位圆上的 C 点对应于 $\omega=0$，单位圆上的 E 点对应于 $\omega=\pi$。当单位圆上的 D 点从 C 点开始反时针旋转一周时，对应于数字角频率 ω 将从 0 变化到 2π。所以，从图5-10中可以获得下面的结论。

（1）幅频特性 $|H(e^{j\omega})|$ 关于 $\omega=0$ 和 $\omega=\pi$ 偶对称，相频特性 $\varphi(\omega)$ 关于 $\omega=0$ 和 $\omega=\pi$ 奇对称，即

$$|H(e^{j\omega})| = |H(e^{-j\omega})| \tag{5-76}$$

$$|H(e^{j\omega})| = |H(e^{j(2\pi-\omega)})| \tag{5-77}$$

$$\varphi(\omega) = -\varphi(-\omega) \tag{5-78}$$

$$\varphi(\omega) = -\varphi(2\pi-\omega) \tag{5-79}$$

从图 5-10 中很容易证明上述关系，只要取单位圆上点 D 的共轭点 D* 即可。所有零点和极点到点 D* 的距离就等于到点 D 的距离，而夹角均改变一个符号。正是基于这个结论，通常只

给出数字角频率 ω 从 0 到 π 的频率特性，而数字角频率 ω 从 π 到 2π 的特性可以从式 (5-77) ~式 (5-79) 中得出。

(2) 如果将单位圆上的点 D 沿单位圆旋转一周，当点 D 靠近某个极点 p_i 附近时，矢量长度 B_i 最短，幅频特性在该点可能出现峰值。极点 p_i 愈靠近单位圆、B_i 愈短，峰值愈高、峰值附近变化愈尖锐。当极点 p_i 位于单位圆上时，$B_i = 0$，则峰值无穷大，系统处于不稳定状态；当点 D 靠近某个零点 z_r 附近时，矢量长度 A_r 最短，幅频特性在该点可能出现谷值。零点 z_r 愈靠近单位圆，A_r 愈短，谷值愈接近于零。当零点 z_r 位于单位圆上时，$A_r = 0$，则谷值也为零。

(3) 位于 Z 平面原点处的零点或极点对幅频特性不产生影响。这是因为当零点 z_r 或极点 p_i 在原点上时，矢量长度 $A_r = 1$ 或 $B_i = 1$ 的缘故。因此，在 $z = 0$ 处加入或去除零点或极点，不会导致幅频特性发生变化，只会影响相频特性发生变化。

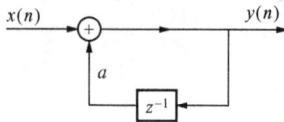

图 5-11 一阶离散时间系统
$(0 \leqslant |a| < 1)$

通过几何作图，可以简单、直观、近似地分析离散时间系统的频率特性。通过对零点和极点分布的分析，使我们对系统的频率特性也有了更加直观的认识，这对于分析和设计离散时间系统是十分有用的。

【例 5-17】试求并定性画出图 5-11 所示一阶离散时间系统的幅频特性和相频特性（图中 z^{-1} 是延时器的 z 域表示）。

解 由图 5-11，得系统的差分方程为

$$y(n) - ay(n-1) = x(n)$$

进行 Z 变换，得系统的系统函数 $H(z)$ 为

$$H(z) = \frac{z}{z-a}$$

系统的频率特性 $H(e^{j\omega})$ 为

$$H(e^{j\omega}) = \frac{e^{j\omega}}{e^{j\omega} - a}$$

不难得出系统的幅频特性和相频特性分别为

$$|H(e^{j\omega})| = \frac{1}{\sqrt{1 + a^2 - 2a\cos\omega}}$$

$$\varphi(\omega) = -\arctan\frac{a\sin\omega}{1 - a\cos\omega}$$

显然，系统函数 $H(z)$ 在 $z = 0$ 处有一个零点，在 $z = a$ 处有一个极点。图 5-12 分别示出了 $0 < a < 1$、$-1 < a < 0$ 和 $a = 0$ 三种情况下用几何确定法定性画出的幅频特性和相频特性的示意图。从图 5-12 可以看出，当 $0 < a < 1$ 时，系统呈现低通特性；当 $-1 < a < 0$ 时，系统呈现高通特性；当 $a = 0$ 时，零点和极点抵消，$H(z) = 1$，即系统呈现全通状态。

【例 5-18】试用几何确定法定性画出离散时间系统

$$H(z) = \frac{z^2 - 1}{z^2 + 0.81}$$

的幅频特性。

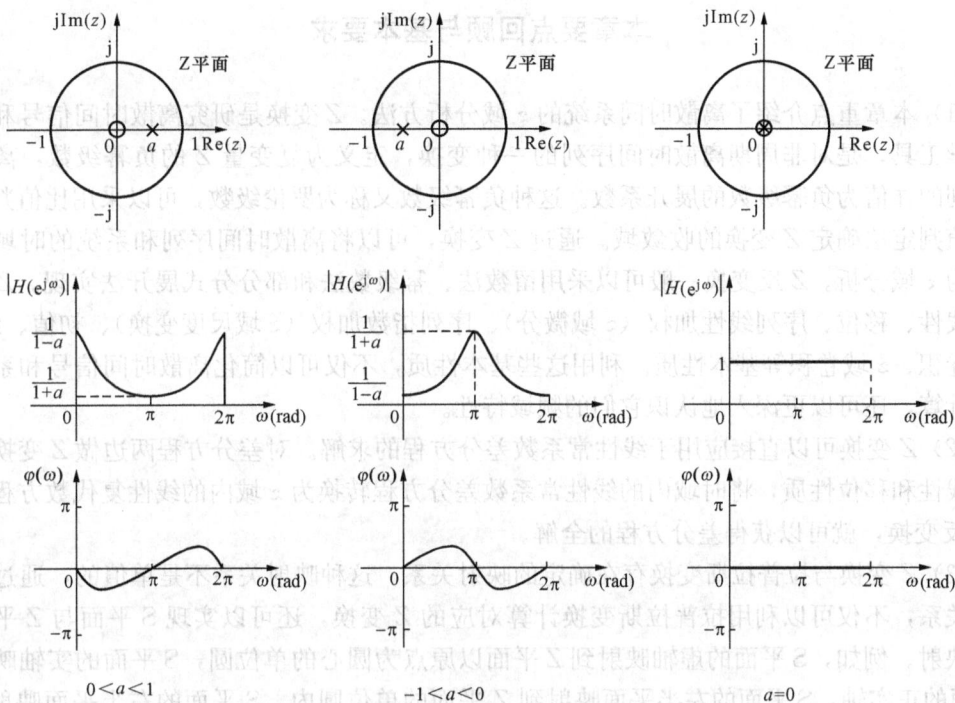

图 5-12 一阶离散时间系统的频率响应特性

解 该系统有两个零点 $z_1=1$，$z_2=-1$ 和两个极点 $p_1=\mathrm{j}0.9$，$p_2=-\mathrm{j}0.9$。图 5-13（a）分别画出了 Z 平面上零点和极点的分布。根据零点和极点的分布情况，显然，系统的幅频特性在 $\omega=\dfrac{\pi}{2}$ 和 $\omega=\dfrac{3\pi}{2}$ 处有峰值，而在 $\omega=0$ 和 $\omega=\pi$ 处有谷值且为零。由图 5-13（a）中的零点和极点分布，得 $\omega=\dfrac{\pi}{2}$ 或 $\omega=\dfrac{3\pi}{2}$ 处的幅频特性的峰值为

$$c=\frac{(\sqrt{2})^2}{0.1\times 1.9}=10.53$$

系统的幅频特性如图 5-13（b）所示。

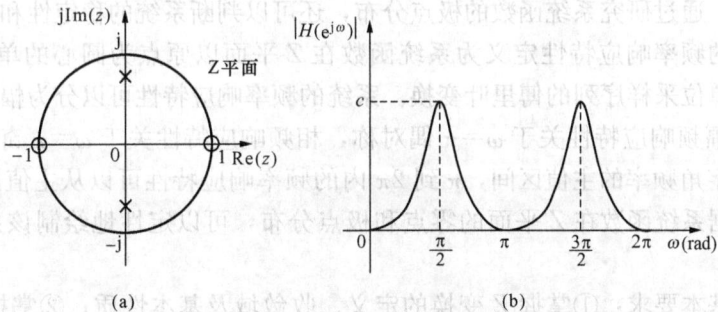

图 5-13 二阶离散时间系统的零极点图及其幅频特性

（a）零极点图；（b）幅频特性

本章要点回顾与基本要求

（1）本章重点介绍了离散时间系统的 z 域分析方法。Z 变换是研究离散时间信号和系统的数学工具，是对非周期离散时间序列的一种变换，定义为复变量 Z 的负幂级数，离散时间序列的样值为负幂级数的展开系数。这种负幂级数又称为罗伦级数，可以采用比值判定法或根值判定法确定 Z 变换的收敛域。通过 Z 变换，可以将离散时间序列和系统的时域分析转换为 z 域分析。Z 反变换一般可以采用留数法、幂级数法和部分分式展开法实现。Z 变换具有线性、移位、序列线性加权（z 域微分）、序列指数加权（z 域尺度变换）、初值、终值、时域卷积、z 域卷积等基本性质。利用这些基本性质，不仅可以简化离散时间信号和系统的时域计算，还可以更深入地认识它们的频域特性。

（2）Z 变换可以直接应用于线性常系数差分方程的求解。对差分方程两边做 Z 变换，并利用线性和移位性质，将时域内的线性常系数差分方程转换为 z 域内的线性复代数方程，求解 Z 反变换，就可以获得差分方程的全解。

（3）Z 变换与拉普拉斯变换存在确定的映射关系。这种映射关系不是单值的，通过这种映射关系，不仅可以利用拉普拉斯变换计算对应的 Z 变换，还可以实现 S 平面与 Z 平面之间的映射。例如，S 平面的虚轴映射到 Z 平面以原点为圆心的单位圆，S 平面的实轴映射到 Z 平面的正实轴，S 平面的左半平面映射到 Z 平面的单位圆内，S 平面的右半平面映射到 Z 平面的单位圆外等。

（4）离散时间序列的傅里叶变换。也是对非周期离散时间序列的一种变换，定义为该序列 Z 变换在 Z 平面以原点为圆心的单位圆上的函数，自变量为 Z 平面的幅角（称为数字角频率）。离散时间序列的傅里叶变换又称为该序列的频率特性，也称为频谱，可以分为幅频特性和相频特性，是该序列的频域表征。离散时间序列的频率特性是数字角频率的周期函数，周期为 2π。

（5）系统函数是单位采样序列的 Z 变换。等于系统在零初始状态下输出响应序列与输入激励序列的 Z 变换之比，是由该系统的自身结构及其元件参数决定的。通过研究系统函数的零点和极点在 Z 平面上的分布规律，可以研究该系统的时域特性。系统函数的零点决定了该系统单位采样序列的幅度和初相位。系统函数的极点决定了该系统单位采样序列的时域特性，极点的实部决定了单位采样序列的衰减或增加情况，极点的虚部决定了单位采样序列的振荡情况。通过研究系统函数的极点分布，还可以判断系统的稳定性和因果性。

（6）系统的频率响应特性定义为系统函数在 Z 平面以原点为圆心的单位圆上的特性，也就是该系统单位采样序列的傅里叶变换。系统的频率响应特性可以分为幅频响应特性和相频响应特性，幅频响应特性关于 $\omega=\pi$ 偶对称，相频响应特性关于 $\omega=\pi$ 奇对称。一般将 0 到 π 规定为数字角频率的主值区间，π 到 2π 内的频率响应特性可以从主值区间的频率响应特性求得。根据系统函数在 Z 平面的零点和极点分布，可以定性地绘制该系统的频率响应特性曲线。

（7）本章基本要求：①掌握 Z 变换的定义、收敛域及基本性质；②掌握 Z 反变换的幂级数法和部分分式展开法；③了解 Z 变换与拉普拉斯变换之间的映射关系；④掌握求解差分方程的 Z 变换法；⑤掌握离散时间序列的傅里叶变换及频率特性的概念；⑥掌握离散时间系统的系统函数及频率响应特性的概念，了解系统函数的零点和极点对系统时域特性和频域特性的影响规律；⑦掌握系统稳定性和因果性的 z 域判断方法。

习　题　五

5-1　求下列序列的 Z 变换及其收敛域。

(1) $2^{-n}u(n)$;

(2) $-2^{-n}u(-n-1)$;

(3) $2^{-n}u(-n)$;

(4) $\delta(n)$;

(5) $\delta(n-1)$;

(6) $2^{-n}[u(n)-u(n-10)]$ 。

5-2　求下列序列的 Z 变换及其收敛域。

(1) $x(n)=2^{n}u(n)+\dfrac{1}{3}\times\left(\dfrac{1}{2}\right)^{n}u(n)$;

(2) $x(n)=\cos(n\omega_0)u(n)$;

(3) $x(n)=\left(\dfrac{1}{2}\right)^{n}u(n+2)+3^{n}u(-n-1)$;

(4) $x(n)=\left(\dfrac{1}{3}\right)^{n}\cos(n\omega_0)u(n)$ 。

5-3　求下列 $X(z)$ 的 Z 反变换 $x(n)$ 。

(1) $X(z)=\dfrac{1}{1+0.5z^{-1}}\quad\left(|z|>\dfrac{1}{2}\right)$;

(2) $X(z)=\dfrac{1-0.5z^{-1}}{1-0.25z^{-2}}\quad\left(|z|>\dfrac{1}{2}\right)$;

(3) $X(z)=\dfrac{1-0.5z^{-1}}{1+\dfrac{3}{4}z^{-1}+\dfrac{1}{8}z^{-2}}\left(|z|>\dfrac{1}{2}\right)$;

(4) $X(z)=\dfrac{1-az^{-1}}{z^{-1}-a}\quad\left(|z|>\left|\dfrac{1}{a}\right|\right)$ 。

5-4　求下列 $X(z)$ 的 Z 反变换 $x(n)$ 。

(1) $X(z)=z^{3}\quad(|z|<\infty)$;

(2) $X(z)=-2z^{-2}+2z+1\quad(0<|z|<\infty)$;

(3) $X(z)=\dfrac{1}{1-az^{-1}}\quad(|z|>a)$;

(4) $X(z)=\dfrac{1}{1-az^{-1}}\quad(|z|<a)$ 。

5-5　分别用留数法、长除法和部分分式展开法求下列 $X(z)$ 的 Z 反变换 $x(n)$ 。

$$X(z)=\dfrac{10z}{(z-1)(z-2)}\quad(|z|>2)$$

5-6　已知

$$X(z) = \frac{-3z^{-1}}{2 - 5z^{-1} + 2z^{-2}}$$

试画出 $X(z)$ 的零极点图。在下列三种收敛域下，哪种情况对应左边序列、右边序列和双边序列？并求各个对应的序列。

(1) $|z| > 2$；

(2) $|z| < 0.5$；

(3) $0.5 < |z| < 2$。

5-7 求下列 $X(z)$ 的 Z 反变换 $x(n)$。

(1) $X(z) = \dfrac{z^{-2}}{1 + z^{-2}}$ （$|z| > 1$）；

(2) $X(z) = \dfrac{1 + z^{-1}}{1 - 2z^{-1}\cos\omega_0 + z^{-2}}$ （$|z| > 1$）。

5-8 已知下列因果序列的 Z 变换 $X(z)$。试求序列 $x(n)$ 的初值 $x(0)$ 和终值 $x(\infty)$。

(1) $X(z) = \dfrac{z^2 + z + 1}{(z-1)(z-2)}$；

(2) $X(z) = \dfrac{z}{z^2 - 1.5z + 0.5}$。

5-9 利用卷积定理求 $y(n) = x(n) * h(n)$。

(1) $x(n) = a^n u(n), h(n) = b^n u(n)$；

(2) $x(n) = a^n u(n), h(n) = b^n u(-n)$；

(3) $x(n) = a^n u(n), h(n) = \delta(n-2)$；

(4) $x(n) = a^n u(n), h(n) = u(n-1)$。

5-10 利用单边 Z 变换试求下列常系数线性差分方程的解。

(1) $y(n) - y(n-1) + y(n-2) = 2u(n), y(-2) = 1, y(-1) = 2$；

(2) $y(n) - \dfrac{3}{2}y(n-1) + \dfrac{1}{2}y(n-2) = \delta(n), y(-2) = 0, y(-1) = 0$。

5-11 试求下列序列的傅里叶变换。

(1) $x(n) = \delta(n-3)$；

(2) $x(n) = \dfrac{1}{2}\delta(n+1) + \delta(n) + \dfrac{1}{2}\delta(n-1)$；

(3) $x(n) = a^n u(n)$ $(0 < a < 1)$；

(4) $x(n) = u(n+3) - u(n-4)$。

5-12 写出图 5-14 所示离散时间系统的差分方程，并求系统函数 $H(z)$ 及其单位采样响应 $h(n)$。

5-13 判断下列因果系统是否稳定。

(1) $H(z) = \dfrac{z+2}{8z^2 - 2z - 3}$；

(2) $H(z) = \dfrac{8(1 - z^{-1} - z^{-2})}{2 + 5z^{-1} + 2z^{-2}}$；

(3) $H(z) = \dfrac{2z-4}{2z^2 + z - 1}$；

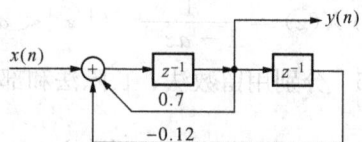

图 5-14 习题 5-12 图

(4) $H(z) = \dfrac{1 + z^{-1}}{1 - z^{-1} + z^{-2}}$。

5-14 如果一个线性时不变离散时间系统的输入序列为

$$x(n) = \left(\frac{1}{2}\right)^n u(n)$$

输出序列为

$$y(n) = 6 \times \left(\frac{1}{2}\right)^n u(n) - 6 \times \left(\frac{3}{4}\right)^n u(n)$$

试求系统函数 $H(z)$，并判断系统的稳定性和因果性。

5-15 梳状滤波器的系统函数为 $H(z) = 1 - z^{-N}$（N 为整数），试定性画出系统的幅频特性。

5-16 利用几何确定法定性画出下列系统函数 $H(z)$ 对应的幅频特性与相频特性。

(1) $H(z) = \dfrac{1}{z - 0.5}$；

(2) $H(z) = \dfrac{z}{z - 0.5}$；

(3) $H(z) = \dfrac{z + 0.5}{z}$。

5-17 横向滤波器的结构如图 5-15 所示。试以 $M = 4$ 为例：

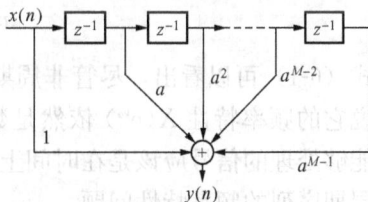

(1) 写出差分方程；

(2) 求系统函数 $H(z)$；

(3) 求单位采样响应 $h(n)$；

(4) 画出 $H(z)$ 的零极点图；

(5) 定性画出系统的幅频特性。

图 5-15 习题 5-17 图

5-18 如果一个线性时不变离散时间系统的输入序列为 $x(n) = 2u(n)$，输出序列为

$$y(n) = \left[4 \times \left(\frac{1}{2}\right)^n - 3 \times \left(-\frac{3}{4}\right)^n \right] u(n)$$

试求系统的单位采样响应 $h(n)$。

5-19 已知序列的 Z 变换 $X(z)$。试求序列的频谱 $X(e^{j\omega})$，并定性画出其幅频特性和相频特性。

(1) $\dfrac{1}{1 - 2a\cos\omega_0 z^{-1} + a^2 z^{-2}}$ （$0 < a < 1$）；

(2) $\dfrac{1 - az^{-1}}{z^{-1} - a}$ （$a > 1$）。

5-20 已知一个离散时间系统的差分方程为

$$y(n) - \frac{3}{4}y(n-1) + \frac{1}{8}y(n-2) = x(n) + \frac{1}{3}x(n-1)$$

(1) 求系统函数 $H(z)$ 和单位采样响应 $h(n)$；

(2) 画出系统函数 $H(z)$ 的零极点分布图；

(3) 定性画出系统的幅频特性。

第六章 离 散 傅 里 叶 变 换

本章首先讨论了离散时间周期序列的正交展开问题，并在此基础上定义了离散傅里叶级数；其次通过对有限长序列的周期延拓，定义了离散傅里叶变换，并讨论了离散傅里叶变换的基本性质；第三论述了离散傅里叶变换与 Z 变换之间的关系；最后总结了四类时间信号的傅里叶变换之间的对应关系。

第一节 离散傅里叶级数

在第五章中，通过讨论序列的 Z 变换在 Z 平面单位圆上的特性，定义了离散时间非周期序列的傅里叶变换。式（5-61）和式（5-62）分别给出了正变换和反变换，重写如下

$$X(\mathrm{e}^{\mathrm{j}\omega}) = \sum_{n=-\infty}^{+\infty} x(n)\mathrm{e}^{-\mathrm{j}n\omega} \tag{6-1}$$

$$x(n) = \frac{1}{2\pi}\int_{-\pi}^{\pi} X(\mathrm{e}^{\mathrm{j}\omega})\mathrm{e}^{\mathrm{j}n\omega}\mathrm{d}\omega \tag{6-2}$$

从式（6-1）可以看出，尽管非周期序列 $x(n)$ 在时间上是离散的，但是，它的傅里叶变换或者说它的频率特性 $X(\mathrm{e}^{\mathrm{j}\omega})$ 依然是数字角频率 ω 的连续函数，不便于计算机进行处理。计算机能够处理的信号应该是在时间上和在频率上都是离散的。为了解决这个问题，让我们来研究周期序列的频率特性问题。

对于离散时间周期序列 $x_{\mathrm{p}}(n)$，由式（4-25）知

$$x_{\mathrm{p}}(n) = x_{\mathrm{p}}(n+rN) \tag{6-3}$$

式中：r 为任意整数；N 为周期序列的周期，即序列重复出现的最小正整数。

如果对周期序列 $x_{\mathrm{p}}(n)$ 进行 Z 变换或傅里叶变换，则有

$$\begin{aligned} X_{\mathrm{p}}(z) &= \sum_{n=-\infty}^{+\infty} x_{\mathrm{p}}(n)z^{-n} \\ &= \sum_{r=-\infty}^{+\infty}\sum_{n=0}^{N-1} x_{\mathrm{p}}(n+rN)z^{-(n+rN)} \\ X_{\mathrm{p}}(\mathrm{e}^{\mathrm{j}\omega}) &= \sum_{n=-\infty}^{+\infty} x_{\mathrm{p}}(n)\mathrm{e}^{-\mathrm{j}n\omega} \\ &= \sum_{r=-\infty}^{+\infty}\sum_{n=0}^{N-1} x_{\mathrm{p}}(n+rN)\mathrm{e}^{-\mathrm{j}(n+rN)\omega} \end{aligned}$$

显然，上述两式是不收敛的。因此，对周期序列 $x_{\mathrm{p}}(n)$ 进行 Z 变换或傅里叶变换是没有意义的。

为研究周期序列的频率特性，让我们首先对序列 $\mathrm{e}^{\mathrm{j}\frac{2\pi}{N}n}$ 进行讨论。将复数 $\mathrm{e}^{\mathrm{j}\frac{2\pi}{N}n}$ 画在如图6-1所示的复平面上，不难看出，序列 $\mathrm{e}^{\mathrm{j}\frac{2\pi}{N}n}$ 是将复平面上

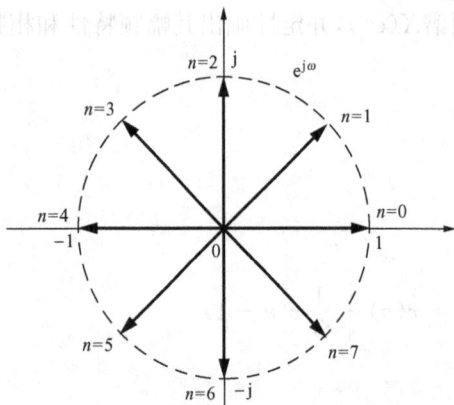

图 6-1 将单位圆八等分

单位圆 $\mathrm{e}^{\mathrm{j}\omega}$ 进行 N 等分获得的，各个数字角频率的等分点为 $\omega_n=\dfrac{2\pi}{N}n$。从图 6-1 可以看出，序列 $\mathrm{e}^{\mathrm{j}\frac{2\pi}{N}n}$ 具有周期性，为周期序列，即

$$\mathrm{e}^{\mathrm{j}\frac{2\pi}{N}(n+rN)}=\mathrm{e}^{\mathrm{j}\frac{2\pi}{N}n}\mathrm{e}^{\mathrm{j}\frac{2\pi}{N}rN}=\mathrm{e}^{\mathrm{j}\frac{2\pi}{N}n}$$

满足式（6-3）。显然，由序列 $\mathrm{e}^{\mathrm{j}\frac{2\pi}{N}n}$ 生成的序列 $\mathrm{e}^{\mathrm{j}\frac{2\pi}{N}kn}$（$k=0,1,\cdots,N-1$），即

$$\mathrm{e}^{\mathrm{j}\frac{2\pi}{N}0n},\mathrm{e}^{\mathrm{j}\frac{2\pi}{N}n},\mathrm{e}^{\mathrm{j}\frac{2\pi}{N}2n},\cdots,\mathrm{e}^{\mathrm{j}\frac{2\pi}{N}(N-1)n} \tag{6-4}$$

也是周期序列。

将式（6-4）序列组中任意挑出两个序列进行以下的运算，有

$$\frac{1}{N}\sum_{n=0}^{N-1}\mathrm{e}^{\mathrm{j}\frac{2\pi}{N}kn}\mathrm{e}^{-\mathrm{j}\frac{2\pi}{N}mn}=\frac{1}{N}\sum_{n=0}^{N-1}\mathrm{e}^{\mathrm{j}\frac{2\pi}{N}(k-m)n}=\frac{1}{N}\frac{1-\mathrm{e}^{\mathrm{j}\frac{2\pi}{N}(k-m)N}}{1-\mathrm{e}^{\mathrm{j}\frac{2\pi}{N}(k-m)}}=\begin{cases}1,k=m\\0,k\neq m\end{cases} \tag{6-5}$$

式（6-5）表明，式（6-4）给出的周期序列组满足单位正交性质。

综上讨论，类似于三角函数集可以作为周期函数的一组正交基一样，也可以将式(6-4)中的周期序列组作为周期序列的一组单位正交基。仿照周期函数的傅里叶级数展开，将周期为 N 的周期序列 $x_{\mathrm{p}}(n)$ 表示为式（6-4）周期序列的线性组合，也就是将周期序列 $x_{\mathrm{p}}(n)$ 在式（6-4）所示的单位正交基上进行如下展开，即

$$x_{\mathrm{p}}(n)=\frac{1}{N}\Big[c_0\mathrm{e}^{\mathrm{j}\frac{2\pi}{N}0n}+c_1\mathrm{e}^{\mathrm{j}\frac{2\pi}{N}n}+c_2\mathrm{e}^{\mathrm{j}\frac{2\pi}{N}2n}+\cdots+c_{N-1}\mathrm{e}^{\mathrm{j}\frac{2\pi}{N}(N-1)n}\Big]=\frac{1}{N}\sum_{k=0}^{N-1}c_k\mathrm{e}^{\mathrm{j}\frac{2\pi}{N}kn} \tag{6-6}$$

式中：称序列 $\mathrm{e}^{\mathrm{j}\frac{2\pi}{N}0n}=1$ 为周期序列 $x_{\mathrm{p}}(n)$ 的直流分量，称序列 $\mathrm{e}^{\mathrm{j}\frac{2\pi}{N}n}$ 为周期序列 $x_{\mathrm{p}}(n)$ 的基波分量，称序列 $\mathrm{e}^{\mathrm{j}\frac{2\pi}{N}kn}$ 为周期序列 $x_{\mathrm{p}}(n)$ 的第 k 次谐波分量，c_k（$k=0,1,\cdots,N-1$）为对应分量的系数。为了确定式（6-6）中的待定系数 c_k，在式（6-6）两端同乘以序列 $\mathrm{e}^{-\mathrm{j}\frac{2\pi}{N}mn}$，并进行如下运算，得

$$\sum_{n=0}^{N-1}x_{\mathrm{p}}(n)\mathrm{e}^{-\mathrm{j}\frac{2\pi}{N}mn}=\sum_{n=0}^{N-1}\Big(\frac{1}{N}\sum_{k=0}^{N-1}c_k\mathrm{e}^{\mathrm{j}\frac{2\pi}{N}kn}\Big)\mathrm{e}^{-\mathrm{j}\frac{2\pi}{N}mn}=\frac{1}{N}\sum_{k=0}^{N-1}c_k\sum_{n=0}^{N-1}\mathrm{e}^{\mathrm{j}\frac{2\pi}{N}(k-m)n}$$

利用式（6-5），则有

$$\sum_{n=0}^{N-1}x_{\mathrm{p}}(n)\mathrm{e}^{-\mathrm{j}\frac{2\pi}{N}mn}=\frac{1}{N}c_mN=c_m$$

所以，式（6-6）中的待定系数为

$$c_k=\sum_{n=0}^{N-1}x_{\mathrm{p}}(n)\mathrm{e}^{-\mathrm{j}\frac{2\pi}{N}kn}\quad(k=0,1,\cdots,N-1) \tag{6-7}$$

显然，式（6-6）和式（6-7）构成了周期序列的一组对应关系。已知周期序列 $x_{\mathrm{p}}(n)$，就可以由式（6-7）计算直流、基波和各次谐波分量的系数；反之，已知直流、基波和各次谐波分量，就可以由式（6-6）生成周期序列 $x_{\mathrm{p}}(n)$。我们将这组对应关系称为周期序列的离散傅里叶级数。由式（6-7）和式（6-6），定义周期序列的离散傅里叶级数的正变换和反变换如下

$$X_{\mathrm{p}}(k)=\mathrm{DFS}[x_{\mathrm{p}}(n)]=\sum_{n=0}^{N-1}x_{\mathrm{p}}(n)W_N^{nk} \tag{6-8}$$

$$x_{\mathrm{p}}(n)=\mathrm{IDFS}[X_{\mathrm{p}}(k)]=\frac{1}{N}\sum_{k=0}^{N-1}X_{\mathrm{p}}(k)W_N^{-nk} \tag{6-9}$$

式中，DFS 为离散傅里叶级数的英文缩写（Discrete Fourier Series），表示正变换；IDFS 为离散傅里叶级数反变换的英文缩写（Inverse Discrete Fourier Series），表示反变换。W_N 定义为

$$W_N = \mathrm{e}^{-\mathrm{j}\frac{2\pi}{N}} \tag{6-10}$$

由于 $\mathrm{e}^{\mathrm{j}\frac{2\pi}{N}k}$ 关于 k 的周期性，式（6-8）中的 $X_\mathrm{p}(k)$ 也应该是 k 的周期序列，其周期也是 N。k 称为频率序号。习惯上，称 n，$k=0$，1，$\cdots$，$N-1$ 的区间为主值区间，将 $x_\mathrm{p}(0)$，$x_\mathrm{p}(1)$，$\cdots$，$x_\mathrm{p}(N-1)$ 或 $X_\mathrm{p}(0)$，$X_\mathrm{p}(1)$，$\cdots$，$X_\mathrm{p}(N-1)$ 分别称为 $x_\mathrm{p}(n)$ 或 $X_\mathrm{p}(k)$ 的主值序列。显然，只要知道了主值序列就可以确定整个周期序列。

一般地，将式（6-8）中的离散傅里叶级数 $X_\mathrm{p}(k)$ 称为周期序列 $x_\mathrm{p}(n)$ 的频率特性，也称为频谱。由于 $X_\mathrm{p}(k)$ 一般是复数，可以写成如下形式

$$X_\mathrm{p}(k) = \mid X_\mathrm{p}(k) \mid \mathrm{e}^{\mathrm{j}\theta_\mathrm{p}(k)} \tag{6-11}$$

式中：$\mid X_\mathrm{p}(k) \mid$ 为周期序列 $x_\mathrm{p}(n)$ 的幅频特性，$\theta_\mathrm{p}(k)$ 为周期序列 $x_\mathrm{p}(n)$ 的相频特性。结合式（6-4）不难看出，周期序列的频谱就是将数字角频率 ω 在 $[0,2\pi]$ 区间以 $\frac{2\pi}{N}$ 为间隔进行等分画出的离散谱线。$X_\mathrm{p}(k)$ 中的频率序号 k 与数字角频率 $\omega_k = k\frac{2\pi}{N}$ 对应。所以，周期序列是在时间和频率上均为离散的一类信号，特别适合计算机进行处理。

【例 6-1】　求图 6-2（a）所示周期为 10 的周期序列 $x_\mathrm{p}(n)$ 的离散傅里叶级数，并画出周期序列的幅频特性。

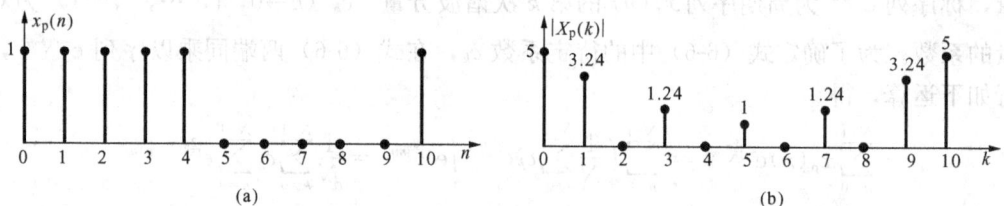

图 6-2　周期序列的波形与频谱
（a）周期序列的波形；（b）周期序列的幅频特性

解　由式(6-10)，得

$$W_N = W_{10} = \mathrm{e}^{-\mathrm{j}\frac{2\pi}{10}}$$

再由式（6-8），得该周期序列的离散傅里叶级数 $X_\mathrm{p}(k)$ 为

$$X_\mathrm{p}(k) = \sum_{n=0}^{10-1} x_\mathrm{p}(n)\mathrm{e}^{-\mathrm{j}\frac{2\pi}{10}nk} = \sum_{n=0}^{4} \mathrm{e}^{-\mathrm{j}\frac{2\pi}{10}nk} = \frac{1-\mathrm{e}^{-\mathrm{j}\frac{2\pi}{10}5k}}{1-\mathrm{e}^{-\mathrm{j}\frac{2\pi}{10}k}} = \frac{\sin\frac{\pi}{2}k}{\sin\frac{\pi}{10}k}\mathrm{e}^{-\mathrm{j}\frac{2\pi}{5}k}$$

所以，该周期序列的幅频特性为

$$\mid X_\mathrm{p}(k) \mid = \left| \frac{\sin\frac{\pi}{2}k}{\sin\frac{\pi}{10}k} \right| \quad (k=0,1,2,\cdots,9)$$

图 6-2（b）给出了该周期序列的幅频特性的离散频谱。

【例 6-2】 对于周期序列 $x_p(n)$，试证明离散傅里叶级数 $X_p(k)$ 只取决于周期序列中任意一个周期内的样值，与取样的时间序号起点无关。

证明 对周期序列 $x_p(n)$ 任意截取一个时间序号区间 $[rN+n_1, rN+n_1+N-1]$，其中，n_1 为小于 N 的任意整数，r 可以取任意整数。显然，该区间的时间序号长度为周期序列 $x_p(n)$ 的周期。将该区间内的样值记为 $x'_p(n)$，即 $x'_p(n)=x_p(n), n=rN+n_1, rN+n_1+1,\cdots,rN+n_1+N-1$。求 $x'_p(n)$ 的离散傅里叶级数，得

$$X'_p(k)=\sum_{n=rN+n_1}^{rN+n_1+N-1} x_p(n)W_N^{nk}$$

对上式做时间序号置换，即令 $m=n-rN$，则 $n=m+rN$，得

$$X'_p(k)=\sum_{m=n_1}^{n_1+N-1} x_p(m+rN)W_N^{(m+rN)k}=\sum_{m=n_1}^{n_1+N-1} x_p(m)W_N^{mk}W_N^{Nrk}$$

由式（6-10）知，$W_N^{Nrk}=1$，则上式写为

$$X'_p(k)=\sum_{m=n_1}^{n_1+N-1} x_p(m)W_N^{mk}=\sum_{m=n_1}^{N-1} x_p(m)W_N^{mk}+\sum_{m=N}^{n_1+N-1} x_p(m)W_N^{mk}$$

以上第二项中，令 $l=m-N$，则 $m=l+N$，得

$$\begin{aligned}X'_p(k)&=\sum_{m=n_1}^{N-1} x_p(m)W_N^{mk}+\sum_{l=0}^{n_1-1} x_p(l+N)W_N^{(l+N)k}\\&=\sum_{m=n_1}^{N-1} x_p(m)W_N^{mk}+\sum_{l=0}^{n_1-1} x_p(l)W_N^{lk}W_N^{Nk}\\&=\sum_{m=n_1}^{N-1} x_p(m)W_N^{mk}+\sum_{l=0}^{n_1-1} x_p(l)W_N^{lk}\\&=\sum_{l=0}^{n_1-1} x_p(l)W_N^{lk}+\sum_{m=n_1}^{N-1} x_p(m)W_N^{mk}\\&=\sum_{n=0}^{N-1} x_p(n)W_N^{nk}\\&=X_p(k)\end{aligned}$$

上式表明，对以 N 为周期的周期序列 $x_p(n)$，任意截取一个周期内的样值求得的离散傅里叶级数 $X'_p(k)$ 与在主值区间求得的离散傅里叶级数 $X_p(k)$ 相同。

【例 6-3】 设周期序列 $x_{p1}(n)$ 和 $x_{p2}(n)$ 的周期均为 N，$X_{p1}(k)$ 和 $X_{p2}(k)$ 分别为 $x_{p1}(n)$ 和 $x_{p2}(n)$ 的离散傅里叶级数。定义 $x_{p1}(n)$ 和 $x_{p2}(n)$ 的周期卷积运算为

$$x_{p3}(n)=\sum_{m=0}^{N-1} x_{p1}(m)x_{p2}(n-m) \tag{6-12}$$

试证明如下周期卷积定理成立，即

$$X_{p3}(k)=X_{p1}(k)X_{p2}(k) \tag{6-13}$$

证明 由式（6-9），得

$$\begin{aligned}x_{p3}(n)&=\frac{1}{N}\sum_{k=0}^{N-1} X_{p3}(k)W_N^{-nk}\\&=\frac{1}{N}\sum_{k=0}^{N-1} X_{p1}(k)X_{p2}(k)W_N^{-nk}\end{aligned}$$

$$= \frac{1}{N} \sum_{k=0}^{N-1} \left[\sum_{m=0}^{N-1} x_{p1}(m) W_N^{mk} \right] \left[\sum_{r=0}^{N-1} x_{p2}(r) W_N^{rk} \right] W_N^{-nk}$$

$$= \sum_{m=0}^{N-1} x_{p1}(m) \sum_{r=0}^{N-1} \left\{ x_{p2}(r) \left[\frac{1}{N} \sum_{k=0}^{N-1} W_N^{-(n-m-r)k} \right] \right\}$$

将上式方括号的式子重写

$$\frac{1}{N} \sum_{k=0}^{N-1} W_N^{-(n-m-r)k} = \frac{1}{N} \sum_{k=0}^{N-1} e^{j\frac{2\pi}{N}(n-m-r)k}$$

由式（6-5）可知，当 $r=n-m$ 时，上式为 1；当 $r \neq n-m$ 时，上式为 0。这样，有

$$x_{p3}(n) = \sum_{m=0}^{N-1} x_{p1}(m) x_{p2}(r) \bigg|_{r=n-m} \times 1 = \sum_{m=0}^{N-1} x_{p1}(m) x_{p2}(n-m)$$

显然，由式（6-13）获得的 $X_{p3}(k)$ 再求离散傅里叶级数的反变换获得的周期序列 $x_{p3}(n)$ 正是式（6-12）定义的周期卷积。

第二节　离散傅里叶变换

通过上节讨论，我们知道周期序列在时间和频率上均满足计算机处理的离散性要求，而非周期序列在频率上是连续的。然而，在实际中，大量的非周期序列都是有限长的，这一点是非常重要的。正是基于这一点，自然使我们想到能否通过对有限长序列的周期化延拓，使非周期序列的频率特性分析转化为周期序列的频率特性分析，从而实现有限长序列频率特性的计算机处理。这就是本节的主要内容。

设长度为 N 的有限长序列 $x(n)$ 为

$$x(n) = \begin{cases} x(n), 0 \leqslant n \leqslant N-1 \\ 0, n \text{ 取其他值} \end{cases} \tag{6-14}$$

将式（6-14）的有限长序列 $x(n)$ 以 N 为周期进行周期延拓，即在 $[0, N-1]$ 主值区间内定义周期序列为

$$x_p(n) = \sum_{r=-\infty}^{+\infty} x(n+rN) \tag{6-15}$$

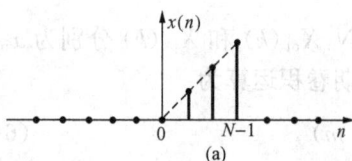

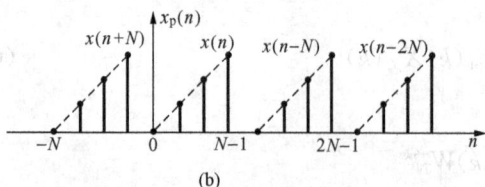

$$x(n) = \begin{cases} x_p(n), 0 \leqslant n \leqslant N-1 \\ 0, n \text{ 取其他值} \end{cases} \tag{6-16}$$

图 6-3 表明了式（6-16）中 $x(n)$ 和 $x_p(n)$ 的对应关系。为书写方便，将式（6-15）和式（6-16）改用如下符号表示，即

$$x_p(n) = x((n))_N \tag{6-17}$$

$$x(n) = x_p(n) R_N(n) \tag{6-18}$$

图 6-3　有限长序列的周期延拓

(a) 有限长序列 $x(n)$；(b) 周期延拓后的周期序列 $x_p(n)$

式中：$R_N(n)$ 为式（4-23）定义的矩形序列。在式（6-18）中将 $R_N(n)$ 与 $x_p(n)$

相乘表示取 $x_{\mathrm{p}}(n)$ 的主值区间，而符号 $((n))_N$ 表示 n 对 N 取模值，其运算规则如下。

若 $n=n_1+rN$，其中 r 为整数，$0 \leqslant n_1 \leqslant N-1$，则有

$$((n))_N = (n_1), x((n))_N = x(n_1) \tag{6-19}$$

由于周期序列 $x_{\mathrm{p}}(n)$ 的离散傅里叶级数 $X_{\mathrm{p}}(k)$ 也是周期序列，它们的主值区间都是 $[0,\, N-1]$，其主值区间的序列 $X(k)$ 相当于某一有限长序列。这样，仿照式（6-17）和式（6-18），类似地有

$$X(k) = X_{\mathrm{p}}(k) R_N(k) \tag{6-20}$$

$$X_{\mathrm{p}}(k) = X((k))_N \tag{6-21}$$

这样，借助于有限长序列 $x(n)$ 的周期延拓，定义有限长序列的离散傅里叶变换为：设有限长序列 $x(n)$ 长度为 N，它的离散傅里叶变换 $X(k)$ 依然是一个长度为 N 的频域有限长序列，其正变换和反变换如下

$$X(k) = \mathrm{DFT}[x(n)] = \sum_{n=0}^{N-1} x(n) W_N^{nk} \quad (0 \leqslant k \leqslant N-1) \tag{6-22}$$

$$x(n) = \mathrm{IDFT}[X(k)] = \frac{1}{N} \sum_{k=0}^{N-1} X(k) W_N^{-nk} \quad (0 \leqslant n \leqslant N-1) \tag{6-23}$$

式中：DFT 为离散傅里叶变换的英文缩写（Discrete Fourier Transform），表示正变换；IDFT 为离散傅里叶反变换的英文缩写（Inverse Discrete Fourier Transform），表示反变换。

将离散傅里叶变换的定义式（6-22）和式（6-23）与离散傅里叶级数计算式（6-8）和式（6-9）对比不难看出，在主值区间 $[0,\, N-1]$ 内，离散傅里叶变换与离散傅里叶级数的表达式完全相同。事实上，由前面的讨论知道，离散傅里叶级数是按周期序列的正交性严格推导出来的，而离散傅里叶变换是人为地将有限长序列进行周期延拓后，借用离散傅里叶级数 $X_{\mathrm{p}}(k)$ 的主值区间序列 $X(k)$ 定义的。其目的在于用计算机处理离散非周期序列。

为了进一步说明离散傅里叶变换的内涵，下面讨论长度为 N 的有限长序列 $x(n)$ 的傅里叶变换。由式（6-1），得

$$X(\mathrm{e}^{\mathrm{j}\omega}) = \sum_{n=0}^{N-1} x(n) \mathrm{e}^{-\mathrm{j}n\omega} \tag{6-24}$$

将式（6-24）与离散傅里叶变换定义式（6-22）进行对比发现，离散傅里叶变换定义式（6-22）是由数字角频率 ω 在 $[0,\, 2\pi]$ 以 $\dfrac{2\pi}{N}$ 为频率间隔对式（6-24）均匀采样获得的，即

$$X(\mathrm{e}^{\mathrm{j}\omega_k}) \Big|_{\omega_k = \frac{2\pi}{N}k} = \sum_{n=0}^{N-1} x(n) \mathrm{e}^{-\mathrm{j}n\frac{2\pi}{N}k} = \sum_{n=0}^{N-1} x(n) W_N^{nk} = X(k) \tag{6-25}$$

由此说明，利用有限长序列的周期延拓定义的离散傅里叶变换 $X(k)$ 恰好就是有限长序列的傅里叶变换在数字角频率 ω 上的离散化，这也是用计算机处理有限长序列的傅里叶变换的一个自然结果。

类似于 $X_{\mathrm{p}}(k)$，将 $X(k)$ 称为有限长序列 $x(n)$ 的离散频谱，其频率特性包含幅频特性和相频特性。

式（6-22）和式（6-23）表明，已知 $x(n)$ 可以惟一地确定 $X(k)$；反之，已知 $X(k)$ 也可以惟一地确定 $x(n)$。由于 $x(n)$ 和 $X(k)$ 都是离散的和有限长的，因此，可以很方便地借助计算机实现它们之间的相互变换，这也就是离散傅里叶变换广泛应用于信号处理的根本原因。

式（6-22）和式（6-23）也可以写成矩阵形式，即

$$
\begin{bmatrix} X(0) \\ X(1) \\ \vdots \\ X(N-1) \end{bmatrix} = \begin{bmatrix} W_N^{0\times0} & W_N^{0\times1} & \cdots & W_N^{0\times(N-1)} \\ W_N^{1\times0} & W_N^{1\times1} & \cdots & W_N^{1\times(N-1)} \\ \vdots & \vdots & \vdots & \vdots \\ W_N^{(N-1)\times0} & W_N^{(N-1)\times1} & \cdots & W_N^{(N-1)\times(N-1)} \end{bmatrix} \begin{bmatrix} x(0) \\ x(1) \\ \vdots \\ x(N-1) \end{bmatrix} \tag{6-26}
$$

$$
\begin{bmatrix} x(0) \\ x(1) \\ \vdots \\ x(N-1) \end{bmatrix} = \frac{1}{N} \begin{bmatrix} W_N^{-0\times0} & W_N^{-0\times1} & \cdots & W_N^{-0\times(N-1)} \\ W_N^{-1\times0} & W_N^{-1\times1} & \cdots & W_N^{-1\times(N-1)} \\ \vdots & \vdots & \vdots & \vdots \\ W_N^{-(N-1)\times0} & W_N^{-(N-1)\times1} & \cdots & W_N^{-(N-1)\times(N-1)} \end{bmatrix} \begin{bmatrix} X(0) \\ X(1) \\ \vdots \\ X(N-1) \end{bmatrix} \tag{6-27}
$$

【例 6-4】 利用矩阵表达式计算 $x(n) = \{1 \quad 2 \quad -1 \quad 4\}$ 的 DFT，再由所得的 $X(k)$ 经 IDFT 反求 $x(n)$，并验证其正确性。

解 由于 $N=4$，则 $W_4 = \mathrm{e}^{-\mathrm{j}\frac{2\pi}{4}} = -\mathrm{j}$，$W_4^2 = -1$，$W_4^3 = \mathrm{j}$。由式（6-26），得

$$
\begin{bmatrix} X(0) \\ X(1) \\ X(2) \\ X(3) \end{bmatrix} = \begin{bmatrix} W_4^0 & W_4^0 & W_4^0 & W_4^0 \\ W_4^0 & W_4^1 & W_4^2 & W_4^3 \\ W_4^0 & W_4^2 & W_4^4 & W_4^6 \\ W_4^0 & W_4^3 & W_4^6 & W_4^9 \end{bmatrix} \begin{bmatrix} x(0) \\ x(1) \\ x(2) \\ x(3) \end{bmatrix} = \begin{bmatrix} 1 & 1 & 1 & 1 \\ 1 & -\mathrm{j} & -1 & \mathrm{j} \\ 1 & -1 & 1 & -1 \\ 1 & \mathrm{j} & -1 & -\mathrm{j} \end{bmatrix} \begin{bmatrix} 1 \\ 2 \\ -1 \\ 4 \end{bmatrix} = \begin{bmatrix} 6 \\ 2+\mathrm{j}2 \\ -6 \\ 2-\mathrm{j}2 \end{bmatrix}
$$

所以，$X(k) = \mathrm{DFT}[x(n)] = \{6 \quad 2+\mathrm{j}2 \quad -6 \quad 2-\mathrm{j}2\}$。再由式（6-27），得

$$
\begin{bmatrix} x(0) \\ x(1) \\ x(2) \\ x(3) \end{bmatrix} = \frac{1}{4} \begin{bmatrix} W_4^0 & W_4^0 & W_4^0 & W_4^0 \\ W_4^0 & W_4^{-1} & W_4^{-2} & W_4^{-3} \\ W_4^0 & W_4^{-2} & W_4^{-4} & W_4^{-6} \\ W_4^0 & W_4^{-3} & W_4^{-6} & W_4^{-9} \end{bmatrix} \begin{bmatrix} X(0) \\ X(1) \\ X(2) \\ X(3) \end{bmatrix} = \frac{1}{4} \begin{bmatrix} 1 & 1 & 1 & 1 \\ 1 & \mathrm{j} & -1 & -\mathrm{j} \\ 1 & -1 & 1 & -1 \\ 1 & -\mathrm{j} & -1 & \mathrm{j} \end{bmatrix} \begin{bmatrix} 6 \\ 2+\mathrm{j}2 \\ -6 \\ 2-\mathrm{j}2 \end{bmatrix} = \begin{bmatrix} 1 \\ 2 \\ -1 \\ 4 \end{bmatrix}
$$

可以看出，$x(n) = \mathrm{IDFT}[X(k)] = \{1 \quad 2 \quad -1 \quad 4\}$。计算结果正确。

第三节　离散傅里叶变换的基本性质

本节重点讨论离散傅里叶变换的基本性质，掌握这些基本性质对于离散时间信号和离散时间系统的分析有很大的帮助。

一、线性性质

如果 $x_1(n)$ 和 $x_2(n)$ 是两个长度均为 N 的有限长序列，且

$$X_1(k) = \mathrm{DFT}[x_1(n)], X_2(k) = \mathrm{DFT}[x_2(n)]$$

则序列 $y(n) = ax_1(n) + bx_2(n)$ 的离散傅里叶变换为

$$Y(k) = aX_1(k) + bX_2(k) \tag{6-28}$$

式中：a 和 b 为任意常数。显然，线性性质可以直接由式（6-22）进行证明。

需要指出的是，当序列 $x_1(n)$ 和 $x_2(n)$ 的长度不相等时，例如分别为 N_1 和 N_2，式（6-28）的线性性质依然成立。此时，序列 $y(n)$ 的长度 $N = \max(N_1, N_2)$，如果 $N_2 > N_1$，则 $N = N_2$，这时需要在序列 $x_1(n)$ 后面补 $N_2 - N_1$ 个零，使其长度为 N，然后对补零后的 $x_1(n)$ 进行离散傅里叶变换获得式（6-28）中的 $X_1(k)$；如果 $N_1 > N_2$，可以同理处理。

二、时域循环移位性质

为了讨论有限长序列的移位性质，首先介绍序列的循环移位概念。长度为 N 的有限长序列的循环移位定义为

$$y(n) = x((n+m))_N R_N(n) \qquad (6-29)$$

式（6-29）表明，循环移位是先将序列 $x(n)$ 以 N 为周期进行周期延拓，获得周期序列 $x_p(n) = x((n))_N$，再将 $x_p(n)$ 左移 m 位得到 $x_p(n+m)$，最后取 $x_p(n+m)$ 的主值区间的序列就得到 $x(n)$ 的循环移位序列 $y(n)$。图 6-4 画出了当序列 $x(n)$ 的长度为 4 时循环左移 2 位的过程。从图 6-4 可见，式（6-29）循环移位的实质是将序列 $x(n)$ 左移 m 位，而移出主值区间 $[0, N-1]$ 的序列值又依次从右侧进入主值区间，这就是"循环移位"一词的由来。

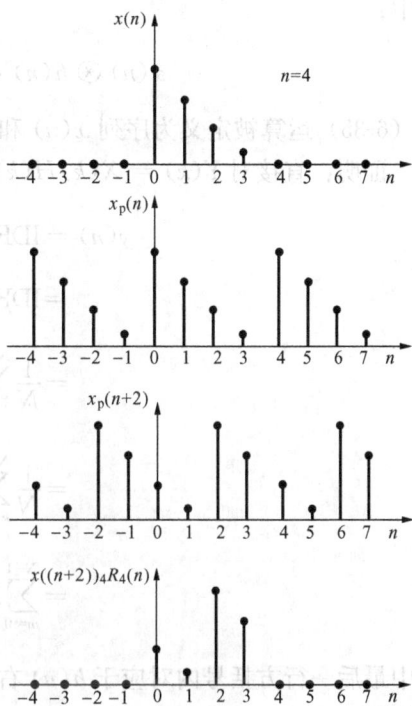

下面讨论序列 $x(n)$ 的时域循环移位性质，即

$$\mathrm{DFT}[x((n+m))_N R_N(n)] = W_N^{-km} \mathrm{DFT}[x(n)] \qquad (6-30)$$

$$\mathrm{DFT}[x((n-m))_N R_N(n)] = W_N^{km} \mathrm{DFT}[x(n)] \qquad (6-31)$$

证明：对式（6-29）进行离散傅里叶变换，有

$$\mathrm{DFT}[x((n+m))_N R_N(n)] = \sum_{n=0}^{N-1} x((n+m))_N W_N^{nk} = \sum_{n'=m}^{N-1+m} x(n') W_N^{(n'-m)k}$$

$$= W_N^{-km} \sum_{n'=m}^{m+N-1} x(n') W_N^{n'k}$$

式中利用了时间序号置换 $n' = n + m$。由［例 6-2］，上式得

$$\mathrm{DFT}[x((n+m))_N R_N(n)] = W_N^{-km} \mathrm{DFT}[x(n)]$$

至此，式（6-30）得证。同理，可以证明式（6-31）。

三、频域循环移位性质

仿照时域循环移位性质，类似地可以证明以下频域循环移位性质（证略）。

$$\mathrm{IDFT}[X((k+l))_N R_N(k)] = W_N^{ln} \mathrm{IDFT}[X(k)] \qquad (6-32)$$

$$\mathrm{IDFT}[X((k-l))_N R_N(k)] = W_N^{-ln} \mathrm{IDFT}[X(k)] \qquad (6-33)$$

四、时域循环卷积定理

设 $X(k) = \mathrm{DFT}[x(n)]$，$H(k) = \mathrm{DFT}[h(n)]$，$Y(k) = X(k)H(k)$，则

$$y(n) = \mathrm{IDFT}[Y(k)] = x(n) \circledast h(n) \qquad (6-34)$$

图 6-4　循环移位过程

式中：

$$x(n) \circledast h(n) = \sum_{m=0}^{N-1} x(m)h((n-m))_N R_N(n) \tag{6-35}$$

式（6-35）运算被定义为序列 $x(n)$ 和序列 $h(n)$ 的循环卷积。

证明：直接对 $Y(k) = X(k)H(k)$ 进行离散傅里叶反变换，有

$$
\begin{aligned}
y(n) &= \mathrm{IDFT}[Y(k)] \\
&= \mathrm{IDFT}[X(k)H(k)] \\
&= \frac{1}{N} \sum_{k=0}^{N-1} X(k)H(k) W_N^{-nk} \\
&= \frac{1}{N} \sum_{k=0}^{N-1} \Big[\sum_{m=0}^{N-1} x(m) W_N^{mk} \Big] H(k) W_N^{-nk} \\
&= \sum_{m=0}^{N-1} x(m) \Big[\frac{1}{N} \sum_{k=0}^{N-1} H(k) W_N^{-(n-m)k} \Big]
\end{aligned}
$$

式中最后一行方括号内对应于 $h(n)$ 右移 m 位后序列 $h((n-m))_N R_N(n)$ 的离散傅里叶变换，于是得

$$y(n) = \sum_{m=0}^{N-1} x(m)h((n-m))_N R_N(n) = x(n) \circledast h(n)$$

定理得证。

由于 $X(k)H(k)$ 的乘法运算满足交换律、结合律和分配律，从上述定理直接可以得到式（6-35）定义的循环卷积也满足交换律、结合律和分配律的结论。

循环卷积在数字信号处理中占有重要的地位，主要用于计算第四章中介绍的离散卷积（又称线性卷积，以下均称为线性卷积）。下面讨论循环卷积的计算方法，在第七章中再论述如何用循环卷积计算线性卷积。

循环卷积除了可以按定义式（6-35）直接计算外，还可以采用时域循环卷积定理进行计算。也就是欲求序列 $x(n)$ 和 $h(n)$ 的循环卷积，先求 $X(k)$ 和 $H(k)$，再求 $X(k)H(k)$ 乘积的离散傅里叶反变换便得到 $x(n) \circledast h(n)$ 的计算结果。实践表明，采用时域循环卷积定理计算循环卷积比按定义直接计算更加有效。

此外，对于长度较短的序列，还可以采用图解法计算循环卷积。观察式（6-35）可以看出，循环卷积过程只在 $0 \leqslant m \leqslant N-1$ 的区间内进行。若让序列 $x(m)$ 保持不移动，则序列 $h((n-m))_N R_N(n)$ 相当于先将序列 $h(m)$ 反转后得到序列 $h(-m)$，再将序列 $h(-m)$ 进行循环移位 n，最后将两个序列在 $0 \leqslant m \leqslant N-1$ 的区间内对应相乘并求和。改变时间序号 n，便可以依次求出 $x(n) \circledast h(n)$ 在 $0 \leqslant n \leqslant N-1$ 内所有的序列值。由于循环移位具有周期性，因此，上述计算过程可以放在圆周上进行。也就是说，先将序列 $x(n)$ 按时间序号顺序逆时针方向（或顺时针方向）分布在 N 等分的圆周上，再将序列 $h(n)$ 按时间序号顺序顺时针方向（或逆时针方向）分布在另一个同心 N 等分的圆周上。每当两个圆周停留在一定的相对位置上时，两个序列值对应相乘并求和，即得到循环卷积序列中的一个值。依次改变两个圆周的

相对位置，将两个序列值对应相乘并求和，就可以求得循环卷积的全部序列值。

显然，上述图解法中的循环移位是一种圆周移位，所以，循环卷积又称为圆周卷积。下面举例说明这种图解法。

【例 6-5】 已知长度均为 4 的两个有限长序列 $x(n) = \{1,2,3,4\}$ 和 $h(n) = \{4,3,2,1\}$。试用图解法计算循环卷积 $y(n) = x(n) \circledast h(n)$。

解 将序列 $x(n)$ 按逆时针方向依次均匀分布在图 6-5（a）所示的内圆上，将序列 $h(n)$ 按顺时针方向依次均匀分布在图 6-5（a）所示的外圆上。依次按 90°逆时针旋转外圆，即增加时间序号 n，分别得到图 6-5（b）、图 6-5（c）和图 6-5（d）。将图 6-5 中各内圆和外圆数值对应相乘并求和，分别得到 $y(0)$、$y(1)$、$y(2)$ 和 $y(3)$，即 $y(n) = x(n) \circledast h(n) = \{24, 22, 24, 30\}$。

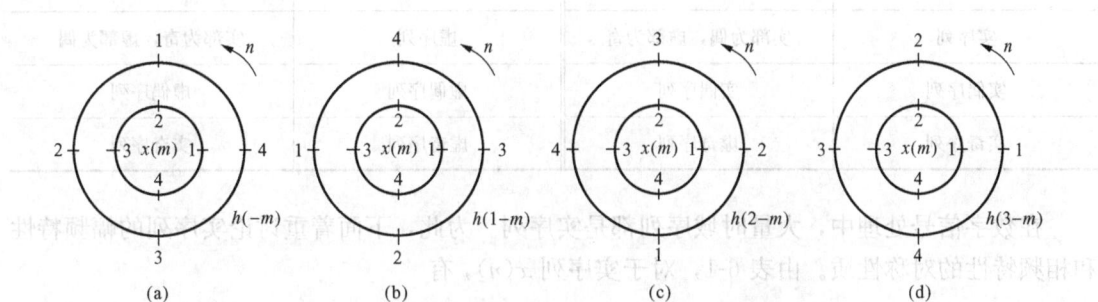

图 6-5　循环卷积图解
(a) $n = 0, y(0) = 24$；(b) $n = 1, y(1) = 22$；(c) $n = 2, y(2) = 24$；(d) $n = 3, y(3) = 30$

五、频域循环卷积定理

仿照时域循环卷积定理，类似地可以证明以下频域循环卷积定理（证略）。

设 $x(n) = \text{IDFT}[X(k)]$，$h(n) = \text{IDFT}[H(k)]$，$y(n) = x(n)h(n)$，则

$$Y(k) = \text{DFT}[y(n)] = \frac{1}{N} X(k) \circledast H(k) \tag{6-36}$$

六、对称性质

设 $x(n)$ 为实序列，$X(k) = \text{DFT}[x(n)]$，且有

$$X(k) = X_r(k) + jX_i(k) \tag{6-37}$$

式中：$X_r(k)$ 为 $X(k)$ 的实部；$X_i(k)$ 是 $X(k)$ 的虚部。

由式（6-22），得

$$X(k) = \sum_{n=0}^{N-1} x(n) W_N^{nk} = \sum_{n=0}^{N-1} x(n) e^{-j\frac{2\pi}{N}nk} = \sum_{n=0}^{N-1} x(n) \cos\left(\frac{2\pi}{N}nk\right) - j\sum_{n=0}^{N-1} x(n) \sin\left(\frac{2\pi}{N}nk\right)$$

将其与式（6-37）对比，得

$$X_r(k) = \sum_{n=0}^{N-1} x(n) \cos\left(\frac{2\pi}{N}nk\right) \tag{6-38}$$

$$X_i(k) = -\sum_{n=0}^{N-1} x(n) \sin\left(\frac{2\pi}{N}nk\right) \tag{6-39}$$

如果将式（6-38）、式（6-39）的 $X_r(k)$ 和 $X_i(k)$ 进行周期延拓，由于余弦周期序列的偶对称

性和正弦周期序列的奇对称性，因此，式（6-38）中的 $X_r(k)$ 为偶序列，式（6-39）中的 $X_i(k)$ 为奇序列。

如果实序列 $x(n)$ 进行周期延拓后为偶序列，则在式（6-39）的计算中，前 $N/2$ 项求和值将与后 $N/2$ 项求和值抵消，即 $X_i(k) = 0$，此时，$X(k)$ 中仅仅留下实部 $X_r(k)$，且为偶序列。同理，如果实序列 $x(n)$ 进行周期延拓后为奇序列，则式（6-38）中的 $X_r(k) = 0$，$X(k)$ 中仅仅留下虚部 $X_i(k)$，且为奇序列。

当 $x(n)$ 为虚序列时，同理，可以做类似的讨论。表 6-1 中汇总了序列离散傅里叶变换的这些对称性质。

表 6-1　　　　　　　　　　　　　　离散傅里叶变换的对称性质

$x(n)$	$X(k)$	$x(n)$	$X(k)$
实序列	实部为偶，虚部为奇	虚序列	实部为奇，虚部为偶
实偶序列	实偶序列	虚偶序列	虚偶序列
实奇序列	虚奇序列	虚奇序列	实奇序列

在数字信号处理中，大量时域序列都是实序列。为此，下面着重讨论实序列的幅频特性和相频特性的对称性质。由表 6-1，对于实序列 $x(n)$，有

$$X_r(k) = X_r((-k))_N R_N(-k) \tag{6-40}$$

$$X_i(k) = -X_i((-k))_N R_N(-k) \tag{6-41}$$

式（6-41）表明，$X(k)$ 和 $X((-k))_N R_N(-k)$ 呈共轭关系，即

$$X(k) = X^*((-k))_N R_N(-k) \tag{6-42}$$

由循环移位的定义，知 $X^*((-k))_N R_N(-k) = X^*(N-k)$。所以，式（6-42）可以改写为

$$X(k) = X^*(N-k) \tag{6-43}$$

将 $X(k)$ 写为指数形式，即

$$X(k) = |X(k)| e^{j\theta(k)}$$

式（6-43）表明

$$|X(k)| = |X^*(N-k)| \tag{6-44}$$

$$\theta(k) = -\theta(N-k) \tag{6-45}$$

式（6-44）和式（6-45）说明，实序列 $x(n)$ 的离散傅里叶变换 $X(k)$ 关于 $N/2$ 对称分布，其幅频特性 $|X(k)|$ 关于 $N/2$ 呈现偶对称，其相频特性 $\theta(k)$ 关于 $N/2$ 呈现奇对称。图 6-6 给出了一个 $N=7$ 时实序列 $x(n)$ 的频率特性示意图。

同理可证，对于虚序列 $x(n)$，有

$$X(k) = -X^*(N-k) \tag{6-46}$$

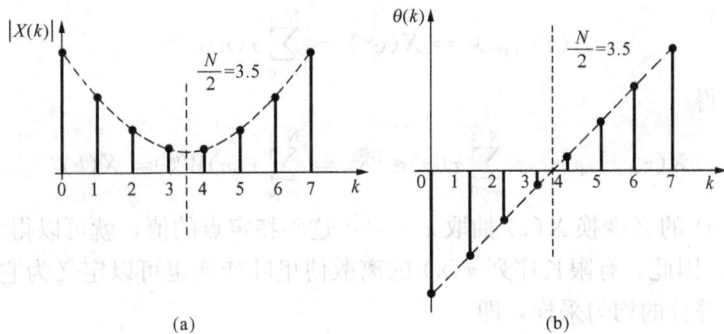

图 6-6 $N=7$ 时实序列 $x(n)$ 的频率特性示意图

(a) 幅频特性；(b) 相频特性

七、帕斯瓦尔定理

设 $X(k) = \text{DFT}[x(n)]$，则

$$\sum_{n=0}^{N-1} |x(n)|^2 = \frac{1}{N}\sum_{k=0}^{N-1} |X(k)|^2 \tag{6-47}$$

证明：式（6-47）右端项为

$$\frac{1}{N}\sum_{k=0}^{N-1} |X(k)|^2 = \frac{1}{N}\sum_{k=0}^{N-1} X(k)X^*(k) = \frac{1}{N}\sum_{k=0}^{N-1} X(k)\sum_{n=0}^{N-1} x^*(n)[W_N^{nk}]^*$$

由式（6-10）知，$[W_N^{nk}]^* = W_N^{-nk}$，代入得

$$\frac{1}{N}\sum_{k=0}^{N-1} |X(k)|^2 = \sum_{n=0}^{N-1} x^*(n)\frac{1}{N}\sum_{k=0}^{N-1} X(k)W_N^{-nk} = \sum_{n=0}^{N-1} x^*(n)x(n) = \sum_{n=0}^{N-1} |x(n)|^2$$

定理得证。

如果 $x(n)$ 为实序列，则式（6-47）变为

$$\sum_{n=0}^{N-1} x^2(n) = \frac{1}{N}\sum_{k=0}^{N-1} |X(k)|^2 \tag{6-48}$$

式（6-48）表明，在时域上计算序列的能量等于在频域上利用其频谱计算的能量。

第四节 离散傅里叶变换与 Z 变换的关系

在本章第二节中已经看到有限长序列 $x(n)$ 的离散傅里叶变换 $X(k)$ 恰恰是对序列 $x(n)$ 傅里叶变换 $X(e^{j\omega})$ 在数字角频率 ω 主值区间 $[0, 2\pi]$ 上 N 等分的均匀采样。下面，我们更深入地讨论这个问题。

对于长度为 N 的有限长序列 $x(n)$，式（5-1）的 Z 变换为

$$X(z) = \sum_{n=0}^{N-1} x(n)z^{-n} \tag{6-49}$$

取 $X(z)$ 在 Z 平面单位圆上的特性，也就是 $x(n)$ 的傅里叶变换，即

$$X(z)\mid_{z=e^{j\omega}} = X(e^{j\omega}) = \sum_{n=0}^{N-1} x(n)e^{-jn\omega}$$

再由式（6-25），得

$$X(z)\mid_{z=e^{j\frac{2\pi}{N}k}} = \sum_{n=0}^{N-1} x(n)e^{-jn\frac{2\pi}{N}k} = \sum_{n=0}^{N-1} x(n)W_N^{nk} = X(k)$$

显然，对序列 $x(n)$ 的 Z 变换 $X(z)$ 抽取 $z = e^{j\frac{2\pi}{N}k}$ 这些特定点的值，就可以得到序列 $x(n)$ 的离散傅里叶变换。因此，有限长序列 $x(n)$ 的离散傅里叶变换也可以定义为它的 Z 变换在 Z 平面单位圆上 N 等分的均匀采样，即

$$X(k) = \mathrm{DFT}[x(n)] = X(z)\mid_{z=W_N^{-k}} \tag{6-50}$$

不难看出，式（6-50）提供了用序列 Z 变换计算离散傅里叶变换的方法。反过来，也可以用序列的离散傅里叶变换 $X(k)$ 来表达 Z 变换。由式（6-49），得

$$X(z) = \sum_{n=0}^{N-1} x(n)z^{-n}$$

$$= \sum_{n=0}^{N-1} \Big[\frac{1}{N}\sum_{k=0}^{N-1} X(k)W_N^{-nk}\Big]z^{-n}$$

$$= \frac{1}{N}\sum_{k=0}^{N-1} X(k)\Big[\sum_{n=0}^{N-1}(W_N^{-k}z^{-1})^n\Big]$$

$$= \frac{1}{N}\sum_{k=0}^{N-1} X(k)\frac{1-W_N^{-Nk}z^{-N}}{1-W_N^{-k}z^{-1}}$$

式中 $W_N^{-Nk} = 1$，则

$$X(z) = \sum_{k=0}^{N-1} X(k)\Phi_k(z) \tag{6-51}$$

式中 $\Phi_k(z)$ 称为内插函数，即

$$\Phi_k(z) = \frac{1}{N}\frac{1-z^{-N}}{1-W_N^{-k}z^{-1}} \tag{6-52}$$

式（6-51）称为 $X(z)$ 的内插公式。观察式（6-52）的内插函数不难看出，其分子在 Z 平面单位圆上的 N 等分点上形成 N 个零点，即

$$z_l = e^{j\frac{2\pi}{N}l} = W_N^{-l} \quad (l = 0,1,\cdots,N-1) \tag{6-53}$$

而 $\Phi_k(z)$ 的分母在 Z 平面单位圆上的 N 等分点上仅仅有一个零点，即

$$z_k = W_N^{-k} \tag{6-54}$$

所以，在 Z 平面单位圆上的 N 等分点上，$\Phi_k(z)$ 除在第 k 个等分点外在其他 $N-1$ 个等分点上均取零，而在第 k 个等分点上，由洛必达（L'Hospital）法则，得 $\Phi_k(z)$ 取 1。所以，$\Phi_k(z)$ 在 Z 平面单位圆上的 N 等分点上有如下性质

$$\Phi_k(z_l)\mid_{z_l=W_N^{-l}} = \begin{cases} 1, l = k \\ 0, l \neq k \end{cases} \tag{6-55}$$

再次将 z 限于 Z 平面的单位圆上，由式（6-51）得

$$X(\mathrm{e}^{\mathrm{j}\omega}) = \sum_{k=0}^{N-1} X(k)\Phi_k(\mathrm{e}^{\mathrm{j}\omega}) \tag{6-56}$$

式（6-56）就是由 $X(k)$ 表示的有限长序列 $x(n)$ 的频率特性，此时

$$\Phi_k(\mathrm{e}^{\mathrm{j}\omega}) = \frac{1}{N} \frac{1-\mathrm{e}^{-\mathrm{j}N\omega}}{1-W_N^{-k}\mathrm{e}^{-\mathrm{j}\omega}}$$

$$= \frac{1}{N} \frac{1-\mathrm{e}^{-\mathrm{j}N\omega}}{1-\mathrm{e}^{-\mathrm{j}(\omega-\frac{2\pi}{N}k)}}$$

$$= \frac{1}{N} \frac{\sin\dfrac{N\omega}{2}}{\sin\dfrac{\omega-\dfrac{2\pi}{N}k}{2}} \mathrm{e}^{-\mathrm{j}\left(\frac{N\omega}{2}-\frac{\omega-\frac{2\pi}{N}k}{2}\right)} \tag{6-57}$$

为使式（6-57）简化，引入函数

$$\Psi(\omega) = \frac{1}{N} \frac{\sin\dfrac{N\omega}{2}}{\sin\dfrac{\omega}{2}} \mathrm{e}^{-\mathrm{j}\frac{(N-1)\omega}{2}} \tag{6-58}$$

为用 $\Psi(\omega)$ 表达式（6-57），计算

$$\Psi\left(\omega-\frac{2\pi}{N}k\right) = \frac{1}{N} \frac{\sin\left(\dfrac{N\omega}{2}-\pi k\right)}{\sin\dfrac{\omega-\dfrac{2\pi}{N}k}{2}} \mathrm{e}^{-\mathrm{j}\left(\frac{N\omega}{2}-\frac{\omega}{2}-\pi k+\frac{\pi k}{N}\right)}$$

$$= \frac{1}{N} \frac{(-1)^k\sin\dfrac{N\omega}{2}}{\sin\dfrac{\omega-\dfrac{2\pi}{N}k}{2}} \times (-1)^k \mathrm{e}^{-\mathrm{j}\left(\frac{N\omega}{2}-\frac{\omega-\frac{2\pi}{N}k}{2}\right)}$$

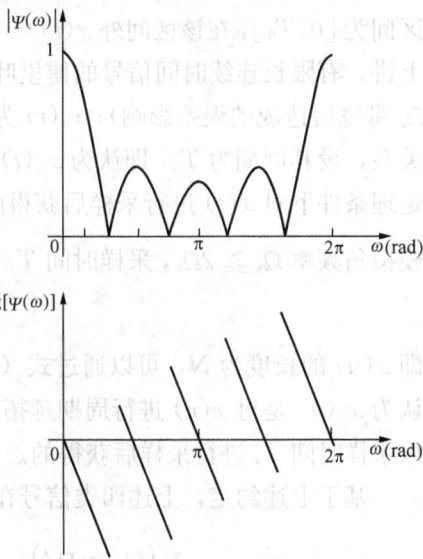

图 6-7 $N=5$ 时 $\Psi(\omega)$ 的频率特性

所以，式（6-57）可以写为

$$\Phi_k(\mathrm{e}^{\mathrm{j}\omega}) = \Psi\left(\omega-\frac{2\pi}{N}k\right) \tag{6-59}$$

这样，式（6-56）写为

$$X(\mathrm{e}^{\mathrm{j}\omega}) = \sum_{k=0}^{N-1} X(k)\Psi\left(\omega-\frac{2\pi}{N}k\right) \tag{6-60}$$

与式（6-51）类似，式（6-60）就是在 Z 平面单位圆上由 $X(k)$ 确定 $X(\mathrm{e}^{\mathrm{j}\omega})$ 的内插公式。由式（6-58）不难画出 $\Psi(\omega)$ 的幅频特性和相频特性，图 6-7 画出了 $N=5$ 时的这些特性。从图 6-7 中可以看出，在 $\omega=0$ 点，$\Psi(\omega)=1$；而在 $\omega=\dfrac{2\pi}{N}k(k=1,2,\cdots,N-1)$ 点，$\Psi(\omega)=0$。因此，式（6-60）给出了由频率特性的频率采样值也就是由离散傅里叶变换 $X(k)$ 恢复有限长序列 $x(n)$ 频率特性的内插公式。

综上所述，有限长序列的 Z 变换不仅可以用 z^{-1} 的幂级数展开，此时 $x(n)$ 是幂级数的系数；也可以用内插函数 $\Phi_k(z)$ 展开，此时 $X(k)$ 是内插函数 $\Phi_k(z)$ 的系数，即

$$X(z) = \sum_{n=0}^{N-1} x(n) z^{-n}, X(z) = \sum_{k=0}^{N-1} X(k) \Phi_k(z)$$

同理，有限长序列 $x(n)$ 的频率特性也有类似的结论，即

$$X(\mathrm{e}^{\mathrm{j}\omega}) = \sum_{n=0}^{N-1} x(n) \mathrm{e}^{-\mathrm{j}\omega n}, X(\mathrm{e}^{\mathrm{j}\omega}) = \sum_{k=0}^{N-1} X(k) \Phi_k(\mathrm{e}^{\mathrm{j}\omega})$$

第五节　各类傅里叶变换的对应关系

在本书前两章已经阐明，信号处理的基本问题是要解决如何应用计算机分析和处理信号，而问题的关键是信号在时域和频域上的离散化。到目前为止，我们已经讨论了连续时间周期信号 $x_{\mathrm{p}}(t)$、连续时间非周期信号 $x(t)$、离散时间周期信号 $x_{\mathrm{p}}(n)$ 和离散时间非周期信号 $x(n)$ 四类信号以及它们各自对应的傅里叶级数或傅里叶变换。那么，它们之间到底存在什么样的关系呢？掌握这些关系对于正确应用信号处理方法分析和处理实际中的信号具有重要意义。下面，我们对前面讨论的有关内容进行汇总，并指出这四类信号在时域、频域以及值域上的对应关系。

为讨论方便，对上述四类信号约定如下：$x(t)$ 为有限长连续时间非周期信号，其非零值区间为 $[0, T_0]$，在该区间外 $x(t) = 0$，且 $x(t)$ 为带限信号，其模拟角频率带宽为 Ω_{c}（从理论上讲，有限长连续时间信号的傅里叶变换不可能是有限宽的，然而在实际中，常常忽略截取 Ω_{c} 带宽后造成的误差影响）；$x_{\mathrm{p}}(t)$ 为连续时间周期信号，为了讨论上述四类信号之间的对应关系，设其周期为 T_0，即认为 $x_{\mathrm{p}}(t)$ 是对 $x(t)$ 进行周期延拓后获得的；$x(n)$ 为在满足采样定理条件下对 $x(t)$ 进行采样后获得的有限长离散时间非周期序列，由采样定理知道，采样模拟角频率 $\Omega_{\mathrm{s}} \geqslant 2\Omega_{\mathrm{c}}$，采样时间 $T_{\mathrm{s}} = \dfrac{2\pi}{\Omega_{\mathrm{s}}}$ 且使 T_{s} 满足

$$T_0 = NT_{\mathrm{s}} \tag{6-61}$$

即 $x(n)$ 的长度为 N，可以通过式（6-61）计算；$x_{\mathrm{p}}(n)$ 为离散时间周期序列，为讨论方便，认为 $x_{\mathrm{p}}(n)$ 是对 $x(n)$ 进行周期延拓后获得的。由上述约定，可以看出，$x_{\mathrm{p}}(n)$ 也是对 $x_{\mathrm{p}}(t)$ 以采样时间 T_{s} 进行采样后获得的。

基于上述约定，上述四类信号在时域上存在以下关系

$$x_{\mathrm{p}}(t) = x(t) \qquad (0 \leqslant t \leqslant T_0) \tag{6-62}$$

$$x(n) = x(t)\,|_{t=nT_{\mathrm{s}}} \qquad (0 \leqslant n \leqslant N-1) \tag{6-63}$$

$$x_{\mathrm{p}}(n) = x(n) = x_{\mathrm{p}}(t)\,|_{t=nT_{\mathrm{s}}} \qquad (0 \leqslant n \leqslant N-1) \tag{6-64}$$

将上述四类信号的傅里叶变换或傅里叶级数重写如下。对于 $x(t)$，由式（1-47）和式（1-48），并注意到 $x(t)$ 为有限长的带限信号，其傅里叶变换的正变换和反变换分别为

$$X(\mathrm{j}\Omega) = \int_0^{T_0} x(t) \mathrm{e}^{-\mathrm{j}\Omega t}\,\mathrm{d}t \tag{6-65}$$

$$x(t) = \frac{1}{2\pi} \int_{-\Omega_{\mathrm{c}}}^{\Omega_{\mathrm{c}}} X(\mathrm{j}\Omega) \mathrm{e}^{\mathrm{j}\Omega t}\,\mathrm{d}\Omega \tag{6-66}$$

对于 $x_p(t)$，由式（1-38）和式（1-35），得到傅里叶级数的正变换和反变换分别为

$$X_p(jk\Omega_0) = \frac{1}{T_0}\int_0^{T_0} x_p(t)e^{-jk\Omega_0 t}dt \qquad (6\text{-}67)$$

$$x_p(t) = \sum_{k=-\infty}^{+\infty} X_p(jk\Omega_0)e^{jk\Omega_0 t} \qquad (6\text{-}68)$$

式中：Ω_0 为 $x_p(t)$ 的基波模拟角频率，即 $\Omega_0 = \dfrac{2\pi}{T_0}$。

将式（6-67）与式（6-65）进行比较，并利用式（6-62），可以看出，当 Ω 在 $X_p(jk\Omega_0)$ 的各次谐波角频率 $k\Omega_0$ 采样，即 $\Omega_k = k\Omega_0$ 时，有

$$X(j\Omega)\,|_{\Omega=\Omega_k} = T_0 X_p(jk\Omega_0) \qquad (6\text{-}69)$$

式（6-69）说明了两个问题。第一，由于 $X(j\Omega)$ 是带限的，因此，$X_p(jk\Omega_0)$ 也应该是带限的，即没有高于模拟角频率 Ω_c 的谐波，即

$$X_p(jk\Omega_0) = 0 \quad \left(k \geqslant \text{int}\left[\frac{\Omega_c}{\Omega_0} + 0.5\right]\right) \qquad (6\text{-}70)$$

式中 $\text{int}[\cdot]$ 表示对方括号内的实数取整。第二，$X(j\Omega)$ 的幅频特性与 $X_p(jk\Omega_0)$ 的幅频特性的包络线相差 T_0 倍，$X(j\Omega)$ 的相频特性与 $X_p(jk\Omega_0)$ 的相频特性的包络线相同。

对于 $x(n)$，由式（6-22）和式（6-23），得离散傅里叶变换的正变换和反变换分别为

$$X(k) = \sum_{n=0}^{N-1} x(n)e^{-j\frac{2\pi}{N}kn}(0 \leqslant k \leqslant N-1) \qquad (6\text{-}71)$$

$$x(n) = \frac{1}{N}\sum_{k=0}^{N-1} X(k)e^{j\frac{2\pi}{N}kn}(0 \leqslant n \leqslant N-1) \qquad (6\text{-}72)$$

式中没有采用 W_N 的写法，其主要原因是便于将离散时间信号变换式与连续时间信号变换式进行比较。

现在，讨论 $X(k)$ 与 $X(j\Omega)$ 之间的关系。首先，将式（6-65）的积分在时间上离散并转化为求和运算。取时间步长为采样时间 T_s，则有

$$X(j\Omega) \approx T_s \sum_{n=0}^{N-1} x(n)e^{-j\Omega nT_s}$$

其次，让 Ω 在 $\Omega_k = k\Omega_0$ 上采样，上式变为

$$X(j\Omega)\,|_{\Omega=\Omega_k} \approx T_s\sum_{n=0}^{N-1} x(n)e^{-jk\Omega_0 nT_s} = T_s\sum_{n=0}^{N-1} x(n)e^{-j\frac{2\pi}{N}kn}$$

最后，利用式（6-61）有

$$X(j\Omega)\,|_{\Omega=\Omega_k} \approx T_s\sum_{n=0}^{N-1} x(n)e^{-j\frac{2\pi}{N}kn} = T_s X(k) \qquad (6\text{-}73)$$

式（6-73）说明，当模拟角频率 $\Omega \leqslant \Omega_c$ 时，$X(j\Omega)$ 在模拟角频率 $\Omega = \Omega_k = k\Omega_0$ 上的值可以通过序列 $x(n)$ 的离散傅里叶变换 $X(k)$ 乘以采样时间 T_s 进行计算。

对于 $x_p(n)$，由式（6-8）和式（6-9），得离散傅里叶级数的正变换和反变换分别为

$$X_{\mathrm{p}}(k) = \sum_{n=0}^{N-1} x_{\mathrm{p}}(n) \mathrm{e}^{-\mathrm{j}\frac{2\pi}{N}kn} \tag{6-74}$$

$$x_{\mathrm{p}}(n) = \frac{1}{N} \sum_{k=0}^{N-1} X_{\mathrm{p}}(k) \mathrm{e}^{\mathrm{j}\frac{2\pi}{N}kn} \tag{6-75}$$

由于在主值区间 $[0, N-1]$ 内，$x_{\mathrm{p}}(n) = x(n)$ 和 $X_{\mathrm{p}}(k) = X(k)$。再由式（6-69）和式（6-73）以及式（6-61），得 $X_{\mathrm{p}}(\mathrm{j}k\Omega_0)$ 与 $X(k)$ 之间的关系为

$$X_{\mathrm{p}}(\mathrm{j}k\Omega_0) = \frac{1}{T_0} X(\mathrm{j}\Omega) \mid_{\Omega=\Omega_k} \approx \frac{T_{\mathrm{s}}}{T_0} X(k) = \frac{1}{N} X(k) \tag{6-76}$$

式（6-73）和式（6-76）是非常重要的两个关系式，它们为我们提供了利用离散傅里叶变换 $X(k)$ 进行连续时间信号频谱分析的依据，为应用计算机进行连续时间信号的分析和处理奠定了基础。

下面简单地讨论模拟角频率 Ω 与数字角频率 ω 以及频率序号 k 之间的对应关系。由式（5-56）知道，如果时间序列是由连续时间信号采样后产生的，则数字角频率 ω 与模拟角频率 Ω 呈线性关系，即

$$\omega = \Omega T_{\mathrm{s}} \tag{6-77}$$

则模拟角频率与数字角频率以及频率序号之间有如下关系

$$\Omega_k = k\Omega_0 = k\frac{2\pi}{T_0} = k\frac{2\pi}{NT_{\mathrm{s}}} = k\frac{\Omega_{\mathrm{s}}}{N} \tag{6-78}$$

$$\omega_k = \Omega_k T_{\mathrm{s}} = k\frac{\Omega_{\mathrm{s}}}{N} T_{\mathrm{s}} = k\frac{2\pi}{N} \tag{6-79}$$

式（6-78）表明，无论是式（6-73）还是式（6-76），事实上，Ω_k 是按时间采样长度 N 将模拟角频率区间 $[0, \Omega_{\mathrm{s}}]$ 进行 N 等分后获得的采样模拟角频率。结合式（6-79）得，$\Omega = \Omega_{\mathrm{s}}$ 与 $\omega = 2\pi$ 以及 $k = N$ 对应，$\Omega = \frac{\Omega_{\mathrm{s}}}{2}$ 与 $\omega = \pi$ 以及 $k = N/2$ 对应。因此，由采样定理，在应用式（6-73）或式（6-76）分析连续时间信号的频谱时，$X(k)$ 中频率序号 k 的取值范围应该从 0 到

$$k = \begin{cases} N/2, & N \text{ 为偶数} \\ (N-1)/2, & N \text{ 为奇数} \end{cases} \tag{6-80}$$

图 6-8 画出了上述四类信号时域和频域的示意图，以帮助读者更好地理解这四类信号在时域、频域和值域上的对应关系。从图 6-8 中还可以看出，它们在连续与离散、周期与非周期的分类上有表 6-2 所示的关系。

表 6-2	四类信号的关系	
时 域 波 形	**变 换 方 法**	**频 域 波 形**
连续、周期	傅里叶级数（FS）	离散、非周期
连续、非周期	傅里叶变换（FT）	连续、非周期
离散、周期	离散傅里叶级数（DFS）	离散、周期
离散、非周期	离散时间傅里叶变换（DTFT）	连续、周期

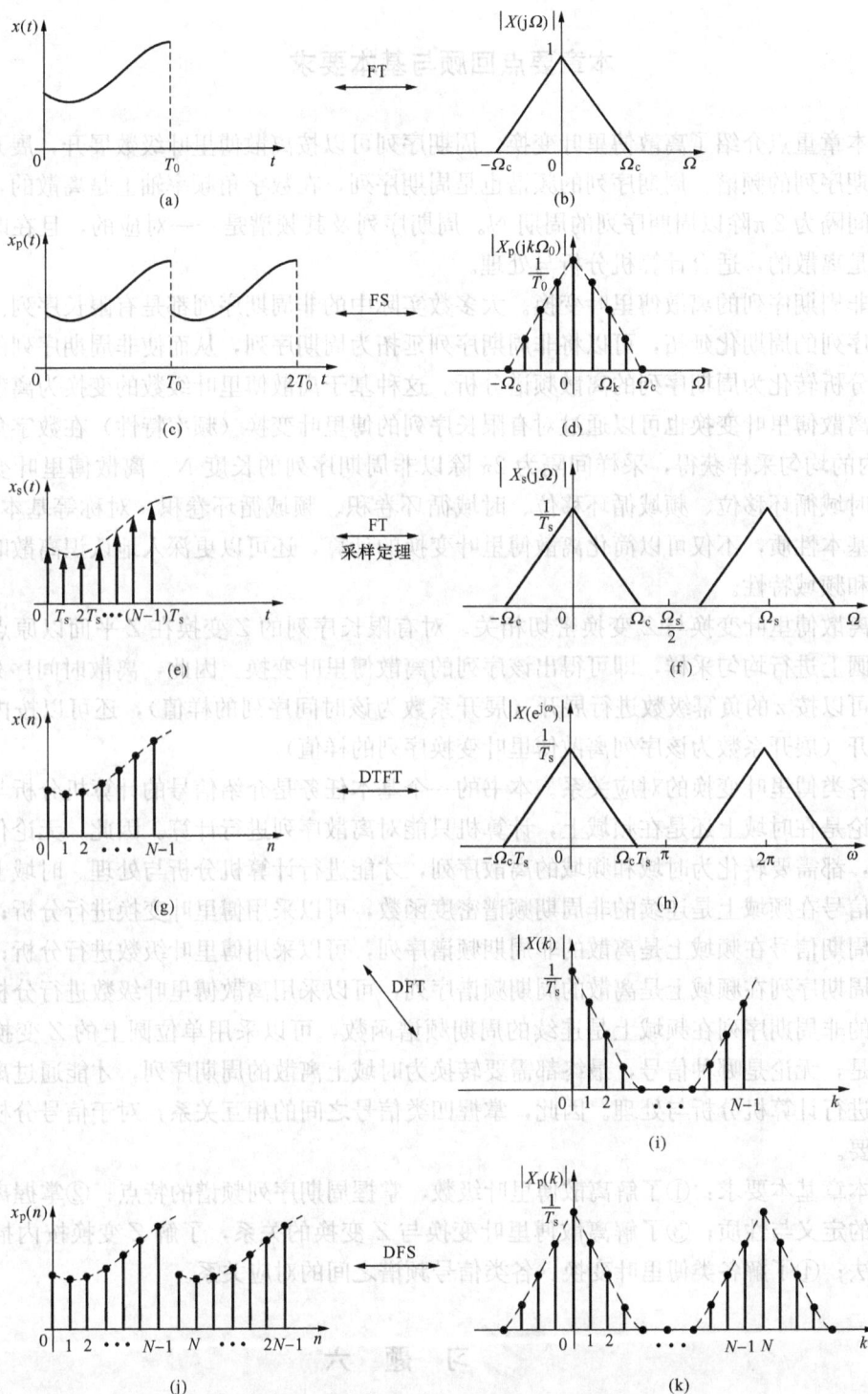

图 6-8 四类信号时域和频域对应关系示意图

(a) 连续非周期信号；(b) 连续非周期频谱；(c) 连续周期信号；(d) 离散非周期频谱；(e) 冲激采样信号；
(f) 冲激采样信号的频谱；(g) 离散非周期序列 $(T_0 = NT_s)$；(h) 连续周期频谱 $(\omega = \Omega T_s)$；(i) 对 $|X(e^{j\omega})|$
的频率采样 $|X(k)|$；(j) 离散周期序列 $(T_0 = NT_s)$；(k) 离散周期频谱

本章要点回顾与基本要求

（1）本章重点介绍了离散傅里叶变换。周期序列可以按离散傅里叶级数展开，展开系数称为该周期序列的频谱。周期序列的频谱也是周期序列，在数字角频率轴上是离散的，数字角频率的间隔为 2π 除以周期序列的周期 N。周期序列及其频谱是一一对应的，且在时域和频域上都是离散的，适合计算机分析与处理。

（2）非周期序列的离散傅里叶变换。大多数实际中的非周期序列都是有限长序列。通过对有限长序列的周期化延拓，可以将非周期序列延拓为周期序列，从而使非周期序列的连续频率特性分析转化为周期序列的离散频谱分析。这种基于离散傅里叶级数的变换为离散傅里叶变换。离散傅里叶变换也可以通过对有限长序列的傅里叶变换（频率特性）在数字角频率周期 2π 内的均匀采样获得，采样间隔为 2π 除以非周期序列的长度 N。离散傅里叶变换具有线性、时域循环移位、频域循环移位、时域循环卷积、频域循环卷积、对称等基本性质。利用这些基本性质，不仅可以简化离散傅里叶变换的计算，还可以更深入地认识离散时间信号的时域和频域特性。

（3）离散傅里叶变换与 Z 变换密切相关。对有限长序列的 Z 变换在 Z 平面以原点为圆心的单位圆上进行均匀采样，即可得出该序列的离散傅里叶变换。因此，离散时间序列的 Z 变换不仅可以按 z 的负幂级数进行展开（展开系数为该时间序列的样值），还可以按内插函数进行展开（展开系数为该序列离散傅里叶变换序列的样值）。

（4）各类傅里叶变换的对应关系。本书的一个基本任务是介绍信号的计算机分析与处理方法，无论是在时域上还是在频域上，计算机只能对离散序列进行计算。因此，无论什么形式的信号，都需要转化为时域和频域的离散序列，才能进行计算机分析与处理。时域上连续的非周期信号在频域上是连续的非周期频谱密度函数，可以采用傅里叶变换进行分析；时域上连续的周期信号在频域上是离散的非周期频谱序列，可以采用傅里叶级数进行分析；时域上离散的周期序列在频域上是离散的周期频谱序列，可以采用离散傅里叶级数进行分析；时域上离散的非周期序列在频域上是连续的周期频谱函数，可以采用单位圆上的 Z 变换进行分析。但是，无论是哪种信号，最终都需要转换为时域上离散的周期序列，才能通过离散傅里叶变换进行计算机分析与处理。因此，掌握四类信号之间的相互关系，对于信号分析与处理至关重要。

（5）本章基本要求：①了解离散傅里叶级数，掌握周期序列频谱的特点；②掌握离散傅里叶变换的定义与性质；③了解离散傅里叶变换与 Z 变换的关系，了解 Z 变换按内插函数的展开方法；④了解各类傅里叶变换、各类信号频谱之间的对应关系。

习　题　六

6-1　图 6-9 所示周期序列 $x_p(n)$ 的周期 $N=4$。试求 $X_p(k) = \mathrm{DFS}[x_p(n)]$。

6-2　已知周期序列 $x_p(n) = 5\cos\dfrac{n\pi}{2}$。试求离散傅里叶级数 $X_p(k)$。

6-3　设 $x_p(n)$ 是周期为 N 的周期序列，同时也是周期为 $2N$ 的周期序列。用 $X_p(k)$ 表

示周期为 N 时 $x_p(n)$ 的离散傅里叶级数，用 $X_{p2}(k)$ 表示周期为 $2N$ 时 $x_p(n)$ 的离散傅里叶级数。试用 $X_p(k)$ 表示 $X_{p2}(k)$。

6-4 如果周期序列 $x_p(n)$ 为实序列，试证明 $X_p(k) = X_p^*(-k)$。

6-5 设有限长序列 $x(n)$ 由图 6-9 中 $x_p(n)$ 的主值区间 $[0,3]$ 的值生成，即 $x(n) = x_p(n)R_4(n)$。试求 $X(k) = \text{DFT}[x(n)]$。

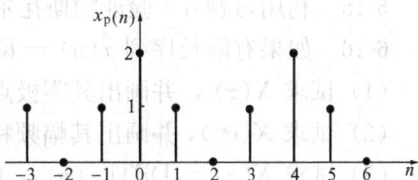

图 6-9 习题 6-1 图

6-6 设下列序列的长度为 N。试求各序列的离散傅里叶变换。

(1) $x(n) = \delta(n)$；

(2) $x(n) = \delta(n-n_0)$ $(0 < n_0 < N)$；

(3) $x(n) = a^n$ $(0 \leqslant n \leqslant N-1)$；

(4) $x(n) = u(n) - u(n-n_0)$ $(0 < n_0 < N)$。

6-7 已知长度为 4 的有限长序列 $x(n) = \{1,2,-1,-2\}$。试求 $X(k) = \text{DFT}[x(n)]$，再由所得结果求 $x(n) = \text{IDFT}[X(k)]$，并验证计算结果的正确性。

6-8 长度为 4 的有限长序列 $x(n)$ 如图 6-10 所示。试画出下列两个序列的图形。

(1) $x_1(n) = x((n-2))_4 R_4(n)$；

(2) $x_2(n) = x((-n))_4 R_4(n)$。

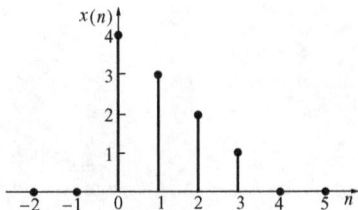

图 6-10 习题 6-8 图

6-9 计算如下序列的离散傅里叶变换。

$$x(n) = 4 + \cos^2 \frac{2\pi n}{N} \quad (n = 0,1,\cdots,N-1)$$

6-10 已知长度为 4 的序列 $x(n) = \{1,2,0,-1\}$ 和 $h(n) = \{8,4,2,1\}$。试用图解法计算循环卷积 $y(n) = x(n) \circledast h(n)$。

6-11 试求习题 6-10 中序列 $x(n)$ 和 $h(n)$ 的离散傅里叶变换 $X(k)$ 和 $H(k)$，并应用时域循环卷积定理计算 $y(n) = \text{IDFT}[X(k)H(k)]$。

6-12 已知长度为 4 的序列 $x(n) = \{1,1,0,1\}$ 和 $h(n) = \{-1,2,1,-2\}$，如将 $x(n)$ 和 $h(n)$ 的长度延长为 8，可在 $x(n)$ 和 $h(n)$ 后面各补上 4 个 0，即 $x_1(n) = \{1,1,0,1,0,0,0,0\}$，$h_1(n) = \{-1,2,1,-2,0,0,0,0\}$。试用图解法计算下列卷积，并将计算结果进行比较。

(1) 线性卷积 $x(n) * h(n)$；

(2) 圆周卷积 $x(n) \circledast h(n)$；

(3) 圆周卷积 $x_1(n) \circledast h_1(n)$。

6-13 设 $x(n)$ 为有限长虚序列，其长度为 N，且 $X(k) = X_r(k) + jX_i(k) = \text{DFT}[x(n)]$。试证明 $X_r(k)$ 为 k 的奇序列，$X_i(k)$ 为 k 的偶序列。

6-14 设 $x(n)$ 为有限长虚序列，其长度为 N，且 $X(k) = X_r(k) + jX_i(k) = \text{DFT}[x(n)]$。试证明：

(1) 如果 $x(n)$ 为虚偶序列，则 $X_r(k) = 0$；

(2) 如果 $x(n)$ 为虚奇序列，则 $X_i(k) = 0$。

6-15　利用习题 6-7 验证帕斯瓦尔定理的正确性。

6-16　如果有限长序列 $x(n) = R_4(n)$。

（1）试求 $X(z)$，并画出其零极点图；

（2）试求 $X(e^{j\omega})$，并画出其幅频特性和相频特性；

（3）试求 $X(k) = \mathrm{DFT}[x(n)]$，并画出其幅频特性和相频特性。

第七章　快速傅里叶变换

本章首先讨论了快速计算离散傅里叶变换的基本思路，其次介绍了快速傅里叶变换的时间抽取算法和频率抽取算法，并在此基础上根据离散傅里叶变换的反变换公式，建立了快速傅里叶反变换算法，最后讨论了如何应用快速傅里叶变换实现循环卷积和离散卷积的快速计算。

第一节　提高离散傅里叶变换运算速度的基本思路

从第六章的讨论，我们看出离散傅里叶变换为使用计算机分析和处理信号提供了理论依据。借助于离散傅里叶变换，可以方便地对连续时间非周期信号和周期信号的频谱进行分析。然而，离散傅里叶变换的计算量与序列的长度 N 的平方成正比，当 N 较大时，由于计算量太大而导致这种计算失去实际价值。因此，在快速傅里叶变换（简称 FFT-Fast Fourier Transform）被发现之前，离散傅里叶变换的应用只能限于某些采样数据的离线计算或事后处理，或某些系统的仿真研究。也就是说，离散傅里叶变换在计算速度与成本方面均赶不上相应的连续时间系统。

长期以来，人们一直在力图寻找一种快速而简便的计算离散傅里叶变换的算法。直到1965 年，库利（J. W. Cooley）和图基（J. W. Tukey）提出了一种快速通用的计算离散傅里叶变换的算法后，离散傅里叶变换才真正在实际中得到了广泛应用。这种算法可使离散傅里叶变换的计算效率提高 1～2 个数量级。从此，离散时间系统的研究与应用在许多方面取代了传统的连续时间系统，离散傅里叶变换也日益成为数字信号处理的核心内容。

在讨论快速傅里叶变换之前，首先来讨论一下离散傅里叶变换的计算特点。由式（6-22）或式（6-26）容易看出，$X(k)$ 的计算是通过将序列 $x(n)$ 与 W_N^{nk} 对应相乘再取和得出的。每计算一个 $X(k)$ 值，都需要进行 N 次复数乘法和 $N-1$ 次复数加法运算。这样，要完成全部计算共需要 N^2 次复数乘法和 $N(N-1)$ 次复数加法运算。下面，以 $N=4$ 的情况进行说明。由式（6-26）有

$$
\begin{bmatrix} X(0) \\ X(1) \\ X(2) \\ X(3) \end{bmatrix} =
\begin{bmatrix}
W_4^{0\times0} & W_4^{0\times1} & W_4^{0\times2} & W_4^{0\times3} \\
W_4^{1\times0} & W_4^{1\times1} & W_4^{1\times2} & W_4^{1\times3} \\
W_4^{2\times0} & W_4^{2\times1} & W_4^{2\times2} & W_4^{2\times3} \\
W_4^{3\times0} & W_4^{3\times1} & W_4^{3\times2} & W_4^{3\times3}
\end{bmatrix}
\begin{bmatrix} x(0) \\ x(1) \\ x(2) \\ x(3) \end{bmatrix} =
\begin{bmatrix}
W_4^0 & W_4^0 & W_4^0 & W_4^0 \\
W_4^0 & W_4^1 & W_4^2 & W_4^3 \\
W_4^0 & W_4^2 & W_4^4 & W_4^6 \\
W_4^0 & W_4^3 & W_4^6 & W_4^9
\end{bmatrix}
\begin{bmatrix} x(0) \\ x(1) \\ x(2) \\ x(3) \end{bmatrix}
\tag{7-1}
$$

显然，式（7-1）有 $4^2=16$ 次复数乘法和 $4\times(4-1)=12$ 次复数加法运算。

观察式（7-1）可以看出，矩阵是对称的。另外，由 W_N^{nk} 的周期性可以进一步简化式（7-1）的计算，即利用

$$W_4^2 = e^{-j\frac{2\pi}{4} \times 2} = -W_4^0$$

$$W_4^3 = W_4^2 W_4^1 = -W_4^1$$

$$W_4^4 = e^{-j\frac{2\pi}{4} \times 4} = W_4^0$$

$$W_4^6 = W_4^4 W_4^2 = W_4^2 = -W_4^0$$

$$W_4^9 = W_4^{4 \times 2} W_4^1 = W_4^1$$

式（7-1）可以写为

$$
\begin{bmatrix} X(0) \\ X(1) \\ X(2) \\ X(3) \end{bmatrix} =
\begin{bmatrix}
W_4^0 & W_4^0 & W_4^0 & W_4^0 \\
W_4^0 & W_4^1 & -W_4^0 & -W_4^1 \\
W_4^0 & -W_4^0 & W_4^0 & -W_4^0 \\
W_4^0 & -W_4^1 & -W_4^0 & W_4^1
\end{bmatrix}
\begin{bmatrix} x(0) \\ x(1) \\ x(2) \\ x(3) \end{bmatrix}
\tag{7-2}
$$

显然，经过简化后，式（7-1）的计算获得大量简化，矩阵中独立的 W_N^{nk} 项只有 W_4^0 和 W_4^1 两项。这充分说明，在离散傅里叶变换的计算中，存在大量不必要的重复计算。避免或去掉这些重复计算是研究快速算法的关键。下面，深入讨论 W_N^{nk} 的性质。

首先，W_N^{nk} 具有周期性，其表现为

$$W_N^{(nk+lN)} = e^{-j\frac{2\pi}{N}(nk+lN)} = e^{-j\frac{2\pi}{N}nk} = W_N^{nk} \tag{7-3}$$

式中：l 为整数。

其次，W_N^{nk} 具有对称性，其表现为

$$W_N^{\frac{N}{2}} = e^{-j\frac{2\pi}{N} \cdot \frac{N}{2}} = -1 \tag{7-4}$$

$$W_N^2 = e^{-j\frac{2\pi}{N} \times 2} = W_{N/2} \tag{7-5}$$

所以，有

$$W_N^{(nk+\frac{N}{2})} = -W_N^{nk} \tag{7-6}$$

利用 W_N^{nk} 的周期性和对称性，就可以将一组 N 点离散傅里叶变换分解为两组 $N/2$ 点离散傅里叶变换。如果 N 为 2 的整数次幂，例如，$N = 2^M$，M 为整数，重复上述分解过程，最后，一组 N 点离散傅里叶变换就可以分解为 $N/2$ 组 2 点离散傅里叶变换。这就是提高离散傅里叶变换运算速度的基本思路，即快速傅里叶变换的基本思路。

基于上述分解思路，存在时域和频域两种基本分解方法，分别构成了时间抽取算法和频率抽取算法。下面，分别给予讨论。

第二节　时间抽取的快速傅里叶变换算法

设序列 $x(n)$ 的长度为 N，且满足 $N = 2^M$，M 为整数。时间抽取算法的核心是按时间序号 n 的奇数和偶数将序列 $x(n)$ 分解为长度均为 $N/2$ 的两组新序列，并用两组 $N/2$ 点离散傅里叶变换来表达一组 N 点离散傅里叶变换。由于是在时域上按 n 的奇数和偶数选取两组新序列，因此，称这种算法为时间抽取的快速傅里叶变换算法，简称FFT的时间抽取算法。

按时间序号 n 的奇数和偶数将 $x(n)$ 分解，得

$$x_1(r) = x(2r) \quad (r = 0, 1, \cdots, N/2 - 1) \tag{7-7}$$

$$x_2(r) = x(2r+1) \quad (r = 0, 1, \cdots, N/2 - 1) \tag{7-8}$$

显然，式（7-7）和式（7-8）中的两组新序列 $x_1(r)$ 和 $x_2(r)$ 的长度均为 $N/2$。对原序列 $x(n)$ 进行离散傅里叶变换，有

$$X(k) = \sum_{n=0}^{N-1} x(n) W_N^{nk}$$

$$= \sum_{r=0}^{N/2-1} x(2r) W_N^{2rk} + \sum_{r=0}^{N/2-1} x(2r+1) W_N^{(2r+1)k}$$

$$= \sum_{r=0}^{N/2-1} x_1(r)(W_N^2)^{rk} + \sum_{r=0}^{N/2-1} x_2(r)(W_N^2)^{rk} W_N^k$$

由式（7-5）则变为

$$X(k) = \sum_{r=0}^{N/2-1} x_1(r) W_{N/2}^{rk} + W_N^k \sum_{r=0}^{N/2-1} x_2(r) W_{N/2}^{rk}$$

$$= X_1(k) + W_N^k X_2(k) \qquad (7\text{-}9)$$

式中：$X_1(k) = \text{DFT}[x_1(r)]$，$X_2(k) = \text{DFT}[x_2(r)]$，分别是 $x_1(r)$ 和 $x_2(r)$ 的 $N/2$ 点离散傅里叶变换。观察式（7-9）可以看出，式（7-9）两端序列的长度是不同的，$X(k)$ 的长度是 N，而 $X_1(k)$ 和 $X_2(k)$ 的长度是 $N/2$。因此，式（7-9）只能表达 $k=0$，1，$\cdots$，$N/2-1$ 范围内的 $X(k)$。对于 $k = N/2, N/2+1, \cdots, N-1$ 范围内的 $X(k)$，可以利用 $X_1(k)$ 和 $X_2(k)$ 的周期延拓以及 W_N^k 的对称性获得。为此，令 $k' = k+N/2$，当 $k = 0, 1, \cdots, N/2-1$ 时，$k' = N/2, N/2+1, \cdots, N-1$。由式（7-9），得

$$X(k') = X_1(k') + W_N^{k'} X_2(k')$$

$$= X_1(k+N/2) + W_N^{k+N/2} X_2(k+N/2) \qquad (7\text{-}10)$$

$$= X_1(k) - W_N^k X_2(k)$$

将式（7-9）和式（7-10）综合在一起，则得到 FFT 时间抽取算法的递推公式为

$$X(k') = \begin{cases} X_1(k) + W_N^k X_2(k), & k' = k \\ X_1(k) - W_N^k X_2(k), & k' = k+N/2 \end{cases} \qquad (k = 0, 1, \cdots, N/2-1) \qquad (7\text{-}11)$$

为了便于理解，下面，以 $N=4$ 为例说明式（7-11）的递推关系。由式（7-11）得

$$X(0) = X_1(0) + W_4^0 X_2(0)$$

$$X(1) = X_1(1) + W_4^1 X_2(1)$$

$$X(2) = X_1(0) - W_4^0 X_2(0) \qquad (7\text{-}12)$$

$$X(3) = X_1(1) - W_4^1 X_2(1)$$

又由 2 点离散傅里叶变换，式（7-12）中 $X_1(k)$ 和 $X_2(k)$ 为

$$X_1(k) = \sum_{r=0}^{1} x(2r) W_2^{rk}, k=0,1 \Rightarrow \begin{cases} X_1(0) = x(0) + W_2^0 x(2) \\ X_1(1) = x(0) - W_2^0 x(2) \end{cases} \qquad (7\text{-}13)$$

$$X_2(k) = \sum_{r=0}^{1} x(2r+1) W_2^{rk}, k=0,1 \Rightarrow \begin{cases} X_2(0) = x(1) + W_2^0 x(3) \\ X_2(1) = x(1) - W_2^0 x(3) \end{cases} \qquad (7\text{-}14)$$

将式（7-12）中的运算式与式（7-13）和式（7-14）对比，发现这些运算具有相同的运算结构。这种运算结构可以用图 7-1 所示的流程图表示。在图 7-1 中约定运算过程是从左向右进行的，其中，左端两点为信号的输入端，即 A 和 B；连线为比例运算，连线上的数值为比例因子，如 C 和 -1，如果连线上未标示任何数值则表示比例因子为 1；右端两点为加法运算，

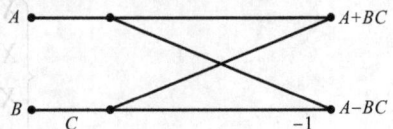

图 7-1　基本蝶形图

表示该点左侧两连线上的数值在该点相加并输出到该点右侧。由于图 7-1 所示的运算流程图的结构恰似蝶形，因此，称为基本蝶形图，其运算过程称为基本蝶形运算。

现在，用图 7-1 所示的基本蝶形图分别表示式（7-13）、式（7-14）和式（7-12），就可以获得 4 点 FFT 的时间抽取算法的蝶形图，如图 7-2 所示。从图 7-2 可见，$N=4$ 对应于 $M=2$，图中分为两级蝶形运算，左边一级为第一级，完成式（7-13）和式（7-14）的运算；右边一级为第二级，完成式（7-12）的运算；全图中共有 4 个基本蝶形图。由于每个基本蝶形图运算需要 1 次复数乘法和 2 次复数加法，因此，4 点 FFT 时间抽取算法共需要 4 次复数乘法和 8 次复数加法，而直接计算 4 点离散傅里叶变换则需要 16 次复数乘法和 12 次复数加法。这充分说明上述分解算法对于提高离散傅里叶变换的运算速度是十分有效的。

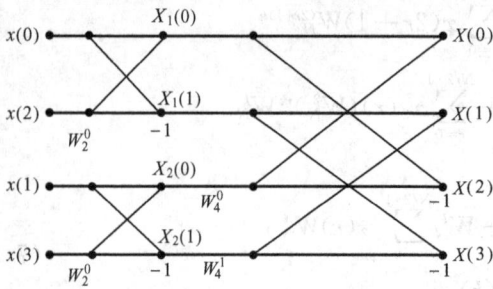

图 7-2　$N=4$ 的时间抽取算法蝶形图

【例 7-1】　用图 7-2 所示的蝶形图计算序列 $x(n)=\{1,2,-1,4\}$ 的 DFT，并与［例 6-4］的计算结果进行对比。

解　图 7-2 中的比例系数分别为

$$W_2^0=1, W_4^0=1, W_4^1=\mathrm{e}^{-\mathrm{j}\frac{2\pi}{4}\times 1}=-\mathrm{j}$$

将序列 $x(n)$ 按图 7-2 的输入顺序填入图 7-2 并按流程图进行计算，计算过程如图 7-3 所示。由图 7-3，得 $X(k)=\{6,2+\mathrm{j}2,-6,2-\mathrm{j}2\}$，与［例 6-4］计算结果相同。

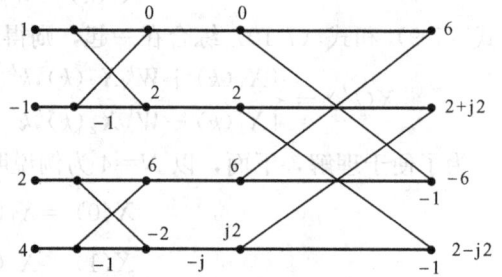

图 7-3　4 点 FFT 的计算过程

为了进一步理解 FFT 时间抽取算法的运算规律，下面，再来讨论 $N=8$ 的运算流程图。前面，我们已经讨论了 $N=4$ 的运算流程图，因此，只要将 $N=8$（即 $M=3$）的离散傅里叶变换按式（7-11）分解为两组 4 点离散傅里叶变换即可。先将序列 $x(n)$ 分解为 $x_1(r)$ 和 $x_2(r)$，即 $x_1(r)=\{x(0),x(2),x(4),x(6)\}$ 和 $x_2(r)=\{x(1),x(3),x(5),x(7)\}$，由式（7-11），得

$$\begin{cases} X(0)=X_1(0)+W_8^0 X_2(0) \\ X(1)=X_1(1)+W_8^1 X_2(1) \\ X(2)=X_1(2)+W_8^2 X_2(2) \\ X(3)=X_1(3)+W_8^3 X_2(3) \end{cases}$$

$$\begin{cases} X(4)=X_1(0)-W_8^0 X_2(0) \\ X(5)=X_1(1)-W_8^1 X_2(1) \\ X(6)=X_1(2)-W_8^2 X_2(2) \\ X(7)=X_1(3)-W_8^3 X_2(3) \end{cases}$$

以上运算过程可以用图 7-4 所示的流程图表示。

将图 7-4 中的 $x_1(r)$ 和 $x_2(r)$ 的 4 点离散傅里叶变换的框图用图 7-2 的蝶形图替代，注意在替代过程中需要分别将 $x_1(r)$ 和 $x_2(r)$ 按时间顺序号 r 的奇数和偶数分解，就获得图 7-5 所示的 $N=8$ 的时间抽取算法蝶形图。

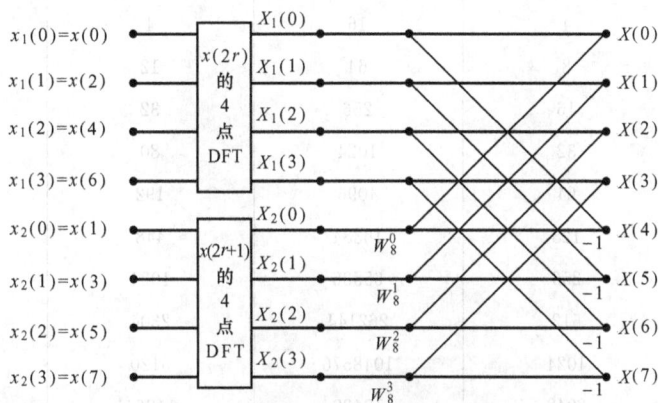

图 7-4　$N=8$ 的时间抽取算法的分析过程

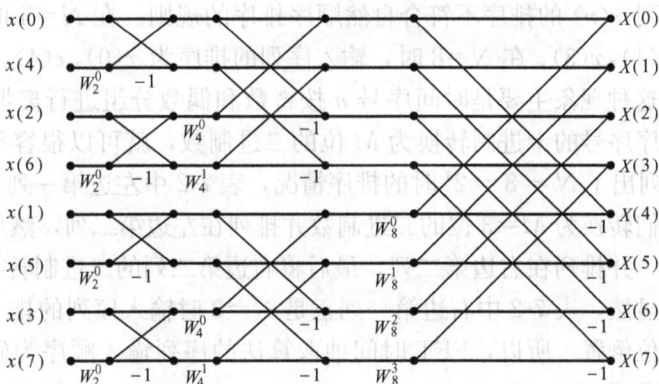

图 7-5　$N=8$ 的时间抽取算法蝶形图

观察图 7-5 可以看出，$N=8$ 时对应 $M=3$。在蝶形图中共有 3 级蝶形运算，每级蝶形运算有 $N/2=4$ 个基本蝶形运算。这样，$N=8$ 的 FFT 时间抽取算法共需要 $3\times4\times1=12$ 次复数乘法，$3\times4\times2=24$ 次复数加法。由此推论，对于 $N=2^M$ 的 FFT 时间抽取算法，在蝶形图中共有 M 级蝶形运算，每级蝶形运算有 $N/2$ 个基本蝶形运算。所以，$N=2^M$ 的 FFT 时间抽取算法共需要 $N/2\cdot M=N/2\log_2 N$ 次复数乘法和 $N/2\cdot M\times2=NM=N\log_2 N$ 次复数加法，而直接离散傅里叶变换的运算则需要 N^2 次复数乘法和 $N(N-1)$ 次复数加法。在表 7-1 中，对直接离散傅里叶变换和 FFT 时间抽取算法的复数乘法的运算次数进行了对比。从表 7-1 所列数字可以看出，N 愈大，FFT 时间抽取算法的优越性也愈大。例如，用某计算机对 $N=2048$ 时的离散傅里叶变换进行直接计算需要 3h，而用 FFT 时间抽取算法只要不到 1min 就可以完成。

表 7-1　　　　　　直接 DFT 与 FFT 时间抽取算法所需要复数乘法次数的对比

M	N	直接 DFT（N^2）	FFT$\left(\dfrac{N}{2}\log_2 N\right)$	改善比值$\left(\dfrac{2N}{\log_2 N}\right)$
1	2	4	1	4
2	4	16	4	4
3	8	64	12	5.3
4	16	256	32	8
5	32	1024	80	12.8
6	64	4096	192	21.3
7	128	16384	448	36.6
8	256	65536	1024	64
9	512	262144	2304	113.8
10	1024	1048576	5120	204.8
11	2048	4194304	11264	372.4

　　从图 7-2 和图 7-5 中，可以看出，FFT 时间抽取算法的蝶形图输出序列 $X(k)$ 按自然顺序排序，而输入序列 $x(n)$ 的排序不符合自然顺序排序的规则。在 $N=4$ 时，输入序列的排序为 $x(0),x(2),x(1),x(3)$；在 $N=8$ 时，输入序列的排序为 $x(0),x(4),x(2),x(6),x(1),x(5),x(3),x(7)$。这种现象主要是时间序号 n 按奇数和偶数分组进行离散傅里叶变换造成的。如果将这种排序序号的十进制转换为 M 位的二进制数，就可以很容易发现它的排序规律。例如，表 7-2 列出了 $N=8=2^3$ 时的排序情况，表 7-2 中左边第一列是按自然序列排序的十进制数，把它们转换为 $M=3$ 位的二进制数并排列在左边第二列，然后将该列二进制数字的首尾顺序颠倒，并排列在右边第二列，最后将右边第二列的二进制转换为十进制数并排列在右边第一列。显然，表 7-2 中右边第一列正是 $N=8$ 时输入序列的排序。这种排序方式的转换过程称为码位倒置。所以，FFT 时间抽取算法的序列输入顺序为码位倒置顺序，序列输出顺序为自然顺序。

表 7-2　　　　　　自然顺序与码位倒置顺序（$N=8$）

自然顺序	二进制表示	码位倒置	码位倒置顺序
0	000	000	0
1	001	100	4
2	010	010	2
3	011	110	6
4	100	001	1
5	101	101	5
6	110	011	3
7	111	111	7

从图 7-2 和图 7-5 中还可以看到，在 FFT 时间抽取算法的蝶形图中含有大量的即位运算。即位运算是指当数据输入到计算机的存储器之后，每级运算结果仍然储存在原有的同一组存储器之中，直到最后一级运算完毕，中间无需增设其他存储设备。例如，对于 $N=4$ 的情况，在图 7-2 中，由 $x(0)$ 和 $x(2)$ 求得 $X_1(0)$ 和 $X_1(1)$ 之后，储存数据 $x(0)$ 和 $x(2)$ 的存储器就可以重置 $X_1(0)$ 和 $X_1(1)$。同理，储存数据 $x(1)$ 和 $x(3)$ 的存储器也可以用来储存数据 $X_2(0)$ 和 $X_2(1)$。进一步地，储存数据 $X_1(0)$ 和 $X_2(0)$ 的存储器最后储存数据 $X(0)$ 和 $X(2)$，储存数据 $X_1(1)$ 和 $X_2(1)$ 的存储器最后储存数据 $X(1)$ 和 $X(3)$。所以，FFT 时间抽取算法的即位运算与直接计算离散傅里叶变换的算法相比，可以节省大量的存储器，这在信号的实时处理方面是十分有意义的。

从图 7-2 和图 7-5 中还能发现 FFT 时间抽取算法蝶形图中的许多规律。为了编制计算机通用程序，现将 $N=2^M$ 时的 FFT 时间抽取算法的运算规律总结如下。

（1）全部运算被分解为 M 级运算运行。

（2）输入序列 $x(n)$ 按码位倒置顺序排列，输出序列 $X(k)$ 按自然顺序排列。

（3）每级运算都包含 $N/2$ 个基本蝶形运算。在蝶形图中，将任意一级中相互交叉在一起的蝶形运算称为群；在蝶形图中按从上到下的顺序，上下两个群之间对应元素序号的增量称为群间隔。

（4）第 L 级运算包含 $N/2^L$ 个群，第 L 级的群间隔为 2^L。

（5）同一级中各个群的 W_N 分布相同，第 L 级中共有 2^{L-1} 个 W_N 乘数。

（6）每个群中 W_N 乘数自上而下按如下规律分布

第一级：W_N^0；

第二级：$W_N^0, W_N^{N/4}$；

$\vdots$

第 L 级：$W_N^0, W_N^{\frac{N}{2^L}}, W_N^{\frac{2N}{2^L}}, \cdots, W_N^{(2^{L-1}-1)\frac{N}{2^L}}$；

$\vdots$

第 M 级：$W_N^0, W_N^1, W_N^2, \cdots, W_N^{N/2-1}$。

（7）第 L 级基本蝶形运算输入序列间隔为 2^{L-1}，其输入与输出运算关系为

$$\begin{cases} A_{L+1}(p) = A_L(p) + W_N^r A_L(p+2^{L-1}) \\ A_{L+1}(p+2^{L-1}) = A_L(p) - W_N^r A_L(p+2^{L-1}) \end{cases} \qquad (7\text{-}15)$$

式中：$A_L(\cdot)$ 表示第 L 级基本蝶形运算的输入元素；$A_{L+1}(\cdot)$ 表示第 L 级基本蝶形运算的输出元素。

根据以上规律，就可以不经过式（7-11）的递推公式，直接画出 $N=2^M$ 时的 FFT 时间抽取算法的蝶形图。此外，上述规律可以直接用于指导 FFT 时间抽取算法程序的编制或专用 FFT 硬件的开发。

【例 7-2】　画出 $N=16$ 时的 FFT 时间抽取算法的蝶形图。

解　依据上述规律，$N=16$ 时的 FFT 时间抽取算法蝶形图的主要参数列于表 7-3 中。$N=16$ 时的 FFT 时间抽取算法的蝶形图如图 7-6 所示。图中，第一级中 $W_{16}^0 = W_2^0$；第二级中 $W_{16}^0 = W_4^0, W_{16}^4 = W_8^2 = W_4^1$；第三级中 $W_{16}^0 = W_8^0, W_{16}^2 = W_8^1, W_{16}^4 = W_8^2, W_{16}^6 = W_8^3$。

表 7-3　　　　　　　　　　　　　　　$N=16$ 时蝶形图的主要参数

级数	群数	群间隔	基本蝶形输入序列间隔	群中 W_N 的分布
1	8	2	1	W_{16}^0
2	4	4	2	W_{16}^0，W_{16}^4
3	2	8	4	W_{16}^0，W_{16}^2，W_{16}^4，W_{16}^6
4	1	16	8	W_{16}^0，W_{16}^1，W_{16}^2，W_{16}^3，W_{16}^4，W_{16}^5，W_{16}^6，W_{16}^7

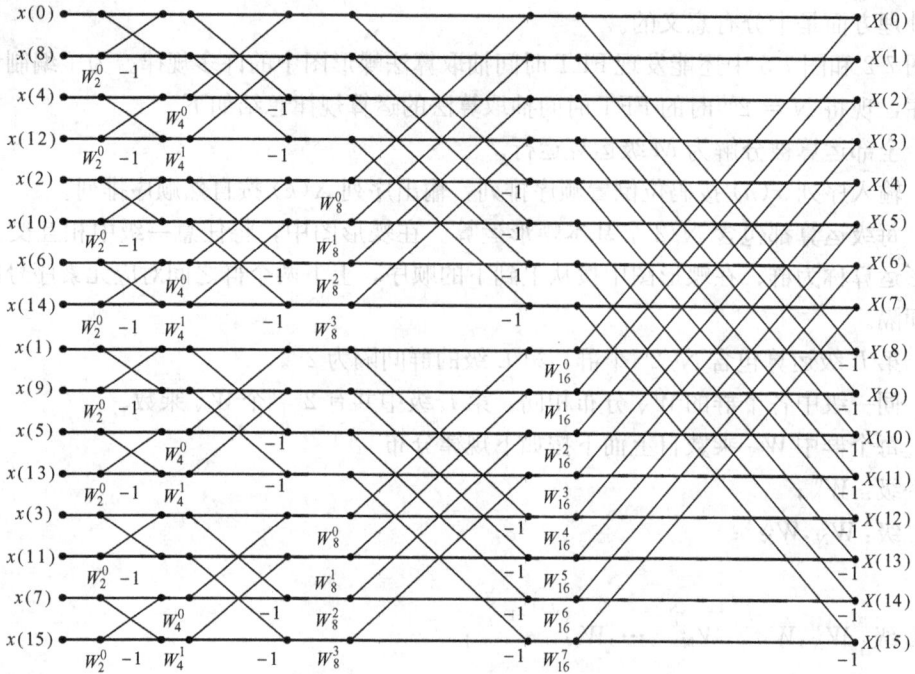

图 7-6　$N=16$ 时的 FFT 时间抽取算法蝶形图

第三节　频率抽取的快速傅里叶变换算法

设序列 $x(n)$ 的长度为 N，且满足 $N=2^M,M$ 为整数。频率抽取算法的核心是按频率序号 k 的奇数和偶数将序列 $X(k)$ 分解为长度为 $N/2$ 的两组新序列，并用两组 $N/2$ 点离散傅里叶变换来表示一组 N 点离散傅里叶变换。由于是在频率上按 k 的奇数和偶数选取两组新序列，因此称这种算法为频率抽取的快速傅里叶变换算法，简称 FFT 的频率抽取算法。

为了推导这个算法，先将序列 $x(n)$ 按自然顺序分成前后两部分计算 $X(k)$，即

$$X(k)=\sum_{n=0}^{N/2-1} x(n)W_N^{nk}+\sum_{n=N/2}^{N-1} x(n)W_N^{nk}$$

$$=\sum_{n=0}^{N/2-1} x(n)W_N^{nk}+\sum_{n'=0}^{N/2-1} x(n'+N/2)W_N^{(n'+N/2)k}$$

$$= \sum_{n=0}^{N/2-1} [x(n) + W_N^{N/2 \cdot k} x(n+N/2)] W_N^{nk}$$

由式 (7-4) 则变为

$$X(k) = \sum_{n=0}^{N/2-1} [x(n) + (-1)^k x(n+N/2)] W_N^{nk} \tag{7-16}$$

按频率序号 k 奇数和偶数将式 (7-16) 中的 $X(k)$ 分为两组，得

$$X(2r) = \sum_{n=0}^{N/2-1} [x(n) + x(n+N/2)] W_N^{2nr}$$

$$= \sum_{n=0}^{N/2-1} [x(n) + x(n+N/2)] W_{N/2}^{nr} \tag{7-17}$$

$$X(2r+1) = \sum_{n=0}^{N/2-1} [x(n) - x(n+N/2)] W_N^{n(2r+1)}$$

$$= \sum_{n=0}^{N/2-1} [x(n) - x(n+N/2)] W_N^n W_{N/2}^{nr} \tag{7-18}$$

令

$$x_1(n) = x(n) + x(n+N/2) \quad (n=0,1,\cdots,N/2-1) \tag{7-19}$$

$$x_2(n) = [x(n) - x(n+N/2)] W_N^n \quad (n=0,1,\cdots,N/2-1) \tag{7-20}$$

显然，式 (7-19) 和式 (7-20) 中的两组新序列 $x_1(n)$ 和 $x_2(n)$ 的长度均为 $N/2$。这样，式 (7-17) 和式 (7-18) 可以被写为

$$X(2r) = \sum_{n=0}^{N/2-1} x_1(n) W_{N/2}^{nr} = X_1(r) \tag{7-21}$$

$$X(2r+1) = \sum_{n=0}^{N/2-1} x_2(n) W_{N/2}^{nr} = X_2(r) \tag{7-22}$$

式中：$r=0,1,\cdots,N/2-1$。式 (7-21) 和式 (7-22) 就是 FFT 频率抽取算法的递推公式。

为了便于理解 FFT 频率抽取算法，下面，以 $N=4$ 为例说明式 (7-21) 和式 (7-22) 的递推关系。由式 (7-19) 和式 (7-20) 得

$$\begin{aligned} x_1(0) &= x(0) + x(2) \\ x_1(1) &= x(1) + x(3) \\ x_2(0) &= [x(0) - x(2)] W_4^0 \\ x_2(1) &= [x(1) - x(3)] W_4^1 \end{aligned} \tag{7-23}$$

再由式 (7-21) 和式 (7-22) 得

$$\begin{cases} X(0) = x_1(0) + x_1(1) W_2^0 = x_1(0) + x_1(1) \\ X(2) = x_1(0) + x_1(1) W_2^1 = x_1(0) - x_1(1) = [x_1(0) - x_1(1)] W_2^0 \\ X(1) = x_2(0) + x_2(1) W_2^0 = x_2(0) + x_2(1) \\ X(3) = x_2(0) + x_2(1) W_2^1 = x_2(0) - x_2(1) = [x_2(0) - x_2(1)] W_2^0 \end{cases} \tag{7-24}$$

将式 (7-23) 中的运算式与式 (7-24) 中的符号 "{" 连接的运算式对比，发现这些运算式具有相同的运算结构。这种运算结构可以用图 7-7 所示流程图表示。图 7-7 中的端点、连线和图中各量的约定与图 7-1 所示基本蝶形图的约定相同，只是图 7-7 的结构与图 7-1 略有差异，称图 7-7 也为基本蝶形图。

用图 7-7 基本蝶形图分别表示式（7-23）和式（7-24）的运算过程，就可以获得如图 7-8 所示的 4 点 FFT 频率抽取算法的蝶形图。从图 7-8 可见，$N=4$ 时对应于 $M=2$，图中分为两级蝶形运算，左边一半为第一级，完成式（7-23）的运算；右边一半为第二级，完成式（7-24）的运算。图中共有 4 个基本蝶形图，由于每个基本蝶形运算需要 1 次复数乘法和 2 次复数加法，因此，4 点 FFT 频率抽取算法共需要 4 次复数乘法和 8 次复数加法，与 FFT 时间抽取算法的运算量是相同的。

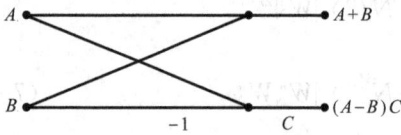

图 7-7 基本蝶形图

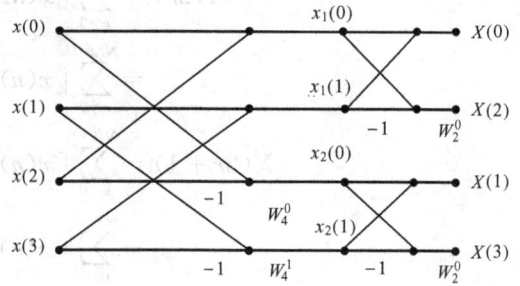

图 7-8 $N=4$ 的频率抽取算法蝶形图

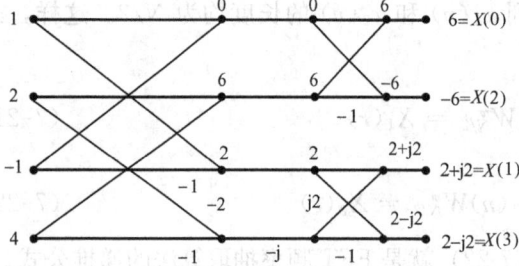

图 7-9 4 点 FFT 的计算过程

【例 7-3】 用图 7-8 所示的蝶形图计算 $x(n)=\{1,2,-1,4\}$ 的 DFT，并与［例 7-1］的计算结果进行对比。

解 将图 7-8 重画为图 7-9，并将 $x(n)$ 填入图 7-9 中。按图中流程进行计算，由图 7-9 得 $X(k)=\{6,2+\mathrm{j}2,-6,2-\mathrm{j}2\}$，与［例 7-1］的计算结果相同。

我们再对 $N=8$ 的情况进行讨论。由式（7-19）和式（7-20），首先由序列 $x(n)$ 生成新序列 $x_1(n)$ 和 $x_2(n)$，然后再按式（7-21）和式（7-22）对 $x_1(n)$ 和 $x_2(n)$ 进行 4 点离散傅里叶变换，其过程如图 7-10 所示。需要注意的是，在图 7-10 中由于利用了式（7-21）和式（7-22），图中输出部分已经在频率上按频率序号 k 的奇数和偶数进行了分解。

对于图 7-10 中的两个 4 点离散傅里叶变换，可以直接应用图 7-8 的 4 点频率抽取算法的蝶形图进行替代，注意在替代过程中需要对每个 4 点离散傅里叶变换的输出按频率序号 k 的奇数和偶数进行分解。经过上述分解过程，就可以得到图 7-11 所示的 N

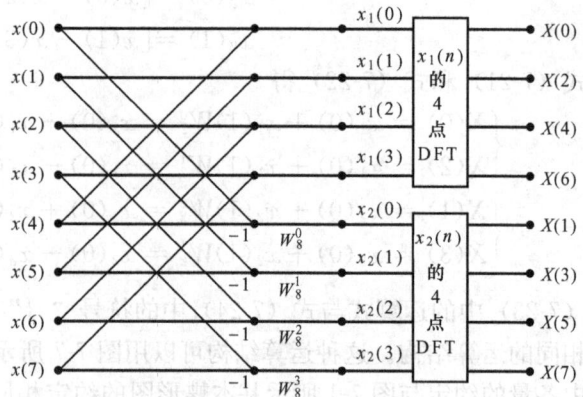

图 7-10 $N=8$ 的频率抽取算法的分解过程

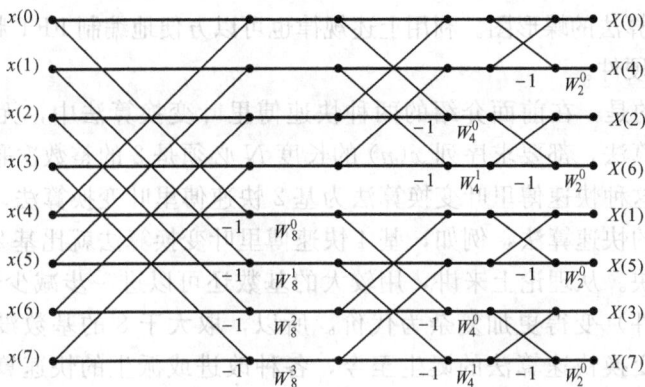

图 7-11　$N=8$ 的频率抽取算法蝶形图

$=8$ 的频率抽取算法蝶形图。

观察图 7-11 可以看出，$N=8$ 时对应 $M=3$，蝶形图中有 3 级运算，每级蝶形运算有 $N/2=4$ 个基本蝶形运算。这样，$N=8$ 的 FFT 频率抽取算法共需要 $3\times4\times1=12$ 次复数乘法，$3\times4\times2=24$ 次复数加法。由此类推，对于 $N=2^M$ 的 FFT 频率抽取算法，蝶形图中有 M 级蝶形运算，每级蝶形运算有 $N/2$ 个基本蝶形运算。所以，FFT 频率抽取算法与 FFT 时间抽取算法的运算量相同，均需要 $N/2\cdot M=N/2\log_2 N$ 次复数乘法和 $N/2\cdot M\times2=N\log_2 N$ 次复数加法。

从图 7-8 和图 7-11 还可以看出，与 FFT 时间抽取算法不同的是，FFT 频率抽取算法的输入序列 $x(n)$ 是按自然顺序排序的，而输出序列 $X(k)$ 是按码位倒置顺序排序的。为了编制计算机通用程序，现将 $N=2^M$ 时的 FFT 频率抽取算法的运算规律总结如下。

（1）全部运算被分解为 M 级运算进行。

（2）输入序列 $x(n)$ 按自然顺序排序，输出序列 $X(k)$ 按码位倒置顺序排序。

（3）每级运算都包含 $N/2$ 个基本蝶形运算。

（4）第 L 级运算包括 2^{L-1} 个群，第 L 级的群间隔为 $\dfrac{N}{2^{L-1}}$。

（5）同一级中各个群的 W_N 分布相同，第 L 级中共有 $\dfrac{N}{2^L}$ 个 W_N 乘数。

（6）每个群中 W_N 自上而下按如下规律分布

第一级：$W_N^0, W_N^1, \cdots, W_N^{N/2-1}$；

$\qquad\vdots$

第 L 级：$W_N^0, W_N^{2^{L-1}}, \cdots, W_N^{\left(\frac{N}{2^L}-1\right)2^{L-1}}$；

$\qquad\vdots$

第 M 级：W_N^0。

（7）第 L 级基本蝶形运算的输入序列间隔为 $\dfrac{N}{2^L}$，其输入与输出运算关系为

$$\begin{cases} A_{L+1}(p) = A_L(p) + A_L\left(p+\dfrac{N}{2^L}\right) \\[2mm] A_{L+1}\left(p+\dfrac{N}{2^L}\right) = \left[A_L(p) - A_L\left(p+\dfrac{N}{2^L}\right)\right]W_N^r \end{cases}$$

$$\tag{7-25}$$

根据上述规律，就可以不经过式（7-21）和式（7-22）的递推公式，直接画出 $N=2^M$ 时的 FFT 频率抽取算法的蝶形图。利用上述规律也可以方便地编制 FFT 频率抽取算法程序或开发专用的 FFT 硬件。

最后需要指出的是，在前面介绍的两种快速傅里叶变换算法中，无论是时间抽取算法，还是频率抽取算法，都要求序列 $x(n)$ 的长度 N 必须是 2 的整数次幂，即 $N=2^M$，M 为整数。因此，称这种快速傅里叶变换算法为基 2 快速傅里叶变换算法。除此之外，人们还提出了一些更快的快速算法，例如，基 4 快速傅里叶变换算法就比基 2 快速傅里叶变换算法的运算速度要快。从理论上来讲，用较大的基数还可以进一步减少运算次数，但是，需要以程序（或硬件）变得更加复杂为代价。所以，取大于 8 的基数没有多大的实际意义。从离散傅里叶变换快速算法的诞生至今，各种改进或派生的快速算法层出不穷。本书只介绍了快速傅里叶变换的两个最基本的算法，更深入的内容读者可以参考有关专著及文献。

前面已经指出，快速傅里叶变换仅仅是离散傅里叶变换的快速算法。虽然它在理论方面并没有什么新的贡献，但是，作为离散傅里叶变换的快速算法，它的出现立刻引起了人们的巨大兴趣，并伴随着计算机技术的飞速发展而广泛应用于各个技术领域。此外，快速傅里叶变换算法的分解思想也应用于傅里叶变换以外的其他一些正交变换，导致人们提出许多其他的快速正交变换算法。所以说快速傅里叶变换对于数字信号处理技术的发展起到了巨大的推动作用。

第四节　快速傅里叶反变换算法

快速傅里叶变换的思想也同样适用于离散傅里叶反变换的快速计算。为了说明这个问题，现将离散傅里叶正变换和反变换重写如下

$$X(k)=\sum_{n=0}^{N-1}x(n)W_N^{nk}(0\leqslant k\leqslant N-1) \tag{7-26}$$

$$x(n)=\frac{1}{N}\sum_{k=0}^{N-1}X(k)W_N^{-nk}(0\leqslant n\leqslant N-1) \tag{7-27}$$

对比式（7-26）和式（7-27），可以看出，两者的差异仅在 W_N 和 N 上，即在进行离散傅里叶反变换时只要将离散傅里叶正变换中的 W_N 改为 W_N^{-1} 并在运算结果上都除以 N 即可。这样，就可以直接将离散傅里叶正变换的快速算法直接应用于离散傅里叶反变换。将离散傅里叶反变换的快速算法称为快速傅里叶反变换算法，并用英文缩写表示为 IFFT（Inverse Fast Fourier Transform）。

值得注意的是，在 IFFT 算法的命名上需要将 FFT 算法的名称颠倒一下。例如，当把 FFT 时间抽取算法应用于离散傅里叶反变换时，输入序列由 $x(n)$ 改为 $X(k)$，因此，原来对 $x(n)$ 的奇偶分解就改成了对 $X(k)$ 的奇偶分解了。所以，应该称为 IFFT 频率抽取算法。同样，FFT 频率抽取算法应用于离散傅里叶反变换时，应称之为 IFFT 时间抽取算法。

下面仍以 $N=8$ 为例，利用图 7-11 的 FFT 频率抽取算法的蝶形图画出 IFFT 时间抽取

算法的蝶形图，如图 7-12 所示，图中已将 $\frac{1}{N}=\frac{1}{8}$ 以 $\frac{1}{2}$ 的形式分解到了各级蝶形图运算之中。同样，利用图 7-5 的 FFT 时间抽取算法的蝶形图也可以画出 $N=8$ 时 IFFT 频率抽取算法的蝶形图，读者可以作为练习题自己画出。

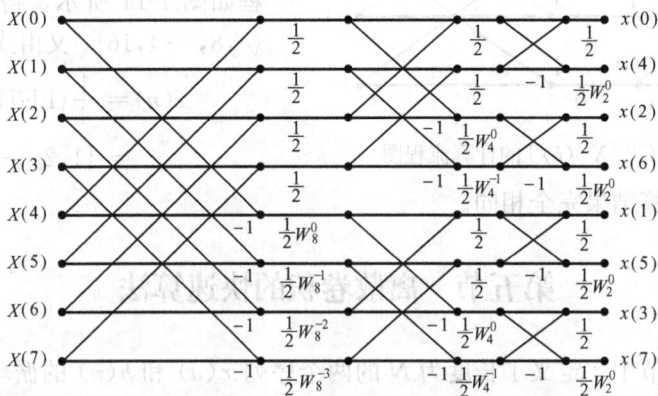

图 7-12　$N=8$ 的 IFFT 时间抽取算法蝶形图

除利用 IFFT 算法快速计算离散傅里叶反变换外，也可以利用现成的 FFT 算法实现离散傅里叶反变换的快速计算。由式（7-26）和式（7-27），有

$$x^*(n) = \frac{1}{N}\sum_{k=0}^{N-1}X^*(k)(W_N^{-nk})^* = \frac{1}{N}\sum_{k=0}^{N-1}X^*(k)(W_N^*)^{-nk}$$

式中 $W_N^* = (\mathrm{e}^{-\mathrm{j}\frac{2\pi}{N}})^* = \mathrm{e}^{\mathrm{j}\frac{2\pi}{N}} = W_N^{-1}$。所以，上式写为

$$x^*(n) = \frac{1}{N}\sum_{k=0}^{N-1}X^*(k)W_N^{nk}$$

再取共轭得

$$x(n) = \frac{1}{N}\Big[\sum_{k=0}^{N-1}X^*(k)W_N^{nk}\Big]^* = \frac{1}{N}\{\mathrm{DFT}[X^*(k)]\}^* \tag{7-28}$$

如果以 FFT[·] 表示快速傅里叶变换算法，以 IFFT[·] 表示快速傅里叶反变换算法，式（7-28）可以写为

$$x(n) = \frac{1}{N}\{\mathrm{FFT}[X^*(k)]\}^* \tag{7-29}$$

【例 7-4】　利用 IFFT 频率抽取算法蝶形图求 $X(k)=\{6,2+\mathrm{j}2,-6,2-\mathrm{j}2\}$ 的离散傅里叶反变换 $x(n)$，并与式（7-29）的计算结果进行比较。

解　首先，由图 7-2 所示的 FFT 时间抽取算法蝶形图画出图 7-13 的 IFFT 频率抽取算法蝶形图，并按该蝶形图计算

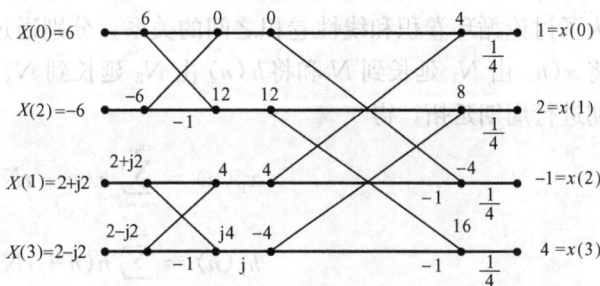

图 7-13　$N=4$ 时的 IFFT 频率抽取算法蝶形图

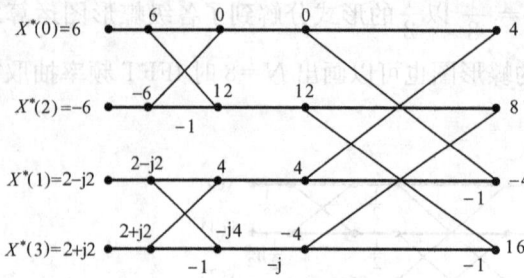

图 7-14　FFT$[X^*(k)]$ 的计算流程图

$x(n)$，得
$$x(n) = \{1, 2, -1, 4\}$$

其次，选用图 7-2 所示的 FFT 时间抽取算法蝶形图计算 FFT$[X^*(k)]$，计算流程如图 7-14 所示，得 FFT$[X^*(k)] = \{4, 8, -4, 16\}$。又由式（7-29），得

$$x(n) = \frac{1}{4}\{\text{FFT}[X^*(k)]\}^*$$
$$= \{1, 2, -1, 4\}$$

可见，两种方法计算结果完全相同。

第五节　离散卷积的快速算法

在第六章第三节中，定义了长度为 N 的两个序列 $x(n)$ 和 $h(n)$ 的循环卷积，其定义由式（6-35）给出，即

$$x(n) \circledast h(n) = \sum_{m=0}^{N-1} x(m)h((n-m))_N R_N(n) \tag{7-30}$$

曾经指出，循环卷积主要应用于计算离散卷积（又称线性卷积，为使读者易于区别两种卷积，在下面的表述中均使用线性卷积这个术语）。下面，我们重点讨论如何应用循环卷积来计算线性卷积的问题。

为了使讨论具有一定的普遍性，设有限长序列 $x(n)$ 长度为 N_1，有限长序列 $h(n)$ 的长度为 N_2。由线性卷积的定义式（4-61），得

$$y(n) = x(n) * h(n) = \sum_{m=-\infty}^{+\infty} x(m)h(n-m) = \sum_{m=0}^{N_1-1} x(m)h(n-m) \tag{7-31}$$

在式（7-31）中，对于 $x(m)$ 而言，时间序号 m 的最大取值为 N_1-1。这样，在 $h(n-m)$ 中，时间序号 n 的最大取值为 $n = N_2-1+(N_1-1) = N_1+N_2-2$。所以，由式（7-31）线性卷积计算获得的序列 $y(n)$ 的长度为 $L = N_1+N_2-1$。

从式（7-30）可知，当两个有限长序列进行循环卷积时，它们的长度必须相等，且经过循环卷积以后所得到的序列长度仍与原序列的长度相等。显然，这与线性卷积是不同的。如果两个序列的长度不相等，可以先在其中较短的一个序列后面通过补零的方法，使它们的长度相等，然后再进行循环卷积。

为了讨论循环卷积和线性卷积之间的关系，分别通过在序列 $x(n)$ 和 $h(n)$ 后面补零的方法，将 $x(n)$ 由 N_1 延长到 N 和将 $h(n)$ 由 N_2 延长到 N。将补零后的序列 $x(n)$ 和 $h(n)$ 以 N 为周期进行周期延拓，得

$$x_p(n) = \sum_{r=-\infty}^{+\infty} x(n+rN) \tag{7-32}$$

$$h_p(n) = \sum_{r=-\infty}^{+\infty} h(n+rN) \tag{7-33}$$

由式（7-30），补零后的序列 $x(n)$ 和 $h(n)$ 的循环卷积为

$$x(n) \circledast h(n) = \sum_{m=0}^{N-1} x(m)h((n-m))_N R_N(n)$$

$$= \sum_{m=0}^{N-1} x(m)h_{\mathrm{p}}(n-m)R_N(n)$$

$$= \sum_{m=0}^{N-1} x(m) \sum_{r=-\infty}^{+\infty} h(n-m+rN)R_N(n) \qquad (7\text{-}34)$$

$$= \sum_{r=-\infty}^{+\infty} \sum_{m=0}^{N-1} x(m)h(n-m+rN)R_N(n)$$

将式 (7-34) 与式 (7-31) 进行对比，如果 $N = L = N_1 + N_2 - 1$，则

$$\sum_{m=0}^{L-1} x(m)h(n-m+rN) = y(n+rL)$$

所以，式 (7-34) 变为

$$x(n) \circledast h(n) = \sum_{r=-\infty}^{+\infty} y(n+rL)R_L(n) = y_{\mathrm{p}}(n)R_L(n) \qquad (7\text{-}35)$$

式 (7-35) 表明，循环卷积 $x(n) \circledast h(n)$ 的计算结果就是将线性卷积 $y(n) = x(n) * h(n)$ 经过周期延拓后再取主值区间的序列值。因此，在对 $y(n)$ 进行周期延拓时，如果 $N \geqslant L = N_1 + N_2 - 1$，那么，$y_{\mathrm{p}}(n)$ 中每个周期内有 L 个序列值刚好是 $y(n)$ 的序列值，而剩下的 $N-L$ 个点上的序列值则是补充的零值；反之，如果 $N < L = N_1 + N_2 - 1$，那么，以 L 为周期进行周期延拓时，每个周期内必然有一部分序列值要与相邻周期的序列值重叠在一起，造成混叠。这样，在一个周期内的 $y_{\mathrm{p}}(n)$ 就不等于 $y(n)$。

经过上述讨论，我们得出用循环卷积计算线性卷积的方法。首先，通过补零的方法将序列 $x(n)$ 和 $h(n)$ 的长度均延长到 $N \geqslant L = N_1 + N_2 - 1$；其次，计算补零后序列 $x(n)$ 和 $h(n)$ 的 N 点循环卷积；最后，循环卷积的主值区间计算结果就是线性卷积的计算结果。

【例 7-5】 已知两序列 $x_1(n)$ 和 $x_2(n)$ 均为

$$x_1(n) = x_2(n) = \begin{cases} 1, 0 \leqslant n \leqslant 4 \\ 0, n \text{ 取其他} \end{cases}$$

分别计算 $x_1(n)$ 和 $x_2(n)$ 的线性卷积和 $N = 5$ 与 $N = 10$ 的循环卷积。

解 首先，计算 $x_1(n)$ 和 $x_2(n)$ 的线性卷积。此时，$x_1(n)$ 和 $x_2(n)$ 的长度均为 5，而 $x_1(n)$ 和 $x_2(n)$ 线性卷积的序列长度为 $L = 5 + 5 - 1 = 9$。由式 (7-31)，得

$$y(n) = x_1(n) * x_2(n) = \sum_{m=0}^{5-1} x_1(m)x_2(n-m) = \sum_{m=0}^{4} x_2(n-m)$$

由上式，得

$$y(n) = \{1, 2, 3, 4, 5, 4, 3, 2, 1\}$$

其次，计算 $N = 5$ 时 $x_1(n)$ 和 $x_2(n)$ 的循环卷积，易知

$$X_1(k) = X_2(k) = \sum_{n=0}^{5-1} x_1(n)W_5^{nk} = \sum_{n=0}^{4} W_5^{nk} = \begin{cases} 5, k = 0 \\ 0, k = 1, 2, 3, 4 \end{cases}$$

所以

$$Y_5(k) = X_1(k)X_2(k) = \begin{cases} 25, k=0 \\ 0, k=1,2,3,4 \end{cases}$$

由式（6-34）的时域循环卷积定理，得

$$y_5(n) = x_1(n) \circledast x_2(n) = \text{IDFT}[Y_5(k)] = \frac{1}{5} \sum_{k=0}^{5-1} Y_5(k) W_5^{-nk} = \frac{1}{5} \times 25 = 5$$

所以

$$y_5(n) = x_1(n) \circledast x_2(n) = \{5,5,5,5,5\}$$

最后，计算 $N=10$ 时 $x_1(n)$ 和 $x_2(n)$ 的循环卷积，分别对 $x_1(n)$ 和 $x_2(n)$ 进行补零，即

$$x_1(n) = x_2(n) = \{1,1,1,1,1,0,0,0,0,0\}$$

应用循环卷积的图解法计算上述两个序列的循环卷积，得

$$y_{10}(n) = x_1(n) \circledast x_2(n) = \{1,2,3,4,5,4,3,2,1,0\}$$

分析上述三个不同卷积的计算结果可以看出，对于 $y_5(n)$ 而言，由于没有对原序列 $x_1(n)$ 和 $x_2(n)$ 进行补零，其长度 $N=5$ 不满足大于或等于 $L=5+5-1=9$ 的条件，因此，在循环卷积的计算过程中存在序列值的混叠，导致 $y(n) \neq y_5(n)$；而对于 $y_{10}(n)$ 而言，由于对原序列 $x_1(n)$ 和 $x_2(n)$ 补零后使其长度延长为 $N=10$，并满足大于 $L=5+5-1=9$ 的条件，因此，$y_{10}(n)$ 中的前 9 个序列值等于 $y(n)$ 的全部序列值，只是比 $y(n)$ 多出一个零点，去掉即可。

综上讨论，线性卷积的计算可以转化为循环卷积的计算。应用时域循环卷积定理，线性卷积的计算就进一步归结为离散傅里叶变换的计算，应用快速傅里叶变换算法，就可以实现线性卷积的快速计算。具体算法如下。

（1）通过补零的方法将序列 $x(n)$ 和 $h(n)$ 的长度延长到 $N = 2^M \geqslant N_1 + N_2 - 1$。

（2）计算补零后序列 $x(n)$ 和 $h(n)$ 的离散傅里叶变换，即

$$X(k) = \text{FFT}[x(n)], H(k) = \text{FFT}[h(n)]$$

（3）将 $X(k)$ 与 $H(k)$ 对应相乘，即

$$Y(k) = X(k)H(k)$$

（4）计算 $y(n)$

$$y(n) = x(n) * h(n) = \text{IFFT}[Y(k)]$$

可以看出，上述算法需要 2 次 FFT 计算和 1 次 IFFT 计算。现在，对上述算法的乘法运算次数和直接按式（7-31）计算线性卷积的乘法运算次数进行对比分析。设序列 $x(n)$ 和 $h(n)$ 的长度均为 N_1，由式（7-31）可知，在线性卷积计算过程中，序列 $x(n)$ 中的每个样值都要与序列 $h(n)$ 中的所有样值相乘。因此，直接计算线性卷积需要进行 N_1^2 次实数乘法运算。将序列 $x(n)$ 和 $h(n)$ 补零使它们的长度达到 $N_1 + N_2 - 1 \approx 2N_1$，考虑到 IFFT 的运算量与 FFT 基本相同，所以，采用上述算法计算线性卷积相当于 3 次 FFT 的运算量。在实际数字信号处理中，一般离散时间系统的单位采样响应 $h(n)$ 的离散傅里叶变换 $H(k)$ 已知或已经事先求出，并已置于存储器中。所以，在实际中只需要 2 次 FFT 的运算量。此外，完成 $X(k)$ 与 $H(k)$ 两个序列相乘，还需要 $2N_1$ 次复数乘法运算。这样，需要的全部复数乘法运算次数为

$$2 \times \left[\frac{2N_1}{2} \log_2(2N_1) \right] + 2N_1 = 2N_1[1 + \log_2(2N_1)] = 2N_1(2 + \log_2 N_1)$$

由于 1 次复数乘法运算相当于 4 次实数乘法。因此，采用快速傅里叶变换算法计算线性卷积的实数乘法次数为 $8N_1(2 + \log_2 N_1)$。显然，随着 N_1 值的增大，其运算量要比直接计算线性卷积有明显的优越性。所以，上述算法又称为快速卷积算法。

上述快速卷积算法是在序列 $x(n)$ 和 $h(n)$ 的长度相等或比较接近的条件下获得的。如果两个序列的长度相差较大时，例如，一个离散时间系统（或某数字滤波器）的单位采样响应 $h(n)$ 的长度较短，而输入序列 $x(n)$ 却很长以致趋于无限长。这时，如果按上述快速卷积算法计算，不但序列 $h(n)$ 后要补许多零，而且其运算量非但减不下来，可能还要大幅增加。

为了克服这个困难，发挥快速卷积算法的优越性，可以采用下面介绍的重叠相加法。重叠相加法的基本原理是首先将长度相差悬殊的两个序列中长的那个序列例如 $x(n)$ 分为许多短的子序列，每个子序列的长度都应与短的那个序列例如 $h(n)$ 的长度接近，然后再将各个短的子序列分别与短的那个序列进行快速卷积，最后取和即可。

设两个序列 $x(n)$ 和 $h(n)$ 均为因果序列，$h(n)$ 的长度为 N，$x(n)$ 的长度为 N_1，且 $N_1 \gg N$。首先，将序列 $x(n)$ 分成若干个长度均为 M 的子序列 $x_i(n)$，即

$$x_i(n) = \begin{cases} x(n), & iM \leqslant n \leqslant (i+1)M-1 \\ 0, & n \text{ 为其他} \end{cases} \tag{7-36}$$

这样

$$x(n) = \sum_{i=0}^{p-1} x_i(n) \tag{7-37}$$

式中：假设 N_1 可以被 M 整除，并令 $p = \dfrac{N_1}{M}$。如果 N_1 不能被 M 整除，可以通过在 $x(n)$ 后补零延长 N_1 使之可以被 M 整除。序列 $x(n)$ 和序列 $h(n)$ 的线性卷积可以写为

$$y(n) = x(n) * h(n) = \sum_{i=0}^{p-1} x_i(n) * h(n) = \sum_{i=0}^{p-1} y_i(n) \tag{7-38}$$

式中

$$y_i(n) = x_i(n) * h(n) \tag{7-39}$$

由于 $y_i(n)$ 的长度为 $N+M-1$，而 $x_i(n)$ 的长度为 M。因此，在式（7-38）运算时相邻的 $y_i(n)$ 必然有 $N-1$ 个序列值是重叠相加的，如图 7-15 所示，图中虚线表示在序列后补零。

通过以上讨论，借助于 FFT 算法的重叠相加法需要以下步骤。

(1) 计算 $H(k) = \text{FFT}[h(n)]$。

(2) 计算 $X_i(k) = \text{FFT}[x_i(n)]$。

(3) 计算 $Y_i(k) = X_i(k)H(k)$。

(4) 计算 $y_i(n) = \text{IFFT}[Y_i(k)]$。

(5) 将各子序列 $y_i(n)$ 重叠相加。

当然，在实际中也可以边计算 $y_i(n)$ 边进行重叠相加。这样，可以保证信号处理具有最小的延时。重叠相加法已广泛地应用于处理无限长信号的实时处理，例如，语音信号等。

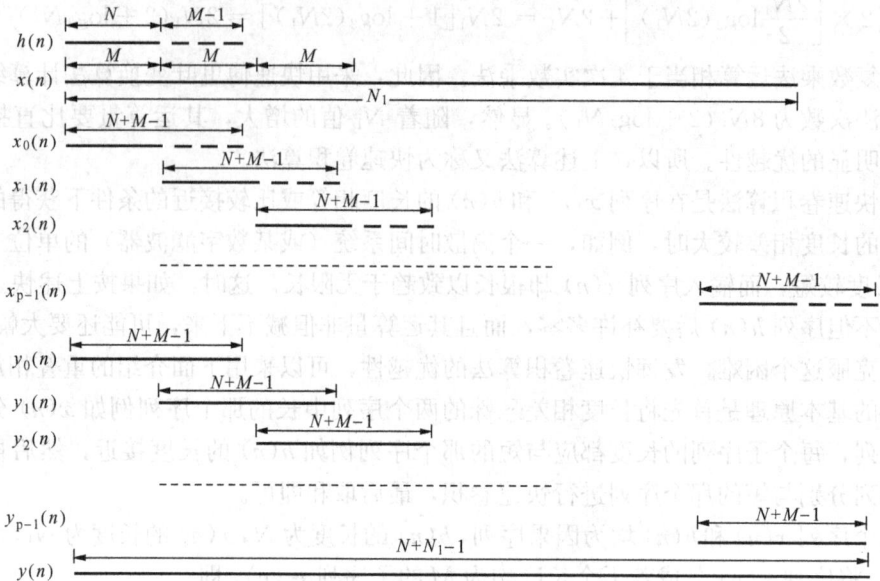

图 7-15　快速卷积算法的重叠相加法示意图

本章要点回顾与基本要求

（1）本章重点介绍了快速傅里叶变换。快速傅里叶变换并不是新的数学变换，而是实现离散傅里叶变换计算的快速算法。它的基本思路是，利用离散傅里叶变换中频谱序列的周期性和对称性，将一组长度为 N（设 N 为偶数）的离散傅里叶变换分解为两组长度为 $N/2$ 的离散傅里叶变换。如果 N 等于 2 的整数幂，那么一组长度为 N 的离散傅里叶变换就可以持续地分解为 $N/2$ 组长度为 2 的离散傅里叶变换。

（2）按时间抽取的快速算法。其核心是将一组长度 N 为 2 的整数幂的离散时间序列按时间序号进行奇数和偶数分组，分成两组长度均为 $N/2$ 的新序列，并用两组长度为 $N/2$ 的离散傅里叶变换表达一组长度为 N 的离散傅里叶变换。继续这个分解过程，直到用 $N/2$ 组长度为 2 的离散傅里叶变换计算一组长度为 N 的离散傅里叶变换。这种分解计算过程可以用蝶形图表示。蝶形图的输入为时间序列，时间序号的顺序为码位倒置顺序。蝶形图的输出为频谱序列，频率序号顺序为自然顺序。利用时间抽取算法的蝶形图及其规律，可以编制快速傅里叶变换程序或开发专用快速傅里叶变换硬件。

（3）按频率抽取的快速算法。其核心是将一组长度 N 为 2 的整数幂的离散时间序列按频率序号进行奇数和偶数分组，直到用 $N/2$ 组长度为 2 的离散傅里叶变换计算一组长度为 N 的离散傅里叶变换。这种分解计算过程也可以用蝶形图表示。蝶形图的输入为时间序列，时间序号的顺序为自然顺序。蝶形图的输出为频谱序列，频率序号的顺序为码位倒置顺序。利用频率抽取算法的蝶形图及其规律，也可以编制快速傅里叶变换程序或开发专用快速傅里叶变换硬件。无论是按时间抽取算法还是按频率抽取算法，均要求时间序列的长度 N 为 2 的整数幂，因此，这类快速算法又称为基 2 快速傅里叶变换。

（4）快速傅里叶反变换算法。按时间抽取或按频率抽取的快速算法也同样适用于离散傅里叶反变换的快速计算，由此形成的快速算法称为快速傅里叶反变换。由于算法相似，很容易利用快速傅里叶变换实现反变换。

（5）离散卷积的快速算法。两个时间序列的离散卷积计算一般被转换为两个周期序列的循环卷积计算。首先，将两个时间序列在其后补零形成两个新的时间序列，新序列的长度至少要达到两个原序列长度之和再减 1，如果采用快速算法，新序列的长度还应等于 2 的整数幂；其次，根据离散傅里叶变换的时域循环卷积定理，利用快速傅里叶变换和反变换，即可实现离散卷积的快速计算。这种算法又称为快速卷积算法。对于长度相差比较大的两个时间序列，还可以采用重叠相加法，进一步提高离散卷积的计算速度。

（6）本章基本要求：①了解快速傅里叶变换的基本思路；②掌握按时间抽取和按频率抽取的快速算法，会画长度为 16、8、4 和 2 的快速傅里叶变换的蝶形图；③了解快速傅里叶反变换算法；④了解离散卷积的快速算法。

习　题　七

7-1　试分别用 FFT 时间抽取算法和频率抽取算法的蝶形图计算以下序列 $N=8$ 的 $X(k)$。

（1）$x(n) = \delta(n-4)$；

（2）$x(n) = \delta(n-1) + \delta(n-7)$。

7-2　试将 $N=32$ 点的序列 $x(0), x(1), x(2), \cdots, x(31)$ 按码位倒置顺序排序。

7-3　根据 FFT 频率抽取算法的一般规律，画 $N=16$ 点的 FFT 频率抽取算法蝶形图。

7-4　假设某微处理器 1 次复数乘法需要 $1\mu s$，且设 1 次 FFT 的运算时间主要由所有乘法所需要的时间决定。试问：

（1）直接计算 1 个 1024 点的 DFT 需要多少时间？

（2）计算 1 个 1024 点 FFT 需要多少时间？

（3）对于 4096 点重复问题（1）和（2）。

7-5　假定有一个 1025 点的有限长序列，不要去掉最后一个序列值，对该序列补零使其长度延长到 2048，这样就可以直接应用基 2 的 FFT 算法。试问：

（1）用基 2 的 FFT 算法需要多少次复数乘法和复数加法？

（2）直接计算 1025 点 DFT 需要多少次复数乘法和复数加法？

7-6　有一个用来估计实信号频谱的 FFT 处理器，其技术指标为：频率分辨率 $\Delta f \leqslant 5\text{Hz}$，信号的最高频率 $f_c \leqslant 1.25\text{kHz}$，采样点 N 必须是 2 的整数次方。试确定：

（1）记录长度 T_0；

（2）采样时间 T_s；

（3）采样序列的长度 N。

7-7　图 7-16 所示为一个语音信号实时处理系统，设该系统的采样频率为 $f_s = 10\text{kHz}$，每一次实数乘法需要 $1\mu s$。如果忽略所有的加法时间，且设 1 次复数乘法相当于 4 次实数乘法，那么，按图7-16进行 1024 点 FFT 和 IFFT 后，还剩下多少

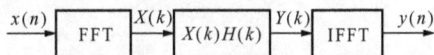

图 7-16　习题 7-7 图

时间可以用来处理数据？

7-8　一个长度为 $N=8192$ 的复序列 $x(n)$ 与一个长度为 $L=512$ 的复序列 $h(n)$。试问：

(1) 直接进行线性卷积所需的复数乘法次数；

(2) 若将 $x(n)$ 按 $M=512$ 分解成 16 个子序列，并采用 1024 点 FFT 算法，那么，应用重叠相加法计算线性卷积所需的复数乘法次数为多少？

第八章 离散时间系统的基本结构

本章首先介绍了离散时间系统的信号流图表示方法，其次阐述了数字滤波器的分类方法，最后讨论了根据给定的系统函数 $H(z)$，实现无限冲激响应数字滤波器和有限冲激响应数字滤波器的基本数字网络结构。

第一节 数字网络的信号流图表示

通过第四章和第五章的学习，我们知道一个离散时间系统可以用差分方程、系统框图、单位采样响应 $h(n)$ 和系统函数 $H(z)$ 四种方式进行描述。例如，一个离散时间系统的系统函数为

$$H(z) = \frac{b_0 + b_1 z^{-1}}{1 + a_1 z^{-1}} \tag{8-1}$$

那么，该系统输入序列 $x(n)$ 与输出序列 $y(n)$ 的关系可以用下面的差分方程来表示，即

$$y(n) = -a_1 y(n-1) + b_0 x(n) + b_1 x(n-1) \tag{8-2}$$

此外，式（8-2）差分方程还可以写为

$$w(n) = -a_1 w(n-1) + x(n) \tag{8-3}$$

$$y(n) = b_0 w(n) + b_1 w(n-1) \tag{8-4}$$

事实上，将式（8-3）代入式（8-4），得

$$y(n) = -a_1 [b_0 w(n-1) + b_1 w(n-2)] + b_0 x(n) + b_1 x(n-1)$$

由式（8-4）可知，上式中方括号内的序列就是 $y(n-1)$。所以，式（8-3）和式（8-4）的差分方程组就是式（8-2）所示的差分方程。

对比式（8-2）、式（8-3）与式（8-4）看出，可以用两个形式上完全不同的离散时间系统实现式（8-1）所示的同一个系统函数。从实现方式上来看，除三个系数 a_1、b_0、b_1 以及输入 $x(n)$ 和输出 $y(n)$ 外，式（8-2）的系统还需要两个存储器，一个用于存储 $y(n-1)$，另一个用于存储 $x(n-1)$；而式（8-3）和式（8-4）的系统只需要一个存储器，即用于存储一个 $w(n-1)$ 即可（通过即位运算 $w(n)$ 和 $x(n)$ 可以共用一个存储器）。

上述讨论说明，一个给定的系统函数 $H(z)$ 可以有很多种实现方法来实现，不同的实现方法需要的存储器、运算器和计算精度是不同的。因此，研究不同的实现方法是非常重要的。本章重点讨论在给定系统函数 $H(z)$ 或者对于一个已经设计好的数字滤波器的系统函数 $H(z)$ 的前提下，如何用数字网络进行实现的问题。

对于离散时间系统，无论是用差分方程表示，还是用系统框图表示，它们都描述了离散

时间系统输入序列和输出序列的一种时域运算关系和运算结构。由这种运算关系和运算结构生成的运算网络称为数字网络。

在第四章中我们已经知道，一个线性时不变离散时间系统的输入序列 $x(n)$ 和输出序列 $y(n)$ 之间的关系是由一个常系数线性差分方程进行描述的。所以，在数字网络中的基本运算单元就是加法器、乘法器和延迟器。这三种基本运算关系用信号流图表示为图 8-1。

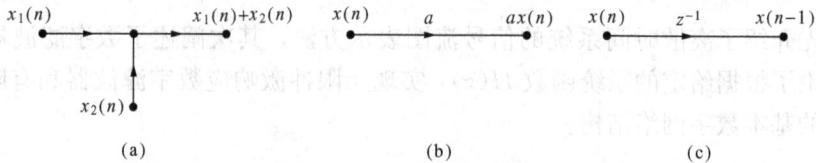

图 8-1 数字网络中的加法器、乘法器和延迟器的信号流图
(a) 加法器；(b) 乘法器；(c) 延迟器

从图 8-1 可以看出，数字网络的信号流图是由有向支路和节点组成的。有向支路在节点处相连接，每一条有向支路有一个输入和一个输出，其方向用箭头表示。当有向支路旁边标有系数 a 时，表示该有向支路为标度系数为 a 的乘法器，当 $a=1$ 时一般不再标示。当有向支路旁边标有 z^{-1} 时，表示该有向支路为延迟器。有时，还在有向支路旁边标有以 z 为变量的有理函数，例如 $H_1(z)$，此时表示该有向支路为一个子系统函数，其输入序列 $x_1(n)$ 或 $X_1(z)$ 与输出序列 $y_1(n)$ 或 $Y_1(z)$ 之间的关系为 $y_1(n) = x_1(n) * h_1(n)$ 或 $Y_1(z) = X_1(z)H_1(z)$。对于有向支路方向汇聚的节点，表示汇聚该节点的各有向支路的输出在该节点相加；对于有向支路方向背离的节点，表示该节点的序列作为背离该节点的各有向支路的输入序列。在数字网络的信号流图中还有两个特殊的节点，一个称为输入节点，表示输入到数字网络的输入序列；另一个称为输出节点，表示数字网络的输出序列。图 8-2 描绘了上述有关概念。

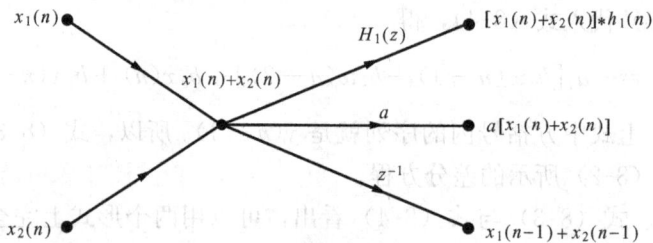

图 8-2 数字网络中典型的节点和有向支路

【例 8-1】 用信号流图分别画出式（8-2）以及式（8-3）和式（8-4）差分方程对应的数字网络。

解 由信号流图表示方法，式（8-2）以及式（8-3）和式（8-4）差分方程对应的数字网络如图 8-3（a）和图 8-3（b）所示。从图 8-3 不难看出，两种实现方式使用的延迟器的个数是不同的，图 8-3（a）使用了两个延迟器，而图 8-3（b）只使用了一个延迟器。

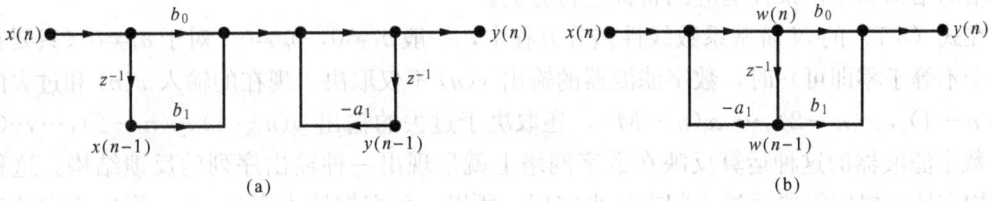

图 8-3　同一离散时间系统的两种不同实现

(a) 式（8-2）对应的数字网络；　(b) 式（8-3）和式（8-4）对应的数字网络

第二节　数字滤波器的分类

由第五章我们知道，一个离散时间系统对输入序列的频谱有一定的处理作用。数字滤波器就是为实现对输入序列的频谱进行滤波处理的特定的离散时间系统。实质上，数字滤波器就是一个用有限精度算法实现的离散时间系统，以完成对输入序列进行滤波处理，从而提取所需要的信号并抑制不需要的信号、干扰或噪声。

数字滤波器既可以是利用专用数字硬件组成的专用计算机，也可以是用基于离散时间系统的差分方程或单位采样响应 $h(n)$ 建立的运算程序或数字软件。所以，数字滤波器既可以通过差分方程实现，也可以通过线性卷积实现。与模拟滤波器相比，数字滤波器具有可靠性高、灵活性强、稳定性好和计算精度高等一系列优点。因此，数字滤波器在信号处理和信号检测中获得了广泛的应用。

要实现对输入序列的信号处理，数字滤波器必须满足线性时不变离散系统的因果性和稳定性条件，也就是说数字滤波器必须是物理可实现系统，即要求数字滤波器的单位采样响应满足

$$h(n) = 0, n < 0, 且 \sum_{n=0}^{+\infty} \mid h(n) \mid < +\infty \qquad (8\text{-}5)$$

这样，对于输入序列 $x(n)$ 而言，数字滤波器的零状态响应 $y(n)$ 为

$$y(n) = x(n) * h(n) = \sum_{m=0}^{+\infty} x(m)h(n-m) = \sum_{m=0}^{+\infty} h(m)x(n-m) \qquad (8\text{-}6)$$

如果用 N 阶常系数线性差分方程来描述，即为

$$y(n) + \sum_{i=1}^{N} a_i y(n-i) = \sum_{r=0}^{M} b_r x(n-r) \qquad (8\text{-}7)$$

其系统函数为

$$H(z) = \frac{\sum_{r=0}^{M} b_r z^{-r}}{1 + \sum_{i=1}^{N} a_i z^{-i}} \qquad (8\text{-}8)$$

数字滤波器不仅可以按频率特性分为低通、高通、带通和带阻数字滤波器，还可以按数

字网络的结构和单位采样响应的特征进行分类。

在式（8-7）的 N 阶常系数线性差分方程中，一般 $a_i \neq 0$，$b_r \neq 0$。对于 $a_i \neq 0$（只要有其中一个不等于零即可）时，数字滤波器的输出 $y(n)$ 不仅取决于现在的输入 $x(n)$ 和过去的输入 $x(n-1)$，$x(n-2)$，…，$x(n-M)$，还取决于过去的输出 $y(n-1)$，$y(n-2)$，…，$y(n-N)$。数字滤波器的这种运算反映在数字网络上就呈现出一种输出序列的反馈结构。这种反馈结构在计算机中需要通过递归方法来实现。所以，我们把输入序列 $y(n)$ 取决于它的过去输出序列值的数字滤波器称为递归型结构数字滤波器。这种结构的数字滤波器的差分方程形式如式（8-7）所示，其系统函数形式如式（8-8）所示。从式（8-8）可以看出，在 Z 平面单位圆内存在除原点外的极点的系统函数均为递归型结构的数字滤波器。

如果在式（8-7）中，$a_i = 0$（$i = 1$，2，…，N），则式（8-7）写为

$$y(n) = \sum_{r=0}^{M} b_r x(n-r) \tag{8-9}$$

其系统函数为

$$H(z) = \sum_{r=0}^{M} b_r z^{-r} \tag{8-10}$$

这时，数字滤波器的输出 $y(n)$ 只取决于现在的输入 $x(n)$ 和过去的输入 $x(n-1)$，$x(n-2)$，…，$x(n-M)$，而与过去的输出 $y(n-1)$，$y(n-2)$，…，$y(n-N)$ 等无关。因此，这种运算关系在数字网络的结构上不存在反馈结构，在计算机的算法上也不存在递归。所以，这种数字滤波器称为非递归型结构数字滤波器。从式（8-10）的系统函数可以看出，在 Z 平面单位圆内除原点之外，非递归型结构数字滤波器不存在极点。

数字滤波器在数字网络的结构形式上除分为递归型结构和非递归型结构外，还存在着一种卷积型结构的数字滤波器，即通过式（8-6）的线性卷积来实现数字滤波。

如果按照数字滤波器的单位采样响应 $h(n)$ 进行分类，数字滤波器又可以分为无限冲激响应数字滤波器，简称 IIR（Infinite Impulse Response）数字滤波器，和有限冲激响应数字滤波器，简称 FIR（Finite Impulse Response）数字滤波器。IIR 数字滤波器是指数字滤波器的单位采样响应 $h(n)$ 的长度为半无限长，即当 $0 \leqslant n < +\infty$ 时，$h(n)$ 均有序列值，例如，$h(n) = a^n u(n)$，$|a| < 1$；反之，FIR 数字滤波器是指数字滤波器的单位采样响应 $h(n)$ 的长度有限，仅当 $0 \leqslant n \leqslant N-1$ 时，$h(n)$ 有序列值，而当 $n < 0$ 或 $n \geqslant N$ 时 $h(n)$ 均为零。

一般而言，IIR 数字滤波器采用递归型结构来实现，FIR 数字滤波器采用非递归型结构来实现。另外，由于 FIR 数字滤波器的单位采样响应 $h(n)$ 为有限长，因此，FIR 数字滤波器也经常采用卷积型结构来实现。

第三节　无限冲激响应数字滤波器的基本结构

无限冲激响应数字滤波器的特点是在数字网络结构中含有反馈环路。对于一个给定的 IIR 数字滤波器而言，尽管其常系数线性差分方程或系统函数已经被惟一地确定，但是，它的具体实现形式并不是惟一确定的。其实现形式主要有直接型、级联型和并联型三种基本结构。下面分别进行讨论。

一、直接型

将式（8-7）的 N 阶常系数线性差分方程改写为下面的形式，即

$$y(n) = -\sum_{i=1}^{N} a_i y(n-i) + \sum_{r=0}^{M} b_r x(n-r) \qquad (8\text{-}11)$$

图 8-4 是直接根据式（8-11）差分方程画出的具有反馈结构的数字网络，称为 IIR 数字滤波器的直接 I 型结构。从图 8-4 中看出，输出序列 $y(n)$ 由两个部分组成。第一部分为图 8-4 中的左半部分，它是对输入序列 $x(n)$ 的不同延迟抽头进行加权后相加构成的，完成了式（8-11）中的第二项 $\sum_{r=0}^{M} b_r x(n-r)$ 的运算；第二部分为图 8-4 中的右半部分，它是将输出序列 $y(n)$ 的不同延迟抽头进行加权后相加构成

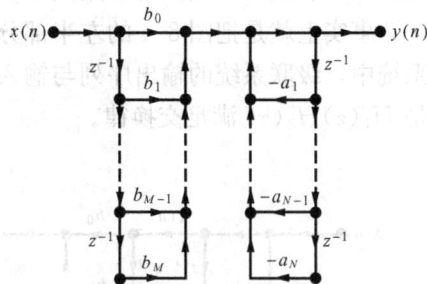

图 8-4　IIR 数字滤波器的直接 I 型结构

的，完成了式（8-11）中的第一项 $-\sum_{i=1}^{N} a_i y(n-i)$ 的运算。显然，第二部分具有反馈结构。在实际中，一般加法器一次只能完成两个数的相加运算。这样，图 8-4 的直接 I 型结构需要 $N+M$ 个加法器、$N+M$ 个延迟器和 $N+M+1$ 个乘法器。

如果将式（8-11）N 阶常系数线性差分方程对应的系统函数式（8-8）的 $H(z)$ 进行变形，也就是

$$H(z) = \frac{1}{1 + \sum\limits_{i=1}^{N} a_i z^{-i}} \times \sum_{r=0}^{M} b_r z^{-r} = H_1(z) H_2(z) \qquad (8\text{-}12)$$

式中

$$H_1(z) = \frac{1}{1 + \sum\limits_{i=1}^{N} a_i z^{-i}} \qquad (8\text{-}13)$$

$$H_2(z) = \sum_{r=0}^{M} b_r z^{-r} \qquad (8\text{-}14)$$

式（8-12）表明系统函数 $H(z)$ 可以分解为式（8-13）子系统 $H_1(z)$ 和式（8-14）子系统 $H_2(z)$ 的级联。设子系统 $H_1(z)$ 在前而子系统 $H_2(z)$ 在后，且子系统 $H_1(z)$ 的输出序列为 $w(n)$。显然，序列 $w(n)$ 也是子系统 $H_2(z)$ 的输入序列。由式（8-12），得

$$Y(z) = X(z)H(z) = X(z)H_1(z)H_2(z) = W(z)H_2(z) \qquad (8\text{-}15)$$

式中

$$W(z) = X(z)H_1(z) \qquad (8\text{-}16)$$

利用式（8-16）和式（8-13），得子系统 $H_1(z)$ 对应的差分方程为

$$w(n) = -\sum_{i=1}^{N} a_i w(n-i) + x(n) \qquad (8\text{-}17)$$

同理，子系统 $H_2(z)$ 对应的差分方程为

$$y(n) = \sum_{r=1}^{M} b_r w(n-r) \tag{8-18}$$

式（8-17）和式（8-18）可以用图 8-5 所示的数字网络表示。将图 8-5 与图 8-4 对比可见，图 8-5 事实上就是把图 8-4 的左半部分与右半部分进行对调后生成的。这也说明在线性时不变系统中，级联系统的输出序列与输入序列的关系与其子系统的级联顺序无关，其数学原理就是 $H_1(z)H_2(z)$ 满足交换律。

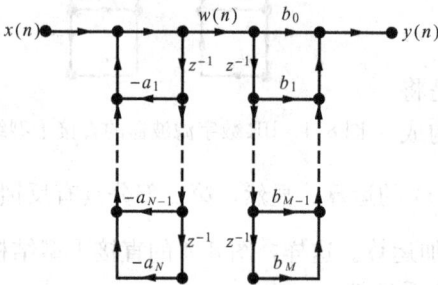

图 8-5　直接 I 型交换级联顺序的结构　　　图 8-6　IIR 数字滤波器的直接 II 型结构

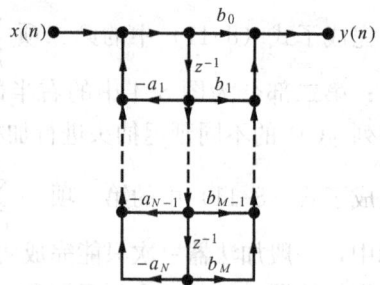

　　观察图 8-5，可以看到图 8-5 中左半部分和右半部分可以共用同一组延迟器。这样，图 8-5 可以被简化为图 8-6 所示的数字网络。我们称图 8-6 为 IIR 数字滤波器的直接 II 型结构。从图 8-6 中发现，直接 II 型结构需要 $N+M$ 个加法器、$N+M+1$ 个乘法器和 $\max(N,M)$ 个延迟器，其中 $\max(N,M)$ 表示取 N 和 M 中大的那个整数。对于一个给定的线性时不变离散系统，由于采用直接 II 型结构的数字滤波器使用的延迟器最少，因此，直接 II 型结构也称为典范型结构。

　　下面，分别将图 8-4 的直接 I 型和图 8-6 的直接 II 型的数字网络结构与式（8-13）和式（8-14）中的极点与零点联系在一起，会看到一个非常有趣的现象。无论是直接 I 型还是直接 II 型结构，它们都是通过一个全极点滤波器 $H_1(z)$ 和一个全零点滤波器 $H_2(z)$（除去 $z=0$ 处的极点）的级联组成的。它们之间的差异仅在于两个子系统的级联顺序。从图 8-4 可见，直接 I 型结构是全零点滤波器 $H_2(z)$ 在前，全极点滤波器 $H_1(z)$ 在后；从图 8-6 可见，直接 II 型结构是全极点滤波器 $H_1(z)$ 在前，全零点滤波器 $H_2(z)$ 在后。由式（8-13）和式（8-14）知，差分方程中的系数 $a_i(i=1,2,\cdots,N)$ 决定了数字滤波器的全部极点分布，而系数 $b_r(r=0,1,2,\cdots,M)$ 决定了数字滤波器的全部零点分布。这意味着如果调整任意一个极点的位置，必然导致所有的系数 $a_i(i=1,2,\cdots,N)$ 变化；同理，如果调整任意一个零点的位置，也必然导致所有的系数 $b_r(r=0,1,2,\cdots,M)$ 变化。所以，数字滤波器的特性对于这些参数的变化极为敏感。因此，无论是直接 I 型结构还是直接 II 型结构，都不利于数字滤波器的特性调整。特别是在高阶情况下，这个问题更加突出。所以，直接型结构主要用于低阶情况的数字滤波器实现。

　　【例 8-2】　设一个 IIR 数字滤波器的系统函数 $H(z)$ 为

$$H(z) = \frac{64z^3 - 32z^2 + 88z - 16}{8z^3 - 10z^2 + 6z - 1}$$

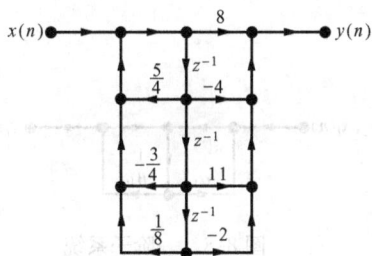

图 8-7　三阶 IIR 数字滤波器

试用直接Ⅱ型结构实现该滤波器。

　　解　将系统函数 $H(z)$ 整理成为式（8-8）的形式，得

$$H(z) = \frac{8 - 4z^{-1} + 11z^{-2} - 2z^{-3}}{1 - \frac{5}{4}z^{-1} + \frac{3}{4}z^{-2} - \frac{1}{8}z^{-3}}$$

　　图 8-7 就是本题 IIR 数字滤波器的直接Ⅱ型结构的数字网络。

二、级联型

　　级联型结构是对系统函数 $H(z)$ 的分子和分母多项式分别进行因式分解后获得的。对式（8-8）系统函数 $H(z)$ 的分子和分母多项式分别进行因式分解，得

$$H(z) = \frac{\sum_{r=0}^{M} b_r z^{-r}}{1 + \sum_{i=1}^{N} a_i z^{-i}} = H_0 \frac{\prod_{r=1}^{M}(1 - z_r z^{-1})}{\prod_{i=1}^{N}(1 - p_i z^{-1})} \tag{8-19}$$

式中：H_0 为实数，$z_r(r=1, 2, \cdots, M)$ 和 $p_i(i=1, 2, \cdots, N)$ 分别为 $H(z)$ 的零点和极点。

　　由于 $H(z)$ 是有理函数，即式(8-19)中的 $b_r(r=1, 2, \cdots, M)$ 和 $a_i(i=1, 2, \cdots, N)$ 均为实数。因此，式（8-19）中的零点 z_r 要么在 Z 平面的实轴上，要么以共轭方式成对地出现在 Z 平面上。同理，式（8-19）中的极点分布也是如此。这样，在 Z 平面实轴上的零点和极点均与实系数一次多项式相对应，而在 Z 平面上共轭成对出现的零点和极点均与实系数二次多项式相对应。因此，式（8-19）可以改写为

$$H(z) = H_0 \prod_{i=1}^{k} H_i(z) \tag{8-20}$$

式中：

$$H_i(z) = \frac{1 + \beta_{1i}z^{-1}}{1 + \alpha_{1i}z^{-1}} \tag{8-21}$$

或

$$H_i(z) = \frac{1 + \beta_{1i}z^{-1} + \beta_{2i}z^{-2}}{1 + \alpha_{1i}z^{-1} + \alpha_{2i}z^{-2}} \tag{8-22}$$

　　式（8-21）对应于式（8-19）中分布在 Z 平面实轴上的零点和极点，式（8-22）对应于式（8-19）中共轭成对出现在 Z 平面上的零点和极点。显然，式（8-21）为式（8-20）系统函数 $H(z)$ 的一个一阶子系统，可以采用直接Ⅱ型数字网络结构实现，如图8-8所示。同理，式（8-22）为式（8-20）系统函数 $H(z)$ 的一个二阶子系统，其直接Ⅱ型数字网络结构如图8-9所示。

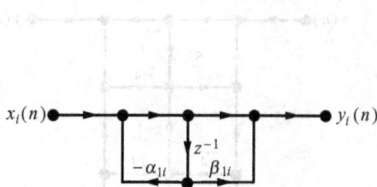

图 8-8 一阶子系统

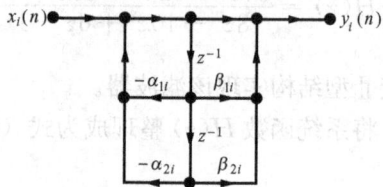

图 8-9 二阶子系统

式（8-20）表明，一个高阶系统可以按零点和极点分解为由一阶子系统或二阶子系统相互级联组成的系统，这种结构称为级联型结构。

【例 8-3】 一个三阶系统的系统函数 $H(z)$ 为

$$H(z) = \frac{8 - 4z^{-1} + 11z^{-2} - 2z^{-3}}{1 - 1.25z^{-1} + 0.75z^{-2} - 0.125z^{-3}}$$

试用级联型结构实现该系统。

解 将 $H(z)$ 的分子和分母多项式进行因式分解，得

$$H(z) = 8 \times \frac{(1 - 0.1895z^{-1})(1 - 0.31z^{-1} + 1.316z^{-2})}{(1 - 0.25z^{-1})(1 - z^{-1} + 0.5z^{-2})} = H_0 H_1(z) H_2(z)$$

式中：

$$H_1(z) = \frac{1 - 0.1895z^{-1}}{1 - 0.25z^{-1}}, H_2(z) = \frac{1 - 0.31z^{-1} + 1.316z^{-2}}{1 - z^{-1} + 0.5z^{-2}}$$

显然，这个三阶系统可以由一个一阶子系统和一个二阶子系统的级联构成。图 8-10 画出了该系统的级联型数字网络。

与直接型结构相比，级联型结构具有很大的灵活性。例如，零点和极点可以有不同的配对方式，并可以按不同顺序对各子系统进行级联。由于每个子系统不是一阶系统就是二阶系统，因此，调整某个零点或极点不会影响其他子系统的零点或极点的变

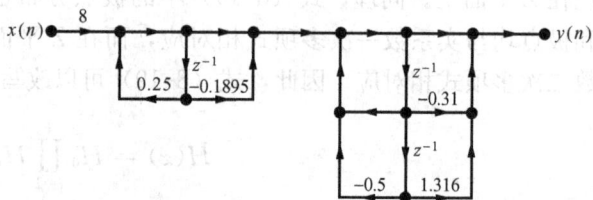

图 8-10 三阶级联型结构

化。此外，级联型结构的另一个重要优点是使用的存储单元较少。

三、并联型

并联型结构是对系统函数 $H(z)$ 按极点进行部分分式展开后获得的。由式（8-8）得

$$H(z) = \frac{\sum_{r=0}^{M} b_r z^{-r}}{1 + \sum_{i=1}^{N} a_i z^{-i}} = A_0 + \sum_{i=1}^{N} \frac{A_i}{1 - p_i z^{-1}} \tag{8-23}$$

式中：A_0 为实数；$p_i(i = 1, 2, \cdots, N)$ 为 $H(z)$ 的极点；A_i 为展开系数。

由于 $H(z)$ 是有理函数，式（8-23）中的极点 p_i 要么在 Z 平面的实轴上，要么以共轭方式成对地出现在 Z 平面。在 Z 平面实轴上的极点 p_i 对应的式（8-23）中的 A_i 为实数，对

应式（8-23）中的分母为实系数一次多项式；而在 Z 平面上共轭成对出现的极点 p_i 对应的式（8-23）中的 A_i 为复数，与其共轭极点 p_i^* 对应的分式合并，可以转化为一个分子为实系数一次多项式、分母为实系数二次多项式的有理函数。因此，式（8-23）可以改写为

$$H(z) = A_0 + \sum_{i=1}^{k} H_i(z) \tag{8-24}$$

式中：

$$H_i(z) = \frac{\beta_{0i}}{1 + \alpha_{1i}z^{-1}} \tag{8-25}$$

或

$$H_i(z) = \frac{\beta_{0i} + \beta_{1i}z^{-1}}{1 + \alpha_{1i}z^{-1} + \alpha_{2i}z^{-2}} \tag{8-26}$$

式（8-25）对应于式（8-23）中分布在 Z 平面实轴上的极点，式（8-26）对应于式（8-23）中共轭成对出现在 Z 平面上的极点。分别采用直接 II 型数字网络结构实现式（8-25）的一阶子系统和式（8-26）的二阶子系统，如图 8-11 和图 8-12 所示。

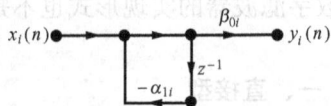

图 8-11　一阶子系统

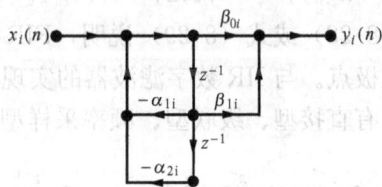

图 8-12　二阶子系统

式（8-24）表明，一个高阶系统可以按极点分解为由一阶子系统或二阶子系统相互并联构成的系统，这种结构称为并联结构。

【例 8-4】　试用并联型结构的数字网络实现［例8-3］中的系统函数 $H(z)$。

解　将［例8-3］中的系统函数进行部分分式展开，得

$$H(z) = 16 + \frac{8}{1 - 0.5z^{-1}} + \frac{-16 + 20z^{-1}}{1 - z^{-1} + 0.5z^{-2}}$$

图 8-13 画出了该系统的并联型数字网络。

在并联型结构中，一阶子系统对应于系统函数 $H(z)$ 中的一个实数极点，二阶子系统对应于 $H(z)$ 中的一对共轭极点。因此，与级联型结构类似，可以单独对极点进行调整而不影响其他极点的变化。但是，却不如级联型结构那样可以单独地调整零点。此外，由于各个子系统相互并联，各个子系统的运算误差互不影响，不像直接型和级联型那样有运算误差的积累。所以，并联型结构的运算误差较小。同时，并联型结构中的各个子系统可以同时对输入

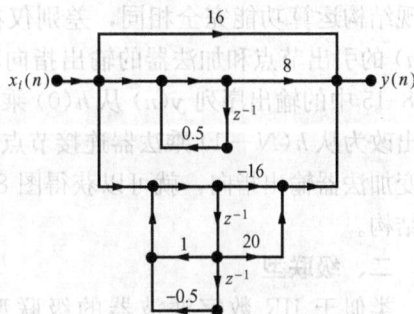

图 8-13　三阶并联型结构

信号进行处理，这使得并联型结构比直接型和级联型结构有更快的运算速度。

第四节　有限冲激响应数字滤波器的基本结构

有限冲激响应数字滤波器的特点是其单位采样响应 $h(n)$ 的长度有限，设其长度为 N。在输入序列 $x(n)$ 的作用下，系统的零状态响应为

$$y(n) = x(n) * h(n) = h(n) * x(n) = \sum_{m=0}^{N-1} h(m)x(n-m) \tag{8-27}$$

系统函数 $H(z)$ 为

$$H(z) = \sum_{n=0}^{N-1} h(n)z^{-n} \tag{8-28}$$

将式（8-27）与式（8-7）表示的常系数线性差分方程进行对比，可以看出式（8-27）就是系统函数 $H(z)$ 对应的差分方程，即

$$y(n) = \sum_{r=0}^{N-1} b_r x(n-r) \tag{8-29}$$

式中：$b_r = h(r), r = 0, 1, 2, \cdots, N-1$。

式（8-28）或式（8-29）说明，FIR 数字滤波器为非递归结构，除原点之外，在 Z 平面上不存在极点。与 IIR 数字滤波器的实现形式类似，FIR 数字滤波器的实现形式也不是惟一的，主要有直接型、级联型、频率采样型三种基本结构。

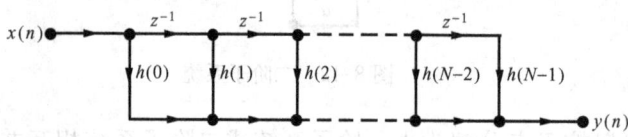

图 8-14　FIR 数字滤波器直接型结构

一、直接型

按照式（8-27）的线性卷积，直接可以画出图 8-14 所示的数字网络。这种结构称为直接型结构。由于图 8-14 的直接型结构是利用式（8-27）的线性卷积运算关系构建的，因此，又

称为卷积型结构。另外，利用 IIR 数字滤波器的直接 II 型结构，也可以获得图8-14所示的 FIR 数字滤波器的直接型结构。事实上，在式（8-29）的差分方程中，$a_i = 0$（$i = 1, 2, \cdots, N$）。由图 8-6 所示 IIR 数字滤波器的直接 II 型结构，可以得到对应于式（8-29）差分方程的数字网络，如图 8-15 所示。对比图 8-15 和图 8-14 可以看出，两种实现结构运算功能完全相同，差别仅在于输出序列 $y(n)$ 的引出节点和加法器的输出指向不同。只要将图 8-15 中的输出序列 $y(n)$ 从 $h(0)$ 乘法器连接节点输出改为从 $h(N-1)$ 乘法器连接节点输出，并相应改变加法器输出指向，就可以获得图 8-14 所示直接型结构。

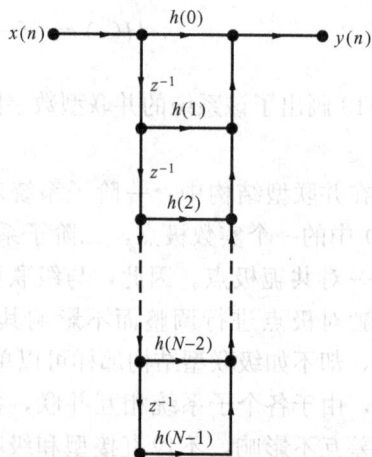

图 8-15　FIR 数字滤波器的一种实现结构

二、级联型

类似于 IIR 数字滤波器的级联型结构，将式（8-28）系统函数 $H(z)$ 进行因式分解，式（8-28）

可以写为

$$H(z) = H_0 \prod_{i=1}^{k} H_i(z) \tag{8-30}$$

式中：

$$H_i(z) = 1 + \beta_{1i} z^{-1} \tag{8-31}$$

或

$$H_i(z) = 1 + \beta_{1i} z^{-1} + \beta_{2i} z^{-2} \tag{8-32}$$

式（8-31）对应系统函数 $H(z)$ 的实数零点，式（8-32）对应系统函数 $H(z)$ 的一对共轭复数零点。利用图 8-15 给出的 FIR 数字滤波器的数字网络结构，式（8-31）可以被图8-16实现，式（8-32）可以被图 8-17 实现。因此，式（8-30）表明，一个复杂的 FIR 数字滤波器可以直接按照零点分解为一系列如图 8-16 和图 8-17 所示子系统的相互级联。这种结构称为 FIR 数字滤波器的级联型结构。

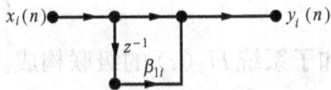

图 8-16　式（8-31）对应的子系统　　　　图 8-17　式（8-32）对应的子系统

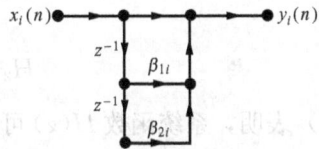

【例 8-5】　一个 FIR 数字滤波器的系统函数 $H(z)$ 为

$$H(z) = 0.96 + 2z^{-1} + 2.8z^{-2} + 1.5z^{-3}$$

分别用直接型结构和级联型结构实现该数字滤波器。

解　由 Z 变换定义，系统函数 $H(z)$ 对应的单位采样响应 $h(n)$ 为

$$h(n) = \{0.96, 2, 2.8, 1.5\}$$

$h(n)$ 的长度 $N=4$。图 8-18 画出了该数字滤波器的直接型结构。再将系统函数 $H(z)$ 因式分解，得

$$H(z) = (0.6 + 0.5z^{-1})(1.6 + 2z^{-1} + 3z^{-2}) = 0.96\left(1 + \frac{5}{6}z^{-1}\right)(1 + 1.25z^{-1} + 1.875z^{-2})$$

所以，$H(z)$ 可以用两个子系统的级联表示，如图 8-19 所示。

从 [例 8-5] 的结果可以看出，级联型结构比直接型结构易于调节零点。

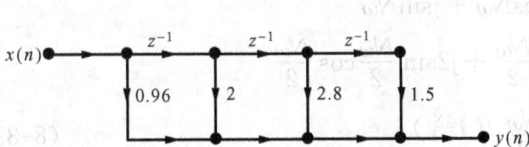

图 8-18　直接型结构　　　　　　图 8-19　级联型结构

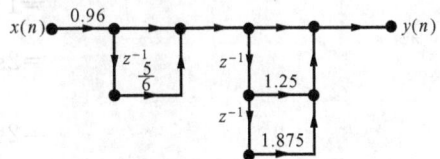

三、频率采样型

频率采样型结构是一种利用离散傅里叶变换 $H(k)$ 将 FIR 数字滤波器参数化的实现结构。对 FIR 数字滤波器的单位采样响应 $h(n)$ 进行离散傅里叶变换，即

$$H(k) = \text{DFT}[h(n)] = \sum_{n=0}^{N-1} h(n) W_N^{nk} \tag{8-33}$$

由式（6-51）内插公式知道，FIR 数字滤波器的系统函数 $H(z)$ 可以用 $H(k)$ 和内插函数 $\Phi_k(z)$ 表示为

$$H(z) = \sum_{k=0}^{N-1} H(k)\Phi_k(z) \tag{8-34}$$

式中：

$$\Phi_k(z) = \frac{1}{N} \frac{1-z^{-N}}{1-W_N^{-k}z^{-1}} \tag{8-35}$$

将式（8-35）的 $\Phi_k(z)$ 代入式（8-34）并整理，得

$$H(z) = \frac{1}{N}(1-z^{-N})\sum_{k=0}^{N-1} \frac{H(k)}{1-W_N^{-k}z^{-1}}$$
$$= \frac{1}{N}H_1(z)H_2(z) \tag{8-36}$$

式中：

$$H_1(z) = 1-z^{-N} \tag{8-37}$$
$$H_2(z) = \sum_{k=0}^{N-1} \frac{H(k)}{1-W_N^{-k}z^{-1}} \tag{8-38}$$

式（8-36）表明，系统函数 $H(z)$ 可以通过子系统 $H_1(z)$ 和子系统 $H_2(z)$ 的级联构成。由式（8-38）可以知道，子系统 $H_2(z)$ 又可以由 N 个一阶子系统的并联组成。图 8-20 给出系统函数 $H(z)$ 的频率采样型结构。

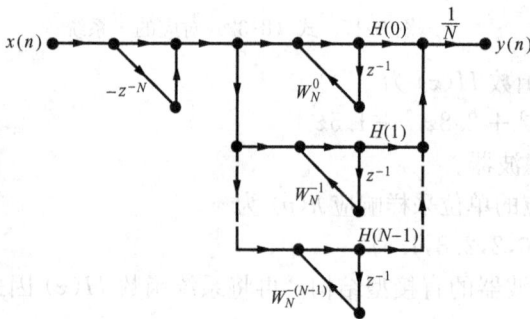

图 8-20　FIR 数字滤波器的频率采样型结构

下面，对图 8-20 所示的数字网络进行分析。首先，分析子系统 $H_1(z)$。由式（8-37），得 $H_1(z)$ 的零点为

$$z_k = e^{j\frac{2\pi}{N}k} = W_N^{-k}(k=0,1,\cdots,N-1)$$

与式（8-38）中 $H_2(z)$ 的极点进行对比可以看出，子系统 $H_1(z)$ 的零点与子系统 $H_2(z)$ 的极点一一对应，都是分布在 Z 平面单位圆上的等间隔点。求子系统 $H_1(z)$ 的频率特性，得

$$H_1(z)\mid_{z=e^{jw}} = 1-e^{-jN\omega}$$
$$= 1-\cos N\omega + j\sin N\omega$$
$$= 2\sin^2\frac{N\omega}{2} + j2\sin\frac{N\omega}{2}\cos\frac{N\omega}{2}$$
$$= 2\sin\frac{N\omega}{2}e^{j(\frac{\pi}{2}-\frac{N\omega}{2})} \tag{8-39}$$

所以，子系统 $H_1(z)$ 的幅频特性为

$$\mid H_1(e^{jw})\mid = 2\left|\sin\frac{N\omega}{2}\right| \tag{8-40}$$

从式（8-40）可以看出，当 $\omega=\omega_k=k\frac{2\pi}{N}$ （$k=0,1,2,\cdots,N-1$）时，子系统 $H_1(z)$ 的幅频特性取零；当 $\omega=\frac{\pi}{N}+k\frac{2\pi}{N}$ （$k=0,1,2,\cdots,N-1$）时，子系统 $H_1(z)$ 的幅频特性

取峰值为 2。图 8-21 画出了子系统
$H_1(z)$ 的幅频特性。由于其幅频特性形
如一把梳头发的梳子，因此，子系统
$H_1(z)$ 对应的数字滤波器又称为梳状滤
波器。

　　其次，分析子系统 $H_2(z)$。由式
(8-38) 可以看出，子系统 $H_2(z)$ 存在
N 个极点，每个极点都与图 8-20 中右
侧并联结构上的一个一阶系统对应。由

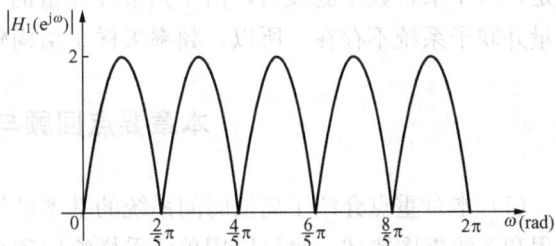

图 8-21　$H_1(z)$ 在 $N=5$ 时的幅频特性

于这 N 个一阶系统都是递归型结构，因此，子系统 $H_2(z)$ 是 IIR 数字滤波器。但是，当子
系统 $H_2(z)$ 与子系统 $H_1(z)$ 级联在一起后，子系统 $H_2(z)$ 的全部极点与子系统 $H_1(z)$ 的全
部零点正好相互抵消，使整个系统不存在除 Z 平面原点外的极点。从而，整个系统在 $\omega=$
$k\dfrac{2\pi}{N}$ $(k=0, 1, 2, \cdots, N-1)$ 点的响应就是 $H(k)$。所以，可以很容易地通过调整图 8-
20 中的乘法器的标度 $H(k)$ 来调整数字滤波器的频率响应特性。这也正是频率采样型结构
的突出特点。

　　从理论上讲，尽管子系统 $H_2(z)$ 为 IIR 数字滤波器，但是，由于子系统 $H_2(z)$ 的全部
极点与子系统 $H_1(z)$ 的全部零点相互抵消，因此，图 8-20 所示的频率采样型结构仍然是
FIR 型数字滤波器。

　　虽然频率采样型结构具有易于调整数字滤波器频率响应特性的优点，但是，与 FIR 数
字滤波器的直接型和级联型结构相比较，它也有下面的两点不足。一是子系统 $H_1(z)$ 和子
系统 $H_2(z)$ 的零点和极点都分布在 Z 平面的单位圆上，在数字网络的实现上，由于误差的
影响将导致极点不能完全与零点相互抵消，影响了系统的稳定性；二是在数字网络中 W_N^{-k}
和 $H(k)$ 一般为复数，这就要求乘法器具有复数乘法运算功能，不便于硬件的实现。

　　为了避免频率采样型结构可能出现的系统不稳定性问题，在实际中一般采取将 Z 平面
单位圆上的零点和极点向单位圆内略为收缩的方法，即将单位圆上的零点和极点对应收缩为
半径为 r（$r<1$ 且 $r\approx1$）圆上的零点和极点。因此，式（8-36）的系统函数 $H(z)$ 被修
改为

$$H(z) = \frac{1}{N}(1-r^N z^{-N})\sum_{k=0}^{N-1}\frac{H(k)}{1-rW_N^{-k}z^{-1}} \tag{8-41}$$

这样一来，子系统 $H_1(z)$ 的零点和子
系统 $H_2(z)$ 的极点均为 rW_N^{-k}（$k=0$,
1, 2, $\cdots$, $N-1$）。如果由于误差影响
导致极点不能完全与零点相互抵消，
那么，残余的极点仍在 Z 平面的单位
圆内，保证了系统的稳定性。图 8-22
画出了经过修正的频率采样型结构。

　　一般而言，频率采样型结构比较
复杂，需要的存储器和乘法器较多。

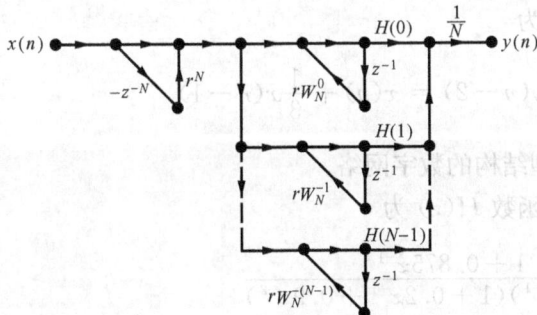

图 8-22　FIR 数字滤波器修正的频率采样型结构

但是，对于窄带数字滤波器，由于频带外大量的 $H(k)$ 取零，从而使图 8-20、图 8-22 中的大量并联子系统不存在。所以，频率采样型结构较适用于实现 FIR 窄带数字滤波器。

本章要点回顾与基本要求

（1）本章重点介绍了离散时间系统的基本结构。对于一个离散时间系统，既可以用差分方程和系统框图描述，也可以用单位采样响应和系统函数描述。信号流图是系统框图的一种简化图形，除可用于系统分析外，还可用于系统实现。

（2）数字滤波器是一种对离散时间信号进行处理的离散时间系统。按频率响应特性可分为低通、高通、带通和带阻数字滤波器，按单位采样响应可分为无限冲激响应和有限冲激响应数字滤波器，还可分为卷积型数字滤波器。

（3）无限冲激响应数字滤波器含有反馈通路。系统函数的实现形式不是惟一的，可以分为直接型、级联型、并联型三种基本结构。在直接型结构中，先将系统函数的有理分式按 z 负降幂排列，再用信号流图的前向通路实现分子 z 负幂多项式，用反馈通路实现分母 z 负幂多项式。在级联型结构中，先将系统函数分解为几个较简单的低阶子系统函数的乘积，再将各低阶子系统的信号流图级联在一起。在并联型结构中，先将系统函数按极点进行部分分式展开，分解为几个较简单的低阶子系统函数的和，再将各低阶子系统的信号流图并联在一起。

（4）有限冲激响应数字滤波器无反馈通路。系统函数的具体实现形式也不是惟一的，可以分为直接型、级联型、频率采样型三种基本结构。在直接型结构中，既可以采用卷积型结构，也可以采用仅含前向通路不带反馈通路的直接型结构。在级联型结构中，也是先将系统函数分解为几个较简单的低阶子系统函数的乘积，再将各低阶子系统的信号流图级联在一起。在频率采样型结构中，先将系统函数按内插函数进行展开，再将各内插函数的信号流图并联在一起。

（5）本章基本要求：①掌握离散时间系统的信号流图描述；②了解数字滤波器的不同分类方法；③掌握无限冲激响应数字滤波器的三种基本结构；④掌握有限冲激响应数字滤波器的直接型（含卷积型）和级联型的基本结构，并了解频率采样型的基本结构。

习　题　八

8-1　一个 IIR 数字滤波器的差分方程为

$$y(n) - \frac{3}{4}y(n-1) + \frac{1}{8}y(n-2) = x(n) + \frac{1}{3}x(n-1)$$

试画出该数字滤波器的直接 I 型和直接 II 型结构的数字网络。

8-2　已知一个 IIR 数字滤波器的系统函数 $H(z)$ 为

$$H(z) = \frac{1 + 0.875z^{-1}}{(1 - 0.7z^{-1})(1 + 0.2z^{-1} + 0.9z^{-2})}$$

试分别用直接 II 型结构和级联型结构实现这个数字滤波器。

8-3 求图 8-23 所示数字网络的系统函数和单位采样响应，并用直接 II 型结构实现。

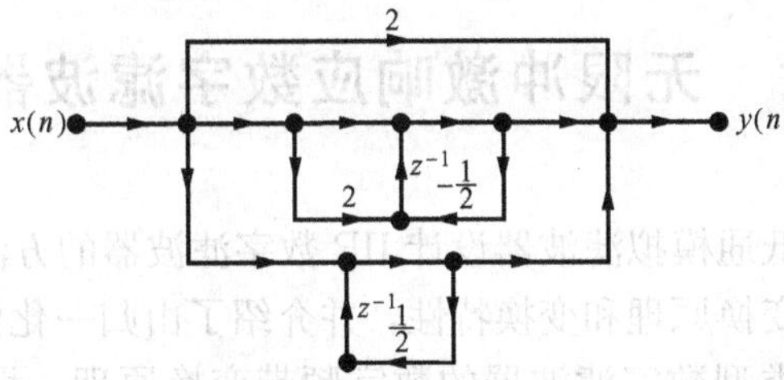

图 8-23 习题 8-3 图

8-4 求图 8-24 所示数字网络的系统函数 $H(z)$（提示：将该数字网络分成三个子系统的级联）。

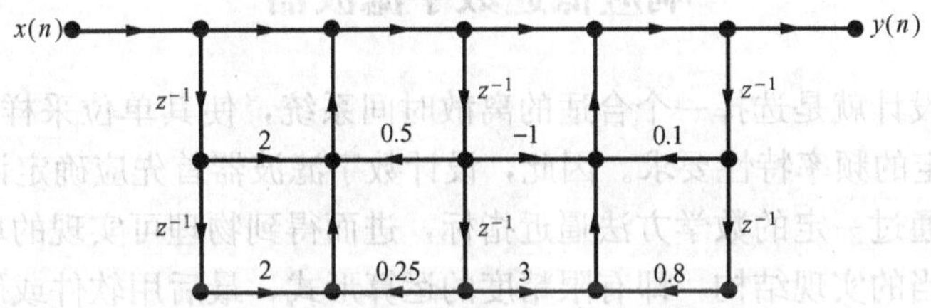

图 8-24 习题 8-4 图

8-5 求图 8-25 所示数字网络的单位采样响应 $h(n)$。

8-6 用并联型结构实现系统函数 $H(z)$。

$$H(z) = \frac{3z^3 - 3.5z^2 + 2.5z}{(z^2 - z + 1)(z - 0.5)}$$

8-7 已知 FIR 数字滤波器的单位采样响应为

$$h(n) = \begin{cases} 0.2, 0 \leqslant n \leqslant 5 \\ 0, n \text{ 为其他} \end{cases}$$

用直接型结构实现该数字滤波器。

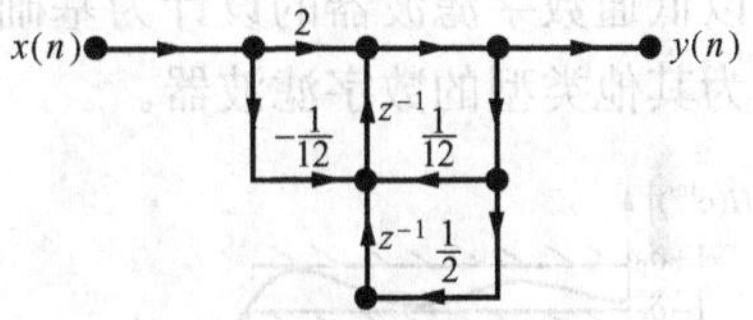

图 8-25 习题 8-5 图

8-8 试问用什么结构可以实现以下单位采样响应的 FIR 数字滤波器，并画出数字网络。

$$h(n) = \delta(n) - 3\delta(n-3) + 5\delta(n-7)$$

8-9 已知 FIR 数字滤波器的 16 个频率采样值分别为 $H(0) = 12$，$H(1) = -3 - j\sqrt{3}$，$H(2) = 1 + j$，$H(3) \sim H(13)$ 均为零，$H(14) = 1 - j$，$H(15) = -3 + j\sqrt{3}$。试画出乘法器系数均为实数的频率采样型结构。

第九章　无限冲激响应数字滤波器设计

本章主要介绍了利用低通模拟滤波器设计 IIR 数字滤波器的方法，重点讨论了冲激响应不变法和双线性变换法的变换原理和变换特性，并介绍了由归一化低通数字滤波器变换到低通、高通、带通和带阻等类型数字滤波器的数字频带变换原理，最后通过设计实例给出了 IIR 数字滤波器的设计步骤。

第一节　利用低通模拟滤波器设计无限冲激响应低通数字滤波器

数字滤波器的设计就是选择一个合适的离散时间系统，使其单位采样响应 $h(n)$ 或系统函数 $H(z)$ 满足一定的频率特性要求。因此，设计数字滤波器首先应确定该滤波器所需达到的性能指标，然后通过一定的数学方法逼近指标，进而得到物理可实现的单位采样响应或系统函数，再选取恰当的实现结构，即有限精度的运算形式，最后用软件或硬件实现该滤波器并验证是否满足设计要求。在设计过程中，如果不满足设计要求，应进行修正并重复上述过程，直到满足设计要求。

数字滤波器可分成低通、高通、带通、带阻等片状选频滤波器。在具体设计中，一般首先以低通数字滤波器的设计为基础，然后再通过频带变换技术将所设计的低通数字滤波器转换为其他类型的数字滤波器。

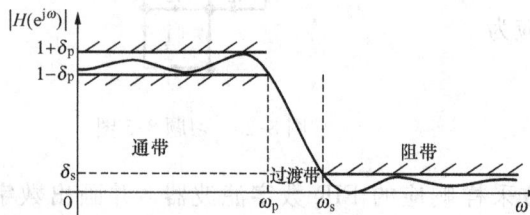

图 9-1　低通数字滤波器设计指标示意图

一、低通数字滤波器的设计指标

低通数字滤波器一般包含通带、阻带、过渡带、通带截止频率、阻带截止频率、通带衰减、阻带衰减等设计指标。为了设计方便，一般将滤波器的幅频特性按通带幅度进行归一化。图 9-1 给出了一个归一化的低通数字滤波器的设计指标示意图，可以看出通带幅度趋为 1。在图 9-1 中，ω_p 为通带数字截止频率，ω_s 为阻带数字截止频率。$[0，\omega_p]$ 的数字频率区域为通带，$[\omega_p，\omega_s]$ 的数字频率区域为过渡带，大于 ω_s 的数字频率区域为阻带。δ_p 为通带衰减，用来表示在通带内幅频特性的波动范围；δ_s 为阻带衰减，用来表示在阻带内幅频特性的波动范围。为了设计方便，一般采用分贝（dB）表示数字滤波器的幅频性能，即 $20\lg |H(e^{j\omega})|$。

二、由模拟滤波器设计 IIR 数字滤波器的基本原理

一个 N 阶 IIR 数字滤波器可以用下列差分方程描述，即

$$y(n) = \sum_{r=0}^{M} b_r x(n-r) - \sum_{i=1}^{N} a_i y(n-i) \tag{9-1}$$

对应的系统函数 $H(z)$ 为

$$H(z) = \frac{Y(z)}{X(z)} = \frac{\sum_{r=0}^{M} b_r z^{-r}}{1 + \sum_{i=1}^{N} a_i z^{-i}} \qquad (9-2)$$

不难看出，式（9-2）与模拟滤波器的系统函数 $H_a(s)$ 形式非常相似。一般，$H_a(s)$ 可表示为

$$H_a(s) = \frac{Y(s)}{X(s)} = \frac{\sum_{r=0}^{M} b_r s^r}{1 + \sum_{i=1}^{N} a_i s^i} \qquad (9-3)$$

就模拟滤波器而言，其设计方法已经非常成熟，且设计过程简单，具有严格的设计公式、完善的设计曲线和设计表格。因此，利用 $H(z)$ 与 $H_a(s)$ 形式的相似性，如果能够建立 S 平面和 Z 平面之间的变换或映射关系，就可以充分利用模拟滤波器的设计方法来设计满足要求的数字滤波器。当然，在设计模拟滤波器之前，应首先将数字滤波器所满足的设计指标变换成模拟滤波器所满足的设计指标。图 9-2 给出了借助于模拟滤波器设计数字滤波器的基本环节。

从图 9-2 可以看出，上述基本环节的关键问题是要寻找一个合适的 S 平面和 Z 平面之间的变换。为了保证满足设计要求，S 平面和 Z 平面之间的变换应该满足下面两点基本要求。

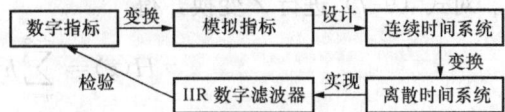

图 9-2　借助模拟滤波器设计数字滤波器的基本环节

（1）物理可实现的模拟滤波器应该转换成物理可实现的数字滤波器。因此，模拟滤波器的极点必须位于 S 平面的左半平面，而数字滤波器的极点必须位于 Z 平面的单位圆内。所以，所采用的变换应使 S 平面的左半平面与 Z 平面的单位圆内相互对应。

（2）数字滤波器的频率特性应该与模拟滤波器的频率特性相对应。这就要求所采用的变换应使 S 平面的虚轴与 Z 平面的单位圆相互对应。

满足以上两点基本要求的变换有冲激响应不变法、阶跃响应不变法、双线性变换法、匹配 Z 变换法和微分－差分变换法等。其中，常用的变换主要是冲激响应不变法和双线性变换法。

第二节　冲激响应不变法

冲激响应不变法的基本思想是将数字滤波器的单位采样响应 $h(n)$ 视为对模拟滤波器的单位冲激响应 $h_a(t)$ 的均匀采样，从而，求出数字滤波器的系统函数 $H(z)$ 与模拟滤波器的系统函数 $H_a(s)$ 的对应关系，再由已知的模拟滤波器的 $H_a(s)$ 变换为所要求的数字滤波器的 $H(z)$，如图 9-3 所示。

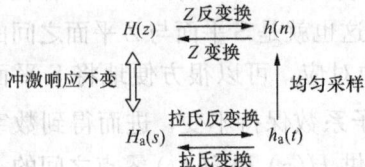

图 9-3　冲激响应不变法的基本思想

一、$H(z)$ 与 $H_a(s)$ 的变换关系

如前所述，模拟滤波器的系统函数 $H_a(s)$ 一般为有理分式的形式，且分母的阶数高于分子的阶数。

假设 $H_a(s)$ 只有单极点（对于 $H_a(s)$ 存在多重极点的情况，参见习题 9-1），为了得到系统对应的单位冲激响应，将 $H_a(s)$ 按各个极点进行部分分式展开，得

$$H_a(s) = \sum_{p=1}^{N} \frac{A_p}{s - s_p} \tag{9-4}$$

式中：s_p 为 $H_a(s)$ 的极点；A_p 为对应的展开系数。

将式（9-4）进行拉普拉斯反变换，得

$$h_a(t) = \sum_{p=1}^{N} A_p e^{s_p t} u(t) \tag{9-5}$$

对系统的单位冲激响应 $h_a(t)$ 以采样时间 T_s 进行采样，得

$$h_a(t) \big|_{t=nT_s} = \sum_{p=1}^{N} A_p e^{s_p n T_s} u(nT_s) \tag{9-6}$$

令

$$h(n) = h_a(t) \big|_{t=nT_s} = \sum_{p=1}^{N} A_p e^{s_p n T_s} u(n) \tag{9-7}$$

显然，这样定义的数字滤波器的单位采样响应在采样点上就等于模拟滤波器的单位冲激响应。对式（9-7）进行 Z 变换，得

$$\begin{aligned}
H(z) &= \sum_{n=0}^{+\infty} h(n) z^{-n} \\
&= \sum_{p=1}^{N} \left(\sum_{n=0}^{+\infty} A_p e^{s_p n T_s} \right) z^{-n} \\
&= \sum_{p=1}^{N} A_p \sum_{n=0}^{+\infty} (e^{s_p T_s} z^{-1})^n \\
&= \sum_{p=1}^{N} \frac{A_p}{1 - e^{s_p T_s} z^{-1}}
\end{aligned} \tag{9-8}$$

式中：$e^{s_p T_s}$ 为数字滤波器系统函数的极点。

在上述过程中，由于数字滤波器的单位采样响应 $h(n)$ 等于模拟滤波器的单位冲激响应 $h_a(t)$ 在采样点上的采样值，因此数字滤波器在时间响应特性上保持了模拟滤波器的时间响应特性。因此，将这种变换方法称为冲激响应不变法。

可见，数字滤波器的系统函数 $H(z)$ 的获得经过了 $H_a(s) \rightarrow h_a(t) \rightarrow h(n) \rightarrow H(z)$ 的变换过程。但是，在实际应用中可省去上述步骤，可以通过式（9-8）与式（9-4）中所示的对应关系直接由模拟滤波器的系统函数 $H_a(s)$ 得到。它们的对应关系如图9-4所示。

按照图 9-4 所示的变换关系，可以发现在冲激响应不变法中，模拟滤波器系统函数 $H_a(s)$ 的极点 s_p 与数字滤波器系统函数 $H(z)$ 的极点 $e^{s_p T_s}$ 存在着对应关系 $z = e^{sT_s}$。这也就是 S 平面与 Z 平面之间的对应关系。通过这种对应，可以很方便地将 S 平面内

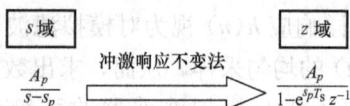

图 9-4　冲激响应不变法变换关系

的极点转换为 Z 平面内的极点，而系统函数展开式中分子系数保持不变，进而得到数字滤波器的系统函数 $H(z)$。但是，冲激响应不变法并不能提供 $H(z)$ 和 $H_a(s)$ 零点之间的一一对应关系。下面，对冲激响应不变法中 S 平面与 Z 平面之间的对应关系做进一步的分析。

二、S 平面与 Z 平面的对应关系

设 $s=\sigma+j\Omega$，$z=re^{j\omega}$，则

$$re^{j\omega} = e^{(\sigma+j\Omega)T_s} = e^{\sigma T_s} e^{j\Omega T_s} \tag{9-9}$$

从而 S 平面和 Z 平面存在如下的关系

$$\begin{cases} r = e^{\sigma T_s} \\ \omega = \Omega T_s \end{cases} \tag{9-10}$$

显然，式（9-10）与第五章 S 平面与 Z 平面的变换式（5-55）和式（5-56）相同，简述如下。

当 $\sigma<0$ 时，$r<1$。因此，S 平面的左半平面对应于 Z 平面单位圆的内部。这说明冲激响应不变法可以将一个稳定的模拟系统变换为一个稳定的数字系统，满足本章第一节所讲的 S 平面与 Z 平面之间变换法的第一点基本要求。

当 $\sigma=0$ 时，$r=1$。因此，S 平面的虚轴对应于 Z 平面上的单位圆，即 $z=e^{j\omega}$。这表明冲激响应不变法能够保证数字滤波器的频率特性与模拟滤波器的频率特性相对应，满足本章第一节所讲的 S 平面与 Z 平面之间变换法的第二点基本要求。

以上分析表明，冲激响应不变法可以将一个稳定的模拟滤波器变换为一个稳定的数字滤波器。同时，数字角频率和模拟角频率之间存在式（9-10）所示的线性变换关系，即 $\omega=\Omega T_s$。这对于数字指标和模拟指标之间的变换非常有利。但是，在 Z 平面上数字角频率 ω 的取值具有周期性，周期为 2π，而在 S 平面上模拟角频率 Ω 的取值是单值的。因此，S 平面上的点与 Z 平面上的点并非一一对应。只有限定在宽度为 $\dfrac{2\pi}{T_s}$ 的频带内的 S 平面才与 Z 平面是一一对应的。S 平面与 Z 平面之间的对应关系如图 9-5 所示。

三、频谱混叠

由于数字滤波器的频率特性以 2π 为周期，如果模拟滤波器的模拟角频率超出 $\dfrac{2\pi}{T_s}$ 的频带范围，按照数字角频率和模拟角频率的变换关系，那么，由

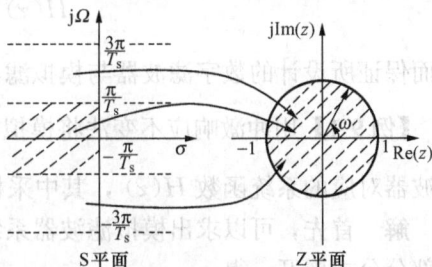

图 9-5 冲激响应不变法中 S 平面与 Z 平面的对应关系

冲激响应不变法得到的数字滤波器的频率特性将发生频谱混叠。这也可以通过对模拟系统的单位冲激响应的采样过程来理解。由第五章中的式（5-57）可知，数字滤波器的频率特性可以用模拟滤波器的频率特性表示为

$$H(e^{j\omega}) = \frac{1}{T_s} \sum_{m=-\infty}^{\infty} H_a(j\Omega - jm\Omega_s) \tag{9-11}$$

其中，采样模拟角频率 $\Omega_s=\dfrac{2\pi}{T_s}$。这样，如果模拟滤波器的幅频特性的截止角频率大于 $\dfrac{\Omega_s}{2}=\dfrac{\pi}{T_s}$，如图 9-6（a）所示，则经过冲激响应不变法设计得到的数字滤波器幅频特性发生了频谱混叠，如图 9-6（b）所示。同时从图 9-6（b）还可以看出，频谱混叠对于数字滤波器的高频特性也有很大的影响。因此，冲激响应不变法一般适合于低通和带通数字滤波器的设计，不宜用于设计高通和带阻数字滤波器。

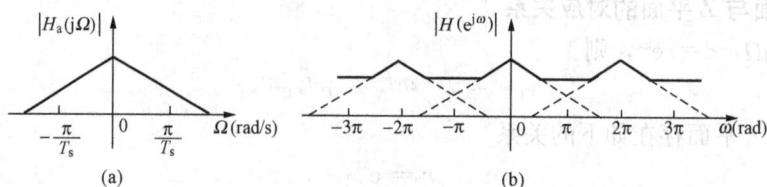

图 9-6   冲激响应不变法中的频谱混叠现象

(a) 模拟滤波器的幅频特性；(b) 数字滤波器的幅频特性

当满足采样定理时，即在冲激响应不变法中采样模拟角频率大于或等于两倍的模拟系统单位冲激响应的截止角频率时，将不发生频谱混叠。因此，当 $|\omega|<\pi$ 且 $|\Omega|<\dfrac{\pi}{T_s}$ 时，数字滤波器与模拟滤波器频率特性之间的关系为

$$H(\mathrm{e}^{\mathrm{j}\omega}) = \frac{1}{T_s}H_a(\mathrm{j}\Omega) = \frac{1}{T_s}H_a\left(\mathrm{j}\frac{\omega}{T_s}\right) \tag{9-12}$$

式（9-12）说明冲激响应不变法设计出的数字滤波器可以很好地重现模拟滤波器的频率特性。但是，其幅度与采样时间 T_s 有关。由于要满足采样定理的要求，采样时间 T_s 一般取得较小，这样使得所设计出的数字滤波器具有较高的增益。为了避免上述现象，可以对 $T_s h_a(t)$ 进行采样，这样数字滤波器可以被修正为

$$H(z) = \sum_{p=1}^{N} \frac{T_s A_p}{1 - \mathrm{e}^{s_p T_s}z^{-1}} \tag{9-13}$$

从而保证所设计的数字滤波器与模拟滤波器的幅频特性一致。

【例 9-1】 用冲激响应不变法将模拟滤波器的系统函数 $H_a(s) = \dfrac{3s}{2s^2 + 3s + 1}$ 转换为数字滤波器对应的系统函数 $H(z)$，其中采样时间 $T_s = 0.1\mathrm{s}$。

解   首先，可以求出模拟滤波器系统函数的极点为 $s_1 = -0.5$ 和 $s_2 = -1$。将 $H_a(s)$ 进行部分分式展开，得

$$H_a(s) = \frac{-1.5}{s+0.5} + \frac{3}{s+1}$$

其次，利用冲激响应不变法，得

$$\begin{aligned}
H(z) &= \frac{-1.5T_s}{1-\mathrm{e}^{-\frac{1}{2}T_s}z^{-1}} + \frac{3T_s}{1-\mathrm{e}^{-T_s}z^{-1}} \\
&= \frac{-0.15}{1-\mathrm{e}^{-0.05}z^{-1}} + \frac{0.3}{1-\mathrm{e}^{-0.1}z^{-1}} \\
&= \frac{0.3 - 0.29928z^{-1}}{2 - 3.7121z^{-1} + 1.7214z^{-2}} \\
&= \frac{0.3z^2 - 0.29928z}{2z^2 - 3.7121z + 1.7214}
\end{aligned}$$

从［例 9-1］结果可以看出，模拟滤波器只有一个零点，而数字滤波器却出现了两个零点。这说明冲激响应不变法不能保证模拟滤波器与数字滤波器零点之间的对应关系，只能保证它们极点之间的对应关系。

［例 9-1］中模拟滤波器和对应的数字滤波器的幅频特性如图 9-7 所示。当模拟角频率

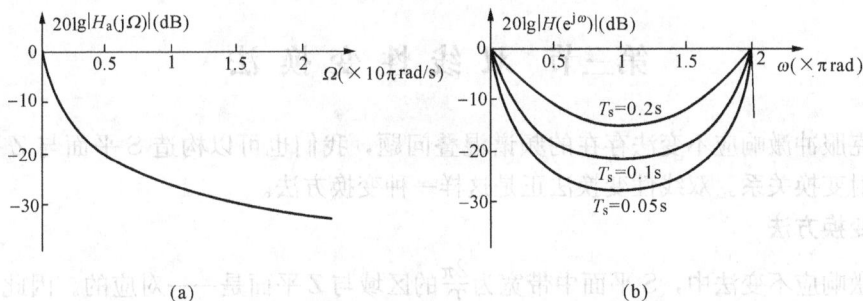

图 9-7　冲激响应不变法中模拟滤波器和数字滤波器的幅频特性
（a）模拟滤波器的幅频特性；（b）不同采样时间对应的数字滤波器的幅频特性

$\Omega=5\pi\text{rad/s}$ 时，模拟滤波器的幅度为 -20.4dB；而对应的数字滤波器的数字角频率为 $\omega=\Omega T_s=0.5\pi\text{rad}$，其幅度为 -18.8dB。这表明在冲激响应不变法中出现了频谱混叠现象。

分别选择采样时间 $T_s=0.05\text{s}$ 和 $T_s=0.2\text{s}$，重复上述变换过程。此时，两种情况对应的数字滤波器的幅频特性如图 9-7（b）所示。对应于模拟角频率 $\Omega=5\pi\text{rad/s}$ 的数字角频率分别为 $\omega=0.25\pi\text{rad}$ 和 $\omega=\pi\text{rad}$，其对应的幅度分别为 -19.8dB 和 -15.3dB。可以看出，与模拟滤波器幅频特性相比，当采样时间 $T_s=0.05\text{s}$ 时，在冲激响应不变法中发生的频谱混叠较小；而当采样时间 $T_s=0.2\text{s}$ 时，在冲激响应不变法中发生的频谱混叠现象严重。因此，减小采样时间即提高采样频率可以抑制频谱混叠的发生。

【例 9-2】用冲激响应不变法将［例 3-2］所设计的低通模拟滤波器的系统函数 $H_a(s)$ 变换为数字滤波器的系统函数 $H(z)$，其中采样时间 $T_s=10^{-5}\text{s}$。

解　由［例 3-2］知，低通模拟滤波器的系统函数 $H_a(s)$ 为

$$H_a(s)=\frac{4.506\times10^{19}}{s^4+2.14\times10^5 s^3+2.292\times10^{10}s^2+1.437\times10^{15}s+4.506\times10^{19}}$$

经过计算，对应的四个极点分别为

$$s_1=-31396+j75713,\ s_2=-31396-j75713$$
$$s_3=-75604+j31483,\ s_4=-75604-j31483$$

进行部分分式展开，上述四个极点对应的系数分别为

$$A_1=-37885+j15772,\ A_2=-37885-j15772$$
$$A_3=37885-j91128,\ A_4=37885+j91128$$

因此，低通模拟滤波器的系统函数 $H_a(s)$ 可表示为如下部分分式形式，即

$$H_a(s)=\sum_{p=1}^4\frac{A_p}{s-s_p}$$

利用冲激响应不变法，低通数字滤波器的系统函数 $H(z)$ 为

$$H(z)=\sum_{p=1}^4\frac{T_s A_p}{1-e^{s_p T_s}z^{-1}}$$
$$=\frac{0.0101+0.0404z^{-1}+0.0606z^{-2}+0.0404z^{-3}+0.0101z^{-4}}{1-1.9883z^{-1}+1.7620z^{-2}+0.739z^{-3}+0.1233z^{-4}}$$
$$=\frac{0.0101z^4+0.0404z^3+0.0606z^2+0.0404z+0.0101}{z^4-1.9883z^3+1.7620z^2+0.739z+0.1233}$$

第三节　双 线 性 变 换 法

为了克服冲激响应不变法存在的频谱混叠问题，我们也可以构造 S 平面与 Z 平面之间的单值映射变换关系。双线性变换法正是这样一种变换方法。

一、变换方法

在冲激响应不变法中，S 平面中带宽为 $\frac{2\pi}{T_s}$ 的区域与 Z 平面是一一对应的。因此，为了实现 S 平面与 Z 平面的单值映射，首先，应将整个 S 平面单值映射到 S_1 平面中带宽为 $\frac{2\pi}{T_s}$ 的区域，其次，再将 S_1 平面中带宽为 $\frac{2\pi}{T_s}$ 的区域单值映射到 Z 平面上。这样，通过两次映射，就可以建立 S 平面与 Z 平面之间的一一对应关系。

首先，将 S 平面的整个模拟角频率 Ω 映射到 S_1 平面的模拟角频率 Ω_1 的 $\left[-\frac{\pi}{T_s}, \frac{\pi}{T_s}\right]$ 区域。可以采用正切关系来表示它们之间的变换关系，即

$$\Omega = \frac{2}{T_s}\tan\left(\frac{T_s\Omega_1}{2}\right) = \frac{-2j}{T_s}\frac{1-e^{-jT_s\Omega_1}}{1+e^{-jT_s\Omega_1}}$$

将上式写为

$$j\Omega = \frac{2}{T_s}\frac{1-e^{-jT_s\Omega_1}}{1+e^{-jT_s\Omega_1}} \tag{9-14}$$

将模拟角频率进行复频率拓广，有

$$s = \frac{2}{T_s}\frac{1-e^{-T_s s_1}}{1+e^{-T_s s_1}} \tag{9-15}$$

其次，再利用 S_1 平面与 Z 平面之间的变换关系，即 $z=e^{s_1 T_s}$，得

$$s = \frac{2}{T_s}\frac{1-z^{-1}}{1+z^{-1}} = \frac{2}{T_s}\frac{z-1}{z+1} \tag{9-16}$$

或者写成 Z 平面与 S 平面的对应关系，即

$$z = \frac{\frac{2}{T_s}+s}{\frac{2}{T_s}-s} \tag{9-17}$$

这样就得到了 Z 平面与 S 平面之间的单值映射公式。式（9-16）或式（9-17）称为双线性变换，又称为线性分式变换。只要知道模拟滤波器的系统函数 $H_a(s)$，就可以通过上述变换公式得到数字滤波器的系统函数 $H(z)$，即

$$H(z) = H_a(s)\Big|_{s=\frac{2}{T_s}\frac{z-1}{z+1}} \tag{9-18}$$

二、S 平面与 Z 平面的对应关系

设 $s=\sigma+j\Omega$，$z=re^{j\omega}$。由式（9-17），得

$$z = \frac{\frac{2}{T_s}+\sigma+j\Omega}{\frac{2}{T_s}-\sigma-j\Omega} = re^{j\omega} \tag{9-19}$$

因此，有

$$r = |z| = \left| \frac{\frac{2}{T_s} + \sigma + j\Omega}{\frac{2}{T_s} - \sigma - j\Omega} \right| = \sqrt{\frac{\left(\frac{2}{T_s} + \sigma \right)^2 + \Omega^2}{\left(\frac{2}{T_s} - \sigma \right)^2 + \Omega^2}} \quad (9\text{-}20)$$

对于 S 平面上的左半平面，即 $\sigma < 0$，有 $r < 1$，因此，S 平面上的左半平面对应于 Z 平面上单位圆的内部区域。所以，式（9-16）或式（9-17）可以将一个稳定的模拟系统变换为一个稳定的数字系统。

对于 S 平面上的右半平面，即 $\sigma > 0$，有 $r > 1$。因此，S 平面上的右半平面对应于 Z 平面上单位圆的外部区域。这表明如果模拟系统是不稳定的，通过式（9-16）或式（9-17）变换得到的数字系统也是不稳定的。

对于 S 平面上的虚轴，即 $\sigma = 0$，有 $r = 1$。因此，S 平面上的虚轴与 Z 平面上的单位圆相对应。此时，式（9-19）为

$$z = \frac{\frac{2}{T_s} + j\Omega}{\frac{2}{T_s} - j\Omega} = e^{j2\arctan\frac{\Omega T_s}{2}} = r e^{j\omega} \quad (9\text{-}21)$$

由式（9-21），得模拟角频率与数字角频率之间的变换关系为

$$\omega = 2\arctan\frac{\Omega T_s}{2} \quad (9\text{-}22)$$

或者表示为

$$\Omega = \frac{2}{T_s}\tan\frac{\omega}{2} \quad (9\text{-}23)$$

也就是说，当模拟角频率 Ω 从 $-\infty$ 到 $+\infty$ 变化时，数字角频率 ω 从 $-\pi$ 变化到 π，变换曲线如图 9-8 所示。可以看出，数字角频率和模拟角频率之间不是线性关系，而是非线性关系。当 $\Omega > 0$ 时，$\omega > 0$，即 S 平面的正半虚轴与 Z 平面单位圆的上半周一一对应；当 $\Omega < 0$ 时，$\omega < 0$，即 S 平面的负半虚轴与 Z 平面单位圆的下半周一一对应。同样，S 平面的左半平面的上半部分与 Z 平面的单位圆内部的上半部分一一对应；S 平面的左半平面的下半部分与 Z 平面的单位圆内部的下半部分一一对应。图 9-9 给出了双线性变换法中 S 平面与 Z 平面的映射关系。

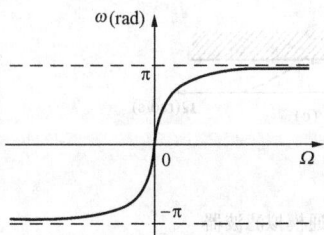

图 9-8 双线性变换法中模拟角频率与数字角频率变换曲线

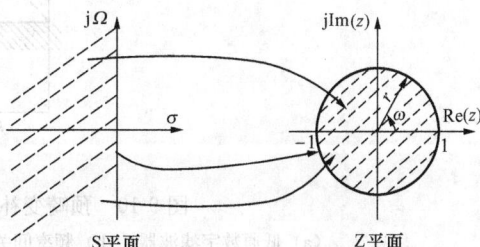

图 9-9 双线性变换法中 S 平面与 Z 平面的映射关系

三、预畸变补偿

通过以上分析可以看出，虽然双线性变换法可以保证 S 平面与 Z 平面的映射是一一对应的，克服了冲激响应不变法中产生的频谱混叠问题。但是，由于式（9-22）或式（9-23）给出的 ω 与 Ω 之间的变换关系是非线性的，从而造成数字滤波器与模拟滤波器之间频率变换的失真问题。也就是说，如果模拟角频率 Ω 的刻度是均匀的，那么通过双线性变换法后所得到的数字角频率 ω 的刻度将是不均匀的。这样，如果模拟滤波器的频率特性具有片状常数特性，则变换到 Z 平面后的数字滤波器仍具有片状常数特性，但是在片状常数特性的频率转换点上发生了畸变。因此，对于一般的片状常数特性滤波器，例如低通、高通、带阻、带通等滤波器，只要截止频率映射正确，就可以在一定程度上补偿双线性变换法中的非线性失真。

为了补偿数字角频率 ω 与模拟角频率 Ω 之间的非线性失真，保证频率转折点的频率位置正确，可以采用设计指标预畸变的方法，即首先将数字滤波器的设计指标通过式（9-23）预校正为模拟滤波器的设计指标，然后针对该指标设计模拟滤波器，再通过式（9-18）将其变换为数字滤波器的系统函数。

对于图 9-10（a）所示的低通数字滤波器，设通带截止频率为 ω_p，阻带截止频率为 ω_s。通过预畸变可得到模拟滤波器的通带截止频率

$$\Omega_p = \frac{2}{T_s}\tan\left(\frac{\omega_p}{2}\right)$$

和阻带截止频率

$$\Omega_s = \frac{2}{T_s}\tan\left(\frac{\omega_s}{2}\right)$$

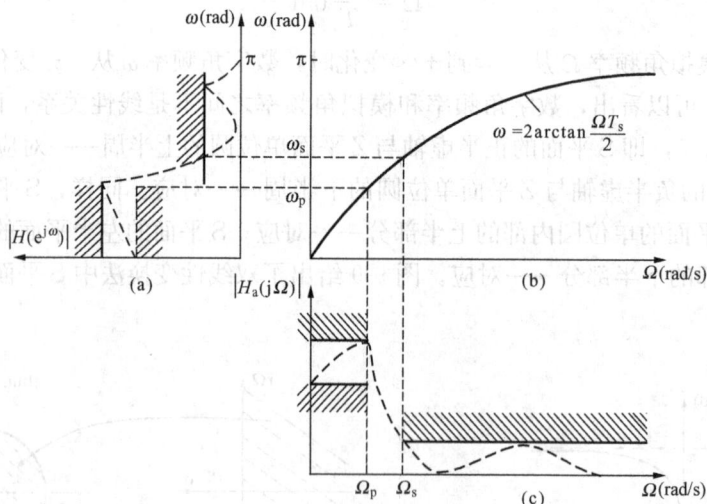

图 9-10　预畸变补偿方法及原理
（a）低通数字滤波器；（b）频率间关系曲线；（c）低通模拟滤波器

这样，就可以获得对应的模拟滤波器的设计指标，如图 9-10（c）所示。当完成模拟滤波器设计后再通过双线性变换法就可以获得满足图 9-10（a）设计指标的数字滤波器。由于两次频率变换过程相反，通带和阻带的截止频率不会发生频率失真，从而保证所设计的数字滤波

器满足设计要求。

【例 9-3】用双线性变换法将模拟滤波器的系统函数 $H_a(s) = \dfrac{3s}{2s^2 + 3s + 1}$ 变换为数字滤波器的系统函数 $H(z)$，其中采样时间为 $T_s = 0.1\text{s}$。

解　由式（9-18），得

$$H(z) = H_a(s) \Big|_{s = \frac{2}{T_s} \frac{1-z^{-1}}{1+z^{-1}}}$$

$$= \frac{3 \dfrac{2}{T_s} \dfrac{1-z^{-1}}{1+z^{-1}}}{2\left(\dfrac{2}{T_s} \dfrac{1-z^{-1}}{1+z^{-1}}\right)^2 + 3 \dfrac{2}{T_s} \dfrac{1-z^{-1}}{1+z^{-1}} + 1}$$

$$= \frac{6T_s - 6T_s z^{-2}}{(8 + 6T_s + T_s^2) + (-16 + 2T_s^2)z^{-1} + (T_s^2 - 6T_s + 8)z^{-2}}$$

$$= \frac{0.6 - 0.6z^{-2}}{8.61 - 15.98z^{-1} + 7.39z^{-2}}$$

$$= \frac{0.6z^2 - 0.6}{8.61z^2 - 15.98z + 7.39}$$

该数字滤波器的幅频特性如图 9-11 所示。在图 9-11 中，还给出了采样时间分别为 $T_s = 0.05\text{s}$ 和 $T_s = 0.2\text{s}$ 时对应的双线性变换法的结果。可以看出，与图 9-7 所示的冲激响应不变法设计的数字滤波器的幅频特性相比，没有出现频谱混叠现象。但是，数字滤波器与模拟滤波器的幅频特性没有线性的对应关系。

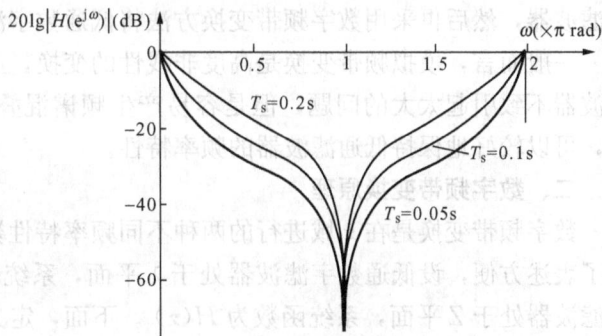

图 9-11　采用双线性变换法得到的
数字滤波器的幅频特性

四、冲激响应不变法与双线性变换法的比较

前面已经介绍了从模拟滤波器到数字滤波器的两种变换关系，即冲激响应不变法和双线性变换法。采取哪种设计方法，应视具体情况而定。下面就上述两种变换方法的优缺点进行简单的比较。

在冲激响应不变法中，数字角频率与模拟角频率之间呈线性关系。这样，所设计的数字滤波器能够很好地保持模拟滤波器原型的频率特性。但是，由于 S 平面与 Z 平面之间的变换不是一一对应的，从模拟滤波器到数字滤波器的变换会发生频谱混叠。因此，冲激响应不变法一般主要应用于低通滤波器的设计或将模拟滤波器的频率范围限定在 $|\Omega| \leqslant \dfrac{\pi}{T_s}$ 的数字滤波器的设计。

在双线性变换法中，S 平面与 Z 平面之间存在一一对应关系，从而克服了冲激响应不变法产生的频谱混叠现象；但是，由于数字角频率与模拟角频率之间不是线性关系，因此，在变换过程中会发生频率失真。通过采用预畸变补偿方法，可以对具有片状常数频率特性的滤波器进行校正，从而，可以近似地得到满足设计要求的数字滤波器。

双线性变换法与冲激响应不变法相比，计算过程简单、易于实现，在实际中应用较为广泛，但是，双线性变换法不能保证模拟滤波器的单位冲激响应特性。如果希望保证模拟滤波器的单位冲激响应特性，还是应该应用冲激响应不变法。

第四节　数字频带变换

前面讨论的 IIR 数字滤波器的设计方法，主要是针对低通数字滤波器的。如果要设计高通、带通和带阻等选频滤波器，一般应首先设计一个满足要求的低通模拟滤波器，然后再采用频带变换方法，获得最终所要求的选频数字滤波器。

一、频带变换

频带变换是将一个低通滤波器变换为低通、高通、带通和带阻等选频滤波器的方法。一般有如下两种方法可以将低通模拟滤波器变换为其他选频数字滤波器。

第一种方法是采用第三章第四节中所讲的模拟频带变换方法。首先，将低通模拟滤波器变换为所要求的选频模拟滤波器，然后再采用冲激响应不变法或双线性变换法将选频模拟滤波器变换为选频数字滤波器。

第二种方法是首先采用冲激响应不变法或双线性变换法将低通模拟滤波器变换为低通数字滤波器，然后再采用数字频带变换方法将低通数字滤波器变换为选频数字滤波器。

一般而言，模拟频带变换是高度非线性的变换，虽然对于具有片状常数频率特性的模拟滤波器不致引起太大的问题，但是容易产生频谱混叠现象；而数字频带变换属于全通型变换，可以较好地保持低通滤波器的频率特性。

二、数字频带变换原理

数字频带变换是在 z 域进行的两种不同频率特性数字滤波器之间频率特性的变换过程。为了表述方便，设低通数字滤波器处于 λ 平面，系统函数为 $H_L(\lambda)$，频带变换后的选频数字滤波器处于 Z 平面，系统函数为 $H(z)$。下面，定义 Z 平面到 λ 平面的映射关系为

$$\lambda^{-1} = G(z^{-1}) \tag{9-24}$$

或

$$z^{-1} = G^{-1}(\lambda^{-1}) \tag{9-25}$$

这样，数字频带变换可以表示为

$$H(z) = H_L(\lambda) \Big|_{\lambda^{-1} = G(z^{-1})} \tag{9-26}$$

因此，要获得数字频带变换，就必须首先确定 Z 平面和 λ 平面之间的映射关系式（9-24）。

为了保证将一个物理可实现的低通数字滤波器变换成为一个也是物理可实现的选频数字滤波器，对数字频带变换式（9-24）要求如下：第一，G 应该是 z^{-1} 的有理函数；第二，λ 平面单位圆内的极点应该变换到 Z 平面单位圆内；第三，G 应满足一定的选频特性。

设 λ 平面上的数字角频率为 θ，单位圆为 $e^{j\theta}$；Z 平面上的数字角频率为 ω，单位圆为 $e^{j\omega}$。这样，两个平面上的单位圆必须是一一对应的。所以，有

$$e^{-j\theta} = G(e^{-j\omega}) \tag{9-27}$$

显然，满足式（9-27）要求的 $G(e^{-j\omega})$ 的幅值必须为 1，即

$$\mid G(\mathrm{e}^{-j\omega})\mid =1$$

因此，映射关系 G 应是一个全通函数。这样，G 可表示为

$$G(z^{-1})=\pm \prod_{i=1}^{M}\frac{z^{-1}-\alpha_i}{1-\alpha_i z^{-1}} \tag{9-28}$$

式中：$\mid \alpha_i \mid <1$，且 α_i 为待定系数。从式（9-28）可以看出，α_i 是函数 G 的极点，而 $\frac{1}{\alpha_i}$ 是其零点。

通过对式（9-28）中 M 取不同数值的情况进行分析，可得到不同频率特性数字滤波器之间的变换关系。为了简便，将数字频带变换的不同形式分别表示于图 9-12～图 9-15 中。

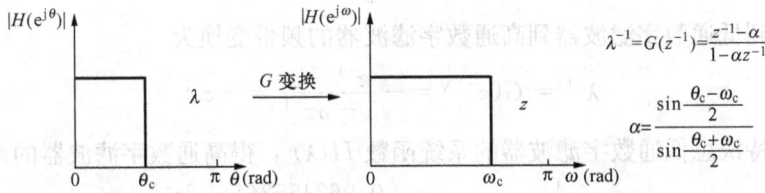

图 9-12　低通数字滤波器到低通数字滤波器的变换

$$\lambda^{-1}=G(z^{-1})=\frac{z^{-1}-\alpha}{1-\alpha z^{-1}}$$

$$\alpha=\frac{\sin\dfrac{\theta_c-\omega_c}{2}}{\sin\dfrac{\theta_c+\omega_c}{2}}$$

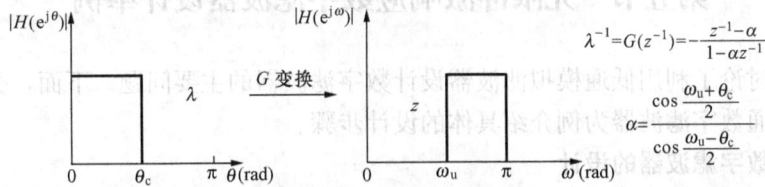

图 9-13　低通数字滤波器到高通数字滤波器的变换

$$\lambda^{-1}=G(z^{-1})=-\frac{z^{-1}-\alpha}{1-\alpha z^{-1}}$$

$$\alpha=\frac{\cos\dfrac{\omega_u+\theta_c}{2}}{\cos\dfrac{\omega_u-\theta_c}{2}}$$

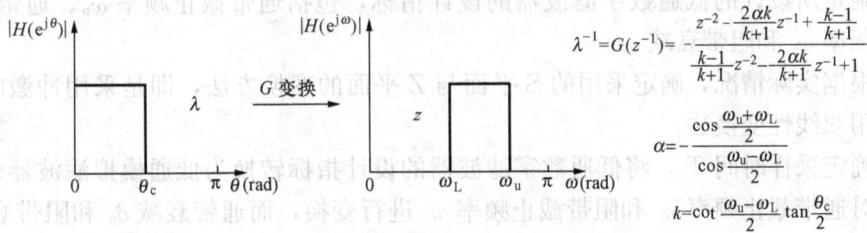

图 9-14　低通数字滤波器到带通数字滤波器的变换

$$\lambda^{-1}=G(z^{-1})=\frac{z^{-2}-\dfrac{2\alpha k}{k+1}z^{-1}+\dfrac{k-1}{k+1}}{\dfrac{k-1}{k+1}z^{-2}-\dfrac{2\alpha k}{k+1}z^{-1}+1}$$

$$\alpha=-\frac{\cos\dfrac{\omega_u+\omega_L}{2}}{\cos\dfrac{\omega_u-\omega_L}{2}}$$

$$k=\cot\frac{\omega_u-\omega_L}{2}\tan\frac{\theta_c}{2}$$

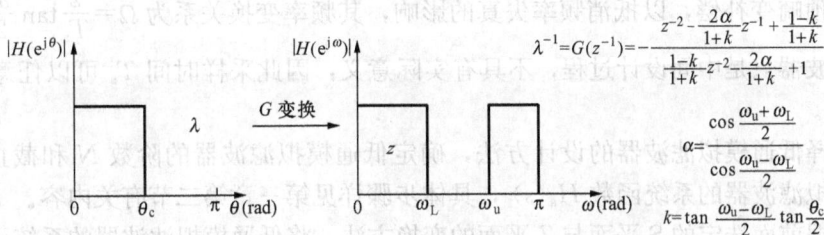

图 9-15　低通数字滤波器到带阻数字滤波器的变换

$$\lambda^{-1}=G(z^{-1})=-\frac{z^{-2}-\dfrac{2\alpha}{1+k}z^{-1}+\dfrac{1-k}{1+k}}{\dfrac{1-k}{1+k}z^{-2}-\dfrac{2\alpha}{1+k}z^{-1}+1}$$

$$\alpha=\frac{\cos\dfrac{\omega_u+\omega_L}{2}}{\cos\dfrac{\omega_u-\omega_L}{2}}$$

$$k=\tan\frac{\omega_u-\omega_L}{2}\tan\frac{\theta_c}{2}$$

【例 9-4】 设低通模拟滤波器通带截止角频率 $\Omega_c=314\mathrm{rad/s}$，$T_s=2\mathrm{ms}$。用冲激响应不变法设计的巴特沃思低通数字滤波器系统函数为 $H(\lambda)=-\dfrac{0.0674553(1+2\lambda^{-1}+\lambda^{-2})}{1-1.14298\lambda^{-1}+0.412802\lambda^{-2}}$。试求截止角频率 $\omega_u=2.512\mathrm{rad}$ 的高通数字滤波器的系统函数。

解　首先，求冲激响应不变法设计的巴特沃思低通数字滤波器的通带截止角频率为

$$\theta_c=\Omega_c T_s=0.628(\mathrm{rad})$$

由图 9-13 得

$$\alpha=\frac{\cos\dfrac{\omega_u+\theta_c}{2}}{\cos\dfrac{\omega_u-\theta_c}{2}}=0$$

所以，可以得到低通数字滤波器到高通数字滤波器的频带变换为

$$\lambda^{-1}=G(z^{-1})=-\frac{z^{-1}-\alpha}{1-\alpha z^{-1}}=-z^{-1}$$

将上式代入巴特沃思低通数字滤波器的系统函数 $H(\lambda)$，得高通数字滤波器的系统函数为

$$H(z)=H(\lambda)\Big|_{\lambda^{-1}=-z^{-1}}=-\frac{0.0674553(1-2z^{-1}+z^{-2})}{1+1.14298z^{-1}+0.412802z^{-2}}$$

第五节　无限冲激响应数字滤波器设计举例

前面详细讨论了利用低通模拟滤波器设计数字滤波器的主要问题。下面，分别以低通数字滤波器和高通数字滤波器为例介绍具体的设计步骤。

一、低通数字滤波器的设计

低通数字滤波器的设计是 IIR 数字滤波器设计的基础，依据 IIR 数字滤波器的设计思想，其设计步骤总结如下。

(1) 确定所设计的低通数字滤波器的设计指标，包括通带截止频率 ω_p、通带衰减 δ_p、阻带截止频率 ω_s 和阻带衰减 δ_s。

(2) 根据实际情况，确定采用的 S 平面与 Z 平面的变换方法，即是采用冲激响应不变法还是采用双线性变换法。

(3) 确定采样时间 T_s，将低通数字滤波器的设计指标转换为低通模拟滤波器的技术指标。一般对通带截止频率 ω_p 和阻带截止频率 ω_s 进行变换，而通带衰减 δ_p 和阻带衰减 δ_s 保持不变。如果采用冲激响应不变法，其频率变换关系为 $\Omega=\dfrac{\omega}{T_s}$；如果采用双线性变换法，应注意进行预畸变补偿，以抵消频率失真的影响，其频率变换关系为 $\Omega=\dfrac{2}{T_s}\tan\dfrac{\omega}{2}$。由于此时的模拟滤波器只是中间设计过程，不具有实际意义，因此采样时间 T_s 可以任意选取，通常设 $T_s=1\mathrm{s}$。

(4) 选择低通模拟滤波器的设计方法，确定低通模拟滤波器的阶数 N 和截止频率 Ω_c，得到低通模拟滤波器的系统函数 $H_a(s)$，具体步骤详见第三章第二节有关内容。

(5) 根据前面选定的 S 平面与 Z 平面的变换方法，将低通模拟滤波器的系统函数 $H_a(s)$ 变换为低通数字滤波器的系统函数 $H(z)$。

（6）判断所得到的低通数字滤波器的频率特性是否满足设计要求。

（7）如果满足设计要求，则采用具体的 IIR 滤波器的数字网络结构实现此滤波器，完成设计任务；否则，增加滤波器阶数或采用其他设计方法重新进行设计，直至满足设计要求为止。

IIR 低通数字滤波器的主要设计步骤如图 9-16 所示。

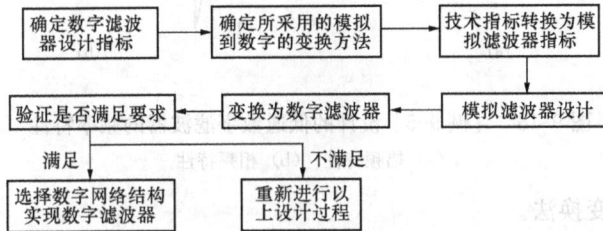

图 9-16　IIR 低通数字滤波器的主要设计步骤

【例 9-5】 低通数字滤波器的频率特性如图 9-17 所示。试采用冲激响应不变法和双线性变换法分别设计满足要求的数字滤波器。

解　（1）采用冲激响应不变法。

从图 9-17 可知，低通数字滤波器的设计指标为

$$\delta_p = 20\lg |H(e^{j\omega_p})| = -1\text{dB},$$

$$\omega_p = 0.2\pi\text{rad}$$

$$\delta_s = 20\lg |H(e^{j\omega_s})| = -15\text{dB},$$

$$\omega_s = 0.4\pi\text{rad}$$

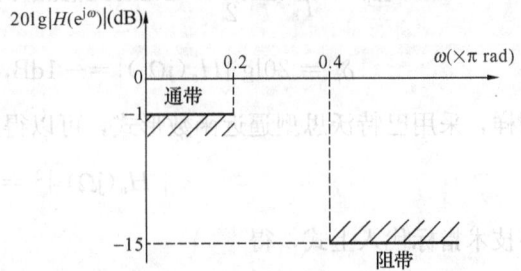

图 9-17　低通数字滤波器的性能指标

选取采样时间 $T_s = 10^{-5}$s。这样，低通模拟滤波器的技术指标为

$$\Omega_p = \frac{\omega_p}{T_s} = 2\pi \times 10^4 \text{rad/s}, \Omega_s = \frac{\omega_s}{T_s} = 4\pi \times 10^4 \text{rad/s}$$

$$\delta_p = 20\lg |H_a(j\Omega_p)| = -1\text{dB}, \delta_s = 20\lg |H_a(j\Omega_s)| = -15\text{dB}$$

与第三章［例 3-2］比较可以看出，本例题所要求的模拟滤波器的设计指标与第三章［例 3-2］是一致的。因此，采用巴特沃思型逼近函数形式，即低通模拟滤波器为巴特沃思型时，其截止频率为 $\Omega_c = 8.1932 \times 10^4 \text{rad/s}$，阶数 $N = 4$，系统函数 $H_a(s)$ 为

$$H_a(s) = \frac{4.506 \times 10^{19}}{s^4 + 2.14 \times 10^5 s^3 + 2.292 \times 10^{10} s^2 + 1.437 \times 10^{15} s + 4.506 \times 10^{19}}$$

采用冲激响应不变法将 $H_a(s)$ 变换为 $H(z)$，得

$$H(z) = \frac{0.0101 + 0.0404z^{-1} + 0.0606z^{-2} + 0.0404z^{-3} + 0.0101z^{-4}}{1 - 1.9883z^{-1} + 1.7620z^{-2} + 0.739z^{-3} + 0.1233z^{-4}}$$

将 $z = e^{j\omega}$ 代入上式，得到所设计的低通数字滤波器的幅频特性和相频特性如图 9-18 所示。可以看出，所设计的 4 阶低通数字滤波器满足要求的设计指标。

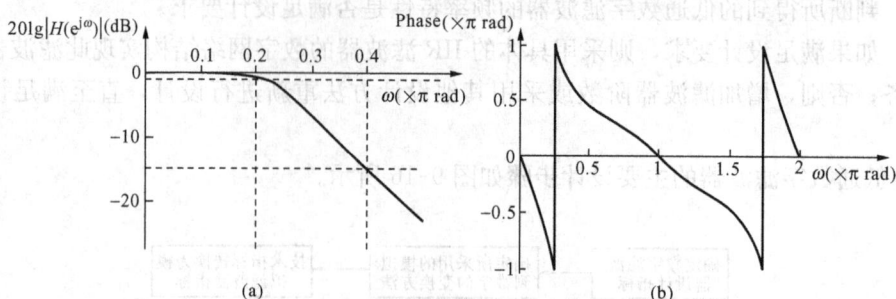

图 9-18　[例 9-5] 设计的低通数字滤波器的频率特性
(a) 幅频特性; (b) 相频特性

（2）采用双线性变换法。

为了设计方便，设采样时间 $T_s = 1s$。利用双线性变换法中的频率关系，将数字设计指标预畸变为模拟设计指标，得

$$\Omega_p = \frac{2}{T_s} \tan \frac{\omega_p}{2} = 2\tan 0.1\pi \, \text{rad/s}, \Omega_s = \frac{2}{T_s} \tan \frac{\omega_s}{2} = 2\tan 0.2\pi \, \text{rad/s}$$

$$\delta_p = 20\lg |H_a(j\Omega_p)| = -1\text{dB}, \delta_s = 20\lg |H_a(j\Omega_s)| = -15\text{dB}$$

同样，采用巴特沃思型逼近函数形式，可以得到低通模拟滤波器的幅度平方函数

$$|H_a(j\Omega)|^2 = \frac{1}{1 + (\Omega/\Omega_c)^{2N}}$$

将技术指标代入上式，得

$$\begin{cases} 1 + (\Omega_p/\Omega_c)^{2N} = 10^{0.1} \\ 1 + (\Omega_s/\Omega_c)^{2N} = 10^{1.5} \end{cases}$$

可求得 $N = 2.9656$，取整数，得 $N = 3$。此时，$\Omega_c = 0.8215\text{rad/s}$。因此，可以确定出 S 平面上左半平面的 3 个极点为

$$s_p = \Omega_c e^{j\pi \frac{N+2p-1}{2N}} = 0.8215 e^{j\pi \frac{2+2p}{6}} \quad (p = 1,2,3)$$

系统函数为

$$H_a(s) = \prod_{p=1}^{N} \frac{\Omega_c}{s - s_p} = \frac{0.5544}{s^3 + 1.643s^2 + 1.3498s + 0.5544}$$

利用双线性变换法，将上式 $H_a(s)$ 变换为低通数字滤波器的系统函数 $H(z)$，得

$$H(z) = H_a(s) \Big|_{s = \frac{2}{T_s} \frac{z-1}{z+1}} = \frac{0.0311 + 0.0933z^{-1} + 0.0933z^{-2} + 0.0311z^{-3}}{1 - 1.4703z^{-1} + 0.9195z^{-2} - 0.2004z^{-3}}$$

图 9-19 给出了所设计的低通数字滤波器的幅频特性和相频特性。可以看出，所设计的 3 阶低通数字滤波器恰好满足要求的设计指标。如果需要采用 4 阶低通模拟滤波器，即取 $N = 4$ 时，此时，截止频率为 $\Omega_c = 0.9474\text{rad/s}$。重复上述设计过程，得 4 阶低通模拟滤波器的系统函数为

(a)　　　　　　　　　　　　　　　　(b)

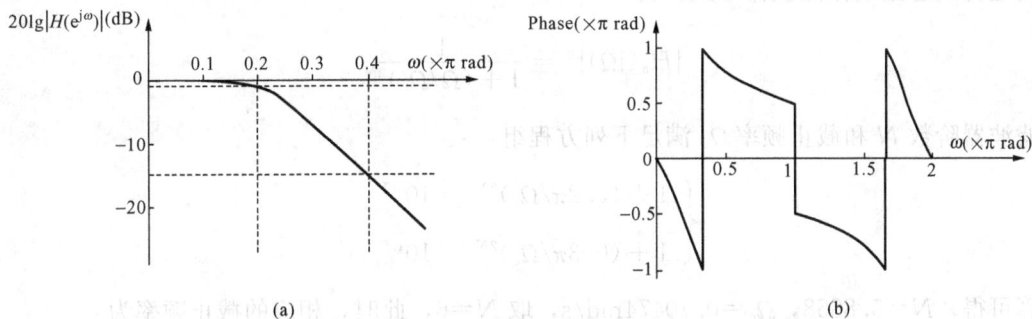

图 9-19　　［例 9-5］设计的 3 阶低通数字滤波器的频率特性

(a) 幅频特性；(b) 相频特性

$$H_a(s) = \frac{0.8056}{s^4 + 2.4757s^3 + 3.0645s^2 + 2.2221s + 0.8056}$$

相应的低通数字滤波器的系统函数为

$$H(z) = \frac{0.0151 + 0.0604z^{-1} + 0.0907z^{-2} + 0.0604z^{-3} + 0.0151z^{-4}}{1 - 1.7163z^{-1} + 1.4315z^{-2} - 0.5637z^{-3} + 0.0903z^{-4}}$$

其幅频特性和相频特性如图 9-20 所示，可以看出，它完全满足要求的设计指标。

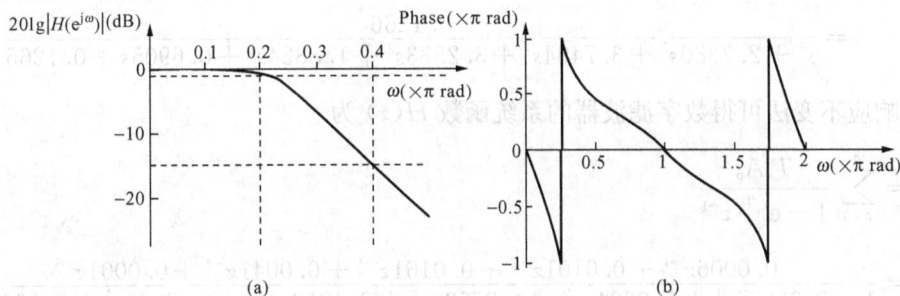

(a)　　　　　　　　　　　　　　　　(b)

图 9-20　　［例 9-5］设计的 4 阶低通数字滤波器的频率特性

(a) 幅频特性；(b) 相频特性

【例 9-6】 若［例 9-5］中的低通数字滤波器的阻带截止频率为 $\omega_s = 0.3\pi\mathrm{rad}$，其他参数不变。试分别采用冲激响应不变法和双线性变换法设计该低通数字滤波器。

解　设计指标为

$$\delta_p = 20\lg |H(e^{j\omega_p})| = -1\mathrm{dB}, \omega_p = 0.2\pi\mathrm{rad}$$

$$\delta_s = 20\lg |H(e^{j\omega_s})| = -15\mathrm{dB}, \omega_s = 0.3\pi\mathrm{rad}$$

(1) 冲激响应不变法。

此时，取采样时间 $T_s = 1\mathrm{s}$。这样，低通模拟滤波器的技术指标为

$$\Omega_p = \frac{\omega_p}{T_s} = 0.2\pi \ \mathrm{rad/s}, \Omega_s = \frac{\omega_s}{T_s} = 0.3\pi \ \mathrm{rad/s}$$

$$\delta_p = 20\lg |H_a(j\Omega_p)| = -1\mathrm{dB}, \quad \delta_s = 20\lg |H_a(j\Omega_s)| = -15\mathrm{dB}$$

采用巴特沃思型模拟滤波器形式，得

$$|H_a(j\Omega)|^2 = \frac{1}{1+(\Omega/\Omega_c)^{2N}}$$

该滤波器阶数 N 和截止频率 Ω_c 满足下列方程组

$$\begin{cases} 1+(0.2\pi/\Omega_c)^{2N} = 10^{0.1} \\ 1+(0.3\pi/\Omega_c)^{2N} = 10^{1.5} \end{cases}$$

计算可得，$N=5.8858$，$\Omega_c=0.70474\text{rad/s}$，取 $N=6$，此时，相应的截止频率为

$$\Omega_c = 0.7032\text{rad/s}$$

可以确定出 S 平面上左半平面的 6 个极点 s_p 为

$$s_p = \Omega_c e^{j\pi\frac{N+2p-1}{2N}} = 0.7032 e^{j\pi\frac{5+2p}{12}} \quad (p=1,2,\cdots,6)$$

即

$$s_{1,6}=-0.182\pm j0.6792, s_{2,5}=-0.4972\pm j0.4972, s_{3,4}=0.6792\pm j0.182$$

因此，模拟滤波器的系统函数 $H_a(s)$ 为

$$H_a(s)=\prod_{p=1}^{6}\frac{\Omega_c}{s-s_p}=\sum_{p=1}^{6}\frac{A_p}{s-s_p}$$

$$=\frac{0.1266}{s^6+2.7380s^5+3.7484s^4+3.2533s^3+1.8824s^2+0.6905s+0.1266}$$

采用冲激响应不变法可得数字滤波器的系统函数 $H(z)$ 为

$$H(z)=\sum_{p=1}^{6}\frac{T_sA_p}{1-e^{s_pT_s}z^{-1}}$$

$$=\frac{0.0006z^{-1}+0.0101z^{-2}+0.0161z^{-3}+0.0041z^{-4}+0.0001z^{-5}}{1-3.3635z^{-1}+5.0684z^{-2}-4.2759z^{-3}+2.1066z^{-4}-0.5706z^{-5}+0.0661z^{-6}}$$

为了验证 $H(z)$ 是否满足设计指标，将 $z=e^{j\omega}$ 代入上式，得所设计的低通数字滤波器的幅频特性和相频特性如图 9-21 所示。可以看出，所设计的低通数字滤波器是满足设计要求的。

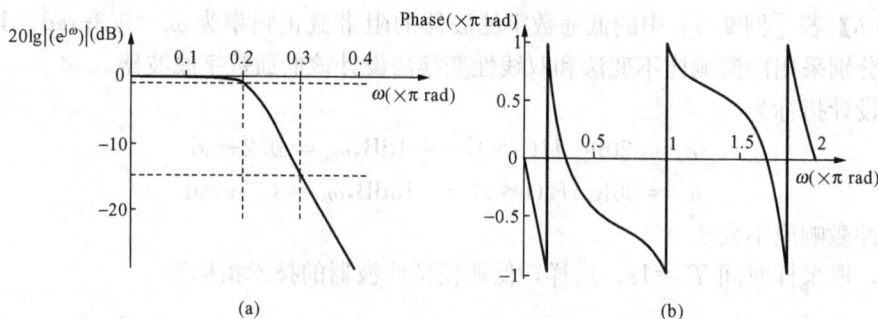

图 9-21　[例 9-6] 设计的 6 阶低通数字滤波器的频率特性
(a) 幅频特性；(b) 相频特性

根据上面设计的数字滤波器的系统函数，可以采用直接Ⅰ型或直接Ⅱ型结构实现该数字滤波器。若将该系统函数改写为如下形式，即

$$H(z) = \frac{0.2871 - 0.4466z^{-1}}{1 - 1.2971z^{-1} + 0.6949z^{-2}}$$
$$+ \frac{-2.1428 + 1.1454z^{-1}}{1 - 1.0691z^{-1} + 0.3699z^{-2}}$$
$$+ \frac{1.8558 - 0.6304z^{-1}}{1 - 0.9972z^{-1} + 0.2570z^{-2}}$$

则可以采用并联型结构实现该数字滤波器，其信号流图如图 9-22 所示。

与［例 9-5］冲激响应不变法中的采样时间比较，可以知道，在已知数字指标的情况下，选取不同的采样时间是不会影响设计过程和结果的。

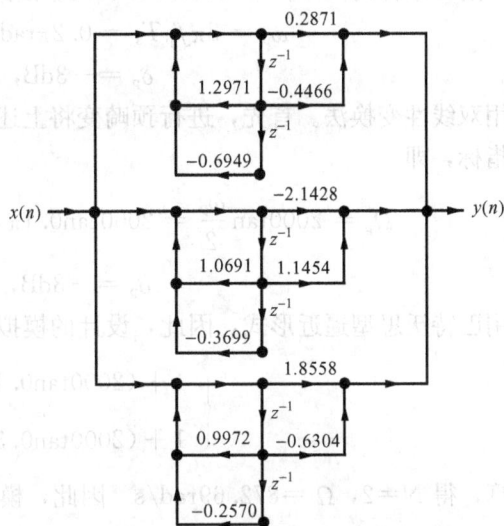

图 9-22　［例 9-6］设计滤波器的并联结构信号流图

(2) 双线性变换法。

取采样时间 $T_s = 1s$。这样，低通模拟滤波器的技术指标为

$$\Omega_p = \frac{2}{T_s} \tan \frac{\omega_p}{2} = 2\tan 0.1\pi \text{rad/s}$$

$$\Omega_s = \frac{2}{T_s} \tan \frac{\omega_s}{2} = 2\tan 0.15\pi \text{rad/s}$$

$$\delta_p = 20\lg |H_a(j\Omega_p)| = -1\text{dB}, \quad \delta_s = 20\lg |H_a(j\Omega_s)| = -15\text{dB}$$

得到模拟滤波器为

$$H_a(s) = \frac{0.147995}{(s^2 + 0.37648s + 0.52895)(s^2 + 1.02850s + 0.52895)(s^2 + 1.40501s + 0.52895)}$$

设计得到的数字滤波器可表示为

$$H(z) = \frac{0.08338(1 + z^{-1})^2}{1 - 1.31432z^{-1} + 0.71489z^{-2}} \cdot \frac{0.08338(1 + z^{-1})^2}{1 - 1.05410z^{-1} + 0.37534z^{-2}}$$
$$\cdot \frac{0.08338(1 + z^{-1})^2}{1 - 0.94592z^{-1} + 0.23422z^{-2}}$$

可以采用级联形式实现该滤波器。具体实现结构和程序详见第十一章。

将本例题与［例 9-5］的结果进行对比，可以看出，如果过渡带变窄，数字滤波器的阶数将提高。因此，减小过渡带的频带宽度，将会增加数字滤波器的阶数，也将使滤波器的结构更加复杂。

【例 9-7】采用双线性变换法设计一个低通数字滤波器，其技术指标为：通带截止频率 $f_p = 100\text{Hz}$，阻带截止频率 $f_s = 300\text{Hz}$，通带衰减系数 $\delta_p = -3\text{dB}$，阻带衰减系数 $\delta_s = -20\text{dB}$，采样频率为 1000Hz。

解 采样时间 $T_s = 1/1000 = 0.001\text{s}$。因此，数字滤波器的设计指标为

$$\omega_p = 2\pi f_p T_s = 0.2\pi\text{rad}, \omega_s = 2\pi f_s T_s = 0.6\pi\text{rad}$$

$$\delta_p = -3\text{dB}, \quad \delta_s = -20\text{dB}$$

采用双线性变换法。首先，进行预畸变将上述数字滤波器的设计指标变换为模拟滤波器的设计指标，即

$$\Omega_p = 2000\tan\frac{\omega_p}{2} = 2000\tan 0.1\pi, \Omega_s = 2000\tan\frac{\omega_s}{2} = 2000\tan 0.3\pi$$

$$\delta_p = -3\text{dB}, \quad \delta_s = -20\text{dB}$$

采用巴特沃思型逼近形式，因此，设计的模拟低通滤波器应满足

$$\begin{cases} 1 + (2000\tan 0.1\pi/\Omega_c)^{2N} = 10^{0.3} \\ 1 + (2000\tan 0.3\pi/\Omega_c)^{2N} = 10^2 \end{cases}$$

计算，得 $N=2$，$\Omega_c = 872.69\text{rad/s}$。因此，模拟滤波器的系统函数为

$$H_a(s) = \prod_{p=1}^{2}\frac{\Omega_c}{s-s_p} = \frac{761590}{s^2 + 123.42s + 761590}$$

其次，采用双线性变换法，得数字滤波器的系统函数 $H(z)$ 为

$$H(z) = \frac{0.1053 + 0.2107z^{-1} + 0.1053z^{-2}}{1 - 0.8958z^{-1} + 0.3172z^{-2}}$$

所设计的低通数字滤波器频率特性如图 9-23 所示。可以看出，所设计的低通数字滤波器满足设计指标。该滤波器刚好是一个二阶结构形式，非常容易实现。

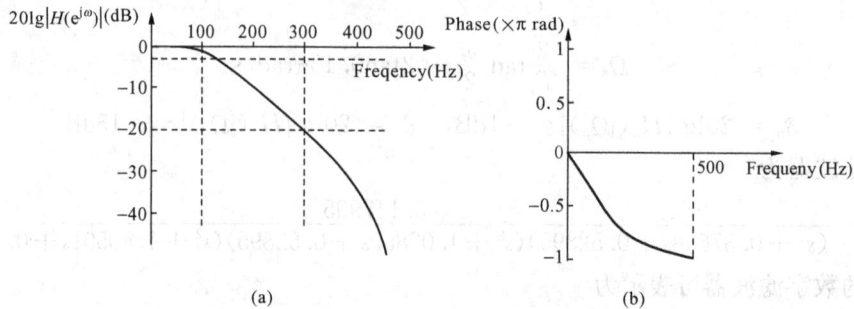

图 9-23 二阶低通数字滤波器的频率特性

(a) 幅频特性；(b) 相频特性

二、高通、带通和带阻数字滤波器的设计

对于高通、带通和带阻数字滤波器的设计，首先设计满足设计指标的低通数字滤波器，然后再采用数字频带变换方法得到所需要的选频数字滤波器。主要设计步骤如图 9-24 所示。

【例 9-8】 设计一个高通数字滤波器，其通带截止频率 $\omega_p = 0.8\pi\text{rad}$，通带衰减 $\delta_p = -3\text{dB}$，阻带截止频率为 $\omega_s = 0.44\pi\text{rad}$，阻带衰减 $\delta_s = -15\text{dB}$。

解 所设计的数字高通滤波器的技术指标为

$$\delta_p = 20\lg|H(e^{j\omega_p})| = -3\text{dB}, \omega_p = 0.8\pi\text{rad}$$

$$\delta_s = 20\lg|H(e^{j\omega_s})| = -15\text{dB}, \omega_s = 0.44\pi\text{rad}$$

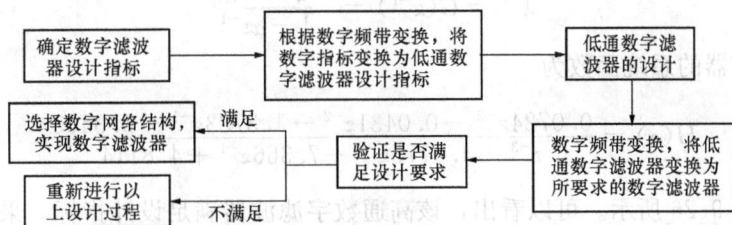

图 9-24　高通、带通和带阻数字滤波器的设计步骤

此时，高通数字滤波器的截止频率为 $\omega_u = \omega_p = 0.8\pi\text{rad}$。为了计算方便，设低通数字滤波器的截止频率为 $\theta_c = 1\text{rad}$。低通数字滤波器到高通数字滤波器的频带变换中的系数为

$$\alpha = \frac{\cos\dfrac{\omega_u + \theta_c}{2}}{\cos\dfrac{\theta_c - \omega_u}{2}} = -0.2541$$

这样，低通数字滤波器的技术指标为

$$\delta_p = 20\lg|H(e^{j\theta_p})| = -3\text{dB}, \theta_p = 1\text{rad}$$

$$\delta_s = 20\lg|H(e^{j\theta_s})| = -15\text{dB}, \theta_s = -2\arctan\frac{(\alpha-1)(\cos\omega_s+1)}{(1+\alpha)\sin\omega_s} = 2.2271\text{rad}$$

采用冲激响应不变法设计，设采样时间间隔 $T_s = 1\text{s}$，则低通模拟滤波器的设计指标为

$$\delta_p = 20\lg|H_a(j\Omega_p)| = -3\text{dB}, \Omega_p = 1\text{rad/s}$$

$$\delta_s = 20\lg|H_a(j\Omega_s)| = -15\text{dB}, \Omega_s = 2.2271\text{rad/s}$$

采用巴特沃思型逼近形式，得低通模拟滤波器的阶数 $N=3$，$\Omega_c = 1.2591\text{rad/s}$。系统函数为

$$H_a(s) = \frac{1.9961}{s^3 + 2.5182s^2 + 3.1707s + 1.9961}$$

采用冲激响应不变法，得低通数字滤波器的系统函数为

$$H(\lambda) = \frac{0.3909\lambda^{-1} + 0.1719\lambda^{-2}}{1 - 0.7764\lambda^{-1} + 0.4237\lambda^{-2} - 0.0806\lambda^{-3}}$$

其频率特性如图 9-25 所示。可以看出，所设计的低通数字滤波器满足设计指标。

利用低通数字滤波器到高通数字滤波器的频带变换公式，即

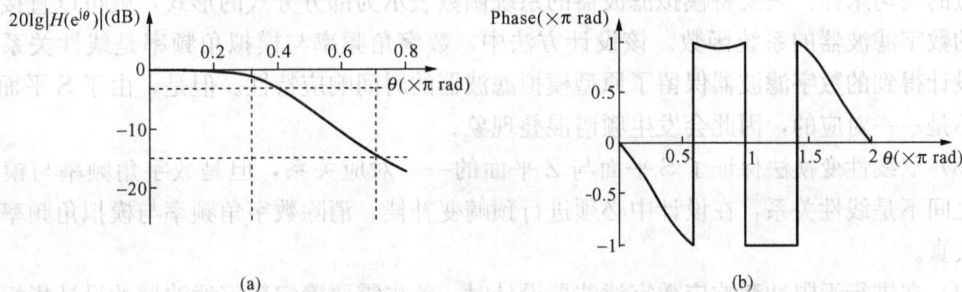

图 9-25　低通数字滤波器的频率特性
（a）幅频特性；（b）相频特性

$$\lambda^{-1} = G(z^{-1}) = -\frac{z^{-1} - \alpha}{1 - \alpha z^{-1}}$$

得高通数字滤波器的系统函数为

$$H(z) = \frac{0.0724z^{-3} - 0.0431z^{-2} - 1.3783z^{-1} - 0.3463}{z^{-3} + 4.4775z^{-2} + 7.366z^{-1} + 4.8114}$$

其频率特性如图 9-26 所示。可以看出，该高通数字滤波器满足设计指标。采用直接 I 型和直接 II 型结构可以实现该高通数字滤波器。当然，也可以按级联型或并联型结构进行实现。

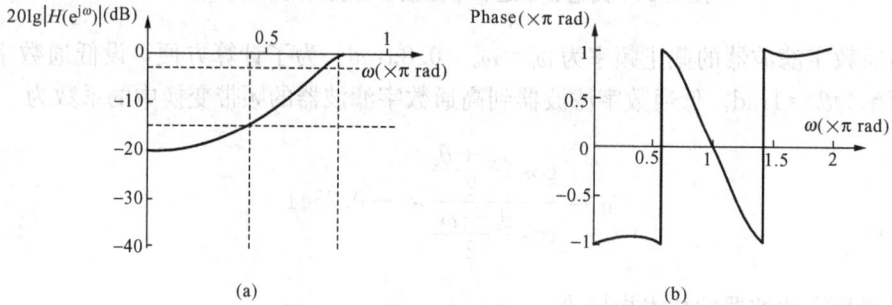

图 9-26　高通数字滤波器的频率特性
(a) 幅频特性；(b) 相频特性

IIR 数字滤波器除了可以借助于模拟滤波器的设计方法进行设计外，还有直接设计方法和计算机优化设计方法。对此本书不做讨论，有兴趣的读者可参考有关文献。

本章要点回顾与基本要求

(1) 本章重点介绍了无限冲激响应数字滤波器的设计方法。由于无限冲激响应数字滤波器的系统函数与模拟滤波器的系统函数在形式上具有相似性，因此可以在低通模拟滤波器的基础上设计获得数字滤波器。其中，最重要的环节是低通数字滤波器到模拟滤波器的变换方法。该变换有两个基本要求：S 平面的左半平面应与 Z 平面的单位圆内部对应，S 平面的虚轴应与 Z 平面的单位圆对应。常用的变换方法包括冲激响应不变法和双线性变换法。

(2) 冲激响应不变法的核心是将数字滤波器的单位采样响应看为对模拟滤波器的单位冲激响应的均匀采样。只要将模拟滤波器的系统函数表示为部分分式的形式，就可以直接得到相应的数字滤波器的系统函数。该设计方法中，数字角频率与模拟角频率是线性关系，这样，设计得到的数字滤波器保留了原型模拟滤波器的时间响应特性。但是，由于 S 平面与 Z 平面不是一一对应的，因此会发生频谱混叠现象。

(3) 双线性变换法保证了 S 平面与 Z 平面的一一对应关系，但是数字角频率与模拟角频率之间不是线性关系，在设计中必须进行预畸变补偿，消除数字角频率与模拟角频率的非线性失真。

(4) 在进行无限冲激响应数字滤波器设计时，首先需要确定数字滤波器的设计指标，其次确定设计方法，然后将数字滤波器的设计指标转化为低通模拟滤波器的设计指标，并进行低通模拟滤波器的设计，最后再将设计出的低通模拟滤波器变换为数字滤波器。如果是设计高通、带通、带阻等数字滤波器，需要采用数字频带变换。设计完成后，还需要进行验证，检验是否满足设计要求。

（5）本章基本要求：①了解无限冲激响应滤波器的设计思想；②掌握冲激响应不变法的设计过程，了解频谱混叠的影响；③熟悉双线性变换法的设计过程，了解预畸变补偿的作用；④了解数字频带变换的要求。

习 题 九

9-1 用冲激响应不变法将下面的模拟滤波器变换为数字滤波器。

（1）$H_a(s) = \dfrac{A}{(s-s_0)^2}$；

（2）$H_a(s) = \dfrac{A}{(s-s_0)^m}$，$m$ 为任意正整数。

9-2 用双线性变换法将下面的模拟滤波器变换为数字滤波器，设采样频率为 10Hz。

（1）$H_a(s) = \dfrac{1}{s^2+s+1}$；

（2）$H_a(s) = \dfrac{3s+1}{2s^2+3s+1}$。

9-3 设计一个巴特沃思型低通数字滤波器，其通带截止频率为 $0.2\pi\text{rad}$，通带最大衰减系数为 1dB，阻带截止频率为 $0.5\pi\text{rad}$，阻带最小衰减系数为 30dB。试用冲激响应不变法设计该数字滤波器，并画出具体实现结构。

9-4 低通数字滤波器的技术指标如图 9-27 所示，分别采用冲激响应不变法和双线性变换法设计一个满足要求的切比雪夫型滤波器。

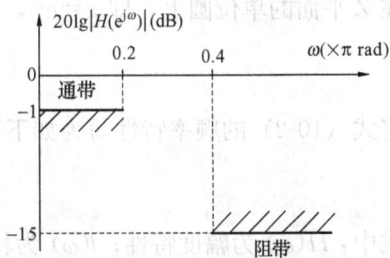

9-5 设计一个高通数字滤波器，其技术指标为 $\omega_p = 0.4\pi\text{rad}$，$\omega_s = 0.3\pi\text{rad}$，$\delta_p = -3\text{dB}$ 和 $\delta_s = -35\text{dB}$。

9-6 采用双线性变换法设计一个 IIR 低通数字滤波器，其技术指标为通带频率范围 0～200Hz，通带最大衰减 3dB，阻带起始频率 400Hz，阻带最小衰减 15dB，采样频率 8000Hz。

9-7 设计一个 IIR 低通数字滤波器，其技术指标为通带频率范围 0～600Hz，通带最大衰减 1dB，阻带起始频率 800Hz，阻带最小衰减 30dB。

9-8 用冲激响应不变法和双线性变换法分别设计一个 6 阶低通数字滤波器，其技术指标为截止频率 $f_c = 3500\text{Hz}$，采样频率 10000Hz。

9-9 设计一个带通数字滤波器，其技术指标为通带范围 $0.4\pi \sim 0.5\pi\text{rad}$，通带最大衰减 0.5dB，阻带范围 $0 \sim 0.3\pi\text{rad}$ 和 $0.6\pi \sim \pi\text{rad}$，阻带最小衰减 50dB。

图 9-27 习题 9-4 图

第十章 有限冲激响应数字滤波器设计

本章首先讨论了线性相位 FIR 数字滤波器的条件和性质，然后对 FIR 数字滤波器的窗函数法和频率采样法进行了详细讨论，并通过设计实例给出了一般的设计步骤，同时介绍了零点设计法，最后对 FIR 数字滤波器与 IIR 数字滤波器进行了比较。

第一节 线性相位有限冲激响应数字滤波器的条件和性质

在第九章中看到，IIR 数字滤波器的相频特性较差，而 FIR 数字滤波器除了可以满足一定要求的幅频特性外，还可以保证严格的线性相位特性，且不存在稳定性问题。因此，FIR 数字滤波器日益引起人们的关注，并广泛应用于实际中。

设 FIR 数字滤波器的单位采样响应 $h(n)$ 的长度为 N，其系统函数 $H(z)$ 为

$$H(z) = \sum_{n=0}^{N-1} h(n) z^{-n} \tag{10-1}$$

在 Z 平面的单位圆上，即 $z = e^{j\omega}$，可以得到 FIR 数字滤波器的频率特性为

$$H(e^{j\omega}) = \sum_{n=0}^{N-1} h(n) e^{-j\omega n} \tag{10-2}$$

将式（10-2）的频率特性写为如下形式，即

$$H(e^{j\omega}) = H(\omega) e^{j\theta(\omega)} \tag{10-3}$$

式中：$H(\omega)$ 为幅度特性；$\theta(\omega)$ 为相位特性。

需要说明的是，式（10-3）中定义的幅度特性 $H(\omega)$ 和相位特性 $\theta(\omega)$ 与第五章式（5-70）中定义的幅频特性 $|H(e^{j\omega})|$ 和相频特性 $\varphi(\omega)$ 略有不同。此时，$H(\omega)$ 既可以取正值，也可以取负值，并非幅频特性 $|H(e^{j\omega})|$ 只能取正值。

如果 FIR 数字滤波器的相位特性 $\theta(\omega)$ 与数字角频率 ω 呈现如下线性关系，即

$$\theta(\omega) = -\tau\omega \tag{10-4}$$

式中 τ 为与数字角频率 ω 无关的常数，则称 FIR 数字滤波器满足严格线性相位关系或称为第一类线性相位关系。

设离散时间序列 $x(n)$ 的频率特性为 $X(e^{j\omega}) = X(\omega) e^{j\alpha(\omega)}$，将序列 $x(n)$ 输入到幅度特性为 1 的具有严格线性相位的数字滤波器中，则输出序列的频率特性为

$$Y(e^{j\omega}) = H(e^{j\omega}) X(e^{j\omega}) = e^{-j\tau\omega} X(\omega) e^{j\alpha(\omega)} = X(\omega) e^{j\alpha(\omega) - j\tau\omega}$$

进行序列傅里叶反变换（也可以利用 Z 变换的位移性质），得

$$y(n) = x(n-\tau)$$

即输出序列是对输入序列进行时间延迟后得到的，其序列样值没有失真。可见，上述滤波器实现了序列的无失真传输。这也正是线性相位数字滤波器的最大优点。

除式（10-4）外，FIR 数字滤波器的相位特性还可能具有如下关系，即

$$\theta(\omega) = \theta_0 - \tau\omega \tag{10-5}$$

式中 θ_0 是初始相位且与数字角频率 ω 无关。显然，式（10-5）不是严格线性相位关系。我们称式（10-5）为线性相位关系或称为第二类线性相位关系。

一、线性相位特性的条件

由式（10-2），FIR 数字滤波器的频率特性可表示为

$$H(e^{j\omega}) = \sum_{n=0}^{N-1} h(n)\cos(\omega n) - j\sum_{n=0}^{N-1} h(n)\sin(\omega n) \tag{10-6}$$

因此，FIR 数字滤波器的相位特性为

$$\theta(\omega) = \arctan \frac{-\sum\limits_{n=0}^{N-1} h(n)\sin(\omega n)}{\sum\limits_{n=0}^{N-1} h(n)\cos(\omega n)} \tag{10-7}$$

当 FIR 数字滤波器具有严格线性相位时，将式（10-4）代入，得

$$\tan(\tau\omega) = \frac{\sin(\tau\omega)}{\cos(\tau\omega)} = \frac{\sum\limits_{n=0}^{N-1} h(n)\sin(\omega n)}{\sum\limits_{n=0}^{N-1} h(n)\cos(\omega n)} \tag{10-8}$$

将式（10-8）展开，得

$$\sum_{n=0}^{N-1} h(n)\cos(\omega n)\sin(\tau\omega) - \sum_{n=0}^{N-1} h(n)\sin(\omega n)\cos(\tau\omega) = 0 \tag{10-9}$$

进一步整理，得

$$\sum_{n=0}^{N-1} h(n)\sin[(\tau-n)\omega] = 0 \tag{10-10}$$

利用数学归纳法可以获得式（10-10）成立的条件，也是 FIR 数字滤波器具有严格线性相位特性时，其单位采样响应 $h(n)$ 满足的条件

$$\begin{cases} h(n) = h(N-1-n) \\ \tau = (N-1)/2, \qquad 0 \leqslant n \leqslant N-1 \end{cases} \tag{10-11}$$

式（10-11）表明，当 FIR 数字滤波器具有严格线性相位特性时，其单位采样响应 $h(n)$ 应该关于 $(N-1)/2$ 偶对称。图 10-1 分别给出了 N 取奇数和偶数时 $h(n)$ 的波形。

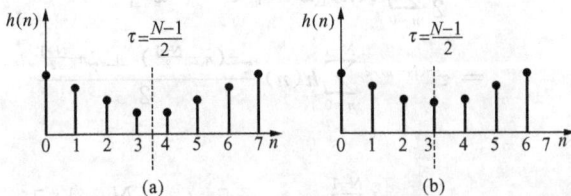

图 10-1 严格线性相位特性时 FIR 数字滤波器的单位采样响应

(a) N 为偶数；(b) N 为奇数

当 FIR 数字滤波器具有线性相位特性时，将式（10-5）代入式(10-7)，得

$$\tan(\theta_0 - \tau\omega) = \frac{\sin(\theta_0 - \tau\omega)}{\cos(\theta_0 - \tau\omega)} = \frac{-\sum_{n=0}^{N-1} h(n)\sin(\omega n)}{\sum_{n=0}^{N-1} h(n)\cos(\omega n)} \tag{10-12}$$

化简，得

$$\sum_{n=0}^{N-1} h(n)\sin[\theta_0 - (\tau-n)\omega] = 0 \tag{10-13}$$

利用数学归纳法，式（10-13）成立的条件为

$$\begin{cases} h(n) = -h(N-1-n) \\ \tau = (N-1)/2 \\ \theta_0 = +\pi/2 \text{ 或 } -\pi/2 \end{cases} \quad ,0 \leqslant n \leqslant N-1 \tag{10-14}$$

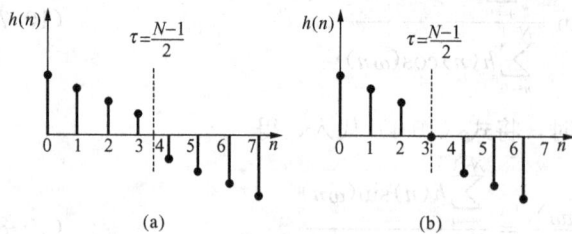

图 10-2　线性相位特性时 FIR 数字滤波器的单位采样响应

(a) N 为偶数；(b) N 为奇数

所以，当 FIR 数字滤波器具有线性相位特性时，其单位采样响应 $h(n)$ 应该关于 $\frac{N-1}{2}$ 奇对称。图 10-2 分别给出了 N 取奇数和偶数时 $h(n)$ 的波形。

二、线性相位特性的基本性质

下面，分别对两种情况进行讨论。

1. 严格线性相位情况

由式（10-11）可知在严格线性相位情况下，FIR 数字滤波器的单位采样响应 $h(n)$ 关于 $\frac{N-1}{2}$ 偶对称。因此，FIR 数字滤波器的系统函数可以写为

$$H(z) = \sum_{n=0}^{N-1} h(n)z^{-n} = \sum_{n=0}^{N-1} h(N-1-n)z^{-n} \tag{10-15}$$

设 $m = N-1-n$，代入式（10-15），得

$$H(z) = \sum_{m=0}^{N-1} h(m)z^{m-N+1} = z^{-(N-1)}\sum_{m=0}^{N-1} h(m)z^{m} = z^{-(N-1)}H(z^{-1}) \tag{10-16}$$

这样，系统函数 $H(z)$ 可以表示为

$$\begin{aligned} H(z) &= \frac{1}{2}\left[H(z) + z^{-(N-1)}H(z^{-1})\right] \\ &= \frac{1}{2}\sum_{n=0}^{N-1} h(n)\left[z^{-n} + z^{-(N-1)}z^{n}\right] \\ &= z^{-(N-1)/2}\sum_{n=0}^{N-1} h(n)\frac{z^{-(n-\frac{N-1}{2})} + z^{n-\frac{N-1}{2}}}{2} \end{aligned} \tag{10-17}$$

因此，其频率特性为

$$H(e^{j\omega}) = e^{-j\omega\frac{N-1}{2}}\sum_{n=0}^{N-1} h(n)\cos\left[\omega\left(n - \frac{N-1}{2}\right)\right] \tag{10-18}$$

于是，FIR 数字滤波器的相位特性为

$$\theta(\omega) = -\frac{N-1}{2}\omega \tag{10-19}$$

这也同时证明了当 FIR 数字滤波器的单位采样响应 $h(n)$ 关于 $\frac{N-1}{2}$ 偶对称时，其相位特性确实具有严格线性相位特性，如图 10-3（a）所示。进一步，由式（10-18）得其幅度特性为

$$H(\omega) = \sum_{n=0}^{N-1} h(n)\cos\left[\omega\left(n - \frac{N-1}{2}\right)\right] \tag{10-20}$$

当 N 为奇数时，将式（10-20）展开并再次利用单位采样响应 $h(n)$ 偶对称的特点，得

$$\begin{aligned}
H(\omega) &= \sum_{n=0}^{(N-1)/2-1} h(n)\cos\left[\omega\left(n - \frac{N-1}{2}\right)\right] + h\left(\frac{N-1}{2}\right) \\
&\quad + \sum_{n=(N-1)/2+1}^{N-1} h(n)\cos\left[\omega\left(n - \frac{N-1}{2}\right)\right] \\
&= \sum_{n=0}^{(N-1)/2-1} 2h(n)\cos\left[\omega\left(n - \frac{N-1}{2}\right)\right] + h\left(\frac{N-1}{2}\right) \\
&= \sum_{m=1}^{(N-1)/2} 2h\left(\frac{N-1}{2} - m\right)\cos(m\omega) + h\left(\frac{N-1}{2}\right)
\end{aligned}$$

定义一个新的序列 $a(n)$，即

$$a(n) = \begin{cases} h\left(\dfrac{N-1}{2}\right) & n=0 \\[2mm] 2h\left(\dfrac{N-1}{2} - n\right) & n = 1,2,\cdots,\dfrac{N-1}{2} \end{cases} \tag{10-21}$$

前式幅度特性可以表示为

$$H(\omega) = \sum_{n=0}^{(N-1)/2} a(n)\cos(n\omega) \tag{10-22}$$

式中由于 $\cos(n\omega)$ 关于 $\omega = \pi$ 偶对称，因此，式（10-22）表明 $H(\omega)$ 关于 $\omega = \pi$ 偶对称，如图10-3（b）所示。

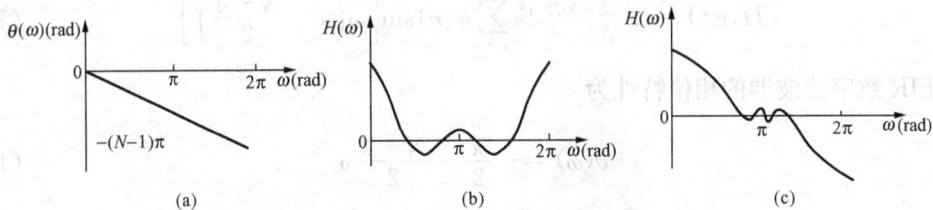

图 10-3 严格线性相位特性时 FIR 数字滤波器的频率特性
（a）相位特性；（b）N 为奇数时的幅度特性；（c）N 为偶数时的幅度特性

当 N 为偶数时，按照同样的推导过程，将式（10-20）展开，得

$$H(\omega) = \sum_{n=0}^{N/2-1} h(n)\cos\left[\omega\left(n - \frac{N-1}{2}\right)\right] + \sum_{n=N/2}^{N-1} h(n)\cos\left[\omega\left(n - \frac{N-1}{2}\right)\right]$$

$$= \sum_{n=0}^{N/2-1} 2h(n)\cos\left[\omega\left(n - \frac{N-1}{2}\right)\right]$$

$$= \sum_{m=1}^{N/2} 2h(N/2-m)\cos\left[\omega\left(m - \frac{1}{2}\right)\right]$$

定义一个新的序列 $b(n)$，即

$$b(n) = 2h(N/2-n) \tag{10-23}$$

前式幅度特性可以表示为

$$H(\omega) = \sum_{n=1}^{N/2} b(n)\cos\left[\omega\left(n - \frac{1}{2}\right)\right] \tag{10-24}$$

式中由于 $\cos[\omega(n-1/2)]$ 关于 $\omega=\pi$ 奇对称，且当 $\omega=\pi$ 时，$H(\omega)=0$。因此，式（10-24）表明 $H(\omega)$ 关于 $\omega=\pi$ 奇对称，且在对称点处的值为零，如图 10-3（c）所示。这说明，在设计高通和带阻数字滤波器时，应避免使长度 N 为偶数且 $h(n)$ 具有偶对称特性。

2. 一般线性相位情况

由式（10-14）可知，具有线性相位特性的 FIR 数字滤波器的单位采样响应 $h(n)$ 关于 $(N-1)/2$ 奇对称，因此，其系统函数可以写为

$$H(z) = \sum_{n=0}^{N-1} h(n)z^{-n} = -\sum_{n=0}^{N-1} h(N-1-n)z^{-n} \tag{10-25}$$

设 $m=N-1-n$，代入式（10-25），得

$$H(z) = -\sum_{m=0}^{N-1} h(m)z^{m-N+1} = -z^{-(N-1)}\sum_{m=0}^{N-1} h(m)z^{m} = -z^{-(N-1)}H(z^{-1}) \tag{10-26}$$

这样，系统函数 $H(z)$ 可以表示为

$$H(z) = \frac{1}{2}\left[H(z) - z^{-(N-1)}H(z^{-1})\right] = z^{-(N-1)/2}\sum_{n=0}^{N-1} h(n)\left[\frac{z^{-\left(n-\frac{N-1}{2}\right)} - z^{n-\frac{N-1}{2}}}{2}\right]$$

$$\tag{10-27}$$

因此，其频率特性为

$$H(e^{j\omega}) = e^{-j\omega(N-1)/2-j\frac{\pi}{2}}\sum_{n=0}^{N-1} h(n)\sin\left[\omega\left(n - \frac{N-1}{2}\right)\right] \tag{10-28}$$

于是，FIR 数字滤波器的相位特性为

$$\theta(\omega) = -\frac{\pi}{2} - \frac{N-1}{2}\omega \tag{10-29}$$

式（10-29）同时证明了当 FIR 数字滤波器的单位采样响应 $h(n)$ 关于 $\frac{N-1}{2}$ 奇对称时，其相位特性具有线性相位特性，如图 10-4（a）所示。

由式（10-28），得其幅度特性为

$$H(\omega) = \sum_{n=0}^{N-1} h(n)\sin\left[\omega\left(n - \frac{N-1}{2}\right)\right] \tag{10-30}$$

当 N 为奇数时，将式（10-30）展开，且利用单位采样响应 $h(n)$ 奇对称特性，得

$$H(\omega) = \sum_{n=0}^{(N-1)/2-1} h(n)\sin\left[\omega\left(n-\frac{N-1}{2}\right)\right] + \sum_{n=(N-1)/2+1}^{N-1} h(n)\sin\left[\omega\left(n-\frac{N-1}{2}\right)\right]$$

$$= \sum_{n=0}^{(N-1)/2-1} 2h(n)\sin\left[\omega\left(n-\frac{N-1}{2}\right)\right]$$

$$= -\sum_{m=1}^{(N-1)/2} 2h\left(\frac{N-1}{2}-m\right)\sin(\omega m)$$

定义一个新的序列 $c(n)$，即

$$c(n) = -2h\left(\frac{N-1}{2}-n\right) \quad \left(n=1,2,\cdots,\frac{N-1}{2}\right) \tag{10-31}$$

因此，滤波器的幅度特性可表示为

$$H(\omega) = \sum_{n=1}^{(N-1)/2} c(n)\sin(n\omega) \tag{10-32}$$

由于 $\sin(n\omega)$ 关于 $\omega=\pi$ 奇对称，而且在 $\omega=0$，π，2π 时，$H(\omega)=0$。所以，式（10-32）表明，$H(\omega)$ 关于 $\omega=\pi$ 奇对称，其特点如图 10-4（b）所示。图中所示特性表明，在设计低通、高通和带阻数字滤波器时，应避免长度 N 为奇数且 $h(n)$ 具有奇对称特性。

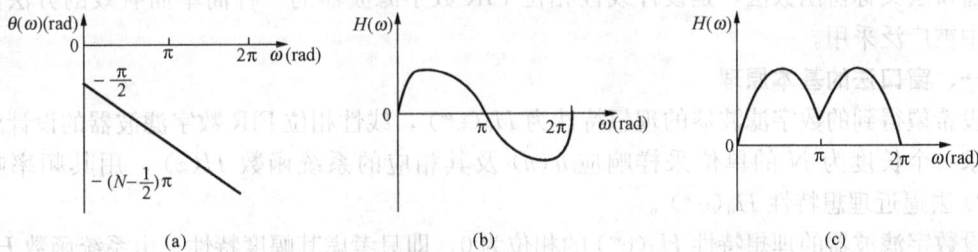

图 10-4 线性相位特性时 FIR 数字滤波器的频率特性
(a) 相位特性；(b) N 为奇数时的幅度特性；(c) N 为偶数时的幅度特性

当 N 为偶数时，按照同样的推导过程，得

$$H(\omega) = \sum_{n=0}^{N/2-1} h(n)\sin\left[\omega\left(n-\frac{N-1}{2}\right)\right] + \sum_{n=\frac{N}{2}}^{N-1} h(n)\sin\left[\omega\left(n-\frac{N-1}{2}\right)\right]$$

$$= \sum_{n=0}^{N/2-1} 2h(n)\sin\left[\omega\left(n-\frac{N-1}{2}\right)\right]$$

$$= -\sum_{m=1}^{N/2} 2h(N/2-m)\sin\left[\omega(m-1/2)\right]$$

定义一个新的序列 $d(n)$，即

$$d(n) = -2h(N/2-n) \quad (n=1,2,\cdots,N/2) \tag{10-33}$$

所以，滤波器的幅度特性可表示为

$$H(\omega) = \sum_{n=1}^{N/2} d(n)\sin\left[\omega(n-1/2)\right] \tag{10-34}$$

由于 $\sin[\omega(n-1/2)]$ 关于 $\omega=\pi$ 偶对称，因此，式（10-34）表明，$H(\omega)$ 关于 $\omega=\pi$ 偶对称，

如图 10-4（c）所示。

3. 线性相位 FIR 数字滤波器的零点特性

对于线性相位 FIR 数字滤波器，由式（10-16）和式（10-26）可知，其系统函数 $H(z)$ 满足

$$H(z) = \pm z^{-(N-1)} H(z^{-1}) \tag{10-35}$$

式（10-35）表明，若 z_s 为 $H(z)$ 的零点，则 z_s^{-1} 也是其零点。又由于我们讨论的 FIR 数字滤波器的单位采样响应 $h(n)$ 为实数序列，因此，若 z_s 为零点，则必定有一个共轭零点与其对应。所以，如果知道了某一个零点，根据上述关系就可以推知其他相应的零点。

综上所述，线性相位 FIR 数字滤波器的相位特性仅取决于其单位采样响应 $h(n)$ 的对称性，而与 $h(n)$ 的具体样值无关；但是，其幅度特性取决于 $h(n)$ 的样值。因此，在设计线性相位 FIR 数字滤波器时，在保证 $h(n)$ 对称性的前提下，只需考虑如何有效地逼近 FIR 数字滤波器的幅度特性即可，这对于 FIR 数字滤波器的设计是非常有利的。

第二节　窗　口　法

窗口法又称窗函数法，是设计线性相位 FIR 数字滤波器的一种简单而有效的方法，在实际中被广泛采用。

一、窗口法的基本原理

设希望得到的数字滤波器的理想特性为 $H_d(e^{j\omega})$，线性相位 FIR 数字滤波器的设计就是要寻求一个长度为 N 的单位采样响应 $h(n)$ 及其相应的系统函数 $H(z)$，用其频率响应 $H(e^{j\omega})$ 去逼近理想特性 $H_d(e^{j\omega})$。

设数字滤波器的理想特性 $H_d(e^{j\omega})$ 的相位为 0，即只考虑其幅度特性。由系统函数 $H(z)$ 的定义，得

$$H_d(e^{j\omega}) = \sum_{n=-\infty}^{+\infty} h_d(n) e^{-j\omega n}$$

式中由于 $H_d(e^{j\omega})$ 是周期为 2π 的实函数，利用傅里叶级数的展开系数公式，得单位采样响应 $h_d(n)$ 为

$$h_d(n) = \frac{1}{2\pi} \int_{-\pi}^{\pi} H_d(e^{j\omega}) e^{j n\omega} d\omega = \frac{1}{2\pi} \int_{-\pi}^{\pi} H_d(\omega) e^{j n\omega} d\omega \quad (-\infty < n < \infty) \tag{10-36}$$

由于 $H_d(e^{j\omega})$ 的幅度特性应是关于 $\omega = 0$ 对称的，因此，序列 $h_d(n)$ 是关于 $n = 0$ 对称的无限长序列。显然，不满足 FIR 数字滤波器的单位采样响应是有限长序列的基本要求。为此，首先将无限长序列 $h_d(n)$ 变为长度为 N 的有限长序列 $h_N(n)$。采取如下序列运算，得

$$h_N(n) = h_d(n) w(n) \tag{10-37}$$

其中，$w(n)$ 是一个长度为 N 且关于 $n = 0$ 偶对称的有限长序列，它的作用相当于通过一个窗口观察无限长序列 $h_d(n)$ 的效果。因此，称 $w(n)$ 为窗函数。由于 $w(n)$ 的对称中心在 $n = 0$ 处，因此，其长度 N 必须为奇数。

获得长度为 N 的有限长序列 $h_N(n)$ 的最简单方法就是将无限长序列 $h_d(n)$ 直接截断，即让窗函数 $w(n)$ 是一个矩形序列，称为矩形窗函数，表示为 $w_R(n)$，其定义如下

$$w_R(n) = \begin{cases} 1, & |n| \leqslant \dfrac{N-1}{2} \\ 0, & \text{其他} \end{cases} \tag{10-38}$$

这样，可以保证截断得到的有限长序列 $h_N(n)$ 仍是关于 $n=0$ 对称的。

对截断的有限长序列 $h_N(n)$ 进行 Z 变换，得系统函数 $H_N(z)$ 为

$$H_N(z) = \sum_{n=-(N-1)/2}^{(N-1)/2} h_N(n) z^{-n} \qquad (10\text{-}39)$$

但是，由于有限长序列 $h_N(n)$ 不是因果序列，因此，所得系统 $H_N(z)$ 也不是因果系统，这是不能通过物理方法来实现的。所以，要获得物理可实现的 FIR 数字滤波器，就必须将非因果序列变为因果序列。其方法就是将有限长序列 $h_N(n)$ 向右延迟 $\dfrac{N-1}{2}$，得因果序列为

$$h(n) = h_N\left(n - \frac{N-1}{2}\right) \qquad (10\text{-}40)$$

显然，式（10-40）中的有限长序列 $h(n)$ 是关于 $(N-1)/2$ 对称的，即满足线性相位 FIR 数字滤波器的要求。这样，就可以用一个线性相位 FIR 数字滤波器去逼近要求设计的数字滤波器的单位采样响应，即

$$h(n) = \frac{1}{2\pi}\int_{-\pi}^{\pi} H_d(\mathrm{e}^{\mathrm{j}\omega})\mathrm{e}^{\mathrm{j}[n-(N-1)/2]\omega}\mathrm{d}\omega \cdot w\left(n - \frac{N-1}{2}\right)(n=0,1,\cdots,N-1) \qquad (10\text{-}41)$$

其系统函数为

$$H(z) = \sum_{n=0}^{N-1} h(n) z^{-n} \qquad (10\text{-}42)$$

上述过程就是窗口法设计线性相位 FIR 数字滤波器的基本思想。从上述讨论过程中可以看出，窗口法主要包含两个方面：一是将对称的无限长序列加窗截断；二是将非因果序列延迟为因果序列。然而，由于采用了窗函数对无限长序列进行截断，必然产生截断误差。因此，所设计的数字滤波器的频率特性 $H(\mathrm{e}^{\mathrm{j}\omega})$ 与所要求的理想特性 $H_d(\mathrm{e}^{\mathrm{j}\omega})$ 之间的逼近程度也会因不同的窗函数而不同。下面，详细讨论不同窗函数对于设计结果的影响。

二、窗函数

1. 矩形窗函数

对式（10-38）中的矩形窗函数 $w_R(n)$ 进行 Z 变换，并求其频率特性为

$$W_R(\mathrm{e}^{\mathrm{j}\omega}) = \sum_{n=-\infty}^{+\infty} w_R(n)\mathrm{e}^{-\mathrm{j}\omega n} = \sum_{n=-(N-1)/2}^{(N-1)/2} \mathrm{e}^{-\mathrm{j}\omega n} = \frac{\sin(N\omega/2)}{\sin(\omega/2)} \qquad (10\text{-}43)$$

所以，矩形窗函数的幅度特性为

$$W_R(\omega) = \frac{\sin(N\omega/2)}{\sin(\omega/2)} \qquad (10\text{-}44)$$

图 10-5（a）给出了 $N=21$ 时矩形窗函数的幅度特性。从图中可以看出，矩形窗函数 $w_R(n)$ 的幅度特性存在较大的波动，在 $\omega=0$ 周围，即 $\omega=-2\pi/N$ 和 $\omega=+2\pi/N$ 之间形成一个主峰，称为主瓣；而且，幅度特性在主瓣两侧呈衰减振荡趋势，并形成了许多小的旁峰，称为旁瓣。

对式（10-37）进行 Z 变换，并利用复卷积定理，得

$$\begin{aligned}
H_N(\mathrm{e}^{\mathrm{j}\omega}) &= \frac{1}{2\pi}\int_{-\pi}^{\pi} H_d(\mathrm{e}^{\mathrm{j}\theta})W_R[\mathrm{e}^{\mathrm{j}(\omega-\theta)}]\mathrm{d}\theta \\
&= \frac{1}{2\pi}\int_{-\pi}^{\pi} H_d(\theta)W_R(\omega-\theta)\mathrm{d}\theta
\end{aligned} \qquad (10\text{-}45)$$

式中：$H_d(\omega)$ 为 $H_d(\mathrm{e}^{\mathrm{j}\omega})$ 的幅度特性。

对于式（10-40），根据 Z 变换的位移性质可知，所设计的线性相位 FIR 数字滤波器的

频率特性满足

$$H(e^{j\omega}) = e^{-j\omega(N-1)/2} H_N(e^{j\omega}) = e^{-j\omega(N-1)/2} H_N(\omega) \qquad (10\text{-}46)$$

由式（10-45），得 $H(e^{j\omega})$ 的幅度特性为

$$H(\omega) = H_N(\omega) = \frac{1}{2\pi} \int_{-\pi}^{\pi} H_d(\theta) W_R(\omega - \theta) d\theta \qquad (10\text{-}47)$$

式（10-47）说明，采用窗函数设计的线性相位 FIR 数字滤波器的幅度特性 $H(\omega)$ 就等于所要求的线性相位 FIR 数字滤波器的幅度特性 $H_d(\omega)$ 与窗函数的幅度特性 $W_R(\omega)$ 的卷积。

为研究施加窗函数后对滤波器幅度特性的影响，考虑如图 10-5（b）所示的线性相位理想低通数字滤波器的幅度特性 $H_d(\omega)$，即

$$H_d(\omega) = \begin{cases} 1, 0 \leqslant |\omega| \leqslant \omega_c \\ 0, \omega_c < |\omega| \leqslant \pi \end{cases} \qquad (10\text{-}48)$$

即通带截止频率为 ω_c，通带幅度为 1，阻带幅度为 0，没有过渡带的理想情况。根据式（10-47）进行频域卷积，得到幅度归一化的滤波器的幅度特性 $H(\omega)$，如图10-5（c）所示。

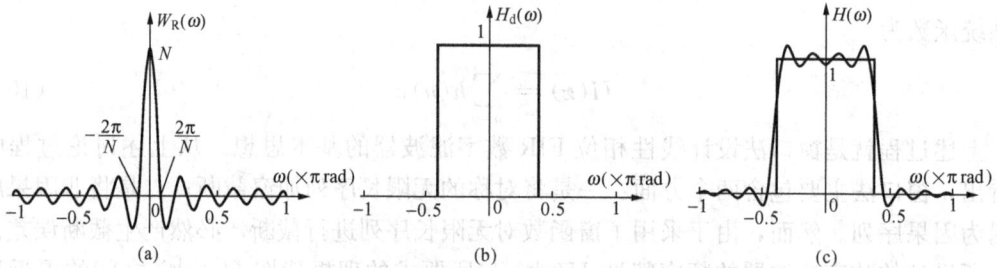

图 10-5 矩形窗函数对滤波器幅度特性的影响

(a) $N=21$ 时矩形窗函数的幅度特性 $W_R(\omega)$；（b）理想低通数字滤波器的幅度

特性 $H_d(\omega)$；（c）施加矩形窗函数后的低通数字滤波器的幅度特性 $H(\omega)$

从图 10-5 中可以看出，所设计的滤波器幅度与最初所要求的理想特性有较大的差别，称这种效应为吉布斯（Gibbs）效应。吉布斯效应就是由于施加窗函数对无限长序列进行截断所造成的，主要表现在以下几个方面。

（1）在滤波器通带和阻带内分别形成较长的波动，且波动情况与窗函数的幅度特性有关。窗函数的幅度特性 $W_R(\omega)$ 波动越快，会相应地使滤波器的幅度特性 $H(\omega)$ 的波动越快；窗函数的幅度特性 $W_R(\omega)$ 的旁瓣大小直接影响 $H(\omega)$ 波动的幅度。

（2）在滤波器截止频率 ω_c 两旁的通带和阻带内，幅度特性 $H(\omega)$ 出现最大的波动，称为肩峰。通带的最大波动为上冲，称为正肩峰，其最大肩峰点的数字角频率为 $\omega_c - 2\pi/N$；阻带的最大波动为下冲，称为负肩峰，最大肩峰点的数字角频率为 $\omega_c + 2\pi/N$。最大正肩峰点与最大负肩峰点的宽度刚好为窗函数的幅度特性中主瓣宽度，即 $\frac{4\pi}{N}$。

（3）矩形窗函数使理想特性不连续的边沿加宽，形成过渡频带，简称过渡带。过渡带的宽度由窗函数的幅度特性的主瓣宽度决定。

以上分析表明，过渡带和波动的幅值都与窗函数的宽度 N 有关。图 10-6 分别给出了 $N=21$、$N=41$ 和 $N=51$ 时低通数字滤波器的幅度特性。从图中可以很明显地看出，加大窗

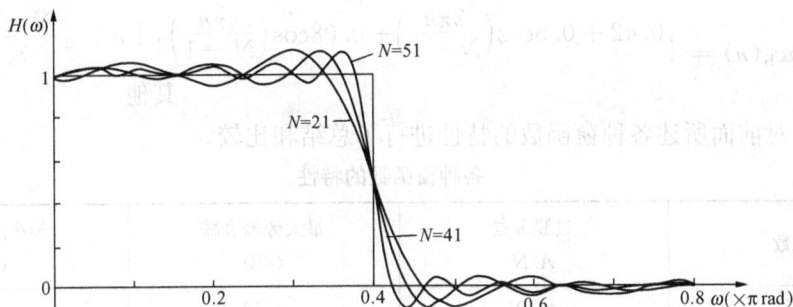

图 10-6　$N=21$、$N=41$ 和 $N=51$ 时低通数字滤波器的幅度特性

函数的宽度 N，可以使过渡带变窄、通带和阻带的波动频率变快、波动幅值变小。但是，截止频率 ω_c 两侧的最大肩峰并不随之变化，只是限定在较小的频率范围之内。因此，增加窗函数的宽度 N 并不能有效地改善吉布斯效应，只有靠选择其他的窗函数来实现。

综上所述，在应用矩形窗函数设计 FIR 数字滤波器时，出现了吉布斯效应使得所设计的滤波器的通带、阻带以及过渡带的性能受到影响。因此，必须有效地减小吉布斯效应的负面影响。

2．其他常用窗函数

由于窗函数的幅度特性的主瓣决定了数字滤波器幅度特性的过渡带情况，旁瓣决定了数字滤波器幅度特性的波动情况。因此，在选择窗函数时应考虑以下两个方面：第一，尽可能减小窗函数的旁瓣，使能量集中在主瓣内。这样可以减小肩峰和波动，得到较为平坦的幅度特性，提高阻带的衰减；第二，主瓣宽度尽量窄，以便获得较陡的过渡带。但是，这两个方面是相互矛盾的，不能兼得。通常主要采用增加主瓣宽度并抑制旁瓣的方法去构造窗函数，例如，巴特利特（Bartlett）窗 $w_{Br}(n)$、海宁（Hanning）窗 $w_{Hn}(n)$、哈明（Hamming）窗 $w_{Hm}(n)$、布莱克曼（Blackman）窗 $w_B(n)$、凯泽（Kaiser）窗 $w_K(n)$ 等。

巴特利特窗克服了矩形窗从 0 到 1 的突变过程，采用了逐渐过渡的三角窗形式。$w_{Br}(n)$ 定义为

$$w_{Br}(n)=\begin{cases}1-\dfrac{2\,|\,n\,|}{N-1},\ |\,n\,|\leqslant\dfrac{N-1}{2}\\[2mm]0,\qquad\qquad 其他\end{cases}\tag{10-49}$$

海宁窗的形状是一个凸起的余弦，定义为

$$w_{Hn}(n)=\begin{cases}0.5\left[1+\cos\left(\dfrac{2\pi n}{N-1}\right)\right],\ |\,n\,|\leqslant\dfrac{N-1}{2}\\[2mm]0,\qquad\qquad\qquad 其他\end{cases}\tag{10-50}$$

如果对海宁窗作一些调整，就可以得到哈明窗。利用它可以实现旁瓣最小的效果。其窗函数为

$$w_{Hm}(n)=\begin{cases}0.54+0.46\cos\left(\dfrac{2\pi n}{N-1}\right),\ |\,n\,|\leqslant\dfrac{N-1}{2}\\[2mm]0,\qquad\qquad\qquad 其他\end{cases}\tag{10-51}$$

对海宁窗再加一个二次谐波分量，可以进一步抑制旁瓣，这样的窗称为布莱克曼窗。其

窗函数 $w_B(n)$ 为

$$w_B(n) = \begin{cases} 0.42 + 0.5\cos\left(\dfrac{2\pi n}{N-1}\right) + 0.08\cos\left(\dfrac{4\pi n}{N-1}\right), & |n| \leqslant \dfrac{N-1}{2} \\ 0 & ,\text{其他} \end{cases} \quad (10\text{-}52)$$

表 10-1 对前面所述各种窗函数的特性进行了总结和比较。

表 10-1　　　　　　　　　　　　　　　**各种窗函数的特性**

窗函数	过渡带宽 A/N	最大旁瓣衰减 (dB)	最小阻带衰减 (dB)
矩形	$4\pi/N$	-13	-21
巴特利特	$8\pi/N$	-25	-25
海宁	$8\pi/N$	-31	-44
哈明	$8\pi/N$	-41	-53
布莱克曼	$12\pi/N$	-57	-74

前面所讨论的四种窗函数的幅度特性都是在矩形窗函数的基础上，通过对旁瓣不同程度的抑制获得的。但是，这样做也引起了主瓣宽度的增加。

三、窗口法的设计步骤

采用窗口法设计线性相位 FIR 数字滤波器的主要设计步骤如下：

（1）确定设计指标，构造数字滤波器的幅度特性 $H_d(\omega)$，得到相位为 0 的频率特性，即

$$H_d(e^{j\omega}) = H_d(\omega)$$

（2）根据阻带衰减和过渡带要求，选择合适的窗函数。

（3）根据所要求的过渡带宽度 $\Delta\omega$，确定 $h(n)$ 的序列长度 N，即

$$N = \frac{A}{\Delta\omega} \quad (10\text{-}53)$$

其中 A 为常数，可以根据所选择的窗函数而定。例如，由表 10-1，对于矩形窗 $A=4\pi$，对于巴特利特窗、海宁窗和哈明窗 $A=8\pi$，对于布莱克曼窗 $A=12\pi$。值得指出的是，如果按式（10-53）计算的 N 为偶数，则应将其取为奇数。此外，当对过渡带无特殊要求时，可以根据其他要求任意选取。

（4）计算数字滤波器的单位采样响应

$$h_d(n) = \frac{1}{2\pi}\int_{-\pi}^{\pi} H_d(\omega) e^{jn\omega} d\omega \quad (10\text{-}54)$$

此时，单位采样响应是关于 $n=0$ 对称的无限长序列。下面给出一些特殊情况下的结果。

当 $H_d(e^{j\omega})$ 为截止频率为 ω_c 的归一化理想低通滤波器时，得

$$h_d(n) = \frac{1}{2\pi}\int_{-\omega_c}^{\omega_c} e^{jn\omega} d\omega = \frac{\sin(n\omega_c)}{\pi n} \quad (10\text{-}55)$$

当 $H_d(e^{j\omega})$ 为截止频率为 ω_c 的归一化理想高通滤波器时，得

$$h_{\mathrm{d}}(n) = \frac{1}{2\pi}\int_{-\pi}^{-\omega_{\mathrm{c}}} \mathrm{e}^{jn\omega}\,\mathrm{d}\omega + \frac{1}{2\pi}\int_{\omega_{\mathrm{c}}}^{\pi} \mathrm{e}^{jn\omega}\,\mathrm{d}\omega$$

$$= \frac{\sin(n\pi) - \sin(n\omega_{\mathrm{c}})}{\pi n} \tag{10-56}$$

当 $H_{\mathrm{d}}(\mathrm{e}^{j\omega})$ 是下限截止频率为 ω_{L}、上限截止频率为 ω_{u} 的归一化理想带通滤波器时，得

$$h_{\mathrm{d}}(n) = \frac{1}{2\pi}\int_{-\omega_{\mathrm{u}}}^{-\omega_{\mathrm{L}}} \mathrm{e}^{jn\omega}\,\mathrm{d}\omega + \frac{1}{2\pi}\int_{\omega_{\mathrm{L}}}^{\omega_{\mathrm{u}}} \mathrm{e}^{jn\omega}\,\mathrm{d}\omega$$

$$= \frac{\sin(n\omega_{\mathrm{u}}) - \sin(n\omega_{\mathrm{L}})}{\pi n} \tag{10-57}$$

当 $H_{\mathrm{d}}(\mathrm{e}^{j\omega})$ 是下限截止频率为 ω_{L}、上限截止频率为 ω_{u} 的归一化理想带阻滤波器时，得

$$h_{\mathrm{d}}(n) = \frac{1}{2\pi}\int_{-\pi}^{-\omega_{\mathrm{u}}} \mathrm{e}^{jn\omega}\,\mathrm{d}\omega + \frac{1}{2\pi}\int_{-\omega_{\mathrm{L}}}^{\omega_{\mathrm{L}}} \mathrm{e}^{jn\omega}\,\mathrm{d}\omega + \frac{1}{2\pi}\int_{\omega_{\mathrm{u}}}^{\pi} \mathrm{e}^{jn\omega}\,\mathrm{d}\omega$$

$$= \frac{\sin(n\omega_{\mathrm{L}}) + \sin(n\pi) - \sin(n\omega_{\mathrm{u}})}{\pi n} \tag{10-58}$$

（5）用所选的窗函数对单位采样响应进行加窗处理，得

$$h(n) = h_{\mathrm{d}}\left(n - \frac{N-1}{2}\right) w\left(n - \frac{N-1}{2}\right) \tag{10-59}$$

（6）计算滤波器的频率特性，检验是否满足设计要求，即

$$H(\mathrm{e}^{j\omega}) = \sum_{n=0}^{N-1} h(n)\mathrm{e}^{-j\omega n} \tag{10-60}$$

（7）如果符合设计要求，则选定 FIR 数字滤波器的实现结构，用软件或硬件实现；如果不符合要求，修改设计参数，重新设计直至满足设计要求为止。

【例 10-1】设计一个低通数字滤波器，其通带内幅度为 1，阻带内幅度为 0，通带截止频率 ω_{c} 为 0.3π。

解 显然，这是一个理想低通数字滤波器，其频率特性为

$$H_{\mathrm{d}}(\mathrm{e}^{j\omega}) = \begin{cases} 1, & |\omega| \leqslant 0.3\pi \\ 0, & 0.3\pi < |\omega| \leqslant \pi \end{cases}$$

为得到最为平坦的阻带，应选布莱克曼窗。但是，为得到最窄的过渡带，应选矩形窗。综合考虑以上因素，本题选择哈明窗，且选择 $N = 21$。根据式（10-55），其单位采样响应为

$$h_{\mathrm{d}}(n) = \frac{1}{2\pi}\int_{-0.3\pi}^{0.3\pi} \mathrm{e}^{jn\omega}\,\mathrm{d}\omega = \frac{\sin(n0.3\pi)}{\pi n}$$

施加哈明窗，得

$$h(n) = \frac{\sin[(n-10)0.3\pi]}{\pi(n-10)} w_{Hm}(n-10) \quad (0 \leqslant n \leqslant 20)$$

图 10-7 给出了单位采样响应的结果及其幅度特性。从图 10-7（a）可以看出，单位采样响应是关于 $(N-1)/2$ 偶对称的，因此，所设计的 FIR 数字滤波器满足线性相位要求。从图10-7（b）可以看出，幅度特性的过渡带是比较大的。如果加大 N 值，例如，取 $N=51$ 重新进行设计，其单位采样响应及其幅度特性如图 10-8 所示。比较图 10-7 和图 10-8，可以看出，随着 N 的加大，过渡带明显变窄。但是，由于 FIR 滤波器的阶数增加，实现成本也将加大。因此，在实际中应该合理选择 N。

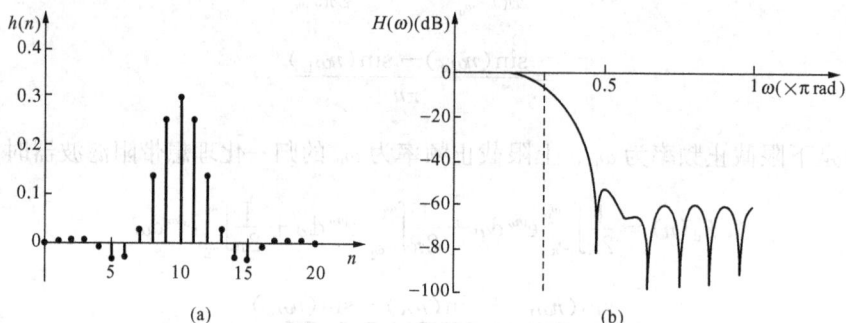

图 10-7　$N=21$ 时设计结果
（a）单位采样响应；（b）归一化幅度特性

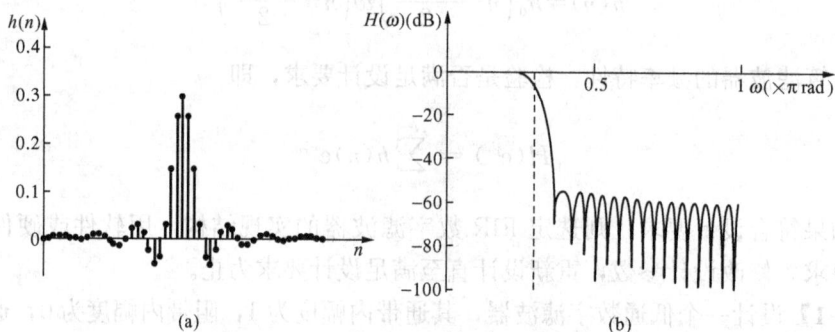

图 10-8　$N=51$ 时设计结果
（a）单位采样响应；（b）归一化幅度特性

【例 10-2】设计一个低通数字滤波器，要求其通带衰减不大于 1dB，阻带衰减不小于 15dB，通带截止频率 0.2πrad，阻带截止频率 0.4πrad。

解　由题意，低通数字滤波器的设计指标为

$$\delta_p = -1\text{dB}, \qquad \omega_p = 0.2\pi\text{rad}$$

$$\delta_s = -15\text{dB}, \qquad \omega_s = 0.4\pi\text{rad}$$

可得，过渡带宽度为 $\Delta\omega = \omega_s - \omega_p = 0.2\pi$rad，截止频率为 $\omega_c = \dfrac{1}{2}(\omega_s + \omega_p) = 0.3\pi$rad，阻带衰减不小于 15dB。因此，各种窗函数均可以满足阻带衰减要求。为了保证采用最小的阶数

N 获得最窄的过渡带，本题选择矩形窗。由表 10-1，得矩形窗的长度为

$$N = \frac{A}{\Delta\omega} = \frac{4\pi}{\Delta\omega} = 20$$

由于 N 必须为奇数，所以，取 $N=21$。此时，单位采样响应为

$$h(n) = \frac{1}{2\pi}\int_{-0.3\pi}^{0.3\pi} e^{j\left(n-\frac{N-1}{2}\right)\omega}\mathrm{d}\omega = 0.3\mathrm{Sa}[0.3\pi(n-10)]\ (0 \leqslant n \leqslant 20)$$

图 10-9 给出了单位采样响应的形状和幅度特性。不难发现，通带衰减并不满足小于 1dB 的要求。因此，应该加大 N 值，取 $N=23$。重新进行设计，其单位采样响应的形状和幅度特性如图 10-10 所示。

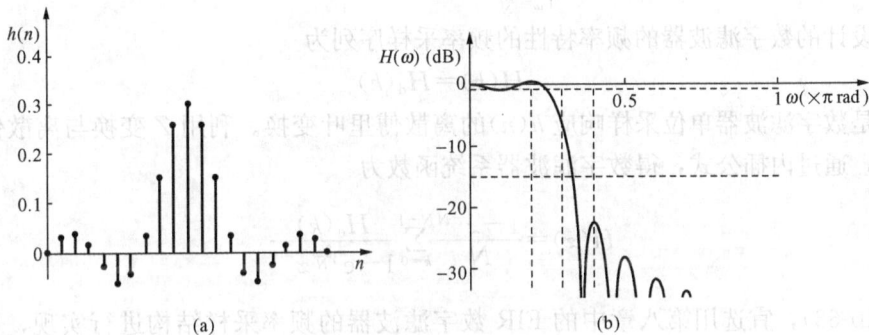

图 10-9　$N=21$ 时设计结果
（a）单位采样响应；（b）归一化幅度特性

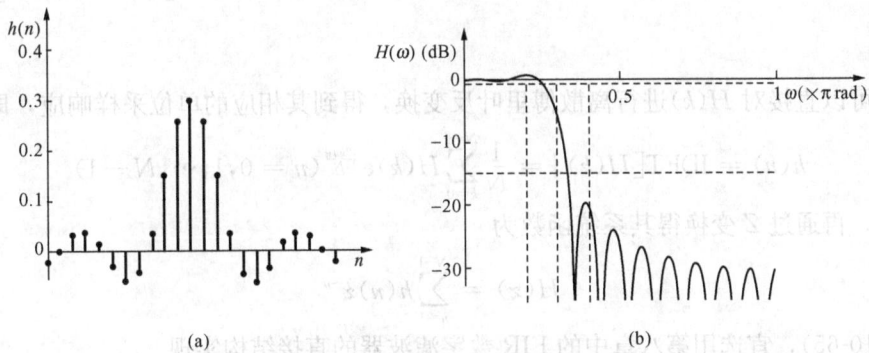

图 10-10　$N=23$ 时设计结果
（a）单位采样响应；（b）归一化幅度特性

　　虽然，采用 FIR 数字滤波器满足了设计要求且具有线性相位特性，但是，需要高达 23 阶才能实现。如果采用 IIR 数字滤波器，从［例 9-5］可以看出，只需 4 阶即可满足滤波器的幅度特性设计要求。然而，正如本章开始指出的，IIR 数字滤波器不能提供线性相位特性。

　　窗口法是一种时域设计方法，具有简单、方便和实用的特点，但是一般要求采用计算机数值计算，也不易控制数字滤波器的通带和阻带的截止频率。

第三节　频　率　采　样　法

窗口法从单位采样响应出发，通过对窗函数的修正，实现了对频率特性的逼近。此外，也可以通过对数字滤波器的频率特性进行频率采样，然后通过数学逼近来获得数字滤波器的系统函数。我们称这种方法为频率采样法。

一、设计思想

设希望设计的数字滤波器的频率特性为 $H_d(e^{j\omega})$，选择合适的 N 将其在 $\omega=[0,2\pi]$ 范围内进行 N 等分，即

$$H_d(k)=H_d(e^{j\omega})\Big|_{\omega=\frac{2k\pi}{N}}=H_d(e^{j\frac{2k\pi}{N}})\,(k=0,1,\cdots,N-1) \tag{10-61}$$

因此，要设计的数字滤波器的频率特性的频率采样序列为

$$H(k)=H_d(k) \tag{10-62}$$

显然，这是数字滤波器单位采样响应 $h(n)$ 的离散傅里叶变换。利用 Z 变换与离散傅里叶变换的关系，通过内插公式，得数字滤波器系统函数为

$$H(z)=\frac{1-z^{-N}}{N}\sum_{k=0}^{N-1}\frac{H_d(k)}{1-e^{j\frac{2k\pi}{N}}z^{-1}} \tag{10-63}$$

对于式（10-63），宜选用第八章中的 FIR 数字滤波器的频率采样结构进行实现，由式（6-56）和式（6-57）可知，该滤波器的频率特性为

$$H(e^{j\omega})=\frac{1-e^{-jN\omega}}{N}\sum_{k=0}^{N-1}\frac{H(k)}{1-e^{j\frac{2k\pi}{N}}e^{-j\omega}}=e^{-j(N-1)\omega/2}\frac{1}{N}\sum_{k=0}^{N-1}H(k)\,\frac{\sin(N\omega/2)}{\sin\left[\left(\omega-\frac{2k\pi}{N}\right)/2\right]}e^{-j\frac{k\pi}{N}} \tag{10-64}$$

当然，也可以直接对 $H(k)$ 进行离散傅里叶反变换，得到其相应的单位采样响应，即

$$h(n)=\text{IDFT}[H(k)]=\frac{1}{N}\sum_{k=0}^{N-1}H(k)e^{j\frac{2kn\pi}{N}}\,(n=0,1,\cdots,N-1)$$

然后，再通过 Z 变换得其系统函数为

$$H(z)=\sum_{n=1}^{N-1}h(n)z^{-n} \tag{10-65}$$

对于式（10-65），宜选用第八章中的 FIR 数字滤波器的直接结构实现。

这样，通过对数字滤波器频率特性的采样，就可以获得两种不同结构的数字滤波器形式。但是，该数字滤波器是否满足线性相位特性要求则取决于 $H_d(e^{j\omega})$。

二、频率采样序列的获得

要想使得设计出的数字滤波器的频率特性 $H(e^{j\omega})$ 具有线性相位特性，那么，$H_d(e^{j\omega})$ 就必须具有线性相位特性，这样才能保证对 $H_d(e^{j\omega})$ 频率采样后得到的 $H(k)$ 的离散傅里叶反变换 $h(n)$ 为实数序列，且关于 $(N-1)/2$ 对称。需要注意的是，在 $\omega=[0,2\pi]$ 范围内对频率特性 $H_d(e^{j\omega})$ 进行频率采样时，在 $\omega=[\pi,2\pi]$ 范围内实际上对应着 $\omega=[-\pi,0]$ 范围内的负频率分量，即相当于将其对应的负频率分量平移了一个周期 2π 后得到的。

将 $H_d(e^{j\omega})$ 表示为幅度特性和相位特性的形式，有

$$H_d(e^{j\omega}) = H_d(\omega)e^{j\theta(\omega)} \quad (0 \leqslant \omega \leqslant 2\pi) \tag{10-66}$$

式中相位特性为 $\theta(\omega) = -\omega(N-1)/2$，幅度特性 $H_d(\omega)$ 关于 $\omega = \pi$ 奇对称或偶对称。

当采样长度 N 为偶数时，由线性相位特性对频率特性的要求知道，$H_d(\omega)$ 关于 $\omega = \pi$ 应是奇对称的。因此，频率采样序列为

$$H(k) = H_d(e^{j\omega})\Big|_{\omega = \frac{2k\pi}{N}} = H_d\left(\frac{2k\pi}{N}\right)e^{-j\frac{(N-1)k\pi}{N}} \quad (0 \leqslant k \leqslant N-1) \tag{10-67}$$

根据幅度的奇对称性，有

$$H(k) = \begin{cases} H_D(k)e^{-j\frac{(N-1)k\pi}{N}}, & 0 \leqslant k \leqslant N/2-1 \\ 0, & k = N/2 \\ -H_D(N-k)e^{-j\frac{(N-1)k\pi}{N}}, & N/2+1 \leqslant k \leqslant N-1 \end{cases} \tag{10-68}$$

式中：$H_D(k)$ 为 $H_d(e^{j\omega})$ 幅度特性 $H_d(\omega)$ 在 $\omega = [0,\pi]$ 的均匀采样。

可以看出采样后的序列 $H(k)$ 的相位特性为 $-\dfrac{(N-1)}{N}\dfrac{k\pi}{N}$。

当采样长度 N 为奇数时，由线性相位特性对频率特性的要求知道，$H_d(\omega)$ 关于 $\omega = \pi$ 应是偶对称的。因此，频率采样序列为

$$H(k) = \begin{cases} H_D(k)e^{-j\frac{(N-1)k\pi}{N}}, & 0 \leqslant k \leqslant (N-1)/2 \\ H_D(N-k)e^{-j\frac{(N-1)k\pi}{N}}, & (N+1)/2 \leqslant k \leqslant N-1 \end{cases} \tag{10-69}$$

上述分析表明，只需对设计指标 $H_d(e^{j\omega})$ 的幅度特性进行频率采样，然后，根据序列长度 N 为奇数或偶数情况分别选用式（10-68）或式（10-69），就可以获得频率采样序列 $H(k)$，设计出满足线性相位特性的 FIR 数字滤波器。

三、设计步骤

采用频率采样法设计满足线性相位特性的 FIR 数字滤波器的主要步骤如下：

（1）确定待设计数字滤波器的幅度特性设计指标。

（2）根据数字滤波器的通带、阻带、过渡带的要求选择单位采样响应的长度 N。

（3）根据 N 为奇数或偶数情况分别选用式（10-68）或式（10-69），对待设计的数字滤波器的幅度特性进行频率采样得到 $H(k)$。如果不能精确地知道待设计数字滤波器的幅度特性，也可以按照理想情况将通带取 1、阻带取 0 进行采样。

（4）采用离散傅里叶反变换，由 $H(k)$ 计算得到数字滤波器的单位采样响应 $h(n)$ 或采用式(10-63)获得数字滤波器的系统函数 $H(z)$。

（5）计算数字滤波器的幅度特性，检验是否满足设计要求。

【例 10-3】 设计一个低通数字滤波器，其通带内幅度为 1，阻带内幅度为 0，通带截止频率 ω_c 为 $0.3\pi\text{rad}$。

解　依题意可以知道，这是一个理想低通数字滤波器，在 $\omega = [0,\pi]$ 范围内其幅度特性为

$$H_d(\omega) = \begin{cases} 1, & 0 \leqslant \omega \leqslant 0.3\pi \\ 0, & 0.3\pi < \omega \leqslant \pi \end{cases}$$

选择 $N=20$，为偶数。由式（10-68），得

$$H(k)=\begin{cases} \mathrm{e}^{-\mathrm{j}\frac{(N-1)k\pi}{N}}=\mathrm{e}^{-\mathrm{j}\frac{19k\pi}{20}}, & k=0,1,2,3 \\ 0, & k=4,\cdots,16 \\ -\mathrm{e}^{-\mathrm{j}\frac{(N-1)k\pi}{N}}=-\mathrm{e}^{-\mathrm{j}\frac{19k\pi}{20}}, & k=17,18,19 \end{cases}$$

利用离散傅里叶反变换，得单位采样响应 $h(n)$ 为

$$h(n)=\{-0.0428,0.0040,0.0500,0.0446,-0.0154,-0.0749,$$
$$-0.0621,0.0500,0.2135,0.3330,0.3330,0.2135,$$
$$0.0500,-0.0621,-0.0749,-0.0154,0.0446,0.0500,$$
$$0.0040,-0.0428\}$$

其波形如图 10-11（a）所示。可以看出，$h(n)$ 是关于 $(N-1)/2=9.5$ 对称的。因此，所设计的数字滤波器具有线性相位特性。可以采用直接型实现该数字滤波器，其幅度特性如图 10-11（b）、（d）所示，其相位特性如图 10-11（c）所示。在图 10-11（b）中同时用黑点 "·" 表示出了频率采样点的位置。观察图 10-11（b）可知，所设计的 FIR 滤波器的幅度特性有较大的起伏，在频率不连续点出现了肩峰，使得逼近效果较差。此时，为了减小逼近误差，可以使频率不连续点处的采样点幅度不受限制，任意设置其幅度值。这样，虽然会增加过渡带宽，但是减少了过渡带边沿两侧幅度特性的突变。假设，将本例中的两个采样点变为 $H(4)=0.5\mathrm{e}^{-\mathrm{j}\frac{19}{5}\pi}$ 和 $H(16)=-0.5\mathrm{e}^{-\mathrm{j}\frac{76}{5}\pi}$，此时所设计的 FIR 滤波器的单位冲激响应和幅度特性如图 10-12 所示，该图中同时表示出了频率采样点的位置和取值。设置非零采样点后所

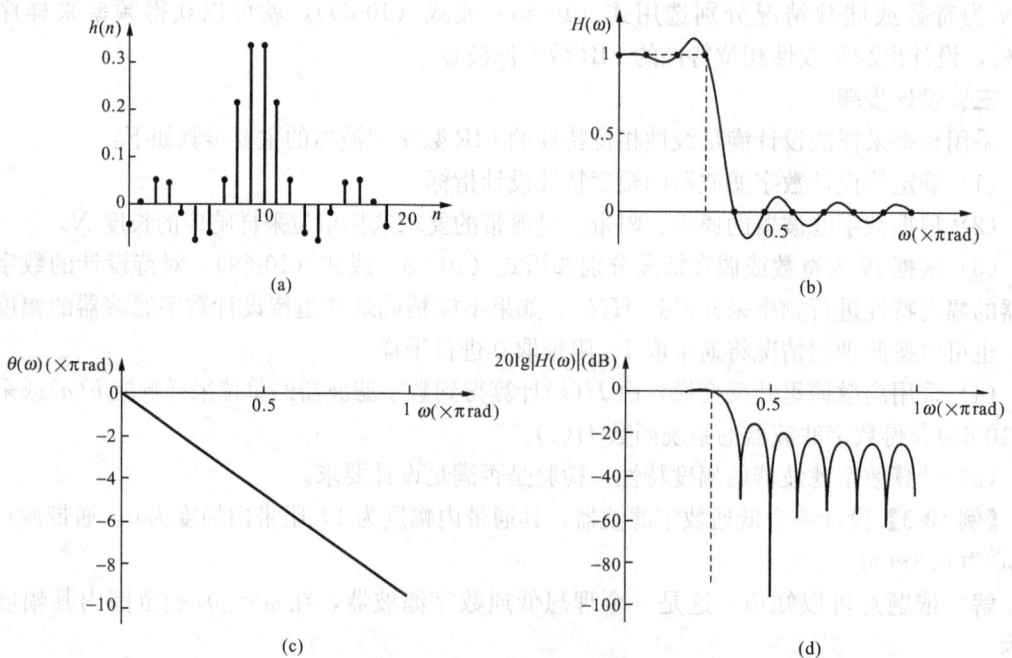

图 10-11 频率采样法设计结果
（a）单位采样响应；（b）、（d）归一化幅度特性；（c）相位特性

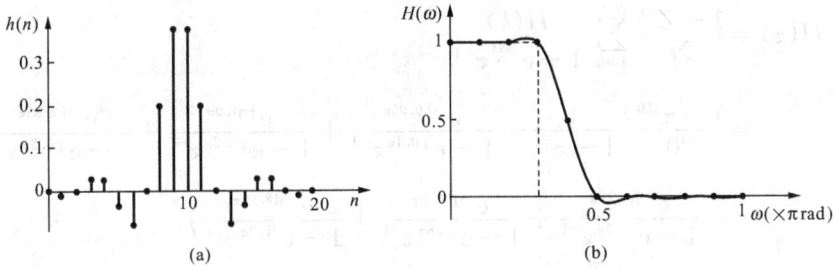

图 10-12 设置过渡带自由采样点时的设计结果

(a) 单位采样响应；(b) 归一化幅度特性

设计的滤波器的幅度特性与图 10-11（b）相比，波动减小，尤其是肩峰变小了，逼近效果更佳。

当 $N=40$ 时，重新进行设计，在过渡带不设置非零采样点时的设计结果如图 10-13 所示。在过渡带设置一个非零采样点时的设计结果如图 10-14 所示。

比较图 10-13（b）和图 10-11（b）的幅度特性，可以发现增加采样点数，是不能减小肩峰大小的，但过渡带可以变窄。因此，既想保证较好的过渡带，又需要具有较好的逼近精度，就应该增加频率采样点数，同时在过渡带设置若干非零的采样点，如图 10-14 所示。

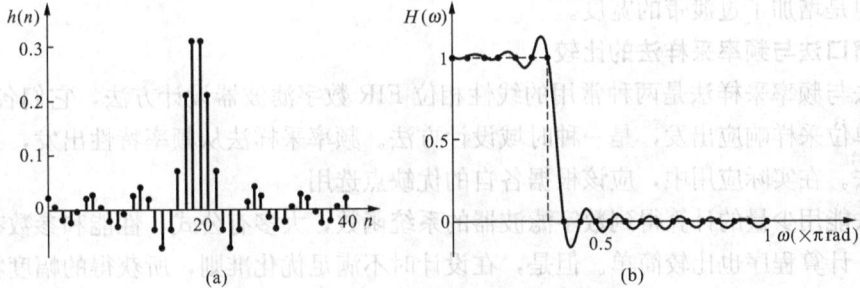

图 10-13 $N=40$ 时频率采样法设计结果

(a) 单位采样响应；(b) 归一化幅度特性

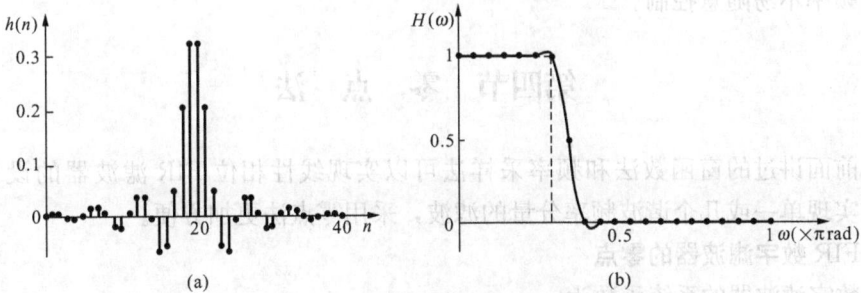

图 10-14 $N=40$ 时设置过渡带自由采样点时的设计结果

(a) 单位采样响应；(b) 归一化幅度特性

同样，也可以采用内插公式，由式（10-63）得到该数字滤波器的系统函数，即

$$
\begin{aligned}
H(z) =& \frac{1-Z^{-N}}{N}\sum_{k=0}^{N-1}\frac{H(k)}{1-e^{j\frac{2k\pi}{N}}z^{-1}} \\
=& \frac{1-z^{-20}}{20}\Big(\frac{1}{1-z^{-1}}+\frac{e^{-j0.95\pi}}{1-e^{j0.1\pi}z^{-1}}+\frac{e^{-j1.9\pi}}{1-e^{j0.2\pi}z^{-1}}+\frac{e^{-j2.85\pi}}{1-e^{j0.3\pi}z^{-1}} \\
& +\frac{e^{-j16.15\pi}}{1-e^{j1.7\pi}z^{-1}}+\frac{e^{-j17.1\pi}}{1-e^{j1.8\pi}z^{-1}}+\frac{e^{-j18.05\pi}}{1-e^{j1.9\pi}z^{-1}}\Big) \\
=& \frac{1-z^{-20}}{20}\Big(\frac{1}{1-z^{-1}}+\frac{e^{-j0.95\pi}}{1-e^{j0.1\pi}z^{-1}}+\frac{e^{-j1.9\pi}}{1-e^{j0.2\pi}z^{-1}}+\frac{e^{-j2.85\pi}}{1-e^{j0.3\pi}z^{-1}} \\
& -\frac{e^{j2.85\pi}}{1-e^{-j0.3\pi}z^{-1}}-\frac{e^{j1.9\pi}}{1-e^{-j0.2\pi}z^{-1}}-\frac{e^{j0.95\pi}}{1-e^{-j0.1\pi}z^{-1}}\Big)
\end{aligned}
$$

与窗口法的设计结果比较，频率采样法的设计结果的阻带衰减较低。因此，这种设计方法不太常用。通常采用最优化的频率采样法，有兴趣的读者可以参考有关文献，本书不再赘述。

从上面的设计例题还可以知道，采用频率采样法设计的 FIR 数字滤波器的过渡带附近的幅度特性不易控制。虽然可以人为地在过渡带的幅度特性变化突出的频率范围内布置一个或几个过渡采样点，使幅度特性在不连续点附近有一定的缓冲，以改善阻带性能，提高阻带的衰减，但是增加了过渡带的宽度。

四、窗口法与频率采样法的比较

窗口法与频率采样法是两种常用的线性相位 FIR 数字滤波器设计方法，它们各有特点。窗口法从单位采样响应出发，是一种时域设计方法。频率采样法从频率特性出发，是一种频域设计方法。在实际应用中，应该根据各自的优缺点选用。

窗口法能用少量的计算得到数字滤波器的系统函数，大多有公式，性能和参数有现成的表格可查，计算程序也比较简单。但是，在设计时不满足优化准则，所获得的幅度特性不是最佳的。特别是当幅度特性比较复杂时，需要采用数值积分进行近似计算。

频率采样法对于幅度特性只有少数几个非零值的窄带选频数字滤波器的设计比较有效。但是，由于采样频率间隔的限制，过渡带的位置局限在 $2\pi/N$ 的整数倍上，导致其通带与阻带的截止频率不易随意控制。

第四节 零 点 法

虽然前面讲过的窗函数法和频率采样法可以实现线性相位 FIR 滤波器的设计。但是，如果只是实现单一或几个谐波频率分量的滤波，采用零点法更加方便。

一、FIR 数字滤波器的零点

FIR 数字滤波器的系统函数为

$$
H(z)=\sum_{n=0}^{N-1}h(n)z^{-n}
$$

该系统函数可以改写为多项因子乘积的形式

$$H(z) = A \prod_{r=1}^{N-1} (1 - z_r z^{-1}) \tag{10-70}$$

其频率特性可表示为

$$H(e^{j\omega}) = A \prod_{r=1}^{N-1} (1 - z_r e^{-j\omega}) \tag{10-71}$$

式中：z_r 为系统的零点。因为单位冲激响应是实数，所以当系统函数的零点包含虚部时，此系统必然存在一个与之相对应的共轭零点。

因此，只要知道了系统的零点分布，就可以获得该系统的系统函数。这为 FIR 滤波器的设计提供了便利。

二、零点法

要想将某次谐波频率滤除，只需将该频率分量的幅频特性设置为 0，就可以达到抑制该频率分量的目的。因此，将频率特性中任一零点组成的因式置为 0，就可以求得相应的零点，进而获得系统函数。该设计方法称为零点法。

设一个时间周期内的采样数为 M，并设 M 为偶数。如果需要滤除直流分量，必须有

$$1 - z_1 e^{-j0} = 0$$

这样，零点为 1，其构成的系统函数为

$$H_0(z) = 1 - z^{-1} \tag{10-72}$$

如果需要滤除第 k 次谐波分量，需要将 ω_k 和 $-\omega_k$ 频率的幅度均设为 0。于是，有

$$1 - z_1 e^{-j\omega_k} = 0$$
$$1 - z_2 e^{j\omega_k} = 0$$

这样，可以得到两个共轭的零点

$$z_1 = e^{-j\omega_k}$$
$$z_2 = e^{j\omega_k}$$

其中

$$\omega_k = k \frac{2\pi}{M} \quad (k = 1, \cdots, M/2 - 1) \tag{10-73}$$

此时，该滤波器的系统函数为

$$H_k(z) = (1 - z_1 z^{-1})(1 - z_2 z^{-1}) \tag{10-74}$$

即

$$H_k(z) = 1 - 2\cos\left(\frac{2k\pi}{M}\right) z^{-1} + z^{-2} \tag{10-75}$$

该系统实现了滤除第 k 次谐波的功能。当 $k=1$ 时，可以滤除基频分量；当 $k=2$ 时，可以滤除 2 次谐波；依次类推。可见，数字滤波器滤除的数字角频率和采样点数是密切相关的，进而也会影响系统函数的形式。

如果需要滤除 $M/2$ 次谐波分量，必须有

$$1 - z_1 e^{-j\pi} = 0$$

这样，零点为 −1，其构成的系统函数为

$$H_{M/2}(z) = 1 + z^{-1} \tag{10-76}$$

以上分析中获得的系统只可以将单次谐波分量滤除。如果需要滤除多次谐波，应先获得

滤除每次谐波的子系统，再将子系统进行级联。需要注意的是，信号通过采用零点法得到的数字滤波器后，各次谐波的幅值会有不同程度的放大或缩小。

现将采用零点法设计 FIR 数字谐波滤波器的步骤总结如下：

（1）确定一个信号周期内的采样点数 M，一般取为偶数。

（2）根据设计要求，确定需要滤除的谐波次数 k。

（3）针对不同的谐波次数 k，确定相应的子系统函数。

（4）将子系统函数级联，获得 FIR 数字滤波器的系统函数。

（5）判断得到的数字滤波器是否满足设计要求。

（6）如果滤波器满足设计要求，进行数字实现。

【例 10-4】 设一个信号周期内的采样数为 10，设计一个数字滤波器，同时滤除 3 次和 5 次谐波。

解　3 次谐波对应的数字角频率分别为 $3\pi/5$ 和 $-3\pi/5$，因此，可滤除 3 次谐波的数字滤波器的零点为

$$z_1 = e^{-j3\pi/5}$$
$$z_2 = e^{j3\pi/5}$$

其系统函数为

$$H_3(z) = 1 - 2\cos\left(\frac{3\pi}{5}\right)z^{-1} + z^{-2}$$

同理，可以滤除 5 次谐波的数字滤波器的系统函数为

$$H_5(z) = 1 + z^{-1}$$

最终得到数字滤波器的系统函数为

$$H(z) = H_3(z)H_5(z)$$
$$= \left[1 - 2\cos\left(\frac{3\pi}{5}\right)z^{-1} + z^{-2}\right](1 + z^{-1})$$
$$= 1 + 1.618z^{-1} + 1.618z^{-2} + z^{-3}$$

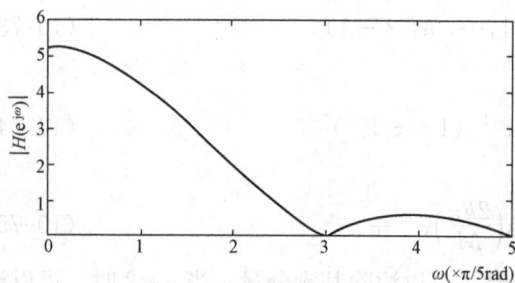

图 10-15　滤除 3 次和 5 次谐波的数字
滤波器幅频特性

这是一个 3 阶的 FIR 数字滤波器，其单位冲激响应为

$$h(n) = \{1, 1.618, 1.618, 1\}$$

其幅频特性如图 10-15 所示。可以看出，3 次谐波和 5 次谐波得到了抑制，达到了滤波要求。但是，其它次谐波的幅值会得到不同程度的放大。如果需要得到原来的幅值，还应进行幅值校正。

【例 10-5】 在 50Hz 的工频信号中叠加了直流分量以及 2、3、4、5 次谐波分量。设计一个数字滤波器，要求只保留基波分量，完全滤除直流分量和其它谐波分量。

解　信号基频为 50Hz，5 次谐波频率为 250Hz。为了满足采样定理的要求，采样频率选为 600Hz。这样，一个周期内的采样数为 12。

滤除直流分量的系统函数为

$$H_0(z) = 1 - z^{-1}$$

滤除 2 次谐波的系统函数为

$$H_2(z) = 1 - z^{-1} + z^{-2}$$

滤除 3 次谐波的系统函数为

$$H_3(z) = 1 + z^{-2}$$

滤除 4 次谐波的系统函数为

$$H_4(z) = 1 + z^{-1} + z^{-2}$$

滤除 5 次谐波的系统函数为

$$H_5(z) = 1 + \sqrt{3}z^{-1} + z^{-2}$$

将上述 5 个子系统级联，得到满足要求的数字滤波器系统函数为

$$\begin{aligned}
H(z) &= H_0(z)H_2(z)H_3(z)H_4(z)H_5(z) \\
&= 1 + 0.732z^{-1} + 1.268z^{-2} + 0.464z^{-3} + 0.536z^{-4} \\
&\quad - 0.536z^{-5} - 0.464z^{-6} - 1.268z^{-7} - 0.732z^{-8} - z^{-9}
\end{aligned}$$

其单位冲激响应为

$$h(n) = \{1, 0.732, 1.268, 0.464, 0.536, -0.536, -0.464, -1.268, -0.732, -1\}$$

其幅频特性如图 10-16 所示。可见，直流分量以及 2、3、4、5 次谐波均得到了有效滤除，达到了设计要求。需要注意的是，滤波器本身不能滤除 6 次谐波，但是由于信号只包含 5 次以下的谐波，因此不会影响最终的滤波结果。

如果还需要滤除 6 次谐波，可得相应的子系统函数为

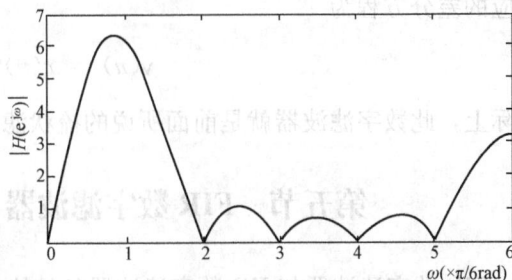

图 10-16　滤除直流以及 2、3、4、5 次谐波的数字滤波器幅频特性

$$H_6(z) = 1 + z^{-1}$$

此时，得到最终的数字滤波器的系统函数为

$$H(z) = H_0(z)H_2(z)H_3(z)H_4(z)H_5(z)H_6(z)$$

得到其差分方程为

$$\begin{aligned}
y(n) &= x(n) + 1.732x(n-1) + 2x(n-2) + 1.732x(n-3) + x(n-4) - x(n-6) \\
&\quad - 1.732x(n-7) - 2x(n-8) - 1.732x(n-9) - x(n-10)
\end{aligned}$$

其单位冲激响应为

$$h(n) = \{1, 1.732, 2, 1.732, 1, 0, -1, -1.732, -2, -1.732, -1\}$$

其幅频特性如图 10-17 所示。可见，直流分量以及 2、3、4、5、6 次谐波均得到了有效滤除，只剩下了基波。

当一个周期内的采样数为 12 时，如果需要谐除所有的偶次谐波和直流分量，k 的取值应为 0、2、4、6。这样，其系统函数为

$$H(z) = 1 - z^{-6}$$

相应的差分方程为

$$y(n) = x(n) - x(n-6)$$

其幅频特性如图 10-18 所示。可见，直流分量以及 2、4、6 次谐波均得到了有效滤除。

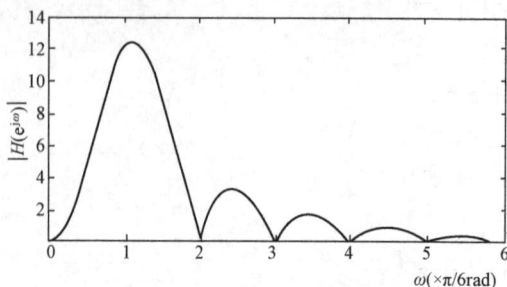

图 10-17   滤除直流以及 2、3、4、5、6 次   图 10-18   滤除直流以及 2、4、6 次谐波的数字
　　　　　谐波的数字滤波器幅频特性　　　　　　　　　　　　　滤波器幅频特性

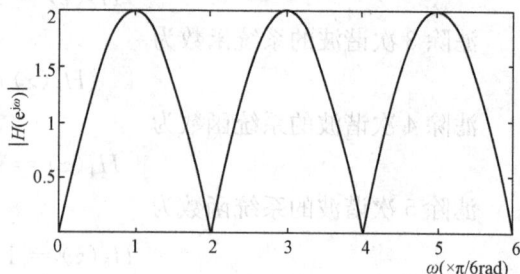

不失一般性，当一个周期内的采样数为 N 时，可以滤除全部偶次谐波和直流分量的数字滤波器为

$$H(z) = 1 - z^{-\frac{N}{2}} \tag{10-77}$$

相应的差分方程为

$$y(n) = x(n) - x\left(n - \frac{N}{2}\right) \tag{10-78}$$

实际上，此数字滤波器就是前面所说的梳状滤波器，也称为差分滤波器或者减法滤波器。

第五节　FIR 数字滤波器与 IIR 数字滤波器的比较

FIR 数字滤波器与 IIR 数字滤波器各具特点，在结构、设计方法、相位特性等方面都有着较大的差别。因此，在实际应用中，必须了解它们之间的这些区别，针对实际问题选择恰当的数字滤波器类型和合适的设计方法与实现方法。下面，从三个方面进行比较。

一、技术性能

IIR 数字滤波器的系统函数可通过布置极点来改变其频率特性的变化。因此，可用较低阶的滤波器获得较高的频率特性，而且所用的存储单元少、运算次数少，因而性能价格比高。但是，IIR 数字滤波器的相频特性可能存在非线性，特别是在截止频率附近，相频特性的非线性更加突出，且幅频特性的选频性能越好，其相频特性的非线性越严重。

FIR 数字滤波器的系统函数的极点只能在原点，因此，只能通过布置零点来改变其频率特性的变化。所以，在同样的设计指标下，FIR 数字滤波器的阶数一般比 IIR 数字滤波器的阶数要高 5～10 倍，从而导致 FIR 数字滤波器所需要的运算量大、存储单元多、成本较高。但是，FIR 数字滤波器具有线性相位特性。如果在设计中对数字滤波器的相频特性要求严格时，只能采用 FIR 数字滤波器。如果采用 IIR 数字滤波器，必须通过一个全通数字网络进行校正，这样也会增加数字滤波器的阶数和复杂性，增加成本。

二、设计方法

IIR 数字滤波器的设计一般可以利用模拟滤波器的设计成果，有现成的公式和图表可以使用，计算量较小，对计算工具要求不高。但是，不适应各种幅频特性和相频特性的设计要求，仅能用于低通、高通、带通和带阻等片状滤波性能的数字滤波器设计。

FIR 数字滤波器的设计一般无现成公式可用，窗口法虽然可以给出一些公式，但不能控制通带和阻带的衰减特性。但是，FIR 数字滤波器的设计灵活，可适应多种频率特性的要求。一般采用计算程序设计，计算量较大。

三、实现结构

IIR 数字滤波器存在极点，必须采用递归型结构进行实现，而且，其极点必须位于 Z 平面的单位圆内，否则不稳定。在运算中由于出现舍入误差或截断误差，可能造成轻微的寄生振荡。

FIR 数字滤波器只在 Z 平面的原点上存在极点，可以采用非递归型结构进行实现，不存在稳定性问题，运算误差小，而且可以采用快速傅里叶算法，在与 IIR 数字滤波器相同阶数的情况下，能够大大提高运算速度。

从上述分析来看，两类数字滤波器各具有优缺点，在实际应用中还应从多方面考虑，以求达到最好的效果。

本章要点回顾与基本要求

（1）本章重点介绍了有限冲激响应数字滤波器的设计方法。有限冲激响应数字滤波器具有线性相位，可以使得信号不失真传输。严格线性相位的有限冲激响应数字滤波器单位采样响应关于中心点是偶对称的，而一般线性相位的有限冲激响应数字滤波器单位采样响应关于中心点是奇对称的。它们的幅度特性也会表现出偶对称或者奇对称。有限冲激响应数字滤波器的设计方法主要包括窗口法、频率采样法、零点设计法。

（2）窗口法是从时域出发，是时域设计方法。采用特定的窗口函数将无限长的单位采样响应进行截断，从而获得有限长的单位采样响应。由于加窗截断会产生吉布斯效应，因此，有限冲激响应数字滤波器的频谱会发生混叠。通过选择窗口函数可改善滤波器的频率特性。常用的窗口函数包括矩形窗、巴特利特窗、哈明窗、海宁窗等。

（3）频率采样法是从频率特性出发，是频域设计方法。通过对频率特性进行采样，进而将得到的频率特性序列进行离散傅里叶反变换，最后得到数字滤波器的单位采样序列。

（4）零点设计法可实现谐波滤波器的设计。通过确定所需滤除的谐波，进而确定子系统的零点，最后得到有限长冲激响应数字滤波器的系统函数。当需要滤除多个谐波时，可以将多个子系统进行级联。

（5）本章基本要求：①了解有限冲激响应数字滤波器满足线性相位的基本条件，了解具有线性相位的有限长冲激响应数字滤波器的频率特性；②掌握矩形窗设计有限长冲激响应数字滤波器的基本方法，了解吉布斯效应；③了解频率采样法；④掌握数字谐波滤波器的零点设计法。

习　题　十

10-1　已知一个线性相位的 FIR 数字滤波器具有 $0.3+j0.4$ 和 0.2 两个零点。试求其系统函数。

10-2　用窗口法设计具有线性相位特性的 FIR 低通数字滤波器。已知截止频率 0.5πrad。

10-3　用窗口法设计一个截止频率为 20Hz 的低通数字滤波器，过渡带宽度为 5Hz，采样频率为 100Hz。

10-4　分别采用窗口法和频率采样法设计一个带通数字滤波器，并比较结果的差异。要求通带频率为 500～700Hz，采样频率为 3300Hz。

10-5　利用窗口法设计一个数字微分器，其理想幅度特性如图 10-19 所示。

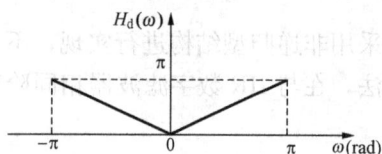

图 10-19　习题 10-5 图

10-6　采用频率采样法设计一个具有线性相位特性的低通数字滤波器，取 $N=15$，其频率采样序列为

$$H_d(k) = \begin{cases} 1, & k = 0 \\ 0.5, & k = 1,14 \\ 0, & k = 2,3,\cdots,13 \end{cases}$$

10-7　一个低通数字滤波器的设计指标是通带截止频率为 0.25πrad，阻带截止频率为 0.3πrad，通带最大衰减为 3dB，阻带最小衰减系数为 50dB。试求：

（1）选择合适的窗函数用窗口法设计；

（2）采用冲激响应不变法设计，并对两种设计结果进行比较。

10-8　一个高通数字滤波器的设计指标是通带截止频率为 0.42πrad，阻带截止频率为 0.34πrad，通带最大衰减系数为 1dB，阻带最小衰减系数为 68dB。试用窗口法设计。

10-9　设一个信号周期内的采样数为 12，试设计一个 FIR 数字滤波器，滤除 3、6 次谐波。

10-10　设一个信号周期内的采样数 10，试设计一个 FIR 数字滤波器，滤除全部的奇次谐波。

第三篇 应 用

第十一章 数字信号处理的实现

本章讨论了数字信号处理的实现方法。首先介绍了采样误差的概念，分析了快速傅里叶变换算法和数字滤波器中的系数量化效应和有限字长效应；然后通过快速傅里叶变换算法和数字滤波器算法的分析，介绍了实现算法的编程方法，并给出了程序实例；最后简要介绍了 DSP 芯片的发展历程、技术特点、内部结构和系统组成等有关知识。

第一节 量 化 误 差 分 析

与模拟信号处理系统相比，数字信号处理系统包含有采样与运算环节。因此，两者的误差表现形式和分析方法有较大的区别。在前面几章的讨论中，均是假设采样环节与运算环节具有无限的精度，而对于实际的数字信号处理系统，由采样环节与运算环节引入的误差是不可避免的。下面对这些问题进行介绍。

一、采样误差

由第四章的内容知道，采样误差是在 A/D 模数变换器的转换过程中产生的。图 11-1 给出了一个典型的数字信号处理系统，其中 A/D 模数变换器担负着将输入的模拟信号变换为数字信号的任务，由它引入的误差与 A/D 模数变换器的原理以及结构有关，属于硬件误差。在模数变换过程中，一般由采样保持和数值量化两部分组成。完成采样保持功能的部分通常称为采样器，完成数值量化功能的部分通常称为量化器。模拟信号 $x_a(t)$ 经过采样器后变成了采样间隔为 T_S 的离散序列 $x(nT_S)$，即有

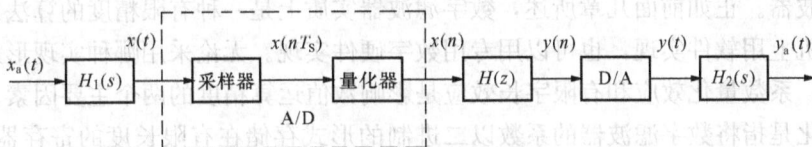

图 11-1 一个典型的数字信号处理系统

$$x(nT_S) = x_a(t) \mid_{t=nT_S} \tag{11-1}$$

在式（11-1）中，尽管 $x_a(t)$ 在时间上已经被离散成序列 $x(nT_S)$，但是在幅值上 $x(nT_S)$ 仍是连续取值的。为了准确地表示每一个序列值，就需要寄存器的位数是无限的。然而，实际系统中寄存器的位数只能是有限的。因此，当采用二进制编码的形式将 $x(nT_S)$ 表示成有限字长的序列 $x(n)$ 时，即对 $x(nT_S)$ 进行量化时，不可避免地产生数值误差。我们称这种误差为量化误差，记为 $e_T(n) = x(n) - x(nT_S)$。量化误差的大小与寄存器的位数和负的采样值

的表示方法有关。以 8 位 A/D 模数变换器为例，设输入模拟电压信号 $x_a(t)$ 的变化范围被限制在 $-5 \sim +5$V 范围内，由于 8 位寄存器的数值表示范围是 $-127 \sim +127$，因此，量化步长为 $\Delta = 5/127 \approx 39$（mV）。当采用二进制的原码截尾表示法时，位于 $-39 \sim +39$mV 的电压信号数值被转换成二进制 10000000 或 00000000，位于 $+39 \sim +78$mV 的电压信号数值被转换成二进制 00000001，依此类推，大于 $+5$V 的电压信号数值被转换成二进制 01111111。此时，量化误差为 -39mV $< e_T(n) \leqslant 0$mV。当采用二进制的原码舍入表示法时，量化误差则为 -19.5mV $< e_T(n) \leqslant 19.5$mV。这里给出的量化误差仅表示取值范围，要精确知道对应每个 $x(nT_S)$ 的实际误差是不可能的。可以采用统计分析的方法对量化误差的一些平均效应进行描述。通常假定量化误差是一个与离散序列 $x(nT_S)$ 完全不相关的白色噪声序列，也称为量化噪声。对采样值进行量化处理时，一般可把量化误差看成是可加的噪声信号，并称信号功率 σ_x 与噪声功率 σ_e 之比为信噪比（SNR－Signal Noise Ratio）。对于二进制的补码舍入表示法的 A/D 模数变换器而言，信噪比 SNR 与 A/D 模数变换器的位数 b 和信号功率 σ_x 的关系式为

$$SNR = 10\lg\left(\frac{\sigma_x^2}{\sigma_e^2}\right) = 6.02b + 10.79 + 10\lg(\sigma_x^2) \tag{11-2}$$

式（11-2）表明 A/D 模数变换器的位数 b 每增加一位，信噪比将提高 6dB。

当模拟信号 $x_a(t)$ 的幅值超出 A/D 模数变换器的允许范围时，需要做限幅处理，这等效于对原模拟信号衰减 A 倍。由于 $x(n)/A$ 的方差是 σ_x^2/A^2，因此，信噪比为

$$SNR = 6.02b + 10.79 + 10\lg(\sigma_x^2) - 20\lg A \tag{11-3}$$

式（11-3）表明采用限幅处理将导致信噪比的下降。另外，如果 $x_a(t)$ 的幅值动态范围太小，也会增加量化误差，从而也导致信噪比的下降。因此，为降低量化误差的影响、提高信噪比，不仅需要增加 A/D 模数变换器的位数 b，而且需要将模拟信号 $x_a(t)$ 的幅值调理到适当的动态范围。

二、数字滤波器的系数量化效应和有限字长效应

在图 11-1 中，$H(z)$ 可以是实现各种功能的数字信号处理系统，但是，在多数情况下是指数字滤波器。正如前面几章所述，数字滤波器实质上是一种有限精度的算法。它既可以在通用计算机上用软件实现，也可以用专用数字硬件实现。无论采用哪种实现形式，都离不开数值运算。系数量化效应和有限字长效应是影响数值运算精度的两个主要因素。

系数量化是指将数字滤波器的系数以二进制的形式存储在有限长度的寄存器中。例如，对于 IIR 数字滤波器，设其系统函数为

$$H(z) = \frac{\sum_{r=0}^{M} b_r z^{-r}}{1 + \sum_{i=1}^{N} a_i z^{-i}} \tag{11-4}$$

从理论设计的角度而言，式（11-4）中的系数 a_i 和 b_r 可以是无限精度的。但是，在数字滤波器的实现中，必须将这些系数量化为有限精度的数值。由此产生的误差称为系数量化误差。这一误差可以导致数字滤波器的零点和极点位置发生漂移并影响该数字滤波器的频率特

性。如果这一误差严重到使原来位于 Z 平面单位圆内的极点漂移到单位圆的外部时，还会破坏该数字滤波器的稳定性。

由于系数量化误差导致数字滤波器的频率特性发生劣化的现象称为系数量化效应。由于 IIR 数字滤波器的频率特性主要由其极点在 Z 平面上的位置决定，因此，分析系数量化效应可以从分析极点位置灵敏度出发。极点位置灵敏度是指每个极点的位置对各系数的敏感程度。假设式（11-4）的极点为 p_k（$k=1,2,\cdots,N$），则第 k 个极点的位置对系数 a_i 的灵敏度为

$$\frac{\partial p_k}{\partial a_i}=\frac{p_k^{N-i}}{\prod\limits_{\substack{j=1\\j\neq k}}^{N}(p_k-p_j)}\tag{11-5}$$

利用式（11-5），可以进一步得出由全部系数的偏差 Δa_i 引起的第 k 个极点位置的偏差量为

$$\Delta p_k=\sum_{i=1}^{N}\frac{p_k^{N-i}}{\prod\limits_{\substack{j=1\\j\neq k}}^{N}(p_k-p_j)}\Delta a_i\quad(k=1,2,\cdots,N)\tag{11-6}$$

式（11-6）表明，极点位置的偏差量除了与系数的偏差量有关以外，还与极点位置的分布情况有关。一方面，如果极点 p_k 与其他极点的距离很近，式（11-6）的分母就很小，从而使 Δp_k 很大。相反，如果极点 p_k 与其他极点的距离很远，则 Δp_k 就较小。另一方面，当数字滤波器由并联型结构或级联型结构实现时，由于每个子系统的极点位置与其他子系统的系数偏差量无关，因此，系数量化效应的影响程度远低于直接型结构。

由于系数量化误差具有随机性，因此，在分析系数量化效应对数字滤波器频率特性的影响时一般采用统计方法。通常采用等效模型分析滤波器频率特性偏差的估值。图 11-2 给出了一个数字滤波器系数量化前后的系统图，系数量化后实际系统的系统函数 $H'(z)$ 被等效为一个无限精度数字滤波器 $H(z)$ 和一个偏差数字滤波器 $H_e(z)$ 的并联。偏差数字滤波器的频率特性为

$$H_e(e^{j\omega})=H'(e^{j\omega})-H(e^{j\omega})\tag{11-7}$$

通过分析上述偏差数字滤波器的频率特性，就可以获得系数量化效应对数字滤波器频率特性影响的统计规律。

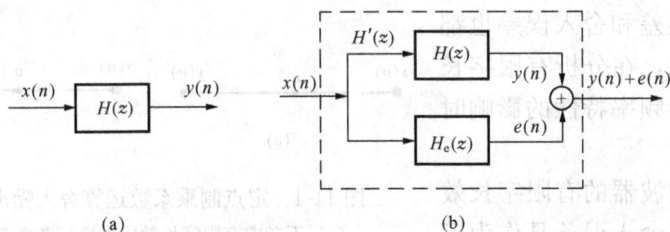

图 11-2　数字滤波器系数量化的等效模型
(a) 无限精度数字滤波器模型；(b) 系数量化后数字滤波器的等效模型

数字滤波器的系数量化后就将参与具体的数值运算。数字滤波器包含加法、延迟和乘法三种基本运算形式。其中，加法和乘法运算要求增加二进制的位数。对于乘法运算，两个 b

位二进制数的乘积是一个 $2b$ 位的二进制数，如果再与一个 b 位的二进制数相乘，其结果将是一个 $3b$ 位的二进制数，依此类推。随着数字滤波器阶数的增加，要求寄存器的位数会越来越高。对于加法运算，虽然两个 b 位二进制数的和仍然是一个 b 位的二进制数，但是，当最高位有进位时，仍然需要增加位数，以便保留进位值；否则，将产生溢出现象。

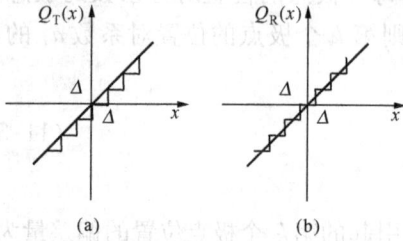

图 11-3　定点补码制截尾
和舍入操作的误差特性
(a) 截尾；(b) 舍入

然而，寄存器的位数只能是有限长的，这就意味着必须对每次运算结果的二进制位数加以限制。由限制过程引入的误差除与寄存器的字长有关以外，还与数的二进制表示方法和系统的结构形式有关。两个定点二进制小数的乘积将使尾数字长增加一倍，对于超出寄存器字长的二进制位数可以采用两种限制方法。一种方法是截尾，即直接截去超出部分；另一种方法是舍入，即如果超出部分的值小于保留部分最低位权值的一半，就简单舍去超出部分，否则，要在舍去超出部分之后向保留部分的最低位加

入 1。由截尾或舍入操作引入的误差与负数的表示方法有关，以较为常用的补码制为例，截尾和舍入的误差特性如图 11-3 所示。

在图 11-3 中，Δ 为量化宽度，若定点二进制小数由 1 位符号位和 b 位尾数组成，则 $\Delta = 2^{-b}$；$Q_{\mathrm{T}}(x)$ 和 $Q_{\mathrm{R}}(x)$ 分别为对二进制数 x 进行截尾和舍入操作后的值，截尾误差为 $E_{\mathrm{T}} = Q_{\mathrm{T}}(x) - x$，舍入误差为 $E_{\mathrm{R}} = Q_{\mathrm{R}}(x) - x$。从图 11-3 可以看出，补码数的截尾误差总为负数，即 $-\Delta < E_{\mathrm{T}} \leqslant 0$，而舍入误差则可正可负，即 $-\Delta/2 < E_{\mathrm{R}} \leqslant \Delta/2$。在实际中，系统大多采用舍入处理方法。

对于浮点二进制数而言，由于其尾数和阶码均是定点二进制数，因此，在运算中也同样存在截尾和舍入误差。但是，与定点二进制数相比，由于浮点二进制数的动态范围远远大于定点二进制数，因此，可以通过调整阶码来避免加法运算中的溢出现象。为了防止在定点二进制数加法运算中出现溢出现象，则必须压缩加数和被加数的幅值。

由图 11-3 的误差特性可以知道，无论截尾误差还是舍入误差都是非线性的。这说明在数字滤波器的运算过程中，有限字长效应相当于在数字滤波器实现结构的某些支路引入了非线性元件。与模数转换过程中的量化误差一样，截尾误差和舍入误差也都具有随机性，因此，在分析有限字长效应对数字滤波器频率特性的影响时也采用统计方法。

在分析数字滤波器的有限字长效应时，截尾误差或舍入误差是作为可

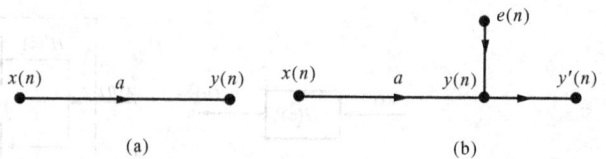

图 11-4　定点制乘系数运算舍入噪声的信号流图
(a) 不考虑有限字长效应；(b) 考虑有限字长效应

加噪声来处理的。例如，对于数字滤波器的乘法运算，不考虑有限字长效应时的信号流图如图 11-4 (a) 所示。假设采用舍入方法对输出量进行处理，则舍入噪声为

$$e(n) = Q_{\mathrm{R}}[y(n)] - y(n) \tag{11-8}$$

式中：$Q_{\mathrm{R}}[\cdot]$ 表示舍入处理。若令 $y'(n)$ 表示经舍入处理后的实际值，即有 $y'(n) = Q_{\mathrm{R}}[y(n)]$，则

由式(11-8),得

$$y'(n)=y(n)+e(n) \tag{11-9}$$

因此,考虑有限字长效应时的信号流图如图 11-4 (b) 所示。

下面,以一阶 IIR 数字滤波器为例。设 IIR 数字滤波器的系统函数为

$$H(z)=\frac{1}{1-az^{-1}} \tag{11-10}$$

对应的差分方程为

$$y(n)=ay(n-1)+x(n) \tag{11-11}$$

其考虑有限字长效应时的信号流图如图 11-5 所示。由式(11-10)可以计算出该数字滤波器的单位采样响应为

$$h(n)=a^n u(n) \tag{11-12}$$

由于稳定的滤波器要求 $|a|<1$,因此,随着 n 的增加,$h(n)$ 将趋于 0。但是,当考虑有限字长效应时,情况却并非如此。假设图 11-5 中 $a=0.5$,$x(n)=0.875\delta(n)$,$y(-1)=0$。若不考虑有限字长效应,则 $y(n)=x(n)*h(n)=0.875\times0.5^n=\{0.875,$ 0.4375, 0.21875, 0.109375, 0.0546875,…$\}$;若采用含 1 位符号位的 4 位二进制定点小数表示,并采用舍入方法保持有限字长时,$y(0)=(0.111)$ 保持不变,$y(1)=y(0)\times a=(0.011100)$ 被舍入为 $0.5\times(0.100)$,$y(2)=y(1)\times a=(0.010000)$ 被舍入为 $0.25\times(0.010)$,$y(3)=y(2)\times a=(0.001000)$ 被舍入为 $0.125\times(0.001)$,$y(4)=y(3)\times a=(0.00010)$ 被舍入为 $0.125\times(0.001)$,$y(5)=y(4)\times a=(0.00010)$ 被舍入为 $0.125\times(0.001)$,$n>5$ 之后,$y(n)=0.125\times(0.001)$ 将保持不变。即当考虑有限字长效应时,$y(n)=\{0.875, 0.5, 0.25, 0.125, 0.125, 0.125,…\}$。若在其他条件不变时 $a=-0.5$,则 $y(n)=\{0.875, -0.5, 0.25, -0.125, 0.125,…\}$,即在 $n>3$ 之后 $y(n)$ 将一直保持等幅振荡形式。上述这种效应通常称为零输入极限环特性,并将限制这种极限环的幅度区间称为死区。它是数字滤波器反馈环路中非线性的有限字长效应作用的结果。

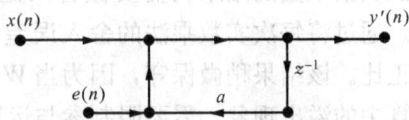

对于定点二进制数而言,加法运算中的溢出现象带来的影响更加严重。例如,设图 11-5 中的 $a=0.5$,$x(n)=0.875\times[\delta(n)+\delta(n-1)]$,$y(-1)=0$。若不考虑有限字长效应,则 $y(n)=x(n)*h(n)=0.875\times[0.5^n u(n)+0.5^{n-1} u(n-1)]=\{0.875, 1.3125, 0.65625,$ 0.328125, 0.1640625,…$\}$。按照前述的分析方法可得到当考虑有限字长效应时,$y(n)=\{0.875, 0.25, 0.125, 0.125, 0.125,…\}$。在某些情况下,溢出现象将使数字滤波器的输出在最大幅度界限之间振荡,由溢出现象引起的振荡称为溢出振荡。

对于高阶数字滤波器而言,分析其有限字长效应是十分复杂的,通常只能分析在一些假设条件下的统计特性。即便如此,这些分析结论对数字滤波器的实现仍具有重要的指导意义。下面,仅给出有关结论:①IIR 数字滤波器的有限字长效应与其实现形式有关,其中并联型结构的分析最为简单,级联型结构中零点和极点的排列次序对系统的信噪比有很大影响,一般性的规律是阶数越高,误差越大,直接型的计算精度最差;②在

图 11-5 一阶 IIR 数字滤波器舍入噪声的信号流图

FIR 数字滤波器的实现形式中，由于直接型结构和级联型结构中不存在反馈环节，因此，不具有零输入极限环特性，但是频率采样型结构则存在零输入极限环特性；③浮点数运算一般不考虑溢出问题，其信噪比与信号的大小和分布无关，定点数运算的信噪比则与信号的大小和分布有关，在相同尾数字长的情况下，浮点制的量化误差要小于定点制的量化误差。

三、离散傅里叶变换中的有限字长效应和系数量化效应

1. 离散傅里叶变换的有限字长效应

由离散傅里叶变换的定义，即

$$X(k) = \sum_{n=0}^{N-1} x(n) W_N^{kn} \quad (k = 0,1,2,\cdots,N-1) \tag{11-13}$$

一般每次复数乘法包含有 4 次实数乘法和 2 次实数加法，如果计及复数乘法中的加法运算，由式(11-13)计算的每一个 $X(k)$ 均需要 $4N$ 次实数乘法和 $4N-2$ 次实数加法。一方面，对于每次实数乘法的结果均需要做舍入处理；另一方面，在每次实数加法中均需要防止溢出现象。通过将每次实数乘法的舍入误差作为可加噪声进行统计分析表明，总的舍入误差与 N 成正比。该结果稍微保守，因为当 W_N 为 0 或 ±1 时不存在舍入误差。为了防止定点数加法运算中的溢出现象，需要限制参与运算数值的动态范围。在最坏的情况下，可能需要把输入序列 $x(n)$ 除以 N。

2. 快速傅里叶变换的有限字长效应和系数量化效应

快速傅里叶变换的有限字长效应与其具体算法有关。本章仅以基 2 时间抽取算法为例进行简要分析。快速傅里叶变换算法的基本运算单元是蝶形运算。设 $X_m(p)$ 和 $X_m(q)$ 为蝶形运算的输入，$X_{m+1}(p)$ 和 $X_{m+1}(q)$ 为蝶形运算的输出，则蝶形运算关系为

$$\begin{cases} X_{m+1}(p) = X_m(p) + W_N^r X_m(q) \\ X_{m+1}(q) = X_m(p) - W_N^r X_m(q) \end{cases} \tag{11-14}$$

其不考虑有限字长效应时的信号流图如图 11-6（a）所示。式（11-14）和图 11-6（a）表明每个蝶形运算仅含有 1 次复数乘法，以 $e(m,q)$ 表示第 m 级第 q 个输入与复系数进行乘法时引入的复数舍入误差，并将舍入误差作为可加噪声的统计模型，如图 11-6（b）所示。

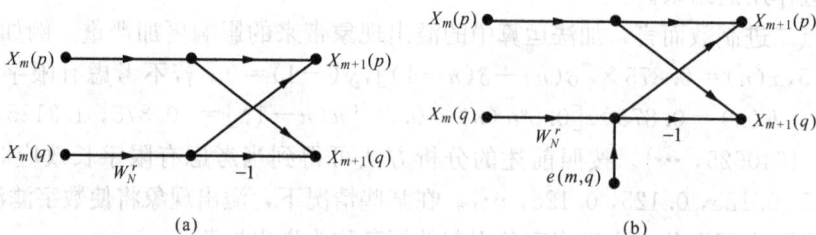

图 11-6　时间抽选算法中舍入噪声的信号流图

（a）不考虑有限字长效应；（b）考虑有限字长效应

由于快速傅里叶变换算法是以蝶形运算作为基本运算单元，与数字滤波器相比其结构形式较为简单，因此，每个输出 $X(k)$ 中总的舍入噪声仅与其涉及的蝶形运算数目有关。对于

$N=2^M$ 点的快速傅里叶变换而言，任意一个输出 $X(k)$ 与第 M 级的 1 个蝶形运算有关，与第 $M-1$ 级的 2 个蝶形运算有关，依此类推，与第 1 级的全部 $N/2$ 个蝶形运算有关。因此，与每一个输出 $X(k)$ 有关的蝶形运算数目为 $1+2+4+\cdots+N/2=N-1$。可以证明，在满足一定条件下，每一个输出 $X(k)$ 中总的舍入噪声与 $N-1$ 成正比，或近似与 N 成正比。这说明若把快速傅里叶变换算法中的 N 加倍或是增加 1 级，总的舍入噪声也将加倍。如果以输出序列的信噪比作为衡量标准，则当 N 加倍时，为了保持信噪比不变，寄存器的字长必须增加 1 位。与离散傅里叶变换的有限字长效应一样，由于当 W_N 为 0 或 ±1 时不存在舍入误差，因此，上述结果稍微保守，分析结果可以作为舍入噪声的上限。

每一个基本蝶形运算除含有 1 次复数乘法外，还含有 2 次复数加法，如果计及复数乘法中的加法运算，则每一个蝶形运算共含有 6 次实数加法。在用定点制小数实现的快速傅里叶变换运算中，必须保证这 6 次实数加法均不出现溢出现象。通常采用以下两种方法防止出现溢出现象。

（1）可以证明，快速傅里叶变换运算中的序列最大模值是逐级非减的，这说明如果快速傅里叶变换的输出 $X(k)$ 的模值小于 1，则各级序列的模值一定小于 1。另外，由于

$$|x(n)|<1/N \quad (0\leqslant n\leqslant N-1) \tag{11-15}$$

是保证 $|X(k)|<1(0\leqslant k\leqslant N-1)$ 的充要条件。因此，只需使输入序列满足式（11-15）即可防止出现溢出现象。

（2）可以证明，在快速傅里叶变换的运算中，当序列模值逐级增加时，新的模值不会大于前一级的两倍。这说明如果使 $|x(n)|<1$，并对每一级的输入序列引入 $1/2$ 的衰减因子，就可防止出现溢出现象。

当然，在硬件条件允许时，防止出现溢出现象的最好办法是采用浮点制运算。

对快速傅里叶变换运算中的系数量化效应的分析一般采用扰动方法，即把系数量化误差等效为在各个系数上叠加扰动起伏，并以白噪声序列模拟起伏量。按照这一分析方法得到的结果表明，由系数量化效应引起的快速傅里叶变换的运算输出序列的信噪比的下降近似与 M 成反比。

第二节　快速傅里叶变换的软件实现

为了满足不同的应用要求，需要采用不同的方法来实现快速傅里叶变换。对于实时性要求不高的可以采用通用计算机以某一种高级语言编程的软件方式来实现，对于实时性要求很高的通常采用专用数字信号处理器以硬件方式来实现。但是，后者的灵活性较差。若要兼顾实时性与灵活性，则可以采用通用数字信号处理器来实现，虽然它也是通过软件来实现快速傅里叶变换的运算，但是，可以直接采用专用的指令集进行编程。本节主要介绍以高级语言编程实现快速傅里叶变换的方法。

本书第七章介绍了快速傅里叶变换的两个基本算法，并给出了流程图，这是实现快速傅里叶变换的依据。本节以基 2 时间抽取算法为例，结合其流程图的特点和算法规律，分析编程时需要考虑的几点规则，然后介绍码位倒置和快速傅里叶变换运算的实现方法，最后给出一个基于 C 语言编写的快速傅里叶变换的参考程序。

一、实现基 2 时间抽取算法的一般规则

基 2 时间抽取算法流程图的特点十分明确,从软件实现的角度出发,回顾第七章总结的算法规律,可以得到如下的 8 条编程规则。

(1) 程序输入序列的元素数目必须为 2 的整数次幂,即 $N = 2^M$,整个运算需要 M 级蝶形运算。

(2) 输入序列应按二进制的码位倒置排列,输出序列按自然顺序排列。

(3) 每个蝶形运算的输出数据均占用其输入数据的存储单元,实现"即位运算"。

(4) 每一级包括 $N/2$ 个基本蝶形运算,共有 $M \cdot N/2$ 个基本蝶形运算。

(5) 第 L 级中有 $N/2^L$ 个群,群与群的间隔为 2^L。

(6) 处于同一级的各个群的系数 W 分布相同,第 L 级的群中有 2^{L-1} 个系数。

(7) 处于第 L 级的群的系数是 $W_N^{\frac{N}{2^L}(p-1)}$ $(p = 1, 2, 3, \cdots, 2^{L-1})$。

(8) 对于第 L 级的蝶形运算,两个输入数据的间隔为 2^{L-1}。

上述 8 条规则涵盖了基 2 时间抽取算法的各个方面,是编程的主要依据。这些规则也指明实现快速傅里叶变换的两个主要部分,即码位倒置程序和蝶形运算程序。码位倒置程序实现输入数据由自然顺序排列到码位倒置排列的转变,蝶形运算程序则完成全部 M 级共 $M \cdot N/2$ 个基本蝶形运算。

二、码位倒置程序

有很多种码位倒置方法,其中雷德(Rader)算法是应用较为广泛的方法。它的基本原理是采用二进制的"反向进位加法"依次产生对应某一字长的码位倒置排列序列。"反向进位加法"是相对于一般加法而言的,并且主要完成加 1 操作。我们知道,若按照一般加法规则完成加 1 操作是将权值最低的数值与 1 相加,若有进位,则需向较高一级权值位进位,即由右向左进位。例如,二进制数 000 加 1 则得 001,若再加 1 则得 010。可见,进位是由右向左完成的。"反向进位加法"的规则与此恰好相反,即将权值最高的数值与 1 相加,若有进位,就向较低一级权值位进位,即由左向右进位。例如,二进制数 000 反向加 1 则得 100,若再反向加 1 则得 010。可见,进位是由左向右反向完成的。按照"反向进位加法"的规则,三位二进制数值由 000 通过加 1 操作得到的排列序列为 000(0)、100(4)、010(2)、110(6)、001(1)、101(5)、011(3)、111(7),恰好与 8 点时间抽取算法要求的输入序列的排列顺序相符。当 M 增加时,这一运算规则同样适用。

在快速傅里叶变换的计算中,输入序列通常以数组的形式存储,即将 N 点输入序列存入数组 $A[I]$,其中 I 为数组 A 的标号,并按照自然顺序排列。对于 C 语言,我们取 $I = 0 \sim N-1$。用程序实现码位倒置的实质就是将数组 $A[I]$ 变为新的数组 $A[J]$,其中标号 J 按照码位倒置排列。在编程时,首先将 I 和 J 置零,然后使 I 按照一般加法规则产生自然顺序排列的标号,使 J 按照"反向进位加法"规则同步地产生码位倒置排列的标号。如果两个新标号相等,则不必交换数组元素的位置,否则,交换数组元素的位置。为了避免重复交换,规定只有当新标号 J 大于 I 时才执行交换操作。

由于 N 恰好为 2 的整数次幂,因此,上述算法中涉及的位操作运算可以等效为对基数 2 的运算。例如,J 的二进制最高位加 1 等效于 J 的十进制加 $N/2$,J 的二进制次高位加 1 等效于 J 的十进制加 $N/4$,依此类推。当判断是否需要进位时也是如此,例如,判断在最高

位加 1 时是否需要进位，只需将被加数与 $N/2$ 相比较，若被加数大于或等于 $N/2$，则表明最高位为 1，需要向次高位进位。需要进位的加法操作分两步完成，首先将该位置零，然后在紧邻右边位上加 1。最高位的置零等效于减 $N/2$，次高位的置零等效于减 $N/4$，依此类推。当需要连续进位时，只需重复执行上述操作即可。在数组 $A[I]$ 的 N 个元素中，元素 $A[0]$ 和 $A[N-1]$ 不需要交换。

实现上述码位倒置算法的程序流程图如图 11-7 所示。需要指出，为了与整个快速傅里叶变换程序的参数一致，码位倒置程序的输入是数组 $A[I]$ 和级数 M。

三、蝶形运算程序

由前述第 4 条规则可知，$N=2^M$ 点快速傅里叶变换共需要完成 $M \cdot N/2$ 个基本蝶形运算。这些蝶形运算可以由外、中、内三层嵌套循环实现。其中，外层循环由级数 L 控制，当循环体执行 M 次后，就完成了全部蝶形运算。中层循环由系数 W 控制，由前述第 6 条规则可知，第 L 级的每个群中均有 2^{L-1} 个不同的系数，因此，若要完成第 L 级的全部蝶形运算，中层循环的循环体需要执行 2^{L-1} 次。内层循环由群数控制，由第 5 条规则可知，第 L 级中有 $N/2^L$ 个群，因此，当内层循环的循环体执行 $N/2^L$ 次后，就完成了第 L 级中对应同一个系数 W 的蝶形运算。内层循环的循环体用来完成式（11-14）的基本蝶形运算，由第 8 条规则可知，对于第 L 级的蝶形运算，两个输入数据的间隔为 2^{L-1}。综上所述，外、中、内三层循环的循环体执行的次数分别为 M 次、2^{L-1} 次和 $N/2^L$ 次，完成的基本蝶形运算数目恰好为 $M \times 2^{L-1} \times N/2^L = M \cdot N/2$（次）。

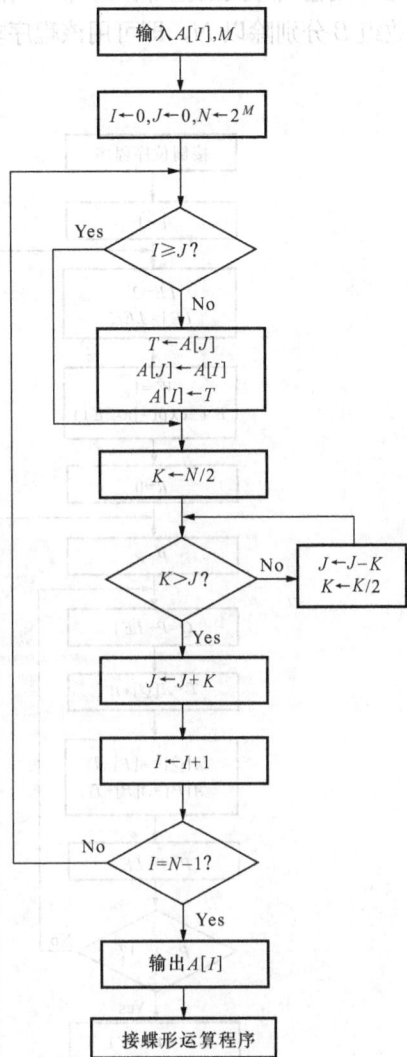

图 11-7 码位倒置算法的程序流程图

实现蝶形运算程序的流程图如图 11-8 所示。图中，L 是级数的序号，最后的判断语句限定了 L 由 1 递增至 M，这构成了外层循环。LE 是群与群的间隔，在内层循环的基本蝶形运算中使用。$LE1$ 是第 L 级的群中系数的个数，R 是系数的序号，中间的判断语句限定了 R 由 0 递增至 $LE1-1$，这构成了中层循环。W 是系数，$W1$ 是第 L 级中系数之间的步长。P 和 Q 分别为基本蝶形运算中两个输入数据在数组中的标号，它们的取值范围由第一个判断语句限定，这构成了内层循环。

一个基于 C 语言的快速傅里叶变换（FFT）参考程序如图 11-9 所示，其中 FFT 是以函数的形式实现的。在函数的形参中，M 是 FFT 运算的级数，数组 A 存有输入序列的实部，数组 B 存有输入序列的虚部。由于采用了"即位运算"，当函数返回时，数组 A 是输出序列的实部，

数组 B 是输出序列的虚部。另外，只需改变复角变量 theta 的极性，并在函数返回前使数组 A 和数组 B 分别除以 N，即可用该程序求快速傅里叶反变换（IFFT）。读者不妨一试。

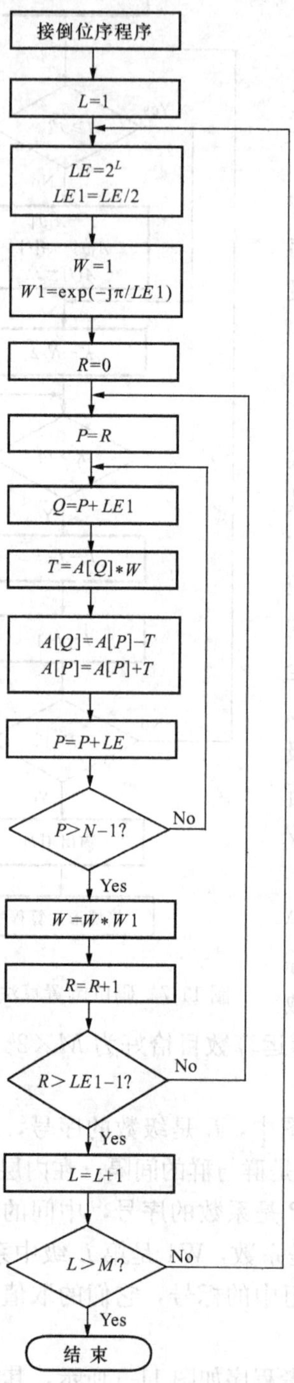

```c
#include "math.h"
#define swap (a, b) float T; T = (a);
(a) = (b); (b) = T
void fft (float A [], float B [], unsigned
M)
{
    unsigned long N, I, J, K, L, LE, LE1,
P, Q, R;
    float Wr, Wi, W1r, W1i, WTr, WTi, the-
ta, Tr, Ti;
    N = 1 << M;
    J = 0;
    for (I = 0; I < N-1; I + +) {
      if (J > I) {
      swap (A [I], A [J]);
      swap (B [I], B [J]);
      }
      K = N >> 1;
      while (K >= 2&&J >= K) {
        J - = K;
        K >> = 1;
      }
      J + = K;
    }
    for (L = 1; L < = M; L + +) {
      LE = 1 << L;
      LE1 = LE/2;
      Wr = 1.0;
      Wi = 0.0;
      theta = (-1) * 3.1415926536/LE1;
      W1r = cos (theta);
      W1i = sin (theta);
      for (R = 0; R < LE1; R + +) {
        for (P = R; P < N-1; P + = LE) {
        Q = P + LE1;
        Tr = Wr * A [Q] - Wi * B [Q];
        Ti = Wr * B [Q] + Wi * A [Q];
        A [Q] = A [P] - Tr;
        B [Q] = B [P] - Ti;
        A [P] + = Tr;
        B [P] + = Ti;
        }
        WTr = Wr;
        WTi = Wi;
        Wr = WTr * W1r - WTi * W1i;
        Wi = WTr * W1i + WTi * W1r;
      }
    }
    return;
}
```

图 11-8　蝶形运算程序流程图　　图 11-9　一个基于 C 语言的快速傅里叶变换参考程序

第三节　数字网络的软件实现

正如第八章所述，数字网络是实现离散时间系统的主体。构成数字网络的基本单元是乘法器、加法器和延迟器。数字网络既可以在通用计算机或通用数字信号处理器上由软件实现，也可以利用三种基本单元构成的专用数字信号处理器由硬件实现。软件实现方式由于可以方便地修改数字网络参数，因此具有很强的灵活性；而硬件实现方式只有通过修改硬件电路才能改变数字网络功能，因此灵活性很差。但是，其简化的接口电路和数据传输系统使硬件实现方式具有较高的处理速度。本节只讨论数字网络的软件实现方式。

本节讨论的数字网络主要是指数字滤波器。第八章已经指出，数字滤波器有递归型结构、非递归型结构和卷积型结构三种实现形式。尽管它们之间没有一一对应的关系，但是，无限冲激响应数字滤波器通常由递归型结构实现，有限冲激响应数字滤波器通常由非递归型结构或卷积型结构实现。例如，N 阶无限冲激响应数字滤波器的系统函数为

$$H(z) = \frac{\sum\limits_{r=0}^{M} b_r z^{-r}}{1 + \sum\limits_{i=1}^{N} a_i z^{-i}} \tag{11-16}$$

对应的差分方程为

$$y(n) = -\sum_{i=1}^{N} a_i y(n-i) + \sum_{r=0}^{M} b_r x(n-r) \tag{11-17}$$

由第八章内容知道，式（11-17）可以按直接Ⅰ型结构或直接Ⅱ型结构来实现。从软件实现的角度来看，可以采用迭代法编程实现上述差分方程。对于无限冲激响应数字滤波器的级联型结构，由于通过因式分解已经将式（11-16）展开为一阶和二阶有理式乘积的形式，因此，可以用相应的一阶和二阶差分方程来实现。由于一阶和二阶差分方程的程序可以方便地进行参数调整，因此，每一级数字网络对应的零极点可以分别进行调节。对于无限冲激响应数字滤波器的并联型结构，每一级数字网络对应的极点同样可以分别进行调节。需要指出的是，对于采用专用数字信号处理器以硬件方式实现无限冲激响应数字滤波器的并联型结构，通常可以实现真正意义上的并行处理，但是，对于采用通用计算机或通用数字信号处理器以软件方式实现无限冲激响应数字滤波器的并联型结构，实际上仍是串行处理。

下面，以第九章无限冲激响应数字滤波器的［例 9-6］说明软件实现方法。设滤波器为级联型结构，其系统函数如下

$$H(z) = H_1(z) H_2(z) H_3(z) \tag{11-18}$$

式中

$$\begin{cases} H_1(z) = \dfrac{0.8338(1+z^{-1})^2}{1 - 1.31432 z^{-1} + 0.71489 z^{-2}} \\[2mm] H_2(z) = \dfrac{0.8338(1+z^{-1})^2}{1 - 1.05410 z^{-1} + 0.37534 z^{-2}} \\[2mm] H_3(z) = \dfrac{0.8338(1+z^{-1})^2}{1 - 0.94592 z^{-1} + 0.23422 z^{-2}} \end{cases} \tag{11-19}$$

显然，该数字滤波器为无限冲激响应数字滤波器，其数字网络和软件流程图分别如图 11-10
和图 11-11 所示。依据软件流程图可以编制出基于 C 语言的实现程序，如图 11-12 所示。应
用该程序可以计算上述数字滤波器输出序列的前 N 个数据。若要求该数字滤波器为具有输
入输出端口的实时数字滤波器，则可以将有限循环改为无限循环，并取消输出数据的长度限
制。这可通过修改 for 循环语句来实现，即

```
for（；；）{
...
}
```

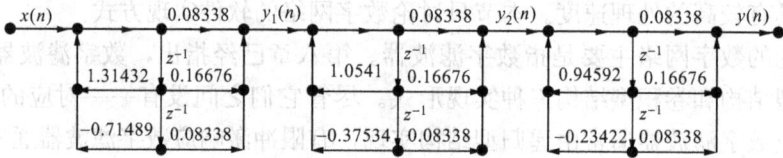

图 11-10　IIR 数字滤波器级联型结构图

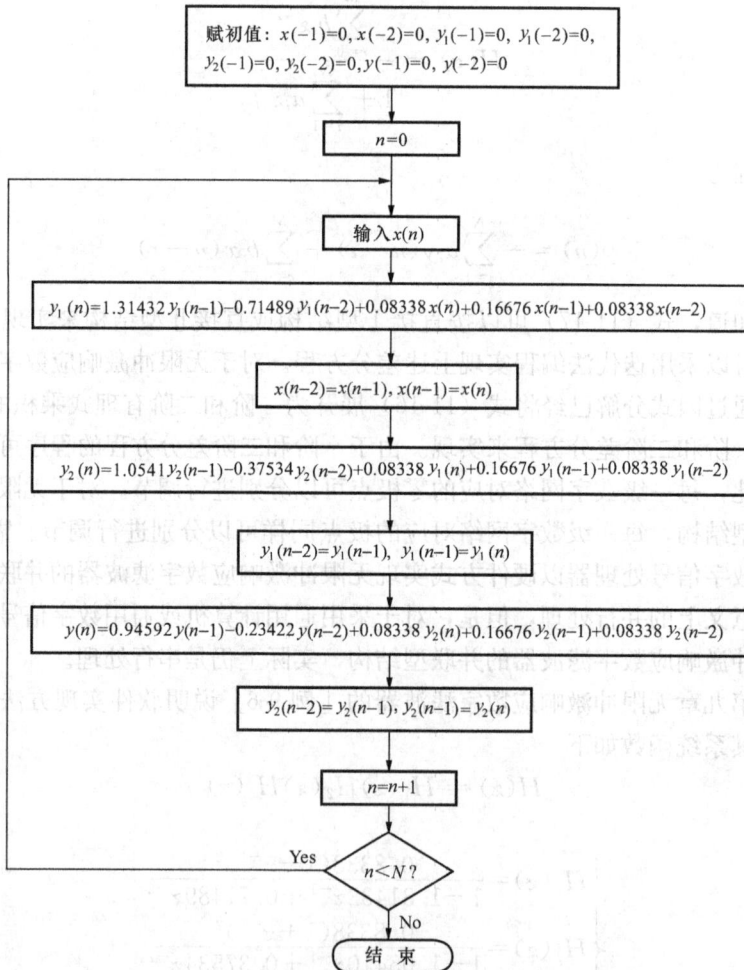

图 11-11　IIR 数字滤波器级联型结构实现程序流程图

然后，将输入输出数据的操作对象由数组修改为端口。

有限冲激响应数字滤波器通常由非递归型结构或卷积型结构实现。从软件实现的角度来看，非递归型结构中的直接型结构也可以由卷积型结构来实现，因此，这两种实现形式是一致的。快速卷积算法在第七章中已经介绍，当输入序列 $x(n)$ 的长度远大于数字滤波器单位采样响应 $h(n)$ 的长度或无限长时，需要将输入序列 $x(n)$ 进行分段，然后再采用重叠相加法计算输出序列。对于非递归型中的级联型结构而言，其结构更为简单，并可以灵活地调整零点位置，请读者自己编程实现第八章 [例 8-5]。

```
# include "math. h"
void IIRDF (float A [ ], unsigned long N)
{
    unsigned long n;
    float x [3] = {0, 0, 0}, y1 [3] = {0, 0, 0}, y2 [3] = {0, 0, 0}, y (3);
    for (n = 0; n<N; n + +) {
        x [0] = A [n];
        y1 [0] = 1.31432 * y1 [1] - 0.71489 * y1 [2] + 0.08338 * x [0] + 0.16676 * x [1] + 0.08338
* x [2];
        x [2] = x [1];
        x [1] = x [0];
        y2 [0] = 1.0541 * y2 [1] - 0.37534 * y2 [2] + 0.08338 * y1 [0] + 0.16676 * y1 [1] + 0.08338
* y1 [2];
        y1 [2] = y1 [1];
        y1 [1] = y1 [0];
        y [0] = 0.94592 * y [1] - 0.23422 * y [2] + 0.08338 * y2 [0] + 0.16676 * y2 [1] + 0.08338 *
y2 [2];
        y2 [2] = y2 [1];
        y2 [1] = y2 [0];
        y [2] = y [1];
        y [1] = y [0];
        A [n] = y [0];
    }
}
```

图 11-12　IIR 数字滤波器的 C 语言程序

第四节　通用数字信号处理器

通用数字信号处理器简称为 DSP 芯片，是专门为快速实现各种数字信号处理算法而设计的、具有特殊结构的微处理器。虽然任何一种数字信号处理算法都可以由通用计算机来实现，但是大多数实用的数字信号处理系统是采用 DSP 芯片，主要原因有两点：一是由通用计算机组成的系统体积大、造价高；二是 DSP 芯片在实现各种数字信号处理算法方面比通用计算机速度更快，更能满足实时性的要求。由于通用数字信号处理器兼顾了算法的灵活性和运算的实时性，在实际中得到了广泛的应用。

一、通用数字信号处理器的发展及主要产品

通用数字信号处理器的商品化起始于 20 世纪 70 年代末期，1979 年 Intel 公司生产的 Intel2920 芯片是早期的 DSP 处理器。但是，其结构中不具备硬件乘法器，因而未被看作真正的 DSP 芯片。1980 年 NEC 公司生产的 μPD7720 芯片具有片内乘法器和存储器，被看作最早的商用 DSP 芯片。1982 年美国德州仪器（TI）公司推出了 TMS320 系列 DSP 芯片，极大地促进了 DSP 芯片的工业应用。

TI 公司是世界上最大的 DSP 芯片供应商，而 MOTOROLA、LUCENT 和 AD 等公司也在市场上占有一定的份额。基于最新开发的、性能更高的 DSP 内核，各大公司都推出了新的 DSP 芯片，例如 MOTOROLA 公司的 MCS8101、LUCENT 公司的 STARPRO2000、AD 公司的 ADSP-21535 以及 TI 公司的 TMS320C55X 和 TMS320C64X 等系列芯片。目前，TI 公司的 TMS320 系列 DSP 芯片是市场上的主流产品，用户较多。其他常用的 DSP 芯片还有 AT&T 公司的 DSP16 和 DSP32、NEC 公司的 μPD7720 和 μPD77230、MOTOROLA 公司的 DSP56000 和 DSP96000 等。

目前，TI 公司的 TMS320 系列包括了定点、浮点和多处理器 DSP 芯片，其体系结构非常适合实时信号处理。主要产品有 TMS320C2000、TMS320C5000 和 TMS320C6000 三大系列，每个系列都具有不同的特色，包含了很多品种。其中，TMS320C2000 将数字信号的实时处理能力与控制器的外设功能集于一体，是进行优化控制的最佳 DSP，一般被称为 DSP 控制器。因此，TMS320C2000 系列产品不但在电子信息工程领域，而且在电气工程领域均具有广泛的应用，例如电力系统、电力电子技术、自动化系统和电机控制等领域。TMS320C2000 系列中最具代表性的产品是 TMS320C24X 和 TMS320C28X。TMS320C5000 系列比 TMS320C2000 系列性能更好，并适应远程通信等实时嵌入式系统的要求，主要应用于电子信息工程领域。

二、通用数字信号处理器的技术特点

为了适应快速数字信号处理运算的要求，DSP 芯片普遍采用了特殊的硬件和软件结构。主要表现在以下几点。

1. 哈佛结构及改进的哈佛结构

与通用计算机普遍采用冯·诺依曼（Von Neumann）结构不同，DSP 芯片主要采用哈佛（Harvard）结构和改进的哈佛结构。冯·诺依曼结构是将数据和程序代码存储在同一存储器中，数据和程序代码共用单一的地址和数据总线，依靠指令计数器提供的地址对数据、地址和指令进行区分。该结构的优点是结构简单，缺点是对数据和指令的读取必须分时进行，降低了运算速度。哈佛结构则是一种并行体系结构，其主要特点是将数据和程序存储在不同的存储器空间，对程序和数据存储器单独编址，独立访问。因此，DSP 芯片可以并行处理数据和程序，提高了数据吞吐率，从而大大提高了运算的速度。为了进一步提高数字信号处理的效率，又对哈佛结构进行了改进，使得程序和数据存储空间之间可以进行数据传送，这就是改进的哈佛结构。这样，可以允许将数据存放在程序存储器中，并可以被算术运算指令直接使用，从而保证从程序存储器和数据存储器中同时提取数据，提高计算速度。目前，DSP 芯片普遍采用改进的哈佛结构。

2. 多总线结构

DSP 芯片内部还设置了多条数据总线和程序总线，分别传输数据和程序指令，使数据的读操作和写操作、数据和程序地址分开。这样，DSP 芯片对数据和程序指令的读取可以在一个周期内同时进行，提高了运算速度。正是由于采用了哈佛结构和多总线结构，才使得DSP 芯片可以利用流水线技术执行各种指令。

3. 流水线技术

计算机在执行一条指令时，一般要经过取指、译码、取数、执行运算等步骤，需要若干指令周期才能完成。流水线技术是将多个指令的各步骤重叠起来执行，而不是一条指令执行完毕之后再执行另一条指令。如图 11-13 所示，如果 DSP 芯片具有四级深度的流水线，当执行第 1 条指令时，可以同时对第 2 条指令进行取数操作，对第 3 条指令进行译码操作，对第 4 条指令进行取指操作。可见，流水线操作方式大大缩短了指令周期，增强了处理器的处理能力。使用流水线技术后，虽然每条指令还是要经过以上的操作步骤，但是将一个指令段综合起来看，其中的每一条指令可以在一个周期内完成。

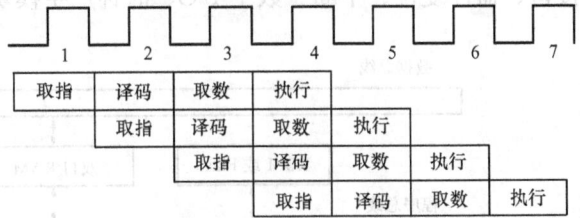

图 11-13　DSP 芯片的流水线技术

4. 专用的硬件乘法器

由前面几章的讨论可知，构成数字网络的基本单元是乘法器、加法器和延迟器，在数字信号处理的算法中有大量的乘法和加法运算。因此，为了保证实时性，利用 DSP 芯片完成数字信号处理算法必须提高加法操作和乘法操作的执行速度。一般的通用微处理器内部只能执行加法操作和逻辑操作，乘法操作则由软件完成，因此一次乘法操作需要多个机器周期。所以，对于需要大量乘法操作的数字信号处理算法而言，通用微处理器的结构是不经济的。为此，DSP 芯片内部设置了一个或两个专用的硬件乘法器，并在此基础上进而形成了乘累加结构，使得一次乘加操作可以在一个机器周期内完成，从而提高了数字信号处理算法的执行速度。

5. 片内外两级存储结构

大多数的 DSP 芯片均采用片内外两级存储结构，提高了处理器的寻址能力。寻址能力的提高使得 DSP 芯片能够完成对大量数据的处理任务。在片内外两级存储结构中，多个片内存储器可以并行访问，具有很高的速度。

6. 特殊的指令系统

DSP 芯片指令系统的特殊性体现在两个方面。一方面是 DSP 芯片使用了适应数字信号处理算法要求的特殊指令，如可以实现数字信号处理算法中经常遇到的延迟运算的指令、乘累加指令等；另一方面是 DSP 芯片指令系统还采用多种不同的寻址方式，满足不同的要求。

此外，为了自身工作和与其他设备配合的需要，DSP 芯片中还具有丰富的外设，主要包括时钟发生器、定时器、等待状态发生器、通用输入输出（I/O）以及满足 IEEE 1149.1标准的 JTAG 扫描式仿真器接口等。

三、TMS320C24X 芯片的结构

为了更好地应用 DSP 芯片，首先需要了解其内部结构。下面以电气工程中常用的 16 位定点 DSP 芯片 TMS320C24X 为例进行简单介绍。

TMS320C24X 基于改进的哈佛结构，不但有独立的数据存储空间和程序存储空间，还

有 I/O 存储空间用来映射外设和控制寄存器。外设也可以映射到数据空间，因此关于数据空间的操作均可用于外设。图 11-14 所示为 TMS320C24X 的结构框图，其主要功能单元有中央处理器单元（CPU）、内部存储器、外设。此外，还有几个系统级部件，例如外部存储器接口、器件复位、中断、数字 I/O、时钟产生模块等。

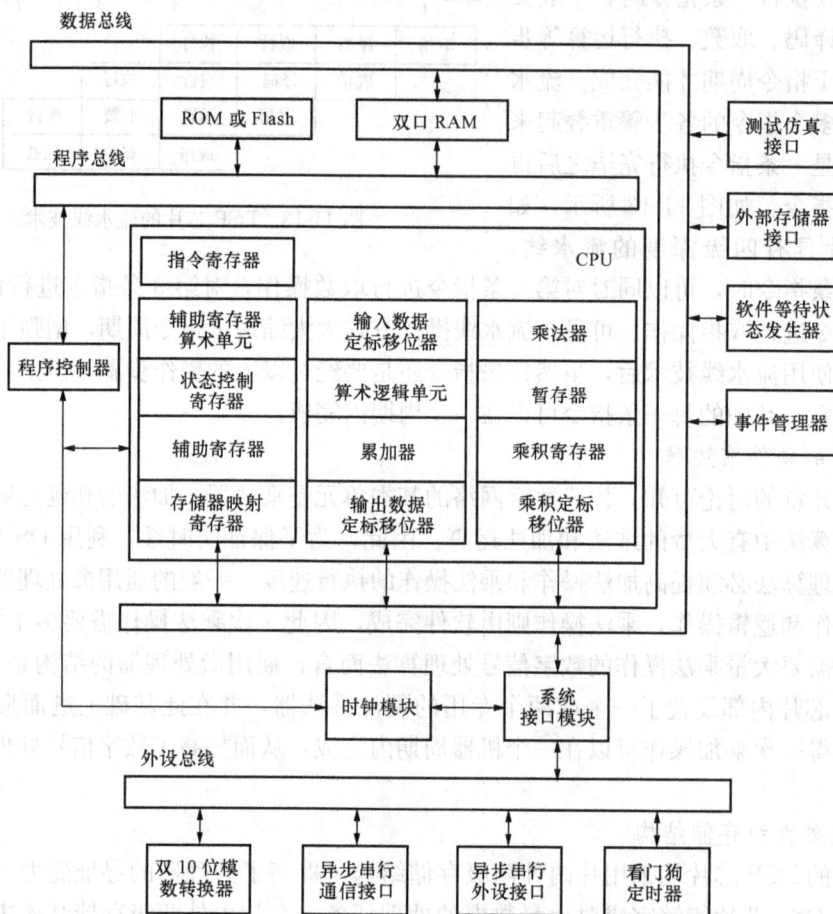

图 11-14　TMS320C24X 的结构框图

1. 中央处理器单元

TMS320C24X 芯片的 CPU 的主要功能模块包括 1 个 32 位的中央算术逻辑单元（CALU）、1 个 32 位的累加器（ACC）、CALU 的输入和输出数据定标移位器、1 个 16×16 位的乘法器、1 个乘积定标移位器、1 个辅助寄存器运算单元（ARAU）、8 个辅助寄存器 AR0～AR7 和状态寄存器 ST0、ST1 等。

CALU 主要进行二进制的算术运算，还可以做布尔运算。其输入数据主要由数据存储器、指令或乘法器获得，其运算结果存储于累加器中。累加器中的高 16 位或低 16 位可分别存于数据存储器中。

3 个定标移位器可以作移位、位提取、扩展算术运算等，主要用于数据的处理。

片内的乘法器可作 16×16 位的二进制乘法，得到 32 位的计算结果。暂时寄存器用来存储乘数中的一个,乘积寄存器存储乘法计算的结果。有乘法器、暂时寄存器和乘积寄存器支持,CPU 可以有效地进行基本的 DSP 运算功能,例如线性卷积、相关、滤波等。

辅助寄存器算术单元执行与 CALU 无关的算术运算,在 8 个辅助寄存器支持下,提供了灵活而强大的间接寻址能力。

两个状态寄存器包含了决定 DSP 处理器工作方式、地址指针以及指示处理器不同条件和算术逻辑运算结果的数据位,可保存到数据存储器中或从数据存储器加载,可用于子程序中保存和恢复机器的状态。

2. 存储器

TMS320C24X 片内存储器包括 544 字的片内数据双口随机存取存储器(DARAM),其中 288 字始终用作数据存储器,其余 256 字既可用作数据存储器也可用作程序存储器。片内还有 4K 字或 16K 字的掩膜只读存储器(ROM)或 Flash EEPROM。芯片除了具有片内存储器外,还可以进行外部扩展。芯片的片内外存储器包括了 64K 字数据存储空间、64K 字程序存储空间、64K 字 I/O 空间和 32 K 字的全局空间,可寻址范围达到 224K 字。

数据存储器主要用来存放数据,可以采取直接寻址和间接寻址来寻址。程序存储器除了可以存储程序代码外,还可以存储数据和中间的计算结果。I/O 空间用来映射外设和控制寄存器。

3. 内部总线结构

TMS320C24X 芯片内部设有 6 组 16 位的数据和程序总线,将数据读和数据写总线独立分开,使得数据读写可在一个周期内完成。6 组总线分别是:①程序地址总线,主要为程序存储器的读/写提供地址;②数据读地址总线,主要为从数据存储器读数据提供地址;③数据写地址总线,主要为向数据存储器写数据提供地址;④程序读总线,将从程序存储器读取的指令代码以及表格信息等送到 CPU;⑤数据读总线,将数据从数据存储器载送到中央算术逻辑单元和辅助寄存器算术单元;⑥数据写总线,将数据载送到程序存储器和数据存储器。

此外,芯片还配合系统接口模块,设置了 16 位的外设总线,沟通了 CPU 与外设的联系。外设总线最多可接 16 个片内外设。

4. 程序控制器

程序控制是指控制程序的执行顺序。一般情况下,程序是顺序执行的,但也可以转移到非顺序的地址开始执行。TMS320C24X 程序地址的控制是由硬件结构和软件指令来提供的。产生程序地址的来源有六个方面。第一,程序顺序执行时,由程序计数器与当前指令决定;第二,执行空操作时,由程序地址寄存器决定;第三,从子程序或中断程序返回时,由堆栈的栈顶数据决定;第四,执行表或块移动指令时,由微堆栈决定;第五,执行转移、调用或中断指令时,由程序读总线从指令代码或中断向量表中得到;第六,执行转移和调用指令时,由数据读总线从累加器得到。

5. 片内外设

TMS320C24X 包括 2 个十位的模数转换(ADC)、1 个串行通信接口(SCI)、1 个串行外设接口(SPI)和事件管理器(EV)等模块。事件管理器含有 3 个通用定时器、3 个具有死区功能的全比较单元、3 个简单比较单元、脉宽调制发生器、4 个捕获单元、2 个正交编码器脉冲电路及中断逻辑等。正是由于这些外设的功能,使得 TMS320C24X 非常适合电机控制等领域的工作。

6. 中断管理系统

中断可以确保 CPU 在运行中能够高效实时地处理外设的各种服务请求。TMS320C24X 的中断包括了软件中断和硬件中断两大类。硬件中断又可分为可屏蔽中断和不可屏蔽中断。通过中断向量可以识别各种中断源。

此外，TMS320C24X 还具有其他的一些功能模块满足不同的用途。例如，系统接口模块为外设提供了一个接口，时钟模块为处理器提供了各种时钟频率，等待状态发生器模块为访问慢速的外设和存储器提供了便利，看门狗和实时中断模块用来监视软件和硬件的操作，提高了 CPU 的可靠性，系统配置寄存器可用来改变系统的一些功能等。

四、TMS320C24X 的指令系统和寻址方式

TMS320C24X 的指令集和 TMS320C2XX 的指令集相同，开发的程序源代码向下与 TMS320C2X 兼容，向上与 TMS320C5X 兼容。其指令系统根据功能可分为累加器、算术与逻辑指令，辅助寄存器和数据页指针指令，暂时存储器、乘积存储器和乘法指令，转移指令以及 I/O、存储器操作指令。具体的指令功能和用法可参考有关文献，此处不再列出。

TMS320C24X 的指令系统中包含三种寻址方式，即立即数寻址、直接寻址和间接寻址。

五、DSP 系统的设计和开发

开发一个 DSP 系统需要两方面的工作，即硬件设计和软件设计。硬件设计又称为目标板设计，主要在算法需求、成本等方面考虑 DSP 系统的硬件组成结构。在选择了 DSP 芯片之后，工作的重点是设计 DSP 的外围电路，包括 DSP 引脚连接、总线驱动、时钟控制、引导程序控制、存储器配置、通信口配置、I/O 口控制等，称之为 DSP 基本系统设计或 DSP 最小系统设计。

1. 系统的组成

DSP 芯片的内部结构决定了它的系统组成，一般可以按以下三种方式组成系统。

(1) 单处理器系统。即用一个 DSP 芯片通过必要的外部存储器及 I/O 接口的扩展组成单机处理系统，这一系统结构简单，成本较低，是典型的目标板结构。图 11-15 所示为单处理器最小系统的组成框图。

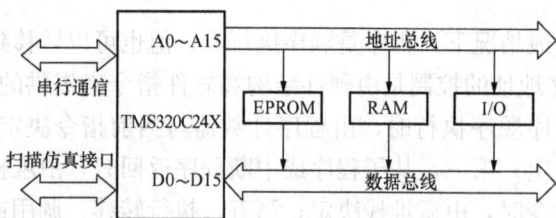

图 11-15 DSP 芯片单处理器最小系统组成框图

(2) 并行多处理器系统。采用多个 DSP 芯片通过共享全局数据存储器构成多机处理系统，可提高数字信号的处理速度。

(3) 主从处理器系统。将通用计算机作为主系统，将 DSP 芯片作为从系统，主从系统间的数据交换通过系统总线进行。

在实际中，大多数情况下 DSP 系统需要处理的是模拟信号，因此 DSP 芯片的前端需要配置 A/D 变换器，而后端则需要配置 D/A 变换器。图 11-16 所示为一个典型的主从结构 DSP 系统的组成框图。低通滤波器 I 用于限制输入模拟信号的最高频率，起到抗频谱混叠的作用。信号调理电路主要对模拟信号的幅值进行可控的限制，使得模拟信号的幅值总是在 A/D 变换器的有效范围内。A/D 变换器和 D/A 变换器分别完成模数和数模转换功能。低通

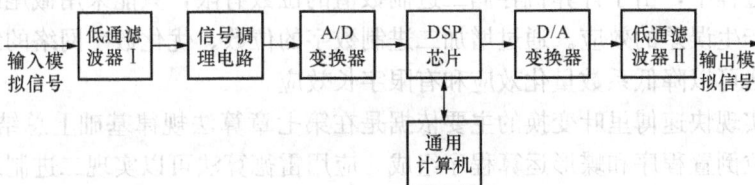

图 11-16　主从结构数字信号处理系统的组成框图

滤波器Ⅱ又称为恢复滤波器，它主要完成 D/A 变换器输出信号的平滑滤波功能。通用计算机不仅可以为 DSP 系统提供运行界面，而且能够方便地对 DSP 芯片的运行参数进行设置，使数字信号处理系统的功能更加灵活。

2. DSP 系统的开发

DSP 系统的开发需要一整套的软硬件开发工具。TI 公司提供的系统集成和调试工具主要包括 C/汇编源代码调试器、软件仿真器、DSP 初学者工具、评估模板和扩展开发环境等。

DSP 系统不但需要硬件资源支持，还需要进行软件开发，以便提供数字信号处理算法和监控系统运行情况。软件的开发可以是基于汇编语言的，也可以是基于 C 语言的，或进行混合编程。其过程主要包括算法的确定、算法流程设计、源程序的编写、程序调试等环节。程序编写中可以使用伪指令和宏指令。为了使源文件具有模块化结构，采用了公共目标文件格式（COFF），这样为管理源代码和目标系统存储器提供了方便。软件的开发流程如图 11-17 所示。

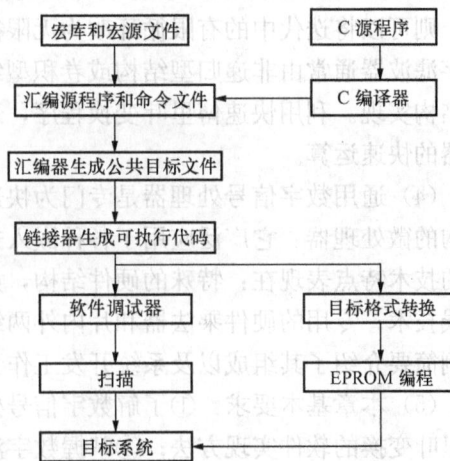

图 11-17　DSP 系统软件开发流程图

目前，在软件开发时普遍采用集成开发环境 CC 或 CCS，并以工程的形式组织软件开发中的所有文件。

DSP 系统的开发是一项复杂的工作，在此不能详细说明，有兴趣的读者可以参考专门的设计手册或教材。

本章要点回顾与基本要求

（1）本章对数字信号处理实现中的误差进行了分析，并介绍了快速傅里叶变换和数字网络的软件实现方法。实际的数字信号处理系统的误差主要表现为采样误差、系数量化效应和有限字长效应。采样误差是在 A/D 模数变换器的转换过程中产生的。通过提高 A/D 变换器的位数，并将模拟信号调理到适当的动态范围，可以降低采样误差的影响。量化误差是在利用有限位数的二进制数字表达采样值时产生的，它对外表现为量化噪声，降低了信号处理系统的信噪比。系数量化效应是指将数字网络中的系数用有限长度的二进制数字表达时将产生量化误差，并进而导致数字网络性能劣化的效应。有限字长效应是指在数字网络和离散傅里叶变换的运算过程中，由于计算机存储二进制数值的位数有限，只能采用截尾或舍入来限制二进制位数而产生误差的效应。通过增加二进制数字的位数、优化数字网络的结构和改进二进制数表示方法可以降低系数量化效应和有限字长效应。

（2）编程实现快速傅里叶变换的主要依据是在第七章算法规律基础上总结的 8 条规则。软件主要由码位倒置程序和蝶形运算程序组成。应用雷德算法可以实现二进制序数的码位倒置，其中的位操作运算可以等效为对基数 2 的运算。基本蝶形运算程序由外、中、内三层嵌套循环实现，分别由级数、系数和群数控制。给出了一个基于 C 语言的快速傅里叶变换的参考程序，说明了程序调用方法和输入/输出关系。

（3）数字网络是实现离散时间系统的主体。以数字滤波器为例，介绍了数字网络的软件实现方法。根据滤波器的类型确定软件实现方法。对于无限冲激响应数字滤波器，首先确定其结构形式，然后采用迭代法实现其运算。若要求滤波器为具有输入输出端口的实时滤波器，则可以将迭代中的有限循环改为无限循环，并取消输出数据的长度限制。有限冲激响应数字滤波器通常由非递归型结构或卷积型结构实现，非递归型中的直接型结构也可以由卷积型结构实现。利用快速傅里叶变换程序，通过快速卷积算法，可以实现有限冲激响应数字滤波器的快速运算。

（4）通用数字信号处理器是专门为快速实现各种数字信号处理算法而设计的、具有特殊结构的微处理器。它广泛应用于各种嵌入式的智能设备和自动化系统中。通用数字信号处理器的技术特点表现在：特殊的硬件结构，如哈佛结构和多总线结构；特殊的指令系统以及流水线技术；专用的硬件乘法器和片内外两级存储结构等。以 TI 公司的通用数字信号处理器为例简要介绍了其组成以及系统开发工作。

（5）本章基本要求：①了解数字信号处理实现中的误差组成及其分析方法；②掌握快速傅里叶变换的软件实现方法；③掌握数字滤波器的软件实现方法；④了解通用数字信号处理器的技术特点。

习 题 十一

11-1 选择一种计算机语言，编制卷积型结构数字网络的程序，然后利用所编制的程序计算以下两个序列的卷积，并将计算结果与手算结果进行比较。

$$x(n)=u(n)-u(n-6), h(n)=u(n-2)-u(n-5)$$

11-2 设一个无限冲激响应数字滤波器的系统函数为

$$H(z)=\frac{b_0+b_1 z^{-1}}{a_0+a_1 z^{-1}+a_2 z^{-2}}$$

其中 $b_0=0.09\pi$，$b_1=0.14\pi$，$a_0=1$，$a_1=0.9\sqrt{2}$，$a_2=0.4\sqrt{3}$，若用 8 位字长的寄存器存放系数，试写出该数字滤波器系统函数的实际表示式。

11-3 假设图 11-1 中 A/D 变换器的位数是 8 位，输入的模拟信号为

$$x(t)=3\sqrt{2}\sin(100\pi t) \quad (V)$$

A/D 变换器的输入范围为 ±5V。试写出当采样频率为 800Hz 时 $x(t)$ 的第一个信号周期内采样数据的实际值。

11-4 选择一种计算机语言，实现第八章 ［例 8-5］。

11-5　比较通用计算机和通用数字信号处理器在结构上的异同点，总结数字信号处理器的技术特点。

11-6　设计一套主从结构数字信号处理系统，要求给出模拟系统的电路原理图。选择 A/D 变换器、D/A 变换器和 DSP 芯片的型号，说明数据线的连接方式以及 DSP 芯片数据与计算机数据的交换方法。

第十二章　信号分析与处理的应用

本章主要讨论信号分析与处理的应用问题。在信号分析方面，主要介绍了如何应用快速傅里叶变换分析周期信号和非周期信号的频谱以及系统的频率特性。在信号处理方面，以电气工程为背景主要介绍了模拟滤波在高压直流换流站中的应用，以及数字滤波在数据预处理中的应用。最后，对线性相关的概念和快速相关算法进行了讨论，并简要地介绍了相关分析技术在系统辨识中的应用。

第一节　概　　述

信号分析与处理的目的通常有两个：一个是信号的特征分析，即获取信号的特征参数；另一个是信号变换，即将信号由原形式变换为符合某种特定要求的形式。如果采用数字信号处理技术实现上述目的，则数字系统部分表现为某种算法。与第一种目的对应的称为数字谱分析，主要采用快速傅里叶变换分析信号或系统的频率特性，分析的结果是一系列的特征参数。与第二种目的对应的称为数字滤波，主要应用无限冲激响应数字滤波器或有限冲激响应数字滤波器将输入序列按照一定的要求变换为输出序列。但是，正如第三章第五节所指出的那样，并不是所有的信号都可以通过数字技术处理，比如对于电力系统具有功率要求的高电压、大电流的信号的谐波抑制，就只能通过模拟滤波技术实现。

通过本书前两章关于信号分类的描述，我们知道，在实际工程中遇到的信号有两大类，一类信号的幅值与时间的关系可以由确定的数学表达式或确定的数据惟一地描述，即这类信号的幅值随时间的变化规律是确定的，通常将这类信号称为确定性信号；另一类信号的幅值与时间的关系是随机的，通常将这类信号称为随机性信号。对于确定性信号，它具有明确的傅里叶变换关系，理论上可以准确地分析信号的频谱特性；对于随机性信号，由于其本身不具有傅里叶变换关系，因此不能准确地分析信号的频谱特性，而只能用功率谱密度来表征它的统计平均谱特性，称为随机性信号的谱估计。本章仅对确定性信号进行讨论。

信号频谱的概念来源于信号的正交分解，它特指当按照某种基函数分解信号时各个基函数之间的关系，当采用正弦函数或其复指数函数作为基函数时，即为它们之间的幅值关系和相位关系。数字谱分析就是采用数字信号处理方法分析各类信号的频谱特性。对于傅里叶分析而言，尽管各类信号频谱分析的工具都是离散傅里叶变换或快速傅里叶变换，但是，对于不同形式的信号，其分析方法和误差表现还是有区别的。前已述及，信号还可以分类为周期信号和非周期信号，下面分别针对周期信号和非周期信号讨论其信号的数字谱分析方法和误差问题。

系统分析的目的主要是获取系统的频率特性，应用快速傅里叶变换，通过对系统激励与响应的频谱分析，可以实现对系统频率特性的分析。在电气工程众多应用领域中，相关分析有广泛的应用，在快速傅里叶变换的基础上，本章将对这方面的内容进行简要的介绍。

第二节　周期信号的数字谱分析

周期信号是电气工程中最常见的一类信号。为了分析方便，我们按照信号的频谱将周期信号进一步分为带限周期信号和非带限周期信号。带限周期信号即是频带受限的周期信号，设 $x_{\mathrm{p}}(t)$ 是周期为 T_0 的带限周期信号，其频谱满足

$$X_{\mathrm{p}}(\mathrm{j}k\Omega_0) = \begin{cases} X_{\mathrm{p}}(\mathrm{j}k\Omega_0), & k\Omega_0 \leqslant \Omega_{\mathrm{m}} \\ 0, & k\Omega_0 > \Omega_{\mathrm{m}} \end{cases} \tag{12-1}$$

$$\Omega_0 = \frac{2\pi}{T_0}$$

式中：Ω_0 为周期信号的基波角频率；Ω_{m} 为周期信号含有的最高角频率。

由第一、二章的内容知道，该周期信号可以按傅里叶级数展开，即

$$x_{\mathrm{p}}(t) = c_0 + \sum_{k=1}^{k_1} c_k\cos(k\Omega_0 t + \varphi_k) = \sum_{k=-k_1}^{k_1} X_{\mathrm{p}}(\mathrm{j}k\Omega_0)\mathrm{e}^{\mathrm{j}k\Omega_0 t} \tag{12-2}$$

式中，$k_1 = \dfrac{\Omega_{\mathrm{m}}}{\Omega_0}$ 为周期信号 $x_{\mathrm{p}}(t)$ 所含的最高次谐波的次数，$X_{\mathrm{p}}(\mathrm{j}k\Omega_0)$ 与式（1-35）中的 F_k 的含义相同。由式（6-67），得

$$X_{\mathrm{p}}(\mathrm{j}k\Omega_0) = \frac{1}{T_0}\int_0^{T_0} x_{\mathrm{p}}(t)\mathrm{e}^{-\mathrm{j}k\Omega_0 t}\mathrm{d}t \tag{12-3}$$

为了利用快速傅里叶变换计算周期信号 $x_{\mathrm{p}}(t)$ 的频谱，需要将 $x_{\mathrm{p}}(t)$ 离散为周期序列 $x_{\mathrm{p}}(n)$。设采样时间为 T_{s}，则有

$$x_{\mathrm{p}}(n) = \sum_{n=-\infty}^{\infty} x_{\mathrm{p}}(t)\delta(t-nT_{\mathrm{s}}) \tag{12-4}$$

为了满足采样定理，一个信号周期内的采样点数应满足 $N=\mathrm{int}\left(\dfrac{T_0}{T_{\mathrm{s}}}\right)=\mathrm{int}\left(\dfrac{\Omega_{\mathrm{s}}}{\Omega_0}\right)>2k_1$，其中，$\mathrm{int}(\cdot)$ 表示取整数运算。设一个周期内采集 N 个点，由离散傅里叶变换，得

$$x_{\mathrm{p}}(n) = \frac{1}{N}\sum_{k=0}^{N-1} X_{\mathrm{p}}(k)\mathrm{e}^{\mathrm{j}\frac{2\pi}{N}nk} \qquad (n=0,1,\cdots,N-1) \tag{12-5}$$

$$X_{\mathrm{p}}(k) = X(k) = \sum_{n=0}^{N-1} x_{\mathrm{p}}(n)\mathrm{e}^{-\mathrm{j}\frac{2\pi}{N}nk} \qquad (k=0,1,\cdots,N-1) \tag{12-6}$$

式（12-6）中的离散傅里叶变换 $X(k)$ 可由快速傅里叶变换计算，它与周期信号频谱 $X_{\mathrm{p}}(\mathrm{j}k\Omega_0)$ 的关系已经由第六章的式（6-76）给出，即

$$X_{\mathrm{p}}(\mathrm{j}k\Omega_0) = \frac{1}{N}X(k) \qquad (k=0,1,\cdots,N/2) \tag{12-7}$$

由于假设周期信号为带限的，在式（12-6）中的 N 个频谱值中，除了直流分量外，仅有 $2k_1$ 个可能的非零值，其余 $N-1-2k_1$ 个频谱值应为零，而在 $2k_1$ 个频谱值中也只有一半是独立的。

当周期信号以正弦函数为基函数进行展开时，由式（12-2），可得周期信号的频谱与离散傅里叶变换之间的对应关系为

$$\begin{cases} c_0 = X_{\mathrm{p}}(0\omega_1) = \dfrac{1}{N}X(0) \\ c_k = 2X_{\mathrm{p}}(k\omega_1) = \dfrac{2}{N}X(k) \qquad (k=0,1,\cdots,k_1) \end{cases} \tag{12-8}$$

可见，当周期信号以不同基函数展开时，零次谐波即直流分量的关系是相同的，而其他各次谐波分量的关系是不同的。以正弦函数为基函数展开时的频谱幅值是以复指数函数为基函数展开的频谱幅值的 2 倍。当对周期信号进行频谱分析时，要特别注意这一点。

在工程中，为了抑制随机干扰，通常截取信号的多个周期进行分析。设截取 M 个周期，每个周期内的采样点数仍为 N 个，也就是在 MT_0 时间段内共采集了 MN 个点。此时，式 (12-7) 变为

$$X_p(jk'\Omega'_0) = \frac{1}{MN}X(k') \qquad (k' = 0,1,\cdots,MN/2) \qquad (12\text{-}9)$$

以 MT_0 为周期的基波角频率为 $\Omega'_0 = \frac{2\pi}{MT_0} = \frac{\Omega_0}{M}$。因此，在式 (12-2) 的假设下，式 (12-9) 中只在满足 $k'=Mk$ ($k=0$, 1, $\cdots$, k_1) 的点上为独立的非零频谱值。式 (12-8) 也有与此相应的变化。

上述讨论均是在满足采样定理和对信号进行整周期截断的前提条件下进行的，如果这两个前提条件得不到满足，将分别引起频谱混叠和频谱泄漏现象，这将导致频谱分析的偏差。下面对这两类误差进行简要的分析。

(1) 混叠误差。前已述及，为了满足采样定理，一个信号周期 T 内的采样点数应该满足 $N=\mathrm{int}(\frac{T_0}{T_s})=\mathrm{int}(\frac{\Omega_s}{\Omega_0})>2k_1$。当这个关系得不到满足时，由式 (4-9) 知道将出现频谱混叠现象。这一现象对频谱分析的影响有两个方面。一方面，式 (12-7) 中离散傅里叶变换 X (k) 仅有一半是独立的，即由离散傅里叶变换能够分析到的最高次谐波的次数为每周期采样点数的一半。因此，将导致部分更高次的谐波在频谱分析中"丢失"。另一方面，当出现频谱混叠现象时，在能够分析的谐波点上将出现幅值误差。如果采用多个周期的采样方法，还会出现假频现象，即式 (12-9) 中不满足 $k'=Mk$ ($k=0$, 1, $\cdots$, k_1) 的点上也可能出现非零的频谱值。在实际中，为了避免出现频谱混叠现象，一般取一个周期内的采样点数不低于最高谐波次数的 2.5 倍，即满足 $N \geqslant 2.5k_1$。

(2) 泄漏误差。对周期信号以采样时间 T_s 采集 N 个点并进行离散傅里叶变换时，在数学上相当于对原信号施加了一个宽度为 NT_s 的时间窗函数运算。在频域上表现为原信号频谱与窗口函数频谱的频域卷积。当 NT_s 为周期信号周期 T_0 的整数倍时，由于频域卷积时某次谐波幅值与其他次谐波窗口函数频谱的过零点重合，因此不会引起频谱泄漏效应，否则将引入泄漏误差。泄漏误差的表现有三个方面。第一是谐波频率的漂移，由于 NT_s 不再为周期信号周期 T_0 的整数倍，从而导致由离散傅里叶变换得到的频谱值不再对应原周期信号的谐波值；第二是频谱的泄漏，即式 (12-7) 中原为零值的 $N-2k_1$ 个频谱值不再为零，式 (12-9) 中不满足 $k'=Mk$ ($k=0,1,\cdots,k_1$) 的点上也可能出现非零的频谱值；第三是频谱分析的误差，即周期信号中原有的 k_1 个频谱值将引入分析误差。此外，由于频谱泄漏引入了高频成分，原有满足采样定理的条件将被破坏。因此，将出现频谱混叠现象，从而引入混叠误差。这也说明了频谱泄漏效应与频谱混叠现象之间的联系。抑制频谱泄漏效应的硬件措施是采用同步采样技术，软件措施是选用更好的窗函数。

对于非带限周期信号而言，它含有无穷次谐波成分。例如，方波信号就是一个最典型的非带限周期信号。对于非带限周期信号，在理论上无法满足采样定理。因此，采样过程必然产生频谱混叠。虽然提高采样频率可以降低混叠误差，但是并不能完全消除。在工程中通常

采用施加抗混叠模拟低通滤波器的措施，理想模拟低通滤波器的幅频特性为

$$H(\Omega) = \begin{cases} 1, & |\Omega| \leqslant \Omega_c \\ 0, & |\Omega| > \Omega_c \end{cases} \tag{12-10}$$

然后选择采样角频率 $\Omega_s > 2\Omega_c$，即可得到角频率 Ω_c 以内的各次谐波的频谱值。但是，实际的模拟低通滤波器不可能有式（12-10）那样的理想特性，因此，上述限带处理过程将不可避免地引入误差。通带的不平坦也将导致谐波幅值出现误差，阻带的非理想特性将引起频谱混叠。此外，模拟低通滤波器还可能引入相位误差。但是，只要这些误差影响不超过工程允许的范围就可以了。非带限周期信号频谱泄漏误差的分析与带限周期信号相似。

第三节　非周期信号的数字谱分析

由于非周期信号不再有傅里叶级数展开的形式，因此，对于非周期信号 $x(t)$，频谱分析的数学工具是傅里叶变换，即

$$x(t) = \frac{1}{2\pi} \int_{-\infty}^{\infty} X(j\Omega) e^{j\Omega t} d\Omega \tag{12-11}$$

$$X(j\Omega) = \int_{-\infty}^{\infty} x(t) e^{-j\Omega t} dt \tag{12-12}$$

式中：$X(j\Omega)$ 为非周期函数 $x(t)$ 的频谱密度函数。

利用离散傅里叶变换或快速傅里叶变换可以近似计算 $X(j\Omega)$。首先，以采样时间 T_s 采集 N 个点，即对非周期信号 $x(t)$ 截取的时间窗口宽度为 $T = NT_s$；其次，计算采样序列 $x(n)$ 的离散傅里叶变换 $X(k)$；最后，依据式（6-73）可以得到 $X(j\Omega)$ 在 $\Omega = k\frac{2\pi}{T}(k=0, 1, \cdots, N/2)$ 处的频谱值，即

$$X(j\Omega) \mid_{\Omega=2k\pi/T} = T_s X(k) = \frac{T}{N} X(k) \qquad (k=0,1,\cdots,N/2) \tag{12-13}$$

其单位为非周期信号 $x(t)$ 的单位乘以 s（秒）或除以 Hz（赫兹）。例如，非周期信号 $x(t)$ 为电压信号时，其单位为 V（伏特），则其频谱密度函数 $X(j\Omega)$ 的单位为 V/Hz（伏特/赫兹）。

下面着重分析非周期信号频谱分析的误差问题。为了分析方便，我们按照持续时间的不同，将非周期信号分为有限持续时间非周期信号和无限持续时间非周期信号。有限持续时间非周期信号即是有始有终的非周期信号，该类信号具有明确的时间起始点，历经一定的时间段后或者归零，或者趋于零以致可以忽略。电气工程中的大量瞬态信号就是有限持续时间非周期信号的特例。例如，静电放电信号、雷电冲击信号和开关操作信号等。在很大程度上可以说有限持续时间非周期信号的频域分析就是瞬态信号的频域分析。对瞬态信号进行频谱分析需要注意以下几点。

（1）混叠误差。由傅里叶变换知道，瞬态信号具有无限宽的频谱。因此，采样过程不能满足采样定理的要求，采样过程必然引入频谱混叠。虽然提高采样频率可以降低混叠误差，但是，无法将其彻底消除。

（2）泄漏误差。有限持续时间非周期信号的特点使得这个问题不再突出，由于瞬态信号一般具有时间的起始点和终止点，因此，可以较为方便地将时间截断点选在起始点之前和终

止点之后。这种利用信号特点自然形成的开窗形式有时称为加自然窗，这与在数学上施加矩形窗是一致的。

（3）栅栏效应。瞬态信号的频谱密度函数是连续的，但是，利用离散傅里叶变换计算获得的频谱密度只能是有限个离散值。因此，相邻两个谱线之间频率点的频谱是不能得到的。这就好像通过栅栏观看景物一样，只能看到未被栅栏结构挡住的部分。在数字谱分析中，能够计算得到的频谱值相当于"栅栏"的透过部分，而谱线之间的频谱被"栅栏"结构挡住了。通常将这个现象称为"栅栏效应"。降低"栅栏效应"的措施是提高频率的分辨率，也就是缩小两个谱线之间的频率间隔。因为谱线之间的频率间隔越小，在一定频率范围内能够观察到的频谱值就越丰富，被"栅栏"结构挡住的部分就越少。由于频域上的谱线间距与时域上的窗口宽度成反比关系，因此，缩小谱线间距的具体方法就是增加时间窗口的宽度，即延长对信号的记录时间。对于瞬态信号而言，可以通过在原信号采样序列的尾部补充零值，即通过补零加长了 N，以实现在保持采样频率不变的前提下延长信号的记录时间。

无限持续时间非周期信号即是在时域上无始无终的非周期信号，与有限持续时间非周期信号一样，由于不具有时间上的周期性，因此在频域上表现为连续频谱密度函数。尽管对该类信号频谱分析的方法与对有限持续时间非周期信号类似，但是在误差的表现上仍然有所区别。为了分析方便，我们进一步将无限持续时间非周期信号分为带限信号和非带限信号。带限信号的频带是受限的，这类信号较少，前面几章中提到的采样信号，即 $Sa(t)$ 信号是最典型的一种。$Sa(t)$ 信号在时域上具有无限的持续时间，而在频域上则为矩形函数。对无限持续时间非周期信号进行频谱分析需要注意以下几点。

（1）混叠误差。与瞬态信号一样，非带限信号的频谱密度的宽度也是无限的，采样过程也无法满足采样定理的要求，也会引起频谱混叠。然而对于带限信号而言，如果不考虑截断效应的影响，只要将采样频率设定在信号截止频率的 2 倍以上即可，以保证理论上不会产生混叠误差。

（2）泄漏误差。由于要分析无限持续时间非周期信号的频谱密度，因此，在时域上对其进行截断是不可避免的。这说明对无限持续时间非周期信号的频谱分析只能是片段性的，即只能得到截断区内信号部分的频谱密度，不可能获得整个信号的频域特征。时域上的截断将会在频域上引起频谱泄漏现象。泄漏误差产生的机理与第九章有限冲激响应数字滤波器的窗口法涉及的有关内容类似，只是要将采样序列 $x(n)$ 视为有限冲激响应数字滤波器的单位采样响应 $h(n)$，其误差分析在此不再重复。为了抑制频谱泄漏现象，也可以像有限冲激响应数字滤波器那样选择适当的窗口函数。需要指出的是，由时域截断导致的频谱泄漏改变了带限信号的条件，因此，在实际中对无限持续时间的带限信号的采样过程也可能不再满足采样定理的要求，同样会引起频谱混叠。

（3）栅栏效应。与有限持续时间非周期信号一样，利用离散傅里叶变换计算无限持续时间非周期信号的频谱也不可避免地存在栅栏效应。但是，由于无限持续时间非周期信号是无始无终信号，在时域截断时不存在自然窗，因此，不能再依靠补零操作来提高信号的频率分辨率。只能通过延长数据采集的实际记录时间，才能相应地提高原信号的频率分辨。如果像对瞬态信号的补零操作那样，在已记录的信号序列尾部补充零值，则只能使已记录的信号序列的频谱分析得到细化，却不能真正提高原信号的频率分辨率。

第四节 线性时不变系统的频率特性分析

数字信号处理还广泛应用于对系统特性的分析。系统特性包括时域特性和频域特性，系统的时域特性由微分方程或差分方程描述，频域特性则由系统函数描述。本节内容只讨论系统的频域特性，且仅涉及单输入单输出的线性时不变系统。

一个具有单输入单输出的线性时不变系统的频率特性可以通过分析其输出与输入的关系确定，这一过程通常称为系统辨识。在这里输入信号作为激励，输出信号作为响应。如果能够通过分析激励与响应的关系最终确定模拟系统的系统函数 $H(s)$ 或数字系统的系统函数 $H(z)$，则称获得了系统的参数描述。否则，如果只能获得系统的幅频特性和相频特性，则是获得了系统的非参数描述。对系统进行参数描述需要一整套完整的理论，感兴趣的读者可以参考有关书籍。本节只讨论系统的非参数描述问题。

模拟系统的频率特性是指其系统函数 $H(s)$ 在虚轴上的变化规律，即

$$H(j\Omega) = H(s)\,|_{s=j\Omega} \tag{12-14}$$

其幅频特性和相频特性分别为

$$\begin{cases} |H(j\Omega)| = |H(s)|_{s=j\Omega} \\ \varphi(j\Omega) = \arg[H(j\Omega)] \end{cases} \tag{12-15}$$

有时还利用频率 f 取代模拟角频率 Ω。数字系统的频率特性是指系统函数 $H(z)$ 在单位圆上的变化规律，即

$$H(e^{j\omega}) = H(z)\,|_{z=e^{j\omega}} \tag{12-16}$$

同样，其幅频特性和相频特性分别为

$$\begin{cases} |H(e^{j\omega})| = |H(z)|_{z=e^{j\omega}} \\ \varphi(\omega) = \arg[H(e^{j\omega})] \end{cases} \tag{12-17}$$

在实际中遇到的系统多为模拟系统，以下主要讨论模拟系统的频率特性的分析问题。

分析系统频率特性的框图如图 12-1 所示，$x(t)$ 为激励信号，$y(t)$ 为响应信号，且设系统的初始状态为零。图中的分析仪部分主要包括两路信号的调理电路、两路模/数变换电路和计算分析单元。对于线性时不变系统而言，其零状态响应 $y(t)$ 为系统的单位冲激响应 $h(t)$ 与输入信号 $x(t)$ 的卷积，即

图 12-1 系统频率特性
分析框图

$$y(t) = x(t) * h(t) \tag{12-18}$$

由卷积定理，得

$$Y(j\Omega) = X(j\Omega)H(j\Omega) \tag{12-19}$$

式中：$X(j\Omega)$、$Y(j\Omega)$ 和 $H(j\Omega)$ 分别为 $x(t)$、$y(t)$ 和 $h(t)$ 的傅里叶变换。

式（12-19）是分析系统频率特性的依据，即首先给系统施加激励信号 $x(t)$，同时测量 $x(t)$ 和响应信号 $y(t)$，通过两个信号的傅里叶变换，便获得其系统的频率特性，即

$$H(j\Omega) = \frac{Y(j\Omega)}{X(j\Omega)} \tag{12-20}$$

激励信号 $x(t)$ 有多种形式可选，当应用数字信号处理方法分析系统的频率特性时，若

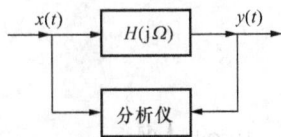

激励信号不同以及采样方式和算法不同，系统分析的精确度和效率也不相同。下面分三种情况进行讨论。

（1）将激励信号 $x(t)$ 选为单位冲激函数，即 $x(t) = \delta(t)$。由于 $\delta(t)$ 的傅里叶变换为 1 且具有无限宽的频谱，因此，只需计算响应信号 $y(t)$ 的傅里叶变换就可以得到系统的频率特性

$$H(j\Omega) = Y(j\Omega) \tag{12-21}$$

需要指出的是，尽管在理论上说这最简单的方法，且不需要对激励信号进行处理，但是在实际中 $\delta(t)$ 极难产生，因此很难实现。

（2）将激励信号 $x(t)$ 选为正弦函数，例如 $x(t) = A_x\cos(\Omega_1 t + \varphi_x)$。对于线性时不变系统而言，当激励信号为正弦函数时，其响应信号也必为正弦函数形式，即 $y(t) = A_y\cos(\Omega_1 t + \varphi_y)$。因此，只要同时对激励信号 $x(t)$ 和响应信号 $y(t)$ 进行采样，并计算它们的幅值和相角就可以得到系统在该频率点的频率特性，即

$$\begin{cases} \mid H(j\Omega_1) \mid = \dfrac{A_y}{A_x} \\ \varphi(j\Omega_1) = \varphi_y - \varphi_x \end{cases} \tag{12-22}$$

改变激励信号的角频率 Ω_1，就可以得到系统在其他角频率点的频率特性。通常称这种方法为扫频法。在实际中可以对多个周期的信号进行采样，以便抑制噪声的干扰。这使得以正弦函数为激励信号的方法具有很高的幅频特性分析精度。但是，为了获得高精度的相频特性，需要分别保证激励信号和响应信号的通道具有一致的延迟时间，在实际中这是很难实现的。因此，扫频法难以高精度地分析系统的相频特性。此外，当被测量的系统具有宽带特性时，应用该方法需要的时间也很长。

（3）将激励信号 $x(t)$ 选为某种特殊信号，例如，采样函数 $Sa(t)$。令 $x(t) = ASa(\Omega_c t)$，其傅里叶变换为

$$X(j\Omega) = \begin{cases} \dfrac{A\pi}{\Omega_c}, & \mid \Omega \mid < \Omega_c \\ 0, & \mid \Omega \mid > \Omega_c \end{cases} \tag{12-23}$$

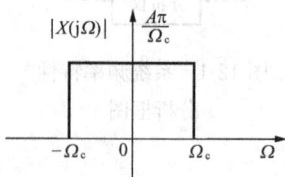

图 12-2　信号 $x(t) = ASa(\Omega_c t)$ 的幅频特性

该信号的幅频特性如图 12-2 所示。由图 12-2 可以看出，信号 $x(t) = ASa(\Omega_c t)$ 在其截止频率 Ω_c 内的频谱为一个常数，这使得被测系统在 $0 \sim \Omega_c$ 频带内得到了均匀的频率激励。因此，只要计算出响应信号的频谱，通过简单的运算即可以得到系统在 $0 \sim \Omega_c$ 频带内的频率特性，即

$$H(j\Omega) = \frac{Y(j\Omega)}{X(j\Omega)} = \frac{\Omega_c}{A\pi}Y(j\Omega), \mid \Omega \mid < \Omega_c \tag{12-24}$$

改变 Ω_c 即可以调整分析的频带范围。例如，为了分析一台 10kV/0.2kV 的电磁式电压互感器在 $0 \sim 2MHz$ 频带内的频率特性，选用峰值为 20V、截止频率为 2MHz 的 $Sa(t)$ 信号作为激励，即

$$x(t) = 20\,\frac{\sin(4\pi \times 10^6 t)}{4\pi \times 10^6 t}$$

以 10MHz 的采样频率采集记录了 2048 个点，截断窗的宽度为 $T = 2048/10 = 204.8$（μs）。应用式（12-24）即可得到该电压互感器的频率特性。

　　为了降低分析误差，在应用采样函数 $Sa(t)$ 作为激励信号时应当注意以下两个问题。一是信号的采样率应满足采样定理，即采样角频率应当大于 Ω_c 的 2 倍；二是对信号的截断问题，如前所述，由于 $Sa(t)$ 信号是无始无终的非周期信号，因此，必然存在频谱的泄漏效应。为了抑制泄漏效应，应当尽量增加截断窗的宽度，使截断处的信号幅值足够小。另外，增加截断窗的宽度还有利于提高频率分辨率。

　　与选用正弦函数作为激励信号的扫频法相比，选用采样函数 $Sa(t)$ 的方法不仅效率高，而且可以分析得到系统的相频特性。但是，系统噪声、量化误差和截断误差对该方法的影响要大于扫频法。

　　除了选用上述三种信号作为激励信号以外，白噪声信号也常被选作激励信号，它的特点是可以使被测系统在几乎整个频带内得到均匀激励。但是，由于白噪声为随机信号，不具有确定的傅里叶变换，因此，不能应用本节的方法分析系统的频率特性。应用相关分析方法，通过计算输入白噪声和输出信号的功率谱可以分析系统的频率特性，这部分内容将在本章第六节中介绍。

第五节　模拟滤波器在直流换流站谐波抑制中的应用

　　在本书的第一篇第三章中介绍了模拟滤波器的设计方法和电路实现方法，在第二篇第八、九、十章中介绍了数字滤波器的设计方法。在工程实践中存在两种需要滤波的信号。一种是波形信号，即该类信号包含的全部信息均在其波形中，人们主要关心其波形信息，信号的幅值和能量通常都很小。在这种情形下，如果需要对信号进行滤波处理，则既可以采用模拟滤波器，也可以采用数字滤波器。典型的例子是对工业生产中各类测量传感器输出的信号进行的滤波处理。另一种是对功率有要求的信号，即该类信号的主要目的是传输电功率，其幅值和功率通常都很大，无法采用数字滤波器滤除该类信号中的无用信号，只能采用模拟滤波器来实现。高压直流换流站中对交直流换流过程产生的谐波的抑制即是一个典型的例子。

　　近年来，远距离大容量的高压直流输电技术得到快速发展。我国已陆续建成多项 $\pm500\mathrm{kV}$ 和 $\pm800\mathrm{kV}$ 直流输电工程。由于目前电力系统中的发电和用电主要采用交流电，因此如果采用直流输电就必须经过交流变换成直流以及直流变换成交流的换流过程。该过程由大容量换流阀实现，在换流站内完成。换流阀的非线性特性导致换流过程产生大量高次谐波。谐波会造成电力设备应力增加、温度升高和控制保护设备误动作等危害，必须加以滤除。由于这类谐波能量较大，因此无法采用数字滤波器而必须采用模拟滤波器。

　　以直流变换交流的逆变型换流站为例，在交流侧产生的谐波有特征谐波、非特征谐波和通过穿透作用产生的谐波三种主要类型。其中特征谐波所占比重最大，是滤波器设计的主要考虑因素。所谓特征谐波，就是电力电子换流器在理想的平衡状态下工作时产生的特定次数的谐波电流成分。谐波次数仅与换流器的电路结构有关，对于绝大多数直流输电工程采用的12 脉动换流器而言，其产生的特征谐波次数为 $(12k\pm1)$ 次，即 11、13、23、25、35、37次等。我国电力系统的基波频率为 $50\mathrm{Hz}$，则 12 脉动换流器产生的特征谐波频率为 550、650、1150、1250、1750、1850Hz 等。

　　通常采用调谐滤波器，即将滤波器并联在逆变型换流站的交流侧，将滤波器的谐振频率设计为某个或多个谐波频率，使之在谐振频率点上形成低阻抗的旁路通道。这种连接形式即是第三章第四节图 3-28 所示的并联型结构形式。根据谐振频率的个数可分为单调谐、双调谐和三调谐滤波器。

将一个电感 L 和一个电容 C 串联，利用其串联谐振特性即可构成单调谐滤波器，如图 12-3 所示。

由第三章的分析方法，可以得到其阻抗函数为

$$Z_{ab}(s) = \frac{s^2 LC + 1}{sC} \tag{12-25}$$

分析易得，该阻抗函数有两个极点 ∞ 和 0，有一对共轭零点

$$s_0 = \pm j \frac{1}{\sqrt{LC}} \tag{12-26}$$

阻抗函数零点对应的频率即为谐振频率，也是调谐频率点。单调谐滤波器参数的选择主要考虑额定电压下单台滤波器的基波无功容量、调谐频率和器件的耐压、耐流能力等。若基波 f_1 时电容器的无功容量为 Q_n，额定电压为 U_n，则电容值应为

$$C = \frac{Q_n}{2\pi f_1 U_n^2} \tag{12-27}$$

若调谐频率为 f_t，则电感值应为

$$L = \frac{1}{4\pi^2 f_t^2 C} \tag{12-28}$$

单调谐滤波器的优点是结构简单，对单一重要谐波的滤除能力强、损耗低，且维护要求低；其缺点是低负荷时的适应性差，抗失谐能力低。在某 $\pm 800 kV$ 换流站的交流侧，11 次和 13 次特征谐波采用了单调谐滤波器。

调谐锐度是衡量调谐滤波器的重要指标，它反映了滤波器在谐振点及其临近频率点的阻抗变化特性。一方面，调谐锐度越大表明滤波器在调谐频率点的阻抗越小，频率选择性越好，从而滤波效果越好；另一方面，对于偏离谐振点的频率而言，调谐锐度越大则这些频率点的阻抗增加越快，对这些频率点的滤波效果劣化越快。实际中电力系统的工作频率并不总是固定在 50Hz，而是在多重因素的作用下有一定的频率偏移。因此，为了避免系统频率偏移时滤波效果的急剧恶化，需要人为地降低滤波器的调谐锐度。通常采用在 LC 串联电路中串接一个小电阻 R 来实现。

衡量调谐锐度的参数是串联谐振电路的品质因数

$$Q = \frac{\sqrt{L/C}}{R} \tag{12-29}$$

可见通过改变 R 值可以改变 Q 值，从而调节滤波器的频率选择性。

双调谐滤波器可以由一个 LC 串联支路与一个 LC 并联支路串联在一起组成，如图 12-4 所示。

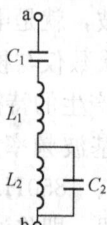

图 12-3 单调谐滤波器电路图　　图 12-4 双调谐滤波器电路图

由第三章的分析方法，可以得到其阻抗函数为

$$Z_{ab}(s)=\frac{s^4 L_1 L_2 C_1 C_2 + s^2(L_1 C_1 + L_2 C_2 + L_2 C_1)+1}{s^3 L_2 C_2 C_1 + s C_1} \qquad (12\text{-}30)$$

该阻抗函数的极点有∞、0和一对共轭极点

$$s_p = \pm j \frac{1}{\sqrt{L_2 C_2}} \qquad (12\text{-}31)$$

该阻抗函数的零点为两对共轭零点

$$\begin{cases} s_{01} = \pm j \sqrt{\dfrac{(L_1 C_1 + L_2 C_2 + L_2 C_1)+\sqrt{(L_1 C_1 + L_2 C_2 + L_2 C_1)^2 - 4 L_1 L_2 C_1 C_2}}{2 L_1 L_2 C_1 C_2}} \\ s_{02} = \pm j \sqrt{\dfrac{(L_1 C_1 + L_2 C_2 + L_2 C_1)-\sqrt{(L_1 C_1 + L_2 C_2 + L_2 C_1)^2 - 4 L_1 L_2 C_1 C_2}}{2 L_1 L_2 C_1 C_2}} \end{cases}$$

$$(12\text{-}32)$$

在某±800kV换流站的交流侧，为了简化结构并降低成本，在滤除23、25、35次和37次特征谐波时采用了双调谐滤波器。即将双调谐滤波器的两个谐振频率设计为24次谐波点（1200Hz）和36次谐波点（1800Hz），这样虽然需要滤除的4个谐振频率点都不在调谐点上，但由于都临近谐振点，因此也具有足够的滤除效果。实际工程中，双调谐滤波器也利用一个电阻对调谐锐度进行了调整。

三调谐滤波器可以由一个LC串联支路与两个LC并联支路串联在一起组成，由于现场调谐较为困难，因此目前的应用范围不广。有关三调谐滤波器的设计内容，感兴趣的读者请参阅相关专业书籍。

第六节　数字滤波在谐波分析中的应用

与信号的谱分析不同，数字滤波具有对信号的时域变换功能，它将一个时域序列变换为另一个时域序列。变换的目的各不相同，有的是为了滤除输入序列中的高频分量，有的则是为了滤除输入序列中的低频分量等，低通、高通、带通、带阻和全通等数字滤波器基本涵盖了数字滤波的功能形式。对输出序列的处理由使用目的的不同来决定，有时需要将输出序列通过D/A变换器变换为模拟信号，那么数字滤波器连同前部的A/D变换器和后部的D/A变换器一同构成了对模拟信号进行处理的级联系统，该系统的输入和输出端口特性等效于一个模拟滤波器。有时不需要将输出序列变换为模拟信号，而只需将输出序列仍以数字信号的形式输入到下一级处理或分析之中，此时数字滤波器起到了对数据进行预处理的功能。

电气工程的许多领域都应用了数字滤波技术，例如，电力系统的微机保护就是其中一例。当电力系统在运行中发生故障时，继电保护装置应当及时地判断出故障类型，并且做出正确的处理动作。当前，基于微机型继电保护装置正在取代机电型继电保护装置，成为电力自动化系统的重要组成部分。微机型继电保护装置主要由数据采集系统、计算分析系统和输出控制系统组成。数据采集系统从现场采集电压和电流信号，并经A/D变换器将模拟信号转换为数字信号。计算分析系统计算信号的时域或频域特征参数，并通过和预设参数值的比较对电力系统的工作状态做出判断。如果检测到故障发生，就由输出控制系统发出操作指令。由于微机型继电保护装置是一种典型的故障处理系统，因此，其检测、判断和执行等各

个环节的速度至关重要。为了节省计算时间，一些微机型继电保护装置在信号特征参数的分析方面采用了一些特殊算法，这些算法要求输入信号应为工频正弦信号。然而，无论是在电力系统正常运行时还是在发生故障情况下，采集到的信号中均会含有大量的谐波成分或暂态成分，这将影响这些特殊算法计算结果的准确性。为此，需要利用数字滤波器对输入序列进行预处理或滤波处理。

从一个含有众多谐波成分的信号中提取基波信号通常采用窄带带通滤波器。我们可以采用频带变换法和频率采样法设计符合要求的窄带带通滤波器。但是，为了很好地滤除与基波频率邻近的直流和二次谐波成分，要求带通滤波器具有陡峭的过渡带。这样势必要求相应提高滤波器的阶数。我们知道，滤波器的延迟与阶次成正比，阶次越高则延迟越长，从而导致其实时性也就越差。这与微机型继电保护装置对高速度的要求是相悖的，所以在实际中应用需要在滤波效果和速度之间进行权衡。

前已述及，输入数据采集系统的信号不是纯粹的工频正弦信号，而是含有其他频率成分的畸变信号，主要是频率为整数倍工频的谐波成分。尽管还含有谐间波等其他频率成分的分量，但是，这些频率分量所占的比重一般较小。许多微机型继电保护装置采用的数字滤波器正是在忽略了非整数次谐波成分，仅考虑整数次谐波成分的前提条件下设计的。在第十章第四节介绍了有限冲激响应数字滤波器的零点设计法，本节内容是其补充与具体化。

设从现场采集的模拟信号为 $x_p(t)$，频率为 50Hz。微机型继电保护装置在 $x_p(t)$ 的每个周期内采集 12 个点，即采样频率为 600Hz，将 $x_p(t)$ 转换为序列 $x(n)$。理论研究表明，为了滤除序列 $x(n)$ 中整数次谐波成分，可以采用形式较为简单的减法滤波器、加法滤波器、加减法滤波器和累加滤波器等形式实现。

减法滤波器又称差分滤波器，其差分方程为

$$y(n) = x(n) - x(n-m) \tag{12-33}$$

容易得到上述减法滤波器的系统函数为

$$H(z) = 1 - z^{-m} \tag{12-34}$$

其幅频特性为

$$|H(e^{j\omega})| = |1 - e^{-jm\omega}| = 2\left|\sin\frac{m\omega}{2}\right| \tag{12-35}$$

设 T_s 为采样时间，Ω_0 为工频角频率。为了消除第 k 次谐波，只需要令 $\omega = k\Omega_0 T_s$ 时

$$|H(e^{j\omega})| = 2\left|\sin\frac{mk\Omega_0 T_s}{2}\right| = 0 \tag{12-36}$$

即可。这等价于

$$mk\Omega_0 T_s = 2p\pi \quad (p = 0, 1, 2, \cdots) \tag{12-37}$$

设 N 表示每个周期的采样点数，Ω_s 为采样角频率，将 $\Omega_s = N\Omega_0$ 代入式（12-37），得

$$m = \frac{2p\pi}{k\Omega_0 T_s} = \frac{pN}{k} = 12\frac{p}{k} \quad (p = 0, 1, 2, \cdots) \tag{12-38}$$

根据数字滤波器的功能要求最终可以确定 m 的值。常用形式有以下两种。

（1）滤除偶数次谐波。取 $k = 2p$（$p = 0, 1, 2, \cdots$）代入式（12-38），得 $m = 6$。此时，由式（12-33）得数字滤波器的差分方程为

$$y(n) = x(n) - x(n-6) \tag{12-39}$$

将 $m = 6$ 代入式（12-38），得到该数字滤波器的幅频特性如图 12-5 所示，可以看出，信号中

包括直流成分在内的偶次谐波分量均得到滤除。

（2）滤除三次谐波及其整数倍次谐波。取 $k=3p$（$p=0$，1，2，…）代入式（12-38），得 $m=4$。此时，数字滤波器的差分方程为

$$y(n) = x(n) - x(n-4) \tag{12-40}$$

该数字滤波器的幅频特性如图 12-6 所示。

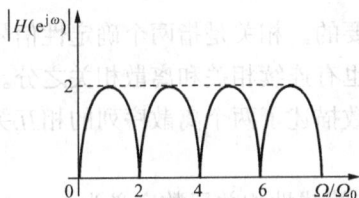

图 12-5　滤除偶数次谐波的滤波器

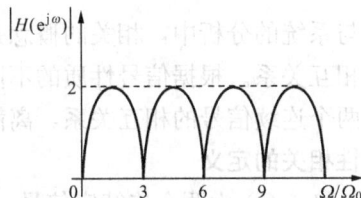

图 12-6　滤除三次谐波及其整数倍次谐波的滤波器

此外，如果取 $k=p$（$p=0$，1，2，…）代入式（12-38），得 $m=12$。此时，由式（12-33）描述的数字滤波器可以滤除直流、基频和所有整数次谐波分量。输出量 $y(n)$ 为故障信号的总量与正常量的差值，通常称为故障分量。

加法滤波器的差分方程为

$$y(n) = x(n) + x(n-m) \tag{12-41}$$

加法滤波器的系统函数为

$$H(z) = 1 + z^{-m} \tag{12-42}$$

仿照减法滤波器的推导过程，可以得到与式（12-38）类似的关系式

$$m = 6\frac{2p+1}{k} \qquad (p=0,1,2\cdots) \tag{12-43}$$

可以证明：当 $m=6$ 时，加法滤波器能够滤除奇次谐波；当 $m=2$ 时，加法滤波器能够滤除 $k=6p+3$ 次谐波，即 3、9、15 次等谐波分量。

加减法滤波器的特点是交替地进行加减法运算，其差分方程的形式为

$$y(n) = x(n) - x(n-1) + x(n-2) - \cdots + (-1)^m x(n-m) \tag{12-44}$$

累加滤波器的特点是进行连加运算，其差分方程的形式为

$$y(n) = x(n) + x(n-1) + x(n-2) + \cdots + x(n-m) \tag{12-45}$$

与减法滤波器和加法滤波器的滤波特性一样，加减法滤波器和累加滤波器也可以实现对某组谐波的滤除功能。

当需要滤除多组谐波成分时，可以将上述四种简单的数字滤波器进行合理的级联，共同完成相应的功能。显然，从这些数字滤波器的差分方程中可以看出，它们的数字网络没有递归环节，因此，这些数字滤波器都属于有限冲激响应数字滤波器。但是，它们还不同于在第九章中讨论的有限冲激响应数字滤波器，对于本节讨论的这些数字滤波器，我们没有对它们的相位特性提出任何要求。这主要是由于微机型继电保护装置的特殊要求决定的，即由于我们只关心信号的幅频特性决定的。

由于这些数字滤波器在运算上不需要做任何乘法和除法操作，因此，滤波速度快，非常适合于作为嵌入式控制系统的数字信号处理算法。在频域上这些数字滤波器均具有"梳状滤

波器"的幅频特性，这就决定了它们只能用于滤除周期信号在离散频率点处的频率分量，不能用于滤除连续频带的频率分量。尽管如此，当需要同时兼顾滤波效果和速度时，这类数字滤波器仍不失为较好的选择。

第七节 线性相关及其应用

在信号与系统的分析中，相关的概念是十分重要的。相关是指两个确定性信号或随机性信号之间的相互关系。根据信号性质的不同，相关也有连续相关和离散相关之分。连续相关函数描述了两个连续信号的相互关系，离散相关函数描述了两个离散序列的相互关系。

一、线性相关的定义

设 $x_1(t)$ 和 $x_2(t)$ 为两个连续实信号，它们的连续线性相关函数定义为

$$r_{12}(t) = \int_{-\infty}^{\infty} x_1(\tau)x_2(\tau-t)\mathrm{d}\tau \tag{12-46}$$

和

$$r_{21}(t) = \int_{-\infty}^{\infty} x_2(\tau)x_1(\tau-t)\mathrm{d}\tau \tag{12-47}$$

通常，将 $r_{12}(t)$ 称为 $x_1(t)$ 与 $x_2(t)$ 的互相关函数，将 $r_{21}(t)$ 称为 $x_2(t)$ 与 $x_1(t)$ 的互相关函数。当 $x(t) = x_1(t) = x_2(t)$ 时，称 $r(t) = r_{12}(t) = r_{21}(t)$ 为 $x(t)$ 的自相关函数。

在式（12-46）中，令 $v = \tau - t$，则 $\tau = v + t$，$\mathrm{d}\tau = \mathrm{d}v$，则式（12-46）变为

$$\begin{aligned} r_{12}(t) &= \int_{-\infty}^{\infty} x_1(v+t)x_2(v)\mathrm{d}v \\ &= \int_{-\infty}^{\infty} x_2(v)x_1[v-(-t)]\mathrm{d}v \\ &= r_{21}(-t) \end{aligned} \tag{12-48}$$

由此表明相关运算不满足交换律。由式（12-46）和式（12-47），对于自相关函数，由式（12-48）得 $r(t) = r(-t)$，即自相关函数为偶函数。

设 $x_1(n)$ 和 $x_2(n)$ 为两个离散实序列，它们的离散线性相关函数定义为

$$r_{12}(n) = \sum_{m=-\infty}^{\infty} x_1(m)x_2(m-n) \tag{12-49}$$

和

$$r_{21}(n) = \sum_{m=-\infty}^{\infty} x_2(m)x_1(m-n) \tag{12-50}$$

同样，将 $r_{12}(n)$ 称为 $x_1(n)$ 与 $x_2(n)$ 的互相关函数，将 $r_{21}(n)$ 称为 $x_2(n)$ 与 $x_1(n)$ 的互相关函数。当 $x(n) = x_1(n) = x_2(n)$ 时，称 $r(n) = r_{12}(n) = r_{21}(n)$ 为 $x(n)$ 的自相关函数。由式（12-49）和式（12-50），可得它们的关系是 $r_{12}(n) = r_{21}(-n)$。对于自相关函数而言，$r(n) = r(-n)$，为偶序列。

由以上各式可以看出，线性相关与线性卷积的定义式类似。以离散线性相关函数为例，将式（12-49）与式（4-61）对比可以看出，两个序列离散相关与离散卷积的定义式类似，区别仅在于相关的求解不需要"反褶"这一步骤，或者说序列 $x_1(n)$ 与 $x_2(n)$ 的互相关函数等于序列 $x_1(n)$ 与 $x_2(n)$ 的反时间序列 $x_2(-n)$ 的离散卷积。

二、相关定理

设式（12-46）中 $x_1(t)$ 和 $x_2(t)$ 的傅里叶变换为 $X_1(\mathrm{j}\Omega)$ 和 $X_2(\mathrm{j}\Omega)$，即有

$$\begin{cases} X_1(\mathrm{j}\Omega) = \displaystyle\int_{-\infty}^{\infty} x_1(t)\mathrm{e}^{-\mathrm{j}\Omega t}\,\mathrm{d}t \\[2mm] X_2(\mathrm{j}\Omega) = \displaystyle\int_{-\infty}^{\infty} x_2(t)\mathrm{e}^{-\mathrm{j}\Omega t}\,\mathrm{d}t \end{cases} \tag{12-51}$$

可以证明，$r_{12}(t)$ 的傅里叶变换为

$$R_{12}(\mathrm{j}\Omega) = X_1(\mathrm{j}\Omega)X_2^{*}(\mathrm{j}\Omega) \tag{12-52}$$

式中：$X_2^{*}(\mathrm{j}\Omega)$ 为 $X_2(\mathrm{j}\Omega)$ 的共轭函数。

式（12-52）称为相关定理。事实上，对式（12-46）进行傅里叶变换，得

$$\begin{aligned} R_{12}(\mathrm{j}\Omega) &= \int_{-\infty}^{\infty} r_{12}\mathrm{e}^{-\mathrm{j}\Omega t}\,\mathrm{d}t \\ &= \int_{-\infty}^{\infty}\Big[\int_{-\infty}^{\infty} x_1(\tau)x_2(\tau-t)\,\mathrm{d}\tau\Big]\mathrm{e}^{-\mathrm{j}\Omega t}\,\mathrm{d}t \\ &= \int_{-\infty}^{\infty} x_1(\tau)\,\mathrm{d}\tau\int_{-\infty}^{\infty} x_2(\tau-t)\mathrm{e}^{-\mathrm{j}\Omega t}\,\mathrm{d}t \\ &= \int_{-\infty}^{\infty} x_1(\tau)\,\mathrm{d}\tau\int_{-\infty}^{\infty} x_2(v)\mathrm{e}^{-\mathrm{j}\Omega(\tau-v)}\,\mathrm{d}(-v) \\ &= \int_{-\infty}^{\infty} x_1(\tau)\mathrm{e}^{-\mathrm{j}\Omega t}\,\mathrm{d}\tau\int_{-\infty}^{\infty} x_2(v)\mathrm{e}^{\mathrm{j}\Omega v}\,\mathrm{d}v \\ &= X_1(\mathrm{j}\Omega)\Big[\int_{-\infty}^{\infty} x_2(v)\mathrm{e}^{-\mathrm{j}\Omega v}\,\mathrm{d}v\Big]^{*} \\ &= X_1(\mathrm{j}\Omega)X_2^{*}(\mathrm{j}\Omega) \end{aligned}$$

式（12-52）得证。

离散域的相关定理与连续域的相关定理略有不同。对于实际问题而言，式（12-49）和式（12-50）中的序列都是有限长的。与离散卷积的分析思路相同，为了实现快速算法，通常计算两个有限长序列的循环相关函数。设 $x_1(n)$ 和 $x_2(n)$ 都是长为 N 的实序列，$x_1(n)$ 与 $x_2(n)$ 的循环相关函数定义为

$$\tilde{r}_{12}(n) = \sum_{m=0}^{N-1} x_1(m)x_2((m-n))_N R_N(n) \tag{12-53}$$

为了表示区别，通常将式（12-49）定义的离散相关函数称为线性相关函数。可以仿照循环卷积的求解方法利用图解法计算循环相关函数，只是注意在相关计算中不需要将序列"反褶"。

与两个有限长序列的循环卷积存在循环卷积定理一样，两个有限长序列的循环相关也存在循环相关定理。该定理指出，$x_1(n)$ 与 $x_2(n)$ 的循环相关函数的离散傅里叶变换等于 $x_1(n)$ 的离散傅里叶变换与 $x_2(n)$ 离散傅里叶变换共轭的乘积，即式（12-53）的离散傅里叶变换为

$$R_{12}(k) = X_1(k)X_2^{*}(k) \tag{12-54}$$

式中：$R_{12}(k)$、$X_1(k)$ 和 $X_2(k)$ 分别为序列 $\tilde{r}_{12}(n)$、$x_1(n)$ 和 $x_2(n)$ 的离散傅里叶变换，又称 $R_{12}(k)$ 为序列 $x_1(n)$ 和 $x_2(n)$ 的互功率谱。

仿照式（12-52）给出的连续域的相关定理或第六章给出的离散域的循环卷积定理的证

明过程，也可以证明式（12-54），请读者自己证明。

当 $x(n) = x_1(n) = x_2(n)$ 时，有

$$R_{11}(k) = X_1(k)X_1^*(k) = |X_1(k)|^2 \qquad (12\text{-}55)$$

式中：$R_{11}(k)$ 为序列 $x_1(n)$ 的自功率谱，可见序列的自功率谱等于其幅度谱的平方。

三、快速相关算法

与第七章介绍的快速卷积算法类似，将循环相关定理和快速傅里叶变换相结合即可得到计算两个有限长序列线性相关函数的快速算法。由于循环相关定理的前提条件是两个有限长序列的循环相关，而非线性相关，因此，需要首先明确利用循环相关计算线性相关的方法。读者可以参照第七章第五节有关利用循环卷积计算线性卷积的推导步骤，归纳出利用循环相关计算线性相关的方法。即设 $x_1(n)$ 和 $x_2(n)$ 的长度分别为 N 和 M，且 $L \geqslant N+M-1$，只要在 $x_1(n)$ 和 $x_2(n)$ 的尾部分别补零至长度为 L，则利用循环相关定理式（12-55）计算两个补零后序列的循环相关与直接按式（12-49）计算的 $x_1(n)$ 和 $x_2(n)$ 的线性相关的结果相同。

利用快速傅里叶变换计算 $x_1(n)$ 与 $x_2(n)$ 线性相关的快速相关算法如下：

（1）在 $x_1(n)$ 和 $x_2(n)$ 的尾部分别补零至长度 L，得到两个新序列

$$x'_1(n) = \begin{cases} x_1(n), & 0 \leqslant n \leqslant N-1 \\ 0, & N \leqslant n \leqslant L-1 \end{cases}, \quad x'_2(n) = \begin{cases} x_2(n), & 0 \leqslant n \leqslant M-1 \\ 0, & M \leqslant n \leqslant L-1 \end{cases}$$

$$(12\text{-}56)$$

（2）分别计算两个新序列的快速傅里叶变换

$$\begin{cases} X'_1(k) = \text{FFT}[x'_1(n)] \\ X'_2(k) = \text{FFT}[x'_2(n)] \end{cases} \qquad (12\text{-}57)$$

（3）计算 $R'_{12}(k)$

$$R'_{12}(k) = X'_1(k)X'^{*}_2(k) \qquad (12\text{-}58)$$

（4）计算 $R'_{12}(k)$ 的快速傅里叶反变换

$$r'_{12}(n) = \text{IFFT}[R'_{12}(k)] \qquad (12\text{-}59)$$

四、快速相关算法在电气工程中的应用

快速相关算法在电气工程领域有广泛的应用，主要是信号功率谱的计算和在系统辨识中的应用。

1. 在随机信号功率谱估计中的应用

在信号分析中，一般将能量有限的信号称为能量信号，如瞬态信号。将功率有限的信号称为功率信号，如确定性的周期信号和随机性信号等。在功率信号中，确定性的周期信号可以通过谐波分析得到其在频域的表示，而随机信号既不能展开为傅里叶级数，也不满足傅里叶变换所要求的前提条件，即随机信号的傅里叶变换是不存在的。只能用功率谱密度来表征它的统计平均频谱特性。功率谱密度表示单位频带内信号功率随频率的变化情况，它反映的是信号功率在频域的分布状况。确定性周期信号的功率谱是离散的，随机性信号的功率谱则是连续的。

用序列 $x(n)$ 的自相关函数为 $r(n)$ 的序列傅里叶变换来定义序列 $x(n)$ 的功率谱密度，记为 $P(\omega)$，即

$$\begin{cases} P(\omega) = \sum_{n=-\infty}^{\infty} r(n) e^{-j\omega n} \\ r(n) = \dfrac{1}{2\pi} \int_{-\pi}^{\pi} P(\omega) e^{j\omega n} \mathrm{d}\omega \end{cases} \tag{12-60}$$

可见，序列的功率谱密度与其自相关函数构成一对序列的傅里叶变换，这一关系称为维纳-欣钦（Wiener-Khintchine）定理。它是利用快速相关算法计算信号功率谱的理论基础。

设序列 $x(n)$ 的长度为 N，且 $L \geqslant 2N-1$，则只需将快速相关算法中的 $x_1(n)$ 和 $x_2(n)$ 替换为 $x(n)$，就可以按照前述的四个步骤计算序列 $x(n)$ 自相关函数 $r(n)$，然后再应用式（12-60）计算序列 $x(n)$ 的功率谱密度 $P(\omega)$。

【例 12-1】 计算白噪声的功率谱密度，并画图。

解 对白噪声的采样可以得到随机序列，容易证明，随机序列的自相关函数为 $\delta(n)$。应用式（12-60）可以得到其功率谱密度 $P(\omega)=1$。这说明白噪声的功率谱密度在整个频域上是一个常数。白噪声的功率谱密度如图 12-7 所示。

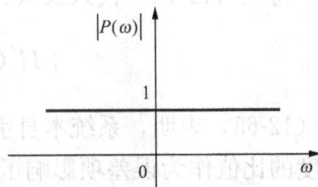

图 12-7 白噪声的功率谱密度

2. 在系统辨识中的应用

在分析线性时不变系统的系统函数时，通常将白噪声作为激励信号施加到系统的输入端，通过计算输出响应信号与激励信号的互功率谱，按一定关系运算就可以得到该系统的系统函数。采用白噪声作为激励信号的主要原因是其功率谱在频域的定值性，即理论上白噪声的功率谱在频域上是一个定值，这使得被分析的系统在频域上能够得到均匀的激励。但是，真正的白噪声是无始无终的随机性信号，不可能由实际系统产生，因此，通常由伪随机性信号模拟。

设伪随机性序列为 $x(n)$，其离散傅里叶变换为 $X(k)$，系统的响应序列为 $y(n)$，其离散傅里叶变换为 $Y(k)$。有两种方法可以计算系统的 $H(k)$。第一种方法是通过计算激励信号和响应信号的自功率谱密度序列得到系统的 $H(k)$，即

$$|H(k)|^2 = \frac{R_{yy}(k)}{R_{xx}(k)} = \frac{|Y(k)|^2}{|X(k)|^2} \tag{12-61}$$

第二种方法则是通过计算激励信号与响应信号的互功率谱密度序列得到系统的 $H(k)$，即

$$H(k) = \frac{R_{yx}(k)}{R_{xx}(k)} = \frac{Y(k)X^*(k)}{X(k)X^*(k)} = \frac{Y(k)}{X(k)} \tag{12-62}$$

对比这两种方法可以看出，第一种方法只能计算系统的幅频特性，无法得到系统的相频特性。第二种方法则可以同时得到系统的幅频特性和相频特性。不仅如此，第二种方法还可以从理论上消除系统本身的噪声对辨识过程的影响。下面对此作简要分析。

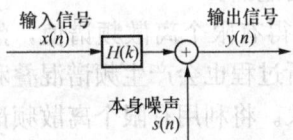

图 12-8 所示为考虑系统本身噪声的系统辨识框图，图中 $s(n)$ 为系统本身引入的噪声。图 12-8 中，有

图 12-8 考虑系统本身噪声的系统辨识框图

$$Y(k) = X(k)H(k) + S(k) \tag{12-63}$$

式中：$S(k)$ 为序列 $s(n)$ 的离散傅里叶变换。

对于第一种方法，响应信号 $y(n)$ 的自功率谱密度为

$$R_{yy}(k) = Y(k)Y^*(k)$$

$$= X(k)X^*(k)H(k)H^*(k) + X(k)H(k)S^*(k) + X^*(k)H^*(k)S(k) + S(k)S^*(k)$$

$$= R_{xx}(k) \mid H(k) \mid^2 + X(k)S^*(k)H(k) + X^*(k)S(k)H^*(k) + R_{ss}(k)$$

$$= R_{xx}(k) \mid H(k) \mid^2 + R_{xs}(k)H(k) + R_{sx}(k)H^*(k) + R_{ss}(k) \tag{12-64}$$

由于假设系统本身引入的噪声 $s(n)$ 也为随机性信号，通常可以认为它与激励信号 $x(n)$ 不具有相关性。因此，式（12-64）中 $R_{xs}(k)$ 和 $R_{sx}(k)$ 均为零。所以，对于含有本身噪声的系统，将式（12-64）代入式（12-61），得

$$\mid H'(k) \mid^2 = \frac{R_{yy}(k)}{R_{xx}(k)} = \mid H(k) \mid^2 + \frac{R_{ss}(k)}{R_{xx}(k)} \tag{12-65}$$

式（12-65）表明，系统本身引入的噪声 $s(n)$ 的自功率谱密度与激励信号 $x(n)$ 的自功率谱密度的比值作为误差项影响了第一种方法对系统辨识的准确度。

对于第二种方法，激励信号 $x(n)$ 与响应信号 $y(n)$ 的互功率谱密度为

$$R_{yx}(k) = Y(k)X^*(k)$$

$$= X(k)X^*(k)H(k) + S(k)X^*(k)$$

$$= R_{xx}(k)H(k) + R_{sx}(k) \tag{12-66}$$

同理，考虑到 $s(n)$ 与 $x(n)$ 不具有相关性，式（12-66）第二项为零。将式（12-66）代入式（12-62），得

$$H'(k) = \frac{R_{yx}(k)}{R_{xx}(k)} = H(k) \tag{12-67}$$

式（12-67）表明，在第二种方法中系统本身引入的噪声 $s(n)$ 不影响系统辨识的准确度。因此，在实际中通常采用式（12-62）。

本章要点回顾与基本要求

1. 本章主要讨论信号分析与处理的应用问题。周期信号可以按傅里叶级数展开，其频谱是离散谱，可以应用快速傅里叶变换计算。截取信号的多个周期进行傅里叶变换可以有效降低随机干扰。当周期信号的频谱无限宽或采样频率低于最高频率 2 倍时，将出现频谱混叠现象。通过施加抗混叠滤波器，并将采样频率提升至最高频率 2.5 倍，可以有效地抑制频谱混叠。当采样信号的时间窗宽度不是信号周期的整数倍时，将出现频谱泄漏现象。采用同步采样技术，或在频谱分析时采用更好的窗函数可以有效地抑制频谱泄漏。

2. 非周期信号的频谱是连续的。利用快速傅里叶变换首先获得有限个离散频谱值，然后通过插值运算获得其他点的频谱值。与周期信号一样，频谱分析过程也会产生频谱混叠和泄漏现象。通过提高采样率和优化窗函数可以分别抑制这两种现象。将利用有限个离散频谱点表述连续频谱的情形形象地称为栅栏效应。延长数据采集的实际记录时间，可以增加分析的谱线密度，从而降低栅栏效应。

3. 线性时不变系统的频率特性可以通过分析其激励与响应的关系确定。将激励信号选

为单位冲激信号时，则响应信号的频率特性即为系统的频率特性。将激励信号选为某一频率的正弦信号时，则可以得到该频率点的响应特性，然后变换频率依次得到其他频率点的响应特性，此为扫频法。将激励信号选为采样函数时，可以得到某一特定频段的频率特性。与信号的频谱分析一样，对系统的频率特性的分析也需要注意抑制频谱混叠和泄漏效应等。

4. 对于电力系统功率传输信号中谐波的抑制无法采用数字信号处理技术，必须采用模拟滤波技术。对于高压直流换流站中交流侧谐波的抑制，可以采用调谐式滤波器滤除特定次谐波成分。其中，双调谐滤波器采用了 LC 串并联谐振电路，可以实现对两个频率点及其临近频率点信号的滤除，其参数值的选取需要基于基波下无功容量和谐振频率确定。为了防止在基波频率漂移时，滤波器抑制效果降低过快，通常采用串联小电阻的方法降低调谐锐度。

5. 在电力系统的微机保护装置中，通常采用数字滤波器对输入序列进行预处理或滤波处理。为了兼顾滤波效果和实时性要求，一般不采用基于频带变换的通用滤波器设计方法，而是采用零点设计法得到的形式较为简单的减法滤波器、加法滤波器、加减法滤波器和累加滤波器等。

6. 两个确定性信号或随机信号之间的关系可以由其相关函数表达。将循环相关定理和快速傅里叶变换相结合，即可得到计算两个有限长序列线性相关函数的快速算法。利用快速相关算法可以计算随机信号的功率谱。在线性时不变系统的辨识中，利用快速相关算法可以计算输出响应信号与激励信号的互功率谱，并进而按照一定的关系得到该系统的系统函数。

7. 本章基本要求：①掌握周期信号和非周期信号的频谱分析方法，熟悉谱分析误差的产生原因和抑制方法；②掌握线性时不变系统的频率特性分析方法，了解系统辨识的概念；③了解高压直流换流站调谐式谐波滤波器的结构形式和参数确定方法；④了解数字滤波技术在微机保护装置中的实现方法；⑤了解快速相关算法及其在信号功率谱估计和系统辨识中的应用。

习　题　十二

12-1　在对信号进行频谱分析时，为了抑制频谱的泄漏效应通常需要对采样信号施加窗函数。仿照第九章 FIR 数字滤波器窗口法的分析过程，讨论当分别施加矩形窗、海宁窗、哈明窗和布莱克曼窗函数时对频谱分析结果的影响。

12-2　设一个模拟信号为

$$x(t) = 1 + 3\sqrt{2}\sin(100\pi t) + 0.6\sqrt{2}\sin(300\pi t) \qquad (V)$$

若忽略采样过程中的量化误差和计算过程的有限字长效应。

（1）写出当采样时间为 1.25ms 时 $x(t)$ 从 0 时刻开始的 16 个离散数据的值，并利用这些数据分析信号 $x(t)$ 的频谱；

（2）若信号 $x(t)$ 的基波频率向下漂移 1Hz，成为

$$x'(t) = 1 + 3\sqrt{2}\sin(98\pi t) + 0.6\sqrt{2}\sin(294\pi t) \qquad (V)$$

重复（1）；

（3）比较（1）和（2）的计算结果，分析信号 $x(t)$ 与 $x'(t)$ 的频谱差异及其原因。

12-3　借助一台任意函数发生器和一台双通道数字存储示波器可以对双口网络的传输特性进行定量分析，试说明其基本原理和分析步骤。

12-4　仿照本章第六节的分析方法，并查阅有关资料，总结加减法滤波器和累加滤波器的滤波特性。

12-5　选择一种计算机语言，编制计算快速相关算法程序。试利用编制的程序计算下面两个序列的相关函数，并将计算结果与手算结果进行比较。

$$x(n) = \sin(\frac{n\pi}{8})R_{16}(n), h(n) = u(n) - u(n-7)$$

12-6　数字信号处理的应用领域非常广泛，试通过查阅有关资料，提炼一至两个数字信号处理的应用实例。

附录 实 验 建 议

本书共安排了九个实验，学生可以通过编程在计算机上完成实验内容。目的是通过上机实际操作，使学生加深对基本概念和算法的理解。建议教师根据学生的专业特点，安排学生选用一种编程语言，如 C 语言和 MATLAB 语言等，根据学时安排选做几个或全部实验。

实验一 序列的产生与运算

一、实验目的

(1) 掌握典型序列的产生与图形表示方法。

(2) 掌握实现模拟信号数字化的编程方法。

(3) 熟悉序列的基本运算形式，编程实现序列的基本运算。

二、实验原理

常用的典型序列有单位采样序列 $\delta(n)$、单位阶跃序列 $u(n)$、矩形序列 $R_N(n)$、正弦序列 $\sin(\omega n)$、指数序列 $a^n u(n)$ 和复指数序列 $e^{(\sigma+j\omega)n}$ 等。在计算机内通常以数组的形式产生并存储这些序列。为直观起见，还可以画出它们的图形。由于计算机的局限性，在产生这些序列和画图时，需要注意以下问题。

(1) 上述序列中的自变量 n 定义在整个整数域上，而计算机的存储空间是有限的。因此，用数组只能表示序列的某一片断，不可能表示其全部。

(2) 在用数组表示序列时，数组的下标是与自变量 n 隐式对应的，由于数组的下标不能为负整数，只能为正整数或零（C 语言和 BASIC 语言的数组有零下标，FORTRAN 则没有），因此需要注意定标问题，即需要明确数组的第一个元素表示序列的哪一个值。

(3) 计算机的有限字长效应使得它在表示某些序列时存在误差，比如计算机无法精确表示正弦序列 $\sin(n\pi/5)$。

(4) 由于计算机无法直接处理复数，因此，在表示复数序列时，需要对复数序列的实部和虚部或模值和幅角分别存储，通常有两种方法：一种方法是设置两个数组分别表示实部和虚部或模值和幅角；另一种方法是用一个数组的奇数下标元素表示实部或模值，用偶数下标元素表示虚部或幅角。复数序列的图形表示需要分别画出实部和虚部或模值和幅角的图形。

模拟信号数字化就是在计算机上仿真实现对模拟信号的采样过程，这一采样过程包括时间离散和幅度量化两个步骤。时间离散就是以采样时间 T_s 为步长将连续信号离散化

$$x(nT_s) = x(t)\big|_{t=T_s}$$

$x(nT_s)$ 的精度取决于所用计算机的字长。而在实际中，$x(nT_s)$ 的精度则由所用 A/D 变换器的位数决定。因此，需要按照 A/D 变换器的一定位数（8 位或 12 位等）将 $x(nT_s)$ 的幅度进一步量化。请读者自行思考幅度量化的方法。

序列的基本运算形式有相加、相减、相乘、数乘、反褶和延迟等。其中序列的相加、相减、相乘和数乘运算与计算机的数组运算规则基本相同，反褶和延迟运算则由数组下标的变

换实现。

三、实验内容与步骤

（1）编程产生下列序列并画出它们的图形。

$$x_1(n) = \delta(n), \qquad -5 \leqslant n \leqslant 15$$

$$x_2(n) = u(n), \qquad -5 \leqslant n \leqslant 15$$

$$x_3(n) = R_4(n), \qquad -5 \leqslant n \leqslant 15$$

$$x_4(n) = \sin(n\pi/3), \qquad -5 \leqslant n \leqslant 15$$

$$x_5(n) = \sin(n), \qquad -5 \leqslant n \leqslant 15$$

$$x_6(n) = 0.5^n u(n), \qquad -5 \leqslant n \leqslant 15$$

$$x_7(n) = e^{jn\pi/3} u(n), \qquad -5 \leqslant n \leqslant 15$$

（2）设一个模拟信号为

$$x(t) = 5\sin(100\pi t) \ (\text{V})$$

以采样时间 $T_s = 1.25\text{ms}$，分别仿真输入范围为 $\pm 5\text{V}$ 的 8 位和 12 位 A/D 变换器将模拟信号 $x(t)$ 离散为序列 $x_8(n)$ 和 $x_9(n)$，其中 $-5 \leqslant n \leqslant 30$。

（3）利用上面 9 个序列练习序列的基本运算，计算下列各式，并画出它们的图形。

$$x_{10}(n) = x_1(n) + x_1(n-3), \qquad -5 \leqslant n \leqslant 15$$

$$x_{11}(n) = x_2(n) - x_2(n-4), \qquad -5 \leqslant n \leqslant 15$$

$$x_{12}(n) = x_3(n)x_4(n), \qquad -5 \leqslant n \leqslant 15$$

$$x_{13}(n) = x_6(-n), \qquad -15 \leqslant n \leqslant 5$$

四、实验要求

（1）展示生成序列和计算结果的数据表示形式和图形表示形式。

（2）讨论序列 $x_4(n)$ 和 $x_5(n)$ 的周期性。

（3）给出生成序列 $x_8(n)$ 和 $x_9(n)$ 的程序并加注解释，比较数字化的精确度。

实验二　线性时不变离散系统的时域分析

一、实验目的

（1）掌握差分方程的递推解法，熟悉单位采样响应的概念。

（2）加深对线性时不变离散系统的零输入响应和零状态响应概念的理解，掌握求解方法。

（3）掌握线性卷积的计算方法。

二、实验原理

一个 N 阶线性时不变离散系统可用下列形式的线性常系数差分方程描述

$$\sum_{i=0}^{N} a_i y(n-i) = \sum_{r=0}^{M} b_r x(n-r) \qquad (a_0 = 1, n \geqslant 0)$$

$y(-1), y(-2), \cdots, y(-N)$ 是该差分方程的初始条件。差分方程的解法有许多种，其中最适合计算机计算的是递推解法。所谓递推解法就是将激励信号 $x(n)$ 和初始条件代入上式，并按迭代方法计算 $y(n)$，即

$$y(n) = \sum_{r=0}^{M} b_r x(n-r) - \sum_{i=1}^{N} a_i y(n-i) \qquad (n \geqslant 0)$$

应用递推解法可以分别得到线性时不变离散系统的零输入响应 $y_{zi}(n)$ 和零状态响应 $y_{zs}(n)$。若要计算 $y_{zs}(n)$，首先将初始条件 $y(-1), y(-2)$，…，$y(-N)$ 置零，然后再利用上述迭代公式计算只有激励信号 $x(n)$ 作用下的系统输出响应；若要计算 $y_{zi}(n)$，则可以直接去掉迭代公式的激励项，即

$$y_{zi}(n) = -\sum_{k=1}^{N} a_k y(n-k) \qquad (n \geqslant 0)$$

线性时不变离散系统在单位采样序列 $\delta(n)$ 激励下的零状态响应称为该系统的单位采样响应 $h(n)$。根据这一定义，只要令激励信号 $x(n) = \delta(n)$，初始条件 $y(-1)$，$y(-2)$，…，$y(-N)$ 的值均置零，就可以利用递推解法求得 $h(n)$。

由线性时不变离散系统的理论可知，当系统的初始条件 $y(-1)$，$y(-2)$，…，$y(-N)$ 均为零时，系统的响应 $y(n)$ 与激励信号 $x(n)$ 和单位采样响应 $h(n)$ 的关系为

$$y(n) = x(n) * h(n) = \sum_{m=0}^{\infty} x(m)h(n-m) \qquad (n \geqslant 0)$$

该式即为线性卷积。由于计算机只能处理有限长序列，因此，需要限制 $x(n)$ 和 $h(n)$ 的长度。设 $x(n)$ 和 $h(n)$ 的长度分别为 N 和 M，则 $y(n)$ 的长度为 $L = N+M-1$，此时计算线性卷积的公式为

$$y(n) = \sum_{m=0}^{n} x(m)h(n-m) \qquad (0 \leqslant n \leqslant L-1)$$

三、实验内容与步骤

（1）利用递推解法求下列差分方程的单位采样响应 $h(n)$，并画出图形。

$$y(n) - 0.5y(n-1) = x(n) \qquad (0 \leqslant n \leqslant 63)$$

（2）设上述差分方程的激励信号 $x(n) = R_4(n)$，初始条件 $y(-1)=1$。利用递推解法求该系统的零输入响应 $y_{zi}(n)$、零状态响应 $y_{zs}(n)$ 和全响应 $y(n)$，并画出它们的图形。

（3）利用步骤（1）的计算结果，求单位采样响应 $h(n)$ 及其与激励信号 $x(n)$ 的线性卷积，并将结果与零状态响应 $y_{zs}(n)$ 对比。

四、实验要求

（1）给出差分方程递推解法的程序并加注解。

（2）说明在计算线性卷积时，编程实现"反褶、平移、相乘、求和"的方法。

实验三 线性时不变离散系统的 z 域分析

一、实验目的

（1）掌握利用 Z 变换分析线性时不变离散系统频率特性的方法。

（2）了解系统参数与其频率特性的关系。

（3）加深对系统函数的理解。

二、实验原理

设 N 阶线性时不变离散系统的差分方程为

$$\sum_{i=0}^{N} a_i y(n-i) = \sum_{r=0}^{M} b_r x(n-r) \qquad (a_0 = 1, n \geqslant 0)$$

系统的零状态响应与激励信号的 Z 变换之比定义为系统函数，即

$$H(z) = \frac{Y(z)}{X(z)} = \frac{\sum_{r=0}^{M} b_r z^{-r}}{\sum_{i=0}^{N} a_i z^{-i}}$$

系统函数在单位圆上的取值描述了系统的频率特性，即

$$H(\mathrm{e}^{\mathrm{j}\omega}) = H(z)\big|_{z=\mathrm{e}^{\mathrm{j}\omega}}$$

其模值为系统的幅频特性，幅角为系统的相频特性，即

$$\begin{cases} |H(\mathrm{e}^{\mathrm{j}\omega})| = |H(z)|_{z=\mathrm{e}^{\mathrm{j}\omega}} \\ \varphi(\omega) = \arg[H(\mathrm{e}^{\mathrm{j}\omega})] \end{cases}$$

由于系统的单位采样响应 $h(n)$ 与其系统函数 $H(z)$ 为一对 Z 变换式，因此，也可以在求得 $h(n)$ 的情况下，利用 Z 变换得到系统函数

$$H(z) = \sum_{n=0}^{\infty} h(n) z^{-n}$$

并进而分析系统的频率特性。需要注意的是，由于计算机只能处理有限长序列，因此，在不能利用上式求取 $H(z)$ 的封闭表达式的情况下，必须对 $h(n)$ 进行截断处理，这将引入截断误差。

三、实验内容与步骤

（1）设一个线性时不变离散系统的差分方程为

$$y(n) = ay(n-1) + x(n)$$

利用 Z 变换计算该系统的系统函数 $H(z)$，计算参数 a 分别为 0.5、0.9、-0.5 和 -0.9 时的幅频特性和相频特性，并画出它们的图形，其中数字角频率 ω 的取值范围为 0～2π。

（2）利用 Z 变换计算实验二中单位采样响应 $h(n)$ 分别取前 4 项、16 项和 64 项时的系统函数，计算系统的幅频特性和相频特性，画出它们的图形，并将结果与步骤（1）中 a 为 0.5 时的幅频特性和相频特性进行对比。

四、实验要求

（1）给出利用 Z 变换分析系统频率特性的程序并加注解。

（2）总结系统参数与其频率特性的关系，讨论数字系统的灵活性。

（3）定性分析步骤（2）中的误差原因，待学完有关内容后再对截断误差进行深入的分析。

实验四　离散傅里叶变换及其快速算法

一、实验目的

（1）掌握计算序列的离散傅里叶变换（DFT）的方法。

（2）掌握实现时间抽取快速傅里叶变换（FFT）的编程方法，比较 DFT 和 FFT 的计算效率。

（3）加深对 DFT 与序列的傅里叶变换和 Z 变换之间关系的理解。

（4）复习复数序列的运算方法。

二、实验原理

一个长度为 N 的序列 $x(n)$ 的离散傅里叶变换（DFT）及其反变换（IDFT）为

$$X(k) = \text{DFT}[x(n)] = \sum_{n=0}^{N-1} x(n) W_N^{nk} \qquad (0 \leqslant k \leqslant N-1)$$

$$x(n) = \text{IDFT}[X(k)] = \frac{1}{N} \sum_{k=0}^{N-1} X(k) W_N^{-nk} \qquad (0 \leqslant n \leqslant N-1)$$

其中
$$W_N = e^{-j\frac{2\pi}{N}}$$

计算 DFT 的快速算法称为快速傅里叶变换（FFT），主要有时间抽取算法和频率抽取算法。读者可以参考本书提供的 FFT 程序编制自己的子程序。在编制程序时要注意体会码位倒置、即位运算和蝶形图的实现方法。

单位圆上的 Z 变换即为序列的傅里叶变换，序列的离散傅里叶变换（DFT）则是序列的傅里叶变换的离散化

$$X(k) = X(e^{-j\omega})|_{\omega=2k\pi/N} \qquad (0 \leqslant k \leqslant N-1)$$

通过本实验可以验证这一关系。

三、实验内容与步骤

（1）编制计算 DFT 的子程序 dft(x,N)，参数 x 和 N 分别为被分析序列 $x(n)$ 及其长度。调用 dft(x,N) 的结果是生成一个长度相等的变换序列 $X(k)$。编制验证子程序功能的主程序，要求能够记录子程序的运行时间。设序列为

$$x(n) = h(n) \qquad (0 \leqslant n \leqslant N-1)$$

式中 $h(n)$ 为实验二中的单位采样响应。利用所编制的子程序 dft(x,N) 计算 N 分别为 64、256、1024 和 4096 时的离散傅里叶变换，记录子程序的运行时间。

（2）在子程序 dft(x,N) 的基础上编制计算 IDFT 的子程序 idft(X,N)，参数 X 和 N 分别为被分析序列 $X(k)$ 及其长度。调用 idft(X,N) 的结果是生成一个长度相等的变换序列 $x(n)$。编制验证子程序功能的主程序。利用所编制的子程序 idft(X,N) 计算步骤（1）中序列 $X(k)$ 的离散傅里叶反变换 $x(n)$，将计算结果与步骤（1）原序列进行对比。

（3）编制基 2 时间抽取算法的 FFT 子程序 fft(x,M)，参数 x 为被分析序列 $x(n)$，M 为蝶形运算的级数，它与序列长度 N 的关系是 $N=2^M$。调用 fft(x,M) 的结果是生成一个长度相等的变换序列 $X(k)$。编制验证子程序功能的主程序，要求能够记录子程序的运行时间。利用所编制的子程序 fft(x,N) 计算步骤（1）中序列 $x(n)$ 的离散傅里叶变换 $X(k)$，将计算结果与步骤（1）的计算结果进行对比。比较 fft(x,M) 与 dft(x,N) 的运行时间。

（4）在子程序 fft(x,M) 的基础上编制计算 IFFT 的子程序 ifft(X,M)，参数 X 为被分析序列 $X(k)$，M 为蝶形运算的级数。编制验证子程序功能的主程序，利用所编制的子程序 ifft(X,N) 计算步骤（3）中序列 $X(k)$ 的离散傅里叶反变换 $x(n)$，将计算结果与步骤（1）原序列进行对比。

（5）画出步骤（1）中序列 $X(k)$ 的幅频特性和相频特性，并与实验三中的差分方程的参数 $a=0.5$ 时系统的幅频特性和相频特性进行对比。

四、实验要求

（1）给出本实验内容要求的 4 个子程序并加注解。

（2）比较 DFT 和 FFT 的计算效率。

（3）讨论步骤（5）中的比较结果，理解 DFT 与序列的傅里叶变换和 Z 变换之间的关系。

实验五　IIR 数字滤波器的设计

一、实验目的

（1）掌握设计 IIR 数字滤波器的冲激响应不变法。

（2）掌握设计 IIR 数字滤波器的双线性变换法。

（3）掌握 IIR 数字滤波器的实现方法。

二、实验原理

1. 设计 IIR 数字滤波器的冲激响应不变法的步骤

（1）明确设计指标，由于需要设计符合指标的模拟滤波器 $H_a(s)$，因此，首先要将在数字域给出的设计指标转换为模拟域设计指标。

（2）设计符合指标要求的模拟滤波器 $H_a(s)$，即确定滤波器的阶数 N 和截止角频率 Ω_c。

（3）将模拟滤波器 $H_a(s)$ 变换为数字滤波器 $H(z)$，首先计算 $H_a(s)$ 在 S 平面左半平面 N 个极点 s_k 及其留数，然后代入下式得到 $H(z)$

$$H(z) = \sum_{k=1}^{N} \frac{A_k}{1 - e^{s_k T_s} z^{-1}}$$

式中：T_s 为采样时间。

（4）验证数字滤波器的频率特性，首先计算数字滤波器的幅频特性

$$|H(e^{j\omega})| = |H(z)|_{z=e^{j\omega}}$$

然后选取包括通带截止角频率和阻带截止角频率在内的若干频率点，计算数字滤波器的幅频特性，并与设计指标进行比较。如果不满足要求就要改进设计，重复上述步骤，直到满足设计要求。

2. 设计 IIR 数字滤波器的双线性变换法的步骤

（1）明确设计指标，双线性变换法需要对设计指标进行预畸变，才能将数字域给出的设计指标变换为模拟域设计指标，预畸变公式为

$$\Omega_p = \frac{2}{T_s}\tan\left(\frac{\omega_p}{2}\right), \qquad \Omega_s = \frac{2}{T_s}\tan\left(\frac{\omega_s}{2}\right)$$

式中：T_s 为采样时间；ω_p、ω_s 分别为数字滤波器的通带截止角频率和阻带截止角频率；Ω_p、Ω_s 分别为模拟滤波器的通带截止角频率和阻带截止角频率。

（2）设计符合指标要求的模拟滤波器 $H_a(s)$，即确定滤波器的阶数 N 和截止角频率 Ω_c。

（3）将模拟滤波器 $H_a(s)$ 变换为数字滤波器 $H(z)$，首先计算 $H_a(s)$ 在 S 平面左半平面

N 个极点 s_k 并构成 $H_a(s)$，然后利用下式将 $H_a(s)$ 变换为 $H(z)$

$$s = \frac{2}{T_s} \frac{1-z^{-1}}{1+z^{-1}}$$

（4）验证数字滤波器的频率特性。

在设计出数字滤波器的系统函数 $H(z)$ 后，为了实现数字滤波器算法，需要选择一种实现结构形式。常用的结构形式有直接Ⅰ型、直接Ⅱ型、级联型和并联型等。数字网络中子系统的实现方法可以采用差分方程的递推解法。

三、实验内容与步骤

（1）利用冲激响应不变法设计一个巴特沃斯型 IIR 数字滤波器，设计指标要求在通带 $\omega_p \leqslant 0.2\pi$ 内，允许幅度误差小于 1dB，在阻带 $\omega_s \geqslant 0.3\pi$ 内衰减应大于 15dB，通带幅度归一化，使其在 $\omega = 0$ 处为 0dB。画出数字滤波器的幅频特性和相频特性，选择并联型结构实现设计的数字滤波器。

（2）利用双线性变换法设计一个巴特沃斯型 IIR 数字滤波器，设计指标与步骤（1）相同。画出数字滤波器的幅频特性和相频特性，选择级联型结构实现设计的数字滤波器。

（3）为了验证所设计数字滤波器的实际功能，首先利用实验一的方法将下列分别位于通带、过渡带和阻带的三个模拟信号数字化

$$x_1(t) = 4\sin(100\pi t)\text{V}, \quad T_s = 1.25\text{ms}, \quad T = 80\text{ms}$$

$$x_2(t) = 4\sin(200\pi t)\text{V}, \quad T_s = 1.25\text{ms}, \quad T = 80\text{ms}$$

$$x_3(t) = 4\sin(400\pi t)\text{V}, \quad T_s = 1.25\text{ms}, \quad T = 80\text{ms}$$

式中，T_s 为采样间隔；T 为记录时间长度。8 位 A/D 变换器的输入范围为 $\pm 5\text{V}$。

然后将得到的三个序列 $x_1(n)$、$x_2(n)$ 和 $x_3(n)$ 作为激励信号分别输入到所设计数字滤波器的输入端，计算输出端的响应信号 $y_1(n)$、$y_2(n)$ 和 $y_3(n)$，观察序列幅度的变化。

四、实验要求

（1）给出设计 IIR 数字滤波器的冲激响应不变法和双线性变换法的程序并加注解。

（2）比较应用冲激响应不变法和双线性变换法所设计的 IIR 数字滤波器的幅频特性和相频特性。

（3）讨论模拟角频率和数字角频率的关系。

实验六　FIR 数字滤波器的设计

一、实验目的

（1）掌握设计 FIR 数字滤波器的窗口函数法。

（2）比较 IIR 数字滤波器和 FIR 数字滤波器的性能与特点。

（3）了解各种窗函数对滤波器频率特性的影响。

二、实验原理

利用窗口法设计 FIR 数字滤波器的步骤为：

（1）根据设计指标明确幅度特性 $H_d(\omega)$ 和过渡带宽 $\Delta\omega$。

（2）选择窗函数 $w(n)$，根据允许的过渡带宽 $\Delta\omega$ 确定数字滤波器单位采样响应的序列

长度 N。

（3）计算数字滤波器的单位采样响应 $h_d(n)$。

$$h_d(n) = \frac{1}{2\pi}\int_{-\pi}^{\pi} H_d(\omega) e^{j\omega n} d\omega$$

设计低通 FIR 数字滤波器时，一般以理想低通滤波特性为逼近函数，即

$$H_d(\omega) = \begin{cases} 1, & |\omega| \leqslant \omega_c \\ 0, & \omega_c \leqslant |\omega| \leqslant \pi \end{cases}$$

此时

$$h_d(n) = \frac{1}{2\pi}\int_{-\pi}^{\pi} H_d(\omega) e^{j\omega n} d\omega = \frac{\sin\omega_c n}{\pi n}$$

（4）利用选择的窗函数对 $h_d(n)$ 进行加窗处理。

$$h(n) = h_d\left(n - \frac{N-1}{2}\right) w\left(n - \frac{N-1}{2}\right)$$

（5）计算数字滤波器的频率特性，与设计指标进行比较。如果不符合要求，则需重新修改有关参数来改进设计。

在设计出数字滤波器的单位采样响应 $h(n)$ 后，可以选择直接型或级联型结构实现数字滤波器。

三、实验内容与步骤

（1）利用窗口法设计一个 FIR 数字滤波器，设计指标与实验五相同。画出数字滤波器的幅频特性和相频特性，选择直接型结构实现设计的数字滤波器。

（2）验证所设计数字滤波器，方法与实验五的步骤（3）相同。

（3）设定步骤（1）中的窗函数不变，取三组不同的 $h(n)$ 长度，重新计算数字滤波器的频率特性，分别将它们的幅频特性和相频特性画在同一张图上进行比较。

（4）设定步骤（1）中 $h(n)$ 的长度不变，分别取窗函数为矩形窗、海宁窗、哈明窗或布莱克曼窗，重新计算数字滤波器的频率特性，并分别将它们的幅频特性和相频特性画在同一张图上进行比较。

四、实验要求

（1）给出设计 FIR 数字滤波器的窗口法的程序并加注解。

（2）讨论步骤（3）和步骤（4）的比较结果，总结规律。

（3）比较 IIR 数字滤波器和 FIR 数字滤波器的性能与特点。

实验七　确定性信号的频谱分析

一、实验目的

（1）掌握确定性周期信号的频谱分析方法。

（2）学习确定性非周期信号的频谱分析方法。

（3）加深对频谱混叠现象、泄漏现象和栅栏效应等概念的理解。

（4）加深对频谱概念的理解。

二、实验原理

分析确定性周期信号频谱的理论工具是离散傅里叶级数。由第六章内容知道，离散傅里叶级数与离散傅里叶变换的公式相同，即

$$X(k) = \sum_{n=0}^{N-1} x(n) e^{-j\frac{2\pi}{N}nk} \qquad (k = 0 \sim N-1)$$

通常，利用 FFT 计算上式。在实际中需要注意解决好以下问题。

(1) 采样问题。当分析模拟信号的频谱时，采样率的选择需要满足采样定理的要求，否则将出现频谱混叠现象。

(2) 截断问题。对模拟信号的截断应按整周期进行，否则将出现频谱泄漏现象。当截断区间不是周期的整数倍时，选择合适的窗函数 $w(n)$ 可以降低泄漏误差。

(3) 频谱表示问题。实际中大多将模拟信号按正弦函数为基函数展开，此时谐波幅值 c_k 与 FFT 计算结果的关系为

$$c_0 = \frac{X(0)}{N}$$

$$c_k = \frac{2}{N} X(k) \qquad (k = 1 \sim N/2 - 1)$$

如果将模拟信号按复指数函数展开，此时谐波幅值 F_k 与 FFT 计算结果的关系为

$$F_k = \frac{1}{N} X(k) \qquad (k = 0 \sim N/2)$$

分析确定性非周期信号频谱的理论工具是离散傅里叶变换，在实际中也需要注意解决好以下问题。

(1) 采样问题。非周期信号的频谱宽度是无限的，采样过程不能满足采样定理的要求，必然引起频谱混叠现象，提高采样率可以降低混叠误差。

(2) 截断问题。对模拟信号的截断将出现频谱泄漏现象，选择合适的窗函数 $w(n)$ 可以降低泄漏误差。

(3) 频谱表示问题。非周期信号的频谱是连续的，以频谱密度函数 $X(j\Omega)$ 或 $X(f)$ 的形式表示，$X(f)$ 与 FFT 计算结果 $X(k)$ 的关系为

$$X(kf_1) = X(f)|_{f=kf_1} = T_s X(k) \qquad (k = 0 \sim N/2)$$

其中

$$f_1 = NT_s$$

式中：T_s 为采样时间。

$X(kf_1)$ 计算式说明利用 FFT 计算非周期信号的频谱只能得到有限个离散值，相邻两个谱线值之间频率点的频谱是不能得到的，这一现象即为"栅栏效应"。降低"栅栏效应"影响的措施是缩小两个谱线的间距，这需要增加采样点数，即增加 N。对于瞬态信号而言，可以通过在原信号采样序列的尾部补充零值的方法抑制"栅栏效应"。利用插值方法可以由 $X(kf_1)$ 近似得到 $X(f)$。

需要指出的是，$X(f)$ 的单位不再与 $x(t)$ 相同，而是需要乘以时间单位 s（秒）或除以频率单位 Hz（赫兹）。例如，原信号 $x(t)$ 的单位是 V（伏特），则 $X(f)$ 的单位应为 Vs 或 V/Hz。

三、实验内容与步骤

(1) 设一个模拟电压信号为

$$x(t) = 0.2 + 1.2\sin(100\pi t) + 0.6\sin(300\pi t) + 0.2\sin(500\pi t) \quad \text{(V)}$$

首先利用实验一的方法，按照以下条件仿真输入范围为 ±5V 的 8 位 A/D 变换器将 $x(t)$ 离散化：①采样时间 T_s 为 1.25ms，数据点数 N 为 16；②采样时间 T_s 为 2.5ms，数据点数 N 为 8；③采样时间 T_s 为 1.5ms，数据点数 N 为 16。然后利用实验四编制的 FFT 子程序 $\mathrm{fft}(x, M)$，依据实验原理计算 $x(t)$ 的频谱，画出其幅频特性。

(2) 设一个方波电压信号的频率为 1kHz，幅度为 10V，即在第一个信号周期内

$$r(t) = \begin{cases} 10\text{V}, & 0\text{ms} \leqslant t < 0.5\text{ms} \\ 0\text{V}, & 0.5\text{ms} \leqslant t < 1\text{ms} \end{cases}$$

忽略离散化过程的量化误差，按照以下条件对 $r(t)$ 进行等间隔采样：①截取一个信号周期，数据点数 N 为 16；②截取一个信号周期，数据点数 N 为 64；③截取一个信号周期，数据点数 N 为 256；④截取四个信号周期，数据点数 N 为 256。然后利用实验四编制的 FFT 子程序 $\mathrm{fft}\,(x, M)$，依据实验原理计算 $r(t)$ 的频谱，画出其幅频特性。

设按照条件③计算的频谱为 c_k（$k = 0，1，2，\cdots，127$），分别截取序列 c_k 的前 $M = 2$、4、8 项，根据下式重构 $r(t)$

$$r(t) = \sum_{k=0}^{M-1} c_k \sin(2000k\pi t) \quad \text{(V)}$$

画出 $r(t)$ 的波形。

(3) 在电气工程中，通常利用两个指数函数模拟雷电电压波形，比如一个峰值为 1kV，波前时间/半峰值时间为 $1.2\mu s/50\mu s$ 的雷电电压为

$$u(t) = 1037(1 - \mathrm{e}^{-\frac{t}{0.407}})\mathrm{e}^{-\frac{t}{68.22}} \quad \text{(V)}$$

忽略离散化过程的量化误差，按照以下条件对 $u(t)$ 进行等间隔采样：①采样频率为 1MHz，采样点数 N 为 1024；②采样频率为 10MHz，采样点数 N 为 2048；③采样频率 10MHz，采样点数 N 为 1024，然后补零使采样点数 N 为 2048。然后利用实验四编制的 FFT 子程序 $\mathrm{fft}(x, M)$，依据实验原理计算 $u(t)$ 的频谱，并画出其幅频特性。

四、实验要求

(1) 比较步骤 (1) 中三种不同离散化条件下的频谱分析结果，验证实验原理中阐述的幅值关系，讨论频谱混叠现象和泄漏现象。

(2) 比较步骤 (2) 中四种不同离散化条件下的频谱分析结果，讨论频谱混叠现象和栅栏效应。通过信号重构实验，总结对频谱分析概念的认识。

(3) 比较步骤 (3) 中三种不同数字化条件下的频谱分析结果，讨论非周期信号频谱分析中的频谱混叠现象、频谱泄漏现象和栅栏效应。对比条件 (2) 和条件 (3) 的频谱分析结果，谈谈对补零运算作用的认识。

实验八　线性卷积和线性相关的快速算法

一、实验目的

(1) 掌握计算线性卷积的快速算法。

(2) 掌握计算线性相关的快速算法。

(3) 比较计算线性卷积和线性相关的快速算法的异同。

二、实验原理

利用 FFT 可以实现线性卷积和线性相关的快速计算，两者的步骤基本相同。

(1) 补零操作。设 $x_1(n)$ 和 $x_2(n)$ 的长度分别为 L_1 和 L_2，且 $L \geqslant L_1 + L_2 - 1$。为了利用基 2FFT 算法，在 L 和 $2L$ 之间选择一个 2 的整数幂数 $N = 2^M$，在 $x_1(n)$ 和 $x_2(n)$ 的尾部分别补零至长度 N，得到两个新序列

$$x_1'(n) = \begin{cases} x_1(n), & 0 \leqslant n \leqslant L_1 - 1 \\ 0, & L_1 \leqslant n \leqslant N-1 \end{cases}$$

$$x_2'(n) = \begin{cases} x_2(n), & 0 \leqslant n \leqslant L_2 - 1 \\ 0, & L_2 \leqslant n \leqslant N-1 \end{cases}$$

(2) FFT 运算。分别计算两个新序列的快速傅里叶变换

$$X_1'(k) = \text{FFT}[x_1'(n)]$$
$$X_2'(k) = \text{FFT}[x_2'(n)]$$

(3) 频域运算。计算线性卷积和线性相关频谱的方法略有不同，计算线性卷积频谱的公式为

$$C'(k) = X_1'(k) X_2'(k)$$

计算线性相关频谱的公式为

$$R_{12}'(k) = X_1'(k) X_2'^*(k)$$

(4) IFFT 运算。分别计算两个频谱序列的快速傅里叶反变换，即

$$c'(n) = \text{IFFT}[C'(k)]$$
$$r_{12}'(n) = \text{IFFT}[R_{12}'(k)]$$

序列 $c'(n)$ 和 $r_{12}'(n)$ 与在时域直接计算线性卷积和线性相关相比，只是在尾部多出 $N-L$ 个零值。

三、实验内容与步骤

设有两个序列

$$x_1(n) = 0.5^n(n) \qquad (0 \leqslant n \leqslant 63)$$
$$x_2(n) = R_4(n)$$

(1) 利用快速算法计算两个序列的线性卷积。

(2) 利用快速算法计算序列 $x_1(n)$ 和 $x_2(n)$ 的线性互相关函数。

(3) 利用快速算法计算序列 $x_1(n)$ 的线性自相关函数。

(4) 编制直接计算线性相关的程序并再次计算序列 $x_1(n)$ 和 $x_2(n)$ 的互相关函数和序列 $x_1(n)$ 的自相关函数。

四、实验要求

(1) 将步骤 (1) 中的计算结果与实验二中直接计算线性卷积的结果相比较，验证实验原理。

(2) 将步骤 (4) 中的计算结果与步骤 (2)、(3) 中的计算结果相比较，验证实验原理。

实验九　基于 DSP 芯片的数字信号处理系统

一、实验目的

（1）熟悉基于 DSP 芯片的数字信号处理系统的硬件组成与开发流程图。

（2）了解基于 DSP 芯片的数字信号处理系统的开发步骤。

（3）加深对数字信号处理系统功能实现方式的认识。

二、实验原理

根据应用目的的不同，基于 DSP 芯片可按以下三种方式组成数字信号处理系统。

（1）单处理器系统。即用一个 DSP 芯片通过必要的外部存储器及 I/O 接口的扩展组成单机处理系统。

（2）并行多处理器系统。采用多个 DSP 芯片通过共享全局数据存储器构成多机处理系统。

（3）主从处理器系统。将通用 PC 机作为主系统，将 DSP 芯片作为从系统，主从系统间的数据交换通过系统总线进行。

本实验采用的数字信号处理系统为第三种方式，其系统框图如图 11-16 所示。该形式不仅便于修改程序功能，而且可以通过 PC 机观察程序运行与数据处理过程。本实验要求数字信号处理系统仿真实现滤波器的功能，因此涉及模拟信号的数字化、数字滤波器的实现和数/模转换等内容。

本实验以演示的方式说明数字信号处理系统的主要开发步骤，即硬件设计、软件设计和仿真调试等。

三、实验内容与步骤

（1）预习实验。要求阅读所用实验系统的实验指导书，记录所用主要芯片 A/D 变换器、DSP 芯片和 D/A 变换器的型号，查阅芯片说明，了解各个芯片管脚的功能。

（2）分析数字信号处理系统的硬件组成，根据预习记录并对照实际系统画出从模拟信号到数字信号的波形图。

（3）熟悉基于 DSP 芯片的数字信号处理系统的软件开发环境，了解软件开发过程和开发器的功能。

（4）观察仿真实现滤波器功能的实验，利用信号源和示波器验证滤波器的功能。

（5）参照第十二章的课程内容，编制能够滤除周期信号偶次谐波的数字滤波器程序并调试通过。

（6）利用信号源产生一个振幅为 4V、周期为 50Hz 的锯齿波信号作为输入信号，利用示波器观察时域波形的变化，分析滤波前后信号的频谱。

四、实验要求

（1）准确画出所用数字信号处理系统的硬件组成框图和开发流程图。

（2）总结软件开发过程和仿真开发器的功能。

（3）讨论模拟滤波器与数字滤波器的功能特点。

参 考 文 献

[1] 郑君里，应启珩，杨为理. 信号与系统. 2 版. 北京：高等教育出版社，2000.

[2] 吴大正，杨林耀，张永瑞. 信号与线性系统分析. 3 版. 北京：高等教育出版社，1998.

[3] 陈后金，胡健，薛健. 信号与系统. 北京：高等教育出版社，2007.

[4] A. Papoulis. Signal Analysis. McGraw-Hill，Inc.，1984.

[5] 管致中，沙玉钧，夏恭恪. 电路、信号与系统. 下册第一分册. 北京：人民教育出版社，1979.

[6] 汪文秉，邹理和. 网络综合原理. 北京：国防工业出版社，1979.

[7] A. V. Oppenheim and R. W. Schafer. Digital Signal Processing. Prentice-Hall，Inc.，1975.
中译：董士嘉，杨耀增译. 数字信号处理. 北京：科学出版社，1986.

[8] 程佩青. 数字信号处理教程. 4 版. 北京：清华大学出版社，2013.

[9] 王树勋. 数字信号处理基础及实验. 北京：机械工业出版社，1992.

[10] 丁玉美，高西全. 数字信号处理. 2 版. 西安：西安电子科技大学出版社，2000.

[11] 赵尔沅，周利清，张延平. 数字信号处理实用教程. 北京：人民邮电出版社，1999.

[12] 倪养花，王重玮. 数字信号处理：原理与实现. 上海：上海交通大学出版社，1999.

[13] Robert A. Witte. Spectrum and Network Measurements. Prentice-Hall，Inc.，1993.
中译：李景威，张伦译. 频谱和网络测量. 北京：科学技术文献出版社，1997.

[14] 王念旭. DSP 基础与应用系统设计. 北京：北京航空航天大学出版社，2002.

[15] 彭启琮，李玉柏，管庆. DSP 技术的发展与应用. 北京：高等教育出版社，2002.

[16] 宁改娣，杨拴科. DSP 控制器原理及应用. 北京：科学出版社，2002.

[17] 杨奇逊，黄少锋. 微型机继电保护基础. 4 版. 北京：中国电力出版社，2013.

[18] 赵畹君. 高压直流输电工程技术. 2 版. 北京：中国电力出版社，2011.

参考文献